Conhecimento humano

FUNDAÇÃO EDITORA DA UNESP

Presidente do Conselho Curador
Mário Sérgio Vasconcelos

Diretor-Presidente
Jézio Hernani Bomfim Gutierre

Superintendente Administrativo e Financeiro
William de Souza Agostinho

Conselho Editorial Acadêmico
Danilo Rothberg
Luis Fernando Ayerbe
Marcelo Takeshi Yamashita
Maria Cristina Pereira Lima
Milton Terumitsu Sogabe
Newton La Scala Júnior
Pedro Angelo Pagni
Renata Junqueira de Souza
Sandra Aparecida Ferreira
Valéria dos Santos Guimarães

Editores-Adjuntos
Anderson Nobara
Leandro Rodrigues

BERTRAND RUSSELL

Conhecimento humano
Seu escopo e seus limites

Apresentação
John G. Slater

Tradução
Renato Prelorentzou

© 2010 The Bertrand Russell Peace Foundation
Todos os direitos reservados
Tradução autorizada da edição em língua inglesa
publicada pela Routledge, membro da Taylor & Francis Group
© 2018 Editora Unesp

Título original: *Human Knowledge: Its Scope and Limits*

Direitos de publicação reservados à:
Fundação Editora da Unesp (FEU)
Praça da Sé, 108
01001-900 – São Paulo – SP
Tel.: (0x11) 3242-7171
Fax: (0x11) 3242-7172
www.editoraunesp.com.br
www.livrariaunesp.com.br
atendimento.editora@unesp.br

Dados Internacionais de Catalogação na Publicação (CIP) de acordo com ISBD
Elaborado por Vagner Rodolfo da Silva – CRB-8/9410

R961c
　　Russell, Bertrand
　　　　Conhecimento humano: seu escopo e seus limites / Bertrand Russell;
　　traduzido por Renato Prelorentzou. – São Paulo: Editora Unesp, 2018.

　　　　Tradução de: *Human Knowledge: Its Scope and Limits*
　　　　Inclui índice.
　　　　ISBN 978-85-393-0774-6

　　　　1. Filosofia. 2. Conhecimento humano. 3. Ciência. 4. Conceitos
　　científicos. 5. Russell, Bertrand. I. Prelorentzou, Renato. II. Título.

2018-1671　　　　　　　　　　　　　　　　　　　　　　　　　CDD: 120
　　　　　　　　　　　　　　　　　　　　　　　　　　　　　　CDU: 120

Editora afiliada:

Asociación de Editoriales Universitarias
de América Latina y el Caribe

Associação Brasileira de
Editoras Universitárias

Sumário

Apresentação – *John G. Slater*   9
Prefácio   17
Introdução   21

PRIMEIRA PARTE – O MUNDO DA CIÊNCIA
  1. Conhecimento individual e social   31
  2. O universo da astronomia   41
  3. O mundo da física   49
  4. A evolução biológica   69
  5. A fisiologia da sensação e da volição   81
  6. A ciência da mente   91

SEGUNDA PARTE – LINGUAGEM
  1. Os usos da linguagem   109
  2. Definição ostensiva   119
  3. Nomes próprios   133
  4. Partículas egocêntricas   151
  5. Reações suspensas: conhecimento e crença   165
  6. Sentenças   179

7. Referência externa de ideias e crenças   185
8. A verdade: formas elementares   191
9. Palavras lógicas e falsidade   205
10. Conhecimento geral   221
11. Fato, crença, verdade e conhecimento   241

TERCEIRA PARTE – CIÊNCIA E PERCEPÇÃO
Introdução   267
1. Conhecimento dos fatos e conhecimento das leis   271
2. Solipsismo   287
3. Inferência provável na prática do senso comum   297
4. Física e experiência   317
5. O tempo na experiência   339
6. O espaço na psicologia   351
7. Mente e matéria   361

QUARTA PARTE – CONCEITOS CIENTÍFICOS
1. Interpretação   375
2. Vocabulários mínimos   387
3. Estrutura   399
4. Estrutura e vocabulários mínimos   409
5. Tempo, público e privado   423
6. O espaço na física clássica   439
7. Espaço-tempo   453
8. O princípio da individuação   461
9. As leis causais   485
10. Espaço-tempo e causalidade   501

QUINTA PARTE – PROBABILIDADE
  Introdução   523
  1. Tipos de probabilidade   529
  2. Probabilidade matemática   537
  3. A teoria da frequência finita   547
  4. A teoria de Mises-Reichenbach   565
  5. A teoria da probabilidade de Keynes   581
  6. Graus de credibilidade   593
  7. Probabilidade e indução   623

SEXTA PARTE – POSTULADOS DA INFERÊNCIA CIENTÍFICA
  1. Tipos de conhecimento   653
  2. O papel da indução   671
  3. O postulado dos tipos naturais ou da variedade limitada   679
  4. Conhecimento que transcende a experiência   689
  5. Linhas causais   701
  6. Estrutura e leis causais   713
  7. Interação   735
  8. Analogia   745
  9. Sumário dos postulados   753
  10. Os limites do empirismo   767

Índice remissivo   785

Apresentação

Em sua correspondência pessoal, Bertrand Russell gostava de se referir a alguns de seus projetos filosóficos como tentativas de escrita de um "grande" livro. *Conhecimento humano: seu escopo e seus limites* é o último grande livro de Russell, e seu tema – o problema da inferência não demonstrativa – tem sido preocupação central dos filósofos desde que Hume erodiu os argumentos indutivos. No começo da carreira, Russell concentrou seus interesses, seu talento e sua energia na tentativa de determinar se havia ou não algum conhecimento assegurado. Como se alegava que nem argumentos indutivos, nem argumentos não demonstrativos podiam fornecer conhecimentos seguros, ele não lhes deu muita atenção. Partindo de sua experiência na matemática, Russell estudou a inferência demonstrativa como a fonte de conhecimento que mais provavelmente poderia reivindicar alguma certeza. Mas a matemática que lhe fora ensinada, ele logo descobriu, erguia-se sobre provas falaciosas, então Russell se viu forçado a voltar à lógica para ali definir seu ponto de partida.

Uma lógica livre de pressupostos ocultos seria ferramenta útil para se estabelecer a prova matemática sobre bases sólidas. Para sua imensa satisfação, Russell descobriu que muitos outros compartilhavam de sua crença na importância de uma nova lógica para a matemática; ele estudou seus trabalhos com avidez e, em pouco tempo, estava pronto para fazer contribuições originais ao desenvolvimento da lógica simbólica. À medida que o trabalho avançava, Russell foi se convencendo de que a nova lógica não era apenas uma ferramenta a ser utilizada no aperfeiçoamento das provas matemáticas, mas que ela, em si mesma, era o próprio fundamento da matemática. Sua convicção – que também era a de Alfred North Whitehead, seu antigo professor em Cambridge – de que boa parte da matemática era um ramo da lógica simbólica o levou a dedicar uma década de sua vida ao desenvolvimento de uma prova para essa tese. *Principia Mathematica*, publicado em três grossos volumes entre 1910 e 1913, apresenta os resultados de sua pesquisa, com detalhes elaborados.

Depois da conclusão de *Principia Mathematica*, Russell voltou suas atenções à exploração daquilo que havia aprendido durante o processo. Estava convencido de que podia aplicar um método semelhante em outros campos do conhecimento humano, daí resultando que se poderiam desenredar suas partes aprioríticas (asseguradas) e empíricas (meramente prováveis). A física foi sua primeira candidata para passar pela análise de acordo com o novo método. A partir de um cuidadoso estudo de textos escritos por físicos, Russell tentou descobrir o vocabulário mínimo necessário para o estudo da física e assim indicar, valendo-se apenas desse vocabulário mínimo e de termos puramente lógicos, as relações básicas entre esses termos. O modelo que ele tinha em mente encontra bom exemplo nos postulados aritméticos de Peano. Usando apenas termos lógicos e "zero", "número" e "sucessor" como termos matemáticos indefinidos, Peano estabeleceu cinco axiomas a partir dos quais podem ser deduzidas, empregando-se apenas regras lógicas de inferência, as verdades básicas da aritmética. Um importante aspecto de *Principia Mathematica* é o conjunto de definições que Whitehead e Russell atribuíram aos termos indefinidos de Peano. Essas definições estão escritas em notações puramente lógicas, permitindo que cada uma delas e, portanto, cada um dos postulados de Peano, encontre seu lugar no sistema lógico e matemático em desenvolvimento naquele livro.

Russell dedicou muitos esforços a esse problema de fornecer uma fundamentação para a física; ele o chamou de "problema da matéria". Mas não conseguiu resolvê-lo. Durante esse trabalho, descobriu que o progresso no problema da matéria exigia a solução de certos problemas na teoria do conhecimento, mais especificamente, o problema do nosso conhecimento do mundo exterior. Então, Russell voltou suas atenções para essa direção e começou a escrever um "grande" livro sobre a teoria do conhecimento. Wittgenstein apareceu durante esse período e Russell lhe mostrou partes de seu manuscrito. A severidade da crítica de Wittgenstein levou Russell a abandonar o livro. *Theory of Knowledge: the 1913 Manuscript* [Teoria do conhecimento: o manuscrito de 1913] só foi publicado em 1984, como o sétimo volume de *The Collected Papers of Bertrand Russell* [Textos selecionados de Bertrand Russell]. Embora tenha abandonado esse livro, ele logo escreveu outro sobre alguns dos mesmos temas. *Nosso conhecimento do mundo exterior* foi escrito para ser lido a uma plateia de Boston durante sua visita a Harvard, na primavera de 1914. Russell tinha acabado de começar a reunir ideias para dar sustentação ao problema da matéria, principalmente em "The Relation of Sense-Data to Physics" [A relação entre o sentido e os dados para a física], quando a Primeira Guerra Mundial despedaçou seu mundo.

Depois da guerra, quando retornou ao trabalho filosófico, seu pensamento ainda estava dominado pelo modelo axiomático de *Principia Mathematica*. Enquanto estudava William James, com a intenção de refutá-lo, Russell se convenceu de que estava correta a teoria do monismo neutro de James – segundo a qual tanto a mente quanto a matéria são constituídas de entidades de apenas um tipo: para James, era "experiência"; para Russell, "eventos". Mente e matéria eram apenas configurações diferentes da mesma coisa básica. Durante os anos 1920, com menos persistência do que apresentara na matemática, Russell tentou descobrir vocabulários mínimos para debater a mente e a matéria e para propor análises de pelo menos alguns desses termos na linguagem dos eventos. Dois livros, *A análise da mente* (1921) e *A análise da matéria* (1927), registram suas realizações nesses projetos.

Ao longo desses estudos, Russell tendeu a deixar de lado as questões do conhecimento empírico. O verdadeiro objetivo era o conhecimento apriorístico, pedra sobre a qual se poderia construir a filosofia. O conhecimento empírico tinha suas utilidades, mas, como jamais poderia ser certeiro, era superado pelo conhecimento de tipo *a priori*. O método axiomático, portanto, tendia a dominar seu pensamento. Sempre que abordava um problema, Russell tentava, antes de tudo, descobrir seu vocabulário mínimo e, depois, quando percebia algum sucesso nesse *front*, procurava formular proposições básicas que ligassem entre si os vários termos do vocabulário mínimo. O êxito nessa empreitada fornece um ponto de partida, um conjunto de axiomas a partir dos quais as verdades podem ser deduzidas. O conhecimento do assunto sob investigação deriva do pequeno conjunto de proposições que servem como premissas em toda e qualquer demonstração. Esse conjunto de proposições é, aliás, refém da verdade das proposições derivadas. Se uma proposição derivada se revela um erro, já se sabe onde procurar pela fonte do erro. Por quase toda a vida, Russell, a exemplo de Platão e de muitos filósofos posteriores, sucumbiu aos encantos desse modelo de conhecimento humano.

Durante a Segunda Guerra Mundial, período em que viveu nos Estados Unidos, Russell chegou à conclusão de que já não podia protelar a abordagem do problema do conhecimento empírico. Uma das razões para essa mudança vinha fervilhando em sua cabeça havia um bom tempo. Nesses anos, ele estava trabalhando com lógica dedutiva e se convencera de que as proposições da lógica não eram apenas verdadeiras, mas também significantes. A matemática era a verdade do mundo. Sua fé nessa posição fora minada por Wittgenstein, que defendeu, com muito vigor, que as proposições da lógica e da matemática eram tautologias, verdades meramente formais e, portanto, não nos diziam nada a respeito do mundo. Para um homem com as propensões filosóficas de Russell, era um remédio amargo de engolir — e é pouco provável que tenha engolido. Uma consequência imediata de encarar verdades formais como tautologias é o aumento da importância das verdades contingentes, pois estas, sim, se referem ao mundo e, por isso, são significantes.

Uma segunda razão tem a ver com o ceticismo. Embora Russell sempre tenha prezado por uma estruturação cética da mente, ele não era cético no sentido filosófico. O ceticismo pirrônico ou humiano eram filosofias insinceras, acreditava ele, pois na hora do almoço seus partidários sempre prefeririam pão a pedra. A aplicação do método científico resultou em um conhecimento sobre o qual só é possível impor a dúvida teórica, mas as dúvidas de Hume sobre a indução pareciam, à primeira vista, corromper esses resultados. Como todo mundo usa indução e outras formas de inferência não demonstrativa, e como todo mundo tem crenças sobre o futuro, é necessário um cânone de inferências não demonstrativas; tal cânone serviria para justificar nossa fé na inferência não demonstrativa. Em 1943, em um esboço que intitulou "Project of Future Work" [Projeto de trabalho futuro], Russell tocou naquilo que considerava a "questão principal": "sob que circunstâncias o método científico nos permite inferir, a partir do que é observado, a existência de algo inobservado?". Tal inferência nunca é legítima na lógica dedutiva ou na demonstrativa, mas o é na ciência e na vida cotidiana. Um cuidadoso estudo analítico do verdadeiro uso do método científico deveria acarretar a formulação de um conjunto de princípios que, coletivamente, serviriam de cânone para justificar nosso uso de inferências não demonstrativas.

Estreitamente ligada à segunda razão há uma terceira: esta diz respeito ao empirismo enquanto filosofia. Por volta de 1912, Russell começou a se ver como alguém que estava dando prosseguimento à obra dos grandes empiristas britânicos – Locke, Berkeley, Hume e Mill. Mas, como vimos, a maior parte de seu trabalho filosófico tinha a ver com o problema do conhecimento apriorístico. A ascensão dos positivistas lógicos nos anos 1930 o forçou a reconsiderar sua posição. Eles o reivindicavam como precursor filosófico, ao lado de Hume, Mach e Wittgenstein, mas, depois de ler vários de seus trabalhos e concluir que algumas de suas ideias eram extremas demais para seu gosto, Russell percebeu que tinha muito a fazer para distinguir sua posição da do positivismo lógico. A linha unificadora que ele seguiu foi um exame de todos aqueles argumentos cujas conclusões, dada a verdade das premissas, nunca são asseguradas, mas apenas prováveis.

Ao final de um longo estudo sobre o uso de argumentos não demonstrativos, tanto na ciência quanto na vida cotidiana, Russell concluiu que são necessários cinco postulados para validar argumentos desse tipo. Eles estão reunidos ao fim do livro, junto com uma síntese da justificativa para sua inclusão. O que surpreendeu Russell, e irá aturdir alguns leitores, é que o princípio da indução não faz parte desse conjunto de postulados. Depois de extenso estudo sobre o papel da teoria da probabilidade no método científico, Russell chegou à conclusão de que a forma da indução aí utilizada é demonstrável na teoria da probabilidade. Por isso, é desnecessário admiti-la como um postulado.

Ainda que o argumento deste livro se desenvolva de maneira muito similar aos encontrados em seus trabalhos filosóficos anteriores, há uma afirmativa no Prefácio que parece pôr em questão o método filosófico que Russell defendia em "Scientific Method in Philosophy" [Método científico na filosofia] (1914), escrito na onda do sucesso de *Principia Mathematica*. Naquele ensaio, depois de argumentar que a "filosofia é a ciência do possível", ele prosseguia, ampliando a afirmação: "Se o que foi dito está correto, a filosofia se torna indistinguível da lógica, tal como esta palavra veio a ser utilizada nos dias de hoje". E não há dúvidas de que por "lógica" ele queria dizer a lógica desenvolvida em *Principia Mathematica*. É, portanto, surpreendente encontrar essa antiga posição abandonada, sem a menor cerimônia, no primeiro parágrafo de seu Prefácio a *Conhecimento humano: seu escopo e seus limites*: "A lógica, deve-se admitir, é técnica da mesma maneira que a matemática, mas a lógica, afirmo, não faz parte da filosofia. A filosofia propriamente dita trata de matérias de interesse do público letrado em geral e perde muito de seu valor se apenas uns poucos profissionais puderem compreender o que está sendo dito". Seu estilo de escrita muitas vezes o leva fazer afirmações que têm mais amplitude do que ele provavelmente pretendia, e, nesse caso, provavelmente pretendia menos do que parece. De qualquer modo, o leitor deste livro logo irá descobrir que Russell não abandonou sua predileção pela análise lógica, pois se vê que ela é utilizada a cada página, embora, em respeito àqueles leitores que não têm familiaridade com a lógica simbólica moderna, ele restrinja o uso de símbolos especiais ao mínimo necessário. Um membro do "público letrado em geral" poderá, portanto, ser capaz de acompanhar seu argumento e aprender bastante sobre os muitos problemas aos quais Russell dedica seu formidável talento filosófico neste importante livro.

John G. Slater
Universidade de Toronto

Prefácio

As páginas seguintes não se destinam apenas ou sobretudo a filósofos profissionais, mas também àquele público bem maior que se interessa por questões filosóficas, mesmo sem poder ou querer dedicar mais que um certo tempo à sua consideração. Descartes, Leibniz, Locke, Berkeley e Hume escreveram para um público assim, e acho lamentável que, nos últimos 160 anos, a filosofia tenha chegado a ser considerada quase tão técnica quanto a matemática. A lógica, deve-se admitir, é técnica da mesma maneira que a matemática, mas a lógica, afirmo, não faz parte da filosofia. A filosofia propriamente dita trata de matérias de interesse do público letrado em geral e perde muito de seu valor se apenas uns poucos profissionais puderem compreender o que está sendo dito.

Neste livro, procurei tratar, da maneira mais abrangente possível, de uma questão muito ampla: como os seres humanos, cujos contatos com o mundo são breves, pessoais e limitados, ainda assim conseguem conhecer tudo o que conhecem? A crença em nosso conhecimento é, pelo menos em parte, ilusória? E, se não o é, o que podemos conhecer que não através dos sentidos? Uma vez que tratei em livros anteriores de algumas partes desse problema, sou obrigado a repetir, em um contexto mais amplo, debates sobre certas questões que já considerei em outras circunstâncias, mas reduzi essas repetições ao mínimo compatível com meus propósitos.

Uma das dificuldades do tema que me ocupa é que devemos empregar palavras que são comuns à fala cotidiana, tais como "crença", "verdade", "conhecimento" e "percepção". Como essas palavras são vagas e imprecisas em seu uso cotidiano, e como não temos em mãos palavras precisas pelas quais substituí-las, é inevitável que tudo o que for dito nos primeiros estágios de nossa pesquisa pareça insatisfatório do ponto de vista que esperamos alcançar ao final. Nosso acréscimo de conhecimento, supondo que tenhamos êxito, é como o do viajante que vai se aproximando de uma montanha em meio à névoa: de início, só se veem certas formas avultadas, e mesmo estas têm limites imprecisos. Mas, aos poucos, os detalhes vão se tornando visíveis e os contornos ficam mais nítidos. Então, em nossas discussões, é impossível primeiro esclarecer um problema para em seguida prosseguir a outro, pois a névoa envolve tudo ao mesmo tempo. Em cada etapa, mesmo que apenas uma parte de nosso problema esteja sob o foco de atenção, todas as outras partes são mais ou menos relevantes. As diferentes palavras-chave que precisamos utilizar estão todas interconectadas, e, se algumas permanecem vagas, outras devem, em maior ou menor grau, compartilhar desse defeito. Segue-se, portanto, que algo dito uma primeira vez pode precisar de uma emenda mais adiante. O Profeta declarou que, se dois textos do Alcorão parecessem incoerentes, o posterior é que deveria ser tomado como determinante, e eu gostaria que o leitor aplicasse um princípio parecido ao interpretar o que se diz neste livro.

Meu amigo e pupilo sr. C. K. Hill leu as provas deste livro e a ele devo inúmeras críticas, sugestões e correções valiosas. Muitas partes também foram lidas pelo sr. Hiram J. McLendon, que fez várias sugestões úteis.

O Capítulo 4 da Terceira Parte, "Física e experiência", é uma reedição, com pequenas alterações, de um livrinho que tem o mesmo título, publicado pela Cambridge University Press, à qual agradeço a permissão para republicá-lo.

Introdução

O principal objetivo deste livro é examinar a relação entre a experiência individual e o corpo geral do conhecimento científico. Dá-se como certo que o conhecimento científico, em suas linhas gerais, é algo que deve ser sempre aceito. O ceticismo, embora logicamente impecável, é psicologicamente impossível, e há um elemento de frívola insinceridade em qualquer filosofia que pretenda aceitá-lo. Além disso, para ser teoricamente defensável, o ceticismo precisaria rejeitar *todas* as inferências daquilo que se obtém por experiência: um ceticismo parcial, como a negação de eventos físicos que ninguém experimentou, ou um solipsismo que permite eventos em meu futuro ou em meu passado já esquecido, não tem justificação lógica, pois é obrigado a admitir princípios de inferência que levam a crenças que ele próprio rejeita.

Desde Kant, ou talvez seria mais justo dizer, desde Berkeley, existe entre os filósofos uma tendência que considero equivocada, a qual permite que a descrição do mundo seja indevidamente influenciada por considerações derivadas da natureza do conhecimento humano. É claro que o senso comum científico (o qual aceito) conhece apenas uma parte infinitesimal do universo, que durante incontáveis eras não houve conhecimento algum e que provavelmente haverá incontáveis eras sem conhecimento no futuro. Cósmica e causalmente, o conhecimento é um traço desimportante do universo; uma ciência que negligenciasse em mencionar sua ocorrência estaria, desde um ponto de vista impessoal, padecendo apenas de uma imperfeição muito leve. Na descrição do mundo, a subjetividade é um vício. Kant falou que ele próprio havia efetuado uma "revolução copernicana", mas seria mais exato falar em uma "contrarrevolução ptolomaica", uma vez que ele colocou o Homem de volta no centro, de onde Copérnico o havia destronado.

Mas quando, em vez de perguntarmos "em que tipo de mundo vivemos?", perguntamos "como chegamos ao nosso conhecimento do mundo?", a subjetividade está na ordem do dia. O que cada homem sabe, em um importante sentido, depende de sua experiência individual: ele sabe o que viu e ouviu, o que leu e escutou, e também o que pôde inferir a partir desses dados. O que está em questão aqui é a experiência individual, não a coletiva, pois é necessária uma inferência para se passar dos meus dados à aceitação do testemunho. Se acredito que existe um lugar chamado Semipalatinsk é por causa das coisas que *me* aconteceram; e, a menos que se aceitem certos princípios de inferência, terei de admitir que todas essas coisas podem ter acontecido comigo, mesmo que não exista tal lugar.

O desejo de escapar da subjetividade na descrição do mundo (do qual compartilho) tem levado alguns filósofos modernos a se desnortearem – pelo menos é o que me parece – em relação à teoria do conhecimento. Ao sentirem que esses problemas eram desagradáveis, eles tentaram negar sua existência. A tese de que os dados são privados e individuais é conhecida desde os tempos de Protágoras. E foi contestada porque se pensou, como Protágoras já pensara, que, se fosse admitida, levaria à conclusão de que todo conhecimento é privado e individual. De minha parte, embora admita a tese, rejeito a conclusão; as páginas que se seguem tentam demonstrar como e por quê.

Em virtude de certos eventos de minha própria vida, tenho várias crenças sobre eventos que não passaram por minha experiência: os pensamentos e sentimentos das outras pessoas, os objetos físicos ao meu redor, o passado histórico e geológico da Terra, as remotas regiões do universo estudadas pela astronomia. Aceito essas crenças como válidas, salvo os erros em detalhes. Com essa aceitação, comprometo-me com a visão de que existem processos válidos de inferência de eventos para outros eventos – mais particularmente, de eventos que conheço sem me valer de inferência para eventos dos quais não tenho esse tipo de conhecimento. Descobrir o que são esses processos é objeto de análise do método científico e também de procedimentos do senso comum, uma vez que tais procedimentos geralmente são aceitos como cientificamente válidos.

A inferência de um grupo de eventos para outros eventos só pode se justificar se o mundo tiver certas características que não sejam logicamente necessárias. Pelo que a lógica dedutiva pode demonstrar, qualquer coleção de eventos pode ser o universo inteiro; assim, se posso fazer inferências sobre eventos, devo aceitar princípios de inferência que estão fora da lógica dedutiva. Toda inferência de eventos para eventos exige algum tipo de interconexão entre diferentes ocorrências. Essa interconexão é tradicionalmente asseverada no princípio de causalidade ou de leis naturais. Como veremos, ela está implicada em toda e qualquer validade limitada que possa ser atribuída à indução por simples enumeração. Mas os modos tradicionais de se formular o tipo de interconexão que deve ser postulado são, em muitos sentidos, falhos: alguns são rígidos demais, outros são rígidos de menos. Descobrir os princípios mínimos necessários para justificar inferências científicas é um dos principais objetivos deste livro.

É lugar-comum dizer que as inferências substanciais da ciência, em oposição às da lógica e da matemática, são apenas *prováveis* – ou seja, mesmo quando as premissas são verdadeiras e a inferência está correta, é apenas *provável* que a conclusão seja verdadeira. Faz-se, portanto, necessário examinar o que se quer dizer com "probabilidade". Logo se descobrirá que existem dois conceitos diferentes. Por um lado, há a probabilidade matemática: se uma classe tiver n membros, e m deles tiverem uma certa característica, a probabilidade matemática de que um membro não especificado dessa classe tenha a característica em questão é m/n. Por outro lado, há um conceito mais amplo e vago, o qual chamarei de "grau de credibilidade", que é a quantidade de crédito que seria razoável atribuir a uma proposição mais ou menos incerta. Ambos os tipos de probabilidade estão envolvidos na enunciação dos princípios da inferência científica.

Em linhas gerais, o curso de nossas indagações será o seguinte:

A Primeira Parte, sobre o mundo da ciência, descreve algumas das principais características do universo tornadas prováveis pela investigação científica. Pode-se dizer que essa parte estabelece a meta que a inferência deve ser capaz de alcançar, caso queiramos que nossos dados e princípios de inferência venham a justificar a prática científica.

A Segunda Parte, sobre a linguagem, também se ocupa das preliminares. Estas são principalmente de dois tipos. Por um lado, é importante esclarecer os significados de certos termos fundamentais, tais como "fato" e "verdade". Por outro lado, é necessário examinar a relação da experiência sensível com conceitos empíricos, tais como "vermelho", "rígido", "metro" ou "segundo". Além disso, examinaremos a relação das palavras que têm uma referência essencial com o falante, tais como "aqui" e "agora", e também das palavras impessoais, como as que indicam latitude, longitude e data. Isto levanta problemas de considerável importância e certa dificuldade, os quais se centram na relação da experiência individual com o corpo do conhecimento geral e socialmente reconhecido.

Na Terceira Parte, sobre ciência e percepção, começamos nossas principais discussões. Aqui trataremos de desembaraçar dados e inferências naquilo que normalmente passa por conhecimento empírico. Ainda não nos ocuparemos de justificar as inferências, tampouco de investigar os princípios de que são feitas, mas, sim, de demonstrar que as inferências (em oposição às construções lógicas) são necessárias à ciência. Iremos também fazer uma distinção entre dois tipos de espaço e tempo, um subjetivo e pertencente aos dados, outro objetivo e inferido. Incidentalmente, deveremos afirmar que o solipsismo, exceto em uma forma extrema, sob a qual jamais foi considerado, é um entreposto ilógico entre o mundo fragmentário dos dados e o mundo completo da ciência.

A Quarta Parte, sobre os conceitos científicos, trata de analisar os conceitos fundamentais do mundo científico inferido, mais especificamente o espaço físico, o tempo histórico e as leis causais. Aqui se fazem necessários os termos empregados na física matemática, para preencher dois tipos de condições: por um lado, eles devem compor certas fórmulas; por outro, devem ser interpretados de modo a proporcionar resultados que possam ser confirmados ou refutados pela observação. Por esta última condição, estão ligados aos dados, ainda que de maneira meio frouxa; por aquela primeira condição, eles se tornam determinados naquilo que diz respeito a certas propriedades estruturais. Mas permanece uma considerável latitude de interpretações. É prudente usar essa latitude de modo a minimizar o papel da inferência em oposição à construção; nesse campo, por exemplo, os pontos-instantes do espaço-tempo são construídos como grupos de eventos ou de qualidades. Em toda essa Quarta Parte, os dois conceitos de estrutura de espaço-tempo e cadeias causais assumem cada vez mais importância. Assim como a Terceira Parte se preocupava em descobrir o que pode ser tomado como dado, a Quarta Parte se ocupa em estabelecer, de maneira geral, o que precisamos ser capazes de inferir de nossos dados caso queiramos justificar a ciência.

Uma vez que se admite que as inferências científicas como um todo oferecem apenas probabilidades em suas conclusões, a Quinta Parte avança ao estudo da Probabilidade. Esse termo está sujeito a diversas interpretações, e diferentes autores o definiram de diferentes maneiras. Tais interpretações e definições serão examinadas, assim como as tentativas de conectar a indução à probabilidade. Nesse aspecto, a conclusão a que se chega é, em linhas gerais, aquela defendida por Keynes: as induções não tornam suas conclusões prováveis, a menos que certas condições sejam preenchidas, e a experiência por si só jamais consegue provar que tais condições estão preenchidas.

A Sexta Parte, sobre os postulados da inferência científica, procura descobrir quais são as premissas mínimas, anteriores à experiência, necessárias para nos autorizar a inferir leis a partir de um conjunto de dados; procura, ainda, indagar em que sentido podemos dizer, se é que podemos dizer, que sabemos que tais premissas são válidas. A principal função lógica que estas têm de cumprir é a de conferir alta probabilidade às conclusões de induções que satisfaçam certas condições. Para esse fim, como apenas a probabilidade está em questão, não precisamos supor que tal e tal conexão de eventos ocorra sempre, mas apenas que ocorra com frequência. Por exemplo, uma das premissas que parecem necessárias é a das cadeias causais separáveis, tais como as que se veem em raios de luz ou ondas sonoras. Pode-se enunciar essa premissa da seguinte maneira: quando ocorre um evento que tem uma estrutura espaço-tempo complexa, muitas vezes acontece de pertencer a uma cadeia de eventos que tem a mesma estrutura, ou uma estrutura muito semelhante. (O Capítulo 4 dessa parte trará um enunciado mais exato.) Isto faz parte de uma premissa mais ampla de regularidade ou lei natural, a qual, no entanto, exige ser enunciada em formas mais específicas que as usuais, pois em sua forma usual acaba por resultar em uma tautologia.

O fato de a inferência científica exigir, para sua validade, princípios que a experiência não consegue tornar nem mesmo prováveis é, acredito eu, uma conclusão inescapável da lógica da probabilidade. Para o empirismo, trata-se de uma conclusão estranha. Mas acho que ela pode ficar um pouco mais palatável a partir da análise do conceito de "conhecimento" realizada na Segunda Parte. "Conhecimento", na minha opinião, é um conceito muito menos preciso do que geralmente se pensa, e suas raízes estão mais profundamente entranhadas no comportamento animal não verbalizado do que a maioria dos filósofos estaria disposta a admitir. As premissas logicamente básicas às quais nossa análise nos conduz são, psicologicamente, o fim de uma longa série de refinamentos que começa nos hábitos de expectativa dos animais – tais como a que sugere que são boas de comer as coisas que têm certo cheiro. Então, perguntar se "conhecemos" os postulados da inferência científica não é uma questão tão definitiva quanto parece. A resposta deve ser: em certo sentido, sim; em outro sentido, não. Mas, no sentido em que "não" é a resposta certa, não sabemos nada e, nesse sentido, "conhecimento" é uma visão ilusória. As perplexidades dos filósofos se devem, em grande medida, à sua recusa em acordar desse sonho feliz.

Primeira parte
O mundo da ciência

1.
Conhecimento individual e social

O conhecimento científico tem por objetivo ser completamente impessoal e procura expor o que foi descoberto pelo intelecto coletivo da humanidade. Neste capítulo, irei considerar até que ponto esse objetivo é alcançado e quais elementos do conhecimento individual têm de ser sacrificados para que se atinja uma medida de êxito possível.

A comunidade conhece tanto mais como menos que o indivíduo: em sua capacidade coletiva, ela conhece todos os conteúdos da *Enciclopédia* e todas as contribuições para o conjunto dos artigos acadêmicos, mas não conhece as coisas cálidas e íntimas que dão a cor e a textura de uma vida individual. Quando um homem diz "jamais poderei exprimir o horror que senti ao ver Buchenwald" ou "nenhuma palavra pode expressar minha alegria ao rever o mar depois de anos em um campo de concentração", está dizendo algo estrita e precisamente verdadeiro: ele possui, por meio de sua experiência, um conhecimento intangível às pessoas com experiências distintas e não inteiramente capazes de expressão verbal. Se for um exímio artista literário, talvez possa criar nos leitores mais sensíveis um estado de espírito não muito diferente do seu, mas, se tentar se valer de métodos científicos, o fluxo de sua experiência irá se perder e se dissipar em um deserto poeirento.

A linguagem, nosso único meio de comunicar o conhecimento *científico*, é essencialmente social em sua origem e principais funções. É verdade que, se um matemático se encontrasse perdido em uma ilha deserta depois de um naufrágio, apenas com lápis e caderno, provavelmente tentaria aplacar a solidão fazendo cálculos, usando a linguagem da matemática; também é verdade que um homem pode manter um diário que procura esconder dos olhos de todos os demais. Em um plano mais comum, a maioria de nós emprega palavras nas reflexões solitárias. No entanto, a principal finalidade da linguagem é a comunicação e, para servir a esse propósito, ela precisa ser pública, e não um dialeto privado, concebido pelo falante. Segue-se que aquilo que é mais pessoal na experiência de cada indivíduo tende a se evaporar durante o processo de tradução para a linguagem. Mais que isso, o próprio caráter público da linguagem é, em grande medida, uma ilusão. Uma dada forma de palavras geralmente será interpretada por ouvintes competentes de tal modo a ser verdadeira para todos eles ou falsa para todos eles, mas, apesar disso, não terá o mesmo significado para todos eles. As diferenças que não afetam a verdade ou a falsidade de uma afirmação normalmente não têm muita importância prática e, portanto, podem ser ignoradas, resultando daí que todos acreditamos que nosso mundo particular é muito mais parecido com o mundo público do que realmente é.

Isto se prova facilmente na consideração do processo de aprendizado de uma linguagem. Há dois modos de se conhecer o significado de uma palavra: um é pela definição por meio de outras palavras, a chamada definição *verbal*; o outro é pela escuta frequente da palavra na presença do objeto que ela designa, a chamada definição *ostensiva*. É óbvio que a definição ostensiva é a única possível no início, uma vez que a definição verbal pressupõe um conhecimento das palavras utilizadas no *definiens*. Você pode aprender por definição verbal que um pentágono é uma figura plana com cinco lados, mas não é dessa maneira que uma criança aprende o significado de palavras cotidianas como "chuva", "sol", "jantar" ou "cama". Estas são ensinadas pelo uso enfático da palavra certa enquanto a criança está vendo o objeto em questão. Por conseguinte, o significado que a criança acaba ligando à palavra é produto de sua experiência pessoal e varia de acordo com suas circunstâncias e seu sistema sensorial. Uma criança que no mais das vezes presencia apenas chuviscos atrelará à palavra "chuva" uma ideia diferente da formada por uma criança que vê somente tempestades tropicais. Uma criança míope e outra presbíope associarão imagens diferentes à palavra "cama".

É verdade que a educação tenta despersonalizar a linguagem, e com certo êxito. "Chuva" já não é esse fenômeno familiar, mas sim "gotas de água caindo das nuvens para a terra", e "água" já não é aquilo que deixa você molhado, mas sim H_2O. Quanto a hidrogênio e oxigênio, eles têm definições verbais que precisam ser aprendidas de cor; não importa muito se você as compreende ou não. E, então, à medida que sua educação avança, o mundo das palavras se torna cada vez mais separado do mundo dos sentidos; você assimila a arte de empregar as palavras corretamente, assim como alguém pode assimilar a arte de tocar violino; no fim, você se torna um virtuose na manipulação das frases, a ponto de quase nunca precisar se lembrar de que as palavras têm significados. Você adquire, então, um caráter completamente público, e mesmo seus pensamentos mais íntimos podem se acomodar a uma enciclopédia. Mas você já não poderá alimentar a esperança de ser poeta e, se tentar ser amante, verá que sua linguagem despersonalizada não consegue gerar as emoções desejadas. Você sacrificou a expressão à comunicação, e tudo o que você comunica acaba soando seco e abstrato.

É fato importante que, quanto mais nos aproximamos da completa abstração da lógica, menor fica a inevitável diferença entre os significados que diferentes pessoas atribuem a uma mesma palavra. Não vejo motivo para haver qualquer diferença entre as ideias que duas pessoas devidamente instruídas conferem à palavra "3.481". As palavras "ou" e "não" podem ter exatamente o mesmo significado para dois lógicos distintos. A matemática pura, do começo ao fim, trabalha com conceitos que podem ser completamente públicos e impessoais. O motivo está no fato de eles não derivarem dos sentidos, e os sentidos são a fonte da particularidade. O corpo é um instrumento de registro sensível, sempre transmitindo mensagens do mundo exterior; as mensagens que chegam a um corpo nunca são exatamente as mesmas que chegam a outro, ainda que as exigências práticas e sociais tenham nos ensinado modos de desconsiderar as diferenças entre as percepções das pessoas. Ao construirmos a física, damos ênfase ao aspecto espaçotemporal de nossas percepções, que é o aspecto mais abstrato e afeito à lógica e à matemática. E isso o fazemos em busca da publicização, com o intuito de comunicar o que é comunicável e cobrir todo o resto com o manto negro do esquecimento.

No entanto, espaço e tempo, tais como os seres humanos os conhecem, na realidade não são tão impessoais quanto a ciência pretende. Os teólogos concebem Deus como aquele que vê tanto o tempo quanto o espaço desde fora, de maneira imparcial e com uma consciência uniforme do todo; a ciência tenta imitar essa imparcialidade, com certo êxito aparente, mas tal sucesso é, pelo menos em parte, ilusório. Os seres humanos diferem do Deus dos teólogos no fato de seu tempo e espaço terem um *aqui* e *agora*. O que está aqui e agora é vívido; o que está longe tem uma obscuridade crescente. Todo o nosso conhecimento dos eventos irradia de um centro espaçotemporal, que é a mínima região que estamos ocupando no momento. "Aqui" é um termo vago: na cosmologia astronômica, a Via Láctea pode ser um "aqui"; no estudo da Via Láctea, "aqui" é o sistema solar; no estudo do sistema solar, "aqui" é a Terra; na geografia, "aqui" é a cidade ou distrito onde vivemos; nos estudos fisiológicos da sensação, "aqui" é o cérebro, em oposição ao resto do corpo. "Aquis" maiores sempre contêm outros menores; todos os "aquis" contêm o cérebro daquele que fala, ou parte dele. Considerações semelhantes se aplicam ao "agora".

A ciência afirma eliminar o "aqui" e "agora". Quando ocorre algum evento na superfície da Terra, damos sua posição no quadro do espaçotempo conferindo latitude, longitude e data. Desenvolvemos uma técnica que assegura que todos os observadores meticulosos com instrumentos meticulosos cheguem às mesmas estimativas de latitude, longitude e data. Em consequência, não há mais nada de pessoal nessas estimativas, na medida em que nos contentamos com afirmações numéricas, cujo significado não é muito investigado. Uma vez arbitrariamente decidido que a longitude de Greenwich e a latitude do equador são o marco zero, seguem-se as outras longitudes e latitudes. Mas o que é "Greenwich"? Este não é exatamente o tipo de termo que deveria ocorrer em uma indagação imparcial do universo, sua definição não é matemática. A melhor maneira de definir "Greenwich" seria levar um homem até lá e dizer: "Eis aqui Greenwich". Se alguém já determinou a latitude e a longitude do lugar onde você está, pode-se definir "Greenwich" pela latitude e longitude relativa àquele lugar: fica, por exemplo, a tantos graus a leste e tantos graus ao norte de Nova York. Mas isso não elimina o "aqui", que agora é Nova York, e não Greenwich.

Além disso, é absurdo *definir* seja Greenwich ou Nova York por sua latitude e longitude. Greenwich é um lugar de verdade, habitado por gente de verdade, com edificações que são anteriores a sua preeminência longitudinal. Você pode, é claro, descrever Greenwich, mas sempre poderia haver outra cidade com as mesmas características. Se você quiser ter *certeza* de que sua descrição não se aplica a nenhum outro lugar, o único jeito é mencionar sua relação com algum outro local, dizendo, por exemplo, que fica a tantos quilômetros Tâmisa abaixo, a partir da Ponte de Londres. Mas aí você terá de definir a "Ponte de Londres". Mais cedo ou mais tarde, irá se deparar com a necessidade de definir algum lugar como "aqui", e esta será uma definição egocêntrica, pois o local em questão não será um "aqui" para todo mundo. Talvez haja uma maneira de fugir dessa conclusão, e voltaremos a isso em um estágio mais avançado. Mas não há uma maneira óbvia nem fácil de escapar. E, até que se encontre uma, todas as determinações de latitude e longitude estarão infectadas pela subjetividade do "aqui". Isso quer dizer que, embora diferentes pessoas confiram a mesma latitude e longitude a determinado local, elas, em última análise, não atribuem o mesmo significado aos números a que chegaram.

O mundo comum no qual acreditamos viver é uma construção, parte científica, parte pré-científica. Percebemos as mesas como circulares ou retangulares, apesar do fato de um pintor ter de pintar elipses ou quadriláteros não retangulares para reproduzir sua aparência. Vemos uma pessoa mais ou menos do mesmo tamanho, esteja a um ou a quatro metros de nós. Até que os fatos atraiam nossa atenção, ficamos um tanto inconscientes das correlações que a experiência nos leva a fazer durante a interpretação das aparências sensíveis. Há uma longa jornada desde a criança que desenha dois olhos em um perfil até o físico que fala de elétrons e prótons, mas, no decorrer de todo esse caminho, existe um propósito constante: eliminar a subjetividade da sensação e substituí-la por um tipo de conhecimento que possa ser o mesmo para todos os observadores. Gradualmente, fica maior a diferença entre o que se sente e o que se acredita ser objetivo: o perfil com dois olhos do desenho da criança ainda se parece bastante com o que se vê, mas os elétrons e prótons guardam apenas uma remota semelhança de estrutura lógica. Os elétrons e prótons, no entanto, têm o mérito de *poderem* ser o que de fato existe ali onde não há órgãos dos sentidos, ao passo que nossos dados visuais imediatos quase certamente não são, devido à subjetividade, o que se passa nos objetos físicos que acreditamos enxergar.

A existência dos elétrons e prótons — supondo-se que seja cientificamente correto acreditar neles — não depende da percepção; ao contrário, há toda razão para se acreditar que eles existem desde incontáveis séculos antes da aparição de qualquer observador no universo. Mas, ainda que sua existência não exija a percepção, é necessário que esta nos dê algum um motivo para acreditarmos que eles existem. Centenas de milhares de anos atrás, uma vasta e remota região emitiu quantidades inacreditáveis de fótons, que vagaram pelo universo em todas as direções.

Uns poucos deles acabaram atingindo uma placa fotográfica, na qual causaram mudanças químicas que fizeram partes da placa ficarem pretas, e não brancas, quando observadas por um astrônomo. Esse mínimo efeito sobre um organismo diminuto, mas altamente instruído, é nossa única razão para acreditarmos na existência de uma nebulosa de tamanho comparável ao da Via Láctea. A ordem do conhecimento é o inverso da ordem causal. Na ordem do conhecimento, o que vem primeiro é a breve experiência subjetiva do astrônomo observando padrões de branco e preto, e o que vem depois é a nebulosa, vasta, remota, pertencente ao passado distante.

Ao considerarmos as razões para acreditarmos em qualquer afirmação empírica, não podemos escapar da percepção, com todas as suas limitações pessoais. Até que ponto a informação que obtemos dessa fonte maculada pode ser purificada pelo filtro do método científico e emergir resplandecentemente divina em sua imparcialidade? Esta é uma pergunta difícil, da qual muito devemos nos ocupar. Mas uma coisa fica bem óbvia desde o princípio: somente quando os dados iniciais da percepção forem dignos de confiança é que poderá haver razão para que se aceite o vasto edifício cósmico de inferência que se ergue sobre eles.

Não estou sugerindo que os dados iniciais da percepção devam ser aceitos como indubitáveis; não é esse o caso, absolutamente. Existem métodos bem conhecidos para se fortalecer ou enfraquecer o testemunho individual; certos métodos são utilizados nos tribunais de justiça, outros, um pouco diferentes, são usados na ciência. Mas todos eles dependem do princípio de que cada pedaço de testemunho tenha *algum* peso, pois é somente em virtude desse princípio que se pode considerar que uma série de testemunhos concordantes seja capaz de conferir alta probabilidade. As percepções individuais são a base de todo o nosso conhecimento, e não existe nenhum método pelo qual possamos começar com dados que sejam públicos para muitos observadores.

2.
O universo da astronomia

A astronomia é a mais antiga das ciências, e a contemplação dos céus, com suas regularidades periódicas, deu aos homens suas primeiras concepções de lei natural. Mas, apesar da idade, a astronomia continua tão vigorosa quanto no início e igualmente importante para nos ajudar a formar uma justa estimativa do lugar do homem no universo.

Quando os gregos começaram a inventar hipóteses astronômicas, os movimentos aparentes do Sol, da Lua e dos planetas entre as estrelas fixas já haviam sido observados, milhares de anos antes, pelos babilônios e egípcios, que também tinham aprendido a prever eclipses lunares com exatidão e eclipses solares com considerável margem de erro. Os gregos, a exemplo de outros povos antigos, acreditavam que os corpos celestes eram deuses, ou pelo menos que cada um deles era controlado por seu próprio deus ou deusa. É verdade que alguns questionavam essa opinião: Anaxágoras, nos tempos de Péricles, sustentou que o Sol era uma pedra incandescente e que a Lua era feita de terra. E por isso foi perseguido e obrigado a fugir de Atenas. Questiona-se muito se Platão e Aristóteles eram igualmente racionalistas.

Mas o certo é que os gregos mais racionalistas não foram os melhores astrônomos. Estes foram os pitagóricos, para os quais a superstição sugeriu o que calharam de ser boas hipóteses.

Ao final do século V a.C., os pitagóricos descobriram que a Terra é esférica; uns cem anos depois, Eratóstenes calculou corretamente o diâmetro da Terra, com uma margem de erro de menos de oitenta quilômetros. Durante o século IV a.C., Heráclides do Ponto afirmou que a Terra gira uma vez por dia e que Vênus e Mercúrio descrevem órbitas em torno do Sol. No século III a.C., Aristarco de Samos defendeu todo o sistema de Copérnico e elaborou um método, cuja parte teórica estava correta, para calcular as distâncias do Sol e da Lua. É verdade que, quanto ao Sol, o cálculo resultou completamente equivocado, devido à imprecisão de seus dados; mas, cem anos depois, Posidônio chegou a números parcialmente corretos. No entanto, esse progresso extraordinariamente vigoroso não teve continuidade, e muito foi esquecido no declínio generalizado da energia intelectual do fim da Antiguidade.

O cosmos, tal como aparece, por exemplo, em Plotino, era uma pequena morada acolhedora e humana, em comparação ao que se tornaria depois. A divindade suprema governava o todo, e cada astro era uma deidade subordinada, semelhante a um ser humano, embora muito mais nobre e sábia, em todos os sentidos. Plotino criticava os gnósticos por acreditarem que no universo criado não havia nada mais digno de admiração que a alma humana. Para ele, a beleza dos céus não era apenas visual, mas também moral e intelectual. O Sol, a Lua e os planetas eram espíritos elevados, movidos por razões que falavam de perto ao filósofo em seus melhores momentos. Plotino rejeitava com indignação a taciturna visão dos gnósticos (e, mais tarde, dos maniqueus), segundo a qual o mundo visível fora criado por um demiurgo perverso e devia ser desprezado por todo aquele que aspirasse à verdadeira virtude. Para ele, ao contrário, os seres brilhantes que adornavam o céu eram sábios e bons, tanto que consolavam o filósofo em meio à desordem e ao desastre que tomavam o Império Romano.

O cosmos cristão medieval, embora menos austero que o dos maniqueus, estava livre de alguns elementos de fantasia poética que o paganismo preservara até o fim. A transformação, porém, não foi muito grande, pois anjos e arcanjos meio que tomaram o lugar das deidades celestiais politeístas. Tanto os elementos científicos quanto os poéticos do cosmos medieval estão no *Paraíso* de Dante; os elementos científicos derivam de Aristóteles e Ptolomeu. A Terra é esférica e está no centro do universo; Satanás se encontra no centro da Terra, e o Inferno é um cone invertido, do qual ele forma o ápice. Nos antípodas de Jerusalém se acha o Monte do Purgatório, em cujo topo fica o paraíso terrestre, o qual está em contato com a esfera da Lua.

Os céus consistem em dez esferas concêntricas, sendo que a da Lua é a mais baixa. Tudo abaixo da Lua está sujeito à corrupção e à ruína; tudo acima da Lua é indestrutível. Acima da Lua, as esferas são, por ordem, as de Mercúrio, Vênus, Sol, Marte, Júpiter, Saturno e das estrelas fixas, além das quais se encontra o *Primum Mobile*. Por último, acima do *Primum Mobile*, encontra-se o Empíreo, que não tem movimento e onde não existe tempo nem lugar. Deus, o Motor Imóvel aristotélico, faz girar o *Primum Mobile*, que, por sua vez, transfere seu movimento para a esfera das estrelas fixas, e assim por diante, até a esfera da Lua. Dante nada diz sobre o tamanho das várias esferas, mas ele consegue atravessar todas em um período de

24 horas. Claramente, o universo tal como ele o concebeu era um tanto diminuto para os padrões modernos; e também era muito recente, criado poucos milênios antes. As esferas, que tinham a Terra por centro, proporcionavam as moradas eternas para os eleitos. Estes consistiam nas pessoas batizadas que haviam alcançado os padrões exigidos tanto em fé quanto em obras, além dos patriarcas e profetas que haviam pressagiado a vinda de Cristo e de uns poucos pagãos que, em seu tempo na terra, haviam se iluminado milagrosamente.

Foi contra essa imagem do universo que tiveram de lutar os pioneiros da astronomia moderna. É interessante contrastar o alvoroço em torno de Copérnico com o esquecimento quase completo que caiu sobre Aristarco. Cleantes, o estoico, insistira que Aristarco deveria ser processado por falta de piedade e reverência, mas o governo nada fez; se tivesse sido condenado, como Galileu, suas teorias talvez houvessem conquistado maior publicidade. Existiram, porém, outras razões mais importantes para a diferença entre as famas póstumas de Aristarco e Copérnico. No tempo dos gregos, a astronomia era uma distração dos ricos ociosos — uma distração muito digna, é verdade, mas que não fazia parte da vida da comunidade. Por volta do século XVI, a ciência já tinha inventado a pólvora e a bússola dos navegadores, a descoberta da América mostrara as limitações da geognosia dos antigos, a ortodoxia católica começara a figurar como um obstáculo ao progresso material e a fúria dos teólogos obscurantistas fazia que os homens de ciência parecessem campeões heroicos de um novo saber. O século XVII, com o telescópio, a ciência da dinâmica e a lei da gravitação, completou o triunfo do olhar científico, não apenas como chave para o conhecimento puro, mas também como poderoso meio para o progresso econômico. A partir de então, a ciência passou a ser reconhecida como matéria de interesse social e não meramente individual.

A teoria do Sol e dos planetas como sistema fechado praticamente se completou com Newton. Em contraposição a Aristóteles e aos filósofos medievais, parecia que o Sol, e não a Terra, ocupava o centro do sistema solar; que os corpos celestes, entregues a si mesmos, iriam se mover não em linha reta, mas em círculo; que, na verdade, eles não se moviam nem em linha reta nem em círculo, mas sim em elipse; e que nenhuma ação exterior era necessária para preservar seus movimentos. Mas, quanto à origem do sistema, Newton não tinha nada científico a dizer: ele supunha que, durante a Criação, a mão de Deus lançara os planetas em uma direção tangencial, deixando-os então à mercê da lei da gravitação. Antes de Newton, Descartes tentara formular uma teoria sobre a origem do sistema solar, mas sua teoria se provou insustentável. Kant e Laplace inventaram a hipótese das nebulosas, segundo a qual o Sol fora formado pela condensação de uma nebulosa primitiva e, depois, começara a lançar os planetas no espaço sucessivamente, como resultado de sua rotação cada vez mais rápida. Essa teoria também se provou falha, e os astrônomos modernos tenderam para a visão de que os planetas foram formados pela passagem de outro astro pelas proximidades do Sol. O tema continua obscuro, mas ninguém duvida que, por algum mecanismo, os planetas nasceram do Sol.

O progresso astronômico mais notável dos últimos tempos tem a ver com as estrelas e as nebulosas. A mais próxima das estrelas fixas, Alpha Centauri, está a uma distância de cerca de 40×10^{12} quilômetros, ou 4,2 anos-luz. (A luz viaja a 300 mil quilômetros por segundo; 1 ano-luz é a distância que ela percorre em um ano.) A primeira vez que se determinou a distância de uma estrela foi em 1835; desde então, por meio de diversos métodos engenhosos, foram computadas distâncias cada vez maiores. Acredita-se que o objeto mais distante que pode ser detectado com o telescópio mais poderoso que existe hoje esteja a cerca de 500 milhões de anos-luz.

Agora se sabe algo sobre a estrutura geral do universo. O Sol é uma estrela na galáxia, a qual reúne cerca de 300 bilhões de estrelas, com cerca de 150 mil anos-luz de comprimento e algo entre 25 e 40 mil anos-luz de largura. A massa total da galáxia tem cerca de 160 bilhões de vezes a massa do Sol; a massa do Sol tem mais ou menos 2×10^{27} toneladas. Todo esse sistema está girando devagar em torno de seu centro de gravidade; o Sol leva algo como 225 milhões de anos para completar sua órbita em volta da Via Láctea.

No espaço para além da Via Láctea, outros sistemas de estrelas, aproximadamente do mesmo tamanho que nossa galáxia, estão espalhados a intervalos um tanto regulares por todo o espaço que nossos telescópios conseguem explorar. Esses sistemas são chamados de nebulosas extragalácticas; calcula-se que cerca de 30 milhões deles são visíveis, mas o censo ainda não está completo. A distância média entre duas nebulosas é de uns 2 milhões de anos-luz. (A maior parte desses fatos foi extraída de Hubble, *The Realm of the Nebulae* [O reino das nebulosas], 1936.)

Um dos fatos mais curiosos a respeito das nebulosas é que as linhas de seu espectro, com pouquíssimas exceções, deslocam-se em direção ao vermelho e que o volume do deslocamento é proporcional à distância da nebulosa. A única explicação plausível é que as nebulosas estejam se afastando de nós e que as mais distantes sejam as mais velozes em seu movimento. À distância de 135 milhões de anos-luz, essa velocidade chega a 23 mil quilômetros por segundo (Hubble, ilustração VIII, p.118). A certa distância, a velocidade ficaria igual à velocidade da luz, e a nebulosa se tornaria invisível aos nossos telescópios, por mais potentes que eles fossem.

A teoria geral da relatividade oferece uma explicação para esse curioso fenômeno. Ela sustenta que o universo é finito – não que tenha uma borda, fora da qual exista algo que não faz parte do universo, mas, sim, que se trata de uma esfera tridimensional, na qual as linhas mais retas possíveis com o tempo retornam a seu ponto de partida, como na superfície da Terra. A teoria chega a predizer que o universo deve estar se contraindo ou se expandindo; e, então, faz uso de fatos observados sobre as nebulosas para concluir pela expansão. De acordo com Eddington, o universo dobra de tamanho a cada 1.300 milhões de anos (*New Pathways in Science* [Novos caminhos na ciência], p.210). Se isso for verdade, o universo já foi muito pequeno, mas com o tempo ficará bastante grande.

Isto nos traz à questão da idade da Terra, das estrelas e das nebulosas. Levando-se em conta fundamentos que são, em grande medida, geológicos, a idade da Terra é calculada em cerca de 3 bilhões de anos. A idade do Sol e das outras estrelas ainda é objeto de controvérsias. Se, no interior de uma estrela, a matéria pode ser destruída pela transformação de elétrons e prótons em radiação, as estrelas podem ter muitos milhões de milhões de anos de idade; caso contrário, apenas uns poucos milhares de milhões (H. Spencer Jones, *Worlds Without End* [Mundos sem fim], p.231). Em geral, esta última visão parece prevalecer.

Existem mesmo algumas razões para se pensar que o universo teve um começo no tempo; Eddington costumava defender que começou por volta de 90 bilhões de anos a.C. Sem dúvida, é mais do que os 4.004 anos nos quais nossos antepassados acreditavam, mas ainda se trata de um período finito e reanima todos os antigos enigmas sobre o que acontecia antes dessa data.

O resultado líquido desse levantamento sumário do mundo astronômico é que, por maior e mais antigo que ele seja, há motivos — mesmo que ainda sejam bastante especulativos — para se pensar que não é infinitamente grande nem infinitamente antigo. A teoria geral da relatividade alega ser capaz de nos dizer coisas sobre o universo como um todo por meio de uma engenhosa mistura de observação e raciocínio. Se isso for válido — e não estou absolutamente convencido de que o seja —, o aumento da escala, tanto no espaço quanto no tempo, que até aqui caracterizou a astronomia, tem um limite, um limite que estamos perto de alcançar. Eddington afirma que a circunferência do universo está na ordem de 6 bilhões de anos-luz (*New Pathways in Science* [Novos caminhos na ciência], p. 218). Se isso for verdade, telescópios um pouco melhores irão nos capacitar a "compreender todo esse desolado esquema de coisas". Como estamos começando a ver, em breve também poderemos "partir tudo em pedaços". Mas não creio que vamos poder "remodelá-los mais afeitos aos desejos de nosso coração".

3.
O mundo da física

A ciência mais avançada dos dias de hoje e a que parece lançar mais luz sobre a estrutura do mundo é a física. Essa ciência praticamente começa com Galileu, mas, para apreciarmos seu trabalho, será melhor dar uma rápida olhada no que se pensava antes de sua época.

Os escolásticos, cujas opiniões em grande medida derivavam de Aristóteles, pensavam que havia leis diferentes para os corpos celestiais e terrenos, bem como para as matérias vivas e mortas. Diziam que a matéria morta, entregue a si mesma, aos poucos perderia qualquer movimento que pudesse ter, pelo menos na esfera terrestre. De acordo com Aristóteles, todas as coisas vivas tinham algum tipo de alma. A alma vegetal, atributo de todas as plantas e animais, preocupava-se apenas com o crescimento; a alma animal se preocupava também em provocar movimentos. Existiam quatro elementos, terra, água, ar e fogo, dos quais a terra e a água eram pesadas, ao passo que o ar e o fogo eram leves. A terra e a água tinham um movimento natural para baixo; o ar e o fogo, para cima. Havia também, nos mais elevados céus, um quinto elemento, uma espécie de fogo sublimado. Não havia nenhuma sugestão de um conjunto de leis para todos os tipos de matéria, tampouco uma ciência das mudanças no movimento dos corpos.

Galileu – e, em menor medida, Descartes – introduziu conceitos e princípios fundamentais que foram suficientes para a física até o século XX. Parecia que as leis de movimento eram as mesmas para todos os tipos de matéria morta e, provavelmente, também para a matéria viva. Descartes achava que os animais eram seres autômatos e que seus movimentos poderiam ser teoricamente calculados por meio do emprego dos mesmos princípios que regiam a queda de um pedaço de chumbo. Prevalecia entre os físicos, pelo menos como hipótese de trabalho, a opinião de que toda matéria era homogênea e de que sua única propriedade científica importante era sua posição no espaço. Por motivos teológicos, os corpos humanos muitas vezes (mas não sempre) eram isentos do rígido determinismo que as leis físicas pareciam implicar. Com essa possível exceção, a ortodoxia científica acabou por endossar a opinião de Laplace, segundo a qual um calculador, munido de suficiente habilidade matemática e da posição, da velocidade e da massa de cada partícula do universo em determinado instante, poderia calcular todo o passado e o futuro do mundo físico. Se, como alguns pensavam, ocasionalmente interviessem milagres, estes estariam fora da alçada da ciência, uma vez que, por sua própria natureza, não se submetiam a leis. Por esse motivo, mesmo aqueles que acreditavam em milagres não tinham ocasião de se descuidar do rigor científico em seus cálculos.

Galileu introduziu os dois princípios que mais contribuíram para tornar possível a física matemática: a lei da inércia e a lei do paralelogramo. É preciso dizer algumas coisas a respeito de cada uma delas.

A lei da inércia, também conhecida como a primeira lei de movimento de Newton, estabelece, nas palavras deste, que: "Todo corpo persiste em seu estado de repouso, ou em movimento uniforme em rígida linha reta, a menos que seja impelido a mudar esse estado por forças que incidam sobre ele".

A concepção de "força", de suma importância nos trabalhos de Galileu e Newton, acabou se revelando supérflua e foi eliminada da dinâmica clássica durante o século XIX. Isto exigiu uma reformulação da lei da inércia. Mas, primeiro, vamos considerar essa lei em relação às crenças que prevaleciam antes de Galileu.

Todos os movimentos terrestres tendem a se enfraquecer e finalmente cessar. Mesmo quando lançadas no mais liso dos gramados, as bolas vêm a parar depois de um tempo; uma pedra arremessada sobre o gelo não fica deslizando para sempre. Os corpos celestes, é verdade, persistem em suas órbitas, sem qualquer perda de velocidade observável, mas seus movimentos não são retilíneos. De acordo com a lei da inércia, a desaceleração da pedra no gelo e as órbitas curvilíneas dos planetas não podem ser explicadas por nada intrínseco a sua própria natureza, mas apenas pela ação do ambiente.

Esse princípio acarretou a possibilidade de ver o mundo físico como um sistema de causalidade independente. Logo pareceu que, em qualquer sistema dinamicamente independente – tal como o são, por estreita aproximação, o Sol e os planetas –, a quantidade de movimento, ou momento, em todas as direções é constante. Assim, o universo, uma vez em movimento, permanecerá em movimento para sempre, a menos que detido por algum milagre. Aristóteles pensava que os planetas precisavam de deuses para empurrá-los por suas órbitas e que os movimentos na Terra podiam ser espontaneamente iniciados por animais. Segundo essa opinião, os movimentos da matéria só podiam ser compreendidos ao se considerarem causas não materiais. A lei da inércia mudou isso e possibilitou o cálculo dos movimentos da matéria a partir das leis da dinâmica.

Tecnicamente, o princípio da inércia significava que as leis causais da física deviam ser enunciadas em termos de *aceleração*, isto é, de uma mudança de velocidade em intensidade, ou em direção, ou em ambas. O movimento uniforme em círculo, o qual os antigos e os escolásticos consideravam "natural" para os corpos celestes, deixou de sê-lo, pois exigia uma mudança contínua na direção do movimento. A cessação do movimento em linha reta demandava uma causa, a qual foi encontrada na lei da gravitação de Newton.

Sendo a aceleração o segundo diferencial de posição no tocante ao tempo, concluiu-se da lei da inércia que as leis causais da dinâmica deviam ser equações diferenciais de segunda ordem, embora essa forma de enunciação só tenha sido possível depois que Newton e Leibniz inventaram o cálculo infinitesimal. Essa consequência da lei da inércia tem se mantido firme ao longo de todas as transformações modernas na física teórica. A importância fundamental da *aceleração* talvez seja a mais permanente e esclarecedora de todas as descobertas de Galileu.

A lei do paralelogramo, na linguagem de Newton, refere-se ao que acontece quando um corpo está sujeito a duas forças ao mesmo tempo. Ela diz que, se um corpo se encontra sujeito a duas forças, uma das quais é mensurável, em direção e magnitude, por uma linha AB e a outra por uma linha BC, então o efeito da ação simultânea de ambas é medido pela linha AC. Isso quer dizer, *grosso modo*, que, quando duas forças atuam simultaneamente, o efeito é o mesmo que seria se agissem sucessivamente. Em linguagem técnica, isto significa que as equações são lineares, o que facilita bastante o cálculo matemático.

Essa lei pode ser interpretada como a assertiva da mútua independência de diferentes causas que agem simultaneamente. Tomemos, por exemplo, a questão dos projéteis, pela qual Galileu muito se interessou. Se a Terra não atraísse determinado projétil, este, segundo a lei da inércia, continuaria a se mover horizontalmente, com velocidade uniforme (desprezando-se aí a resistência do ar). Se o projétil não tivesse velocidade inicial, ele cairia verticalmente, com aceleração uniforme. Para determinar onde o projétil de fato estaria depois de (digamos) um segundo, poderíamos supor que ele primeiro se movimentaria horizontalmente com velocidade uniforme por um segundo e, depois, partindo do repouso, cairia verticalmente, com aceleração uniforme, por um segundo.

Quando as forças a que um corpo está sujeito não são constantes, o princípio não nos permite considerá-las separadamente por um tempo finito, mas, se esse tempo finito for curto, o resultado de considerá-las em separado será aproximadamente correto, e quanto mais curto for o tempo, mais aproximadamente correto será o resultado, chegando ao limite da exatidão.

Deve-se compreender que essa lei é puramente empírica; não há razão matemática para ser verdadeira. Deve-se acreditar nela quando houver provas, e nada mais. Ela não é admitida pela mecânica quântica, e existem fenômenos que parecem demonstrar que não é verdadeira nas ocorrências atômicas. Mas, na física das ocorrências de grande escala, tal lei permanece verdadeira, e na física clássica ela desempenhou um papel muito importante.

Desde Newton até o final do século XIX, o progresso da física não envolveu nenhum princípio basicamente novo. A primeira novidade revolucionária foi a introdução da constante quântica, por Planck, no ano de 1900. Mas, antes de considerarmos a teoria quântica, que é de suma importância com relação à estrutura e ao comportamento dos átomos, é necessário dizer algumas palavras sobre a relatividade, a qual realizou um afastamento dos princípios newtonianos muito menos significante que o da teoria quântica.

Newton acreditava que, além da matéria, havia o espaço absoluto e o tempo absoluto. Isso quer dizer que existia um agregado tridimensional de pontos e um agregado unidimensional de instantes, e que havia uma relação de três termos envolvendo a matéria, o espaço e o tempo, isto é, a relação de "ocupar" um ponto em um instante. Desde essa perspectiva, Newton concordava com Demócrito e outros atomistas da Antiguidade, que acreditavam em "átomos e vácuo". Outros filósofos haviam afirmado que o espaço vazio não era nada e que devia existir matéria por toda parte. Esta era a opinião de Descartes e também a de Leibniz, com quem Newton (usando o dr. Clarke como porta-voz) teve uma controvérsia sobre o tema.

Qualquer que fosse a opinião dos físicos em termos de filosofia, a visão de Newton estava implícita na técnica da dinâmica, e existiam, como ele próprio demonstrou, razões empíricas para preferi-la. Se alguém começa a girar a água de um balde, esta vai subindo pelos lados; mas, se alguém roda o balde, a água permanece parada e sua superfície continua plana. Podemos, então, distinguir entre a rotação da água e a rotação do balde, o que não conseguiríamos fazer se a rotação fosse meramente relativa. Desde os tempos de Newton, outros argumentos do mesmo tipo foram se acumulando. O Pêndulo de Foucault, o achatamento da Terra nos polos e o fato de os corpos pesarem menos em baixas latitudes nos permitiram inferir que a Terra gira, mesmo que o céu esteja sempre coberto de nuvens; na verdade, com base nos princípios newtonianos, podemos dizer que a rotação da Terra, e não a revolução dos céus, é que causa a sucessão dos dias e das noites e o movimento das estrelas. Mas, se o espaço é puramente relativo, a diferença entre as afirmações "a Terra gira" e "os céus se movem" é puramente verbal; ambas são modos de descrever o mesmo fenômeno.

Einstein demonstrou como evitar as conclusões de Newton e tornar a posição espaçotemporal puramente relativa. Mas sua teoria da relatividade fez muito mais que isso. Na teoria especial da relatividade, ele mostrou que entre dois eventos há uma relação, a qual ele chamou de "intervalo", que pode ser dividido de muitas maneiras diferentes, no que podemos ver como distância espacial e no que podemos ver como lapso de tempo. Todas essas diferentes maneiras são igualmente legítimas: não existe uma que seja mais "certa" do que as outras. A escolha entre elas é matéria de pura convenção, como a que se dá entre o sistema métrico e o de pés e polegadas.

Segue-se que o agregado fundamental da física não pode consistir de partículas persistentes em movimento, mas, sim, de um agregado tetradimensional de "eventos". Haverá três coordenadas para fixar a posição do evento no espaço, e uma para fixar sua posição no tempo, mas uma mudança nas coordenadas pode alterar tanto as coordenadas do espaço quanto a do tempo, e não apenas, como antes, por uma quantidade constante, a mesma para todos os eventos – como quando se altera a data da era maometana para a cristã.

A teoria geral da relatividade – publicada em 1915, dez anos depois da teoria especial – foi, em primeiro lugar, uma teoria geométrica da gravitação. Pode-se considerar que essa parte da teoria está firmemente estabelecida. Mas ela também apresenta traços especulativos. Em suas equações, contém o que se chamou de "constante cósmica", a qual determina o tamanho do universo em qualquer momento. Utiliza-se essa parte da teoria, como já mencionei, para se demonstrar que o universo está crescendo ou diminuindo continuamente. Considera-se que o deslocamento em direção ao vermelho no espectro das nebulosas distantes mostra que elas estão se afastando de nós com velocidade proporcional à sua distância da Terra. Isto leva à conclusão de que o universo está se expandindo, e não se contraindo. Deve-se compreender que, de acordo com essa teoria, o universo é finito mas ilimitado, como a superfície de uma esfera, mas em três dimensões. Tudo isso envolve uma geometria não euclidiana e pode parecer misterioso para aquelas pessoas cuja imaginação seja obstinadamente euclidiana.

Na teoria geral da relatividade se veem implicados dois tipos de afastamento em relação ao espaço euclidiano. Por um lado, existem os chamados afastamentos de pequena escala (nos quais o sistema solar, por exemplo, é considerado "pequeno") e, por outro, os afastamentos de grande escala do universo como um todo. Os afastamentos de pequena escala ocorrem nas proximidades da matéria e dão conta da gravitação. Podem ser comparados a vales e montanhas na superfície da Terra. Já os afastamentos de larga escala podem ser comparados ao fato de a Terra ser redonda, e não plana. Se você partir de qualquer ponto na superfície da Terra e viajar seguindo a linha mais reta possível, vai acabar voltando ao ponto de partida. Então, segundo o que se afirma, a linha mais reta possível viajando pelo universo acabará voltando sobre si mesma. A analogia com a superfície da Terra falha na medida em que a superfície terrestre é bidimensional e tem regiões que estão fora dela, ao passo que o espaço esférico do universo é tridimensional e não há nada fora dele. A atual circunferência do universo está entre 6 bilhões e 60 bilhões de anos-luz, mas o tamanho do universo dobra a cada 1,3 bilhão de anos. Não se deve perder de vista, porém, que tudo isso está sujeito a dúvidas.

De acordo com o professor E. A. Milne,[1] há muitas outras coisas questionáveis na teoria de Einstein. O professor Milne afirma que não há necessidade de se considerar o espaço como não euclidiano e que se pode decidir qual geometria adotar inteiramente por motivos de conveniência. Segundo ele, a diferença entre geometrias diversas está na linguagem, e não no que se descreve. É imprudente que um forasteiro venha a ter opinião aí onde os físicos discordam, mas tendo a pensar que o professor Milne muito provavelmente está com a razão.

A teoria quântica, em contraste com a teoria da relatividade, ocupa-se principalmente das menores coisas sobre as quais se pode ter conhecimento, a saber, os átomos e sua estrutura. Durante o século XIX, a constituição atômica da matéria se tornou algo bem estabelecido e se descobriu que diferentes elementos podiam ser dispostos em uma série que começava com o hidrogênio e terminava com o urânio. A posição de um elemento nessa série é denominada "número atômico". O hidrogênio tem número atômico 1 e o urânio, 92. Atualmente existem

---

[1] E. A. Milne, *Relativity, Gravitation and World Structure* [Relatividade, gravitação e estrutura de mundo], Oxford: 1935.

duas lacunas na série, de modo que a soma dos elementos conhecidos dá 90, e não 92; mas as lacunas podem ser preenchidas a qualquer momento, como o foram várias lacunas anteriores. Em geral, mas não sempre, o número atômico aumenta com o peso atômico. Antes de Rutherford, não havia nenhuma teoria plausível sobre a estrutura dos átomos, nem sobre as propriedades físicas que os faziam se encaixar em uma série. Essa série era determinada tão somente por suas propriedades químicas, e sobre estas não havia nenhuma explicação física.

O átomo Rutherford-Bohr, assim chamado em homenagem a seus dois inventores, era de uma linda simplicidade, agora infelizmente perdida. Mas, mesmo que tenha se tornado apenas uma aproximação pictórica da verdade, ainda pode ser utilizado quando não se exige extrema precisão. E, sem ele, jamais teria surgido a moderna teoria quântica. Portanto, ainda é necessário dizer algumas coisas sobre tal modelo.

Rutherford deu razões experimentais para conceber que o átomo era composto de um núcleo, que carregava carga elétrica positiva, cercado por corpos muito mais leves, os chamados "elétrons", que carregavam eletricidade negativa e, como planetas, giravam em órbitas em torno do núcleo. Quando o átomo não está eletrizado, o número de elétrons planetários é igual ao número atômico do elemento em questão; em qualquer circunstância, o número atômico mede a eletricidade positiva líquida carregada pelo núcleo. O átomo de hidrogênio consiste de um núcleo e um único elétron planetário; o núcleo do átomo de hidrogênio é chamado de "próton". Descobriu-se que se podia considerar que os núcleos dos outros elementos eram compostos de prótons e elétrons, sendo o número de prótons maior que o de elétrons segundo o número atômico do elemento. Assim, o hélio, cujo número é 2, tem um núcleo que consiste em quatro prótons e dois elétrons. O peso atômico é praticamente determinado pelo número de prótons, uma vez que um próton tem cerca de 1.850 vezes a massa de um elétron, fazendo que a contribuição dos elétrons para a massa total seja quase negligenciável.

Descobriu-se que, além dos elétrons e prótons, o átomo tem dois outros constituintes, chamados "pósitrons" e "nêutrons". Um pósitron é como um elétron, exceto pelo fato de que carrega eletricidade positiva, e não negativa; tem a mesma massa que um elétron e provavelmente o mesmo tamanho, se é que se pode dizer que ambos tenham algum tamanho. O nêutron não tem eletricidade, mas tem aproximadamente a mesma massa que o próton. Não parece improvável que um próton consista de um pósitron e um nêutron. Se isso for verdade, existem três tipos fundamentais de constituintes no átomo Rutherford-Bohr aperfeiçoado: o nêutron, que tem massa, mas não eletricidade; o pósitron, que tem eletricidade positiva; e o elétron, que tem uma igual quantia de eletricidade negativa.

Mas agora devemos voltar às teorias que precederam a descoberta dos nêutrons e pósitrons.

Bohr acrescentou ao modelo de Rutherford uma teoria sobre as possíveis órbitas dos elétrons, a qual, pela primeira vez, explicou as linhas no espetro de um elemento. Essa explicação matemática estava quase perfeita nos casos do hidrogênio e do hélio positivamente eletrizado; em outros casos, a matemática era difícil demais, mas não surgiu nenhuma razão para se supor que a teoria apresentaria resultados errados se a matemática pudesse ser levada a cabo. Sua teoria empregava a constante quântica de Planck, h, sobre a qual é necessário dizer algumas palavras.

Ao estudar a radiação, Planck provou que, em uma onda de luz ou de calor de frequência v, a energia deve ser $h.v$, ou $2h.v$ ou $3h.v$, ou algum outro múltiplo inteiro de $h.v$, onde h é a "constante de Planck", cujo valor em unidades C.G.S. é cerca de $6,55 \times 10^{-27}$, e as dimensões são as de ação, ou seja, energia × tempo. Antes de Planck, supunha-se que a energia de uma onda poderia variar continuamente, mas ele demonstrou de maneira conclusiva que não era assim. A frequência de ondas é o número que passa por um determinado ponto em um segundo. No caso da luz, a frequência determina a cor; a luz violeta tem a frequência mais alta e a luz vermelha, a mais baixa. Existem outras ondas que são do mesmo tipo das ondas de luz, mas que não têm frequências que provocam sensações visuais de cor. As frequências mais altas que as de luz violeta são, por ordem, o ultravioleta, os raios X e os raios gama; as mais baixas são o infravermelho e aquelas utilizadas no telégrafo sem fio.

Quando um átomo emite luz, ele o faz porque se separou de uma quantidade de energia igual à da onda de luz. Se emite luz de frequência v, ele deve, de acordo com a teoria de Planck, se separar de uma quantidade de energia medida por $h.v$, ou por algum múltiplo inteiro de $h.v$. Bohr supunha que isso acontecia quando um elétron planetário saltava de uma órbita maior para uma menor; em consequência, a mudança de órbita devia ser tal que envolvesse uma perda de energia $h.v$, ou algum múltiplo inteiro dessa quantia. Seguia-se que apenas certas órbitas podiam ser possíveis. No átomo de hidrogênio, havia a menor órbita possível, e outras órbitas possíveis teriam 4, 9, 16... vezes o raio da órbita mínima. Essa teoria, proposta pela primeira vez em 1913, estava bem de acordo com as observações e, por um tempo, teve aceitação geral. Aos poucos, porém, descobriu-se que havia fatos que ela não conseguia explicar, então, ainda que claramente fosse um passo na direção da verdade, já não podia ser aceita como era. A nova e mais radical teoria quântica, que data de 1925, vem principalmente de dois homens, Heisenberg e Schrödinger.

Nessa teoria moderna já não há qualquer tentativa de compor um quadro imaginativo do átomo. Um átomo dá provas de sua existência somente quando emite energia e, portanto, só existem provas experimentais de mudanças de energia. A nova teoria empresta de Bohr a doutrina de que a energia em um átomo deve apresentar uma das distintas séries de valores que envolvem h; cada uma delas é chamada de "nível de energia". Mas, quanto ao que dá energia ao átomo, a teoria silencia prudentemente.

Uma das coisas mais curiosas dessa teoria é que ela aboliu a distinção entre ondas e partículas. Newton achava que a luz consistia de partículas emitidas pela fonte de luz; Huygens pensava que consistia de ondas. A opinião de Huygens prevaleceu, e até recentemente se pensou que ela estaria definitivamente estabelecida. Mas novos fatos experimentais parecem impor que a luz deve consistir de partículas, as quais foram chamadas de "fótons". *Per contra*, De Broglie sugeriu que a matéria consiste de ondas. No fim, demonstrou-se que em física tudo pode ser explicado ou pela hipótese da partícula ou pela hipótese da onda. Não há, portanto, diferença física entre as duas hipóteses, e tanto uma quanto a outra pode ser adotada em qualquer problema, conforme nossa conveniência. Mas, seja qual for a escolhida, é preciso apegar-se a ela; não podemos misturar as duas hipóteses em um mesmo cálculo.

Na teoria quântica, as ocorrências atômicas individuais não são determinadas por equações; estas se limitam a demonstrar que as possibilidades formam uma série distinta e que existem regras determinando com qual frequência cada possibilidade irá se realizar dentro de um grande número de casos. Há razões para se acreditar que essa ausência de um determinismo completo não se deve a qualquer imperfeição na teoria, mas que se trate, sim, de uma característica genuína das ocorrências em pequena escala. A regularidade que se encontra em fenômenos macroscópicos é uma regularidade estatística. Fenômenos que envolvem um grande número de átomos permanecem determinísticos, mas o que um átomo individual pode fazer em dadas circunstâncias é incerto, não apenas porque nosso conhecimento é limitado, mas porque não existem leis físicas que apontem para um determinado resultado.

Há uma outra resultante da teoria quântica sobre a qual, em minha opinião, se faz muito barulho: o chamado princípio de incerteza de Heisenberg. De acordo com esse princípio, existe um limite teórico para a exatidão com que se podem medir simultaneamente certas quantidades interligadas. Ao se especificar o estado de um sistema físico, há certos pares de quantidades interligadas: um deles é a posição e o momento (ou velocidade, quando a massa é constante); outro é a energia e o tempo. É lugar-comum dizer que nenhuma quantidade física pode ser mensurada com completa exatidão, mas sempre se supôs que não haveria limite teórico para o aumento da exatidão alcançável por meio de técnicas aperfeiçoadas. Segundo o princípio de Heisenberg, não é esse o caso. Se tentarmos mensurar simultaneamente duas quantidades interligadas do tipo que mencionamos, qualquer acréscimo na exatidão da medida de uma delas (além de certo ponto) implicará um decréscimo na exatidão da medida da outra. Na verdade, haverá erros em ambas as medidas, e o produto desses dois erros jamais poderá ser menor que $h/2\pi$. Isso significa que, se uma estiver completamente exata, o erro na outra terá de ser infinito. Suponhamos, por exemplo, que você queira determinar a posição e a velocidade de uma partícula em determinado tempo: se você tiver a posição quase exata, haverá um grande erro na velocidade; se você tiver a velocidade quase exata, haverá um grande erro na posição. O mesmo acontece com a energia e o tempo: se você medir a energia com grande exatidão, o tempo em que o sistema tiver tal energia apresentará uma larga margem de incerteza, ao passo que, se você precisar o tempo com grande exatidão, a energia irá se tornar incerta, dentro de vastos limites. Não é uma questão de imperfeição dos nossos aparelhos, mas, sim, um princípio essencial da física.

Existem considerações físicas que tornam esse princípio menos surpreendente. Pode-se observar que h é uma quantidade muito pequena, uma vez que é da ordem de 10^{-27}. Assim, sempre que h for relevante, estaremos lidando com questões que envolvem extrema minudência. Quando um astrônomo observa o Sol, este mantém soberana indiferença aos procedimentos daquele. Mas, quando um físico tenta entender o que se passa com um átomo, os aparelhos com os quais ele faz suas observações provavelmente terão efeito sobre o átomo. Considerações detalhadas demonstram que o tipo de aparelho mais adequado para determinar a posição do átomo provavelmente afeta sua velocidade, ao passo que o tipo de aparelho mais adequado para determinar sua velocidade provavelmente altera sua posição. Argumentos similares se aplicam a outros pares de quantidades relacionadas. Não creio, portanto, que o princípio de incerteza tenha o tipo de importância filosófica que às vezes lhe atribuem.

Equações quânticas diferem das da física clássica em um aspecto muito importante: elas não são "lineares". Isto significa que, quando você descobre o efeito de uma causa e, depois, o efeito de outra, não consegue descobrir o efeito de ambas juntas ao somar os dois efeitos anteriores. E isto traz resultados muito estranhos. Suponhamos, por exemplo, que você tenha uma tela com uma pequena fenda, a qual você bombardeia com partículas; algumas delas vão passar pela fenda. Suponhamos agora que você feche a primeira fenda e abra uma segunda; algumas partículas vão passar pela segunda fenda. Agora, abra as duas ao mesmo tempo. Você poderia pensar que o número de partículas que passa por ambas as fendas é a soma dos números anteriores, mas acontece que não é esse o caso. O comportamento das partículas de uma fenda parece ser afetado pela existência da outra. As equações conseguem prever o resultado, mas este não deixa de ser surpreendente. Na mecânica quântica há menos independência de causas que na física clássica, e isto aumenta muito a dificuldade dos cálculos.

Tanto a teoria da relatividade quanto a quântica surtiram o efeito de substituir a antiga concepção de "massa" pela de "energia". Costumava-se definir "massa" como a "quantidade de matéria"; a "matéria" era, por um lado, "substância", no sentido metafísico, e, por outro, uma forma técnica da noção comum de "coisa". A "energia" era, nos primeiros estágios, um estado da "matéria". Consistia de duas partes, cinética e potencial. A energia cinética de uma partícula é a metade do produto da massa pelo quadrado da velocidade. A energia potencial é mensurada pelo trabalho que teria de ser feito para se trazer a partícula de alguma posição padrão até sua posição atual. (Isto deixa uma constante indeterminada, mas sem maiores consequências.) Se você carregar uma pedra desde o chão até o alto de uma torre, a pedra ganhará energia potencial ao longo do processo; se você a deixar cair do alto, a energia potencial irá se transformar gradualmente em energia cinética durante a queda. Em qualquer sistema isolado, a energia total é constante. Há várias formas de energia; o calor é uma delas. Existe uma tendência para que cada vez mais energia tome a forma de calor no universo. A conservação de energia só se tornou uma generalização científica bem fundamentada quando Joule mediu o equivalente mecânico do calor.

A teoria da relatividade e alguns experimentos demonstraram que a massa não é constante, como se afirmava, mas, sim, que aumenta com a rapidez do movimento; se uma partícula pudesse se mover tão rápido quanto a luz, sua massa se tornaria infinita. Como todo movimento é relativo, os diferentes cálculos de massa, feitos por diferentes observadores de acordo com seu movimento relativo à partícula em questão, são igualmente legítimos. Mas, no que diz respeito a essa teoria, há um cálculo de massa que ainda pode ser considerado fundamental: o cálculo feito por um observador que se encontra em repouso em relação ao corpo cuja massa se quer medir. Como o aumento da massa em razão da velocidade só pode ser considerado em velocidades comparáveis às da luz, esse caso cobre praticamente todas as observações, exceto as de partículas α e β emitidas por corpos radioativos.

A teoria quântica fez uma incursão ainda maior pelo conceito de "massa". Agora parece que, toda vez que se perde energia por radiação, há uma perda correspondente em massa. Acredita-se que o Sol está perdendo massa a uma taxa de 4 milhões de toneladas por segundo. Outro exemplo: um átomo de hélio não eletrizado consiste (para usarmos a linguagem da teoria de Bohr) de quatro prótons e quatro elétrons, e o átomo de hidrogênio consiste de um próton e um elétron. Então se poderia supor que a massa de um átomo de hélio é quatro vezes a de um átomo de hidrogênio. Mas não é esse o caso: tomando-se a massa do átomo de hélio como 4, a de um átomo de hidrogênio não é 1, mas 1,008. A explicação é que a energia se perde (por radiação) quando quatro átomos de hidrogênio se juntam para formar um átomo de hélio – pelo menos é o que devemos supor, pois tal processo ainda não foi observado.

Imagina-se que a combinação de quatro átomos de hidrogênio para formar um átomo de hélio ocorra dentro das estrelas e que, se fôssemos capazes de produzir temperaturas comparáveis às do interior das estrelas, poderia ocorrer em laboratórios terrestres. Quase toda a perda de energia envolvida na formação de elementos diferentes do hidrogênio acontece na transição para o hélio; em estágios ulteriores, a perda de energia é pequena. Se o hélio, ou qualquer outro elemento diferente do hidrogênio, pudesse ser produzido artificialmente a partir do hidrogênio, haveria no processo uma enorme liberação de energia na forma de luz e calor. Isto sugere a possibilidade de bombas atômicas mais destrutivas que as atuais, feitas de urânio. Haveria uma segunda vantagem: as reservas de urânio do planeta são muito restritas, e existe um temor de que possam se esgotar antes de a raça humana ser exterminada. Mas, se for possível utilizar as reservas praticamente ilimitadas de hidrogênio dos oceanos, haverá motivos consideráveis para se esperar que o *homo sapiens* venha a pôr fim a si mesmo, para grande benefício de outros animais menos vorazes.

Mas é hora de voltarmos a temas menos animadores.

A linguagem da teoria de Bohr ainda é adequada para muitos propósitos, mas não para enunciar os princípios fundamentais da física quântica. Para enunciarmos esses princípios, devemos evitar toda ilustração do que acontece no átomo e abandonar as tentativas de dizer o que é energia. Precisamos dizer, simplesmente: existe algo quantitativo, a que damos o nome de "energia"; esse algo se encontra distribuído pelo espaço de maneira muito desigual; há regiões pequenas com muito desse algo, os chamados "átomos", e era aí que, segundo concepções mais antigas, havia matéria; essas regiões estão perpetuamente absorvendo ou emitindo energia em formas que têm uma "frequência" periódica. As equações quânticas fornecem regras que determinam as formas possíveis de energia emitidas por determinado átomo e a proporção dos casos (dentro de um grande número deles) em que cada uma das possibilidades será realizada. Tudo aqui é abstrato e matemático, exceto as sensações de cor, calor etc. produzidas pela energia radiante no físico observador.

A física matemática contém tamanha superestrutura de teoria que sua base na observação tende a ficar obscurecida. Trata-se, no entanto, de um estudo empírico, e seu caráter empírico aparece de maneira ainda mais inequívoca no que diz respeito às constantes físicas. Eddington (*New Pathways in Science*, p.230) oferece a seguinte lista de constantes primordiais da física:

e, a carga de um elétron;
m, a massa de um elétron;
M, a massa de um próton;
h, a constante de Planck;
c, a velocidade da luz;
G, a constante da gravitação;
λ, a constante cósmica.

Essas constantes aparecem nas equações fundamentais da física e usualmente (ainda que não sempre) se considera que nenhuma pode ser inferida a partir das demais. Outras constantes, segundo o que se diz, podem ser teoricamente deduzidas a partir dessas; às vezes se pode de fato fazer o cálculo, outras vezes, o cálculo ainda é muito difícil para os matemáticos. Elas representam o resíduo de fato concreto depois de todo o possível ter sido reduzido a equações. (Não estou incluindo os fatos concretos que são meramente geográficos.)

Deve-se observar que temos muito mais certeza da importância dessas constantes do que desta ou daquela interpretação sobre elas. A constante de Planck, em sua breve história desde 1900, tem sido verbalmente representada de muitas maneiras, mas tais mudanças não afetaram seu valor numérico. O que quer que aconteça com a teoria quântica no futuro, é praticamente certo que a constante h mantenha sua importância, e o mesmo vale para e e m, a carga e a massa do elétron. Os elétrons podem desaparecer completamente dos princípios fundamentais da física, mas é quase certeza que e e m venham a sobreviver. Em certo sentido, pode-se dizer que a descoberta e a medição dessas constantes são o que há de mais sólido na física moderna.

4.
A evolução biológica

Até aqui, consideramos ou o universo como um todo ou características nas quais todas as suas partes se assemelham. O que se diz na astronomia ou na física, caso seja verdade, é completamente neutro, no sentido de que não tem relação especial conosco ou com nossa vizinhança espaçotemporal. Mas agora devemos voltar nossa atenção a temas mais paroquiais. Há coisas que podemos conhecer acerca de nosso próprio planeta e seus parasitas que não podemos conhecer acerca de outras regiões. Pode ser que exista vida em outras partes ou que, em alguma nebulosa remota, exista algo que, mesmo não sendo vida como nós a conhecemos, seja igualmente complexo e diferente das substâncias inorgânicas que nos são conhecidas. Mas, ainda que seja esse o caso, não há razões positivas para se supor tudo isso; tudo o que *conhecemos* sobre a vida nós conhecemos de observações na superfície da Terra ou bem próximo a ela. No estudo científico da vida, estamos virando nossas costas aos grandiosos panoramas da astronomia e abandonando a procura pelo conhecimento minucioso e íntimo da estrutura que deriva da teoria atômica.

A humanidade sempre achou mais difícil ser científica sobre a vida do que sobre os corpos celestes; na época de Newton, a biologia, tal como existia, ainda estava profundamente infectada pela superstição. O poder de crescimento de todas as coisas vivas e o poder de movimento aparentemente espontâneo de todos os animais pareciam misteriosos. Os movimentos dos animais não tinham a simples regularidade dos movimentos dos corpos celestes. Além disso, nós mesmos estamos vivos, e se pensava que tudo o que nos distinguia de paus e pedras, de bichos e feras, devia ser nobre e grandioso demais para o frio distanciamento da investigação científica.

Logo se descobriu que a Bíblia, embora houvesse a princípio imposto obstáculos à aceitação do sistema copernicano, permitia interpretações que possibilitavam que homens de devoção exemplar, como o próprio Newton, aceitassem tanto a inspiração literal das Escrituras quanto os ensinamentos da astronomia. Mas para a biologia era mais difícil conciliar a ciência com o Gênesis. Aceitar a Bíblia literalmente significava que o mundo fora criado em 4004 a.C., ou algo em torno disso; que cada espécie de animal nascera separadamente; que Adão e Eva não tiveram pais. Considerava-se que, entre os animais, apenas o homem tinha alma imortal, livre-arbítrio, responsabilidade moral e a horrível capacidade para o pecado. O abismo entre ele e os animais inferiores era, portanto, intransponível; uma criatura meio humana e meio simiesca era inconcebível. Às doutrinas derivadas das Escrituras se acrescentaram outras, derivadas de Platão e Aristóteles. Somente o homem era racional, ou seja, podia fazer contas e compreender silogismos. Todas as espécies eram imutáveis, cópia de um padrão divino que existia no céu; esta é a doutrina implícita no verso de Shakespeare: "But in them nature's copy's not eterne".[1]

Quando a geologia revelou espécies extintas, supôs-se que estas haviam perecido no Dilúvio. Todos os animais de qualquer espécie descendiam de um casal que estivera na Arca, embora alguns naturalistas se perguntassem como as preguiças puderam ir do Monte Ararat para a América do Sul naquele tempo e por que nenhuma delas ficara pelo caminho. Havia, no entanto, uma teoria inconsistente, segundo a qual alguns animais eram gerados espontaneamente pela ação do sol sobre o lodo.

Ainda em meados do século XIX, homens de consideráveis conhecimentos científicos se viam preocupados com questões que hoje parecem espantosas. Afirmava-se, por exemplo, que antes da Queda não havia animais de rapina: leões e tigres devoravam capim alegremente, abutres se deliciavam com frutas e ervas. Quando a geologia pareceu demonstrar que os animais carnívoros existiam desde antes dos seres humanos, ficou difícil sustentar que toda dor, fosse dos homens ou dos animais, era castigo por Adão ter comido a maçã. Hugh Miller, competente geólogo da metade do século passado, embora admitisse a evidência, considerava-a profundamente perturbadora. A geologia, como um todo, travou árduas batalhas. Buffon foi condenado pela Sorbonne e compelido a se retratar, pois argumentara que as montanhas e vales haviam sido produzidos por "causas secundárias", ou seja, não diretamente pelo impulso criativo de Deus.

A curta escala de tempo oferecida pelo Gênesis foi, a princípio, o obstáculo mais sério à geologia científica. Aqueles que

---

[1] "Mas neles a cópia da natureza não é eterna." (Macbeth, ato 3, cena 2).

sustentavam que as rochas sedimentares haviam sido produzidas em processos similares aos que hoje em dia vemos em ação tiveram de se enquadrar em hipóteses fantásticas, tal como a que dizia que todo o calcário do mundo se formara durante as poucas semanas em que as águas do Dilúvio baixaram. Os fósseis eram um constrangimento para todos: sugeriam uma antiguidade maior que a permitida pelos ortodoxos, mas proporcionavam uma prova para o Dilúvio, o que aborrecia Voltaire de tal modo que ele chegou a inventar teorias absurdas para explicá-los.

Por fim, concordou-se que os "dias" do Gênesis queriam dizer "eras", e, a partir dessa concessão, os geólogos ganharam certa liberdade para formular teorias. Mas, ainda assim, Tennyson seguia preocupado:

> *Are God and Nature then at strife,*
> *That Nature lends such evil dreams?*
> *So careful of the type she seems,*
> *So careless of the single life.*
> *[...]*
> *So careful of the type? But no!*
> *From scarped cliff and quarried stone*
> *She cries: A thousand types are gone,*
> *I care for nothing, all must go.*[2]

---

2 "Estarão Deus e a Natureza em luta/ para que a Natureza se preste a sonhos tão vis?/ Ela que parece tão cuidadosa com a espécie/ tão descuidada da vida única.//[...] Tão cuidadosa com a espécie? Não!/ Dos penhascos escarpados e das pedreiras/ ela berra: mil espécies já se foram/ não me importo com nada, tudo deve desaparecer." Tennyson, *In Memoriam A. H. H.*, cantos 55 e 56.

Nesse campo, todas as primeiras batalhas entre a ciência e a teologia ficaram à sombra da grande batalha em torno da evolução, a qual começou quando Darwin publicou *A origem das espécies*, em 1859, e na América ainda não acabou. Mas não direi mais nada sobre essas controvérsias um tanto empoeiradas.

"Evolução" é uma palavra que muitas vezes se utiliza com certo sabor ético, mas a ciência em nada se beneficia de mesclas com a ética. Para que a "evolução" não tenha implicações éticas e seja distinta da mera mudança, creio que deva significar um aumento da complexidade e da heterogeneidade. Nesse sentido, existem razões para se acreditar que houve uma evolução também no mundo inanimado. A hipótese das nebulosas, mesmo que não explique o desenvolvimento do sistema solar, esclarece de maneira admirável o desenvolvimento das galáxias. Em algum período, devem ter existido vastas nuvens que, aos poucos, se condensaram em sistemas de estrelas. Os vários elementos devem ter se formado gradualmente, por meio de processos sobre os quais agora estamos começando a conhecer alguma coisa. Hoje se compreende melhor a formação dos compostos químicos. Esse processo não vai muito longe quando não se dá em temperaturas moderadas, não muito diferentes das temperaturas a que estamos acostumados; nessas temperaturas, podem surgir moléculas de altíssimo grau de complexidade.

O que distingue a matéria viva da matéria morta? Primeiramente, sua constituição química e estrutura celular. É de se supor que suas outras características derivem dessas primeiras. As mais notáveis dessas outras são a assimilação e a reprodução, que, nas formas inferiores de vida, não se distinguem muito uma da outra. O resultado da assimilação e da reprodução é que, a partir de uma pequena quantidade de matéria viva em ambiente adequado, a quantidade total aumenta rapidamente. Um casal de coelhos na Austrália logo dá origem a muitas toneladas de coelhos. Uns poucos bacilos de sarampo em uma criança logo se tornam muitos milhões. Umas poucas sementes deixadas por pássaros em Krakatoa, depois de uma devastação vulcânica, logo se transformaram em uma exuberante vegetação. No que diz respeito aos animais, essa propriedade da matéria viva não se expressa completamente, uma vez que eles dependem de alimentos que já são orgânicos; mas as plantas conseguem transformar substâncias inorgânicas em matéria viva. Trata-se de um processo puramente químico, mas é a ele que presumivelmente se segue a maioria das outras peculiaridades da matéria viva como um todo.

É característica essencial da matéria viva não ser quimicamente estática, mas, sim, um contínuo processo de transformação química; pode-se dizer que ela é um laboratório químico natural. Nosso sangue passa por uma transformação ao circular pelo corpo e por outra, oposta, ao entrar em contato com o ar nos pulmões. O alimento, a partir do instante em que encontra a saliva, passa por uma série de processos elaborados, que culminam com a entrega da estrutura química apropriada a cada parte do corpo.

Não há razão, exceto a grande complexidade das moléculas que compõem um corpo vivo, para que tais moléculas não possam ser manufaturadas artificialmente; também não há a menor razão para se supor que, se fossem manufaturadas, lhes faltasse alguma das coisas que distinguem a matéria viva gerada naturalmente. Aristóteles pensava que havia uma alma vegetal em toda planta ou animal, e os vitalistas acreditavam em algo semelhante. Mas essa opinião foi se tornando cada vez menos plausível à medida que a química orgânica progrediu. As evidências, ainda que não conclusivas, tendem a demonstrar que tudo o que distingue a matéria viva pode ser reduzido à química e, portanto, em última instância, à física. As leis fundamentais que governam a matéria viva são, muito provavelmente, as mesmas que regem o comportamento do átomo de hidrogênio, ou seja, as leis da mecânica quântica.

Uma das características dos organismos vivos que pareciam misteriosas era o poder de reprodução. Coelhos geram coelhos, tordos geram tordos e minhocas geram minhocas. O desenvolvimento do embrião não ocorre nas formas mais simples de vida; organismos unicelulares simplesmente crescem até alcançar determinado tamanho e, então, se dividem. Algo disso sobrevive na reprodução sexuada: parte do corpo da fêmea se torna óvulo, parte do corpo do homem, esperma; mas essas partes são tão menores que a metade que o processo *parece* qualitativamente, e não apenas quantitativamente, distinto daquele de divisão em duas partes iguais. A novidade, porém, não está na divisão, mas sim na combinação dos elementos masculinos e femininos para se formar um novo organismo, que, no processo de crescimento natural, com o tempo se torna semelhante a seus pais adultos.

Como consequência da teoria de Mendel, o processo de hereditariedade acabou se tornando mais ou menos conhecido. Parece que no óvulo e no esperma há um pequeno número de "genes" que carregam as características hereditárias. As leis da hereditariedade, tal como as da teoria quântica, são distintas e estatísticas: em geral, quando os avós diferem em algum traço, não podemos dizer com qual deles uma criança irá se parecer, mas podemos, dentro de uma grande amostra, dizer a proporção de crianças que se assemelhará a este ou aquele avô no traço em questão.

Em geral, os genes carregam as características parentais, mas às vezes surgem variações, ou "mutantes", que diferem substancialmente dos pais. Essas variações ocorrem de maneira natural, em pequena proporção dos casos, e podem ser produzidas artificialmente por meio de raios X. São essas mutações que proporcionam a melhor oportunidade para a evolução, ou seja, para o desenvolvimento de novas espécies de animais e plantas descendentes de espécies mais antigas.

A ideia geral da evolução é bem antiga; pode-se encontrá-la já em Anaximandro (século VI a.C.), que afirmava que os homens descendiam dos peixes. Mas Aristóteles e a Igreja baniram tais teorias até o século XVIII. Descartes, Kant e Laplace haviam defendido uma origem gradual do sistema solar, em vez da súbita criação seguida de completa ausência de mudanças. Assim que os geólogos conseguiram determinar as idades relativas das diferentes camadas, ficou evidente, a partir dos fósseis encontrados, que as formas de vida mais complexas surgiram muito depois das mais simples; além disso, muitas formas que haviam existido no passado distante desapareceram por completo. Descobriu-se que as bem diferenciadas espécies que estamos acostumados a ver foram precedidas por espécies intermediárias. A hipótese da geração espontânea, até então amplamente aceita, foi refutada por experimentos, exceto no caso da origem hipotética das formas de vida mais simples. Tudo isso fazia que fosse natural supor que os vários animais e plantas que existiam agora ou no passado descenderam de um antepassado comum e tinham se diferenciado gradualmente, como resultado da variação das características hereditárias.

A doutrina da evolução, nesse sentido, tem hoje ampla aceitação.³ Mas a particular força motora que Darwin sugeriu, a saber, a luta pela existência e a sobrevivência do mais apto, já não é tão popular entre os biólogos como era há cinquenta anos. A teoria de Darwin foi uma extensão da economia do *laissez-faire* para todo o âmbito da vida; agora que esse tipo de economia, e a política a ela associada, saiu de moda, as pessoas preferem outras maneiras de explicar as transformações biológicas. Onde tais transformações já ocorreram, ainda se permite que o mecanismo darwinista explique por que um lado fica com a vitória na disputa entre mutantes e conservadores. Mas, enquanto os primeiros darwinistas pensavam que aconteciam, por seleção, transformações minúsculas a cada geração, alguns mendelianos modernos apregoam que o que ocorre são transformações comparativamente maiúsculas e apenas de vez em quando. Sua expectativa é encontrar uma teoria mais ou menos mecânica sobre a origem dessas transformações. O poder de alterar genes experimentalmente, por meio de raios X, dá esperança de progresso nessa direção.

Existem aqueles que argumentam que o conceito fundamental da biologia deve ser o de "organismo" e que, por isso, ela jamais poderá se reduzir à química ou à física. Essa opinião deriva de Aristóteles e foi encorajada pela filosofia hegeliana, embora o próprio Hegel não utilizasse a palavra "organismo". Trata-se, a meu ver, de uma opinião equivocada e, enquanto

---

3 O estado atual da opinião científica sobre o tema pode ser estudado em Julian Huxley, *Evolution*: A Modern Synthesis [Evolução: uma síntese moderna].

prevalecer, será uma barreira para o progresso científico. Mas, como ainda é largamente defendida, convém que a examinemos.

Tentemos, em primeiro lugar, enunciar a essência lógica da teoria. Ela considera que o corpo de um animal ou planta é uma unidade, no sentido de que as leis que regem o comportamento das partes só podem ser enunciadas se for levado em conta o lugar das partes no todo. Um membro amputado ou um olho removido de sua cavidade já não servem aos propósitos que serviam quando eram parte do corpo: o membro não pode se mover, o olho não pode enxergar. Isso é verdade, claro, mas não se trata de uma peculiaridade das coisas vivas: seu rádio não pode transmitir as notícias quando a corrente elétrica está desligada. E, a bem da verdade, não são os olhos que veem, mas sim o cérebro, a mente. O olho é apenas um transmissor e transformador da energia radiante. Mas a opinião "orgânica" diria que o modo como o olho lida com a energia radiante não pode ser compreendido sem se levar em conta o resto do corpo, o corpo como um todo só.

A opinião contrária, que considero correta, diria que, para compreender o que faz o olho, você precisa conhecer, além de sua própria estrutura, apenas o fluxo de energia. A superfície externa do olho está exposta a certas influências que disparam processos que são transmitidos da superfície interna do olho para os nervos. A opinião mecanicista considera que, se um olho for separado do corpo, mas preservar sua estrutura e constituição química e receber nervos artificiais para drenar os impulsos disparados pela luz que nele incide, ele irá se comportar como se estivesse no lugar de origem. Esse experimento não pode ser levado a cabo, porque um olho isolado logo iria apodrecer e porque, dada a nossa falta de habilidade, os substitutos artificiais dos nervos não teriam exatamente as mesmas propriedades que os nervos naturais. Mas, em certa medida, experimentos similares estão se tornando viáveis: já se consegue, por exemplo, que corações de sapo sigam batendo mesmo depois de extraídos de seus corpos.

De maneira geral, o progresso científico foi feito pela análise e pelo isolamento artificial. Pode ser que existam limites para a legitimidade desse processo, como sugere a teoria quântica. Mas, se ele não fosse usual ou aproximadamente válido, o conhecimento científico seria impossível. É, portanto, no mínimo prudente adotar a opinião mecanicista como hipótese de trabalho, a ser abandonada somente quando houver clara evidência em contrário. No que diz respeito aos fenômenos biológicos, tal evidência continua, até aqui, inteiramente ausente.

Para resumir: só se *conhece* vida neste planeta; é muito improvável que ela ocorra em qualquer outro planeta do sistema solar, e é bem possível que a grande maioria das estrelas não tenha planetas ao seu redor. A vida, portanto, é, quase com certeza, um fenômeno muito raro. Mesmo na Terra, ela é transitória: no princípio, a Terra era quente demais e, no fim, será fria demais. Em *Worlds Without End* (p.19), Spencer Jones sugere algumas datas altamente conjecturais. A Terra provavelmente tem menos de 3 bilhões de anos; o princípio da vida deve ter ocorrido há cerca de 1,7 bilhão de anos. Os mamíferos surgiram há uns 60 milhões de anos; macacos antropoides, há cerca de 8 milhões e o homem, há 1 milhão. É provável que todas as formas de vida da Terra tenham evoluído a partir de organismos unicelulares. Não sabemos como estes se formaram, sua origem é tão misteriosa quanto a dos átomos de hélio. Não há razão para se supor que a matéria viva se sujeite a qualquer lei diferente das que governam a matéria inanimada. Mas há razões suficientes para pensar que tudo no comportamento da matéria viva é teoricamente explicável em termos da física e da química.

5.
A fisiologia da sensação e da volição

Do ponto de vista da psicologia ortodoxa, há duas fronteiras entre o mental e o físico: a sensação e a volição. Pode-se definir "sensação" como o primeiro efeito mental de uma causa física e "volição" como a última causa mental de um efeito físico. Não estou afirmando que essas definições se provarão sempre satisfatórias, mas apenas que elas podem ser adotadas como um guia em nossas indagações preliminares. Neste capítulo, não me ocuparei nem com a sensação nem com a volição em si mesmas, uma vez que elas pertencem à psicologia; vou me preocupar apenas com os antecedentes e concomitantes fisiológicos da sensação e com os concomitantes e consequentes fisiológicos da volição. Antes de considerarmos o que a ciência tem a dizer, vale a pena encarar o assunto do ponto de vista do senso comum.

Suponhamos que alguém lhe diga alguma coisa e, em consequência, você tome alguma atitude. Por exemplo, talvez você seja um soldado obedecendo às ordens do comandante. A física estuda as ondas sonoras que viajam pelo ar até chegar aos ouvidos; a fisiologia estuda a ocorrência consequente no ouvido, nos nervos e no cérebro, até o momento em que você escuta o som;

a psicologia estuda a sensação de audição e a consequente volição; a fisiologia então retoma o estudo do processo e considera a cadeia de ocorrências que sai do cérebro para os músculos e o movimento corporal que expressa a volição; daí em diante, o que acontece é, mais uma vez, objeto da física. O problema da relação entre mente e matéria, que faz parte do acervo da filosofia, vem à tona na transição das ocorrências no cérebro para a sensação e da volição para outras ocorrências do cérebro. Trata-se, portanto, de um problema duplo: como a matéria afeta a mente na sensação e como a mente afeta a matéria na volição. Não me proponho a considerar tal problema neste estágio; se o menciono agora é apenas para mostrar a relevância de certas partes da fisiologia para questões que a filosofia deve discutir.

Os processos fisiológicos que precedem e acompanham a sensação foram admiravelmente estabelecidos no livro de Adrian, *The Basis of Sensation*: The Action of the Sense Organs [A base da sensação: a ação dos órgãos dos sentidos] (Londres, 1928). Como todo mundo sabe, há dois tipos de fibras nervosas, as que levam mensagens para o cérebro e as que trazem mensagens dele. Apenas as primeiras são consideradas na fisiologia da sensação. Nervos isolados podem ser estimulados artificialmente por uma corrente elétrica, e há boas razões para acreditarmos que os processos assim disparados são essencialmente similares aos que estimulam naturalmente os nervos que se encontram integrados a um corpo vivo. Quando se estimula um nervo isolado da maneira certa, dispara-se uma perturbação que percorre o nervo a uma velocidade de cerca de 100 metros por segundo. Cada nervo consiste de um feixe de fibras nervosas que correm da superfície do corpo para o cérebro ou para a medula espinhal. As fibras nervosas que levam mensagens para o cérebro são chamadas "aferentes" e as que trazem mensagens do cérebro são chamadas "eferentes". Um nervo usualmente tem tanto fibras aferentes quanto eferentes. De maneira geral, as fibras aferentes começam nos órgãos dos sentidos e as eferentes terminam nos músculos.

A resposta de uma fibra nervosa a um estímulo é da ordem daquilo que chamamos de "tudo ou nada", como a resposta de um revólver à pressão no gatilho. Uma leve pressão no gatilho não produz qualquer resultado, mas uma pressão suficiente produz um resultado específico, que é o mesmo independentemente da intensidade da pressão (dentro de certos limites). De maneira similar, quando uma fibra nervosa é estimulada muito de leve, ou por um período muito breve (menos que 0,00001 de segundo), não há resultado, mas quando o estímulo é suficiente, uma corrente viaja ao longo da fibra nervosa por um período muito breve (alguns milionésimos de segundo), depois do qual a fibra nervosa fica "cansada" e não transmite outra corrente até descansar. A princípio, por dois ou três milionésimos de segundo, a fibra nervosa fica completamente refratária; depois ela se recupera gradualmente. Durante esse período de recuperação, determinado estímulo produzirá uma resposta menor, a qual irá viajar mais lentamente. A recuperação se completa em cerca de um décimo de segundo. O resultado é que um estímulo constante não produz um estado de excitação constante nas fibras nervosas, mas, sim, uma série de reações, com períodos intermediários de dormência. As mensagens que chegam ao cérebro são, nas palavras de Adrian, como a rajada de balas de uma metralhadora, não como um jorro de água contínuo.

Supõe-se que no cérebro, ou na medula espinhal, exista um mecanismo de conversão que torna a converter os distintos impulsos em um processo contínuo, mas isso, até hoje, permanece puramente hipotético.

Devido à natureza descontínua da reação ao estímulo, a reação será exatamente a mesma, seja o estímulo constante ou intermitente, na frequência adaptada ao período de recuperação do nervo. Seria possível supor, então, que não há meios de se saber se o estímulo é constante ou intermitente. Mas isso não é verdade. Suponhamos, por exemplo, que você esteja olhando para um ponto de luz brilhante: se você mantiver os olhos absolutamente fixos, suas sensações serão as mesmas caso a luz oscile com a velocidade apropriada ou permaneça estável. Mas, na verdade, é impossível manter os olhos completamente fixos e, portanto, nervos descansados estão sempre entrando em ação.

Um fato notável, que poderia sugerir a existência de um limite no valor informativo das sensações, é que a resposta da fibra nervosa é a mesma para qualquer estímulo que tenha suficiente força e duração: a fibra nervosa pode transmitir apenas uma única mensagem. Mas pense na analogia da máquina de escrever: se você pressiona determinada letra, o resultado é um só, e, ainda assim, a máquina como um todo consegue transmitir qualquer informação, por mais complicada que seja.

O mecanismo das fibras nervosas eferentes parece ser o mesmo das fibras nervosas aferentes: as mensagens que viajam do cérebro para os músculos têm o mesmo caráter irregular das que viajam dos órgãos dos sentidos para o cérebro.

Mas resta ainda a questão mais interessante: o que acontece no cérebro entre a chegada de uma mensagem pelos nervos aferentes e a partida de uma mensagem pelos nervos eferentes? Suponhamos que você leia um telegrama que diz: "todas as suas propriedades foram destruídas por um terremoto". Você então exclama: "Meu Deus! Estou arruinado!". Com ou sem razão, sentimos conhecer, satisfatória ainda que imperfeitamente, os elos psicológicos por meio da introspecção, mas todo mundo concorda que devem existir também elos fisiológicos. A corrente que o nervo ótico traz para o centro da visão deve passar daí ao centro da fala e, então, estimular os músculos que produzem sua exclamação. Ainda não está claro como isso ocorre. Mas parece que, de um ponto de vista fisiológico, existe um processo unitário que vai do estímulo físico à reação muscular. No homem, esse processo pode ficar ainda mais complexo devido à operação de hábitos adquiridos, especialmente de hábitos de linguagem, mas, em alguns animais menos desenvolvidos, o processo é mais simples e menos difícil de se estudar; a razão por que a mariposa se aproxima da luz, por exemplo, é bem compreendida em termos fisiológicos.

Isto levanta uma questão de grande interesse: é completamente explicável em termos físicos o processo que no cérebro conecta a chegada do estímulo sensorial à partida da mensagem aos músculos? Ou é necessário recorrer a intermediários "mentais", tais como sensação, deliberação e volição? Um exímio calculista, com suficiente conhecimento da estrutura de determinado cérebro, conseguiria predizer a reação muscular a determinado estímulo por meio das leis da física e da química? Ou a intervenção da mente é um elo essencial na conexão de um antecedente físico (o estímulo) com um consequente físico (o movimento do corpo)?

Até que se conheça mais do que hoje se conhece a respeito do cérebro, não será possível responder a essa questão com alguma segurança, em quaisquer dos sentidos. Mas já existem algumas bases, ainda que não conclusivas, para que se veja aquela que se pode chamar de resposta materialista como a mais provável. Há reflexos em que a reação é automática e não controlada pela volição. Dos reflexos não condicionados surgem, pela lei do hábito, reflexos condicionados, e há toda razão para se considerar que o hábito é algo fisiologicamente explicável. Os reflexos condicionados bastam para explicar boa parte do comportamento humano; se há resíduos que não podem ser explicados dessa maneira, isso é algo que deve, por enquanto, ficar em aberto.

Em estágio posterior, irei afirmar que não existe tal abismo entre o mental e o físico, como supõe o senso comum. Afirmarei também que, mesmo se a cadeia de causalidade fisiológica que vai dos órgãos dos sentidos aos músculos puder ser estabelecida em termos que ignoram as ocorrências psicológicas, isso não provará que as volições não sejam "causas" no único sentido válido da palavra "causa". Mas ambas as controvérsias exigem muita argumentação e elucidação. No momento, acrescentarei apenas algumas palavras, do ponto de vista do senso comum científico.

Se – como parece provável – há uma cadeia ininterrupta de causalidade puramente física ao longo de todo o processo, dos órgãos dos sentidos aos músculos, segue-se que as ações humanas são determinadas no mesmo grau em que a física é determinista. Ora, a física é determinista apenas no que diz respeito às ocorrências macroscópicas e, mesmo nesse âmbito, assegura somente uma probabilidade muito alta, não a certeza. A inteligência, sem infringir as leis da física, poderia fazer que coisas improváveis acontecessem, como o demônio de Maxwell teria burlado a segunda lei da termodinâmica ao abrir uma portinhola para a passagem das partículas rápidas e fechá-la para a das lentas.

Nesses termos, deve-se admitir que existe uma mera possibilidade — não mais que isso — de que os resultados das ocorrências no cérebro, mesmo estas não infringindo as leis da física, não seriam o que são caso não estivessem envolvidos fatores psicológicos. Digo que não existe mais que uma mera possibilidade por vários motivos. Em primeiro lugar, a hipótese supõe que se preservam apenas as leis microscópicas, não as macroscópicas. Mas a evidência para as leis macroscópicas é melhor que para as microscópicas, e seriam necessárias bases muito fortes para se justificar a crença de que elas falham em certas ocasiões. Em segundo lugar, todas as ocorrências que ilustram a conexão entre mente e matéria são macroscópicas: a volição, por exemplo, resulta em um movimento corporal perceptível, não em uma mera transformação atômica. Em terceiro lugar, o estudo dos processos nos nervos e no cérebro vem demonstrando, até agora, causalidades físicas sempre que foi possível fazer observações adequadas: trata-se de uma região sobre a qual ainda pouco se conhece, onde ocorrem fenômenos minúsculos e a observação é muito difícil. Portanto, não existe até agora a menor razão positiva para se supor que haja qualquer coisa acerca dos processos físicos do cérebro que envolva leis macroscópicas diferentes das da física da matéria inanimada.

Ainda assim, para aqueles que estão ansiosos para afirmar o poder da mente sobre a matéria, é possível encontrar uma fresta. Pode-se argumentar que uma característica da matéria viva é a condição de equilíbrio instável e que essa condição é mais desenvolvida no cérebro dos seres humanos. Uma rocha de muitas toneladas poderia ser pousada com tal delicadeza no topo de uma montanha cônica que uma criança, com um leve empurrão, seria capaz de fazê-la rolar montanha abaixo, na direção de qualquer um de seus vales; aqui, uma mínima diferença no impulso inicial gera uma enorme diferença no resultado. Pode ser que no cérebro a instabilidade do equilíbrio seja tão delicada que a diferença entre duas ocorrências possíveis em um átomo seria o bastante para produzir diferenças macroscópicas nos movimentos dos músculos. E uma vez que, segundo a física quântica, não existem leis físicas para determinar qual das muitas transições possíveis determinado átomo irá realizar, podemos imaginar que, no cérebro, a escolha entre possíveis transições seja determinada por uma causa psicológica chamada "volição". Tudo isso é *possível*, mas não mais que possível; não existe a mínima razão positiva para se supor que de fato aconteça qualquer coisa do tipo.

Considerando-se as evidências tais como são, a hipótese mais provável é que, na cadeia de eventos que vai dos órgãos dos sentidos aos músculos, tudo é determinado pelas leis da física macroscópica. Voltemos à nossa situação do homem que lê um telegrama e exclama: "Estou arruinado!". Parece provável que, se você tivesse um conhecimento suficientemente minucioso da estrutura de seu cérebro, e se fosse suficientemente bom em matemática, poderia prever que, no momento em que as formas que compõem a mensagem do telegrama entrassem no campo de visão desse homem, elas iriam disparar um processo que daria em certos movimentos em sua boca, a saber, aqueles que produzem os sons que na escrita representamos por "Estou arruinado!". Presume-se aqui que você poderia fazer essa profecia sem saber falar a língua desse homem; não seria necessário que você soubesse o significado do telegrama, tampouco da exclamação. Em termos fisiológicos, a diferença entre uma pessoa que sabe falar tal idioma e uma que não sabe deveria consistir na presença (no primeiro caso) e na ausência (no segundo) de conexões entre os nervos aferentes que são estimulados ao se ouvir ou ler palavras nesse idioma e os nervos eferentes que, então, produzem a reação apropriada. Essa diferença, nós a supomos visível a um observador hipotético, sem que ele tenha de saber o "significado" quer do estímulo, quer da reação.

Essa hipótese, deve-se admitir, não parece muito plausível, e muito longe de mim afirmar dogmaticamente que seja verdadeira. Na minha opinião, o máximo que se pode afirmar legitimamente é que se trata da hipótese de trabalho correta para quem investiga os concomitantes fisiológicos da sensação e da volição. Até onde for verdadeira, essa hipótese poderá ajudar em descobertas; se, em algum ponto a hipótese se revelar falsa, sua falsidade muito provavelmente será descoberta por meio de experimentos baseados na suposição de que era verdadeira. Até quando a hipótese for verdadeira, a fisiologia será uma ciência independente da psicologia; se em algum ponto isso se revelar falso, a fisiologia deixará de ser autônoma. Em termos práticos, o fisiologista faz bem em presumir que sua ciência é autônoma enquanto não surgir nenhuma evidência em contrário.

6.
A ciência da mente

A psicologia, como ciência, tem sido prejudicada por seu entrelaçamento com a filosofia e mesmo, até pouco tempo, com a teologia. A distinção entre a mente e a matéria, não muito bem delineada pelos pré-socráticos, tornou-se bem pronunciada em Platão, que a vinculou à religião. A cristandade assimilou esse aspecto do platonismo e o transformou na base de muitos dogmas teológicos. Corpo e alma eram substâncias distintas: a alma era imortal, ao passo que o corpo apodrecia com a morte, sendo que, na ressurreição, poderíamos adquirir um corpo novo e incorruptível. Era a alma que pecava e sofria punição eterna, como efeito da justiça divina, ou que se regozijava de bem-aventurança eterna, como efeito da misericórdia divina. A existência de dois tipos de substância, material e mental, era aceita por todos os grandes escolásticos; a ortodoxia exigia tanto a matéria quanto o espírito, uma vez que o corpo de Cristo era necessário para o dogma da transubstanciação. Gradualmente, a distinção entre corpo e alma, que a princípio era uma recôndita sutileza metafísica, foi se tornando parte do senso comum, a ponto de, nos nossos dias, serem poucos os metafísicos que se atrevem a questioná-la.

Os cartesianos reforçaram a incondicionalidade dessa distinção ao negar toda e qualquer interação entre mente e matéria. Mas a seu dualismo se sucedeu a monadologia de Leibniz, segundo a qual todas as substâncias são almas e aquilo que chamamos de "matéria" é tão somente uma percepção confusa de muitas almas. Depois dele, Berkeley, por razões bem diferentes, também negou a existência da matéria, assim como o fizeram — por outras razões ainda — Fichte e Hegel. Enquanto isso, especialmente na França do século XVIII, havia materialistas que negavam a existência da alma e sustentavam a existência da substância material. Entre os grandes filósofos, somente Hume negou toda substância e, assim, abriu caminho para os debates modernos acerca da distinção entre o físico e o mental.

De minha parte, antes de tentar uma discussão metafísica sobre a mente e a matéria, prefiro investigar a distinção entre a ciência da psicologia e a ciência da física. É claro que são ciências distintas, uma vez que em todas as universidades são ministradas por distintos professores. O que os físicos têm a ensinar é algo que está bem claro, mas o que os psicólogos têm a ensinar?

Entre os psicólogos existem aqueles cuja opinião nega à psicologia o *status* de ciência autônoma. De acordo com essa corrente, a psicologia consiste no estudo do comportamento humano e animal, e a única coisa que a distingue da filosofia é seu interesse no organismo como um todo. As observações sobre as quais o psicólogo deve se fundamentar, segundo essa opinião, são aquelas que um homem pode fazer sobre animais que não ele próprio; não há ciência, dizem os adeptos dessa corrente, que tenha dados que um homem possa obter apenas pela observação de si mesmo. Ainda que admita a importância do que se vem compreendendo pelo estudo do comportamento, não posso aceitar essa opinião. Existem — e estou disposto a afirmá-lo dogmaticamente — muitos tipos de eventos que posso observar quando acontecem comigo, mas não quando acontecem a qualquer outro. Posso observar minhas próprias dores e prazeres, minhas percepções, meus desejos, meus sonhos. A analogia me leva a acreditar que outras pessoas têm experiências semelhantes, mas isso é uma inferência, não uma observação. O dentista não sente minha dor de dente, mas tem admiráveis bases indutivas para acreditar que eu a sinto.

Isto sugere uma possível definição para a psicologia como ciência de ocorrências que, por sua própria natureza, só podem ser observadas por uma pessoa. Mas tal definição, a menos que seja um tanto limitada, irá se revelar ampla demais em uma direção e estreita demais em outra. Quando diversas pessoas observam um evento público, como a explosão de um foguete ou o pronunciamento do primeiro-ministro, elas não veem nem ouvem exatamente a mesma coisa: há diferenças decorrentes da perspectiva, da distância em relação à fonte da imagem ou do som, de imprecisões nos órgãos dos sentidos, e assim por diante. Portanto, se quiséssemos falar com pedante precisão, deveríamos dizer que tudo que pode ser observado é privativo a uma única pessoa. No entanto, muitas vezes há tal semelhança entre as percepções simultâneas de diversas pessoas que as pequenas diferenças podem, para muitos propósitos, ser desprezadas; então dizemos que todas elas estão percebendo a mesma ocorrência e colocamos essa ocorrência em um mundo público, exterior a todos os observadores. Tais ocorrências são os dados da física, ao passo que aquelas desprovidas desse caráter público e social (penso eu) são as que fornecem dados à psicologia.

    De acordo com essa opinião, um dado para a física é algo abstraído de um sistema de dados psicológicos correlatos. Quando inúmeras pessoas observam a explosão de um foguete, elas desprezam qualquer razão para se pensar em algo peculiar e pessoal às suas experiências e, sem esforço, não percebem qualquer elemento privativo naquilo que veem. Mas, se necessário, podem se dar conta desses elementos. Uma parte da multidão vê o foguete pela direita, outra parte pela esquerda, e assim por diante. Dessa maneira, quando a percepção de cada pessoa é estudada em sua plenitude, e não na forma abstrata que é mais conveniente para se veicular informação sobre o mundo exterior, a percepção se torna um dado da psicologia.

    Mas, ainda que todo dado físico derive de um sistema de dados psicológicos, o inverso não ocorre. As sensações que resultam de um estímulo no corpo não serão, naturalmente, sentidas por outras pessoas: se estou sentindo dor de estômago, não fico nem um pouco surpreso ao descobrir que as outras pessoas não estão sofrendo com a mesma dor. Existem nervos aferentes que partem dos músculos e causam sensações quando esses músculos são utilizados; tais sensações, naturalmente, são sentidas apenas pela pessoa em questão. Somente quando o estímulo vem de fora do corpo do observador – e, ainda assim, nem sempre – é que a sensação faz parte de um sistema que, no todo, constitui um dado para a física. Se uma mosca está andando por sua mão, as sensações visuais que ela causa são públicas, mas as cócegas são privadas. A psicologia é a ciência que lida com o dado privado e com os aspectos privados de dados que o senso comum considera públicos.

Uma objeção fundamental a essa definição foi levantada por certa escola de psicólogos que afirma que a "introspecção" não é um método científico válido e que não se pode conhecer cientificamente o que não seja derivado de dados públicos. Essa opinião me parece tão absurda que, se não fosse amplamente aceita, deveria ignorá-la; mas, como se tornou moda em vários círculos, irei expor minhas razões para rejeitá-la.

Para começar, precisamos de uma definição mais precisa de dados "públicos" e "privados". Dados "públicos", para os propósitos daqueles que rejeitam a introspecção, não são apenas os dados que de fato se partilham com outros observadores, mas também aqueles que podem ser compartilhados sob determinadas circunstâncias propícias. De acordo com essa opinião, Robinson Crusoé não se mostra introspectivo de maneira não científica quando descreve as plantações que cultivou, ainda que não haja nenhum outro observador para confirmar sua narrativa, pois suas partes finais são confirmadas por Sexta-Feira e as primeiras partes também poderiam ter sido confirmadas. Mas, quando ele relata como se convenceu de que seus infortúnios eram uma punição para sua vida pregressa de pecados, ele está ou dizendo algo sem qualquer importância ou está pronunciando as palavras que teria dito se tivesse alguém com quem falar – pois o que um homem diz é público, mas o que pensa é privado. Afirmar que aquilo que ele diz expressa seu pensamento é, de acordo com essa escola, dizer algo não verificável cientificamente e, portanto, algo que a ciência não deveria dizer. Tentar fazer uma ciência dos sonhos – como Freud tentou – é um erro; não podemos saber o que sonha um homem, mas apenas o que ele diz que sonha. O que ele diz que sonha faz parte da física, uma vez que o dizer consiste de movimentos dos lábios, da língua e da garganta; mas é uma presunção perniciosa supor que o que ele diz para relatar seu sonho expresse uma experiência real.

Teremos de definir um dado "público" como algo que pode ser observado por muitas pessoas, desde que estejam no lugar adequado. Elas não precisam observá-lo todas ao mesmo tempo, desde que haja razão para se pensar que não houve nenhuma alteração nesse intervalo: duas pessoas não podem olhar por um microscópio ao mesmo tempo, mas os inimigos da introspecção não têm a intenção de excluir dados observados por meio de microscópios. Ou consideremos o fato de que, se você pressionar um globo ocular para cima, tudo parece dobrado. O que se quer dizer com "parece" dobrado? Isto só pode ser interpretado se distinguirmos entre a percepção visual e o fato físico, ou então se recorrermos a algum subterfúgio. Você pode dizer: "Quando digo que o sr. A está vendo tudo dobrado, não estou dizendo nada acerca de suas percepções; o que quero dizer é: 'Se perguntarem ao sr. A, ele vai *dizer* que está vendo tudo dobrado'". Tal interpretação tira o sentido de indagar se o sr. A está dizendo a verdade e faz que seja impossível descobrir o que ele acha que está afirmando.

Os sonhos talvez sejam o exemplo mais indubitável de fatos que só podem ser conhecidos por meio de dados privados. Quando me lembro de um sonho, posso relatá-lo contando a verdade ou embelezando-o com ornamentos; sei qual alternativa estou escolhendo, mas os outros, não. Conheci uma senhora chinesa que, depois de algumas lições de psicanálise, começou a ter sonhos que se encaixavam perfeitamente na cartilha; o analista ficou encantado, mas seus amigos se mostraram céticos. Embora ninguém mais além da senhora pudesse ter certeza da verdade, sustento que o que ela de fato sonhou definitivamente é tão impreciso quanto o são os fenômenos físicos.

Teremos de dizer: um dado "público" é o que gera sensações similares em todos os observadores de toda uma determinada região do espaço-tempo, a qual deve ser consideravelmente maior que a região ocupada por um único corpo humano por (digamos) meio segundo. Ou, então, é um dado que geraria tais sensações se estivessem presentes observadores devidamente postados (ou seja, em condições de confirmar as plantações de Robinson Crusoé).

É difícil precisar essa distinção entre dados públicos e privados. *Grosso modo*, a visão e a audição fornecem dados públicos, mas nem sempre. Quando um paciente sofre de icterícia, tudo parece amarelo, mas essa impressão de amarelo é privada. Muitas pessoas estão sujeitas a um zumbido que, subjetivamente, é indistinguível do zunido dos fios telegráficos. O caráter privado de tais sensações só é conhecido pelo observador por meio do testemunho negativo das outras pessoas. O tato fornece dados públicos, em certo sentido, uma vez que diferentes pessoas podem tocar o mesmo objeto sucessivamente. Os odores podem ser públicos a ponto de se tornarem fundamentos para reclamações à autoridade sanitária. Paladares são públicos em menor medida, pois, embora duas pessoas não possam comer o mesmo bocado, podem comer porções contíguas do mesmo alimento; mas a laranja e seu bagaço provam que esse método não é muito confiável. É, porém, confiável o bastante para estabelecer uma distinção pública entre cozinheiros bons e ruins, ainda que a introspecção tenha aqui papel essencial, pois um bom cozinheiro é aquele que proporciona prazer à maioria dos fregueses, e o prazer de cada um é essencialmente privado.

Mantive a discussão no nível do senso comum, mas, em estágio posterior, irei retomá-la tentando sondar com maior profundidade toda a questão dos dados privados como base para a ciência. Neste momento, contento-me em dizer que a distinção entre dados públicos e privados é de grau, que ela depende de um testemunho que dê prova dos resultados da introspecção, que a fisiologia levaria à expectativa de que as sensações causadas por um estímulo dentro do corpo humano seriam privadas e, por fim, que muitos dos fatos de que cada um de nós tem certeza nos são conhecidos por meios privados. Você gosta do cheiro de ovo podre? Está feliz porque a guerra acabou? Tem dor de dente? Essas perguntas não lhe são difíceis de responder, mas ninguém mais pode respondê-las, a não ser por inferência de seu comportamento, incluindo seu testemunho.

Concluo, então, que existe, sim, conhecimento de dados privados e que não há razão para não existir uma ciência a seu respeito. Admitindo-se esse ponto, podemos agora indagar o que a psicologia de fato tem a dizer.

Para começar, uma questão cuja importância muitas vezes se negligencia: a correlação entre as ocorrências físicas e a sensação. Físicos e astrônomos baseiam suas afirmativas quanto ao que se passa no mundo exterior sobre evidências dos sentidos, especialmente do sentido da visão. Mas nenhuma dessas ocorrências do que nos dizem que se passa no mundo físico é uma sensação; como, então, as sensações podem confirmar ou refutar uma teoria física? Tomemos um exemplo que pertence à infância da ciência. Descobriu-se bem cedo que o eclipse do Sol se deve à interposição da Lua e que era possível prever eclipses. Ora, o que se verificava diretamente quando de um eclipse era uma certa sequência de sensações esperadas. Mas o desenvolvimento da física e da fisiologia aos poucos abriu um largo abismo entre as sensações de um astrônomo que observa um eclipse e um fato astronômico que ele consegue inferir. Os fótons partem do Sol e, quando a Lua não está no meio do caminho, alguns deles alcançam o olho, onde disparam os processos complexos que consideramos no capítulo anterior; por fim, quando o processo chega ao cérebro do astrônomo, este tem uma sensação.

Tal sensação só pode ser evidência de um fato astronômico se forem conhecidas as leis que conectam os dois, e o último estágio dessas leis deve ser o que liga o estímulo à sensação, ou o que conecta as ocorrências no nervo ótico ou no cérebro à sensação. Deve-se observar que a sensação não é como o fato astronômico, nem os dois devem estar *necessariamente* conectados. Seria possível fornecer um estímulo artificial que fizesse o astrônomo ter uma experiência subjetivamente indistinguível daquilo que chamamos de "ver o Sol". Na melhor das hipóteses, a semelhança entre a sensação e o fato astronômico não pode ser maior que a observada entre um disco de gramofone e a música que ele toca, ou entre um catálogo de biblioteca e os livros que ele enumera. Segue-se que, se a física é uma ciência empírica, cujos enunciados podem ser confirmados ou refutados pela observação, então ela deve ser complementada por leis que conectem estímulo e sensação. Ora, tais leis pertencem à psicologia. Portanto, aquilo que se pode verificar empiricamente não é apenas física pura, mas física ligada a um departamento da psicologia. Esta última, em consequência, é ingrediente essencial a todas as partes da ciência empírica.

No entanto, até aqui não indagamos se existem leis que conectam um evento mental a outro. As leis de correlação já consideradas foram as que conectam um estímulo físico a uma reação mental; o que temos de considerar agora é se existem leis causais que estejam inteiramente dentro da mente. Se existem, a psicologia é, nesse sentido, uma ciência autônoma. A associação de ideias, tal como aparece, por exemplo, em Hartley e Bentham, era uma lei desse tipo, mas o reflexo condicionado e a lei do hábito, que tomaram seu lugar, são primordialmente fisiológicos e apenas derivadamente psicológicos, pois se considera que a associação de ideias seja causada pela criação de caminhos que conectam um centro do cérebro a outro. Ainda podemos enunciar a associação de ideias em termos puramente psicológicos, mas, assim enunciada, não será uma lei sobre o que acontece sempre, mas apenas sobre o que pode acontecer. Não terá, portanto, o caráter que a ciência espera descobrir em uma lei causal, ou pelo menos que esperava descobrir antes da ascensão da teoria quântica.

Pode-se dizer o mesmo sobre a psicanálise, que visa a descobrir leis causais puramente mentais. Não conheço nenhuma lei psicanalítica que afirme saber o que acontecerá *sempre* em tais ou quais circunstâncias. Quando um homem sofre, por exemplo, de claustrofobia, a psicanálise irá descobrir esta ou aquela experiência passada que pode explicar seu transtorno; mas muitas pessoas terão a mesma experiência sem chegar ao mesmo resultado. Por conseguinte, a experiência em questão, embora possa muito bem ser parte da causa da fobia, não pode ser *toda* a sua causa. Se este for o caso, não podemos encontrar na psicanálise qualquer exemplo de leis causais puramente psíquicas.

No capítulo anterior, sugerimos, como hipótese provável, a opinião de que todo comportamento corporal é teoricamente explicável em termos físicos, sem levar em conta os concomitantes mentais das ocorrências fisiológicas. Essa hipótese, deve-se observar, de modo algum encerra nossa presente questão. Se *A* e *B* são dois eventos no cérebro, e se *A* causa *B*, e se *a* é um concomitante mental de *A* e *b* de *B*, segue-se que *a* causa *b*, o que é uma lei causal puramente mental. Na verdade, as leis causais não têm a forma simples do "*A* causa *B*", mas, em sua forma verdadeira, o princípio permanece o mesmo.

Embora seja difícil, no momento, dar exemplos importantes de leis causais mentais realmente precisas, parece bem certo, pelo senso comum, que tais leis existam. Se você disser a um homem que ele é um patife imbecil, ele ficará zangado; se você informar a seu patrão que todos o consideram um aproveitador vigarista, ele o convidará a procurar emprego em outro lugar. A publicidade e a propaganda política fornecem vasto material para a psicologia da crença. A impressão que se tem em um romance ou peça sobre o comportamento dos personagens é baseada em um conhecimento não formulado da causalidade mental, assim como a perspicácia ao lidar com as pessoas. Em tais casos, o conhecimento envolvido é pré-científico, mas não poderia existir se não houvesse leis científicas que pudessem ser certificadas por estudos suficientes.

Há um certo número de leis causais genuínas dessa espécie em questão, ainda que, até agora, elas digam respeito a temas sem muito interesse intrínseco. Tomemos, por exemplo, a imagem persistente: você olha fixamente para um objeto vermelho brilhante e, depois, fecha os olhos; primeiro, você vê uma imagem vermelha que aos poucos vai se apagando e, então, uma imagem verde, mais ou menos da mesma forma. Esta é uma lei para a qual a evidência é puramente introspectiva. Ou tomemos ainda uma ilusão bem conhecida:

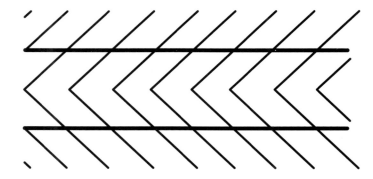

Na figura, as duas linhas horizontais são paralelas, mas parecem estar se aproximando uma da outra à direita. Existem explicações fisiológicas para ambos os casos, mas elas não invalidam as leis puramente psicológicas.

Concluo que algumas leis psicológicas envolvem a fisiologia e outras, não. A psicologia é uma ciência distinta da física e da fisiologia e, em parte, independente delas. Todos os dados da física são também dados da psicologia, mas não vice-versa; dados que pertencem a ambas servem de base para inferências muito diferentes nas duas ciências. A introspecção é válida como fonte de dados e está, em considerável medida, sujeita a controles científicos.

Há muita coisa genuinamente científica na psicologia, embora lhe falte precisão quantitativa. Tomemos, por exemplo, a análise de nossas percepções espaciais e as noções que o senso comum constrói acerca do espaço a partir desses fundamentos sensoriais. A teoria da visão de Berkeley, segundo a qual tudo parece plano, foi refutada pelo estereoscópio. O processo pelo qual aprendemos, ainda na infância, a tocar um local que vemos pode ser estudado por meio da observação. O mesmo vale para o controle da volição: pode-se ver um bebê de poucos meses aprendendo a mexer os dedos do pé à vontade, em vez de ficar olhando passivamente dedos que se agitam em movimentos puramente reflexos. Quando, mais tarde na vida, você adquire algumas habilidades, tais como andar de bicicleta, se dá conta de que está passando por estágios: em um primeiro momento, você controla certos movimentos de seu corpo, na esperança de que eles provoquem os movimentos desejados na bicicleta; mas, pouco depois, controla os movimentos da bicicleta diretamente, e os movimentos necessários de seu próprio corpo se tornam automáticos. Tais experiências lançam muita luz sobre a psicologia da volição.

A conexão dos estímulos sensoriais com as crenças que eles suscitam envolve muita coisa em psicologia. Estou me referindo a algumas ocorrências elementares, tais como pensar "é um gato" quando certas manchas coloridas atravessam nosso campo de visão. É óbvio que os mesmos estímulos sensoriais podem ser causados por outra coisa que não um gato e que, nesse caso, a crença seria falsa. Você pode ver um quarto refletido no espelho e pensar que é "real". Ao estudarmos tais ocorrências, damo-nos conta de que grande parte do que pensamos perceber consiste de hábitos causados por experiências passadas. Nossa vida é cheia de expectativas que, via de regra, só percebemos quando elas se provam falhas. Suponhamos que você veja metade de um cavalo virando a esquina; você ficaria bem pouco interessado, mas, se a outra metade se revelasse ser de uma vaca, não de um cavalo, você ficaria chocado de um jeito quase insuportável. No entanto, deve-se admitir que tal ocorrência é logicamente possível.

A conexão da dor, do prazer e do desejo com a formação do hábito pode ser estudada experimentalmente. Pavlov, cujo trabalho em nenhum momento apela à introspecção, pôs um cachorro diante de duas portas, sendo que em uma delas desenhara uma elipse e, na outra, um círculo. Se o cachorro escolhesse a porta correta, ganhava comida; se escolhesse a errada, ganhava um choque elétrico. Assim estimulado, o progresso do cachorro em geometria foi de uma rapidez espantosa. Aos poucos, Pavlov foi desenhando uma elipse cada vez menos excêntrica, mas o cachorro ainda conseguia distingui-la, até a proporção do eixo menor para o maior ficar reduzida a 8:9, quando o pobre animal teve um colapso nervoso. A utilidade desse experimento em relação a alunos e criminosos é óbvia.

Ou, então, tomemos a pergunta: por que acreditamos nas coisas em que acreditamos? Em outros tempos, os filósofos responderiam que é porque Deus implantou em nós uma luz natural, pela qual conhecemos a verdade. No começo do século XIX, responderiam que é porque ponderamos as evidências e encontramos preponderância para certo lado. Mas, se você perguntar a um publicitário moderno ou a um propagandista político, ele lhe dará uma resposta mais científica e mais deprimente. Boa parte de nossas crenças se baseiam no hábito, na presunção, no interesse próprio ou na interação frequente. O publicitário confia principalmente neste último elemento, mas, se for esperto, irá combiná-lo com os outros três. É de se esperar que, estudando a psicologia da crença, aqueles que controlam a propaganda conseguirão, com o tempo, fazer que qualquer um acredite em qualquer coisa. E, então, o Estado totalitário se tornará invencível.

Quanto ao conhecimento humano, podemos fazer duas perguntas. A primeira: o que de fato conhecemos? E a segunda: como o conhecemos? A primeira pergunta é respondida pela ciência, que tenta ser tão impessoal e desumanizada quanto possível. No estudo do universo, é natural começar pela astronomia e pela física, que lidam com o que é vasto e universal; a vida e a mente, que são raras e, ao que parece, têm pouca influência sobre o curso dos eventos, devem ocupar uma posição menor nesse estudo imparcial. Mas, quanto à segunda pergunta, a saber, como chegamos a nosso conhecimento, a psicologia é a mais importante das ciências. Além de ser necessário estudar psicologicamente os processos pelos quais fazemos inferências, acontece também que todos os dados sobre os quais devemos basear nossas inferências têm caráter psicológico, isto é, são experiências individuais. A aparente publicização de nosso mundo é, em parte, ilusória e, em parte, inferencial; toda a matéria bruta de nosso conhecimento consiste de eventos mentais da vida de indivíduos isolados. Nessa região, portanto, a psicologia é suprema.

Segunda parte
Linguagem

1.
Os usos da linguagem

A linguagem, como tantas outras coisas de misteriosa importância, tais como a respiração, o sangue, o sexo e o relâmpago, foi encarada de maneira supersticiosa desde que os homens se fizeram capazes de registrar seus pensamentos. Há selvagens que temem revelar seu verdadeiro nome a um inimigo, pois este pode se valer disso para realizar feitiçarias. Orígenes nos assegura que os feiticeiros pagãos podiam mais utilizando o nome sagrado de Jeová que os nomes de Zeus, Osíris ou Brahma. A familiaridade nos deixa cegos à ênfase linguística dos Mandamentos: "Não tomarás o *nome* do Senhor em vão". O hábito de se encarar a linguagem supersticiosamente ainda não se extinguiu. "No princípio era o Verbo", diz nossa versão do Evangelho de São João. E, lendo alguns positivistas lógicos, fico tentado a pensar que sua visão está representada nesse texto mal traduzido.

Os filósofos, gente dada à leitura e à teoria, se interessam pela linguagem principalmente como um meio de compor enunciados e transmitir informações, mas estes são apenas alguns de seus propósitos, talvez não os mais primitivos. Qual é o propósito da linguagem para um sargento? De um lado, a linguagem das palavras de comando, projetada para causar movimentos corporais idênticos e simultâneos em vários ouvintes; de outro, a linguagem chula, projetada para causar humilhações naqueles que não realizaram os movimentos corporais esperados. Em nenhum dos casos as palavras foram usadas para enunciar fatos ou transmitir informações, a não ser incidentalmente.

A linguagem pode ser empregada para exprimir emoções ou para influenciar o comportamento dos outros. Pode-se executar cada uma dessas funções, embora com menor adequação, por meio de métodos pré-linguísticos. Os animais emitem ganidos de dor e as crianças, antes mesmo que consigam falar, expressam raiva, desconforto, desejo, prazer e toda uma gama de sentimentos por meio de gritos e gorgolejos de vários tipos. Um cão emite ordens a seu rebanho por meios que quase não se distinguem daqueles que o pastor emprega para com ele. Não se pode traçar uma linha nítida entre tais ruídos e a fala. Quando o dentista machuca sua boca, você emite um grunhido involuntário, que não conta como fala. Mas, se ele diz "vamos ver se isso machuca" e, então, você faz o mesmo som, seu grunhido se torna fala e, mais que isso, uma fala que tem a intenção de transmitir informações. Esse exemplo ilustra o fato de que, em matéria de linguagem, assim como em outros temas, há uma gradação contínua que vai do comportamento dos animais até o do mais meticuloso homem de ciência, dos ruídos pré-linguísticos até a elegante dicção do lexicógrafo.

O som que expressa emoção chamarei de "interjeição". É possível distinguir ordens e interjeições já nos ruídos dos animais. Quando uma galinha cacareja para sua ninhada, está exprimindo imperativos, mas, quando ela grasna de terror, está expressando uma emoção. No entanto, como parece claro no seu grunhido para o dentista, uma interjeição pode transmitir informações, e o observador externo não consegue dizer se isso é intencional ou não. Animais gregários emitem ruídos característicos quando encontram alimento, e os outros membros do bando são atraídos quando ouvem esses ruídos, mas não sabemos se estes são mera expressão de prazer ou se também querem dizer "tem comida aqui".

Sempre que um animal é constituído de tal maneira que certa circunstância provoca certa emoção, e certa emoção provoca certo tipo de ruído, o ruído transmite a um observador adequado duas informações: primeira, que o animal tem certo tipo de sentimento e, segunda, que se apresenta certo tipo de circunstância. O som que o animal emite é público, e a circunstância pode ser pública também — por exemplo, a presença de um cardume de peixes, se o animal for uma gaivota. O grito do animal pode agir diretamente sobre outros membros de sua espécie, e então diremos que eles "compreendem" seu grito. Mas isso significa supor um intermediário "mental" entre a audição do grito e a reação corporal ao som, e não há motivos para se supor qualquer intermediário dessa natureza, a não ser quando a resposta é demorada. Muito da importância da linguagem se liga às respostas demoradas, mas ainda não vou tratar desse tema.

A linguagem tem dois propósitos primordiais: expressão e comunicação. Em suas formas mais primitivas, pouco difere de outras formas de comportamento. Um homem pode expressar sofrimento suspirando ou dizendo "ai!", ou mesmo "ai de mim!". Pode se comunicar apontando ou dizendo "veja!". Expressão e comunicação não estão necessariamente separadas; se você diz "veja!" porque viu um fantasma, pode falar em um tom que expresse horror. Isto não se aplica somente às formas mais elementares de linguagem; na poesia e, especialmente, nas canções, emoção e informação são transmitidas pelos mesmos meios. A música pode ser considerada uma forma de linguagem na qual a emoção se separa da informação, ao passo que a lista telefônica dá informações sem emoção. Mas, na fala cotidiana, ambos os elementos normalmente estão juntos.

A comunicação não consiste apenas em dar informações; devem-se incluir ordens e perguntas. Às vezes, mal se pode separá-las: se você está passeando com uma criança e diz "tem uma poça d'água ali", está implícita a ordem "não pise nela". Pode-se dar informação apenas porque ela interessa a você ou tem a intenção de influenciar um comportamento. Se você acabou de ver um acidente de trânsito, vai querer relatá-lo a seus amigos, porque o fato não lhe sai da cabeça; mas, se diz a uma criança que 6 vezes 7 é igual a 42, você o faz simplesmente na esperança de influenciar seu comportamento (verbal).

A linguagem tem dois méritos entrelaçados: primeiro, é social, e, segundo, proporciona expressão pública a "pensamentos" que, do contrário, teriam de permanecer privados. Sem a linguagem, ou sem algum análogo pré-linguístico, nosso conhecimento do ambiente ao redor se limitaria àquilo que nossos sentidos teriam a nos mostrar, juntamente com as inferências que nossa constituição congênita pudesse oferecer; mas, com o auxílio da fala, somos capazes de compreender o que os outros relatam e podemos relatar o que já não está presente aos sentidos e é apenas relembrado. Quando vemos ou ouvimos algo que um companheiro não está vendo nem ouvindo, muitas vezes podemos fazê-lo notar o que queremos por meio da palavra "veja" ou "ouça", ou mesmo por gestos. Mas, se vimos uma raposa meia hora atrás, não é possível tornar outra pessoa ciente do ocorrido a não ser pela linguagem. Isto depende do fato de a palavra "raposa" se aplicar igualmente a uma raposa que foi vista e a uma raposa que é relembrada, de modo que nossas memórias, que em si mesmas são privadas, se reapresentam a outros por meio de sons, que são públicos. Sem a linguagem, somente aquela parte de nossa vida que consiste de sensações públicas seria comunicável, e somente àqueles que se situassem de maneira a poderem partilhar das sensações em questão.

Veremos que a utilidade da linguagem depende da distinção entre experiências públicas e privadas, o que é importante ao se considerar a base empírica da física. Essa distinção, por sua vez, depende, em parte, da fisiologia e, em parte, da persistência das ondas sonoras e dos quanta de luz, que possibilitam as duas formas de linguagem, a falada e a escrita. Assim, a linguagem depende da física e não existiria sem as cadeias causais mais ou menos separáveis que, como veremos, tornam possível o conhecimento físico; e, uma vez que a publicidade dos objetos sensíveis é apenas aproximada, a linguagem que se aplica a eles deve, em termos sociais, apresentar certa falta de precisão. Não preciso dizer que *não* estou afirmando que a existência da linguagem exija o *conhecimento* da física. O que estou dizendo é que a linguagem seria impossível se o mundo físico não tivesse certas características e que a *teoria* da linguagem depende, em certos pontos, do conhecimento do mundo físico. A linguagem é um meio de externar e tornar públicas nossas próprias experiências. Um cachorro não pode contar sua autobiografia; por mais eloquentes que sejam seus latidos, ele não consegue dizer que seus pais eram pobres, mas honestos. Um homem pode fazê-lo e, se o faz, é por relacionar seus "pensamentos" com sensações públicas.

A linguagem serve não apenas para expressar pensamentos, mas também para tornar possíveis pensamentos que não existiriam sem ela. Às vezes se diz que não pode haver pensamento sem linguagem, mas não consigo concordar com essa opinião: penso que pode haver pensamento e mesmo crenças verdadeiras e falsas sem linguagem. Mas não se pode negar que todos os pensamentos razoavelmente elaborados exigem palavras. Posso saber, em certo sentido, que tenho cinco dedos, mesmo não conhecendo a palavra "cinco". Mas, a menos que tenha adquirido a linguagem aritmética, não posso saber que a população de Londres conta com cerca de 8 milhões de pessoas, nem formular qualquer pensamento que corresponda minimamente ao que diz a sentença: "a razão da circunferência de um círculo pelo seu diâmetro é de aproximadamente 3,141559". A linguagem, uma vez evoluída, ganha um tipo de autonomia: podemos saber, especialmente na matemática, que uma sentença afirma algo verdadeiro, embora o que ela afirme seja complexo demais para ser compreendido até mesmo pelas mentes mais brilhantes. Tomemos um momento para considerar o que acontece em termos psicológicos nesses casos.

Na matemática, partimos de sentenças um tanto simples, que acreditamos ser capazes de compreender, e prosseguimos, por meio de leis da inferência que também acreditamos compreender, para formular enunciados simbólicos cada vez mais complicados que, se forem verdadeiras nossas suposições iniciais, deverão ser também verdadeiros, seja qual for seu significado. Em geral, não é necessário saber o que "significam", uma vez que seu "significado" pode ser tomado como um pensamento que ocorreu à mente de um grande gênio da matemática. Mas existe um outro tipo de "significado", que abre espaço para o pragmatismo e o instrumentalismo. De acordo com aqueles que adotam essa opinião sobre o "significado", o que uma sentença matemática complicada faz é uma regra para procedimentos práticos em certos tipos de casos. Tomemos, por exemplo, a sentença sobre a razão entre a circunferência de um círculo e seu diâmetro. Suponha que você seja um cervejeiro e queira fazer aros de determinado diâmetro para seus barris de cerveja; a sentença lhe dá, então, uma regra pela qual você pode calcular a quantidade de material de que vai precisar. Essa regra pode consistir de uma nova sentença para cada ponto decimal e, portanto, não há necessidade de se apreender seu significado como um todo. A autonomia da linguagem permite que você dispense esse tedioso processo de interpretação, exceto em momentos cruciais.

Há dois outros usos da linguagem que têm grande importância: ela nos permite conduzir nossas transações com o mundo exterior por meio de símbolos que têm (1) certo grau de permanência no tempo e (2) considerável grau de distinção no espaço. Ambos os méritos são mais acentuados na escrita que na fala, mas não estão de maneira nenhuma ausentes nesta última. Suponhamos que você tenha um amigo chamado sr. Jones. Como objeto físico, seus limites são meio vagos, porque ele está sempre perdendo ou ganhando elétrons e porque um elétron, sendo uma distribuição de energia, não cessa abruptamente a certa distância de seu centro. A superfície do sr. Jones, portanto, tem uma certa qualidade fantasmagórica e impalpável, que você não gosta de associar a esse amigo de sólida aparência. Mas nem é necessário entrar nas sutilezas da física teórica para demonstrar que o sr. Jones está muito mal determinado. Quando ele corta as unhas do pé, há um período de tempo finito, ainda que breve, durante o qual não se sabe se as unhas ainda fazem parte dele ou não. Quando ele come um pedaço de carne de carneiro, em que momento esse pedaço passa a fazer parte dele? Quando expira dióxido de carbono, o carbono continua sendo parte dele até passar por suas narinas? Mesmo que a resposta seja afirmativa, há um tempo finito durante o qual se pode questionar se certas moléculas já passaram ou não por suas narinas. Dessas e de outras maneiras, restam dúvidas quanto ao que faz parte do sr. Jones e ao que não faz. Mas basta de imprecisões espaciais.

O mesmo problema também ocorre com o tempo. À pergunta "para quem você está olhando?" você pode responder "para o sr. Jones", embora o veja de frente em um instante, de perfil em outro e de costas em um terceiro, e embora em um momento ele esteja apostando corrida e, no outro, cochilando na poltrona. Você pode responder "sr. Jones" também para uma pergunta como "em que você está pensando?", embora o que se passe pela sua cabeça seja muito diferente em diferentes ocasiões: pode ser o sr. Jones ainda bebê, ou o sr. Jones furioso por causa do atraso no café da manhã, ou o sr. Jones recebendo a notícia de que será condecorado. O que você experimenta é muito diferente nessas várias ocasiões, mas, por muitos motivos práticos, é mais conveniente considerar que todas elas têm um objeto comum, que supomos que seja o significado para o nome "sr. Jones". Esse nome, especialmente quando escrito, ainda que não possa escapar inteiramente ao caráter indefinível e transitório de todos os objetos físicos, contém muito menos dessas duas características do que o próprio sr. Jones. Duas ocorrências das palavras "sr. Jones" escritas são muito mais semelhantes entre si do que (por exemplo) a cena do sr. Jones correndo e a memória do sr. Jones quando bebê. E cada ocorrência, quando escrita, muda muito mais devagar do que o próprio sr. Jones: não come, nem respira, nem corta as unhas do pé. Em consequência, o nome faz que seja muito mais fácil pensar no sr. Jones como uma entidade una e quase permanente, o que, mesmo sendo uma inverdade, é mais conveniente à vida cotidiana.

Como se depreende do caso do sr. Jones, a linguagem, embora seja uma ferramenta útil e mesmo indispensável, é perigosa, pois começa sugerindo que os objetos possuem uma definição, uma distinção e uma quase permanência que a física parece demonstrar que eles não têm. O filósofo se depara, portanto, com a difícil tarefa de usar a linguagem para desfazer as crenças falsas que ela sugere. Alguns filósofos, que se apequenam diante dos problemas, incertezas e complicações implicados em tal tarefa, preferem tratar a linguagem como algo autônomo e tentam se esquecer de que ela se destina a manter uma relação com os fatos e a facilitar os trâmites com o ambiente ao redor. Até certo ponto, tal tratamento apresenta grandes vantagens: a lógica e a matemática não teriam prosperado como prosperaram se lógicos e matemáticos ficassem se lembrando a todo momento que os símbolos devem significar alguma coisa. "Arte pela arte" é uma máxima que encontra guarida tanto na lógica quanto na pintura (embora não expresse toda a verdade em nenhum dos casos). Pode ser que o canto tenha começado como um incidente no ritual de acasalamento e que seu propósito biológico fosse promover a relação sexual; mas esse fato (se é que se trata de um fato) não ajudará um compositor a produzir boa música. A linguagem é útil quando você quer pedir um prato no restaurante, mas, de maneira similar, esse fato tampouco terá qualquer importância para o matemático.

O filósofo, porém, deve buscar a verdade mesmo que sacrifique a beleza e, no estudo da linguagem, não pode se deixar seduzir pelo canto da sereia da matemática. A linguagem, nos seus primórdios, era trivial e prática, fazia uso de aproximações prontas e grosseiras que, de início, tinham nenhuma beleza e um mínimo grau de verdade. Os refinamentos subsequentes tiveram, no mais das vezes, motivos mais estéticos que científicos, mas, nas indagações em que estamos prestes embarcar, os motivos estéticos precisam, embora com relutância, ser devidamente banidos.

2.
Definição ostensiva

A "definição ostensiva" pode ser definida como "qualquer processo pelo qual se ensina uma pessoa a compreender uma palavra sem recorrer ao uso de outras palavras". Suponhamos que você não saiba falar francês e que, depois de um naufrágio, vá parar na costa da Normandia: você consegue chegar até uma casa, vê um pão sobre a mesa e, faminto, aponta para ele, com um gesto inquisitivo. Se o dono da casa então disser *pain*, você irá concluir, pelo menos temporariamente, que essa é a palavra francesa para "pão" e confirmará essa opinião se a palavra não se repetir quando você apontar para outras coisas comestíveis. Você, então, terá aprendido o significado da palavra por definição ostensiva. É claro que, se não souber nada de francês e seu professor não souber nada da sua língua, você irá depender desse processo durante as primeiras lições, uma vez que nenhum dos dois teria meios linguísticos de comunicação.

O processo de definição ostensiva, porém, é mais bem exemplificado quando o aprendiz ainda não conhece nenhuma linguagem. Um adulto sabe que existem palavras e, naturalmente, há de supor que os franceses tenham uma maneira de designar o pão. Seu conhecimento assume essa forma: *"pain* significa pão". É verdade que, na ocasião do naufrágio, foi por meio de um pão de verdade que você adquiriu esse conhecimento, mas, se você tivesse naufragado com um dicionário, o pão de verdade não seria necessário. Há dois estágios na aquisição de uma língua estrangeira: o primeiro, quando você compreende apenas por meio da tradução; e, o segundo, quando consegue "pensar" no outro idioma. No primeiro estágio, você sabe que *"pain"* significa "pão"; no segundo, sabe que aquela coisa significa pão. A criança, que ainda não possui nenhuma linguagem, tem de começar pelo segundo estágio. Seu êxito dá provas das capacidades da mente infantil.

O conhecimento de uma língua tem dois aspectos, passivo e ativo: passivo quando você compreende o que ouve, ativo quando consegue falar por si mesmo. Os cães, até certo ponto, compreendem o que ouvem e, em geral, as crianças alcançam a compreensão um tempo antes da fala. Conhecer uma língua não significa explicar claramente o sentido das palavras; significa que ouvir as palavras provoca efeitos apropriados e que as usar tem causas apropriadas. Certa vez, durante uma viagem, assisti a um desentendimento entre dois homens cuja língua eu não compreendia, e foi difícil evitar a sensação de que era ridículo seu crescente alvoroço. Mas, provavelmente, o primeiro acusava o segundo de ser filho de pais que não eram casados, e o segundo retrucava que a esposa do primeiro lhe era infiel. Se eu fosse capaz de compreendê-los, o efeito do insulto e a causa da réplica teriam ficado óbvios. Como o exemplo ilustra, uma pessoa conhece uma língua quando a audição de certos sons tem certos efeitos e sua pronunciação tem certas causas. O processo pelo qual se inicia o estabelecimento dessas leis causais nas crianças é o processo da definição ostensiva.

A definição ostensiva, em sua forma primitiva, requer certas condições. Deve haver no ambiente ao redor algo que seja notável, distintivo, emocionalmente interessante e bastante recorrente, e o adulto deve proferir o nome desse algo com frequência quando a criança está por perto. É claro que há risco de equívocos. Suponhamos que a criança veja leite dentro de uma garrafa. A cada vez, você pode dizer "leite" ou "garrafa". No primeiro caso, a criança pode pensar que "leite" é a palavra certa para uma garrafa com água; no segundo, pode pensar que "garrafa" é a palavra certa para um copo de leite. Para evitar tais equívocos, você deve, em teoria, aplicar os cânones indutivos de Mill, lembrando que a indução é um hábito corporal, considerado um processo lógico somente por cortesia. Em vez de dizer apenas "leite" ou apenas "garrafa", você deve dizer "garrafa de leite" e, nas ocasiões apropriadas, "copo de leite" e "garrafa de água". Com o tempo e por meio do uso dos cânones de Mill, a criança, caso sobreviva, aprenderá a falar corretamente. Não estou dando conselhos práticos de pedagogia; estou apenas exemplificando uma teoria.

A parte passiva da definição ostensiva é tão somente o conhecido processo de associação de ideias ou de reflexo condicionado. Se um certo estímulo A produz na criança uma certa reação R e ocorre com frequência junto com a palavra B, com o tempo acontecerá de B produzir a reação R, ou parte dela. Logo que isso acontece, a palavra B adquire um "significado" para a criança: ela "significa" A. Pode ser que o significado não seja exatamente o que o adulto pretendia: talvez ele quisesse se referir a garrafa e a criança tenha entendido que a palavra se referia a leite. Mas isso não impede a criança de possuir uma palavra que agora tem significado; o único detalhe é que a linguagem da criança ainda não está completamente correta.

Quando uma experiência causa violenta emoção, pode ser desnecessária a repetição da palavra. Se, depois de aprender a identificar a palavra "leite", uma criança recebe um copo de leite tão quente que queima sua boca e, então, você diz "quente", ela pode muito bem vir a identificar também esta última palavra. Mas, quando uma experiência é desinteressante, são necessárias muitas repetições.

A parte ativa do aprendizado de uma língua requer outras capacidades, as quais, porém, são de menor interesse filosófico. Os cães não aprendem a falar como os humanos porque são anatomicamente incapazes de produzir os sons corretos. Os papagaios, embora possam mais ou menos reproduzi-los, parecem incapazes de adquirir as associações corretas, de modo que suas palavras ficam sem significado. As crianças, assim como os filhotes dos animais superiores, têm o impulso de imitar os adultos de sua espécie e, portanto, tentam emitir os sons que ouvem. Em algumas ocasiões, elas podem repetir sons feito um papagaio e, depois, vir a descobrir o "significado" desses sons. Nesse caso, só se poderá considerar que os sons são palavras quando adquirirem significado para a criança. A existência das palavras, ou seja, de sons com significado, é uma descoberta para toda criança. Aprender a pronunciar palavras é para elas uma alegria, principalmente porque lhes permite comunicar seus desejos de maneira mais definida do que até então faziam ao chorar e gesticular. É por causa desse prazer que as crianças enfrentam o trabalho mental e o exercício muscular que o aprendizado da fala requer.

Em geral, ainda que não universalmente, a repetição é necessária para a definição ostensiva, pois esta consiste na criação de um hábito, e hábitos, em regra, são aprendidos gradualmente. O provérbio "gato escaldado tem medo de água fria" ilustra os casos excepcionais. À exceção desses tópicos extraordinariamente emocionais, as palavras que têm definição ostensiva muitas vezes denotam características recorrentes do ambiente ao redor, tais como membros da família, alimentos, brinquedos, animais de estimação etc. Isto envolve o processo de reconhecimento, ou algo dessa ordem. Mesmo que a mãe pareça um tanto diferente em diferentes ocasiões, a criança pensa nela (quando começa a pensar) como se fosse sempre a mesma pessoa e não sente nenhuma dificuldade em lhe dar o mesmo nome em suas várias manifestações. A linguagem, desde o início, ou melhor, desde o início da reflexão sobre ela, incorpora a crença em pessoas e coisas mais ou menos permanentes. Esta talvez seja a principal razão das dificuldades de qualquer filosofia que dispense a noção de substância. Se você tivesse de dizer a uma criança que sua mãe é uma série de impressões sensíveis, conectadas por relações de causa e semelhança, mas sem qualquer identidade material, e se, por algum milagre, você conseguisse fazê-la compreender o que disse, a criança ficaria indignada e iria pensar que você é louco. O processo denominado "reconhecimento" é, portanto, um processo que exige investigação.

O reconhecimento, enquanto ocorrência fisiológica ou psicológica, pode ser verídico ou não. No sentido cotidiano, deixa de ser verídico quando confundimos um gêmeo com o outro; mas, mesmo quando correto do ponto de vista do senso comum, o reconhecimento pode ser metafisicamente enganoso. Existe alguma coisa idêntica – e, se houver, o quê? – entre duas diferentes aparições do sr. A? Esta é uma pergunta difícil e obscura, que irei abordar junto com a questão dos nomes próprios. Por enquanto, quero pensar no reconhecimento como um processo que realmente ocorre, sem levar em conta sua interpretação.

O primeiro estágio do desenvolvimento desse processo é a repetição de uma reação aprendida diante de um estímulo que se repete. Precisa ser uma reação *aprendida*, pois, nas reações posteriores a determinado estímulo, o reconhecimento deve resultar de um processo que envolva alguma coisa que não estava presente na primeira reação. Suponhamos, por exemplo, que você dê a uma criança um copo de leite que contém um remédio amargo: na primeira vez, ela bebe o leite com remédio e faz careta, mas, na segunda vez, ela recusa a bebida. Isto é, subjetivamente, um certo reconhecimento, mesmo que na segunda vez a criança esteja errada ao supor que o leite contenha algum remédio. É claro que esse processo pode ser puramente fisiológico e envolver apenas similitude, não identidade, no estímulo e na resposta. Pode-se colocar todo o aprendizado das palavras por definição ostensiva dentro desse primeiro estágio. O mundo da criança encerra muitos estímulos similares aos quais ela aprendeu a reagir por meio de ruídos similares, ou seja, de ocorrências da palavra "leite"; encerra também outro conjunto de estímulos similares aos quais ela aprendeu a responder com ocorrências da palavra "mãe". E nisto não há nada que envolva qualquer crença ou emoção da criança. É apenas como resultado de uma reflexão subsequente que a criança, agora filósofa, conclui que existe uma palavra, "mãe", e uma pessoa, sua mãe. Creio que esse primeiro passo da filosofia esteja equivocado. A palavra "mãe", devo dizer, não é uma única entidade, mas uma classe de ruídos similares; e a mãe em si tampouco é uma entidade única, mas sim uma classe de ocorrências ligadas por conexões causais. Essas especulações, no entanto, são irrelevantes no processo de definição ostensiva, o qual, como acabamos de ver, requer apenas o primeiro estágio desse caminho rumo àquilo que normalmente contaria como reconhecimento, ou seja, respostas aprendidas similares para estímulos similares.

Essa forma primitiva de reconhecimento é relevante ao se analisar a memória e se explicar a similitude entre uma ideia e uma impressão (para tomarmos aqui a fraseologia de Hume). Quando me lembro de um acontecimento passado, não posso fazê-lo acontecer mais uma vez, ainda que consiga fazer que ocorra um acontecimento similar. Mas como posso saber se o novo acontecimento é similar ao antigo? Subjetivamente, só posso sabê-lo ao comparar uma ideia com uma impressão: tenho uma ideia do evento passado e uma impressão do evento presente e percebo que são similares. Mas isso não é o bastante, pois não prova que minha ideia do evento passado seja similar à minha impressão do evento *passado* quando ele existiu. Na verdade, isto é algo que não se pode provar e, em certo sentido, constitui uma das premissas do conhecimento. Mas, ainda que não se possa prová-lo em termos estritos, é possível confirmá-lo de várias maneiras. Você pode descrever o sr. A enquanto ele estiver presente e sua descrição pode ser gravada em um ditafone. Depois, você pode descrevê-lo de memória e comparar sua nova descrição com a que foi gravada. Se as duas concordarem, pode-se aceitar que sua memória está correta.

Essa ilustração depende de um fato fundamental: o de aplicarmos as mesmas palavras tanto às ideias quanto às impressões que são seus protótipos. Isto explica a possibilidade de se aprender uma palavra ostensivamente por meio de uma única ocorrência sensível. Vi Disraeli uma única vez e, nesse momento, me disseram: "aquele é Dizzy". Depois disso, me lembrei muitas vezes da ocorrência, com o nome "Dizzy" [que em inglês significa "atordoado", "confuso"] tomando parte essencial da memória. Isto possibilitou que se formasse um hábito, por repetição da ideia (no sentido de Hume), mesmo que a impressão jamais tenha se repetido. É claro que as ideias diferem das impressões de várias maneiras, mas sua similitude com seus protótipos é atestada pelo fato de causarem as mesmas palavras. As duas perguntas "o que você está olhando?" e "em que você está pensando?" podem ser respondidas de modo idêntico em duas ocasiões diferentes.

Consideremos os diferentes tipos de palavras que normalmente são aprendidas por meio de definições ostensivas. O que tenho em mente é uma forma lógica da doutrina gramatical das partes do discurso.

Já tivemos chance de fazer considerações preliminares sobre os nomes próprios. No momento, não direi mais nada a respeito, pois eles serão tema de um capítulo em separado.

A seguir, vêm os nomes de espécies: homem, mulher, gato, cachorro etc. Uma espécie desse tipo consiste de vários indivíduos que têm certo grau de semelhança entre si. Na biologia anterior a Darwin, "espécie" era um conceito importante. Deus criara um casal de cada espécie, e diferentes espécies não podiam cruzar, ou, quando isso acontecia em casos excepcionais, como o do cavalo com a mula, os descendentes eram estéreis. Havia uma elaborada hierarquia de gêneros, famílias, ordens etc. Os escolásticos estenderam esse tipo de classificação, que era e é conveniente à biologia, a outras regiões e obstruíram a lógica ao criarem a noção de que alguns modos de classificação são mais corretos que outros. No que diz respeito à definição ostensiva, diferentes experiências produzirão diferentes resultados. A maioria das crianças aprende a palavra "cachorro" ostensivamente; algumas aprendem dessa maneira também as raças de cães (*collies*, *spaniels*, *poodles* etc.), ao passo que outras, que têm pouco contato com cachorros, podem se deparar com essas palavras só em livros. Nenhuma criança aprende ostensivamente a palavra "quadrúpede", muito menos a palavra "animal" no sentido que inclui ostras e lapas. Ela provavelmente aprende de maneira ostensiva as palavras "formiga", "abelha" e "besouro" e talvez até mesmo "insetos", mas, nesse caso, cometerá o erro de incluir entre estes as aranhas, até que a corrijam.

Nomes de substâncias que não sejam obviamente grupos de indivíduos, tais como "leite", "pão", "madeira", podem ser aprendidos ostensivamente quando designam coisas familiares da vida cotidiana. A teoria atômica é uma tentativa de identificar essa classe de objetos com as coisas familiares, de modo que leite, por exemplo, é uma coleção de unidades leitosas (moléculas), assim como a raça humana é uma coleção de homens, mulheres e crianças. Mas, para a percepção não científica, tais nomes de substâncias não devem ser associados a espécies compostas por indivíduos.

Depois vêm as qualidades: vermelho, azul, duro, mole, quente, frio etc. Muitas dessas palavras são aprendidas ostensivamente, mas as menos comuns, como escarlate, podem ser descritas por suas semelhanças e diferenças.

Nomes de certas relações, tais como "acima", "abaixo", "direita", "esquerda", "antes" e "depois", normalmente são aprendidas de maneira ostensiva, assim como "depressa" e "devagar".

Existem várias palavras do tipo que chamo de "egocêntrico", que mudam de significado de acordo com o locutor e sua posição no tempo e no espaço. Entre estas, as mais simples são aprendidas ostensivamente, como "eu", "você", "aqui", "agora". Essas palavras suscitam problemas que iremos abordar em um capítulo mais adiante.

Todas as palavras que mencionei até aqui pertencem ao mundo público. Um espectador pode ver quando certa característica do ambiente público está chamando a atenção de uma criança e, então, mencionar o nome dessa característica. Mas e quanto a experiências privadas, como dor de barriga, sofrimento e memória? Por certo, algumas palavras que denotam tipos privados de experiência podem ser aprendidas de maneira ostensiva. Isto se dá porque a criança mostra no comportamento o que está sentindo: há uma correlação entre sofrimento e lágrimas, por exemplo.

Não há limites *definidos* para aquilo que se pode aprender por definição ostensiva. "Cruz", "crescente" e "suástica" são palavras que podem ser aprendidas dessa maneira, mas não "quiliágono". No entanto, o ponto em que esse método de aprendizagem se torna impossível depende da experiência e da capacidade da criança.

Todas as palavras até aqui mencionadas podem ser usadas como sentenças completas, o que, de fato, ocorre em seu emprego mais primitivo. "Mãe", "cachorro", "gato", "leite" e assim por diante, podem-se usar todas elas de maneira isolada, para expressar reconhecimento ou desejo. "Duro", "mole", "quente" ou "frio" seriam mais naturalmente utilizadas para expressar reconhecimento do que desejo, e, em geral, para expressar reconhecimento acompanhado de surpresa. Se a torrada ficou velha e impossível de comer, você pode dizer "dura"; se um biscoito de gengibre ficou em contato com o ar e já não está crocante, você pode dizer "mole". Se a água do banho escalda sua pele, você diz "quente"; se a congela, "fria". Pais muitas vezes empregam a palavra "depressa" como um imperativo; "devagar" é bastante usada quando há uma curva em estradas e ferrovias. Os ascensoristas normalmente dizem "para cima" e "para baixo" como sentenças completas; "dentro" e "fora" aparecem em portas giratórias. Anúncios de cabeleireiros utilizam "antes" e "depois" como sentenças completas. E assim por diante. Deve-se notar que não apenas substantivos e adjetivos, mas também advérbios e preposições podem ser empregados como sentenças completas.

Creio que se podem distinguir os usos elementares de uma palavra como indicativo, imperativo e interrogativo. Quando uma criança vê a mãe chegando, ela pode dizer "mãe!"; este é o uso indicativo. Quando quer a mãe, a criança chama "mãe!"; é o uso imperativo. Quando a mãe se fantasia de bruxa e a criança começa a descobrir o disfarce, pode dizer "mãe?"; este é o uso interrogativo. O uso indicativo surge primeiro na aquisição da linguagem, uma vez que a associação entre a palavra e o objeto que ela designa só pode ser criada na presença simultânea de ambos. Mas o uso imperativo vem logo depois. Isto se torna relevante ao considerarmos o que queremos dizer com "pensar em" um objeto. É óbvio que a criança que acabou de aprender a chamar pela mãe descobriu a expressão verbal para um estado no qual ela já se encontrara várias vezes, que esse estado se associava à mãe e que, agora, se associa à palavra "mãe". Antes da linguagem, esse estado era comunicável apenas em parte; um adulto que ouvisse o choro da criança podia saber que ela queria alguma coisa, mas tinha de adivinhar o que era. Mas o fato de a palavra "mãe" expressar seu estado demonstra que, mesmo antes da aquisição da linguagem, o estado tinha uma relação com a mãe, isto é, a relação denominada "pensar em". Essa relação não é criada pela linguagem: precede-a. O que a linguagem faz é torná-la comunicável. "Significado" é uma palavra que se deve interpretar de um jeito diferente, de acordo com sua aplicação no indicativo ou no imperativo. No indicativo, a palavra A significa uma característica B do ambiente ao redor (1) quando B está enfaticamente presente à atenção e se profere A, ou há um impulso de se proferir A; (2) quando a palavra A é ouvida e suscita o que pode ser chamado de "ideia" de B, o que se evidencia em uma procura por B ou em um comportamento que seria causado pela presença de B. Assim, no indicativo, uma palavra "significa" um objeto se a presença sensível do objeto causar a pronunciação da palavra e se a audição da palavra tiver efeitos análogos, em certos aspectos, à presença sensível do objeto.

Deve-se distinguir o uso imperativo de uma palavra de acordo com a maneira como é ouvida ou proferida. De modo geral, compreende-se um imperativo ouvido — por exemplo, uma palavra de ordem no exército — quando ele causa um certo tipo de movimento corporal, ou um impulso para tal movimento. Um imperativo proferido expressa um desejo e, portanto, requer a existência de uma "ideia" do efeito desejado. Assim, embora "expresse" algo no locutor, "significa" o efeito externo que ordena. A distinção entre o que "significa" e o que "expressa" é essencial nesse uso das palavras.

Neste capítulo, tratamos apenas dos usos mais primitivos das palavras mais primitivas. Não consideramos o uso de palavras em narrativas, hipóteses ou ficções, nem examinamos palavras lógicas, tais como "não", "ou", "tudo" [*all*] e "algum" [*some*]; tampouco indagamos como os aprendizes assimilam o uso correto de palavras como "que" ou "de", as quais não denotam características reconhecíveis de nenhum ambiente sensível. O que concluímos é que uma palavra pode se associar a alguma característica notável do ambiente ao redor (em geral, uma característica que ocorre com certa frequência) e que, quando assim associada, associa-se também a algo que podemos chamar de "ideia" ou "pensamento" dessa característica. Quando existe tal associação, a palavra "significa" essa característica do ambiente; sua pronunciação pode ser causada pela característica em questão e sua audição pode causar a "ideia" dessa característica. Este é o tipo mais simples de "significado", a partir do qual se desenvolvem outros tipos.

3.
Nomes próprios

Há uma distinção tradicional entre nomes "próprios" e nomes de "classe", o que se explica pelo fato de que um nome próprio se aplica, essencialmente, a apenas um objeto, enquanto um nome de classe se aplica a todos os objetos de certo tipo, por mais numerosos que sejam. Assim, "Napoleão" é um nome próprio, ao passo que "homem" é um nome de classe. Veremos que um nome próprio só tem significado se houver um objeto do qual seja nome, mas um nome de classe não está sujeito a nenhuma limitação dessa natureza. "Homens cujas cabeças crescem debaixo dos ombros" é um nome de classe perfeitamente aceitável, mesmo que não existam exemplos dessa categoria. Pode acontecer de existir apenas um exemplo para um nome de classe, como em "satélite da Terra". Nesse caso, o membro único pode ter um nome próprio (a Lua), mas o nome próprio não tem o mesmo significado do nome de classe e cumpre funções sintáticas diferentes. Podemos dizer, por exemplo: "'satélite da Terra' é uma classe unitária", mas não podemos dizer "a Lua é uma classe unitária", porque ela não é uma classe, ou pelo menos não é uma classe do mesmo tipo lógico que "satélite da Terra", e, se tomada por classe (por exemplo, de moléculas), será muitas, não apenas uma.

Surgem muitas questões difíceis associadas aos nomes próprios. Entre elas, duas são especialmente importantes: primeira, qual é a definição exata de nomes próprios? Segunda, é possível expressar todo o nosso conhecimento empírico em uma linguagem que não contenha nomes próprios? Esta segunda questão, logo veremos, nos leva ao cerne de alguns dos mais antigos e insistentes debates filosóficos.

Na procura por uma definição de "nome próprio", podemos nos aproximar do tema desde o ponto de vista da metafísica, da lógica, da física, da sintaxe ou da teoria do conhecimento. Direi algumas palavras preliminares sobre cada uma dessas perspectivas.

A) *Metafísica* – É bem óbvio que nomes próprios devem sua existência na linguagem comum ao conceito de "substância", originalmente na forma elementar de "pessoas" e "coisas". Nomeia-se uma substância ou entidade e, então, propriedades lhe são atribuídas. Enquanto se aceitou essa metafísica, não houve dificuldade quanto aos nomes próprios, que eram designações de substâncias que fossem suficientemente interessantes. É verdade que, às vezes, devíamos dar nome a uma coleção de substâncias, tais como França ou Sol. Mas esses nomes, estritamente falando, não eram necessários. Podíamos, em qualquer caso, estender nossa definição para abarcar coleções de substâncias.

Mas, nos dias de hoje, a maioria de nós se recusa a aceitar "substância" como noção útil. Devemos, então, adotar na filosofia uma linguagem sem nomes próprios? Ou devemos encontrar uma definição de "nome próprio" que não dependa da "substância"? Ou devemos concluir que a concepção de "substância" foi rejeitada muito apressadamente? Por enquanto, apenas levanto essas questões, sem tentar respondê-las. Tudo que quero deixar claro no momento é que nomes próprios, como geralmente compreendidos, são fantasmas de substâncias.

B) *Sintática* — É claro que a definição sintática de "nome próprio" deve ser relativa a determinada linguagem ou conjunto de linguagens. Nas linguagens da vida cotidiana, e também na maioria das que se empregam na lógica, existe uma distinção entre sujeito e predicado, entre "palavras-relação" e "palavras-termos" [*term-words*]. Nessas linguagens, um "nome" será "uma palavra que jamais pode ocorrer em uma sentença salvo como sujeito ou palavra-termo". Ou ainda: nome próprio é uma palavra que pode ocorrer em *qualquer* forma de sentença que não contenha variáveis, ao passo que outras palavras só podem ocorrer em sentenças de determinada forma. Às vezes se diz que algumas palavras são "sincategoremáticas", o que, aparentemente, quer dizer que elas não têm significado em si mesmas, mas contribuem para o significado das sentenças em que ocorrem. De acordo com esse modo de falar, nomes próprios não são sincategoremáticos, mas se isso pode contar como definição é uma questão um tanto duvidosa. Em todo caso, é difícil obter uma definição clara do termo "sincategoremático".

A principal insuficiência do ponto de vista sintático é que ele, em si mesmo, não nos ajuda a decidir se é possível construir linguagens com um tipo de sintaxe diferente, na qual desapareceriam as distinções que estamos considerando.

C) *Lógica* — A lógica pura não dá oportunidades para os nomes, pois suas proposições contêm apenas variáveis. Mas o lógico pode se perguntar, em suas horas vagas, que constantes poderiam ser substituídas por suas variáveis. O lógico anuncia, como um de seus princípios, que, se "*fx*" for verdadeiro para todo e qualquer valor de "*x*", então "*fa*" também será verdadeiro, onde "*a*" for qualquer constante. Esse princípio não menciona a constante, porque "qualquer constante" é uma variável; mas sua intenção é justificar aqueles que querem *aplicar* a lógica. Toda aplicação da lógica ou da matemática consiste na substituição de constantes por variáveis; é, portanto, essencial, caso se queira aplicar a lógica ou a matemática, saber que tipo de constantes podem ser substituídas por que tipo de variáveis. Se qualquer forma de hierarquia for admitida entre as variáveis, "nomes próprios" serão "constantes que são valores de variáveis de tipo inferior". Existem, no entanto, várias dificuldades nessa perspectiva. Não irei, pois, prosseguir para além deste ponto.

D) *Física* – Há dois pontos de vista a se considerar. Primeiro: o nome próprio é uma palavra que designa qualquer porção contínua do espaço-tempo que nos provoque interesse suficiente. Segundo: sendo esta a função dos nomes próprios, eles são desnecessários, uma vez que qualquer porção do espaço-tempo pode ser descrita por suas coordenadas. Carnap (*Logical Syntax* [Sintaxe lógica], p.12-3) explica que latitude e longitude, ou coordenadas espaçotemporais, podem substituir nomes de lugares. "O método de designação por nomes próprios é primitivo; o de designação posicional corresponde a um estágio mais avançado da ciência e tem vantagens metodológicas consideráveis sobre o anterior." Na linguagem que ele emprega, coordenadas substituem palavras como "Napoleão" ou "Viena". Esse ponto de vista merece plena discussão, o que farei em breve.

E) *Epistemológica* – Temos aqui, em primeiro lugar, uma distinção que não é idêntica à que existe entre nomes próprios e outras palavras, mas que talvez tenha alguma conexão com ela. Trata-se da distinção entre palavras que têm definição verbal e palavras que têm apenas definição ostensiva. Quanto a estas últimas, dois pontos são óbvios: (1) nem todas as palavras podem ter definições verbais; (2) é sumamente arbitrário decidir quais palavras devem ter apenas definições ostensivas. Por exemplo, se "Napoleão" for definido ostensivamente, será possível definir verbalmente "José Bonaparte" como "irmão mais velho de Napoleão". No entanto, essa arbitrariedade é limitada pelo fato de que, na linguagem de determinada pessoa, definições ostensivas só são possíveis dentro dos limites de sua experiência. Os amigos de Napoleão poderiam (com limitações) defini-lo ostensivamente, mas nós não podemos, pois jamais conseguiríamos verdadeiramente dizer "aquele é Napoleão". É óbvio que existe aqui um problema conectado ao dos nomes próprios; mas não vou discutir essa conexão agora.

Temos, é claro, vários problemas a considerar e, como costuma acontecer na filosofia, é difícil ter clareza de quais são exatamente os problemas. Creio que faremos melhor começando por Carnap e sua substituição de nomes próprios por coordenadas. A questão que precisamos considerar é se tal linguagem consegue expressar o todo de nosso conhecimento empírico.

No sistema de Carnap, um grupo de quatro números é substituído por um ponto do espaço-tempo. Ele o ilustra com o seguinte exemplo: "Azul x_1, x_2, x_3, x_4", significando "a posição (x_1, x_2, x_3, x_4) é azul", em vez de "Azul (a)" significando "o objeto a é azul". Mas agora considere uma sentença como "Napoleão esteve em Elba durante um período de 1814". Estou certo de que Carnap concordaria que essa sentença é verdadeira e que sua verdade é empírica, não lógica. Mas, se a traduzirmos para sua linguagem, ela se tornará uma verdade lógica. "Napoleão" será substituído por "todos os quartetos de números incluídos entre tais e tais limites"; e o mesmo se dará com "Elba" e "1814". Deveremos então afirmar que essas três classes de quartetos têm uma parte comum. Isto, porém, é um fato da lógica. Claramente, não é o que queríamos dizer. Damos o nome de "Napoleão" a certa região não porque nos preocupamos com a topologia, mas porque a região tem certas características que a tornam interessante. Podemos defender Carnap supondo, a partir de uma simplificação esquemática, que "Napoleão" deve significar "todas as regiões que têm certa qualidade N", ao passo que "Elba" deve significar "todas as regiões que têm a qualidade E". Então, "Napoleão passou um tempo em Elba" se tornará: "As regiões que têm a qualidade N e aquelas que têm a qualidade E se sobrepõem". Este já não é um fato da lógica. Mas interpretou os nomes próprios da linguagem comum como predicados disfarçados.

Nossa simplificação esquemática, porém, é violenta demais. Não há qualidade ou coleção de qualidades presentes onde quer que Napoleão estivesse e ausentes onde ele não estivesse. Quando criança, ele não usou chapéu bicorne, nem comandou exércitos, nem escondeu a mão por baixo da casaca, ao passo que muitas outras pessoas fizeram essas coisas vez ou outra. Como, então, devemos definir a palavra "Napoleão"? Continuemos a fazer nosso esforço por Carnap. No momento do batismo, o padre decide que se deve aplicar o nome "Napoleão" a uma pequena região nas proximidades, a qual tem um formato mais ou menos humano, e que se deve aplicá-lo também a outras regiões futuras que venham a se ligar a esta primeira, não apenas por continuidade, que não basta para assegurar identidade material, mas por certas leis causais, a saber, aquelas que nos levam a considerar que um corpo em duas ocasiões diferentes pertence a uma mesma pessoa. Podemos dizer: dada uma região temporalmente breve que tenha as características de um corpo humano vivo, é fato empírico que existem, antes e depois, regiões conectadas à primeira por leis físicas, com características mais ou menos similares; o total de tais regiões é o que chamamos de "pessoa", e a uma delas se chamou "Napoleão". Que a nomeação seja retroativa é fato que aparece na placa de certa casa em Ajaccio, com os dizeres: *Ici Napoleon fut conçu* [Napoleão foi concebido aqui].

Pode-se aceitar tudo isso como resposta à objeção de que, do ponto de vista de Carnap, "Napoleão esteve em Elba" seria uma proposição da lógica. No entanto, restam algumas questões muito sérias. Vimos que não se pode definir "Napoleão" simplesmente por suas qualidades, a menos que consideremos impossível existirem dois indivíduos exatamente iguais. Um dos usos do espaço-tempo, porém, é diferenciar indivíduos similares em lugares diferentes. Carnap tem suas sentenças "Azul (3)", "Azul (4)" etc., significando "o lugar 3 é azul", "o lugar 4 é azul" etc. É de se supor que podemos distinguir entre o azul de um lugar e o azul do outro. Mas como distinguir os lugares? Carnap toma o espaço-tempo como um dado natural, nunca discute como diferenciar lugares do espaço-tempo. Na verdade, em seu sistema, as regiões do espaço-tempo têm características de substâncias. A homogeneidade do espaço-tempo é admitida na física e, ainda assim, admite-se também que há diferentes regiões, que podem ser diferenciadas. A menos que possamos aceitar a questionável metafísica da substância, devemos supor que as regiões são distinguíveis por diferenças de qualidade. Descobriremos, então, que as regiões já não precisam ser consideradas como substanciais, mas, sim, como conjuntos de qualidades.

As coordenadas de Carnap, que substituem os nomes, não são atribuídas arbitrariamente, claro. A origem e os eixos são arbitrários, mas, uma vez fixados, todo o resto procede em um plano. O ano a que chamamos de "1814" recebe designação diferente entre os maometanos, cujas datas começam com a Hégira, e entre os judeus, cujas datas começam com a Criação. Mas o ano a que chamamos de "1815" será, em qualquer sistema, o seguinte ao que chamamos de "1814". É por isso que as coordenadas não são nomes: elas não são arbitrárias. Elas *descrevem* um ponto por meio de suas relações com a origem e os eixos. Mas precisamos ser capazes de dizer "*esta é a origem*". Se somos capazes de dizê-lo, então podemos *nomear* a origem, ou descrevê-la de algum modo, e à primeira vista já se poderia pensar que seria possível encontrar algum modo de envolver nomes. Tomemos, por exemplo, a longitude. A origem da longitude é o meridiano de Greenwich, mas poderia muito bem ser qualquer outro. Não podemos definir "Greenwich" como "longitude 0°, latitude 52°", porque, se o fizéssemos, não haveria meio de determinar onde é a longitude 0°. Quando dizemos "longitude 0° é a longitude de Greenwich", o que dizemos é satisfatório porque podemos ir a Greenwich e dizer "*isto* aqui é Greenwich". De maneira similar, se moramos na (digamos) longitude 40° oeste, podemos dizer "a longitude deste lugar é 40° oeste" e, então, podemos definir a longitude 0° em relação a esse lugar. Mas, a menos que tenhamos um jeito de conhecer *alguns* lugares que não por latitude e longitude, essas duas palavras ficarão sem significado. Quando perguntamos "quais são a latitude e a longitude de Nova York?", não estamos formulando o mesmo tipo de pergunta que deveríamos fazer se descêssemos em Nova York de paraquedas e perguntássemos "qual é o nome desta cidade?". Estamos, na verdade, perguntando: "Nova York fica a que distância a oeste de Greenwich e ao norte do equador?". Essa pergunta supõe que Nova York e Greenwich já são conhecidas e estão nomeadas.

Seria possível determinar um número finito de coordenadas ao acaso e, então, todas elas seriam nomes. Quando (como sempre se faz) são determinadas segundo um princípio, elas constituem descrições, definindo pontos por meio de suas relações com a origem e os eixos. Mas essas descrições não funcionam com a origem e os eixos em si, uma vez que, no que lhes diz respeito, os números são determinados de maneira arbitrária. Para respondermos à pergunta "onde é a origem?" devemos ter algum método para identificar o lugar sem mencionar suas coordenadas. É a existência de tais métodos que se pressupõe pelo uso dos nomes próprios.

Concluo, por enquanto, que não podemos dispensar completamente os nomes próprios em favor das coordenadas. Talvez possamos reduzir a quantidade de nomes próprios, mas não podemos evitá-los de todo. Sem nomes próprios conseguimos expressar toda a física teórica, mas não parte da história ou da geografia; pelo menos é essa nossa conclusão provisória até aqui, mas haveremos de encontrar motivos para modificá-la mais adiante.

Consideremos um pouco mais a substituição de descrições por nomes. Alguém deve ser o homem mais alto dos Estados Unidos dos dias de hoje. Vamos supor que seja o sr. A. Podemos, então, no lugar de "sr. A", dizer "o homem mais alto que hoje vive nos Estados Unidos", e essa substituição, em regra, não irá alterar a verdade ou a falsidade de qualquer sentença que for feita. Mas irá alterar a afirmação. Uma pessoa pode saber coisas sobre o sr. A que não sabe a respeito do homem mais alto dos Estados Unidos, e vice-versa. Pode saber que o sr. A mora em Iowa, mas não que o homem mais alto dos Estados Unidos mora em Iowa. Pode saber que o homem mais alto dos Estados Unidos tem mais de dez anos de idade, mas não se o sr. A é um homem ou um rapaz. Surge, então, a proposição: "O sr. A é o homem mais alto dos Estados Unidos". Talvez o sr. A nem saiba disso; talvez exista um sr. B que seja quase tão alto quanto ele. Mas o sr. A certamente sabe que o sr. A é o sr. A. Isso ilustra, mais uma vez, que existem algumas coisas que não podem ser expressas por meio de descrições que substituem nomes.

Os nomes de pessoas têm definições verbais em termos de "este", "esta", "isto". Suponha que você esteja em Moscou e alguém lhe diga "este é Stálin". Então definimos "Stálin" como "a pessoa que você está vendo agora" – ou mais completamente: "a série de ocorrências que constituem uma pessoa, sendo que *esta* é uma delas". Nesse caso, "este" é indefinido, mas "Stálin" é definido. Creio que se descobrirá que todo nome aplicado a alguma porção do espaço-tempo pode ter uma definição verbal em que ocorra a palavra "este", ou alguma equivalente. Isto, devo dizer, é o que distingue o nome de um personagem histórico do nome de uma pessoa imaginária, como Hamlet. Tomemos uma pessoa que não nos é próxima, Sócrates, por exemplo. Podemos defini-lo como "o filósofo que bebeu cicuta", mas tal definição não nos assegura que Sócrates de fato existiu e, se ele não existiu, "Sócrates" não é um nome. O que nos assegura que Sócrates existiu? Uma variedade de sentenças lidas e ouvidas.

Cada uma delas é uma ocorrência sensível de nossa própria experiência. Suponhamos que encontramos na *Enciclopédia* a afirmação "Sócrates foi um filósofo ateniense". A sentença, enquanto a vemos, é um "isto", e nossa fé na *Enciclopédia* nos leva a dizer "isto é verdade". Podemos definir "Sócrates" como "a pessoa descrita na *Enciclopédia* sob o nome 'Sócrates'". Aqui o nome "Sócrates" é objeto da experiência. Podemos, é claro, definir "Hamlet" de maneira similar, mas algumas das proposições empregadas na definição seriam falsas. Por exemplo, se dissermos "Hamlet foi príncipe da Dinamarca e herói de uma das tragédias de Shakespeare", isto é falso. A verdade é: "'Hamlet' é uma palavra que Shakespeare faz de conta que seja o nome de um príncipe da Dinamarca". Assim, parece possível supor que, à exceção de palavras como "este", "isto", "aquele", "aquilo", todo nome é uma descrição que envolve alguma dessas palavras e só é um nome em virtude da verdade de alguma proposição. (A proposição pode ser apenas "isto é um nome", o que será falso se "*isto*" se referir a "Hamlet".)

Devemos considerar a questão dos vocabulários mínimos. Chamo de "mínimo" o vocabulário que não contém nenhuma palavra a que seja possível aplicar uma definição verbal utilizando as outras palavras do vocabulário. Dois vocabulários mínimos que tratam do mesmo assunto ou matéria podem não ser iguais; pode haver diferentes métodos de definição, alguns dos quais levam a um repositório de termos indefinidos mais reduzido que outros. A questão dos vocabulários mínimos às vezes se faz muito importante. Peano reduziu o vocabulário da aritmética a três palavras. Foi um grande feito da física clássica quando se definiram todas as unidades em termos das unidades de massa, comprimento e tempo. A questão que quero discutir é: que características devem pertencer a um vocabulário mínimo pelo qual possamos definir todas as palavras utilizadas na expressão de nosso conhecimento empírico ou de nossas crenças, até que tais palavras adquiram qualquer significado preciso? Mais especificamente, para retornar a um exemplo anterior, que tipo de vocabulário mínimo é necessário para "Napoleão esteve em Elba durante parte de 1814" e outras sentenças similares? Quando tivermos respondido a essas questões talvez sejamos capazes de definir "nomes". Na discussão a seguir, suponho que tais sentenças histórico-geográficas não são analíticas, o que significa dizer que, embora sejam verdadeiras quanto aos fatos, não seria impossível que fossem falsas quanto à lógica.

Voltemos à teoria, sugerida nas palavras de Carnap, de que se deve definir "Napoleão" como certa região do espaço-tempo. Naquele caso, contestamos que "Napoleão esteve um tempo em Elba" fosse analítica. Seria possível redarguir: sim, mas para descobrir o que não é analítico você precisa perguntar por que damos um nome à porção do espaço-tempo que foi Napoleão. Nós o fazemos porque essa porção teve certas características peculiares. Foi uma pessoa e, quando adulto, usou um chapéu bicorne. Então diremos: "esta porção do espaço-tempo é uma pessoa e, em suas porções ulteriores, usou chapéu bicorne; aquela porção do espaço-tempo é uma pequena ilha; esta e aquela têm uma parte comum". Temos aqui três afirmativas, as duas primeiras são empíricas, a terceira é analítica. Isto parece incontestável. Tudo isso nos deixa com o problema da determinação das coordenadas e também com o da definição de termos como "pessoa" e "ilha". Tais termos como "pessoa" e "ilha" podem obviamente ser definidos segundo suas qualidades e relações; são termos genéricos e diferentes (alguém poderia dizer) daqueles que levam a nomes próprios. A determinação de coordenadas requer a determinação da origem e dos eixos. Podemos, em benefício da simplicidade, ignorar os eixos e nos concentrar na origem. Pode-se definir a origem?

Suponhamos, por exemplo, que você se interesse por teoria planetária, não apenas com um espírito teórico, mas com a intenção de testar seus cálculos por meio de observações. Sua origem, nesse caso, terá de ser definida por algo observável. É universalmente aceito que o espaço-tempo físico absoluto não é observável. As coisas que conseguimos observar são, de maneira geral, qualidades e relações espaçotemporais. Podemos dizer "tomarei o centro do Sol como minha origem". O *centro* do Sol não é observável, mas o Sol (em certo sentido) é. Trata-se de fato empírico que frequentemente tenho a experiência de "ver o Sol" e que consigo observar o que parece ser outras pessoas tendo uma experiência semelhante. "O Sol" é um termo que pode ser definido por suas qualidades: redondo, quente, brilhante, de tal e tal tamanho aparente etc. Acontece que existe apenas um objeto que, em minha experiência, tem essas qualidades e que esse objeto persiste. Posso lhe dar um nome próprio, "o Sol", e dizer "tomarei o Sol como minha origem". Mas, como defini o Sol por suas qualidades, ele não faz parte de um vocabulário mínimo. Ao que parece, segue-se que, enquanto as palavras que designam qualidades e relações espaçotemporais podem fazer parte de meu vocabulário mínimo, nenhuma palavra para regiões espaçotemporais físicas o poderia. Isto, na verdade, é simplesmente um modo de afirmar que a posição no espaço-tempo físico é relativa, não absoluta.

Supondo que tudo esteja correto até aqui, surge a questão: precisamos de nomes para qualidades e relações espaçotemporais? Vejamos, por exemplo, as cores. Pode-se dizer que é possível designá-las por comprimentos de ondas. Isto leva à controvérsia de Carnap de que não há nada na física que não possa ser conhecido por um cego. No que diz respeito à física teórica, a proposição é verdadeira, obviamente. E, até certo ponto, também é verdadeira no campo empírico. *Vemos* que o céu é azul, mas uma raça de cegos poderia desenvolver experimentos que demonstrassem que ondas transversais de certos comprimentos vêm do céu, e isso é tudo que um físico comum, na qualidade de físico, quer afirmar. No entanto, o que o físico não se preocupa em afirmar, e o cego não pode fazê-lo, é o seguinte: "quando a luz de certa frequência atinge um olho normal, ela causa uma sensação de azul". Essa afirmação não é uma tautologia; foi uma descoberta, feita muitos milhares de anos depois de as palavras que se referem a "azul" entrarem no uso cotidiano.

A questão de saber se a palavra "azul" pode ser definida não tem resposta fácil. Poderíamos dizer: "azul" é o nome de sensações de cor causadas pela luz de tais e tais frequências. Ou então: "azul" é o nome dos matizes de cor que, no espectro, vêm entre o violeta e o verde. Qualquer uma das definições poderia nos capacitar a obter uma sensação de azul. E, quando a obtivéssemos, estaríamos em posição de dizer: "então isto é *azul*". Seria uma descoberta, feita somente pela verdadeira experiência de azul. Nessa afirmação, diria: "isto" é, em certo sentido, um nome próprio, ainda que desse tipo peculiar a que chamo de "egocêntrico".

Geralmente, não damos nomes a cheiros e gostos, mas poderíamos fazê-lo. Antes de chegar aos Estados Unidos, eu conhecia a proposição "o cheiro da doninha é desagradável". Agora conheço duas proposições: *"aquele* é o cheiro da doninha" e *"aquilo* é desagradável". Em vez de "aquele" ou "aquilo", poderíamos usar um nome, digamos "pfui" e o usaríamos se quiséssemos falar do cheiro sem mencionar as doninhas. Mas, para toda pessoa que não tivesse passado pela experiência necessária, o nome seria uma descrição abreviada, não um nome.

Concluo que os nomes devem ser aplicados àquilo que experimentamos e que o que experimentamos não tem, essencial e necessariamente, qualquer unicidade espaçotemporal como a que corresponde a uma região espaçotemporal na física. Uma palavra deve denotar algo que se pode *reconhecer*, e regiões espaçotemporais, apartadas de suas qualidades, não podem ser reconhecidas, uma vez que são todas iguais. Na verdade, são ficções lógicas, mas, por enquanto, vou deixar isso de lado.

Existem ocorrências que experimento e creio que existem outras que não experimento. As ocorrências que experimento são todas complexas e podem ser analisadas em qualidades com relações espaciais e temporais. As mais importantes dessas relações são a copresença [*compresence*], a contiguidade e a sucessão. As palavras que empregamos para designar qualidades não são precisas; todas elas têm esse tipo de vagueza que pertence a termos como "careca" e "gordo". Isto vale até mesmo para as palavras que ansiamos por tornar precisas, como "centímetro" e "segundo". Se quisermos expressar nossas observações, as palavras que designam qualidades *devem* ser definidas ostensivamente; assim que as substituímos por uma definição verbal, deixamos de expressar o observado. A palavra "azul", por exemplo, passará a significar "uma cor como *esta*", onde *esta* for uma mancha azul. Como *esta* deve ser para que seja azul, isso não podemos afirmar com precisão.

Até aqui, tudo bem, mas e palavras como "isto", "este" e "aquilo", "aquele", que ficam se intrometendo? Pensamos que a palavra "isto" designa algo que é único e que pode ocorrer apenas uma vez. Mas, se "isto" denotar um conjunto de qualidades copresentes [*compresent*], não haverá razão lógica para que não ocorra mais de uma vez. Aceito esse ponto. Ou seja, considero que não existe classe de objetos empiricamente conhecidos em que, se x for membro dessa classe, a afirmação "x precede x" seja logicamente impossível.

Estamos acostumados a pensar que a relação "precede" é assimétrica e transitiva.[1] "Tempo" e "evento" são conceitos inventados para assegurar essas propriedades à relação "precede". A maioria das pessoas rejeitou o "tempo" como algo distinto da sucessão temporal, mas não rejeitou "evento". Supõe-se que um "evento" ocupe uma porção contínua do espaço-tempo, ao fim da qual cessa e não se repete. É claro que uma qualidade, ou um complexo de qualidades, pode se repetir; portanto, um "evento", se sua não repetição é logicamente necessária, não é um conjunto de qualidades. O que, então, é um evento e como se pode conhecê-lo? Ele terá as características tradicionais da substância, na medida em que será sujeito de qualidades, mas não será definido quando todas as suas qualidades estiverem atribuídas. E como sabemos se existe alguma classe de objetos cujos membros *não podem* se repetir? Se quisermos sabê-lo, deve ser, ao que parece, um caso de conhecimento sintético *a priori* e, se rejeitarmos o

---

[1] Por exemplo: se A precede B, B não precede A, e se A precede B e B precede C, então A precede C.

sintético *a priori*, deveremos rejeitar também a impossibilidade de repetição. Admitiremos, é claro, que, ao tomarmos um conjunto suficientemente grande de qualidades, não haverá exemplo empírico de repetição. A não repetição de tais conjuntos poderá ser admitida como uma lei da física, mas não como algo necessário.

O que estou sugerindo é que um "evento" pode ser definido como um conjunto completo de qualidades copresentes, ou seja, um conjunto que tenha essas duas propriedades: (*a*) todas as qualidades do conjunto se encontram copresentes; (*b*) nada fora do conjunto se acha copresente com *todos* os seus membros. Suponho que, como fato empírico, nenhum evento se repita; quer dizer, se *a* e *b* são eventos, e *a* é anterior a *b*, então existe alguma diferença qualitativa entre *a* e *b*. Há todas as razões comumente alegadas contra a substância para se preferir essa teoria àquela que considera indefinível o evento. Se dois eventos fossem exatamente iguais, nada nos levaria a supor que se tratasse de dois eventos. Ao fazermos um censo, não poderíamos contar um separado do outro, pois, se o fizéssemos, haveria uma diferença entre eles. E, do ponto de vista da linguagem, uma palavra deve denotar algo que pode ser reconhecido, o que requer alguma qualidade reconhecível. Isto nos leva à conclusão de que palavras como "Napoleão" podem ser definidas e são, portanto, teoricamente desnecessárias; o mesmo valeria para palavras que designam eventos, se nos sentíssemos tentados a inventar tais palavras.

Concluo que, se reduzirmos nosso vocabulário empírico ao mínimo, excluindo assim todas as palavras que têm definições verbais, ainda precisaremos de palavras para qualidades, copresença, sucessão e relações espaciais observadas, ou seja, relações espaciais que possam ser discriminadas dentro de um mesmo complexo sensível. É fato empírico que, se formarmos um complexo de todas as qualidades que são copresentes umas às outras, esse complexo acaba por revelar, até onde vai nossa experiência, que não precede a si mesmo, ou seja, não se repete. Ao formarmos séries temporais, generalizamos esse fato observado.

Em tal linguagem, a maior aproximação aos nomes próprios será a das palavras para qualidades e complexos de qualidades copresentes. Essas palavras terão características sintáticas de nomes próprios, mas não certas características pelas quais poderíamos esperar, por exemplo, a de designar uma região que é contínua no espaço-tempo. Se, nessas circunstâncias, tais palavras devem ou não ser chamadas de "nomes", isso é questão de gosto, sobre a qual não expresso qualquer opinião. Se estou certo, o que normalmente se chama de nome próprio – por exemplo, "Sócrates" – pode ser definido em termos de qualidades e relações espaçotemporais, e essa definição é uma verdadeira análise. A maioria das proposições de sujeito e predicado, como "Sócrates tem nariz chato", afirma que certa qualidade, nomeada pelo predicado, é apenas uma dentro de um conjunto de qualidades nomeadas pelo sujeito – sendo esse conjunto uma unidade em virtude da copresença e das relações causais. Se isto estiver certo, os nomes próprios, no sentido comum, são enganosos e incorporam uma falsa metafísica.

Nota – Essa discussão a respeito dos nomes próprios não pretende ser conclusiva. O tema será retomado em outros contextos, especialmente na Quarta Parte, Capítulo 8.

4.
Partículas egocêntricas

Dou o nome de "partículas egocêntricas" a palavras cujo significado varia de acordo com o locutor e sua posição no tempo e no espaço. As quatro palavras fundamentais desse tipo são: "eu", "isto" [e suas variações "este", "esta" etc.], "aqui" e "agora". A palavra "agora" denota um ponto do tempo diferente a cada ocasião sucessiva em que a utilizo; a palavra "aqui" denota uma região do espaço diferente a cada tanto que me movimento; a palavra "eu" denota uma pessoa diferente a cada locutor que a profere. No entanto, existe obviamente algum sentido no qual essas palavras têm significado constante, que é a razão para o uso das palavras. Isto levanta um problema, mas, antes de abordá-lo, consideremos que outras palavras são egocêntricas e, especialmente, quais palavras são realmente egocêntricas, mesmo que não tenham a intenção de sê-lo.

Entre as palavras obviamente egocêntricas estão "perto" e "longe", "passado", "presente" e "futuro", "foi", "é" e "será" e, geralmente, todas as formas verbais que envolvem tempo. "Isto" e "aquilo" são obviamente egocêntricas; na verdade, "isto" pode ser considerada a única palavra egocêntrica que não tem definição nominal. Podemos dizer que "eu" significa "a pessoa que experimenta isto", que "agora" significa "o tempo disto" e que "aqui" significa "o lugar disto". A palavra "isto" é, em certo sentido, um nome próprio, mas difere dos verdadeiros nomes próprios pelo fato de seu significado estar sempre mudando. Isto não significa que seja ambígua como (digamos) "John Jones", que sempre é nome próprio de muitos homens diferentes. Ao contrário de "John Jones", "isto" é, a cada momento, nome de apenas um objeto na fala de apenas uma pessoa. Dados o locutor e o tempo, o significado de "isto" é inequívoco, mas, quando o locutor e o tempo são desconhecidos, não sabemos dizer qual é o objeto que denotam. Por essa razão, a palavra falada é mais satisfatória que a impressa. Se você ouve um homem dizendo "esta é uma era de progresso", você sabe a que era ele está se referindo; mas, se você lê a mesma afirmação em um livro, pode ser o que disse Adão quando inventou a pá ou o que disse qualquer otimista que veio depois. Você só poderá determinar o que significa a afirmação descobrindo quando foi escrita e, nesse sentido, seu significado não se basta em si mesmo e requer elucidação de informações externas.

Um dos objetivos tanto da ciência quanto do senso comum é substituir a inconstante subjetividade das partículas egocêntricas por termos públicos neutros. Substitui-se "eu" por um nome, "aqui" pela latitude e longitude, "agora" pela data. Suponhamos que eu esteja caminhando com um amigo em uma noite escura e, de repente, nos perdemos um do outro: ele chama por mim: "onde está você?". E respondo: "eu estou aqui". A ciência não aceitaria esse tipo de linguagem e a substituiria por "às 23h32 do dia 30 de janeiro de 1946, B. R. estava na longitude 4° 3' 29" W e latitude 53° 16' 14" N". Essa informação é impessoal: fornece uma prescrição pela qual qualquer pessoa qualificada, de posse de um sextante, de um cronômetro e da paciência de esperar por um dia de sol, conseguiria determinar onde eu estava, o que poderá proclamar nas palavras "aqui é onde ele estava". Se a questão for de suficiente importância, como, digamos, em um julgamento de assassinato, esse processo elaborado poderá compensar todo o trabalho que exige. Mas sua aparência de completa impessoalidade é, pelo menos em parte, ilusória. Quatro itens se encontram envolvidos: meu nome, a data, a latitude e a longitude. Em cada um deles há um elemento de egocentrismo que está escondido pelo fato de não ter, para a maioria dos propósitos, importância *prática*.

De um ponto de vista prático, a impessoalidade é completa. Duas pessoas competentes, em determinado tempo e oportunidade, irão ambas aceitar ou rejeitar uma afirmação como: "no tempo *t*, A estava na longitude B, latitude C". Chamemos essa afirmativa de "P". Há um procedimento para determinar a data, a latitude e longitude que, se corretamente observado, conduz diferentes pessoas ao mesmo resultado, no sentido de que, se ambas estiverem falando a verdade ao dizerem "ele estava aqui cinco minutos atrás", elas devem estar na presença uma da outra. Esse é o principal mérito da terminologia científica e da técnica científica. Mas, quando examinamos de perto os significados de nossos termos científicos, vemos que a subjetividade que procuramos evitar não foi completamente banida.

Comecemos pelo meu nome. Substituamos "B. R." por "eu", ou "você" ou "ele", conforme o caso, pois "B. R." é uma denominação pública, que aparece no meu passaporte e na minha carteira de identidade. Se um policial me pergunta "quem é você?", posso responder dizendo "veja, eu sou este", mas não é essa a informação que o policial quer, então mostro a carteira de identidade e ele fica satisfeito. Mas, essencialmente, só substituí uma impressão sensível por outra. Ao olhar para a carteira de identidade, o policial obtém certa impressão visual que lhe permite dizer "o nome do acusado é B. R.". Outro policial, olhando para a mesma carteira de identidade, irá proferir a "mesma" sentença, ou seja, vai emitir uma série de ruídos muito similares àqueles emitidos pelo primeiro policial. É essa similaridade, erroneamente tomada como identidade, que constitui o mérito do nome. Se os dois policiais tivessem de descrever minha aparência, o primeiro, abordando-me ao fim de um dia inteiro andando na chuva, poderia dizer que eu "era um vagabundo de rosto vermelho e cara de raiva", ao passo que o outro poderia dizer que eu era "um cavalheiro gentil, vestido a rigor". O nome tem o mérito de ser menos variável, mas continua sendo algo conhecido apenas por impressões sensíveis de indivíduos, que nunca são exatamente iguais. Sempre voltamos a "este é o nome dele", onde *este* é uma ocorrência presente. Ou então, para sermos exatos, "o nome dele é uma classe de ocorrências sensíveis, todas muito similares a *esta*". Com nosso procedimento, asseguramos um método para proporcionar conjuntos de ocorrências muito similares, mas não escapamos completamente de "este", "esta", "isto".

Aqui se envolve um princípio de considerável escopo e importância, que merece uma exposição mais detalhada, à qual devemos nos dedicar agora.

Comecemos com uma ilustração familiar. Suponhamos que você conheça uma certa sra. A e saiba que sua mãe, a quem você ainda não conhece, se chame sra. B. O que o nome "sra. B" significa para você? Não é o que significa para aqueles que a conhecem, menos ainda para ela própria. Deve significar algo definível em termos de sua experiência, como qualquer palavra que você use compreensivelmente. Para cada palavra que você consegue compreender deve existir ou uma definição ostensiva ou uma definição nominal em palavras que têm definição ostensiva; e definições ostensivas, como se depreende do processo pelo qual se realizam, só são possíveis em relação a eventos que ocorreram a você. Agora, o nome "sra. B" é algo que faz parte da sua experiência; então, quando fala da sra. B, você a está definindo mentalmente como "a senhora cujo nome é sra. B". Ou, se alguém estivesse disposto a admitir (o que não é rigorosamente exato) que você conhece a sra. A, você poderia definir a "sra. B" como a "mãe da sra. A". Desse modo, embora a sra. B não faça parte de sua experiência, você pode interpretar sentenças nas quais seu nome ocorre de tal maneira que sua falta de experiência não o impeça de saber se as sentenças são verdadeiras.

Podemos agora generalizar o processo envolvido nessa ilustração. Suponha que exista um objeto *a* que você conheça por experiência própria e que saiba (não importa como) que existe apenas um objeto com o qual *a* tenha uma relação R conhecida, mas tal objeto não faz parte de sua experiência. (No caso acima, *a* é a sra. A e R é a relação entre mãe e filha.) Você pode, então, dar um nome ao objeto com que *a* tem a relação R; vamos dizer que o nome seja "*b*". (Na nossa ilustração, era a "sra. B".) Fica fácil esquecer que *b* lhe é desconhecido, mesmo que você conheça inúmeras sentenças verdadeiras sobre *b*. Mas, na verdade, para falarmos corretamente, você não conhece sentenças sobre *b*; você conhece sentenças nas quais o nome "*b*" é substituído pela frase "o objeto com que *a* tem a relação R". Você também sabe que existem sentenças sobre o objeto real *b* que são verbalmente idênticas àquelas que você conhece sobre o objeto com o qual *a* tem a relação R – sentenças ditas por outras pessoas, nas quais "*b*" ocorre como nome –, mas, mesmo que você possa descrever essas sentenças e saber (dentro dos limites do senso comum) quais são verdadeiras e quais são falsas, você não conhece essas sentenças em si. Você pode saber que a mãe da sra. A é rica, mas você não sabe o que a sra. B sabe quando diz "eu sou rica".

O resultado desse estado de coisas é que nosso conhecimento *parece* se estender para muito além de nossa experiência. Talvez possamos distinguir, nesses casos que estamos considerando, entre aquilo que podemos afirmar e aquilo que temos a *intenção de afirmar*. Se digo "a sra. B é rica", demonstro a *intenção* de dizer algo sobre a sra. B, mas o que estou afirmando, na verdade, é que a mãe da sra. A é rica. Outra pessoa pode ter conhecimento da sra. B, não como mãe da sra. A, mas como mãe de outra filha, a sra. C. Nesse caso, quando ela diz "a sra. B é rica", quer dizer "a mãe da sra. C é rica", que não é exatamente o que eu quis dizer. Mas tanto eu quanto essa pessoa tivemos a intenção de dizer algo sobre a sra. B, embora nenhum de nós tenha obtido sucesso. Isto não interessa na prática, pois o que dissemos sobre a mãe da sra. A e a mãe da sra. C seria verdade para a sra. B. Mas, ainda que não interesse na prática, interessa muito na teoria do conhecimento. Porque, na verdade, todas as coisas e pessoas, à exceção de mim mesmo, estão para mim na posição da sra. B: o Sol, a Lua, minha casa, meu jardim, meu cachorro, meu gato, Stálin e o rei. Tudo isso só me é conhecido por meio da descrição, e não da familiaridade. E a descrição tem de se dar em termos de minha própria experiência. Mas basta de nomes.

Precisamos agora considerar as datas, no esforço de interpretarmos nossa afirmativa P.

Quando conheço uma data, como ela pode ser definida em termos de minha própria experiência, ou, em outras palavras, em termos que tenham para mim uma definição ostensiva? Tomemos, para começar, a definição de "1946". A definição pública é "1946 anos depois da data oficial do nascimento de Cristo". Concorda-se que essa não pode ser a verdadeira data de Seu nascimento, uma vez que Herodes morreu no ano 4 a.c. Por conseguinte, "1946" na verdade significa: um certo número de anos depois do tempo em que se fixou a era cristã. Isto quer dizer que, se em certo ano se decidiu que ele deveria contar como o ano *n* d.C., então "1946" significa "1946 – *n* anos depois desse ano". Isto, dissemos, é o significado público, mas obviamente não é meu significado particular, pois não sei que ano foi esse. O que sei por experiência própria é que este ano é chamado de "1946" nos jornais, em meus diários e cartas e, geralmente, em qualquer lugar em que se espere uma data; também posso me lembrar de que o ano passado se chamava "1945". Sei o que significa "d.C." e, portanto, estou ciente de que dizem que a data tem relação com certos acontecimentos históricos que conheço pela leitura da Bíblia.

Analisando o significado subjetivo de uma data, chegamos, em última instância, a alguma experiência pessoal, seja na percepção presente, seja na memória. Às vezes, esse processo é óbvio: quero saber que dia da semana é hoje, meu diário me diz que jantei com tal pessoa na quarta-feira e minha memória me diz que jantei com ela ontem, então infiro que hoje é quinta-feira. Ou, então, ouço os sinos da igreja e infiro que hoje é domingo. Quando acredito que hoje é 30 de janeiro de 1946, é porque vi a data no jornal, ou porque me lembro de que ontem foi 29, ou por alguma outra razão desse gênero.

Pode-se dizer coisa semelhante sobre a latitude e a longitude. Mesmo as palavras que mais desejamos cientificamente impessoais requerem, para sua interpretação, experiências pessoais do intérprete. Isto é ocultado de nossa percepção pelo que podemos chamar de pensamento "verbal". É difícil pensar no ano de 1946, mas é fácil pensar na palavra "1946". Não consigo, em nenhum sentido óbvio, ter uma experiência de 1946, mas experimento a palavra "1946" toda vez que a ouço ou vejo. O que chamo de pensamento "verbal" se caracteriza pelo uso do nome de um objeto como um modo de descrevê-lo. Quando queremos pensar em Napoleão, substituímos a descrição "o homem que se chamava 'Napoleão'" por "Napoleão". Devido a essa substituição inconsciente, nunca percebemos que sobre o próprio Napoleão não sabemos absolutamente nada, uma vez que não lhe somos próximos.

Para voltarmos às partículas egocêntricas, os problemas que elas suscitam são especialmente importantes em relação ao espaço e ao tempo. A qualidade "vermelho" (digamos) não tem nenhum caráter privado essencial; é possível questionar se o tipo de sensação a que chamo de "vermelho" é similar à que qualquer outro homem chama pelo mesmo nome, mas não há razão positiva para se supor uma diferença. Por outro lado, o que chamo de "aqui" é necessariamente diferente daquilo que qualquer outra pessoa chama de "aqui", e o que agora chamo de "agora" é necessariamente diferente do que chamo de "agora" em qualquer outra ocasião e do que outro homem chama de "agora" em outros momentos. Trata-se de um ponto delicado, na linguagem, da privacidade essencial da experiência individual de cada um. Assim como as mônadas de Leibniz, cada um de nós espelha o mundo a partir de nosso ponto de vista pessoal. Mas, na verdade, Leibniz não levou seu monadismo longe o suficiente, uma vez que o aplicou apenas espacialmente. Um homem tem uma experiência privada não só das outras pessoas como também de seu passado e futuro. Privado não é apenas o "aqui", mas também o "agora"; na verdade, o "aqui-agora" é o ponto fundamental de nosso problema. Eu-aqui-agora conheço algumas coisas; em certo grau, embora inadequadamente, espelho o universo pelos conteúdos presentes de minha mente. Mas isso é possível? E como é possível? E até onde é possível? Estes são alguns dos problemas de que se ocupa o presente trabalho.

A análise contínua aos poucos nos conduz do universo astronômico para a mente do astrônomo e de sua mente tal como exemplificada em toda a sua vida para sua mente tal como existe em um dado momento. Mas se (como de fato todos acreditamos) o astrônomo realmente conhece o que ele pensa conhecer desse ponto mínimo, dessa minúscula câmara escura, podemos lançar a luz do conhecimento sobre vastas extensões do tempo e do espaço e descobrir a irrealidade dos muros de nossa suposta prisão subjetiva. Nesse processo de fuga, a interpretação das partículas egocêntricas é um passo essencial.

Antes de tentarmos fazer uma exposição precisa das palavras egocêntricas, examinemos brevemente a imagem do mundo a que as discussões subsequentes nos levarão.

Existe apenas um espaço público, a saber, o espaço da física, e esse espaço é ocupado por objetos físicos públicos. Mas o espaço público e os objetos públicos não são sensíveis; aproximamo-nos deles por uma mistura de inferência e construção lógica. Espaços sensíveis e objetos sensíveis diferem de uma pessoa para outra, embora tenham certas afinidades uns com os outros e com seus correspondentes públicos.

Existe apenas um tempo público,[1] no qual se realizam não apenas eventos físicos, mas também eventos mentais. Existem também tempos privados, aqueles que surgem da memória e da expectativa.

Todo o meu espaço privado é "aqui" no espaço público, e todo o meu tempo privado é "agora" no tempo público. Mas existem também "aquis" e "agoras" privados em espaços e tempos privados.

Quando seu amigo pergunta no escuro "onde está você?" e você responde "eu estou aqui", o "aqui" é um só no espaço físico, pois você quer dar a informação que irá ajudar seu amigo a encontrá-lo. Mas, quando você está sozinho e, ao encontrar um objeto que havia muito procurava, exclama, "eis aqui!", esse "aqui" pode estar tanto no espaço público quanto no seu espaço privado. É claro que a fala cotidiana não distingue entre o espaço público e o privado. Em linhas gerais, "aqui" é onde está meu corpo – meu corpo físico, se me refiro a "aqui" no espaço físico, ou minha percepção do corpo, se me refiro a "aqui" no espaço privado. Mas "aqui" pode ter uma localização muito mais estreita se, por exemplo, você estiver apontando para um espinho no dedo. Pode-se dizer (ainda que isso não esteja de acordo com o uso) que "aqui" é o lugar de qualquer objeto sensível que esteja ocupando minha atenção. Embora não seja o significado mais usual da palavra, é o conceito que mais exige discussão.

---

1 Isto se sujeita a limitações ligadas à relatividade. Mas, como a linguagem e a teoria do conhecimento se ocupam dos habitantes da Terra, tais limitações podem ser ignoradas, uma vez que duas pessoas não têm velocidades relativas em comparação à da luz.

"Agora" tem um significado igualmente duplo, um subjetivo, outro objetivo. Quando repasso minha vida na memória, algumas das coisas de que me lembro parecem muito antigas, outras mais recentes, mas todas estão no passado em comparação com objetos da percepção presentes. Esse "caráter de passado", no entanto, é subjetivo: o que estou recordando, eu o recordo *agora* e minha recordação é um fato presente. Se minha memória é verídica, houve um fato com o qual minha recordação tem certa relação, em parte por causalidade, em parte por similitude; esse fato esteve objetivamente no passado. Penso que, além da relação objetiva de antes-e-depois, pela qual os eventos são ordenados em uma série temporal pública, há uma relação subjetiva de menos ou mais distante no passado, que sustenta memórias que existem no mesmo tempo objetivo. A série temporal privada gerada por essa relação difere não apenas de pessoa para pessoa, mas também de momento a momento na vida de qualquer um. Existe também um futuro na série temporal privada, que é o da expectativa. Tanto o tempo privado quanto o público têm, a cada momento da vida de quem é sujeito das experiências, um ponto peculiar que, naquele instante, é chamado de "agora".

Deve-se observar que "aqui" e "agora" dependem da percepção; em um universo puramente material, não haveria nenhum "aqui" e nenhum "agora". A percepção não é imparcial, mas procede de um centro; nosso mundo perceptivo é (por assim dizer) uma visão em perspectiva do mundo comum. O que está perto no tempo e no espaço em geral suscita uma memória ou percepção mais vívida e distintiva do que aquilo que está longe. O mundo público da física não tem tal centro de iluminação.

Ao definirmos partículas egocêntricas, podemos tomar "isto", "este" e "esta" como fundamentais, em um sentido em que não se distinguem de "aquilo", "aquele" e "aquela". Tentarei chegar a uma definição ostensiva desses termos e, em seguida, a uma definição nominal das outras partículas egocêntricas.

"Isto", "este" e "esta" denotam qualquer coisa que ocupe o centro da atenção no momento em que se emprega a palavra. Com palavras que não são egocêntricas, aquilo que é constante é algo sobre o objeto indicado, mas "isto" etc. denota um objeto diferente a cada ocasião que é usado: o que é constante não é o objeto designado, mas sua relação com o uso particular da palavra. Sempre que a palavra é empregada, a pessoa que a emprega está atenta a alguma coisa, e a palavra indica essa coisa. Quando a palavra não é egocêntrica, não há necessidade de distinguir entre as diferentes ocasiões do uso, mas precisamos fazer essa distinção com palavras egocêntricas, pois o que elas indicam é algo que tem uma dada relação com o uso particular da palavra.

Podemos definir "eu" como "a pessoa que está atenta a isto", "agora" como "o tempo em que se atenta a isto" e "aqui" como "o lugar em que se atenta a isto". De maneira similar, podemos muito bem tomar o "aqui-agora" como fundamental; então, "isto" seria definido como "o que está aqui-agora" e "eu" como "aquele que experimenta isto".

Podem duas pessoas experimentar o mesmo "isto"? E, se o podem, em que circunstâncias? Não creio que se possa resolver essa questão por meio de considerações lógicas: *a priori*, qualquer das respostas seria possível. Mas, abordando a questão pelo lado empírico, surge uma resposta. Quando o "isto" em tela é aquilo que o senso comum toma como percepção de um objeto físico, a diferença de perspectiva torna inevitável uma diferença na percepção, se em ambos os casos se considera o mesmo objeto físico. Duas pessoas olhando para uma árvore, ou escutando o canto de um pássaro, têm percepções um tanto diferentes. Mas duas pessoas olhando para duas árvores diferentes podem, em teoria, ter a mesma percepção, embora seja improvável. Duas pessoas podem ver exatamente o mesmo tom de cor e é provável que o façam se cada uma estiver olhando para uma faixa contínua de cores, por exemplo no arco-íris. Duas pessoas olhando para uma mesa quadrada não verão exatamente os mesmos quadriláteros, mas os quadriláteros que veem terão certas propriedades geométricas em comum.

Assim, parece que duas pessoas têm mais probabilidade de experimentar o mesmo "isto" se for algo abstrato do que se for algo completamente concreto. Na verdade, falando em linhas gerais, todo aumento de abstração diminui a diferença entre o mundo de uma pessoa e o de outra. Quando chegarmos à lógica e à matemática pura, não haverá nenhuma necessidade de diferenciação: duas pessoas podem atribuir exatamente o mesmo significado à palavra "ou" ou à palavra "371.294". Esta é a razão pela qual a física, em seu esforço por eliminar a privacidade dos sentidos, ficou cada vez mais abstrata. Esta também é a razão para a opinião, amplamente sustentada pelos filósofos, de que todo conhecimento verdadeiro é mais intelectual que sensível e de que o intelecto liberta, ao passo que os sentidos nos fecham em uma prisão pessoal. Em tais opiniões há um *elemento* de verdade, mas não mais que isso, exceto no que diz respeito à lógica e à matemática pura, pois, em todo conhecimento empírico, a libertação ante os sentidos pode ser apenas parcial. Ela pode, contudo, ser levada até o ponto onde as interpretações de duas pessoas para uma dada sentença forem, quase com certeza, ambas verdadeiras ou ambas falsas. Conseguir esse resultado é um dos objetivos (mais ou menos inconscientes) que governam o desenvolvimento dos conceitos científicos.

5.
Reações suspensas: conhecimento e crença

Até aqui, ocupamo-nos daquilo que se pode chamar de uso "exclamatório" da linguagem, quando é empregada para denotar alguma característica interessante da experiência de alguém. Se apenas esse uso estiver em questão, uma única palavra no indicativo pode funcionar como sentença. Quando os Dez Mil de Xenofonte exclamaram "Mar! Mar!", estavam empregando a palavra dessa maneira. Mas uma palavra também pode ser utilizada de outros modos. Um homem morrendo de sede no deserto talvez murmure "água" e, nesse caso, está exprimindo um pedido ou expressando um desejo; ele pode ver uma miragem e dizer "água?"; ou ver uma fonte e afirmar "água". As sentenças são necessárias para distinguir entre esses vários usos das palavras. E também são necessárias – talvez seja este seu principal uso – para expressar o que se pode chamar de "reações suspensas". Suponhamos que você queira fazer uma viagem de trem amanhã e consulte hoje os horários das partidas; no momento, você não se propõe a tomar mais nenhuma atitude diante do conhecimento que adquiriu, mas, quando a hora chegar, vai agir da maneira apropriada. O conhecimento, no sentido em que não se limita a registrar impressões sensíveis presentes, consiste essencialmente de preparativos para tais reações posteriores. Esses preparativos podem, em todos os casos, ser chamados de "crenças", mas só deverão ser chamados de "conhecimento" quando provocarem reações *exitosas* ou se mostrarem, de alguma forma, relacionados aos fatos de que se ocupam de tal modo que os diferenciem dos preparativos que seriam chamados de "erros".

É importante não exagerar o papel da linguagem. A meu ver, existe na experiência pré-linguística algo que se pode chamar de "crença", a qual pode ser verdadeira ou falsa; existe também, devo dizer, o que se pode chamar de "ideia". A linguagem amplia imensamente o número e a complexidade de crenças e ideias possíveis, mas não é, estou convencido, necessária para as crenças e ideias mais simples. O gato fica vigiando a toca do rato por um bom tempo, meneando a cauda em selvagem expectativa; nesse caso, alguém poderia dizer (e eu o apoio) que o cheiro do rato estimula a "ideia" do resto daquilo que constitui um rato de verdade. A objeção a tal linguagem vem, me parece, de uma concepção indevidamente intelectualista do que se quer dizer com a palavra "ideia". Devo definir "ideia" como o estado de um organismo dedicado (em certo sentido) a algo que não está presente sensivelmente. Todo desejo envolve ideias nesse sentido, e o desejo com certeza é pré-linguístico. Também a crença, em um importante sentido, existe no gato que vigia a toca do rato, crença que será "verdadeira" se houver um rato dentro da toca e "falsa" se não houver.

A palavra "rato", por si mesma, não expressará as diferentes atitudes do gato que espera pela presa e que a agarra; para expressar essas diferentes atitudes, são necessários desenvolvimentos ulteriores da linguagem. Ordem, desejo e narrativa, tudo isso envolve o uso de palavras que descrevem algo que não está presente sensivelmente, e são necessários vários dispositivos linguísticos para distingui-las umas das outras e do indicativo.

Talvez a necessidade de presumir que as "ideias" antecedem a linguagem fique mais evidente ao se considerar o que é que as palavras expressam. O homem moribundo que no deserto murmura "água" está claramente expressando um estado em que um animal também poderia se encontrar. É difícil saber como se deveria analisar esse estado, mas todos sabemos, em certo sentido, o significado da palavra "sede", e todos sabemos que aquilo que essa palavra significa não depende, para sua existência, de que haja uma palavra para designá-lo. A palavra "sede" denota um desejo de algo para beber, e tal desejo envolve, no sentido já explicado, a presença da "ideia" de beber. Aquilo que normalmente se chamaria de vida "mental" do homem é inteiramente composto de ideias e atitudes. Imaginação, memória, desejo, pensamento e crença, tudo isso envolve ideias, e ideias são conectadas por reações suspensas. As ideias, na verdade, são partes das causas de ação, que se tornam causas completas quando se aplica um estímulo adequado. São como explosivos aguardando pela explosão. De fato, a similaridade pode ser bem estreita. Soldados treinados, ao ouvirem a palavra "fogo!" (que já existia neles como ideia), provocam as explosões. A similaridade da linguagem com os explosivos reside no fato de que o menor estímulo adicional pode produzir um tremendo efeito. Pense nos efeitos que se seguiram a Hitler pronunciar a palavra "guerra".

Deve-se observar que as palavras, quando aprendidas, podem substituir ideias. Há uma condição chamada "pensando em" isto ou aquilo – em água, digamos, quando você está no deserto. Um cão, por seu comportamento, parece capaz de se encontrar em uma condição dessas; assim como uma criança que ainda não sabe falar. Quando essa condição existe, ela provoca comportamentos que têm referência com a água. Quando se conhece a palavra "água", a condição pode consistir (principal, não inteiramente) na presença dessa palavra, seja abertamente pronunciada ou meramente imaginada. A palavra, quando compreendida, tem a mesma eficácia causal da ideia. O conhecimento do que nos é familiar se mostra apto a ser puramente verbal; poucos alunos vão além das palavras ao recitar "Guilherme, o Conquistador, 1066". Palavras e ideias são, de fato, intercambiáveis; ambas têm significado e ambas têm o mesmo tipo de relações causais com aquilo que significam. A diferença é que, no caso das palavras, a relação com aquilo que significam está na natureza de uma convenção social e é aprendida por meio da fala, ao passo que, no caso das ideias, a relação é "natural", ou seja, não depende do comportamento das outras pessoas, mas sim da similaridade e (deve-se supor) de processos fisiológicos que existem em todos os seres humanos e, em menor extensão, nos animais superiores.

O "conhecimento", que se conecta, na maior parte das formas, com as reações suspensas, não é uma concepção precisa. Muitas das dificuldades dos filósofos surgiram do fato de a considerarem precisa. Pensemos em diversos modos de "conhecer" o mesmo fato. Suponhamos que, às quatro horas da tarde de ontem, eu tenha ouvido um barulho de explosão. Quando o ouvi, tomei "conhecimento" do barulho em um certo sentido, ainda que não no sentido no qual normalmente se emprega a palavra. Esse sentido, apesar de pouco usual, não pode ser descartado, uma vez que é essencial para explicar o que significa "verificação empírica". Imediatamente depois, poderia ter dito "que barulhão" ou "que barulho foi esse?". Isto é "memória imediata", que difere apenas em grau da sensação, pois a perturbação fisiológica causada pelo barulho ainda não desapareceu por completo. Imediatamente antes da explosão, se tivesse visto o rastro de fogo que a antecede, eu teria vivido um estado de tensa expectativa; isto é, em certo sentido, semelhante à memória imediata, mas direcionada para o futuro próximo. Em seguida vem a verdadeira memória: agora me lembro do estampido que ouvi ontem. Meu estado agora é feito de ideias (ou imagens) ou palavras, junto com a crença e um contexto que data a ocorrência relembrada. Posso imaginar um estrondo igual àquele de que me lembro, mas, quando o faço, a crença e a datação se ausentam. (Discutirei a palavra "crença" mais adiante.) Eventos imaginados não se incluem no conhecimento nem no erro, por causa da ausência da crença.

Sensação, expectativa imediata, memória imediata e verdadeira memória, tudo isso gera um conhecimento que, em certo grau e com as devidas limitações, independe de evidências externas. Mas a maior parte dos conhecimentos das pessoas com algum nível de educação não pertence a nenhum desses tipos. Conhecemos aquilo que nos contaram ou que lemos em livros e jornais; aqui as palavras têm preeminência e muitas vezes é desnecessário perceber seu significado. Quando acredito em "Guilherme, o Conquistador, 1066", aquilo em que de fato acredito (em regra) é: "as palavras 'Guilherme, o Conquistador, 1066' são verdadeiras". Isto tem a vantagem de que as palavras podem se tornar sensíveis sempre que eu quiser; o Conquistador está morto, mas seu nome ganha vida toda vez em que o pronuncio.

Tem também a vantagem de que o nome é público e o mesmo para todos, enquanto a imagem (se houver) empregada ao se pensar em Guilherme difere de pessoa para pessoa e é, sem dúvida, demasiado concreta. Se (por exemplo) pensamos nele montado no cavalo, isto não se adequará a "Guilherme nasceu em Falaise", porque ele não nasceu montado no cavalo.

É claro que as sentenças que se ouvem em narrativas não necessariamente são compreendidas dessa maneira puramente verbal; na verdade, um entendimento puramente verbal está, em essência, incompleto. A criança que lê uma empolgante história de aventura irá "viver através" das aventuras do herói, principalmente se o herói tiver mais ou menos sua idade. Se o herói salta um abismo, a criança contrai os músculos; se o herói vê um leão prestes a atacar, a criança prende a respiração. Aconteça o que acontecer com o herói, a condição fisiológica da criança é uma reprodução, em menor escala, da condição fisiológica do herói. Na vida adulta, o mesmo resultado se produz na boa escrita. Quando Antônio, de Shakespeare, diz "estou morrendo, Egito, morrendo", experimentamos algo que não sentimos ao ler no *The Times* a notícia da morte de algum desconhecido. Uma diferença entre a poesia e a afirmação seca é que a poesia tenta levar o leitor para além das palavras, para aquilo que elas significam.

O processo chamado "verificação" não *necessita* absolutamente (embora muitas vezes envolva) de um entendimento imaginativo das palavras, mas apenas de uma comparação das palavras já usadas com aquelas que se usa quando o fato em questão se torna sensível. Você diz "este papel tornassol vai ficar vermelho"; depois, eu digo "este papel tornassol ficou vermelho". Assim, quando uso uma sentença para expressar um fato sensível presente, *preciso* passar ao largo da região puramente verbal.

O "conhecimento" é um conceito vago por duas razões. Primeiro, porque o significado de uma palavra sempre é mais ou menos vago, exceto na lógica e na matemática pura; e, segundo, porque tudo aquilo que contamos como conhecimento é, em maior ou menor medida, incerto e não há meio de decidir o tanto de incerteza que torna uma crença indigna de ser chamada de "conhecimento", assim como não há como decidir o tanto de perda de cabelo que torna um homem careca.

Às vezes se define "conhecimento" como uma "crença verdadeira", mas essa definição é ampla demais. Se você olha para um relógio que julga estar funcionando, quando, na verdade, está parado, e isso acontece no exato instante em que os ponteiros estão marcando a hora correta, você terá uma crença verdadeira quanto à hora do dia, mas não pode dizer corretamente que tem conhecimento. A definição correta de "conhecimento" não precisa nos preocupar por enquanto; o que nos preocupa agora é a crença.

Tomemos uma sentença simples, que expresse algo que é ou pode ser um fato sensível, tal como "está acontecendo (ou já aconteceu, ou vai acontecer) uma forte explosão". Vamos supor que tal explosão ocorra em um lugar L, no tempo t, e que a crença a ser considerada se refira a essa explosão em particular. Dito isso, vamos emendar nossa sentença: "uma forte explosão ocorre no lugar L no tempo t". Chamemos essa sentença de S. Que tipo de coisa acontece comigo quando acredito nessa sentença ou, antes, quando acredito no que ela expressa?

São várias as possibilidades. Em primeiro lugar, posso estar no lugar L, ou perto dele, na hora t e ouvir a explosão. Nesse caso, na hora *t* obtenho conhecimento sensível direto do fato; a linguagem comum dificilmente chamaria isso de "crença", mas, para nossos propósitos, é melhor incluí-lo no escopo dessa palavra. Obviamente, esse tipo de conhecimento não requer palavras. Tampouco o requer a memória imediata que subsiste enquanto ainda estou abalado pelo estrondo. Mas e quanto à memória remota? Também aqui podemos não ter palavras, mas, sim, uma imagem auditiva acompanhada de um sentimento que poderia (mas não precisaria) ser expresso nas palavras "ocorreu aquilo". A expectativa imediata tampouco precisa de palavras. Quando você vê uma porta prestes a bater pela força do vento, seu corpo e sua mente ficam em um estado de expectativa pelo barulho, e se não resultar barulho nenhum, você experimenta uma sensação de chocante surpresa. A expectativa imediata é diferente de nossas expectativas comuns sobre eventos que não são iminentes. Espero me levantar amanhã de manhã, mas meu corpo não se encontra naquela desagradável condição que estará amanhã de manhã, quando eu estiver esperando para me levantar dali a pouco. Duvido que, sem palavras, seja possível ter expectativa por qualquer evento que não esteja em um futuro *imediato*. Esta é uma das diferenças entre expectativa e memória.

A crença sobre alguma coisa fora de minha própria experiência normalmente só parece possível por meio do auxílio da linguagem, ou de algum começo rudimentar de linguagem. As gaivotas e os canibais têm um "grito de comida" que, nos canibais, se destina a dar informações, mas nas gaivotas pode ser uma expressão espontânea de emoção, como o grunhido que você solta quando o dentista o machuca. Um ruído dessa natureza é uma palavra para o ouvinte, mas não para quem o exprime. O comportamento de um animal pode ser afetado por sinais que não têm nenhuma analogia com a linguagem; por exemplo, quando está à procura de água em uma região desconhecida. Se um animal sedento corre para o fundo do vale, devo me inclinar a dizer que ele "acredita" que tem água ali e, nesse caso, seria uma crença não verbal em algo que ainda se encontra fora da experiência do animal. No entanto, não quero entrar em uma controvérsia a respeito do significado das palavras, então não insistirei na opinião de que tal comportamento demonstra uma "crença".

Entre os seres humanos, o modo usual de adquirir crenças quanto ao que ainda não faz nem está para fazer parte da experiência é por testemunho verbal. Voltando à nossa sentença S: alguém que consideramos sincero a pronuncia no nosso presente e, então, acreditamos naquilo que a sentença afirma. Quero indagar o que ocorre conosco enquanto estamos acreditando na sentença.

Devemos, é claro, distinguir a crença como hábito dessa mesma crença quando está ativa. Essa distinção é necessária no que diz respeito a todos os hábitos. Um hábito adquirido consiste no fato de certo estímulo produzir, toda vez que ocorre, certa reação que não se produz em qualquer animal até que este tenha passado por certas experiências. Devemos supor que, mesmo na ausência do estímulo em questão, existe alguma diferença entre um animal que tem certo hábito e outro que não o tem. Um homem que compreende a palavra "fogo" certamente difere daquele que não a compreende, mesmo quando não está ouvindo a palavra. Supomos que a diferença esteja no cérebro, mas sua natureza é hipotética. No entanto, o que nos concerne não é o hábito como característica permanente de um organismo, mas o hábito ativo que se manifesta apenas quando se aplica o estímulo apropriado. No caso que estamos investigando, o estímulo é a sentença S; ou melhor, como a sentença pode nunca ter sido ouvida e, portanto, não ter contado com a chance de gerar um hábito, o estímulo é a sucessão de palavras que compõem S, cada uma das quais, supomos, é familiar ao ouvinte e já gerou o hábito que constitui o entendimento de seu significado.

Pode acontecer, ao ouvirmos a sentença, de não nos darmos ao trabalho de pensar no que ela significa, mas apenas acreditar que "essa sentença é verdadeira". É a reação usual a certos tipos de sentenças: por exemplo, quando nos dizem o endereço de alguém e só queremos lhe escrever. Se quiséssemos lhe fazer uma visita, o significado das palavras se tornaria importante, mas, para lhe enviar uma carta, as palavras por si mesmas já são suficientes. Quando acreditamos que "essa sentença é verdadeira", não estamos acreditando naquilo que a sentença afirma; se a sentença está em uma linguagem que nos é desconhecida, podemos acreditar que é verdadeira sem sermos capazes de descobrir o que ela afirma – por exemplo, se for uma sentença do Testamento grego e não soubermos grego. Devo, portanto, ignorar esse caso e considerar o que acontece quando, ao ouvirmos S, acreditamos naquilo que S afirma.

Vamos simplificar um pouco a sentença e supor que, em um passeio com um amigo, ele me diga: "Ontem houve uma explosão aqui". Posso acreditar nele, ou compreendê-lo sem acreditar. Suponhamos então que eu acredite nele e que acredite naquilo que suas palavras afirmam, e não somente que as palavras sejam verdadeiras. A palavra mais importante da sentença é "explosão". Essa palavra, quando a estou compreendendo ativamente, suscita em mim pálidas imitações dos efeitos de se ouvir uma explosão de verdade — imagens auditivas, imagens de choque nervoso etc. Por causa da palavra "aqui", essas imagens se combinam com o cenário ao redor em meu quadro mental. Por causa da palavra "ontem", elas se combinam com lembranças das experiências da véspera. Até aqui, tudo isso se envolve no entendimento da sentença, acredite-se nela ou não. Tenho a opinião de que acreditar em uma sentença é uma ocorrência mais simples que compreendê-la sem acreditar; penso que a reação primitiva é acreditar e que compreender sem acreditar requer a inibição do impulso a acreditar. O que distingue a crença é a prontidão para qualquer ação que possa ser convocada, se o que se afirma for um fato. Suponhamos, por exemplo, que uma pessoa que conheço tenha desaparecido e que se saiba onde esteve ontem; minha crença pode me levar a procurar rastros de sua presença, o que eu não faria se tivesse compreendido sem acreditar. Se não se convocar nenhuma ação, haverá pelo menos a ação de repetir o que me disseram toda vez que me parecer apropriado fazê-lo.

Diante de tudo isso, parece que, quando acredito no que afirma certa sentença, as palavras, alcançando o efeito desejado, já não precisam estar presentes para mim. Tudo o que precisa existir é um estado de mente e corpo apropriado ao fato que a sentença afirma.

É um erro supor que as crenças consistam *apenas* em tendências a ações de certos tipos. Façamos uma analogia: pode-se comparar uma crença a uma cisterna ligada a um cano ligado a uma torneira. A torneira *pode* ser aberta e a crença *pode* influenciar a ação, mas nada acontecerá com nenhuma delas sem um estímulo adicional. Quando um homem está acreditando em alguma coisa, é preciso que existam nele ou palavras apropriadas ou imagens apropriadas ou, no mínimo, ajustes musculares apropriados. Qualquer um destes, dadas certas circunstâncias adicionais (que correspondem ao abrir da torneira), irão produzir ação, e essa ação poderá ser tal que venha a mostrar a um observador externo aquilo em que se está acreditando; este é particularmente o caso quando a ação consiste em pronunciar palavras apropriadas. O impulso à ação, dado o estímulo correto, é inerente à presença de palavras, imagens ou ajustes musculares. É difícil ter uma ideia vívida e não agir. Se, sozinho na noite, você lê uma história em que um homem é apunhalado nas costas, seu impulso será encostar a cadeira contra a parede. Booth, o ator (irmão do assassino de Lincoln), em certa ocasião na qual representava o papel de Macbeth sob influência de álcool, recusou-se a ser morto e, com ódio assassino, perseguiu Macduff até a plateia. É insensato ler uma história de fantasmas antes de atravessar um cemitério à meia-noite. Como mostram esses exemplos, quando se tem uma ideia sem que nela se acredite, o impulso à crença não está ausente, mas apenas inibido. A crença não é algo que se acrescenta a uma ideia prévia, mas algo subtraído de uma ideia, não sem esforço, quando a ideia é considerada sem ser aceita.

Outro exemplo é a dificuldade que as pessoas sem instrução sentem diante das hipóteses. Se você diz "vamos supor tal coisa e ver o que acontece", elas tenderão ou a acreditar naquilo que você supõe ou a pensar que você está perdendo seu tempo. Por essa razão, *reductio ad absurdum* é uma forma de argumento que parece repugnante àqueles que não estão familiarizados com a lógica ou a matemática; eles não conseguem entreter hipoteticamente uma hipótese que vai se revelar falsa.

Não quero exagerar o escopo da crença pré-linguística: a ausência de palavras permite que se trate somente de questões muito simples e primitivas. As palavras são públicas, permanentes (quando escritas) e podem ser criadas à vontade. Esses méritos possibilitam que os hábitos baseados em palavras sejam mais complexos que quaisquer outros que possam se basear em ideias ou imagens sem palavras. Adquirindo hábitos verbais, podemos nos preparar para as situações reais que surgirem. Além disso, pode-se exteriorizar o conhecimento em livros de referência e, assim, esse conhecimento só precisará existir nos seres humanos quando desejado. Veja o exemplo da lista telefônica: ninguém quer conhecer todo o seu conteúdo; na verdade, ninguém quer conhecer nada dela a não ser em certos momentos. As pessoas que compilam a lista telefônica talvez nem cheguem a usá-la, e a imensa maioria das pessoas que a usam não participaram de sua compilação. Esse tipo de conhecimento potencial socializado só se torna possível pela linguagem, na verdade, pela linguagem *escrita*. O usuário de telefone só precisa conhecer uma simples regra para deduzir a ação apropriada do registro apropriado da lista. Com esses dispositivos diminuímos enormemente a quantidade de conhecimento que é necessário guardar na cabeça.

Todo conhecimento generalizado pertence a esse tipo. Suponha que o livro de geografia me diga que Semipalatinsk é uma província e cidade da Ásia Central, no território da URSS. Esse conhecimento permanecerá puramente verbal até que eu tenha a chance de ir a Semipalatinsk, mas, se isso acontecer, existem regras pelas quais as palavras do livro me mostram como produzir as experiências desejadas. Nesse caso, pode-se dizer que compreendo as palavras se conheço que ação elas prescrevem quando tenho desejos conectados àquilo que as palavras significam, ou, em um caso extremo, meramente o desejo de saber o que as palavras significam. Você pode ter vontade de ver as Montanhas Altai mesmo sem saber nada sobre elas além de seu nome. Nesse caso, o livro-guia lhe mostra o que você deve fazer para conhecer a proposição: *"Estas* são as Montanhas Altai". Quando você tiver aprendido aritmética, poderá lidar com todas as inumeráveis ocasiões em que terá de contar o troco nas lojas, mas, ao aprender aritmética, você não precisa pensar em suas aplicações. Dessas maneiras, a província do conhecimento puramente verbal vai se tornando cada vez mais ampla e, por fim, fica fácil esquecer que o conhecimento verbal deve ter alguma relação com a experiência sensível. Mas não podemos definir a verdade ou a falsidade empírica a não ser por essa relação, e esquecê-la é, portanto, fatal para qualquer esperança de uma filosofia razoável.

6.
Sentenças

Neste capítulo, quero considerar as sentenças em oposição às palavras e indagar em que consiste o entendimento de palavras que não denotam objetos, mas ocorrem somente como partes de sentenças. Vimos que uma só palavra – no nosso exemplo, "água" – pode ser usada para expressar algo que exigiria sentenças completas para ser plenamente expresso. Ela pode significar "eis aqui a água"; também pode significar "eu quero água"; e pode ainda, se pronunciada com uma inflexão interrogativa, significar "isto é água?". É claro que tal ambiguidade não é desejável, especialmente na escrita, onde é difícil indicar as diferenças de inflexão. Precisamos, portanto, de palavras como "eis aqui", "eu quero", "isto é". A função de tais palavras constitui o tema deste capítulo.

Consideremos as seguintes sentenças: "há fogo aqui", "houve fogo aqui", "haverá fogo aqui", "há fogo aqui?", "eu quero fogo aqui", "não há fogo aqui". São, respectivamente, sentenças nas formas presente, passado, futuro, interrogativo, optativo e negativo, mas todas elas tratam do mesmo objeto: o fogo.

A palavra "fogo" pode ser provocada em mim de várias maneiras. Quando é provocada pela presença sensível do fogo, eu comunico o fato pela sentença "há fogo aqui"; quando é pela memória, uso a sentença "houve fogo aqui". Mas posso empregar essa sentença não para expressar uma memória e, sim, para relatar o que me disseram ou para formular uma inferência a partir de brasas carbonizadas. No primeiro caso, a palavra "fogo" é provocada em mim pela audição; no segundo caso, pela visão de algo que eu sei que é efeito do fogo. Assim, quando digo "houve fogo aqui", meu estado de espírito pode se originar de várias possibilidades diferentes. Mas, apesar dessas diferenças subjetivas, o que estou afirmando é o mesmo em todos os casos. Se minha afirmativa é verdadeira, uma certa ocorrência aconteceu aqui, e a ocorrência em virtude da qual a afirmativa é verdadeira é a mesma, seja a ocorrência lembrada, conhecida por meio de testemunho ou inferida a partir de traços presentes de uma combustão passada. É por essa razão que usamos as mesmas palavras nesses vários casos, pois uma sentença no indicativo não procura expressar um estado de espírito (embora sempre o faça), mas sim afirmar um fato diferente do expresso pela sentença. Mas vamos postergar para um capítulo posterior a consideração explícita da verdade e da falsidade.

Existem ambiguidades subjetivas similares em conexão com a sentença "haverá fogo aqui". Em uma situação na qual você experimenta uma expectativa imediata de fogo, seu estado subjetivo é análogo à memória, exceto nesse ponto vital de se direcionar ao futuro. Mas, em regra, afirmações sobre o futuro são inferências. Você pode ver um feixe de feno fermentando e inferir que irá queimar, ou pode ter ouvido que, em alguma data futura, deverá haver aí uma fogueira. Mas, uma vez mais, essas várias possibilidades não fazem diferença naquilo que é afirmado quando você diz "haverá fogo aqui".

"Há fogo aqui?" pode ser uma forma do imperativo ou uma sugestão de investigação. Essa sentença não constitui uma afirmativa, mas demonstra o desejo de fazê-la. Sua diferença para "há fogo aqui" não reside em nada que tenha referência externa, mas em nossa atitude para com aquilo que tem tal referência. Podemos dizer que existe uma "ideia" chamada "fogo-aqui--agora"; quando antepomos "há" a essas palavras, estamos afirmando essa ideia, ao passo que, quando antepomos "há" de maneira interrogativa, estamos "considerando-as ativamente", ou seja, estamos preocupados em descobrir se devemos ou não as afirmar. Penso em "referência externa" de modo preliminar, pois o conceito é difícil e exige considerável discussão.

"Eu quero fogo aqui" é uma sentença no indicativo, afirmando que sinto certo desejo, mas normalmente é usada como se fosse uma *expressão* de desejo, não uma *afirmação* dele. Falando em termos estritos, o desejo deveria ser expresso por "gostaria que houvesse fogo aqui" ou "Oh, como seria bom fogo aqui!". Isto se expressa de maneira mais fácil e natural em uma língua que, como o grego, tem um modo optativo. A sentença "Oh, como seria bom fogo aqui!" não afirma nada e, portanto, não é verdadeira nem falsa. Ela *expressa* um desejo, e uma pessoa que me ouve pronunciá-la pode inferir que sinto um desejo, mas a sentença não *afirma* que sinto um desejo. De maneira similar, quando digo "há fogo aqui", *expresso* uma crença, e o ouvinte pode inferir que tenho essa crença, mas não *afirmo* que a tenho.

Quando digo "não há fogo aqui", o que se pode chamar de "conteúdo" é o mesmo de quando digo "há fogo aqui", mas esse conteúdo é negado ao invés de afirmado.

Revendo as sentenças citadas, mas omitindo aquelas que se referem ao passado ou ao futuro, vemos que, ao considerarmos o que elas expressam, todas têm o mesmo cerne, a saber, "fogo-aqui-agora". As ideias expressas por "fogo", "aqui" e "agora" podem ser chamadas de ideias "indicativas", ou seja, todas elas podem indicar características de uma experiência sensível. Tomadas em conjunto, constituem uma ideia indicativa complexa. Uma ideia indicativa às vezes indica e às vezes não; se há fogo aqui agora, "fogo-aqui-agora" indica esse fogo, mas, se não há fogo, "fogo-aqui-agora" não indica nada. Podemos ter várias atitudes diante de uma ideia indicativa: assertiva, interrogativa, optativa ou negativa. Essas atitudes são expressas pelas palavras "há", "há...?", "Oh, como seria bom", "não há", respectivamente. (Não pretendo que essa lista de possíveis atitudes seja exaustiva.) As atitudes *expressas* nessas palavras também podem ser afirmadas, mas, então, precisamos de palavras indicativas, e essas palavras são "crença", "dúvida", "desejo", "descrença". Isto nos leva a novas sentenças, todas as quais são *afirmativas*, mas a respeito de meu estado de espírito, e não a respeito do fogo. Essas sentenças são: "acredito que haja fogo aqui agora", "pergunto-me se há fogo aqui agora", "espero que haja fogo aqui agora" e "não creio que haja fogo aqui agora".

É evidente que "há", "há...?", "oh-como-seria" e "não-há" devem ser consideradas como uma palavra só, expressando diferentes atitudes do locutor para com uma mesma ideia. Sua função não é indicar objetos, como o fazem os nomes; o fato de a palavra "não" poder ser usada significativamente não implica que exista um objeto chamado "não" em algum paraíso platônico. Para o entendimento da linguagem é essencial perceber que, enquanto algumas palavras necessárias designam objetos, outras não os designam.

Palavras que designam objetos podem ser chamadas de "indicativas". Incluo entre estas não apenas os nomes, mas também palavras que denotam qualidades, como "branco", "duro", "quente", e palavras que denotam relações perceptíveis, como "antes", "acima", "dentro". Se o único propósito da linguagem fosse descrever fatos sensíveis, poderíamos nos contentar com as palavras indicativas. Mas, como vimos, tais palavras não são suficientes para expressar dúvida, desejo ou descrença. Elas também não bastam para expressar conexões lógicas, por exemplo, "se tal coisa acontecer, corto meu pescoço" ou "se Wilson tivesse mais tato, os Estados Unidos teriam ingressado na Liga das Nações". Tampouco são suficientes para sentenças que precisam de palavras como "tudo", "todo", "um pouco", "algum", "o", "a", "um", "uma". Só se pode explicar o significado de palavras dessa espécie explicando o significado de sentenças nas quais elas ocorrem. Quando você quer explicar a palavra "leão", pode levar seu filho ao zoológico e dizer "veja, aquilo é um leão". Mas não existe zoológico onde você possa lhe mostrar *se*, *o* ou *entretanto*, pois estas não são palavras indicativas. Elas são necessárias nas sentenças, mas apenas nas sentenças que não se ocupem exclusivamente da afirmação de fatos isolados. É por precisarmos dessas sentenças que palavras não indicativas são indispensáveis.

7.
Referência externa de ideias e crenças

O tipo de referência externa com que devemos nos preocupar neste capítulo não é aquele pelo qual se interpretam as experiências como percepções de objetos externos, como acontece, por exemplo, quando uma sensação visual produz em mim uma condição chamada "ver uma mesa". Esse tipo de referência externa será considerado em conexão com a interpretação da física e a evidência de sua verdade. O que nos interessa agora é a referência de uma parte de minha vida mental para com outra, apenas derivativamente para com coisas que não fazem parte de minha experiência.

Temos o hábito de dizer que pensamos *sobre* [*think of*] tal coisa e que acreditamos *em* [*believe in*] tal outra. É o significado de "sobre" e "em" nessas frases que quero discutir, como estágio preliminar necessário para a definição de "verdade" e "falsidade".

Em um capítulo anterior, consideramos o processo de definição ostensiva como a fonte dos significados das palavras. Mas, naquela ocasião, vimos que determinada palavra pode "significar" tanto uma ideia quanto uma experiência sensível; isto acontece, sobretudo, quando se usa a palavra para expressar uma memória. Quando a mesma palavra pode ser usada para denotar uma ideia ou uma experiência sensível, isto é sinal de que a ideia é uma ideia "sobre" a experiência sensível. Mas, obviamente, a relação expressa pela palavra "sobre" é tal que pode existir independentemente da linguagem e, na verdade, está pressuposta no uso da mesma palavra para uma ideia e uma experiência sensível.

Talvez se veja mais claramente a relação que nos interessa no caso da memória. Suponhamos que você recentemente tenha visto algo horrível – digamos, um amigo atropelado e morto por um caminhão. A imagem desse evento fica voltando à sua cabeça, não apenas como pura imaginação, mas como algo que você sabe que realmente aconteceu. A cada vez que essa sequência terrível e rápida lhe domina a mente, você diz a si mesmo: "sim, isto realmente aconteceu". Mas em que sentido isto pode ser verdade? Pois suas lembranças se dão *agora* e consistem de imagens, não de sensações, muito menos de caminhões reais. O que temos de elucidar é o sentido em que isto, ainda assim, é verdade.

As imagens ocorrem de duas maneiras, como imaginação e como recordação. Às vezes, sob influência do cansaço ou da febre, cheguei a ver rostos de pessoas queridas, não com as expressões amáveis a que me acostumara, mas com carrancas horríveis e grotescas. Essas imagens dolorosas não impunham nenhuma crença, a não ser que minha temperatura estivesse alta o bastante para provocar delírios. Mesmo em lembranças deliberadas, muitas vezes há acréscimos imaginativos em que não se acredita, mas isso não conta como lembrança. O que se conta como lembrança, o que quer que seja, consiste de imagens ou palavras que sentimos que se referem a alguma experiência anterior. Como é claro que as palavras só podem expressar memórias porque uma dada palavra pode se aplicar tanto a uma imagem (ou ideia) quanto a uma ocorrência sensível, fica claro também que precisamos, em primeiro lugar, considerar a memória não verbal, com o objetivo de descobrir qual relação entre ideia e experiência sensível nos leva a usar uma mesma palavra para ambas. Então excluirei, por enquanto, as lembranças expressas em palavras e irei considerar apenas aquelas que vêm como imagens, acompanhadas pela crença ou sentimento de que se referem a uma ocorrência prévia.

Suponhamos que me peçam para descrever a mobília de meu quarto. Posso ir até lá e registrar o que vir, ou posso evocar uma imagem de meu quarto e registrar o que vejo com os olhos de minha mente. Se tenho boa memória visual e vivo em meu quarto há um bom tempo, os dois métodos darão resultados que, pelo menos em linhas gerais, serão indistinguíveis. Dessa maneira, é fácil testar a exatidão de minha memória. Mas, antes de testá-la, acredito implicitamente nela. Algumas memórias não são suscetíveis a testes: por exemplo, se você foi a única testemunha de um assassinato; ainda assim, sua evidência será aceita, a menos que existam motivos para se suspeitar de perjúrio. Por enquanto, o que nos interessa não é a fidedignidade da memória, mas, sim, a análise da ocorrência.

O que está implicado ao dizermos que A é uma "imagem" ou "ideia" de B? Primeiro, deve existir semelhança; mais particularmente, se ambos forem complexos, deve existir semelhança de estrutura. Segundo, B deve exercer certo papel definido na causação de A. Terceiro, A e B devem ter certos efeitos em comum, por exemplo, podem fazer que as mesmas palavras ocorram a uma pessoa que passe por sua experiência. Quando existirem essas três relações, direi então que B é o "protótipo" de A.

Mas, se A é uma lembrança de B, algo mais fica implicado. Pois, nesse caso, sente-se ou acredita-se que A esteja apontando para alguma coisa diferente de si mesmo, e essa coisa é, de fato, B. *Gostaríamos* de dizer que se sente que A está apontando para B, mas não temos o direito de dizê-lo, pois B não está, ele mesmo, presente para a pessoa que está rememorando; o que está presente é apenas A, como representante de B. Devemos dizer, portanto, que na memória, em oposição à pura imaginação, existe essa crença: "A se relaciona com *alguma coisa* assim como a ideia com o protótipo", e a relação entre a ideia e o protótipo é definida pelas três características mencionadas no parágrafo anterior. Não quero dizer, é claro, que uma memória-crença comum tenha o caráter explícito sugerido na análise acima. Quero dizer apenas que, na memória, se sente vagamente que uma ideia aponta para além de si mesma e que o exposto anteriormente é um relato do que pode ser o verdadeiro estado das coisas quando esse sentimento vago é justificável.

Quando B é o protótipo de A, dizemos que A é uma imagem "de" [*of*] B. Esta é uma definição do uso da palavra "de". É óbvio que A pode ser uma imagem de B sem que a pessoa envolvida se dê conta do fato. Também é óbvio que A pode ter muitos protótipos. Se eu lhe disser que conheci um negro em uma cidadezinha do interior da Inglaterra, a palavra "negro" pode evocar em sua mente uma imagem composta vagamente pelos muitos negros que você já viu; nesse caso, todos devem contar como protótipos de sua imagem. Em geral, mesmo quando uma imagem tem apenas um protótipo, ela normalmente será mais vaga que seu protótipo. Se, por exemplo, você tem uma imagem do tom de uma cor, os vários tons que você conseguisse distinguir lhe poderiam servir de protótipos quando sensivelmente presentes. Isto, de maneira incidental, fornece uma resposta à indagação de Hume: você conseguiria imaginar um tom de cor que jamais viu, se fosse o tom intermediário entre dois outros bem similares que você já viu? A resposta é que você não conseguiria formar uma imagem tão precisa, nem mesmo de uma cor que tivesse visto, mas conseguiria formar uma imagem vaga, igualmente apropriada para o tom que você não viu e para os dois tons similares que você já viu.

Veremos que, de acordo com essa teoria, a referência externa de uma ideia ou imagem consiste em uma crença que, quando explícita, pode ser expressa nas palavras: "isto tem um protótipo". Na ausência de tal crença (que, quando existe, é em geral um sentimento meio vago), não há referência externa, embora possa haver de fato um protótipo. Este é o caso da pura imaginação.

No caso da memória-crença, se o que se diz ser lembrado for a experiência de uma pessoa que lembra, o tipo de referência externa exposto no parágrafo anterior será o único tipo requisitado. Mas, em regra, existe também outro tipo, a saber, aquele que deixamos de considerar no início deste capítulo. Suponhamos que eu me lembre de que "vi um elefante ontem". Aí estão implicadas não apenas minha experiência de ontem, mas também a crença em um animal que tem existência independente e que existiu não só quando o vi, mas também antes e depois. Tudo isso depende da inferência animal, no sentido a ser considerado na Terceira Parte deste livro, que envolve uma referência externa, não apenas à minha experiência presente, mas a toda minha experiência. Esse tipo de referência externa, no entanto, nos leva para além do tema deste capítulo.

8.
A verdade: formas elementares

A verdade e a falsidade, na medida em que são públicas, constituem atributos de sentenças, seja no indicativo, no subjuntivo ou no condicional. Neste capítulo, que irá considerar apenas os exemplos mais simples de verdade, eu me limitarei a sentenças no indicativo. Além das sentenças, existem alguns outros modos de fazer afirmações públicas, como mapas e gráficos. Também existem dispositivos convencionais para reduzir uma sentença a uma palavra essencial, como se faz na lista telefônica e em quadros de horários de trens. Mas, para nossos propósitos, podemos nos confinar, sem qualquer perda importante de generalidade, a sentenças completamente expressas. E, até que tenhamos considerado as palavras lógicas, as quais serão tema dos próximos dois capítulos, precisamos nos limitar a sentenças no indicativo.

Mas, para definirmos "verdade" e "falsidade", precisamos ir além das sentenças, até aquilo que elas "expressam" e "indicam".

Para começar, a sentença tem uma propriedade a que chamarei de "significação". Esta é a propriedade que se preserva na tradução correta. "Dois mais dois são quatro" tem a mesma significação que *two and two make four* ou *deux et deux font quatre*. A significação também é preservada quando se altera a frase como no exemplo: "A é o marido de B", "B é esposa de A", "A é um homem casado com B", "A é casado com B, que é mulher". Todas essas frases têm a mesma significação. É óbvio que, quando duas sentenças têm a mesma significação, ambas são verdadeiras ou ambas são falsas; assim, o que distingue a verdade da falsidade, seja o que for, deve ser procurado na significação das sentenças, não nas sentenças em si.

Algumas sentenças que, à primeira vista, parecem ter sido construídas corretamente são, na verdade, um disparate, no sentido de que não têm nenhuma significação. Entre estas, se interpretadas literalmente, estão: "a necessidade é a mãe da invenção" e "a procrastinação é ladra do tempo". Uma parte muito importante da sintaxe lógica consiste de regras para se evitar o disparate na construção das sentenças. Mas, por enquanto, estamos interessados em sentenças que são simples demais para correrem o risco de serem disparatadas.

O jeito mais fácil de chegarmos àquilo que a sentença "significa" é perguntar a nós mesmos o que há em comum entre uma sentença em uma língua e sua tradução para outra. Suponhamos que, em certa ocasião, eu diga a um inglês *"I am hot"* e a um francês *"j'ai chaud"* [em ambos os casos, "estou com calor"]. As duas sentenças expressam o mesmo estado de corpo e espírito e se tornam verdadeiras (ou falsas) pelo mesmo fato. Assim, a significação da sentença parece ter dois aspectos: por um lado, ela "expressa" a condição da pessoa que a profere e, por outro, aponta para fora dessa condição presente, para algo em virtude de que ela se faz verdadeira ou falsa. O que uma sentença afirmativa expressa é uma *crença*; o que a torna verdadeira ou falsa é um *fato*, o qual geralmente se distingue da crença. (Isto não se aplica à lógica e à matemática, nas quais verdade e falsidade, conforme o caso, advêm da forma da sentença. Mas, por enquanto, não estou me referindo à verdade lógica.) Consideremos, por exemplo, a sentença "sou um tio" e suponhamos que você saiba que sua irmã que mora na Índia está grávida, mas que não saiba se a criança já nasceu ou não. Nenhuma análise da sentença ou de seu estado de espírito irá demonstrar se a sentença é verdadeira ou falsa, uma vez que sua verdade ou falsidade depende de eventos na Índia, sobre os quais você ainda não sabe nada. Mas, ainda que o entendimento da sentença não lhe permita saber se é verdadeira ou falsa, ela permite, sim, saber que tipo de fato a tornaria verdadeira e que tipo de fato a tornaria falsa; isto, portanto, faz parte da significação de uma sentença, ou, pelo menos, é inseparável da significação, mesmo que (a depender do caso) a verdade ou a falsidade do fato não sejam.

Se "verdade" e "falsidade" tivessem sido definidas, poderíamos dizer que duas sentenças devem, por definição, ter a mesma "significação" quando qualquer estado de coisas possível que torne uma delas verdadeira torne também a outra verdadeira, e vice-versa. Mas, como veremos, não está claro que "verdade" e "falsidade" possam ser definidas sem que antes se defina "significação".

A significação tem, já o dissemos, dois aspectos, os quais podemos chamar de subjetivo e objetivo. O aspecto subjetivo tem a ver com o estado da pessoa que profere a sentença, ao passo que o aspecto objetivo tem a ver com aquilo que tornaria a sentença verdadeira ou falsa. Comecemos pelo aspecto subjetivo.

Quando declaramos que uma sentença é verdadeira, queremos dizer que a pessoa que a profere está falando a verdade.

Uma pessoa pode pronunciar uma sentença sem ter a intenção de afirmá-la: quando um ator diz "este sou eu, Hamlet, o dinamarquês", ninguém acredita nele, mas ninguém o acusa de mentir. Isto demonstra que o aspecto subjetivo é essencial na análise da significação. Quando falamos que uma sentença é "verdadeira", queremos dizer algo sobre o estado de espírito da pessoa que a profere ou a ouve com crença. De fato, as crenças é que são verdadeiras ou falsas; as sentenças só se tornam verdadeiras ou falsas pelo fato de poderem expressar crenças. É, portanto, nas crenças que se deve procurar o aspecto subjetivo da significação das sentenças.

Podemos dizer que duas sentenças têm a mesma significação quando expressam a mesma crença. Mas, dito isso, precisamos explicar em que sentido duas pessoas (ou uma única pessoa em dois tempos diferentes) podem ter a mesma crença e por meio de que testes podemos descobrir quando isso se dá. Para fins práticos, diremos que duas pessoas que falam a mesma língua têm a mesma crença se aceitam a mesma sentença que a expressa; e, quando duas pessoas falam línguas diferentes, suas crenças são as mesmas se um intérprete competente considerar a sentença com a qual uma delas expressou sua crença como uma tradução da frase utilizada pela outra pessoa. Mas esse critério não é, em teoria, suficiente, uma vez que as crianças que ainda não sabem falar devem gozar do direito de ter crenças, assim como (eu diria) os animais.

A "crença", no sentido em que pretendo empregar a palavra, denota um estado de corpo ou de espírito, ou de ambos, no qual um animal age com referência a alguma coisa que não está sensivelmente presente. Quando vou à estação na expectativa de encontrar um trem, minha ação expressa uma crença.

O mesmo se dá com a ação de um cachorro atiçado pelo cheiro da raposa e com um pássaro preso no quarto, voando contra o vidro da janela na esperança de voltar lá para fora. Entre os seres humanos, a única ação pela qual se expressa uma crença é, muitas vezes, a pronunciação das palavras apropriadas.

Veremos que, de acordo com a definição exposta, a "crença" está estreitamente ligada ao significado e à definição ostensiva. As palavras têm "significado" quando há uma associação ou um reflexo condicionado que as conecte com alguma coisa diferente de si mesmas – isto se aplica, pelo menos, às palavras indicativas. Eu digo "veja, tem uma raposa ali" e você age como se tivesse sentido o cheiro de uma raposa. Digo "raposa" quando vejo uma raposa porque uma raposa sugere a palavra "raposa", e vice-versa. Quando, depois de ela ter desaparecido, digo a palavra "raposa" e você, sem ter visto o animal, ouve a palavra, há uma "crença" no sentido acima. O mesmo acontece quando, sem falar nada, você procura pela raposa. Mas é só quando a ação se interrompe que a crença se torna um estado de espírito definido – por exemplo, quando você acaba de consultar o horário de um trem em que pretende embarcar amanhã. Quando se convoca uma ação imediata, a energia pode correr para os músculos e a "crença" pode se manifestar como uma mera característica dos movimentos corporais. Mas é preciso lembrar que o grito de "raposa" ou "atenção" é um movimento corporal; não podemos, portanto, negar que movimentos corporais podem expressar crenças.

A referência externa, que discutimos no capítulo anterior, existe em todas as palavras indicativas, quando usadas da maneira com que se inicia o uso das palavras. Ela existe também no comportamento não verbal, como quando um cachorro escarafuncha a toca de um coelho porque o viu se enfiar ali dentro. Mas, quando se trata de comportamento não verbal, é difícil para o observador e, muitas vezes, para o agente, dizer a que exatamente o comportamento se refere. As palavras, assim como as balanças e os termômetros, são instrumentos de precisão, embora nem sempre muito exatos; mas, sem seu auxílio, aquilo a que elas dão precisão pode existir e ser apreendido de maneira vaga.

A questão, em termos esquemáticos, com uma simplificação mais ou menos irreal, pode ser posta do seguinte modo: a presença de um estímulo A causa um certo tipo de comportamento, digamos B; como resultado da experiência, alguma outra coisa, digamos C, pode causar B na ausência de A. Nesse caso, pode-se dizer que C causa "crença" em A e que a "crença" em A constitui uma característica do comportamento B. Quando as palavras vêm em auxílio, tudo isso fica mais preciso. A visão de uma raposa (A) causa em você a pronunciação da palavra "raposa" (B); você pode descobrir o rastro de uma raposa na neve (C) e, ao vê-lo, dizer "raposa". Você, então, está "acreditando" em A por causa de C. E se o rastro foi de fato feito por uma raposa, sua crença é verdadeira.

Aquilo que tem referência externa – a crença, ou a ideia, ou o movimento corporal – em alguns casos é público e, em outros, privado. É público quando consiste em um comportamento aberto, incluindo a fala; é privado quando consiste em imagens ou "pensamentos". (O significado de "público" e "privado" nessa conexão será explicado na Terceira Parte.) Quando uma ocorrência em um organismo tem referência externa, a única característica *sempre* presente é a relação causal explicada no parágrafo anterior, isto é, a ocorrência tem alguns dos efeitos que resultariam da presença sensível daquilo que é sua referência externa. Daremos o nome de "ocorrência representacional" a qualquer coisa que aconteça em um organismo e tenha referência externa.

Além da essencial relação causal pela qual se define a "ocorrência representacional", existem outras relações em certos tipos de tais ocorrências. Na imagem da memória há uma semelhança com o que é representado (ou seja, relembrado). Também é provável que exista semelhança em outras imagens, embora de um tipo menos exato. Se alguém lhe diz "seu filho morreu ao cair em um precipício", é provável que você tenha uma imagem muito vívida que será correta em alguns aspectos e não em outros. Mas as palavras (exceto quando onomatopeicas) não guardam qualquer semelhança com o que significam e, portanto, crenças verbais não podem ser julgadas verdadeiras ou falsas pela semelhança ou diferença em relação àquilo que afirmam. O comportamento verbal é apenas uma forma de comportamento corporal que é representacional; outra forma é a do cachorro escarafunchando a toca do coelho. Podemos dizer, de modo geral, que o comportamento corporal, quando representacional, não precisa ter nenhuma semelhança com aquilo a que se refere.

No caso da linguagem explícita, porém, muitas vezes há uma semelhança *estrutural* entre uma sentença e aquilo que ela afirma. Suponhamos que você veja uma raposa devorando um ganso e, depois, diga "a raposa devorou o ganso". A ocorrência original era uma relação entre uma raposa e um ganso, ao passo que a sentença cria uma relação entre a palavra "raposa" e a palavra "ganso", a saber, a relação que coloca a palavra "devorou" entre os dois termos. (Ver o *Tractatus* de Wittgenstein.) Essa possível similaridade estrutural entre uma sentença e aquilo que ela afirma tem certa importância, mas não é, penso eu, fundamental.

Essa exposição sobre o que torna "verdadeira" uma ocorrência representacional é, a meu ver, correta quando aplicável, mas existem muitas extensões que dão à "verdade" um escopo mais amplo.

Comecemos pela memória. Você pode se lembrar de um evento que não convoca nenhuma ação presente e, nesse caso, a definição de "verdade" apresentada não é aplicável. Sua memória, se estiver em imagens, pode então ser "verdadeira" no sentido de ser parecida com o evento. E, mesmo se não se convocar nenhuma ação *presente*, pode haver situações futuras em que sua memória terá importância prática e então, se passar no teste, poderá ser chamada de "verdadeira".

Mas o que tem maior importância é aquilo que se pode chamar de significado "derivativo", que é uma propriedade de sentenças cujas palavras têm significado "primário". Suponhamos que, para determinada criança, as palavras "gato", "cachorro" e "ódio" tenham significado primário, no sentido de que foram aprendidas por definição ostensiva. Dessa maneira, a sentença "gatos odeiam cachorros" tem um significado que não teve de ser aprendido por um novo processo de definição, nem ostensiva, nem nominal. Trata-se, além disso, de uma sentença que não se pode verificar por ocorrência sensível e, nisso, difere da sentença "haverá um forte estrondo daqui a um instante". Somente no paraíso de Platão conseguimos ver O GATO odiando O CACHORRO. Aqui na terra, os fatos em virtude dos quais a sentença se faz verdadeira são muitos e não podem ser todos experimentados de uma só vez. A relação da sentença com os fatos em virtude dos quais ela se faz verdadeira é derivativa de várias outras sentenças, cada uma das quais se apresenta sob a forma: "Isto é um gato e aquilo é um cachorro, e isto odeia aquilo". (Estou tomando o "odiar" como uma característica de comportamento aberto e o estou fazendo não como teoria, mas para fins de ilustração.) Temos aqui três sentenças: (*a*) "isto é um gato", (*b*) "aquilo é um cachorro" e (*c*) "isto odeia aquilo". Cada uma dessas sentenças pode ser diretamente causada por fatos sensíveis presentes, desde que o observador conheça a língua em que estão expressas. Um número suficiente de tais sentenças, ou de observações e crenças correspondentes, com o tempo irá causar na maioria das pessoas a sentença "gatos odeiam cachorros", cujo significado decorre, pelas leis da sintaxe, dos significados das sentenças das formas (*a*), (*b*) e (*c*). É nesse sentido que o significado de tais sentenças é "derivativo". Por enquanto, tendo observado que o significado da maioria das sentenças é derivativo, quero me limitar às sentenças cujo significado é primário.

Consideremos a sentença "isto é um gato", proferida quando um gato está presente sensivelmente. Até aqui, estive considerando "verdade" e "falsidade" como ideias aplicáveis apenas a representações de coisas não presentes sensivelmente e, se nos apegarmos estritamente a essa perspectiva, nossas sentenças (*a*), (*b*) e (*c*), quando proferidas, não seriam nem verdadeiras nem falsas. Esse jeito de usar as palavras, no entanto, seria inconveniente, e prefiro dizer que (*a*), (*b*) e (*c*) são verdadeiras ou falsas.

Se, na presença de um animal, digo "isto é um gato", quais são as possibilidades de falsidade? Existe, em primeiro lugar, a mentira deliberada: posso estar falando com um cego e querer que ele pense que se trata de um gato quando, na verdade, trata-se de um coelho. Podemos excluir esse caso, sob o argumento de que as palavras que pronuncio não exprimem uma crença e também de que a palavra "gato" não é causada pelo que vejo, mas, sim, por qualquer outro motivo. Há também o caso em que não consigo enxergar nada muito claramente, devido à escuridão ou à vista ruim, mas, quando alguém acende uma luz a mais eu digo "oh, agora vejo que não é um gato". Nesse caso, o que vejo deve ter alguma semelhança com um gato e, se eu tivesse dito "é algo que parece um gato", teria dito a verdade. Em seguida, há o caso do conhecimento insuficiente da língua, que me leva a dar o nome "gato" àquilo que oficialmente se chama de "puma". Nesse caso, trata-se apenas de um erro social: não falo o idioma corretamente, mas, na minha linguagem pessoal, minha afirmação é verdadeira. Por fim, posso estar sofrendo de *delirium tremens* e ver um gato onde não existe coisa alguma, pelo menos do ponto de vista público. Na ausência de tais possibilidades incomuns, minha afirmação "isto é um gato" será verdadeira.

Quando há um gato e eu digo "eis aí um gato", qual é a relação daquilo que digo com o quadrúpede real presente? Há uma relação causal: ver o gato causa a palavra "gato", mas isso, como vimos no caso da vista imprecisa, não é suficiente para assegurar a verdade, uma vez que algo que não é o gato pode causar a palavra "gato". Quando digo "isto é um gato", estou afirmando a existência de algo que não é apenas uma experiência visual momentânea minha, pois vive e respira e mia e ronrona e é capaz de alegrias e tristezas felinas. Tudo isso é errôneo no caso de *delirium tremens*. Tomemos, então, um exemplo mais simples: "isto é azul". Essa assertiva não precisa implicar nada além de uma experiência privada para mim e, portanto, não está sujeita ao tipo de erro que aflige o bêbado. Nesse caso, a única possibilidade de erro é a ignorância da língua, que me levaria a chamar de "azul" o que os outros chamariam de "violeta". Trata-se de um erro social, não intelectual; o que acredito é verdade, mas minhas palavras foram mal escolhidas. Nesse caso, portanto, a possibilidade de falsidade genuína na minha afirmação parece se reduzir a um mínimo.

Podemos dizer em linhas gerais: uma palavra indicativa é verdadeira quando causada por aquilo que ela significa, pressupondo-se que a palavra é usada naquilo que se pode chamar de modo exclamatório, como quando uma pessoa grita "fogo!" ou "assassinato!". Na fala mais desenvolvida, usualmente deixamos de lado esse modo de usar palavras indicativas e, em vez dele, antepomos "isto é" à palavra. Assim, a afirmação "isto é azul" será verdadeira se for causada por aquilo que "azul" significa. Trata-se, de fato, de uma tautologia. Mas a maior parte das palavras, como "gato" e "cachorro", significa não apenas aquilo que pode ser uma percepção momentânea, mas também concomitantes habituais desse tipo de percepção. Se são concomitantes habituais, mas não invariáveis, pode haver erro no uso da palavra que a percepção causa; este é o caso da vítima de *delirium tremens* e também de Isaac quando confundiu Jacó com Esaú. A maioria das palavras incorpora induções animais que usualmente são verdadeiras, mas não sempre; isso se aplica, mais particularmente, a nomes de objetos ou tipos de objetos, como nossos amigos ou as várias espécies de animais. Toda vez que tais palavras são empregadas como resultado de uma percepção há, portanto, alguma possibilidade de erro, embora esta seja, no mais das vezes, bem pequena.

Agora podemos dizer, como definição: uma sentença da forma "isto é A" pode ser dita "verdadeira" quando é causada por aquilo que "A" significa. Podemos, ainda, dizer que uma sentença da forma "aquilo foi A" ou "haverá A" pode ser dita "verdadeira" quando "isto é A" foi, ou, no segundo caso, será verdadeira no sentido empregado. Isto abrange todas as sentenças que afirmam o que são, foram ou serão fatos da percepção e também aquelas cujos concomitantes usuais conseguimos inferir corretamente por meio de inferência animal, pelo menos na medida em que esses concomitantes façam parte do sentido de uma palavra indicativa. Isto abrange todas as premissas factuais do conhecimento empírico. Não abrange afirmações gerais, como "cães ladram", nem princípios de inferência, seja esta dedutiva ou não demonstrativa. Não se pode considerá-las adequadamente até lidarmos com o sentido de palavras lógicas como "ou" e "tudo". Além disso, essa é apenas uma definição de "verdade", e não de "falsidade". Da "falsidade" trataremos mais adiante.

Deve-se fazer uma observação importante sobre nossas definições de "significado" e "verdade": ambas dependem de uma interpretação de "causa" que, de acordo com a física moderna, pode parecer crua e apenas parcialmente aplicável aos processos naturais. Ao se adotar esse modo de ver, segue-se que quaisquer falhas que pertençam a essa noção ultrapassada de "causa" irão pertencer também às noções de "significado" e "verdade". Não creio, porém, que seja uma objeção muito séria. Ambos os conceitos, por outras razões, são necessariamente vagos e inexatos, e essas outras razões fazem muito mais para evitar a precisão do que o faz a física moderna. Mesmo que proposições como "o relâmpago causa o trovão", "os micro-organismos causam febre" ou "os ferimentos causam dor" já não tenham a certeza que antes se lhes atribuía e mesmo se (por motivos que apareçam mais tarde, o que duvido) "causa" for uma noção apressada que pertença a certo estágio da ciência, não uma categoria fundamental, como se pensava, ainda assim essas proposições expressam de forma conveniente verdades sobre o curso usual, ainda que não invariável, da natureza e, como tais, ainda são úteis, exceto nas áreas em que, como na física quântica, a busca por um último refinamento de precisão se dê apesar de suas complicações e sua consequente inutilidade para a maioria dos propósitos de predição. Se os físicos conseguissem calcular o comportamento humano, não sentiríamos necessidade de conceitos como "significado", "crença" e "verdade". Mas, enquanto isso, estes continuam úteis e, até certo ponto, podem se ver livres de ambiguidade e imprecisão. Se "causa" não for realmente um conceito fundamental da ciência, seria inútil tentar seguir para além desse ponto. Mas se, como acredito, o conceito de "causa" for indispensável, então essas considerações não têm razão de ser, ou, pelo menos, só o teriam sob uma forma modificada.

9.
Palavras lógicas e falsidade

No capítulo anterior, tratamos da verdade das crenças e sentenças em casos nos quais isso dependia apenas da observação, e não da inferência sobre conhecimentos prévios. Neste capítulo, temos de começar a indagar sentenças que podem ser confirmadas ou refutadas quando forem conhecidos dados que derivam da observação. Quando se tratar dessas sentenças, já não teremos de considerar a relação das crenças ou sentenças com algo que, em geral, não seja nem crença nem sentença; em vez disso, teremos de considerar apenas as relações sintáticas entre as sentenças, em virtude das quais à verdade ou falsidade provável ou indubitável de certa sentença se segue a verdade ou falsidade de outras.

Em tais inferências existem certas palavras que chamarei de palavras "lógicas", das quais sempre ocorrem uma ou mais. Essas palavras são de dois tipos, que poderemos chamar, respectivamente, de "conjunções" e "palavras gerais", ainda que não no sentido gramatical mais comum. Exemplos de conjunções: "não", "ou", "e", "se-então". Exemplos de palavras gerais: "todo" [all] e "algum" [some]. (O motivo para chamar "algum" de palavra "geral" irá surgir à medida que avançarmos.)

O uso das conjunções nos permite fazer várias inferências simples. Se "*p*" é verdadeiro, "não-*p*" é falso; se "*p*" é falso, "não-*p*" é verdadeiro. Se "*p*" é verdadeiro, "*p* ou *q*" é verdadeiro; se "*q*" é verdadeiro, "*p* ou *q*" é verdadeiro. Se "*p*" é verdadeiro e "*q*" é verdadeiro, "*p* e *q*" é verdadeiro. E assim por diante. Chamarei de sentenças "moleculares" as sentenças que contêm conjunções, sendo seus "átomos" o "*p*" e o "*q*" que estiverem unidos. Dada a verdade ou a falsidade de um conjunto de proposições, a verdade ou falsidade de cada proposição molecular construída a partir desse conjunto se segue por regras sintáticas e não requer nenhuma nova observação dos fatos. Aqui estamos, realmente, no domínio da lógica.

Considerando que conhecemos "*p*", tanto no que diz respeito a acreditar em "*p*" quanto no que se refere àquilo que tornaria "*p*" verdadeiro ou falso, o que podemos dizer sobre "não-*p*"?

Dada uma sentença "*p*", podemos acreditar nela ou não. Mas nenhum dos casos constitui o uso primário de uma sentença; o uso primário é expressar crença em alguma outra coisa. Se, ao sentir um pingo d'água no nariz, digo "está chovendo", isso é o que se pode chamar de afirmativa "primária", em que não presto atenção à sentença, mas a utilizo para me referir diretamente a alguma outra coisa, a saber, a chuva. Esse tipo de afirmativa não tem correspondente negativo. Mas, se você me perguntar "está chovendo?" e eu, então, olhar pela janela, poderei responder "sim" ou "não", e ambas as respostas estarão, por assim dizer, no mesmo nível. Nesse caso, o que me aparece primeiro é a sentença e, depois, por causa da sentença, o fato meteorológico que me permite dizer "sim" ou "não". Se respondo "sim", não estou dizendo "está chovendo", mas "a sentença 'está chovendo' é verdadeira"; pois o que sua pergunta me apresentou foi uma sentença, não um fato meteorológico. Se respondo "não", estou dizendo "a sentença 'está chovendo' é falsa". Isto sugere que talvez se possa interpretar "não está chovendo" como "a sentença 'está chovendo' é falsa".

Isto acarreta, no entanto, duas dificuldades. A primeira é que fica difícil entender o que queremos dizer por "falso"; a segunda é que fica quase impossível compreender como uma sentença que contenha a palavra "não" pode ser considerada verdadeira a partir de observações. Quando, em resposta à sua pergunta, olho pela janela, não observo apenas que está chovendo, pois eu poderia ter chegado a essa conclusão sem olhar para fora; o que observo, em certo sentido, é que não está chovendo, mas o que pode ser esse sentido é algo obscuro.

Como saber o que estou afirmando quando digo "não está chovendo"? Posso dizer: "vi que todo o céu estava azul, e sei que não chove quando o céu está azul". Mas como sei disso? Porque muitas vezes observei, simultaneamente, fatos que poderia afirmar nas duas sentenças: "o céu está azul" e "não está chovendo". Então não posso, dessa maneira, explicar como chego a conhecer fatos negativos.

Em que sentido, se houver, há fatos negativos, em oposição às sentenças verdadeiras que contêm a palavra "não"? Vamos colocar a questão da seguinte maneira: imagine uma pessoa que conheça tudo o que se pode afirmar sem o uso da palavra "não" ou de algum equivalente; essa pessoa conheceria todo o curso da natureza? Ela saberia que uma flor botão-de-ouro é amarela, mas não saberia que não é azul. Podemos dizer que o propósito do conhecimento é descrever o mundo e que aquilo que torna um juízo de percepção verdadeiro (ou falso) é, em geral, algo que continuaria sendo um fato se não houvesse juízos no mundo. O amarelo do botão-de-ouro pode ser tomado como um fato e deve ser mencionado em uma descrição completa do mundo. Mas existiria o não azul do botão-de-ouro se não houvesse juízos? E será que devemos, em uma descrição completa do botão-de-ouro, mencionar todas as cores que essa flor não tem? Vamos considerar um caso em que a percepção nos leve o mais diretamente possível a um juízo negativo muito simples. Suponhamos que você pegue açúcar pensando que é sal; ao experimentar, você provavelmente irá exclamar: "isto não é sal". Nesse caso, há um choque entre a ideia e a sensação: você tem a ideia do gosto do sal, a sensação do gosto de açúcar e um choque de surpresa, porque as duas coisas são muito diferentes. A percepção só faz surgir um juízo negativo quando o correlato positivo do juízo já foi feito ou considerado. Quando está procurando algum objeto perdido, você diz "não, não está aqui"; depois de um relâmpago, você pode dizer "não ouvi o trovão". Se visse uma alameda de faias com um olmo entre elas, você diria: "aquilo não é uma faia". Se alguém diz que todo o céu está azul e você distingue uma nuvem no horizonte, você pode dizer "aquilo não é azul". Todos esses juízos obviamente negativos resultam, mais ou menos diretamente, da percepção. Ainda assim, se vejo que um botão-de-ouro é amarelo, não parece que estou acrescentando algo a meu conhecimento ao observar que a flor não é azul, nem vermelha. O que se quer dizer, então, na forma de fato objetivo, por um verdadeiro juízo negativo?[1]

---

[1] No que se segue, estou interessado em demonstrar que é possível definir a verdade dos juízos negativos sem admitir a existência de fatos negativos. Pretendo apenas construir uma teoria que assegure esse resultado; não contesto que haja uma teoria alternativa que possa ser igualmente satisfatória.

Em todos os juízos de percepção negativos e espontâneos, a experiência que leva ao juízo é, em essência, de um único e mesmo tipo. Há uma imagem ou ideia de sensação que pertence a certa classe de sensações e há uma sensação da mesma classe, mas diferente daquela de que era uma ideia. Procuro o azul e vejo o vermelho; espero o gosto do sal e sinto o gosto do açúcar. Aqui tudo é positivo: a ideia de azul, a sensação de vermelho, a experiência da diferença. Quando digo "diferença", não quero dizer apenas a não identidade lógica, tal como existe, por exemplo, entre uma cor e um gosto; quero dizer o tipo de diferença que se sente entre duas cores. Esse tipo de diferença é uma questão de grau. Podemos passar do azul ao vermelho por uma série de tons intermediários, sendo cada um dos quais subjetivamente indistinguível do outro. Podemos dizer que entre dois tons de cor existe uma "grande" diferença, o que não faria sentido se o disséssemos a respeito de uma cor e um gosto. Dois tons de cor têm certo tipo de incompatibilidade: quando vejo azul em certa direção, não vejo simultaneamente o vermelho nessa mesma direção. Outros tipos de sensação têm uma incompatibilidade similar; de todo modo, isto vale para sensações de tato: se sinto determinada parte do corpo coçar, não a sinto simultaneamente latejar.

Quando, como resultado da percepção, digo "isto não é azul", pode-se interpretar minha frase como "isto é uma cor que difere do azul", em que "difere" constitui uma relação positiva que se pode chamar de "dessemelhança", e não uma abstrata não identidade. Seja como for, pode-se considerar que este seja o fato em virtude do qual meu juízo é verdadeiro. Temos de distinguir entre o que um juízo expressa e o que ele afirma, ou seja, o que o torna verdadeiro ou falso. Assim, quando digo verdadeiramente "isto não é azul", existe, no lado subjetivo, uma consideração sobre "isto é azul", seguida pela rejeição, enquanto, no lado objetivo, existe alguma cor que difere do azul. Dessa maneira, no que diz respeito aos juízos de cor, escapamos da necessidade de fatos negativos como aquilo que torna verdadeiros os juízos negativos.

Mas resta uma dificuldade, uma dificuldade muito séria. Essa teoria exposta só tem êxito em virtude da incompatibilidade das diferentes cores, ou seja, do fato de que, se vejo vermelho em determinada direção, não vejo simultaneamente azul nessa mesma direção. Isto reintroduz o "não" do qual tentávamos nos livrar. Se eu pudesse ver tanto o azul quanto o vermelho simultaneamente em determinada direção, então "isto é vermelho" não forneceria uma base para "isto não é azul". A impossibilidade de vermos duas cores simultaneamente em uma dada direção é *sentida* como uma impossibilidade lógica, não como uma indução a partir da experiência; mas isto é apenas uma das várias hipóteses que são possíveis *prima facie*. Suponhamos que, em determinada direção de meus olhos, haja uma fonte de luz vermelha e também uma fonte de luz azul logo atrás da primeira; eu, então, teria alguma sensação de cor, que talvez não fosse nem vermelha nem azul, mas que teria um único tom. Ficaria parecendo que os diferentes tons de cor são as únicas sensações de seu tipo fisiologicamente possíveis, e que nisso não haveria nada análogo com a sensação de ouvir um acorde musical.

Examinemos a hipótese de ser lógica a incompatibilidade entre vermelho e azul e perguntemo-nos se isso nos ajuda a eliminar o "não" do mundo objetivo. Estamos agora supondo que é tautologia dizer "se há vermelho em dado momento e em dada direção dentro do campo visual, não há azul nessa mesma direção e nesse mesmo momento". De maneira mais simples, embora com menos precisão, podemos enunciar nossa suposição dizendo: "é logicamente impossível que as sentenças 'isto é vermelho' e 'isto é azul' sejam ambas verdadeiras para um mesmo 'isto'". Mas essa suposição, seja verdadeira ou falsa, não irá nos ajudar. Dois predicados positivos, como Leibniz apontou ao provar que Deus é possível, não podem ser logicamente incompatíveis. Por conseguinte, nossa suposição nos exige considerar ou o "vermelho", ou o "azul", ou ambos como complexos, devendo pelo menos um deles conter um "não" em sua definição. Pois, dados dois predicados complexos P e Q, eles serão *logicamente* incompatíveis se apenas um deles contiver um constituinte A e o outro contiver um constituinte não-A. Nesse sentido, "saudável" e "doente" são incompatíveis, assim como "vivo" e "morto". Mas jamais poderá haver incompatibilidade lógica a não ser no que for, em última instância, derivado da incompatibilidade das duas proposições *p* e não-*p*. Assim, não podemos eliminar o "não" do mundo objetivo se supusermos que vermelho e azul são *logicamente* incompatíveis.

Examinemos com mais cuidado a ideia de que a incompatibilidade entre vermelho e azul tem uma fonte fisiológica. Isto quer dizer que devemos supor que um estímulo de certo tipo causa uma sensação de vermelho, ao passo que um estímulo de outro tipo causa uma sensação de azul. Estou propenso a pensar que esta é a melhor teoria, mas então temos de explicar a incompatibilidade desses dois tipos de estímulo. Enquanto matéria da física, essa incompatibilidade pode ser atribuída ao fato de que cada quantum de luz tem uma quantidade de energia definida, dentro do quadro das leis quânticas que conectam energia e frequência. Aqui, a dificuldade é que não basta dizer que dado quantum de luz tem tal quantidade de energia; precisamos também ser capazes de dizer que esse quantum *não* tem também outra quantidade de energia. Sempre se considera isso como algo tão autoevidente que nunca se chega a enunciá-lo. Na física clássica, princípios análogos podiam ter base lógica, mas, na física quântica, a incompatibilidade parece sintética.

Façamos uma nova tentativa no esforço de eliminar os fatos negativos. Dada uma simples sentença indicativa, como "isto é vermelho", podemos ter para com ela duas atitudes: crença ou descrença. Ambas são "positivas", no sentido de serem estados reais do organismo, os quais podemos descrever sem a palavra "não". Cada uma é capaz de ser "verdadeira", mas a "verdade" de uma descrença não é exatamente a mesma coisa que a "verdade" de uma crença. No capítulo anterior, vimos o que se quer dizer com "verdade" de uma crença perceptiva: "isto é vermelho" é "verdadeiro" se for causado por algo vermelho. Na ocasião, não definimos o que torna "verdadeira" a descrença correspondente. Vamos agora nos dedicar a essa questão.

Se a descrença em "isto é vermelho" for um juízo de percepção — como é o caso que estamos considerando –, então "isto" deve ser uma cor. É somente na lógica ou na filosofia que nos preocupamos em desacreditar na vermelhidão de cheiros ou sons, e tal descrença pertence a um estágio posterior àquele que deve ser considerado no nosso problema atual. Irei, portanto, assumir que, quando desacreditamos em "isto é vermelho" como juízo de percepção, estamos sempre percebendo que se trata de alguma outra cor. Assim, podemos dizer que uma descrença em "isto é vermelho" é "verdadeira" quando é causada por algo que tenha com o vermelho a relação positiva de dessemelhança de que falamos há pouco. (É uma condição suficiente, não necessária.)

Agora precisamos interpretar a lei da contradição. Não devemos dizer: "'isto é vermelho' e 'isto não é vermelho' não podem ser ambas verdadeiras", pois queremos eliminar a palavra "não". Devemos dizer: "uma descrença na sentença 'a crença de que isto seja vermelho e a descrença de que isto seja vermelho são ambas verdadeiras' é sempre verdadeira". Parece que, desse modo, podemos substituir "não" e "falsidade" por "descrença" e "verdade de uma descrença". E, então, reintroduzimos "não" e "falsidade" pelas definições: as palavras "isto não é azul" são definidas como aquelas que expressam descrença naquilo que expressam as palavras "isto é azul". Desse modo, evita-se a necessidade da palavra "não" como um constituinte indefinível dos fatos.

Pode-se resumir essa teoria da seguinte maneira: enquanto matéria da lógica, se forem conhecidas quaisquer proposições que contenham a palavra "não", deverão existir, entre as proposições não inferidas, algumas que sejam da forma "não-p" ou da forma "p implica não-q". Parece que um juízo "isto não é vermelho" pode ser um juízo da percepção, desde que "isto" seja uma cor diferente do vermelho. Pode-se interpretar esse juízo como descrença em "isto é vermelho", sendo a descrença um estado tão positivo quanto a crença. Uma condição suficiente (não necessária) para a verdade da descrença em "isto é vermelho" é que a descrença seja causada por um "isto" que tenha com o vermelho uma relação de dessemelhança positiva.

Em certos casos, existe um outro teste de verdade suficiente, não necessário. A sentença "isto é azul" é "verdadeira" se uma pessoa cuja crença se expresse por tais palavras tenha, sob circunstâncias adequadas, um sentimento de "isso mesmo". E é "falsa" se ela tiver um sentimento de "que surpresa". Para cada crença existe uma descrença correspondente. Uma pessoa "descrê" no que se expressa em "isto é azul" se ela se surpreender com a verdade de "isto é azul" e se tiver um sentimento de "isso mesmo" com a falsidade de "isto é azul". As palavras "isto não é azul" (para repetirmos) expressam descrença no que se expressa em "isto é azul". Falando em termos gerais, "não-*p*" deve ser definido por aquilo que *expressa*.

O propósito dessa teoria é explicar como sentenças negativas podem ser verdadeiras e conhecidas, sem que seja necessário supor que existam fatos que só podem ser afirmados em sentenças que contenham a palavra "não".

Todos os juízos negativos empíricos derivam de juízos negativos de percepção do mesmo tipo de "isto não é azul". Suponhamos que você veja um animal ao longe e que, à primeira vista, você o tome por um cachorro, mas que, chegando mais perto, note que se trata de uma raposa. Isto depende da percepção da forma, e a percepção da forma depende de um outro fato: ali onde você vê uma cor, você não vê outra. O momento em que você diz "aquilo não é um cachorro, mas sim uma raposa" é o momento em que vê algo que não esperava, a cauda da raposa, por exemplo. Uma vez analisada, sua surpresa conduz a um juízo da percepção como "isto não é verde, mas marrom", no qual a cauda da raposa inesperadamente aparece por trás dos arbustos.

Há mais a se dizer sobre a negação, no que diz respeito às proposições gerais e também à lógica. Mas a análise exposta parece adequada no que concerne aos juízos negativos da percepção e, de maneira geral, a todos os casos nos quais a observação nos leva a afirmar uma sentença que contenha a palavra "não".

Precisamos agora procurar uma abordagem similar para a palavra "ou".

No caso de "ou", fica ainda mais óbvio do que no caso de "não" que aquilo que torna "*p* ou *q*" verdadeiro não é um fato que contenha algum constituinte correspondente a "ou". Suponhamos que eu veja um animal e diga: "aquilo era um arminho ou uma doninha". Minha afirmação é verdadeira se for um arminho e verdadeira se for uma doninha; não existe um terceiro tipo de animal arminho-ou-doninha. Na verdade, minha afirmação expressa um conhecimento parcial, combinado com certa hesitação; a palavra "ou" expressa essa minha hesitação, não algo objetivo.

Mas é possível opor objeções a essa ideia. Pode-se dizer que a palavra "arminho" denota uma classe de animais, em que nem todos são exatamente idênticos, e que o mesmo vale para a palavra "doninha". A frase "arminho ou doninha", pode-se dizer, denota apenas outra classe de animais, que, a exemplo das classes anteriores, é composta por indivíduos que têm características comuns combinadas com diferenças. Poderia facilmente haver uma palavra para arminho-ou-doninha, digamos, "*arminha*", e então poderíamos dizer "aquilo é uma *arminha*". Isto afirmaria, sem o uso da palavra "ou", o mesmo fato já afirmado com o uso da palavra.

Ou então, para recorrermos a um exemplo mais simples: existem muitos tons de azul, com diferentes nomes, tais como azul-marinho, água-marinha, azul-pavão e assim por diante. Suponhamos ter um conjunto de tons de azul, a que chamaremos a_1, a_2 etc. e suponhamos que todas as coisas azuis sejam de um desses tons. Então, a afirmação "isto é a_1 ou a_2 ou etc." equivale precisamente a "isto é azul", mas a primeira afirmação contém "ou" e a segunda, não.

Tais fatos, porém, se corretamente interpretados, confirmam a ideia de que o significado de "ou" é subjetivo. Pode-se eliminar a palavra "ou" sem que isso provoque qualquer diferença no fato que torna uma sentença verdadeira ou falsa, mas não sem diferença no estado de espírito da pessoa que enuncia a sentença. Quando digo "isto é um arminho ou uma doninha", talvez se suponha que eu venha a acrescentar "mas não sei qual dos dois animais"; já quando digo "isto é uma *arminha*", tal acréscimo é dispensável, ainda que pudesse continuar verdadeiro se eu o fizesse. Na verdade, "ou" expressa uma ignorância parcial consciente, embora possa ter outros usos na lógica.

Nesse aspecto, há uma diferença entre o ponto de vista da lógica e o da psicologia. Na lógica, só nos interessamos por aquilo que torna uma sentença verdadeira ou falsa; na psicologia, interessamo-nos também pelo estado de espírito da pessoa que profere a sentença com crença. Na lógica, "p" implica "p ou q", mas, na psicologia, o estado de espírito de uma pessoa que afirma "p" é diferente do da pessoa que afirma "p ou q", a menos que a pessoa em questão seja um lógico. Suponhamos que me perguntem: "em que dia você foi a Londres?". Posso responder: "Fui na terça-feira ou na quarta-feira, não me lembro bem". Se eu soubesse que tinha sido terça-feira, não precisaria responder "terça ou quarta", mesmo que essa resposta também fosse verdadeira. Na verdade, empregamos a palavra "ou" apenas quando sentimos dúvida. Se fôssemos oniscientes, expressaríamos nosso conhecimento sem lançar mão dessa palavra – à exceção de nosso conhecimento sobre o estado de espírito daqueles que estão cientes de um maior ou menor grau de ignorância.

A eliminação de "fatos" disjuntivos não é tão difícil quanto a eliminação de "fatos" negativos. É claro que, embora eu possa acreditar que hoje é terça-feira ou quarta-feira, não existe, além de terça e quarta, outro dia da semana chamado "terça-ou--quarta". Aquilo em que acredito é verdadeiro porque hoje é terça, ou porque hoje é quarta. Aqui, "ou" aparece mais uma vez, e é verdade que não podemos definir "ou". Mas o que não podemos definir não é uma característica do mundo não cognitivo, mas, sim, uma forma de cognição parcial.

Alguém poderia argumentar: "quando acredito em 'p ou q', estou claramente acreditando em *alguma coisa*, e essa coisa não é 'p' nem 'q', então, deve haver alguma coisa objetiva que seja aquilo em que acredito". Esse argumento seria falacioso. Concluímos que, quando se disse que eu acreditava em "não-p", na verdade eu estava desacreditando em "p"; isso quer dizer que há uma sentença que não contém a palavra "não" e que denota um certo conteúdo no qual posso acreditar ou desacreditar, mas, quando se acrescenta a palavra "não", a sentença já não expressa apenas um conteúdo, mas também minha atitude diante dele. O caso de "ou" é estreitamente análogo. Se afirmo "hoje é terça ou quarta", existem aí duas sentenças: "hoje é terça" e "hoje é quarta", cada uma das quais denotando um certo conteúdo. Minha asserção disjuntiva expressa um estado de espírito no qual nenhum desses conteúdos é afirmado ou negado, restando uma hesitação entre os dois. A palavra "ou" transforma tudo em uma mesma sentença que já não denota um único conteúdo, mas expressa um estado de espírito em relação aos dois conteúdos.

Quando se enuncia uma sentença indicativa, três coisas estão em jogo: a atitude cognitiva daquele que a enuncia (crença, descrença e hesitação, nos casos vistos até aqui); o conteúdo ou conteúdos denotados pela sentença; e o fato ou fatos em virtude dos quais a sentença é verdadeira ou falsa, o que chamarei de "verificador" ou "falsificador" da sentença. Na sentença "hoje é terça-feira ou quarta-feira", a atitude cognitiva é a hesitação; os conteúdos são dois, a saber, as significações de "hoje é terça-feira" e "hoje é quarta-feira"; o verificador pode ser o fato de que é terça ou o fato de que é quarta, e o falsificador pode ser o fato de que é algum outro dia da semana.

Uma sentença que não contém palavras lógicas só pode expressar crença. Se conhecêssemos todas as sentenças verdadeiras que não contêm palavras lógicas e também soubéssemos que estas *eram* todas, poderíamos obter qualquer outra sentença verdadeira por meio da inferência lógica. A sentença que não estivesse na lista se tornaria verdadeira pela inserção da palavra "não". Uma sentença na qual duas outras sentenças estivessem conectadas pela palavra "ou" seria verdadeira se qualquer uma das sentenças que a compusessem constasse da lista. Uma sentença na qual duas outras sentenças estivessem conectadas pela palavra "e" seria verdadeira se ambas as sentenças que a compusessem constassem da lista. O mesmo tipo de prova lógica seria possível para sentenças que contivessem as palavras lógicas "todo" [*all*] e "algum" [*some*] e suas variantes, como veremos no próximo capítulo.

Assim, se dermos o nome de "sentença atômica" a uma sentença que não contenha palavras lógicas, precisaremos, como premissas para a onisciência, de: (*a*) uma lista de todas as sentenças atômicas verdadeiras; (*b*) a sentença "todas as sentenças atômicas verdadeiras constam da lista". Poderíamos, então, obter todas as outras sentenças verdadeiras por inferência lógica.

Esse método falha sem (*b*), quando queremos estabelecer a verdade de uma sentença que contenha a palavra "todo", ou a falsidade de uma sentença que contenha a palavra "algum". Sem dúvida, podemos encontrar substitutos para (*b*), mas todos eles irão conter, como já o contêm, a palavra "todo". Parece se seguir daí que nosso conhecimento precisa assumir premissas que contenham essa palavra, ou, o que seria equivalente, que afirmem a falsidade de sentenças que contenham a palavra "algum". Isto nos leva à consideração explícita das palavras "todo", "algum" etc., que serão tema do próximo capítulo.

10.
Conhecimento geral

Por "conhecimento geral" entendo o conhecimento da verdade ou da falsidade de sentenças que contenham as palavras "todo" [*all*] e suas variantes, ou as palavras "algum" [*some*] e suas variantes, ou ainda equivalentes lógicos dessas palavras. A palavra "algum" parece envolver menos generalidade que a palavra "todo", mas se trata de um equívoco. Isto decorre do fato de a negação de uma sentença que contém a palavra "algum" ser uma sentença que contém a palavra "todo", e vice-versa. A negação de "alguns homens são imortais" é "todos os homens são mortais". E a negação de "todos os homens são mortais" é "alguns homens são imortais". Assim, qualquer pessoa que desacredite em uma sentença com a palavra "algum" deve acreditar em uma sentença com a palavra "todo", e vice-versa.

O mesmo elemento de universalidade em uma sentença com a palavra "algum" surge de uma consideração acerca de seu significado. Suponhamos que eu diga "encontrei um negro na viela". Minha afirmação é verdadeira se encontrei qualquer membro de toda a classe dos negros; assim, toda a classe é relevante, tanto quanto o seria se eu dissesse "todos os negros são descendentes de africanos". Se você quisesse refutar minha afirmação, poderia fazer duas coisas. Primeiro, poderia averiguar toda a classe dos negros e provar que nenhum deles esteve na viela; segundo, poderia averiguar toda a classe das pessoas que encontrei e provar que nenhuma delas era negra. Em ambos os casos, seria necessária a enumeração completa de alguma classe.

Mas, em regra, não se pode enumerar completamente uma classe. Ninguém consegue enumerar a classe dos negros. E, para que seja possível enumerar a classe de pessoas que encontrei na viela, devemos ser capazes de saber, a respeito de todo e qualquer membro da raça humana, se o encontrei na viela ou não. Se eu sei, baseado na percepção, que encontrei A, B e C, e ninguém mais, então é de se supor que conheço a seguinte proposição geral: "todos os seres humanos que não A, B e C não foram encontrados por mim". Isto levanta, de forma incisiva, a questão dos juízos de percepção negativos sobre os quais falamos no capítulo anterior. E também torna evidente que existem dificuldades para refutar sentenças com a palavra "algum" e, correlativamente, para comprovar sentenças com a palavra "todo".

Mas, antes de avançarmos na consideração acerca da verdade ou da falsidade de tais sentenças, examinemos primeiro o que elas significam.

É claro que a sentença "todos os homens são mortais" pode ser entendida mesmo por uma pessoa que não consegue fornecer uma lista de todos os seres humanos. Se você entende as palavras lógicas envolvidas e também os predicados "homem" e "mortal", pode *entender* plenamente a sentença, consiga ou não saber sua verdade. Às vezes, você consegue saber a verdade quase com certeza, mesmo que a enumeração da classe em questão seja impossível; um exemplo: "todos os números primos, exceto o 2, são ímpares". Isto é uma tautologia, claro, assim como a afirmação "todas as viúvas um dia foram casadas", a qual não é conhecida por meio da enumeração das viúvas. Para se entender uma sentença geral, basta entender as *intensões*; os casos em que se conhecem as *extensões* são excepcionais.

Mais que isso: quando se fornece primeiro uma intensão, a enumeração da extensão correspondente só é possível por meio de uma negativa universal. Dado, por exemplo, que A, B, C... habitam certa aldeia, isso só fornecerá a extensão de "habitantes dessa aldeia" se soubermos que "nenhum ser humano, exceto A, B, C... habita essa aldeia". Assim, a menos que uma classe seja *definida* por enumeração, ela só poderá ser enumerada com o auxílio de alguma sentença negativa que contenha a palavra "todo" que se suponha conhecida.

Ainda que, na lógica pura, não se possa comprovar uma proposição com a palavra "todo" a não ser por meio de premissas que sejam proposições com a palavra "todo", existem muitas proposições desse tipo em que todos nós acreditamos por motivos que derivam da observação. Por exemplo: "os cães ladram", "os homens são mortais", "o cobre conduz eletricidade". A opinião convencional é que tais proposições são generalizações indutivas, que são prováveis, mas não certas, quando se conhecem suas premissas. Espera-se que saibamos por observação que "A é um cão e A ladra", "B é um cão e B ladra", e assim por diante; também se espera que não conheçamos nenhuma proposição na forma "X é um cão e X não ladra". Ao que se supõe, segue-se daí que provavelmente todos os cães ladram. No momento, não me preocupo com a validade de tais inferências, mas apenas com o fato de que o conhecimento do princípio que garante sua validade, se existe, é o conhecimento geral e de um tipo que não pode se basear na observação. A indução, por conseguinte, mesmo se for válida, não nos ajuda a entender como chegamos ao conhecimento geral.

Existem três métodos principais para se chegar a proposições gerais. Às vezes, são tautologias, como em "todas as viúvas são mulheres"; outras vezes, resultam da indução; outras vezes ainda, comprovam-se por enumeração completa, como "todos os que estão nesta sala são homens". Começarei pela enumeração completa.

Do ponto de vista do conhecimento, ainda que não da lógica, há uma importante diferença entre as proposições gerais positivas e as negativas, a saber: algumas proposições gerais negativas parecem resultar de observações tão diretas quanto "isto não é azul", sobre as quais falamos no capítulo anterior. Em *Através do espelho*, o rei pergunta a Alice: "Quem você vê vindo pela estrada?" e ela responde: "Vejo ninguém", ao que o rei replica: "Que vista boa você tem! Com essa luz, eu não conseguiria ver alguém". Para nós, o ponto é que "vejo ninguém" *não* equivale a "não vejo alguém". Esta última sentença é verdadeira se meus olhos estiverem fechados, sem proporcionar qualquer evidência de que não haja alguém; mas, quando digo "vejo ninguém", quero dizer "estou vendo, mas não vejo alguém", o que é evidência *prima facie* de que não há pessoa alguma. Tais juízos negativos são tão importantes quanto os juízos positivos na construção de nosso conhecimento empírico.

Consideremos, por exemplo, uma afirmação como "esta aldeia tem 623 habitantes". Os funcionários responsáveis pelo recenseamento fazem tal afirmativa com confiança, baseados na enumeração. Mas a enumeração envolve não apenas 623 proposições na forma "isto é um ser humano", mas também um número indefinido de proposições na forma "isto não é um ser humano" e, por fim, alguma garantia de que eu tenha proposições suficientes para me sentir razoavelmente seguro de que ninguém passou despercebido. Gengis Khan acreditava na proposição "todos os habitantes de Merv foram mortos", mas estava enganado, pois alguns haviam se escondido em algum lugar que lhe passara despercebido. Esta foi uma fonte de erros; outra possível fonte de erros seria se ele tomasse por gorila um prisioneiro grotesco e que ficara aprisionado por muito tempo.

Suponhamos que você seja um oficial da Gestapo empenhado em uma busca e se satisfaça com o fato de que, em certa ocasião, encontrou em uma casa apenas cinco pessoas. O que envolve a chegada a esse conhecimento? Toda vez que você vê um ser humano em alguma parte da casa, você o faz entrar em certa sala; quando nota que não resta ninguém, você pode então contar aqueles que consegue ver e chega à conclusão de que há cinco pessoas. Isto requer, em primeiro lugar, que você tenha certo número de juízos, como: "vejo um homem nesta direção" e "vejo naquela direção algo que não é um homem". E requer, em segundo lugar, o juízo: "no processo por que passei, todo e qualquer homem que estivesse na casa teria sido percebido". É provável que este segundo juízo esteja errado por razões ligadas ao senso comum, e então podemos ignorá-lo. Mas o primeiro juízo requer maior consideração.

Quando você responde "não" a perguntas como "tem alguém aí?", "está ouvindo um barulho?", "isto machuca?", você está afirmando uma negativa universal e, ainda assim, sua resposta *parece* resultar diretamente da percepção, tanto quanto se você tivesse respondido "sim". Isto depende daquele tipo de incompatibilidade discutido no capítulo anterior. Você está vendo alguma coisa, mas sua forma difere da de um ser humano; sua consciência auditiva se encontra em estado de atenção, mas você não escuta; na parte do corpo envolvida, você sente algo que não é dor. É só em virtude da incompatibilidade que uma percepção positiva faz surgir uma negativa universal: posso afirmar que não vejo nenhum tom de vermelho ali onde vejo azul, desde que a área em questão seja suficientemente restrita. Tais negativas universais baseadas na percepção suscitam grandes dificuldades, mas, sem elas, a maior parte de nosso conhecimento empírico seria impossível, incluindo, como vimos, tudo que é estatístico e tudo a que chegamos por enumeração de membros de uma classe definida por intensão, como "os habitantes desta aldeia" ou "as pessoas que agora estão nesta sala". Precisamos, portanto, encontrar um lugar na nossa teoria do conhecimento para as negativas universais baseadas na percepção.

Mas, por enquanto, vou deixar esse problema de lado para examinar se existem *fatos* gerais, em oposição a proposições gerais verdadeiras; e, se rejeitarmos sua existência, o que tornará verdadeiras as proposições gerais, quando estas forem verdadeiras? Se pudermos resolver essa questão, ficará mais fácil descobrir como chegamos a conhecer proposições gerais verdadeiras.

Existem *fatos* gerais? Podemos reformular a pergunta da seguinte maneira: suponhamos que eu conheça a verdade ou a falsidade de toda e qualquer sentença que não contenha a palavra "todo", ou a palavra "algum", ou qualquer equivalente dessas palavras; o que, então, eu não saberia? Seria apenas algo sobre meu conhecimento e crença, ou seria algo que não envolve nenhuma referência ao conhecimento e à crença? Suponho que posso dizer "Brown está aqui", "Jones está aqui", "Robinson está aqui", mas não "alguns homens estão aqui", e menos ainda "exatamente três homens estão aqui" ou "todos os homens que estão aqui se chamam Brown ou Jones ou Robinson". E suponho também que, embora conheça a verdade ou a falsidade de todas as sentenças de certo tipo, não tenho conhecimento de que meu conhecimento seja assim tão completo. Se eu souber que minha lista é completa, poderia inferir que há três homens aqui, mas, nesse estado de coisas, não sei se não há outros homens no mesmo lugar.

Tentemos deixar claro o que se envolve em tudo isso. Quando o continente antártico foi descoberto, tornou-se conhecido algo que estava ali antes que alguém o soubesse; esse conhecimento constituiu uma relação entre o sujeito da percepção e algo que era independente da percepção e, de maneira geral, da própria existência de vida. Será que existe alguma coisa análoga no caso das sentenças verdadeiras que contenham as palavras "todo" e "algum", por exemplo, "há vulcões na Antártida"?

Chamemos "onisciência de primeira ordem" o conhecimento da verdade ou da falsidade de qualquer sentença que não contenha palavras gerais. "Onisciência de primeira ordem limitada" irá significar um conhecimento completo similar no que diz respeito a todas as sentenças de uma certa forma, como, digamos, "x é humano". Devemos indagar o que uma pessoa com onisciência de primeira ordem não sabe.

Podemos dizer que a única coisa que ela não sabe é que seu conhecimento tem uma completude de primeira ordem? Se o pudermos, trata-se de um fato sobre seu conhecimento, não sobre fatos independentes do conhecimento. Pode-se dizer que essa pessoa sabe tudo, exceto que não há mais nada por saber; ficaria parecendo que nenhum fato independente do conhecimento lhe é desconhecido.

Tomemos o caso da onisciência de primeira ordem limitada. Consideremos sentenças da forma "x é humano" e "x é mortal" e vamos supor que um certo sábio saiba se elas são verdadeiras ou falsas para cada valor de "x" para o qual as sentenças tenham significado, mas não saiba (o que realmente é verdade) se não há outros valores de "x" para os quais as sentenças tenham significado. Suponhamos que A, B, C, ... Z sejam valores de "x" para os quais a sentença "x é humano" é verdadeira e suponhamos ainda que, para cada um desses valores, "x é mortal" também é verdadeira. Então, as sentenças "A é mortal", "B é mortal", ... "Z é mortal", tomadas em conjunto, são, *de fato*, equivalentes a "todos os homens são mortais", o que quer dizer que, se uma sentença é verdadeira, a outra também é, e vice-versa. Mas nosso sábio não sabe dessa equivalência. Em todo caso, a equivalência envolve a conjunção de "A é mortal", "B é mortal", ... "Z é mortal", ou seja, envolve uma sentença construída por uso repetido da palavra "e", a qual deve ser interpretada nos mesmos termos que a palavra "ou".

A relação entre "e" e "ou" é peculiar. Quando afirmo "p e q", pode-se considerar que estou afirmando "p" e afirmando "q", de modo que o "e" de "p e q" parece desnecessário. Mas, se nego "p e q", estou afirmando "não-p ou não-q", de modo que "ou" parece necessário para interpretar a *falsidade* de uma conjunção. Por outro lado, quando nego "p ou q", estou afirmando "não-p e não-q", de modo que a conjunção é necessária para interpretar a *falsidade* da disjunção. Assim, "e" e "ou" são interdependentes; pode-se definir qualquer um dos dois em termos do outro, mais a palavra "não". Na verdade, "e", "ou" e "não" podem ser todos definidos em termos de "não-p ou não-q" e também em termos de "não-p e não-q".

É óbvio que as sentenças que contêm a palavra "todo" são análogas às conjunções e que as sentenças que contêm a palavra "algum" são análogas às disjunções.

Continuando com "todos os homens são mortais", permitamos que nosso sábio compreenda "e", "ou" e "não", mas vamos ainda supor que ele seja incapaz de entender "algum" e "todo". Vamos supor também, assim como antes, que A, B, C, ... Z sejam todos os homens que existem e que nosso sábio saiba que "A é mortal e B é mortal e ... Z é mortal"; mas, como ele não conhece a palavra "todos", não conhece "A, B, C, ... Z são todos os homens que existem". Chamemos essa proposição de "P". A questão que nos interessa é: o que, precisamente, ele não sabe ao não conhecer P?

Na lógica matemática, P é interpretada como: "qualquer que seja x, ou x não é humano ou x é A ou x é B ou ... x é Z". Também pode ser interpretada como: "qualquer que seja x, a conjunção 'x é humano e x não é A e x não é B e ... x não é Z' é falsa". Qualquer uma das duas é uma afirmação sobre tudo no universo, e parece absurdo supor que podemos conhecer todas as coisas do universo. No caso de "todos os homens", fica uma dúvida real, uma vez que *podem* existir homens em algum planeta que orbita outra estrela. Mas e quanto a "todos os homens que estão nesta sala"?

Vamos supor agora que A, B e C sejam todos os homens que estão nesta sala, que eu saiba que "A está nesta sala", "B está nesta sala" e "C está nesta sala" e que eu entenda "e", "ou" e "não", mas não "todo" ou "algum", de maneira que não possa saber que "A e B e C são todos os homens que estão nesta sala". Chamemos essa proposição de "Q". O que não sei ao não conhecer Q?

A lógica matemática ainda recorre a tudo no universo para interpretar Q, proposição que ela enuncia na seguinte forma:

"qualquer que seja x, ou x não está nesta sala ou x não é humano ou x é A ou x é B ou x é C". Ou ainda: "qualquer que seja x, se x não é A e x não é B e x não é C, então x não é humano ou x não está nesta sala". Mas, nesse caso, a interpretação lógica, ainda que conveniente em termos técnicos, parece obviamente absurda em termos psicológicos, pois, para saber quem está na sala, é óbvio que não preciso saber nada sobre o que está fora da sala. Como, então, Q deve ser interpretada?

Na prática, se já vi A e B e C e quero me assegurar de Q, procuro dentro dos armários, debaixo das mesas e atrás das cortinas e, de tempos em tempos, digo "não há ninguém nesta parte da sala". Na teoria, eu poderia dividir o volume da sala em vários volumes menores, cada um grande o suficiente para conter apenas um pequeno ser humano; poderia então examinar cada volume e dizer "ninguém aqui", exceto onde encontrei A e B e C. No fim, se quiséssemos estar justificados afirmando Q, deveríamos estar aptos a dizer: "examinei todas as partes desta sala".

A afirmação "não há ninguém aqui" é análoga a "isto não é azul", sobre a qual falamos no capítulo anterior. Não se trata de uma conjunção indefinidamente estendida: "Brown não está aqui e Jones não está aqui e Robinson não está aqui e..." assim por diante, perfazendo todo o catálogo da raça humana. O que acontece é a negação de um *caráter* que é comum a lugares onde há seres humanos e que afirmamos quando dizemos "tem alguém aqui", como em uma brincadeira de esconde-esconde. Isto não suscita nenhum outro problema. O universal agora está em "examinei todas as partes desta sala" ou alguma frase equivalente.

O universal de que precisamos pode ser enunciado da seguinte maneira: "se eu levar a cabo certo processo, toda e qualquer pessoa na sala se tornará perceptível em algum estágio desse processo". Este deve ser tal que de fato se possa realizá-lo: jamais poderíamos nos justificar se disséssemos "existem apenas três átomos de urânio nesta sala", mas seres humanos, felizmente, nunca são microscópicos. Nosso universal pode ser colocado na forma: "se eu executar certa série de atos A_1, A_2, ... A_n, todo ser humano que estiver dentro de um certo volume V será percebido durante pelo menos um desses atos". Isto envolve um emaranhado quase inextricável de elementos lógicos, físicos, metafísicos e psicológicos, mas como, por enquanto, estamos interessados apenas nos elementos lógicos, será melhor escolhermos outro exemplo.

Tomemos a seguinte frase: "acabei de ouvir seis *pips* no rádio". Isto pode ser interpretado como: "durante um breve período de tempo recente, tive exatamente seis sensações auditivas muito similares de um certo tipo bem definido, a saber, aquilo a que chamamos de *pip*". Posso dar nomes próprios a cada um deles, digamos, P_1, P_2, ... P_6. E, então, posso dizer: "P_1 e P_2 ... e P_6 foram todos os *pips* que ouvi no período entre o tempo t_1 e o tempo t_2". Chamemos essa afirmação de "R".

Está bem claro que aquilo que distingue R da conjunção "eu ouvi P_1 e ouvi P_2 e ... ouvi P_6" é negativo: é o conhecimento de que não ouvi nenhum outro *pip*. Consideremos o seguinte. Suponhamos que eu concorde em ficar atento à escuta de *pips* por um período de cinco segundos, no começo e no fim do qual você diga "agora". Imediatamente depois, você me pergunta: "ouviu algum *pip*?" e eu respondo "não". Isto, ainda que seja, em termos lógicos, um universal, pode ser, em termos psicológicos, um simples juízo negativo da percepção, como "não vejo nada de céu azul" ou "não sinto chuva nenhuma". Em tais juízos (repito), temos a sugestão da ideia de uma qualidade e a sensação de uma qualidade diferente que nos leva a desacreditar na ideia sugerida. Não há nisso qualquer multiplicidade de ocorrências, mas sim um presente ilusório, no qual uma qualidade está presente e outra é sentida como ausente. Conhecemos "não ouvi nenhuma qualidade de *pip*" e traduzimos por "não ouvi *pip* nenhum". A pluralidade dos "*pips*" é a dos eventos, não a das qualidades – um tema já considerado em conexão com os nomes próprios.

Podemos estender tais juízos negativos para além do presente ilusório, porque não há qualquer limite preciso entre a sensação e a memória imediata, tampouco entre a memória imediata e a verdadeira memória. Você me pergunta "ouviu algum *pip*?" e eu não respondo com um "não" seco e enfático, mas, sim, com um "não" prolongado, "nã-ã-ã-ã-o". Dessa maneira, minha negação pode se aplicar a um período de uns dez segundos. Por meio da memória imediata e da verdadeira memória, ela poderá ter seu escopo temporal estendido indefinidamente, a ponto de justificar uma afirmativa como "fiquei vigiando a noite inteira e não vi nem um único avião". Quando tais afirmativas são legítimas, podemos dizer "entre o tempo t_1 e o tempo t_2, vi exatamente seis aviões", pois podemos dividir o período em partes menores, sendo que sobre seis delas podemos dizer "eu vi um avião" e sobre as demais dizemos apenas "não vi avião algum". Esses vários juízos então se reúnem na memória e suscitam o juízo enumerativo: "em todo o período, vi apenas seis aviões".

Se a teoria acima estiver correta, juízos negativos de percepção não são em si mesmos universais: eles dizem (por exemplo) "não ouvi nenhuma qualidade de *pip*" e não "eu ouvi *pip* nenhum". O juízo "ouvi *pip* nenhum" se segue logicamente, pois um *pip* é um complexo do qual a qualidade de *pip* é constituinte. A inferência é como a de "não vi ninguém" para "não vi nenhuma procissão". Uma procissão é uma multidão de seres humanos, e uma pessoa pode, em diferentes tempos, fazer parte de muitas procissões, mas estas não podem existir sem seres humanos. Podemos, portanto, da ausência da qualidade chamada "humanidade", inferir logicamente a ausência de procissões. Da mesma maneira, da ausência da qualidade daquilo que chamamos ruidoso podemos inferir a ausência de ruídos.

Se a teoria exposta estiver correta, juízos empíricos enumerativos dependem de juízos negativos universais logicamente inferíveis a partir de juízos perceptivos negativos que dizem respeito a qualidades simples, tais como "não vejo azul". No que se refere a tais juízos, nosso problema fica, portanto, resolvido pelas teorias precedentes quanto ao "não" e aos nomes próprios.

Esta é, porém, apenas uma das maneiras pelas quais chegamos a proposições gerais. É a maneira apropriada quando enumerações completas são possíveis, ou seja, quando há alguma propriedade P sobre a qual podemos dizer: "a_1, a_2, ... a_n são todos sujeitos sobre os quais se pode verdadeiramente afirmar P". É aplicável no caso de "esta aldeia tem 623 habitantes" ou "todos os habitantes desta aldeia se chamam Jones" ou "todos os lógicos matemáticos cujos nomes começam com Q moram nos Estados Unidos". O que estamos discutindo é o seguinte: "o que está implicado na possibilidade da enumeração completa?". Mas existem inúmeras proposições gerais em que acreditamos mesmo que a enumeração seja prática ou teoricamente impossível. Elas são de dois tipos: tautologias e induções. Do primeiro tipo: "todos os pentágonos são polígonos", "todas as viúvas tiveram maridos" etc. Do segundo tipo: "todos os homens são mortais", "todo cobre conduz eletricidade" etc. Vale dizer algo sobre cada um desses tipos.

As tautologias são, primariamente, relações entre propriedades, não entre as coisas que têm as propriedades. A pentagonalidade é uma propriedade da qual a poligonidade é constituinte; pode-se defini-la como poligonidade mais quintuplicidade. Assim, quem quer que afirme a pentagonalidade necessariamente afirma, ao mesmo tempo, a poligonidade. De maneira similar, "x é viúva" significa "x teve um marido que morreu" e, portanto, afirma, incidentalmente "x teve marido". Vimos que um elemento da tautologia surge quando tentamos interpretar juízos como "não ouvi *pip* nenhum". O elemento estritamente empírico é "não ouvi nenhuma qualidade de *pip*"; *pips* são definidos como "complexos dos quais a qualidade de *pip* é constituinte". A inferência de "nenhuma qualidade de *pip*" para "nenhum *pip*" é, portanto, tautológica. Não direi mais nada sobre proposições gerais tautológicas, pois o assunto pertence à lógica, com a qual não estamos preocupados.

Resta considerarmos as generalizações indutivas – não sua justificação, mas sua significação, e quais fatos são necessários para que elas sejam verdadeiras.

Todo homem é mortal. Teoricamente, isso poderia ser provado pelo método enumerativo: algum Calígula que governasse todo o mundo poderia fazer um recenseamento completo, extirpar seus súditos e, depois, se suicidar, dizendo em seu último suspiro: "agora *sei* que todos os homens são mortais". Mas, enquanto esse dia não chega, temos de confiar em evidências menos conclusivas. A questão mais importante é se tais generalizações, quando não provadas por enumeração completa, podem ser vistas como afirmando uma relação de intensões, sejam certas ou prováveis, ou apenas uma relação de extensões. Mais que isso: onde há uma relação de intensões tal que justifique "todo A é B" deve haver também uma relação *lógica* que torne tautológica a generalização, ou existe aí uma relação extralógica de intensões por meio da qual adquirimos conhecimento provável por indução?

Tomemos a frase "o cobre conduz eletricidade". Chega-se a essa generalização indutivamente, e a indução consiste de duas partes. Por um lado, houve experimentos com diferentes pedaços de cobre; por outro, houve experimentos com uma variedade de outras substâncias, demonstrando que, em todo caso testado, cada elemento tinha um comportamento característico no que dizia respeito à condução de eletricidade. Esses mesmos dois estágios existem no estabelecimento da indução "os cães ladram". Por um lado, ouvimos inúmeros cães ladrando; por outro, observamos que cada espécie animal emite um ruído característico da espécie em questão, quando emite algum ruído. Mas há um estágio ulterior. Descobriu-se que o átomo de cobre tem certa estrutura e, a partir dessa estrutura e das leis gerais da física, pode-se inferir a condução da eletricidade. Se agora *definirmos* o cobre como "aquilo que tem certa estrutura atômica", haverá uma relação entre a intensão "cobre" e a intensão "condutividade" que se tornará lógica se admitirmos as leis da física. Mas agora existe uma indução oculta, a saber, que aquilo que aparece como cobre segundo os testes que foram aplicados antes da teoria moderna sobre a estrutura atômica também é cobre segundo a nova definição. (Isto só precisa ser verdadeiro de modo geral, não universalmente.) Em teoria, essa indução poderia ser substituída por deduções das leis da física. As próprias leis da física são, pelo menos em parte, tautologias, mas, em suas partes mais importantes, são hipóteses descobertas para explicar um vasto número de induções subordinadas.

Pode-se dizer o mesmo tipo de coisa sobre "os cães ladram". Da anatomia da garganta do cão, assim como de qualquer instrumento de sopro, seria possível inferir que ela emite apenas certa variedade de som. Assim, substituímos a evidência indutiva um tanto estreita que deriva da audição dos cães pela evidência bem mais ampla da qual depende a teoria dos sons.

Em todos esses casos, o princípio é o mesmo. Trata-se do seguinte: dada uma massa de fenômenos, tudo o que lhes diz respeito, exceto a distribuição de espaço-tempo inicial, decorre tautologicamente de um pequeno número de princípios gerais, os quais tomamos, portanto, como verdadeiros.

No momento, não estamos interessados na validade dos fundamentos desses princípios gerais, mas sim no caráter daquilo que eles afirmam, ou seja, se afirmam relações de intensão ou puramente relações extensionais de classe-inclusão. Creio que devemos decidir em favor da primeira interpretação. Quando uma indução parece plausível, isto ocorre porque uma relação entre as intensões envolvidas não nos parece improvável. "Os lógicos cujos nomes começam com Q moram nos Estados Unidos" é uma afirmação que se pode provar por enumeração completa, mas na qual não se acreditará por bases indutivas, porque não vemos nenhuma razão para que um francês chamado (digamos) Quételet devesse abandonar sua terra natal assim que se interessasse por lógica. Por outro lado, "os cães ladram" é uma afirmativa prontamente aceita por bases indutivas, porque esperamos uma resposta possível para a pergunta "que tipo de ruído os cães emitem?". O que a indução faz, nos casos apropriados, é tornar provável uma relação de intensões. E pode fazê-lo mesmo em casos nos quais o princípio geral sugerido por indução se revele uma tautologia. Você pode notar que $1 + 3 = 2^2$, $1 + 3 + 5 = 3^2$, $1 + 3 + 5 + 7 = 4^2$ e ser levado a conjecturar que a soma dos *n* primeiros números ímpares é sempre n^2. Uma vez formada essa hipótese, é fácil prová-la dedutivamente. Até onde induções científicas ordinárias, como "o cobre conduz eletricidade", podem ser reduzidas a tautologias? Eis aí uma pergunta muito difícil e muito ambígua. Existem várias definições possíveis para "cobre", e a resposta pode depender da definição que adotarmos. Não creio, porém, que relações entre intensões, tais como as que justificam afirmativas da forma "todo A é B", possam ser *sempre* reduzidas a tautologias. Estou mais propenso a acreditar que existem relações de intensão que só são descobertas empiricamente e que não podem ser, nem na prática nem na teoria, logicamente demonstráveis.

Antes de deixarmos esse tema, é necessário dizer algumas coisas sobre as proposições que contêm a palavra "algum", ou proposições de existência, como são chamadas na lógica. A afirmação "algum A é B" é a negação de "todo A não é B" (ou seja, "nenhum A é B"). E "todo A é B" é a negação de "algum A não é B". Assim, a verdade das sentenças que contêm a palavra "algum" é equivalente à falsidade das sentenças relacionadas que contenham a palavra "todo", e vice-versa. Consideramos a verdade das sentenças com "todo" e o que dissemos se aplica à falsidade das sentenças com "algum". Agora gostaríamos de considerar a verdade de sentenças com "algum", o que envolve a falsidade das sentenças com "todo" correlatas.

Suponhamos que eu encontre o sr. Jones e diga a você: "encontrei um homem hoje". Isto é uma sentença que contém a palavra "algum", "um" etc.: ela afirma que, para *alguns* valores de *x*, "eu encontrei *x* e *x* é humano" é verdadeira. Eu sei que o *x* em questão é o sr. Jones, mas você não sabe. O que sei me permite inferir a verdade de "eu encontrei um homem". Aí está uma distinção de certa importância. Se sei que as sentenças "eu encontrei Jones" e "Jones é um homem" são verdadeiras, é uma inferência substancial que a sentença "eu encontrei um homem" seja verdadeira. Mas, se sei que encontrei Jones e também que Jones é um homem, então já estou sabendo que encontrei um homem. Saber que a sentença "eu encontrei Jones" é verdadeira não é a mesma coisa que saber que eu encontrei Jones. Se não conheço o idioma em que são ditas as sentenças, posso saber esta última, mas não a primeira. Se as ouço de alguém por cujo caráter moral tenho o maior respeito, posso saber a primeira, mas não a última.

Suponhamos que você ouça a campainha da porta e então infira que tem visita. Enquanto ainda não sabe quem é, você fica em certo estado de espírito, no qual se combinam crença e incerteza. Quando descobre quem é, o elemento de incerteza desaparece, mas o elemento de crença permanece, junto com a nova crença "é Jones". Assim, a inferência de "*a* tem a propriedade P" para "alguma coisa tem a propriedade P" consiste meramente em isolar e dar atenção a uma parte da crença total expressa na afirmativa "*a* tem a propriedade P". Creio que se possa dizer algo do tipo sobre todas as inferências dedutivas e que a dificuldade de tais inferências, quando existe, se deva ao fato de acreditarmos mais na verdade de uma sentença do que naquilo que ela afirma.

A transição de sentenças que expressem juízos de percepção para sentenças que contenham a palavra "algum", ou seja, a transição de "Jones está aí" para "tem alguém aí", não oferece, portanto, maiores dificuldades. Mas existem várias sentenças que contêm a palavra "algum" nas quais todos acreditamos, ainda que a elas não tenhamos chegado de maneira assim tão simples. Muitas vezes sabemos que *alguma coisa* tem a propriedade P, embora não haja nenhuma coisa definida sobre a qual possamos dizer "*a* tem a propriedade P". Sabemos, por exemplo, que alguém foi o pai do sr. Jones, mas pode ser que não estejamos em posição de dizer exatamente quem. Ninguém sabe quem foi o pai de Napoleão III, mas todos acreditamos que foi alguém. Se um projétil passa zunindo por você quando não há ninguém ao redor, você diz "alguém atirou em mim". Nesses casos, em regra, você está fazendo uma inferência a partir de uma proposição geral. Todo mundo tem pai, então o sr. Jones tem pai. Se você acredita que tudo tem uma causa, muitas coisas lhe serão conhecidas somente como "o algo que causou isto". Se tais generalizações são a única fonte de sentenças com "algum" não diretamente derivadas da percepção, ou se, ao contrário, devem existir sentenças com "algum" entre as premissas de nosso conhecimento, eis aí uma questão que, por enquanto, deixarei em aberto.

Há uma escola, da qual Brouwer é o fundador, que sustenta que uma sentença que contenha a palavra "algum" pode não ser nem verdadeira nem falsa. O exemplo usual é: "há três 7 consecutivos na expressão decimal de π". Nos cálculos realizados até hoje, nenhuma vez apareceram três 7 consecutivos. Se eles aparecerem mais adiante, um dia poderão ser descobertos; mas, se jamais aparecerem, esse fato talvez nunca seja descoberto. Discuti essa questão em *Inquiry into Meaning and Truth* [Investigação sobre o significado e a verdade], no qual cheguei à conclusão de que tais sentenças são sempre verdadeiras ou falsas se forem sintaticamente significantes. Como não vejo motivo para mudar essa opinião, devo apenas indicar tal livro ao leitor que queira uma declaração de minhas razões e, sem maiores argumentos, pressuponho que todas as sentenças sintaticamente corretas são ou verdadeiras ou falsas.

11.
Fato, crença, verdade e conhecimento

O propósito deste capítulo é afirmar de forma dogmática certas conclusões que decorrem dos debates anteriores, juntamente com discussões mais amplas de *An Inquiry into Meaning and Truth*. Mais particularmente, quero dar os significados mais definidos possíveis às palavras do título deste capítulo. Não pretendo negar que tais palavras sejam suscetíveis de outros significados igualmente legítimos, mas apenas dizer que os significados que lhes atribuo representam conceitos importantes que, quando compreendidos e distinguidos, são úteis na resolução de muitos problemas filosóficos, mas, quando confusos, constituem fonte de inextricáveis embaraços.

A) Fato

O "fato", tal como o entendo, só pode ser definido ostensivamente. Chamo de "fato" tudo o que há no mundo. O Sol é um fato; César cruzando o Rubicão é um fato; se tenho dor de dente, minha dor de dente é um fato. Se enuncio uma afirmação, minha enunciação é um fato e, se ela for verdadeira, há um outro fato em virtude do qual ela é verdadeira, mas não se ela for falsa. O açougueiro diz: "não tenho mais nada para vender, e isto é um fato"; logo depois, chega um freguês privilegiado que consegue um pedaço de carneiro por debaixo dos panos. Então, o açougueiro disse duas mentiras: uma dizendo que não tinha mais nada para vender, outra dizendo que isto era um fato. Fatos são aquilo que torna verdadeiras ou falsas as sentenças. Gostaria de limitar a palavra "fato" ao mínimo que precisa ser conhecido para que a verdade ou a falsidade de qualquer afirmação possa decorrer analiticamente daquilo que afirma esse mínimo. Por exemplo: se as sentenças "Brutus era romano" e "Cássio era romano" afirmam, cada uma, um fato, não posso dizer que "Brutus e Cássio eram romanos" afirme um fato novo. Vimos que questões sobre a existência de fatos negativos e fatos gerais suscitam dificuldades. Essas particularidades, no entanto, são, em grande medida, linguísticas.

Por "fato" quero dizer algo que está aí, quer alguém concorde ou não. Se consulto os horários das ferrovias e vejo que há um trem para Edimburgo às dez horas da manhã, então, caso os horários estejam corretos, existe um trem de verdade, o que é um "fato". A afirmação dos horários é, em si mesma, um "fato", seja falsa ou verdadeira, mas ela só *afirma* um fato se for verdadeira, ou seja, se realmente houver um trem partindo no horário indicado. A maior parte dos fatos independe de nossas volições; é por isso que são chamados de "duros", "concretos" ou "inelutáveis". Fatos físicos, em sua maioria, independem não apenas de nossas volições, mas até mesmo de nossa existência.

O todo de nossa vida cognitiva é, em termos biológicos, parte de um processo de adaptação aos fatos. Esse processo existe, em maior ou menor grau, em todas as formas de vida, mas só chega a ser chamado de "cognitivo" quando atinge certo nível de desenvolvimento. Como não há fronteira nítida entre o mais inferior dos animais e o mais profundo dos filósofos, é evidente que não podemos dizer com precisão em que ponto passamos do mero comportamento animal para algo que mereça ser dignificado com o nome de "conhecimento". Mas a cada estágio se realiza uma adaptação, e aquilo a que o animal se adapta é o ambiente do *fato*.

B) Crença

A "crença", que precisamos considerar em seguida, carrega uma inevitável imprecisão, a qual se deve à continuidade do desenvolvimento mental desde a ameba até o *homo sapiens*. Em sua forma mais desenvolvida, que é a mais considerada pelos filósofos, a crença se manifesta por meio da afirmação de sentenças. Depois de sentir um cheiro por uns instantes, você exclama: "Meu Deus! A casa está pegando fogo". Ou, quando está pensando em um piquenique, você diz: "Veja só aquelas nuvens: vai chover". Ou, no trem, você tenta conter o otimismo de um companheiro de viagem observando: "Na última vez em que fiz esse trajeto, tivemos três horas de atraso". Se você não estiver mentindo, tais observações expressam crenças. Estamos tão acostumados ao uso de palavras para expressar crenças que pode parecer estranho falar em "crença" nos casos em que não há palavras. Mas é claro que, mesmo quando se empregam palavras, elas não constituem a essência da questão. Primeiro, o cheiro de queimado o faz acreditar que a casa está pegando fogo e, só depois, vêm as palavras, não como *sendo* a crença, mas como um modo de colocá-la sob uma forma de comportamento pela qual possa ser comunicada a outros. Estou pensando, é claro, em crenças que não são muito complicadas nem refinadas. Acredito que a soma dos ângulos de um polígono é igual ao dobro de ângulos retos referentes ao número de lados da figura, menos quatro ângulos retos, mas um homem precisaria de intuição matemática super-humana para conseguir acreditar nisso sem recorrer a palavras. No entanto, os tipos mais simples de crença, especialmente quando convocam ação, podem prescindir inteiramente de palavras. Se você vai viajar com uma companhia, pode dizer: "Precisamos correr, o trem já vai partir". Mas, se você está sozinho, pode ter a mesma crença e correr do mesmo jeito, sem que nenhuma palavra lhe passe pela cabeça.

Proponho, portanto, tratar a crença como algo que pode ser pré-intelectual e se manifestar no comportamento dos animais. Estou inclinado a pensar que, em certas ocasiões, um estado puramente corporal possa merecer o nome de "crença". Por exemplo: se você entra em uma sala escura, onde alguém deixou uma cadeira fora do lugar, você pode trombar com ela, porque seu corpo acreditava que não haveria uma cadeira ali. Mas, para nossos atuais propósitos, não é muito importante que separemos os papéis desempenhados pela mente e pelo corpo na crença. Uma crença, tal como entendo o termo, é um certo tipo de estado do corpo ou da mente, ou de ambos. Para não ser prolixo, irei chamá-la de estado de um organismo e ignorarei a distinção entre fatores corporais e mentais.

Uma característica da crença é que ela tem referência externa, no sentido definido em um capítulo anterior. O caso mais simples, que se pode observar a partir do comportamento, é quando, devido a um reflexo condicionado, a presença de A causa um comportamento apropriado a B. Isto ilustra o importante caso do reagir a uma informação recebida: aqui a frase ouvida é A e o que ela significa é B. Alguém avisa: "Veja, vem vindo um carro", e você age como se o visse. Nesse caso, você está acreditando naquilo que significa a frase "vem vindo um carro".

Todo e qualquer estado de organismo que consista em acreditar em alguma coisa pode, em teoria, ser completamente descrito sem que se mencione essa coisa. Quando você acredita em "vem vindo um carro", sua crença consiste em um certo estado de músculos, órgãos dos sentidos e emoções, juntamente com certas imagens visuais, talvez. Tudo isso e qualquer outra coisa que possa ajudar a formar sua crença podem, em teoria, ser completamente descritos por um psicólogo e um fisiologista trabalhando em conjunto, sem que eles tenham de mencionar qualquer coisa fora de seu corpo e mente. Quando você acredita que vem vindo um carro, seu estado será muito diferente em diferentes circunstâncias. Você pode estar assistindo a uma corrida e se perguntando se o carro no qual apostou vai vencer. Pode estar esperando o retorno de seu filho que foi feito prisioneiro no Extremo Oriente. Pode estar tentando fugir da polícia. Pode estar atravessando a rua distraído e de repente voltar a si. Mas, ainda que seu estado total não seja o mesmo nesses vários casos, haverá algo em comum a todos eles, e é esse algo que os torna todos exemplos da crença de que vem vindo um carro. Uma crença, podemos dizer, é uma coleção de estados de um organismo ligados pelo fato de terem, como um todo ou em parte, a mesma referência externa.

No animal ou na criança pequena, o acreditar se manifesta em uma ação ou série de ações. As crenças do cão sobre a raposa se revelam por ele seguir seu cheiro. Mas, nos seres humanos, como resultado da linguagem e da prática de reações suspensas, o acreditar muitas vezes se torna uma condição mais ou menos estática, consistindo talvez em pronunciar ou imaginar palavras apropriadas, junto com um dos sentimentos que constituem os diferentes tipos de crença. Quanto a estes, podemos enumerar: primeiro, o tipo de crença que consiste em preencher as sensações por meio de inferências animais; segundo, a memória; terceiro, a expectativa; quarto, o tipo de crença gerado irrefletidamente pelo testemunho; e quinto, o tipo de crença que resulta da inferência consciente. Talvez essa lista esteja incompleta e seja, em parte, redundante, mas, por certo, percepção, memória e expectativa diferem quanto aos sentimentos envolvidos. A "crença", portanto, é um termo bem genérico, e um estado de crença não se separa nitidamente dos estados cognatos que não seriam naturalmente descritos como crenças.

Em que acredita um organismo que está em estado de crença? Essa questão é um tanto vaga. O cão perseguindo o cheiro da raposa é algo incomumente definido, pois seu propósito é simples e ele não tem dúvida quanto aos meios para alcançar seu intento; mas a pomba hesitando em comer da mão de alguém se encontra em uma condição muito mais vaga e complexa. Quando se trata de seres humanos, a linguagem fornece uma aparência ilusória de precisão; um homem pode ser capaz de expressar sua crença em uma sentença e, então, se supõe que a sentença seja aquilo em que ele acredita. Mas, em regra, não é esse o caso. Se você diz "veja, lá está Jones", está acreditando em algo e expressando sua crença em palavras, mas aquilo em que você está acreditando tem a ver com Jones, não com o nome "Jones". Você pode, em outra ocasião, ter uma crença que diga respeito a palavras. "Quem é aquele senhor muito distinto que acabou de entrar? É *sir* Theophilus Thwackum". Nesse caso, é o nome que você deseja saber. Mas, em geral, na linguagem comum as palavras são, por assim dizer, transparentes; não são aquilo em que se acredita, assim como um homem não é o nome pelo qual o chamam.

Quando as palavras apenas *expressam* uma crença que se refere ao que significam, à crença indicada pelas palavras falta precisão, no mesmo grau em que ao significado das palavras também falta precisão. Fora da lógica e da matemática pura, não há palavras cujo significado seja preciso, nem mesmo palavras como "centímetro" e "segundo". Por conseguinte, mesmo quando uma crença se expressa em palavras que têm o máximo grau de precisão que palavras empíricas conseguem alcançar, a questão quanto àquilo em que se acredita continua mais ou menos imprecisa.

Essa imprecisão não cessa quando a crença é o que se pode chamar de "puramente verbal", ou seja, quando aquilo em que se acredita é que determinada sentença seja verdadeira. Este é o tipo de crença adquirida pelos alunos cuja educação se dá por métodos antiquados. Consideremos a diferença na atitude dos alunos diante de "Guilherme, o Conquistador, 1066" e "a próxima quarta-feira será feriado". No primeiro caso, o aluno sabe que se trata da forma correta das palavras e não liga a mínima para seu significado; no segundo, ele adquire uma crença sobre a próxima quarta-feira e não liga a mínima para as palavras empregadas para gerar sua crença. A primeira crença é "puramente verbal"; a segunda, não.

Se eu tivesse de dizer que o aluno acredita que a sentença "Guilherme, o Conquistador, 1066" é "verdadeira", teria de acrescentar que sua definição de "verdade" é puramente pragmática: uma sentença é "verdadeira" se forem agradáveis as consequências de pronunciá-la na frente do professor; se forem desagradáveis as consequências, a sentença será "falsa".

Esqueçamos o aluno e voltemos ao nosso devido papel de filósofos: o que *nós* queremos dizer quando dizemos que certa sentença é "verdadeira"? Ainda não estou perguntando o que se quer dizer por "verdadeira"; este será nosso próximo tema. Por enquanto, estou interessado em apontar que, independentemente da definição de "verdadeira", o significado de "esta sentença é verdadeira" depende do significado da sentença e, portanto, é impreciso na mesma medida da imprecisão da sentença sobre a qual se diz que é verdadeira. Por conseguinte, não escapamos da imprecisão ao nos concentrarmos em crenças puramente verbais.

A filosofia, a exemplo da ciência, deveria perceber que, embora a precisão completa seja impossível, podem ser inventadas técnicas que diminuam gradualmente a zona de imprecisão e incerteza. Por mais admirável que seja nosso aparelho de medição, sempre restará alguma medida sobre a qual ficaremos em dúvida se é maior, menor ou igual a um metro; mas não há limite conhecido para os refinamentos pelos quais se possa diminuir o número de medidas duvidosas. De maneira similar, quando a crença é expressa em palavras, sempre restará um punhado de circunstâncias possíveis sobre as quais não conseguimos dizer se tornam a crença verdadeira ou falsa; mas o tamanho desse punhado pode ser indefinidamente diminuído, em parte por melhoria da análise verbal, em parte por uma técnica de observação mais delicada. Se uma precisão completa é ou não é teoricamente possível, isto depende de o mundo físico ser contínuo ou descontínuo.

Consideremos agora o caso de uma crença expressa em palavras que tenham o maior grau de precisão que se possa alcançar.

Suponhamos, para falarmos em termos concretos, que eu acredite na sentença: "minha altura é maior que 1,70 m e menor que 1,75 m". Chamemos essa sentença de S. Ainda não estou perguntando o que a tornaria verdadeira, nem o que me daria o direito de dizer que sei que ela é verdadeira. Estou apenas indagando: "o que acontece comigo quando tenho essa crença que posso expressar por meio da sentença S?". Obviamente, não há uma única resposta correta para essa pergunta. Tudo que se pode dizer definitivamente é que me encontro em um estado tal que, se acontecerem certas coisas mais, terei um sentimento que talvez se possa expressar pelas palavras "isso mesmo" e que, agora, enquanto essas coisas ainda não aconteceram, tenho uma ideia de seu acontecimento, combinada com a sensação expressa pela palavra "sim". Posso, por exemplo, imaginar que estou encostado contra uma parede onde há uma escala de metros e centímetros e, em minha imaginação, vejo o topo de minha cabeça entre duas marcações dessa escala e, diante dessa imagem, posso ter o sentimento de concordância. Podemos tomar isso como a essência daquilo que se pode chamar de crença "estática", em oposição à crença manifesta pela ação: a crença estática consiste em uma ideia ou imagem que se combina a um sentimento de sim.

C) Verdade

Chego agora à definição de "verdade" e de "falsidade". Certas coisas são evidentes. A verdade é uma propriedade das crenças e, derivadamente, das sentenças que expressam crenças. A verdade consiste em uma certa relação entre uma crença e um ou mais fatos que não são a crença. Quando não se verifica essa relação, a crença é falsa. Uma sentença pode ser chamada "verdadeira" ou "falsa" mesmo se ninguém acreditar nela, desde que, em se acreditando nela, a crença seja verdadeira ou falsa, conforme o caso. Tudo isso, devo dizer, é evidente. Mas o que não é evidente é a natureza da relação entre a crença e o fato implicado, ou a definição do possível fato que tornaria verdadeira determinada crença, ou o significado de "possível" nessa frase. Até que essas questões sejam resolvidas, não teremos nenhuma definição adequada de "verdade".

Comecemos com aquela que é, em termos biológicos, a mais primitiva forma de crença, encontrada tanto em animais quanto em homens. A copresença de dois tipos de circunstância, A e B, se frequente ou emocionalmente interessante, poderá resultar no seguinte: quando A está presente sensivelmente, o animal reage como antes reagiu a B, ou, de alguma maneira, manifesta alguma parte dessa reação. Em alguns animais, essa conexão às vezes pode ser inata, e não resultado da experiência. Mas, seja como for a conexão, quando a presença sensível de A causa atos apropriados a B, podemos dizer que o animal "acredita" que B está no espaço ao redor e que a crença é "verdadeira" se B de fato estiver no espaço ao redor. Se você acordar um homem no meio da noite gritando "fogo!", esse homem vai pular da cama mesmo se ainda não tiver visto fogo nem sentido cheiro de fumaça. Sua ação é evidência de uma crença que será "verdadeira" se houver incêndio e "falsa" se não houver. A verdade de sua crença depende de um fato que pode permanecer fora de sua experiência. Ele pode fugir tão rápido que nunca chegue a obter evidência sensível do incêndio; pode ter medo de que suspeitem que ele seja o incendiário e fugir do país, sem jamais indagar se havia mesmo fogo ou não; contudo, sua crença permanece verdadeira se ocorreu o fato (a saber, o fogo) que constituiu sua significação ou referência externa. Se não ocorreu tal fato, sua crença permanece falsa, mesmo que todos seus amigos assegurem que houve um incêndio.

A diferença entre a crença verdadeira e a falsa é como a que existe entre uma esposa e uma solteirona; no caso de uma crença verdadeira, existe um fato com o qual ela tem certa relação, mas, no caso de uma crença falsa, não existe tal fato. Para completar nossa definição de "verdade" e de "falsidade", precisamos da descrição de um fato que tornaria verdadeira determinada crença, sendo que essa descrição não se aplica a coisa alguma se a crença for falsa. Consideremos uma mulher sobre a qual não sabemos se é casada ou não. Podemos fazer uma descrição que irá se aplicar a seu marido, se ela for casada, ou a nada, se ela for solteira. Tal descrição diria: "o homem que esteve a seu lado na igreja ou no cartório quando certas palavras foram pronunciadas". Da mesma maneira, precisamos de uma descrição do fato ou dos fatos que, se existirem, tornam verdadeira uma crença. Tal fato ou fatos, eu os chamo de "verificadores" da crença.

O fundamental nesse problema é a relação entre sensações e imagens, ou, na terminologia de Hume, entre impressões e ideias. Consideramos em um capítulo anterior a relação de uma ideia com seu protótipo e vimos como o "significado" decorre dessa relação. Mas, a partir do significado e da sintaxe, chegamos a um novo conceito, o qual chamei de "significação" e que é característico de sentenças e imagens complexas. No caso de palavras isoladas de maneira exclamatória, como "fogo!" ou "assassinato!", significado e significação se combinam, mas, em geral, os dois são distintos. A distinção fica evidente pelo fato de que palavras devem ter significado se quiserem servir a algum propósito, mas uma sequência de palavras não necessariamente tem significação. A significação é uma característica de todas as sentenças que não são disparates e não apenas de sentenças no indicativo, mas também no interrogativo, no imperativo ou no optativo. Para nossos propósitos, no entanto, podemos nos limitar a sentenças no indicativo. Quanto a estas, podemos dizer que a significação consiste na descrição do fato que, se existe, torna verdadeira a sentença. Resta definir essa descrição.

Tomemos um exemplo. Jefferson tinha uma crença expressa nas palavras: "há mamutes na América do Norte". Essa crença pode ter sido verdadeira, mesmo que ninguém tenha visto um desses mamutes; pode ser que, quando ele expressou sua crença, ainda houvesse um ou dois mamutes em alguma parte inabitada das Montanhas Rochosas, logo depois levados para o mar por uma cheia do Rio Colorado. Nesse caso, a despeito da verdade de sua crença, não haveria evidência para ela. Os mamutes de verdade teriam sido fatos e, no sentido exposto acima, "verificadores" da crença. Muitas vezes, pode-se descrever um verificador que não foi experimentado, se ele tiver relação conhecida por experiência com algo que também seja conhecido por experiência; é dessa maneira que compreendemos uma frase como "o pai de Adão", que não descreve coisa alguma. E é dessa maneira que compreendemos a crença de Jefferson sobre os mamutes: conhecemos o tipo de fato que tornaria verdadeira sua crença, isto é, podemos nos encontrar em um estado de espírito tal que, se tivéssemos visto mamutes, teríamos exclamado: "Sim, era nisso que eu estava pensando".

A significação de uma sentença resulta dos significados de suas palavras e das leis da sintaxe. Os significados têm de derivar da experiência, a significação, não. Conheço, por experiência, o significado de "homem" e o significado de "asas" e, portanto, a significação da sentença "Eis aí um homem com asas", embora não tenha a experiência com aquilo que a sentença significa. A significação de uma sentença sempre pode ser compreendida como uma certa descrição. Quando essa descrição descreve um fato, a sentença é "verdadeira"; caso contrário, é "falsa".

É importante não exagerar o papel desempenhado pela convenção. Quando consideramos crenças, e não sentenças nas quais elas são expressas, a convenção não desempenha nenhum papel. Suponhamos que você esteja na expectativa de encontrar uma pessoa por quem tem afeto e a quem não vê há muito tempo. Sua expectativa pode muito bem prescindir de palavras, mesmo que seja complexa e detalhada. Você pode esperar que essa pessoa venha sorrindo, pode se lembrar de sua voz, de seu jeito de andar, da expressão de seus olhos; sua expectativa total pode ser tal que somente um grande pintor poderia expressá-la, em tinta, não em palavras. Nesse caso, você está aguardando uma experiência para si mesmo, e a verdade ou falsidade de sua expectativa é coberta pela relação entre a ideia e a impressão: sua expectativa é "verdadeira" se a impressão, quando chegar, for tal que poderia ser o protótipo de sua ideia anterior, se a ordem do tempo tivesse se revertido. É isto que expressamos quando dizemos: "eis aí o que eu esperava encontrar". A convenção se ocupa apenas de traduzir a crença em linguagem, ou (se nos dizem alguma coisa) a linguagem em crença. Além disso, a correspondência entre linguagem e crença normalmente não é exata, salvo em questões abstratas: a crença é mais rica em detalhes e contexto que a sentença, a qual escolhe apenas certas características marcantes. Você *diz* "vou vê-la em breve", mas pensa "vou vê-la sorrindo, parecendo um pouco mais velha, tímida mas amigável, com os cabelos despenteados e os sapatos cheios de lama" — e assim por diante, por uma infinda variedade de detalhes dos quais você nem tem muita consciência.

O caso da expectativa é o mais simples do ponto de vista da definição da verdade e da falsidade, pois, nesse caso, o fato do qual depende a verdade ou a falsidade está prestes a ser experimentado. Outros casos são mais difíceis.

A memória, do ponto de vista do nosso problema em tela, é estreitamente análoga à expectativa. Uma recordação é uma ideia, ao passo que o fato recordado foi uma impressão; a memória é "verdadeira" se a recordação tiver com o fato o tipo de semelhança que existe entre uma ideia e seu protótipo.

Consideremos, em seguida, uma afirmação como "você está com dor de dente". Em qualquer crença relacionada à experiência de outra pessoa, pode haver a mesma espécie de riqueza extraverbal que vimos ser frequente nas expectativas de nossas próprias experiências; pelo fato de ter sentido uma dor de dente há pouco tempo, você pode se compadecer dos sofrimentos que imagina que seu amigo esteja sofrendo. Por mais rica ou pobre que seja sua imaginação, é claro que sua crença é "verdadeira" na proporção de sua semelhança com o fato da dor de dente de seu amigo — sendo essa semelhança a do tipo que pode subsistir entre ideia e protótipo.

Mas, quando passamos a algo que ninguém vive nem viveu como experiência própria, como o interior da Terra ou o mundo antes do surgimento da vida, tanto a crença quanto a verdade se tornam mais abstratas que nos casos referidos. Devemos agora considerar o que se pode entender por "verdade" quando o fato verificador não faz parte da experiência de ninguém.

Antecipando futuras discussões, irei supor que se pode saber que o mundo físico, sendo independente da percepção, tem certa similaridade estrutural com o mundo dos objetos de nossa percepção, mas que não se pode saber se esses mundos têm qualquer similaridade qualitativa. Quando digo que há uma similaridade estrutural, estou pressupondo que as relações de ordem, em cujos termos se define a estrutura, são relações espaçotemporais, tais como as que conhecemos em nossa própria experiência. Portanto, certos fatos acerca do mundo físico – aqueles que consistem em estrutura espaçotemporal – são como os podemos imaginar. Por outro lado, fatos relacionados ao caráter qualitativo das ocorrências físicas são, presumivelmente, tais que não os podemos imaginar.

Agora, embora não haja dificuldade em se supor que existam *fatos* inimagináveis, não pode haver *crenças*, que não sejam crenças gerais, das quais os verificadores sejam inimagináveis. Este é um princípio importante, mas, para não deixarmos que ele nos leve por caminhos tortuosos, é necessário tomar cuidado quanto a certos pontos lógicos. O primeiro desses pontos é que podemos conhecer uma proposição geral mesmo que não conheçamos nenhum exemplo dela. Em uma vasta praia repleta de seixos, você pode dizer, provavelmente com verdade: "nesta praia existem seixos que ninguém jamais terá notado". Também é muito provável que existam números inteiros nos quais ninguém pensou. Mas é uma contradição supor que tais proposições se estabeleçam por exemplos de sua verdade. Esta é apenas uma aplicação do princípio segundo o qual conseguimos compreender afirmativas sobre todos ou alguns membros de uma classe sem sermos capazes de enumerar os membros. Compreendemos a afirmativa "todos os homens são mortais" da mesma maneira que a compreenderíamos se conseguíssemos fornecer uma lista completa dos homens; pois, para compreendermos essa afirmativa, só precisamos compreender os conceitos de "homem" e "mortal" e o que significa ser um exemplo dessas classes.

Tomemos agora a afirmação: "existem fatos que não posso imaginar". Não estou considerando se a afirmação é verdadeira; estou apenas interessado em mostrar que é inteligível. Observe-se, em primeiro lugar, que, se não for inteligível, sua contraditória também não o será e, portanto, também não será verdadeira, embora tampouco seja falsa. Observe-se, em segundo lugar, que para se compreender a afirmação é desnecessário ter a capacidade de fornecer exemplos, como no caso dos seixos não notados e dos números em que ninguém pensou. Apenas é necessário compreender as palavras e a sintaxe, e as compreendemos. A afirmação é, portanto, inteligível; se é verdadeira, isso é outra questão.

Tomemos agora a seguinte afirmação: "os elétrons existem, mas eles não podem ser percebidos". Uma vez mais, não estou perguntando se a afirmação é verdadeira, mas, sim, o que se quer dizer ao se supor ou se acreditar que seja verdadeira. "Elétron" é um termo definido por meio de relações causais e espaçotemporais com eventos que fazem parte de nossa experiência e com outros eventos a estes relacionados por meios dos quais também temos experiências. Temos experiência da relação "pai-filho" e, portanto, podemos compreender a relação "tataravô-tataraneto", embora não tenhamos experiência desta última relação. De maneira similar, conseguimos compreender sentenças que contenham a palavra "elétron", apesar de não percebermos nada a que essa palavra se refira. Quando digo que podemos compreender tais sentenças, quero dizer que podemos imaginar fatos que as tornariam verdadeiras.

Nesses casos, a peculiaridade é que podemos imaginar circunstâncias *gerais* que confirmariam nossa crença, mas não conseguimos imaginar os fatos particulares que seriam exemplos do fato geral. Não consigo imaginar nenhum fato particular da forma: "*n* é um número sobre o qual ninguém jamais pensou", pois, para qualquer valor que eu atribua a *n*, minha afirmação se torna falsa pelo próprio fato de eu ter lhe atribuído esse valor. Mas posso muito bem imaginar o fato geral que confere verdade à afirmativa: "existem números sobre os quais ninguém pensou". A razão é que afirmações gerais tratam de intensões e podem ser entendidas sem qualquer conhecimento das extensões correspondentes.

As crenças relacionadas àquilo de que não se tem experiência, como demonstrou a discussão anterior, não dizem respeito a entes não experimentados, mas, sim, a classes cujos membros são tais que nenhum deles pode ser experimentado. Uma crença deve sempre ser suscetível à análise por elementos que a experiência tornou inteligíveis, mas, quando uma crença é exposta em forma lógica, ela muitas vezes sugere uma análise diferente, que parece envolver componentes não conhecidos por experiência. Quando se evita tal análise psicologicamente enganosa, podemos dizer, de maneira bem geral: toda crença que não seja apenas um impulso à ação se assemelha a um quadro, combinado com um sentimento de sim ou de não; no caso do sentimento de sim, ela é "verdadeira" se houver um fato que tenha com o quadro o tipo de similaridade que um protótipo tem com uma imagem; no caso do sentimento de não, ela é "verdadeira" se não houver tal fato. A crença que não é verdadeira se chama "falsa".

Esta é uma definição de "verdade" e de "falsidade".

D) Conhecimento

Chego agora à definição de "conhecimento". Como nos casos de "crença" e "verdade", há em sua concepção certa imprecisão e inexatidão inevitáveis. A recusa em perceber esse fato tem provocado, a meu ver, importantes erros na teoria do conhecimento. Ainda assim, convém ser o mais preciso possível acerca da inescapável falta de precisão na definição que estamos investigando.

É claro que o conhecimento é uma subclasse das crenças verdadeiras: todo caso de conhecimento é um caso de crença verdadeira, mas não vice-versa. É muito fácil dar exemplos de crenças verdadeiras que não são conhecimento. Um homem consulta um relógio que não está funcionando, embora ele ache que está, e acontece de consultá-lo no instante exato em que o relógio está marcando a hora correta; esse homem adquire uma crença verdadeira quanto à hora, mas não se pode dizer que tenha conhecimento. Um homem acredita, verdadeiramente, que o sobrenome do primeiro-ministro do ano de 1906 começava com a letra B, mas acredita nisso por pensar que Balfour era primeiro-ministro à época, quando, na verdade, quem ocupava o cargo era Campbell-Bannerman. Um otimista sortudo compra um bilhete de loteria com uma convicção inabalável de que irá ganhar e, tendo muita sorte, ganha. Tais exemplos podem ser multiplicados ao infinito e demonstram que você não pode alegar ter conhecimento simplesmente porque calhou de estar certo.

Que caráter uma crença deverá ter, além da verdade, para ser considerada conhecimento? O homem simples diria que deve haver uma clara evidência que fundamente a crença. Se tomado no plano do senso comum, isto está correto para a maioria dos casos nos quais surge uma dúvida na prática; mas, se tido como explicação completa, está muito incorreto. A "evidência" consiste, por um lado, de certas questões de fato aceitas como indubitáveis e, por outro, de certos princípios pelos quais se extraem inferências a partir dos fatos. É óbvio que esse processo não é satisfatório, a menos que conheçamos as questões de fato e os princípios de inferência não apenas por meio de evidências, pois, caso contrário, nos envolvemos em um círculo vicioso ou em uma regressão infinita. Precisamos, portanto, concentrar nossa atenção nas questões de fato e nos princípios de inferência. Podemos dizer, então, que aquilo que se conhece consiste, em primeiro lugar, de certas questões de fato e certos princípios de inferência, sendo que nenhum deles requer evidência externa, e, em segundo lugar, de tudo o que se pode certificar por meio da aplicação dos princípios de inferência às questões de fato. Tradicionalmente, as questões de fato são aquelas dadas por percepção ou memória, enquanto os princípios de inferência são aqueles que se dão por lógica dedutiva e indutiva.

Há várias particularidades insatisfatórias nessa doutrina tradicional, mas não estou muito seguro de que, no fim das contas, possamos substituí-la por algo melhor. Em primeiro lugar, a doutrina não fornece uma definição intensional de "conhecimento", ou, pelo menos, não uma definição *puramente* intensional; não fica claro o que há em comum entre fatos da percepção e princípios de inferência. Em segundo lugar, como veremos na Terceira Parte, é muito difícil dizer o que são fatos da percepção.

Em terceiro lugar, a dedução se revelou muito menos poderosa do que até então se supunha; ela não fornece conhecimento novo, à exceção das novas formas de palavras para afirmar verdades em algum sentido já conhecidas. Em quarto lugar, os métodos de inferência que podem ser chamados, em sentido amplo, de "indutivos" jamais foram formulados de maneira satisfatória; quando formulados, ainda que completamente verdadeiros, fornecem tão somente probabilidades a suas conclusões; além disso, em qualquer forma possivelmente precisa falta-lhes autoevidência e neles só se acredita, quando se acredita, porque parecem indispensáveis para que cheguemos às conclusões que todos aceitamos.

Falando de maneira geral, foram sugeridos três modos para lidar com as dificuldades da definição de "conhecimento". O primeiro e mais antigo é dar ênfase ao conceito de "autoevidência". O segundo é abolir a distinção entre premissas e conclusões, dizendo que o conhecimento é constituído pela coerência de todo um corpo de crenças. O terceiro e mais drástico é abandonar completamente o conceito de "conhecimento" e substituí-lo por "crenças que promovem êxito" — nessa frase talvez se possa interpretar "êxito" em termos biológicos. Podemos tomar Descartes, Hegel e Dewey como protagonistas desses três pontos de vista.

Descartes sustenta que é verdadeiro tudo aquilo que concebemos de maneira clara e distinta. Ele acredita que, a partir desse princípio, consegue derivar não apenas a lógica e a metafísica, mas também questões de fato, pelo menos em teoria. O empirismo tornou impossível esse ponto de vista; não pensamos que nem mesmo a máxima clareza de nossos pensamentos nos permitiria demonstrar a existência do Cabo Horn.

Mas isso não dispensa o conceito de "autoevidência": podemos dizer que aquilo que Descartes diz se aplica à evidência conceitual, mas que também existe a evidência perceptiva, por meio da qual chegamos a conhecer questões de fato. Não creio que possamos dispensar inteiramente a autoevidência. Se você escorregar em uma casca de laranja e bater a cabeça na sarjeta, não terá muita simpatia pelo filósofo que tentar persuadi-lo de que não há certeza de que você se feriu. A autoevidência também o faz aceitar o argumento de que, se todos os homens são mortais, e Sócrates é um homem, então Sócrates é mortal. Não sei se a autoevidência é algo além de certa firmeza de convicção; sua essência é que, quando está presente, só nos resta acreditar nela. No entanto, para se aceitar a autoevidência como garantia de verdade, é preciso distinguir cuidadosamente esse conceito de outros que tenham com ele uma semelhança subjetiva. Creio que devemos tê-la em mente como algo relevante para a definição de "conhecimento", mas não como algo em si mesmo suficiente.

Outra dificuldade da autoevidência é que se trata de uma questão de grau. O ruído de um trovão é indubitável, mas um som muito baixo não é; que você veja o Sol em um dia brilhante é autoevidente, mas um borrão impreciso em meio à névoa pode ser imaginário; um silogismo em *Barbara* é óbvio, mas um passo complicado dentro de uma argumentação matemática pode ser difícil de "ver". É somente para o mais alto grau de autoevidência que devemos reivindicar o mais alto grau de certeza.

A teoria da coerência e a teoria instrumentalista são habitualmente expostas por seus advogados como teorias da *verdade*. Como tais, estão sujeitas a certas objeções que apresentei em outras oportunidades. Agora as estou considerando não como teorias da *verdade*, mas, sim, como teorias do *conhecimento*. E, quanto a isso, há mais para se dizer.

Ignoremos Hegel e tentemos estabelecer a teoria da coerência por nós mesmos. Teremos de dizer que, às vezes, duas crenças não podem ser ambas verdadeiras, ou, pelo menos, às vezes não acreditamos que o sejam. Se acredito simultaneamente que A é verdadeira, que B é verdadeira e que A e B não podem ser ambas verdadeiras, tenho três crenças que não formam um grupo coerente. Nesse caso, pelo menos uma das três deve estar incorreta. A teoria da coerência, em sua forma mais extrema, sustenta que existe apenas um único grupo de crenças mutuamente coerentes, o qual constitui o todo do conhecimento e o todo da verdade. Não acredito nisso; ao contrário, me apego à multiplicidade dos mundos possíveis de Leibniz. Mas, sob uma forma modificada, pode-se aceitar a teoria da coerência. Sob essa forma modificada, ela dirá que tudo, ou quase tudo, que se passa por conhecimento é, em maior ou menor grau, incerto; que, se os princípios de inferência estão entre os materiais *prima facie* do conhecimento, então uma peça de conhecimento *prima facie* pode ser inferível a partir de outra, adquirindo assim mais credibilidade do que possuía por si só. Dessa maneira, pode acontecer que um corpo de proposições, cada uma das quais com um grau apenas moderado de credibilidade por si mesma, possa ter, coletivamente, um grau muito alto de credibilidade. Mas esse argumento depende da possibilidade de se variarem os graus de credibilidade intrínseca e não constitui, portanto, uma *pura* teoria da coerência. Irei tratar dessa questão com mais detalhes na Quarta Parte.

Quanto à teoria segundo a qual devemos substituir por "conhecimento" o conceito "crenças que promovem êxito", basta apontar que toda e qualquer plausibilidade que ela possa ter deriva do fato de ser inconclusiva. Ela pressupõe que podemos saber (no sentido antiquado) que as crenças promovem êxito, pois, se não o sabemos, a teoria fica inútil na prática, embora seu propósito seja glorificar a prática em prejuízo da teoria. Obviamente, na prática, muitas vezes é difícil saber quais crenças promovem êxitos, mesmo quando temos uma definição adequada de "êxito".

A conclusão a que parecemos conduzidos é que o conhecimento é questão de grau. O mais alto grau se encontra nos fatos da percepção e no poder de persuasão de argumentos muito simples. O segundo grau mais alto está nas memórias vívidas. Crenças diversas que são bastante críveis em si mesmas ganham ainda mais credibilidade quando se revelam coerentes com um todo lógico. Princípios gerais de inferência, seja esta dedutiva ou indutiva, normalmente são menos óbvios que muitos de seus exemplos e derivam psicologicamente da apreensão de seus exemplos. Perto do fim de nossa investigação, irei retomar a definição de "conhecimento" e, então, tentarei conferir maior precisão e articulação ao que se sugeriu aqui. Enquanto isso, lembremos que a pergunta "o que queremos dizer por 'conhecimento'?" não tem resposta clara e definida, não mais que a pergunta "o que queremos dizer por 'calvície'?".

Terceira parte
Ciência e percepção

Introdução

Chegamos agora a uma indagação que avança em ordem oposta àquela de nosso estudo inicial sobre o universo. Naquela oportunidade, estávamos tentando nos manter os mais imparciais e impessoais possíveis; nosso objetivo era descrever, no limite das nossas capacidades, o mundo tal como ele poderia parecer a um observador de perspectiva miraculosa que o visse de fora. Estávamos mais interessados no que nós *conhecemos* e menos no que *nós* conhecemos. Procuramos empregar em nossa descrição uma ordem que ignorava, naquele momento, o fato de que fazemos parte do universo e de que qualquer relato que possamos fazer sobre ele depende de seus efeitos sobre nós mesmos, sendo, nessa medida, inevitavelmente antropocêntrico. Começamos, então, com o sistema de galáxias e passamos, por etapas, à nossa própria galáxia, ao nosso pequeno sistema solar, ao nosso minúsculo planeta, às partículas infinitesimais da vida em sua superfície e, por fim, como clímax da insignificância, aos corpos e mentes dos estranhos seres que se imaginam senhores da criação, fim e propósito de todo o vasto cosmos.

Mas esse estudo, que parece terminar na pequenez do Homem e de todas as suas preocupações, é apenas um lado da verdade. Há um outro lado, que deve ser revelado por um estudo de outro tipo. Neste segundo tipo de estudo, que agora irá ocupar nossa atenção, já não perguntamos o que é o universo, mas, sim, como chegamos a conhecer o que conhecemos a seu respeito. Neste estudo, o Homem ocupa novamente o centro, como na astronomia de Ptolomeu. O que conhecemos do mundo, nós o conhecemos por meio de eventos de nossas próprias vidas, eventos que permaneceriam meramente privados não fosse o poder do pensamento. As manchinhas que um astrônomo vê em uma placa fotográfica são, para ele, sinais de vastas galáxias a milhares de anos-luz de distância. Toda a imensidão do espaço e todos os abismos do tempo se refletem em seu pensamento, que, em certo sentido, é tão vasto quanto o espaço e o tempo. Nada é grande demais ou pequeno demais para a compreensão de seu intelecto, nada lhe é distante demais no tempo ou no espaço para que ele não lhe atribua o devido peso na estrutura do cosmos. Em força, ele é quase tão frágil quanto sugere sua insignificância, mas, na contemplação, é ilimitado e se iguala a tudo o que consegue compreender.

Nas partes que se seguem, meu propósito é discutir, primeiro, nossos dados e, depois, a relação da ciência com o material da experiência. Os dados de que procedem as inferências científicas são privativos a nós mesmos; o que chamamos de "ver o Sol" é um evento da vida de quem vê, a partir do qual o Sol do astrônomo tem de ser inferido por um processo longo e elaborado. É evidente que, se o mundo fosse um caos absoluto, inferências desse tipo seriam impossíveis; não fosse pela interconectividade causal, o que acontece em um lugar não forneceria indicação do que acontece em outro, e minhas experiências não me diriam nada a respeito de eventos alheios à minha própria biografia. O que nos interessa agora é o processo que vai da sensação e do pensamento privados até a ciência impessoal. A estrada é longa e acidentada, e, se não quisermos que se torne também fatigante, não poderemos perder o objetivo de vista. Mas, até que tenhamos percorrido essa estrada, nem o alcance nem as limitações essenciais do conhecimento humano poderão ser adequadamente compreendidos.

As inferências sobre as quais nos baseamos implicitamente nesta investigação, cuja lógica explícita será considerada na Sexta Parte, diferem daquelas da lógica dedutiva e da matemática por não serem demonstrativas, ou seja, por serem inferências que, quando verdadeiras as premissas e correto o raciocínio, não asseguram a verdade da conclusão, embora se considere que elas tornam a conclusão "provável", em certo sentido e em certo grau. Exceto na matemática, quase todas as inferências sobre as quais realmente nos baseamos são desse tipo. Em alguns casos, a inferência é tão forte que chega a equivaler a uma certeza *prática*. Supõe-se que uma página datilografada que faça sentido tenha sido datilografada por alguém, ainda que, como salienta Eddington, possa ter sido acidentalmente produzida por um macaco brincando com a máquina de escrever, e essa simples possibilidade torna não demonstrativa a inferência de um datilógrafo intencional. Muitas inferências aceitas por todos os homens de ciência são ainda menos certeiras; por exemplo, a teoria de que o som é transmitido por ondas. Há uma gradação na probabilidade que o senso comum científico atribui a diferentes inferências, mas não há um corpo aceito de princípios segundo os quais avaliar essas probabilidades. Ao analisar o procedimento científico, quero sistematizar as regras de tal inferência. O ideal seria o tipo de sistematização que se alcançou em relação à lógica dedutiva.

Costumou-se considerar toda inferência ou como dedutiva ou como indutiva e tomar a inferência provável como sinônimo de inferência indutiva. Creio que, se forem aceitas como válidas as inferências científicas comumente aceitas, precisaremos de outros princípios além da indução, ou mesmo em lugar dela.

Podemos tomar três questões como típicas daquelas que quero investigar. Essas três questões são os melhores motivos disponíveis para se acreditar: (1) que o mundo existia ontem; (2) que o sol vai se levantar amanhã; (3) que as ondas sonoras existem. Não estou perguntando se essas crenças são verdadeiras, mas, sim, quais são as melhores razões para se acreditar nelas, presumindo que sejam verdadeiras. E, de maneira geral, pergunto: por que devemos acreditar em coisas afirmadas pela ciência mas não verificadas pela percepção presente? A resposta, se não me engano, não é nem um pouco simples.

1.
Conhecimento dos fatos e conhecimento das leis

Quando examinamos nossas crenças em relação às questões de fato, vemos que, às vezes, elas se baseiam diretamente na percepção ou na memória e, outras vezes, são inferidas. Essa distinção não apresenta muita dificuldade para o senso comum: as crenças que surgem imediatamente da percepção lhe parecem indubitáveis, e as inferências, ainda que às vezes possam estar erradas, são consideradas, em tais casos, de fácil retificação, salvo quando se trata de questões peculiarmente dúbias. Sei da existência de meu amigo sr. Jones porque o vejo com frequência: em sua presença, tenho conhecimento de sua pessoa por meio da percepção e, em sua ausência, por meio da memória. Sei da existência de Napoleão porque li e ouvi muitas coisas sobre ele e tenho todas as razões para acreditar na veracidade do que disseram meus professores. Não tenho tanta certeza quanto a Hengist e Horsa, menos ainda quanto a Zoroastro, mas essas incertezas ainda se dão no nível do senso comum e, à primeira vista, não parecem suscitar quaisquer questões filosóficas.

Essa confiança primitiva se perdeu, porém, em um estágio bem prematuro da especulação filosófica, e se perdeu por razões sãs. Descobriu-se que aquilo que sei por percepção é ainda menos do que se pensava e que as inferências pelas quais passo de fatos percebidos para fatos não percebidos estão abertas a questionamentos. É preciso investigar essas duas fontes de ceticismo.

Para começar, há uma dificuldade quanto ao que é inferido e ao que não é. Acabei de falar sobre minha crença em Napoleão como inferência daquilo que li e ouvi, mas existe um importante sentido no qual isso não é bem verdadeiro. Quando uma criança ouve lições de história, ela não raciocina: "meu professor é uma pessoa do mais elevado caráter moral, pago para me ensinar os fatos; ele diz que existiu um homem como Napoleão; então, provavelmente, tal pessoa existiu". Se raciocinasse assim, a criança ficaria com muitas dúvidas, uma vez que é provável que sua evidência quanto ao caráter moral do professor fosse inadequada e, em muitos países, em muitas épocas, professores foram pagos para ensinar o contrário dos fatos. A criança, a menos que odeie o professor, acredita espontaneamente naquilo que ele lhe diz. Quando nos dizem qualquer coisa de maneira enfática ou autoritária, precisamos fazer certo esforço para não acreditar, como todo mundo sabe por experiência própria da brincadeira de "Primeiro de Abril". Resta, contudo, uma distinção, mesmo no nível do senso comum, entre aquilo que nos dizem e aquilo que sabemos por nós mesmos. Se você perguntar a uma criança "como você sabe da existência de Napoleão?", a criança pode responder "foi minha professora que me contou". Se você perguntar "como você sabe o que sua professora lhe contou?", a criança pode responder "ora, eu a ouvi, claro". Se você perguntar "como você sabe que a ouviu", a criança pode responder "porque me lembro muito bem". Se você perguntar "como você sabe que se lembra?", a criança ou vai perder a paciência ou vai responder "bom, eu me lembro". Até que você chegue a esse ponto, a criança irá defender sua crença em uma questão de fato a partir da crença em uma outra questão de fato, mas, no fim, ela vai chegar a uma crença para a qual não conseguirá dar nenhuma explicação.

Existe, assim, uma distinção entre crenças que surgem espontaneamente e crenças para as quais não se pode dar razão. É esta última classe de crenças que tem a maior importância para a teoria do conhecimento, pois constitui o mínimo de premissas indispensável para nosso conhecimento das questões de fato. Chamarei tais crenças de "dados". No pensamento comum, são mais *causas* de outras crenças do que *premissas* a partir das quais se inferem outras crenças; mas, em um exame crítico de nossas crenças em questões de fato, precisamos, sempre que possível, traduzir as transições causais do pensamento primitivo em transições lógicas e aceitar as crenças derivadas apenas na medida em que o caráter das transições pareça justificá-las. Para tanto, existe uma razão do senso comum: sabe-se que cada transição envolve alguns riscos de erro e, portanto, os dados são muito mais certos que as crenças que derivam deles. Não estou alegando que os dados estejam sempre completamente certos, nem que essa alegação seja necessária para sua importância na teoria do conhecimento.

Há uma longa história de discussões sobre aquilo a que erroneamente se chamou de "ceticismo dos sentidos". Muitas aparências são enganosas. Alguém pode achar que são "reais" as coisas vistas em um espelho. Em certas circunstâncias, as pessoas veem tudo em dobro. O arco-íris parece tocar o chão em algum ponto, mas, se você vai até lá, não encontra nada. Os sonhos são especialmente dignos de nota nessa conexão: por mais vívidos que possam ter sido, nós acreditamos, ao acordarmos, que são ilusórios os objetos que pensamos ter visto. Mas, em todos esses casos, o cerne dos dados não é ilusório, apenas as crenças que dele derivam o são. Quando olho para um espelho ou vejo tudo em dobro, minhas sensações visuais são exatamente aquilo que penso que são. As coisas ao pé do arco-íris realmente parecem coloridas. Nos sonhos, vivo todas as experiências que pareço viver; somente as coisas fora de minha mente não são aquilo que acredito que sejam enquanto estou sonhando. Na verdade, não existem ilusões dos sentidos, mas apenas erros de interpretação de dados sensoriais. Ou, para falarmos em termos mais exatos, não há evidência de que existam ilusões dos sentidos.

Toda sensação que pertence a um tipo familiar traz consigo várias crenças e expectativas associadas. Quando (digamos) vemos e ouvimos um avião, não temos meramente uma sensação visual e auditiva; de maneira espontânea e sem pensamento consciente, interpretamos o que vemos e ouvimos e preenchemos isso com os acessórios de costume. Até que ponto o fazemos é algo que fica óbvio quando cometemos um erro, por exemplo, quando aquilo que pensávamos ser um avião se revela um pássaro. Conheço uma estrada, por onde costumava passar de carro, que fazia uma curva em certo lugar e tinha um muro branco logo em seguida. À noite, era muito difícil não achar que o muro fosse uma estrada subindo a colina. A interpretação correta, como muro, e a interpretação equivocada, como estrada, eram ambas, em certo sentido, inferências de dados sensoriais, mas não eram inferências no sentido lógico do termo, uma vez que ocorriam sem qualquer processo mental consciente.

Dou o nome de "inferência animal" ao processo de interpretação espontânea das sensações. Quando um cão escuta um chamado nos tons com os quais está acostumado, ele olha ao redor e corre em direção ao som. Ele pode se enganar, como o cachorro que fica olhando para o gramofone no anúncio de "A Voz do Dono". Mas, como inferências desse tipo são geradas pela repetição de experiências que proporciona o hábito, sua inferência deve ser uma que usualmente esteve correta em sua vida passada, pois, do contrário, não teria surgido o hábito. Assim, quando começamos a refletir, nós nos encontramos na expectativa de todo tipo de coisas que de fato venham a acontecer, ainda que seja logicamente possível que não aconteçam, a despeito da ocorrência das sensações que provocam as expectativas. Dessa maneira, a reflexão sobre a inferência animal nos fornece um acervo inicial de leis científicas, por exemplo, "os cães ladram". Normalmente, essas leis iniciais não são muito confiáveis, mas nos ajudam a dar os primeiros passos rumo à ciência.

Generalizações cotidianas, como "os cães ladram", vêm a ser explicitamente acreditadas depois que se geram hábitos que podem ser descritos como uma forma pré-verbal dessa mesma crença. Que tipo de hábito é esse que vem a ser expresso nas palavras "os cães ladram"? Não esperamos que um cão ladre sempre, mas esperamos que, *se* ele emitir um ruído, seja um latido ou um uivo. Psicologicamente, a indução não se processa como nas cartilhas, nas quais se supõe que tenhamos observado várias ocasiões em que os cães ladram para, então, procedermos conscientemente a uma generalização. O fato é que a generalização, na forma de um hábito de expectativa, ocorre em um nível abaixo do pensamento consciente, de modo que, quando começamos a pensar conscientemente, nos vemos acreditando nas generalizações, não explicitamente na base da evidência, mas como algo que expressa aquilo que está implícito em nosso hábito de expectativa. Esta é uma história da crença, não uma justificativa para ela.

Deixemos esse estado de coisas um pouco mais explícito. Primeiro vem a experiência repetida de cães ladrando, depois vem o hábito de esperar o latido, depois, dando uma expressão verbal para o hábito, vem a crença na proposição geral "os cães ladram". Por último, vem o lógico, que não pergunta "por que acredito nisto?", mas, sim, "que razão tenho para supor que isto seja verdade?". Claramente, a razão, se existe, deve contar com duas partes: primeira, os fatos da percepção que consistem nas várias ocasiões em que ouvimos cães ladrarem; segunda, algum princípio que justifique uma generalização que vá dos exemplos observados até uma lei. Mas esse processo lógico vem historicamente depois, e não antes, de nossa crença em um acervo de generalizações do senso comum.

A tradução das inferências animais em generalizações verbais se dá de maneira muito inadequada no pensamento comum e mesmo no pensamento de muitos filósofos. Naquilo que se conta como percepção de objetos exteriores há muito que consiste em hábitos gerados por experiências passadas. Tomemos, por exemplo, nossa crença na permanência dos objetos. Quando vemos um cão ou um gato, uma cadeira ou uma mesa, não supomos que estamos vendo algo que tenha uma existência meramente momentânea; estamos convencidos de que aquilo que vemos tem um passado e um futuro de duração considerável. Não pensamos isso a respeito de tudo o que vemos; esperamos que o clarão de um relâmpago, um foguete ou um arco-íris desapareçam rapidamente. Mas a experiência gerou em nós a expectativa de que objetos sólidos comuns, que podem ser vistos e também tocados, normalmente persistam e possam ser vistos e tocados uma vez mais, em outras ocasiões apropriadas. A ciência reforça essa crença explicando que os aparentes desaparecimentos são transformações para formas gasosas. Mas a crença na quase permanência, salvo em casos excepcionais, antedata a doutrina científica da indestrutibilidade da matéria e é, ela própria, antecedida pela expectativa animal de que objetos comuns podem ser vistos novamente sempre que procuremos no lugar certo.

O preenchimento do núcleo sensorial por meio de inferências animais, até que isso se torne o que chamamos de "percepção", é análogo ao preenchimento das mensagens telegráficas na redação de um jornal. O repórter telegrafa a palavra *"king"* [rei] e o jornal imprime "Sua Majestade o rei Jorge VI". Esse procedimento envolve algum risco de equívoco, uma vez que o repórter pode estar relatando os feitos do sr. Mackenzie King. É verdade que o contexto geralmente poderia revelar tal equívoco, mas é possível imaginar circunstâncias nas quais não o revelasse. Nos sonhos, preenchemos as mensagens sensoriais de maneira errada, e somente o contexto de nossa vida desperta nos mostra o erro.

A analogia com telegramas abreviados da imprensa é bem aproximada. Suponhamos, por exemplo, que você veja um amigo à janela de um trem que está chegando à estação e, pouco depois, você o veja na plataforma, vindo em sua direção. As causas físicas de suas percepções (e de sua interpretação sobre elas) são certos sinais de luz que passam entre ele e seus olhos. Tudo que a física, por si mesma, permite que você infira a partir da recepção desses sinais é que, em algum lugar de seu campo de visão, se emitiram, refletiram, refrataram ou espalharam luzes das cores apropriadas. É óbvio que o tipo de engenho produzido pelo cinema poderia causar em você as mesmas sensações na ausência de seu amigo e que, nesse caso, você seria enganado. Mas tais fontes de engano não podem ser frequentes ou, pelo menos, não podem ter sido frequentes até agora, pois, se o fossem, você não teria formado os hábitos de expectativa e crença no contexto que de fato formou. Nesse caso suposto, você tem certeza de que é seu amigo, que ele existiu durante todo o intervalo de tempo entre avistá-lo à janela e vê-lo na plataforma e que ele atravessou um trajeto contínuo pelo espaço de um ponto ao outro. Você não tem dúvida de que viu algo sólido, e não um objeto intangível, como um arco-íris ou uma nuvem. Assim, mesmo que a mensagem recebida pelos sentidos contenha (por assim dizer) apenas umas poucas palavras-chave, seus hábitos mentais e físicos fazem que você a expanda, espontaneamente e sem pensar, até um relatório coerente e amplamente informativo.

Essa expansão do núcleo sensorial, para se produzir aquilo a que damos o questionável nome de "percepção", obviamente só será confiável enquanto nossos hábitos de associação correrem em paralelo com os processos do mundo exterior. Contempladas desde o alto de uma montanha, as nuvens podem parecer tanto com o mar ou um descampado coberto de neve que somente o conhecimento positivo do contrário conseguiria preveni-lo de fazer tal interpretação de suas sensações visuais. Se você não estiver acostumado ao gramofone, irá acreditar cegamente que a voz que ouve do outro lado da porta vem de uma pessoa que está na sala na qual você está prestes a entrar. Não há limite óbvio para a invenção de aparatos engenhosos capazes de enganar os incautos.

Sabemos que as pessoas que vemos na tela do cinema não estão ali de verdade, mesmo que andem, falem e se comportem de um modo que guarda certa semelhança com os seres humanos; mas, se não o soubéssemos, poderíamos, a princípio, ter dificuldade em acreditar. Assim, o que parecemos conhecer por meio dos sentidos pode ser enganoso sempre que o meio ao redor for diferente daquilo que nossa experiência passada nos levou a esperar.

Segue-se dessas considerações que não podemos admitir como dados tudo aquilo que o senso comum, em uma aceitação acrítica, tomaria como algo fornecido pela percepção. Somente sensações e memórias são verdadeiramente dados de nosso conhecimento do mundo exterior. Devemos excluir de nossa lista de dados não apenas as coisas que inferimos de maneira consciente, mas tudo que obtemos por inferência animal, por exemplo, a rigidez imaginada de um objeto visto mas não tocado. É verdade que nossas "percepções", em toda a sua completude, são dados para a psicologia: temos, de fato, a experiência de acreditar neste e naquele objeto. É somente pelo conhecimento das coisas que estão fora de nossas mentes que se faz necessário considerar como dados apenas as sensações. Essa necessidade é uma consequência daquilo que conhecemos da física e da fisiologia. O mesmo estímulo externo, chegando aos cérebros de dois homens com diferentes experiências, irá produzir diferentes resultados, e é somente aquilo que esses resultados diferentes têm em comum que pode ser usado para inferir causas exteriores. A situação fica ainda pior caso se alegue que a verdade da física e da fisiologia seja duvidosa; pois, se forem falsas, nada do mundo exterior poderá ser inferido a partir de minhas experiências. Estou, porém, em todo este trabalho, pressupondo que a ciência seja, falando de maneira geral, verdadeira.

Se definirmos "dados" como "aquelas questões de fato de que, independentemente da inferência, temos o direito de nos sentir quase absolutamente seguros", segue-se do que foi dito que todos os meus dados são eventos que acontecem a mim e que, na verdade, são o que comumente se chamariam de eventos em minha mente. Trata-se de uma opinião que tem sido característica do empirismo britânico, mas rejeitada pela maioria dos filósofos continentais e hoje não aceita pelos seguidores de Dewey, nem pela maioria dos positivistas lógicos. Como essa questão tem importância considerável, devo expor as razões que me convenceram, incluindo uma breve repetição das que já foram apresentadas.

Há, em primeiro lugar, argumentos no nível do senso comum, derivados de ilusões, estrabismos, reflexos, refrações etc., mas, sobretudo, de sonhos. Ontem à noite sonhei que estava na Alemanha, em uma casa de onde se via uma igreja em ruínas; em meu sonho, presumi que a igreja fora bombardeada durante a última guerra, mas, logo depois, fui informado de que sua destruição datava das guerras religiosas do século XVI. Enquanto eu dormia, tudo isso tinha toda a persuasão da vigília. Realmente sonhei e realmente tive uma experiência intrinsecamente indistinguível daquela que se tem ao ver uma igreja em ruínas quando acordado. Segue-se que a experiência a que chamo de "ver a igreja" não é prova conclusiva de que exista uma igreja, uma vez que pode ocorrer quando não há tal objeto exterior, como acreditei no meu sonho. Poderia dizer que, mesmo que sonhando eu *pense* estar acordado, quando acordado eu *sei* que estou acordado. Mas não vejo como podemos ter essa certeza; muitas vezes sonhei que acordava; de fato, certa vez, depois do éter, sonhei com isso umas cem vezes no curso de um único sonho. Na verdade, condenamos os sonhos porque eles não se encaixam em um contexto propriamente dito, mas esse argumento pode se tornar inconclusivo, como em *A vida é sonho*, peça de Calderón de la Barca. Não acredito que esteja sonhando agora, mas não consigo provar que não esteja. Tenho, porém, certeza de que estou vivendo certas experiências, sejam elas em um sonho ou na vida desperta.

Chegamos agora a outra classe de argumentos, derivada da física e da fisiologia. Essa classe de argumentos entrou na filosofia com Locke, que a empregou para demonstrar que qualidades secundárias são subjetivas. Essa classe de argumentos pode ser usada para lançar dúvidas sobre a verdade da física e da fisiologia, mas lidarei com ela sob a hipótese de que a ciência, em linhas gerais, é verdadeira.

Experimentamos uma sensação visual quando ondas de luz atingem nossos olhos e uma sensação auditiva quando ondas de som alcançam nossos ouvidos. Não há razão para se supor que as ondas de luz sejam todas semelhantes à experiência a que chamamos de "ver alguma coisa", ou que as ondas de som sejam todas semelhantes à experiência a que chamamos "ouvir um som". Não há qualquer razão para se supor que as fontes físicas da luz e dos sons tenham mais semelhança com nossas experiências do que as próprias ondas. Se as ondas forem produzidas por meios não usuais, nossa experiência pode nos levar a inferir experiências subsequentes por que não passamos; isto demonstra que, mesmo na percepção normal, a interpretação cumpre um papel maior do que supõe o senso comum e que, às vezes, a interpretação nos leva a alimentar falsas expectativas.

Outra dificuldade está ligada ao tempo. Vemos e ouvimos agora, mas o que estamos vendo e ouvindo (de acordo com o senso comum) ocorreu um tempo atrás. Quando vemos e ouvimos uma explosão, primeiro a vemos e depois a ouvimos. Mesmo que possamos supor que a mobília de nossa sala seja exatamente o que parece, não podemos supor a mesma coisa de uma nebulosa a milhões de anos-luz, que parece apenas uma mancha, mas que não é muito menor que a Via Láctea e cuja luz, que agora nos alcança, de lá partiu antes que os seres humanos começassem a existir. No entanto, a diferença entre a nebulosa e a mobília é apenas de grau.

Existem também os argumentos fisiológicos. Pessoas que perderam uma perna às vezes continuam sentindo dor no membro perdido. O dr. Johnson, refutando Berkeley, pensava que a dor que sentiu no dedo do pé quando chutou uma pedra era prova da existência da pedra, mas parece que não era evidência nem mesmo da existência de seu dedo, pois ele poderia ter sentido a dor mesmo em um dedo amputado. Falando de maneira geral, se um nervo é estimulado de determinada maneira, resulta daí uma certa sensação, qualquer que seja a fonte do estímulo. Com suficiente habilidade, talvez fosse possível fazer um homem ver um céu estrelado apenas tocando seu nervo ótico, mas o instrumento utilizado teria pouca semelhança com os corpos celestes que os astrônomos estudam.

Esses argumentos, como já assinalei, podem ser interpretados ceticamente, como algo que demonstra que não há razão para acreditarmos que nossas sensações tenham causas exteriores. Como essa interpretação admite aquilo que, no momento, estou empenhado em sustentar, a saber, que as sensações são os únicos dados para a física, não irei, por enquanto, considerar se ela pode ser refutada e passarei a uma linha de argumentação bastante similar, relacionada com o método da dúvida cartesiana. Esse método consiste em buscar dados por meio da rejeição provisória de tudo que se descubra suscetível a questionamento.

Descartes argumenta que a existência de objetos sensíveis pode ser incerta, porque seria possível a um demônio ardiloso nos desorientar. *Nós* devemos substituir o demônio ardiloso por um cinema em technicolor. Também é possível que estejamos sonhando, claro. Mas Descartes vê a existência de nossos pensamentos como algo inteiramente inquestionável. Quando ele diz "penso, logo existo", as certezas primitivas às quais se supõe que tenha chegado são "pensamentos" particulares, no amplo sentido em que ele emprega o termo. Sua própria existência é uma inferência de seus pensamentos, uma inferência cuja validade não nos interessa no momento. Nesse contexto, o que lhe parece certo é que existe a dúvida, mas a experiência da dúvida não tem qualquer prerrogativa especial sobre as outras experiências. Quando vejo o clarão de um relâmpago, posso — é o que se sustenta — não ter certeza quanto ao caráter físico do relâmpago e até mesmo quanto ao fato de ter realmente ocorrido algo exterior a mim, mas não posso me fazer duvidar de que se tenha dado a ocorrência chamada "ver o clarão de um relâmpago", ainda que possa não ter existido qualquer clarão fora de minha vista.

Não estou sugerindo que tenho certeza sobre todas as minhas experiências; isto certamente seria falso. Muitas memórias são duvidosas, assim como muitas das sensações mais fracas. O que estou dizendo — e nisto estou expondo parte dos argumentos de Descartes — é que existem algumas ocorrências de que não posso duvidar e que estas são todas do tipo que, se admitirmos um "não eu", fazem parte da vida do meu "eu". Nem todas elas são sensações; algumas são pensamentos abstratos, outras são memórias, outras são desejos, outras ainda são dores e prazeres. Mas todas são aquilo que comumente descrevemos como eventos mentais que se passam em mim.

Minha opinião é que esse ponto de vista estará correto enquanto se tratar de dados que são questões de fato. As questões de fato que se encontram fora de minha experiência podem ser apresentadas como duvidosas, a menos que exista um argumento demonstrando que sua existência decorre de questões de fato que se encontram dentro de minha experiência, junto com leis de cuja certeza me sinto razoavelmente convencido. Mas esta é uma questão extensa, sobre a qual, por enquanto, quero dizer apenas algumas palavras preliminares.

O ceticismo de Hume em relação ao mundo da ciência resultou (*a*) da doutrina de que todos os meus dados são privados a mim, juntamente com (*b*) a descoberta de que as questões de fato, por mais numerosas e bem escolhidas que sejam, jamais implicam logicamente qualquer outra questão de fato. Não vejo nenhum jeito de escapar de quaisquer dessas duas teses. Venho argumentando sobre a primeira; posso dizer que, nesse aspecto, atribuo peso especial ao argumento da causação física das sensações. Quanto à segunda, ela é óbvia, enquanto questão de sintaxe, a qualquer um que tenha compreendido a natureza dos argumentos dedutivos. Uma questão de fato que não esteja contida nas premissas deve exigir, para sua afirmação, um nome próprio que não ocorra nas premissas. Há apenas um jeito pelo qual um novo nome próprio pode ocorrer em um argumento dedutivo: quando procedemos do geral para o particular, como em "todos os homens são mortais, então Sócrates é mortal". Ora, nenhuma coleção de afirmativas sobre questões de fato equivale logicamente a uma afirmativa geral, de modo que, se nossas premissas dizem respeito apenas a questões de fato, essa maneira de introduzir um novo nome próprio não está aberta para nós. Segue-se daí a tese.

Se não quisermos deduzir o ceticismo de Hume dessas duas premissas, parece restar apenas uma possibilidade de fuga: sustentar que, entre as premissas de nosso conhecimento, existem algumas proposições gerais ou, pelo menos, uma proposição geral que não é analiticamente necessária, ou seja, a hipótese de sua falsidade não é contraditória em si. Um princípio que justificasse o uso científico da indução teria esse caráter. O necessário é um modo de dar probabilidade (não certeza) às inferências, desde as questões de fato conhecidas até as ocorrências que ainda não fizeram, e talvez nunca venham a fazer, parte da experiência da pessoa que infere. Se um indivíduo deve saber alguma coisa para além de suas próprias experiências até o presente momento, seu acervo de conhecimentos não inferidos precisa consistir não apenas de questões de fato, mas também de leis gerais ou, pelo menos, de uma lei que lhe permita inferir a partir de questões de fato; e tal lei ou leis devem, ao contrário dos princípios da lógica dedutiva, ser sintéticas, ou seja, não serem provadas pelo fato de sua falsidade ser contraditória em si. A única alternativa a essa hipótese é o completo ceticismo diante de todas as inferências da ciência e do senso comum, incluindo aquelas a que chamei de inferências animais.

2.
Solipsismo

A doutrina chamada "solipsismo" normalmente é definida como a crença de que somente eu existo. Não é uma doutrina única, salvo se for verdadeira. Se o for, é a afirmação de que apenas eu, Bertrand Russell, existo. Mas, se for falsa, e eu tiver leitores, então é para você que está lendo este capítulo a afirmação de que somente você existe. Esta é a opinião que sugerem as conclusões a que chegamos no capítulo anterior, segundo a qual todos os meus dados, enquanto forem questões de fato, são privados a mim e todas as inferências de uma ou mais questões de fato para outras questões de fato nunca são logicamente demonstrativas. Essas conclusões indicam que seria racional duvidar de tudo que se encontra fora de minha própria experiência, por exemplo, os pensamentos das outras pessoas e a existência dos objetos materiais que não estão no meu campo de visão. É essa opinião que agora devemos examinar.

Devemos começar conferindo maior precisão à doutrina e distinguindo as várias formas que ela pode apresentar. Não devemos enunciá-la com as palavras "somente eu existo", pois essas palavras não têm significado claro, salvo se a doutrina for falsa. Se o mundo realmente for o mundo do senso comum de pessoas e coisas, podemos escolher uma pessoa e supor que ela pense ser todo o universo. Isto é análogo aos povos antes de Colombo, que acreditavam que o Velho Mundo constituía a totalidade das terras deste planeta. Mas, se não existem outras pessoas e coisas, a expressão "eu mesmo" [*myself*] perde o significado, pois se trata de uma expressão exclusiva e delimitadora. Em vez de dizer "eu sou todo o universo", devemos dizer "os dados são todo o universo". Aqui se podem definir "dados" por enumeração. Podemos, então, dizer: "essa lista está completa; não há mais nada de fora". Ou podemos dizer: "não se sabe de nada que esteja de fora". Dessa forma, a doutrina não requer uma definição prévia do Eu [*Self*], e o que ela afirma é suficientemente definido para se discutir.

Podemos distinguir dois tipos de solipsismo, que chamarei de "dogmático" e "cético", respectivamente. O tipo dogmático, na afirmativa do parágrafo anterior, diz "não há nada além dos dados", ao passo que o tipo cético diz "não se sabe de nada que esteja além dos dados". Não existem fundamentos a favor da forma dogmática, uma vez que é tão difícil refutar a existência quanto prová-la, quando se trata de algo que não é um dado. Não irei, portanto, dizer mais nada sobre o solipsismo dogmático e me concentrarei na forma cética.

É difícil enunciar com precisão a forma cética da doutrina. Não é certo dizer, como acabamos de fazê-lo, "não se sabe nada além de dados", pois alguma outra pessoa poderia saber mais; cabe a mesma objeção ao solipsismo dogmático. Se emendarmos nosso enunciado dizendo "nada *me* é conhecido, salvo o seguinte (fornecendo então uma lista dos dados)", teremos, uma vez mais, introduzido o Eu, o que, como vimos, não devemos fazer para definir nossa doutrina. Não é muito fácil escapar dessa objeção.

Penso que podemos enunciar o problema de que trata o solipsismo da seguinte maneira: "as proposições $p_1, p_2, ... p_n$ são conhecidas por um modo que não a inferência. Pode essa lista ser feita de tal maneira que dela se possam inferir outras proposições que afirmem questões de fato?". Dessa forma, não temos de enunciar que nossa lista está completa ou que abrange tudo aquilo que uma pessoa sabe.

É óbvio que, se nossa lista consistir inteiramente de proposições que afirmem questões de fato, então a resposta à nossa pergunta será negativa, e o solipsismo cético, verdadeiro. Mas, se nossa lista contiver qualquer coisa parecida com as leis, a resposta poderá ser diferente. Essas leis, no entanto, terão de ser sintéticas. Qualquer conjunto de questões de fato é logicamente capaz de ser o todo; na lógica pura, quaisquer dois eventos são compossíveis e nenhum conjunto de eventos implica a existência de outros eventos.

Mas, antes de seguirmos por essa linha de raciocínio, consideremos diferentes formas de solipsismo.

O solipsismo pode ser mais drástico ou menos drástico; ao se tornar mais drástico, fica mais lógico e, ao mesmo tempo, mais implausível. Em sua forma menos drástica, o solipsismo aceita todos os meus estados mentais que são aceitos pelo senso comum ou pela psicologia ortodoxa, ou seja, não apenas aqueles de que eu esteja diretamente consciente, mas também aqueles que são inferidos sobre bases puramente psicológicas. Geralmente se diz que, o tempo todo, tenho muitas sensações fracas que não percebo. Se há um relógio fazendo tique-taque na sala, posso percebê-lo e me irritar, mas, em regra, não o percebo, mesmo que seja fácil ouvi-lo sempre que escolho fazê-lo. Em tal caso, alguém naturalmente poderia dizer que estou tendo sensações auditivas das quais não tenho consciência. O mesmo se pode dizer, na maioria das vezes, sobre objetos que se encontram na periferia de meu campo de visão. Se são importantes, como um inimigo portando um revólver carregado, vou notá-los de imediato e trazê-los para o centro de meu campo visual; mas, se são imóveis e desinteressantes, posso continuar desatento a eles. Ainda assim, parece natural supor que, em algum sentido, eu os esteja vendo.

O mesmo tipo de consideração se aplica aos lapsos de memória. Se folheio um velho diário, encontro anotações sobre jantares de que me esqueci completamente, mas me é difícil duvidar de que tive a experiência que o senso comum descreveria como "ir a um jantar". Acredito que já fui recém-nascido, muito embora não tenha sobrevivido nenhum vestígio desse período em minha memória explícita.

Tais estados mentais inferidos são admitidos pela forma menos drástica de solipsismo. Esta apenas se recusa a admitir inferências de qualquer coisa que não eu mesmo e meus estados mentais.

Isto, no entanto, é ilógico. Os princípios necessários para justificar inferências a partir de estados mentais de que tenho consciência a outros de que não tenho são exatamente os mesmos que os exigidos para as inferências de objetos físicos e outras mentes. Se, portanto, quisermos garantir a segurança lógica que o solipsismo procura, devemos nos limitar aos estados mentais dos quais temos consciência agora. Buda era admirado porque conseguia meditar com tigres rugindo ao seu redor; mas, se ele tivesse sido um solipsista consistente, diria que os rugidos cessaram assim que ele parou de notá-los.

Chegamos, assim, a uma segunda forma de solipsismo, a qual diz que o universo consiste, ou talvez consista, apenas dos seguintes itens... e, então, enumeramos tudo aquilo que, no instante em que falamos, conseguimos perceber ou relembrar. E isto terá de se confinar àquilo que realmente percebo, pois aquilo que eu *poderia* perceber já é algo inferido. Neste instante, vejo meu cão dormindo e, como homem simples, estou convencido de que o terei notado a qualquer momento nesta última hora, pois ele esteve constantemente (assim o acredito) no meu campo de visão, mas a verdade é que ele me passou despercebido. O solipsista radical terá de dizer que quando, nesta última hora, meus olhos distraídos pousaram no cachorro, nada ocorreu em mim como consequência; pois afirmar que eu tenha sentido uma sensação que não percebi é admitir uma inferência do tipo proibido.

Quanto à memória, os resultados dessa teoria são extremamente peculiares. As coisas de que estou me lembrando em um momento são bem diferentes daquelas de que me lembro em outro, mas o solipsista radical deveria admitir somente aquilo de que me lembro agora. Assim, seu mundo é feito de fragmentos desconexos que variam completamente de um momento a outro – variam, quero dizer, não em relação ao que existe agora, mas ao que existiu no passado.

Mas ainda não falamos sobre todos os sacrifícios que o solipsista deve fazer à lógica para se sentir seguro. Está bem claro que posso ter uma recordação sem que a coisa recordada tenha acontecido; em matéria de possibilidade lógica, posso ter começado a existir cinco minutos atrás, com todas as memórias que então tive. Precisamos, portanto, cortar os eventos recordados e confinar o universo do solipsista aos objetos de percepção presentes, incluindo estados de espírito presentes que se pareçam com recordações. No que diz respeito aos objetos de percepção presentes, esse tipo mais rigoroso de solipsista (se existe) aceita a premissa do *cogito* de Descartes, sob certa interpretação. O que ele admite só pode ser corretamente enunciado na forma: "A, B, C, ... ocorrem". Chamar A, B, C, ... de "pensamentos" não acrescenta nada, a não ser para aqueles que rejeitam o solipsismo. O que distingue o solipsista consistente é o fato de a proposição "A ocorre", quando aparece em sua lista, nunca ser inferida. Ele rejeita como inválidas todas as inferências de uma ou mais proposições da forma "A ocorre" a outras proposições que afirmam a ocorrência de alguma coisa, seja ela nomeada ou descrita. As conclusões de tais inferências, sustenta ele, poderão ser verdadeiras ou não, mas jamais se poderá saber se são verdadeiras.

Tendo agora apresentado a posição do solipsismo, devemos indagar o que se pode dizer a favor e contra ele.

O argumento a favor do solipsismo cético é o seguinte: de um grupo de proposições da forma "A ocorre" é impossível inferir por lógica dedutiva qualquer outra proposição que afirme a ocorrência de algo. Para que uma inferência dessas seja válida, ela deve depender de algum princípio não dedutivo, como a causalidade ou a indução. Não se pode demonstrar que tal princípio seja nem mesmo provável por meio de argumentos dedutivos que partem de um grupo de proposições da forma "A ocorre". (Em um capítulo posterior, tratarei de provar essa afirmação.) Por exemplo, não se pode inferir a validade da indução a partir do curso de eventos, exceto quando se admitir a indução ou algum outro postulado igualmente questionável. Portanto, se, como sustentam os empiristas, todo o nosso conhecimento se baseia na experiência, esse conhecimento não deve apenas se basear na experiência, mas também se confinar à experiência; pois é somente admitindo algum princípio ou princípios que a experiência não consegue nem mesmo tornar prováveis que alguma coisa pode ser provada pela experiência, exceto a própria experiência.

Penso que esse argumento prova que temos de escolher entre duas alternativas. Ou devemos aceitar o solipsismo cético em sua forma mais rigorosa, ou admitir que conhecemos, independentemente da experiência, algum princípio ou princípios pelos quais é possível inferir eventos a partir de outros eventos, pelo menos com probabilidade. Se adotarmos a primeira alternativa, devemos rejeitar muito mais que o solipsismo normalmente julga rejeitar; não podemos conhecer a existência de nosso próprio passado ou futuro, nem ter qualquer fundamento para expectativas em relação ao nosso próprio futuro, se ele vier a ocorrer. Se adotarmos a segunda alternativa, devemos rejeitar parcialmente o empirismo; devemos admitir que temos conhecimento de certas características gerais do curso da natureza e que esse conhecimento, ainda que possa ser causado pela experiência, não pode ser logicamente inferido a partir da experiência. Também devemos admitir que, se tivermos tal conhecimento, ele ainda não estará explícito; a causalidade e a indução, em suas formas tradicionais, não podem ser exatamente verdadeiras, e não está nem um pouco claro aquilo que deveria substituí-las. Assim, parece haver grandes dificuldades na tentativa de se aceitar qualquer uma das alternativas.

De minha parte, rejeito a alternativa solipsista e adoto a outra. Admito — e isto é a essência da questão — que a alternativa solipsista não pode ser refutada por meio de argumentos dedutivos, desde que admitamos aquilo que chamarei de "hipótese empirista", a saber: aquilo que conhecemos sem inferência consiste tão somente do que experimentamos (ou, mais estritamente, daquilo que estamos experimentando) junto com os princípios da lógica dedutiva. Mas não podemos saber se a hipótese empirista é verdadeira, pois isso seria um conhecimento do tipo que a própria hipótese condena. Isto não prova que a hipótese seja falsa, mas prova, sim, que não temos direito de afirmá-la. O empirismo pode ser uma filosofia verdadeira, mas, se o for, não se poderá saber que é verdadeira; aqueles que afirmam saber que é verdadeira contradizem a si mesmos. Não há, portanto, nenhum obstáculo *ab initio* para nossa rejeição à hipótese empirista.

Contra o solipsismo, devemos dizer, em primeiro lugar, que é psicologicamente impossível acreditar nele e que, na verdade, ele é rejeitado mesmo por aqueles que pretendem aceitá-lo. Certa vez, recebi uma carta da sra. Christine Ladd Franklin, uma eminente lógica, dizendo que ela era solipsista e que se surpreendia de que não houvesse outros que também o fossem. Vinda de uma pensadora lógica, essa surpresa me surpreendeu. O fato de eu não poder acreditar em alguma coisa não prova que essa coisa seja falsa, mas prova, sim, que sou insincero e frívolo se finjo acreditar nela. A dúvida cartesiana tem valor enquanto meio de articular nosso conhecimento e de mostrar o que depende do quê, mas, quando levada longe demais, torna-se uma mera brincadeira técnica, na qual a filosofia perde sua seriedade. Independentemente do que alguém, inclusive eu mesmo, possa argumentar em contrário, seguirei acreditando que não sou todo o universo, e nisso todo mundo concordará comigo, se eu estiver certo em minha convicção de que existem outras pessoas.

A parte mais importante dos argumentos sobre o solipsismo é a prova de que ele só é plausível em sua forma mais drástica. Há várias posições intermediárias que não são completamente implausíveis e, na verdade, vêm sendo admitidas por muitos filósofos. Destas, a menos drástica é a opinião de que jamais poderão existir bons fundamentos para se afirmar a existência de algo que ninguém experimentou; a partir disso, podemos, com Berkeley, inferir a irrealidade da matéria enquanto mantemos a realidade da mente. Mas essa visão – uma vez que admite experiências de outros que não eu mesmo, e uma vez que essas experiências só me são conhecidas por inferência – considera que é possível argumentar validamente pela existência de certas ocorrências a partir da existência de outras; e, se isso for admitido, veremos que não há razão para que os eventos inferidos devam ser experimentados. Considerações exatamente similares se aplicam à forma de solipsismo que acredita que uma pessoa tem um passado e um provável futuro; essa crença só pode ser justificada quando se admitem princípios de inferência que levam à rejeição de toda e qualquer forma de solipsismo.

Ficamos, assim, reduzidos a duas hipóteses extremas, as únicas logicamente defensáveis. Ou, por um lado, conhecemos os princípios de inferência não dedutiva que justificam nossa crença, não apenas nas outras pessoas, mas também em todo o mundo físico, incluindo as partes que nunca são percebidas e, sim, apenas inferidas a partir de seus efeitos; ou, por outro lado, nos confinamos àquilo que se pode chamar de "solipsismo do momento", no qual todo o meu conhecimento se limita àquilo que estou percebendo agora, excluindo meu passado e meu provável futuro e também todas aquelas sensações às quais, neste instante, não presto atenção. Não creio que alguém, honesta e sinceramente, escolha a segunda hipótese depois de compreender com clareza essa alternativa.

Se rejeitamos o solipsismo do momento, devemos descobrir os princípios sintéticos de inferência pelo conhecimento a partir dos quais nossas crenças científicas e de senso comum têm de ser justificadas em suas linhas gerais. Enfrentaremos essa tarefa na Sexta Parte. Convém, primeiro, pesquisar, de um lado, os dados e, de outro, as crenças científicas interpretadas em sua forma menos questionável. Analisando os resultados dessa pesquisa, poderemos ter a esperança de descobrir as premissas que, consciente ou inconscientemente, são admitidas nos raciocínios da ciência.

3.
Inferência provável na prática do senso comum

A inferência "provável" (para repetir o que já foi dito) é aquela que, quando verdadeiras as premissas e correto o raciocínio, ainda assim faz que a conclusão não seja exata, mas apenas provável em maior ou menor grau. Na prática da ciência, existem dois tipos de inferência: as que são puramente matemáticas e as que podem ser chamadas de "substanciais".

A inferência das leis de Kepler até a lei de gravitação tal como aplicada aos planetas é matemática, mas a inferência dos movimentos aparentes dos planetas até as leis de Kepler é substancial, pois estas últimas não são as únicas hipóteses logicamente compatíveis com os fatos observados. A inferência matemática foi suficientemente investigada ao longo do último meio século. O que quero discutir é a inferência não matemática, que sempre é apenas provável.

Falando de maneira geral, aceitarei como válida qualquer inferência que faça parte do corpo da teoria científica, a menos que contenha algum erro de tipo específico. Não irei considerar os argumentos do ceticismo a respeito da ciência, mas analisarei a inferência científica sob a hipótese de que seja, em geral, válida.

Neste capítulo, tratarei principalmente do conhecimento pré-científico tal como incorporado ao senso comum.

Devemos ter em mente a distinção entre a inferência tal como compreendida na lógica e aquilo que se pode chamar de "inferência animal". Com "inferência animal" me refiro àquilo que acontece quando uma ocorrência A causa uma crença B sem qualquer intermediário consciente. Quando sente o cheiro da raposa, o cão fica agitado, mas não pensamos que ele diga a si mesmo: "no passado, esse cheiro se associou com bastante frequência à proximidade de uma raposa; há, portanto, uma probabilidade de que uma raposa esteja por perto agora". O cão age, é verdade, como se tivesse passado por esse raciocínio, mas o raciocínio é operado pelo corpo, por meio do hábito ou, como se diz, do "reflexo condicionado".

Toda vez que, na experiência passada do animal, A tenha com certa frequência se associado a B, em que B é algo de interesse emocional, a ocorrência de A tende a causar comportamento apropriado a B. Aqui, não existe nenhuma conexão *consciente* entre A e B; o que existe, podemos dizer, é a percepção A e o comportamento B. Na linguagem antiquada, alguém poderia dizer que a "impressão" de A causa a "ideia" de B. Mas a nova fraseologia, em termos de comportamento corporal e hábitos observáveis, é mais precisa e cobre um campo mais vasto.

Na ciência, a maioria das inferências substanciais, em oposição às inferências meramente matemáticas, surge, em primeiro lugar, da análise de inferências animais. Mas, antes de desenvolvermos esse aspecto de nosso tema, consideremos o escopo da inferência animal no comportamento humano.

O entendimento prático (em oposição ao teórico) da linguagem se encontra sob a égide da inferência animal. Na prática, compreender uma palavra decorre (*a*) dos efeitos de ouvi-la e (*b*) das causas de pronunciá-la. Você compreende a palavra "raposa" se, ao ouvi-la, tiver o impulso de agir de maneira que seria apropriada na presença de uma raposa e se, ao vê-la, tiver o impulso de dizer "raposa". Mas você não precisa estar ciente dessa conexão entre as raposas e a palavra "raposa"; a inferência da palavra até a raposa, ou da raposa até a palavra, é uma inferência animal. O processo é diferente com palavras eruditas, como "dodecaedro". Aprendemos o significado de tais palavras por meio da definição verbal e, em tais casos, a conexão entre palavra e significado começa como uma inferência consciente, antes de se tornar um hábito.

As palavras são um caso particular de *sinais*. Podemos dizer que, para determinado organismo O, um membro da classe de estímulos A é o *sinal*[1] de algum membro da classe de objetos B se a ocorrência para O de uma classe de estímulos A produzir uma reação apropriada a um objeto da classe B. Mas isso ainda não está muito preciso. Antes de buscarmos maior precisão, consideremos um exemplo concreto, como, digamos, "não há fumaça sem fogo".

Para que se possa enunciar esse provérbio, é preciso passar por vários estágios. Primeiro, deve haver repetidas experiências de fumaça e fogo, simultaneamente ou em estreita sucessão temporal. Originalmente, cada qual produziu suas próprias reações: a fumaça faz tossir e o fogo faz correr (digamos). Mas, com o tempo, criou-se um hábito, e a fumaça passou a produzir a reação de sair correndo. (Estou supondo um meio onde incêndios florestais sejam frequentes.) Eras depois da primeira

---

1 Ou, mais corretamente, um "sinal subjetivo".

formação desse hábito, formaram-se dois novos hábitos: a fumaça leva à palavra "fumaça" e fogo leva à palavra "fogo". Onde existem esses três hábitos — fumaça causando a reação apropriada a fogo, fumaça causando a palavra "fumaça" e fogo causando a palavra "fogo" — existem também os elementos materiais para a formação de um quarto hábito: a palavra "fumaça" causando a palavra "fogo". Quando este quarto hábito existe em um filósofo que reflete, pode causar a sentença "não há fumaça sem fogo". Pelo menos seria este o esboço de um processo muito complexo.

Nesse exemplo, quando todos esses hábitos existem, a fumaça é um sinal de fogo, a palavra "fumaça" é um sinal de fumaça e a palavra "fogo" é um sinal de fogo. Talvez se possa supor que o sinal-relação é, no mais das vezes, transitivo, ou seja, que, se A é um sinal de B e B é um sinal de C, então A é um sinal de C. Esse nem sempre é o caso, mas é algo que tenderá a acontecer se os sinais-relações de A e B e de B e C estiverem firmemente estabelecidos no organismo do animal. Nesse caso, quando a palavra "fumaça" é um sinal de fumaça, e fumaça é um sinal de fogo, a palavra "fumaça" será, derivativamente, um sinal de fogo. Se o fogo causar a palavra "fogo", a palavra "fumaça" se tornará, assim, derivativamente, uma causa da palavra "fogo".

Estabeleçamos uma definição: um organismo O tem uma "ideia" de um tipo de objeto B quando sua ação é apropriada a B mesmo que nenhum objeto do tipo B esteja presente sensivelmente. Isto, no entanto, exige certa limitação. Uma "ideia" não precisa produzir *todas* as reações que seriam produzidas pelo objeto; é isto que queremos dizer quando falamos que uma ideia pode ser fraca, ou imaginada sem vividez. Pode existir nada além da palavra "B". Assim, diremos que a ideia de B estará presente a O sempre que O manifestar *alguma* reação apropriada a B e a nada mais.

Agora podemos dizer que A é um sinal de B quando A causa a "ideia" de B.

Empregamos a palavra "apropriada" e essa palavra requer melhor definição. Ela não pode ser definida teleologicamente, como "útil ao organismo" ou algo assim. A reação "apropriada" a B é, principalmente, a reação causada pela presença sensível de B, independentemente dos hábitos adquiridos. Um grito de dor ao contato com alguma coisa muito quente é uma reação apropriada nesse sentido. Mas não podemos excluir completamente os hábitos adquiridos de nossa definição de reações apropriadas. Dizer "raposa" quando você vê uma raposa é apropriado. Podemos fazer uma distinção: afora os hábitos adquiridos, não há situação em que reagimos dizendo "raposa". Podemos, portanto, decidir por incluir entre as reações "apropriadas" aquelas que, como resultado do hábito, ocorrem na presença do objeto B, mas não ocorrem espontaneamente como reações a qualquer coisa exceto B e não ocorrem como reações habituais a qualquer coisa além de B, salvo como resultado de uma combinação de hábitos.

Essa discussão fornece a definição daquilo que se pode chamar de sinal "subjetivo", quando A causa a ideia de B. Podemos dizer que A é um sinal "objetivo" de B quando A é, de fato, seguido ou acompanhado por B, e não apenas pela ideia de B. Podemos dizer ainda, *grosso modo*, que o organismo comete um erro sempre que um sinal subjetivo não é também um sinal objetivo; mas tal afirmação só se torna correta com alguma restrição.

A restrição é necessária porque devemos distinguir entre a ideia acompanhada pela crença e a ideia meramente contemplada. Se você tivesse dois amigos, chamados Box e Cox, seria provável que a presença de Box lhe causasse a ideia de Cox, mas não a crença na presença de Cox. Penso que contemplar uma ideia sem crença é uma ocorrência mais complexa que contemplar uma ideia com crença. Uma ideia é ou envolve (não vou argumentar por uma opção ou outra) um impulso para certo tipo de ação. Quando o impulso não é inibido, a ideia é "acreditada"; quando inibido o impulso, a ideia é meramente "contemplada". No primeiro caso, podemos chamar a ideia de "ativa" e, no segundo, de "suspensa". O erro se liga apenas às ideias *ativas*. Assim, há erro quando um sinal subjetivo produz uma ideia ativa, mesmo que não exista tal sequência entre o sinal e o objeto da ideia.

O erro, de acordo com essa opinião, é pré-intelectual; requer apenas hábitos corporais. Trata-se de erro quando um pássaro bate contra uma vidraça que ele não vê. A exemplo do pássaro, todos nós contemplamos crenças apressadas que podem, caso errôneas, levar a choques dolorosos. O método científico, a meu ver, consiste principalmente em eliminar essas crenças sobre as quais há razão positiva para se pensar que são fontes de choques e, ao mesmo tempo, em manter aquelas crenças contra as quais não há argumentos definitivos.

No que disse até aqui, estive supondo leis causais da forma "A causa B", em que A e B são classes de ocorrências. Talvez tais leis nem sempre sejam completamente verdadeiras. As leis verdadeiras só podem ser expressas em equações diferenciais. Mas não é necessário que elas sejam exatamente verdadeiras. Só precisamos do seguinte: "Em bem mais da metade dos casos em que ocorre A, ocorre também B, simultaneamente ou logo depois". Isto torna B *provável* sempre que ocorre A, e não precisamos pedir mais que isso. Supus que se, na história de determinado organismo, A muitas vezes foi seguido por B, então A será acompanhado ou seguido de perto pela "ideia" de B, ou seja, por um impulso a ações que seriam estimuladas por B. Essa lei é inevitavelmente vaga. Se A e B são emocionalmente interessantes para o organismo, um único caso de sua conjunção pode ser suficiente para se estabelecer um hábito; se não, muitos casos podem ser necessários. A conjunção entre 54 e 6 vezes 9 tem pouco interesse emocional para a maioria das crianças, daí a dificuldade de elas aprenderem a tabuada de multiplicação. Por outro lado, "gato escaldado tem medo de água fria" mostra como é fácil formar um hábito quando se tem forte interesse emocional.

Como se imagina a partir do que vimos dizendo, a ciência parte, e deve partir, de generalizações cruas e apressadas que são apenas aproximadamente verdadeiras, muitas das quais existem como inferências animais antes de serem vertidas em palavras. O processo é o seguinte: A é seguido por B um certo número de vezes; depois A é acompanhado pela expectativa de B; depois (provavelmente bem mais tarde) vem o juízo explícito "A é um sinal de B"; e só depois, quando já existem inúmeros desses juízos, é que a ciência pode começar. E, então, vem Hume com sua indagação: temos razões para ver A como um sinal objetivo de B, ou mesmo para supor que devemos continuar a pensar em A como sinal de B? Isto é um esboço da psicologia do sujeito; não tem efeito *direto* sobre sua lógica.

A distinção entre inferência animal e inferência científica, repito, é a seguinte: na inferência animal, o objeto de percepção A causa a ideia de B, mas não há consciência da conexão; na inferência científica (seja válida ou inválida), existe uma crença que envolve A e B, a qual expressei por "A é um sinal de B". É a ocorrência de uma única crença expressando uma conexão entre A e B que distingue o que comumente se chama de inferência daquilo que chamo de inferência animal. Mas é importante notar que a crença que expressa a conexão é precedida, em todos os casos mais elementares, pelo hábito da inferência animal.

Tomemos, como exemplo, a crença em objetos mais ou menos permanentes. Um cão, vendo seu dono em diferentes ocasiões, reage de uma maneira que tem algumas características constantes; esse é o fato observável que expressamos ao dizer que o cão "reconhece" seu dono. Quando o cão procura pelo dono que está ausente, aí se envolve algo mais que o reconhecimento. É difícil não empregar indevidamente a linguagem intelectualista para descrever o que ocorre em tal caso. Alguém poderia se sentir tentado a dizer que há um desejo de substituir a ideia de um objeto por uma impressão dele, mas esse é o tipo de frase que parece dizer muito e, na realidade, não diz nada. O mais simples dos fatos observáveis acerca do desejo nos animais é o comportamento inquieto, que dura até que se apresente certa situação, depois da qual se vê uma relativa quietude. Existem também fatos fisiológicos sobre secreções glandulares, como os utilizados por Pavlov. Não estou *negando* que cães tenham experiências mais ou menos similares àquelas que temos quando sentimos desejo, mas isso é uma inferência de seu comportamento, não um dado. Pode-se resumir o que observamos dizendo que certa parte do comportamento do cão se unifica em relação a seu dono, assim como o comportamento de um planeta se unifica em relação ao Sol. No caso do planeta, não inferimos que ele "pense" no Sol; no caso do cão, a maioria de nós faz a inferência correspondente. Mas esta é uma diferença com que ainda não precisamos nos preocupar.

Quando chegamos à linguagem, é natural que exista uma única palavra para aquelas características do ambiente que se encontram conectadas do mesmo jeito pelo qual as aparições do dono se conectam para o cão. A linguagem tem nomes próprios para os objetos a que nos associamos de maneira mais íntima e nomes gerais para outros objetos. Nomes próprios incorporam uma metafísica de senso comum, que, assim como a inferência animal, antedata a linguagem. Consideremos, por exemplo, algumas perguntas de criança, como "cadê a mamãe?" ou "onde está minha bola?". Isto implica que a mamãe e a bola, mesmo que não estejam presentes sensivelmente, continuam existindo em algum outro lugar e provavelmente podem voltar a ser sensíveis por meio da ação adequada. Essa crença em objetos permanentes ou quase permanentes se baseia no reconhecimento e, portanto, implica, em algum sentido, a memória. Seja como for, é claro que, quando começa a falar, a criança já tem um hábito de reações similares a certo grupo de estímulos, hábito que, uma vez refletido, se torna crença na persistência dos objetos do senso comum. O mesmo deve ter se dado com a humanidade quando do desenvolvimento da linguagem. A metafísica dos objetos mais ou menos permanentes constitui a base do vocabulário e da sintaxe de toda e qualquer linguagem e é o fundamento do conceito de substância. O único ponto que, neste momento, quero destacar a esse respeito é que tudo isso resulta de um processo que intelectualiza a inferência animal envolvida no reconhecimento.

Chego agora à memória. O que quero dizer sobre a memória é o seguinte: sua confiabilidade geral, mas não invariável, constitui uma premissa do conhecimento científico que é necessária para se admitir a ciência como primordialmente verdadeira, mas que não é capaz de se tornar nem mesmo provável por meio de argumentos que não pressuponham a memória. Mais precisamente: quando me lembro de alguma coisa, é provável que aquilo de que me lembro tenha ocorrido, e posso formar alguma estimativa do grau de probabilidade pela vividez de minha recordação.

Mas, primeiro, esclareçamos o que se quer dizer, em termos lógicos, quando se fala que a memória é uma premissa do conhecimento. Seria um erro estabelecer uma afirmativa geral na forma: "aquilo que é lembrado provavelmente ocorreu". O mais certo seria dizer que cada exemplo de memória é que constitui uma premissa. Isto é, temos crenças sobre ocorrências passadas que não são inferidas de outras crenças, mas que, ainda assim, nós não devemos abandonar, a não ser com fundamentos muito convincentes. (Por "nós" aqui me refiro às pessoas versadas no método científico e cuidadosas quanto àquilo em que acreditam.) Esses fundamentos convincentes devem, necessariamente, envolver uma ou mais leis científicas, bem como questões de fato, as quais podem ser percebidas ou relembradas. Quando as bruxas de Macbeth desaparecem, ele duvida de que realmente as tenha visto, pois acredita na persistência dos objetos materiais. Mas, ainda que qualquer memória possa ser considerada enganosa, ela sempre tem certo peso, o que nos faz aceitá-la na ausência de provas em contrário.

Neste ponto, é preciso dizer algumas palavras sobre as leis científicas em oposição a fatos particulares. É somente admitindo leis que um fato pode tornar outro fato provável ou improvável. Se me lembro de que ao meio-dia de ontem estive nos Estados Unidos, mas que, cinco minutos depois, estava em Kamchatka, devo pensar que uma de minhas lembranças está equivocada, porque tenho a firme convicção de que não se pode fazer essa viagem em cinco minutos. Mas por que penso assim? Como empirista, sustento que as leis da natureza devem ser inferidas indutivamente a partir de fatos particulares. Mas como devo estabelecer fatos particulares acerca do tempo de duração de uma viagem? Está claro que tenho de confiar, pelo menos em parte, na memória, pois, do contrário, não saberei nem que fiz uma viagem. A prova definitiva de qualquer lei científica consiste de fatos particulares, juntamente com aqueles princípios de inferência científica que tenho por objetivo investigar. Quando digo que a memória é uma premissa, quero dizer que, entre os fatos sobre os quais se baseiam as leis científicas, alguns são admitidos somente porque são lembrados. No entanto, são admitidos somente como prováveis, e qualquer um deles pode vir a ser rejeitado mais tarde, depois que tenham sido descobertas leis científicas que tornem improvável a memória particular. Mas só chegamos a essa improbabilidade quando admitimos que a maioria das memórias é verídica.

A necessidade de se tomar a memória como premissa pode ficar mais evidente com a pergunta: que razão temos para rejeitar a hipótese de que o mundo só começou a existir cinco minutos atrás? Se o mundo tivesse começado apenas então, contendo pessoas com os hábitos e as supostas memórias que elas, de fato, teriam, não haveria nenhuma maneira possível de descobrir que também essas pessoas tinham acabado de começar a existir. E não há nada logicamente impossível nessa hipótese. Nada do que está acontecendo agora implica logicamente nada que tenha acontecido em outro tempo. E, como vimos, as próprias leis da natureza pelas quais inferimos o passado dependem, para que haja evidência em seu favor, de memórias. Em consequência, os fatos lembrados devem ser incluídos entre os fatos percebidos como parte de nossos dados, ainda que, em regra, nós lhes atribuamos menor grau de credibilidade em comparação com os fatos da percepção presente.

Devemos fazer aqui uma distinção que não tem pouca importância. Uma recordação é um fato presente: eu me lembro agora do que fiz ontem. Quando digo que a memória é uma premissa, não quero dizer que de minha recordação presente eu possa inferir o evento passado recordado. Isto pode ser verdadeiro em certo sentido, mas não é o fato mais importante dessa conexão. O importante é que a ocorrência passada é, por si mesma, uma premissa para meu conhecimento. Ela não pode ser inferida a partir do fato presente de minha recordação a menos que se assuma a confiabilidade geral da memória, ou seja, que um evento relembrado provavelmente aconteceu. É esta a memória-premissa do conhecimento.

Deve-se compreender que, quando digo que isto ou aquilo é uma premissa, não quero dizer que seja algo certamente verdadeiro; quero dizer apenas que se trata de uma coisa a ser considerada para se chegar à verdade, mas não em si mesma inferida de algo que se creia verdadeiro. A situação é a mesma de um julgamento criminal em que as testemunhas se contradizem. Cada testemunha tem um certo peso *prima facie*, e temos de procurar um sistema consistente que abranja o maior número de testemunhos possíveis.

Chego agora a outra fonte de conhecimento, a saber, o testemunho. Não penso que a confiabilidade geral do testemunho precise ser uma premissa da estrutura completa do conhecimento científico, mas é uma premissa dos estágios anteriores, e a inferência animal nos faz propensos a acreditar nela. Além disso, penso que iremos descobrir que, na estrutura completa da ciência, existe uma premissa geral que é necessária para se assegurar a confiabilidade provável do testemunho, bem como de algumas outras coisas.

Consideremos, primeiro, os argumentos do senso comum tais como teriam peso em um tribunal. Se doze pessoas, cada uma das quais mentindo na mesma frequência com que fala a verdade, testemunharem de maneira independente sobre certa ocorrência, a chance de que estejam prestando um depoimento verdadeiro seria de 1 para 4.095. Isto poderia ser considerado como uma certeza prática, a menos que as doze pessoas tivessem algum motivo especial para mentir. É algo que pode acontecer. Se dois navios colidirem no mar, todos os marinheiros de um navio vão jurar uma coisa, e todos os marinheiros do outro navio vão jurar o contrário. Se um dos navios for a pique com toda a tripulação, haverá um testemunho unânime, sobre o qual os advogados com experiência nesses casos irão, ainda assim, se mostrar céticos. Mas não precisamos prosseguir com esses argumentos, que são matéria para advogados, não para filósofos.

A prática do senso comum é aceitar o testemunho, a menos que haja razão positiva em contrário no caso particular em questão. A causa dessa prática, ainda que não sua justificação, é a inferência animal que parte de uma palavra ou sentença e segue até aquilo que essa palavra ou sentença significa. Se você estiver caçando um tigre e alguém gritar "tigre!", seu corpo entrará em um estado muito similar àquele em que entraria se você visse um tigre, a menos que você iniba seus impulsos. Tal estado é a crença de que um tigre está por perto; assim, você estaria acreditando no testemunho de alguém que gritou "tigre". A criação desses hábitos constitui metade do aprendizado de um idioma; a outra metade é a criação do hábito de dizer "tigre" quando você avista um animal desses. (Estou omitindo as sutilezas da gramática e da sintaxe.) Você pode, é claro, aprender a inibir o impulso à crença; pode vir a compreender que seu companheiro de caça é um brincalhão. Mas um impulso inibido ainda existe e, se deixasse de existir, você deixaria de entender a palavra "tigre". Isto se aplica mesmo a frases secas como "encontram-se tigres na Índia e na Ásia Oriental". Você pode pensar que ouviu essa frase sem sentir qualquer uma das emoções apropriadas diante de tigres e, ainda assim, de noite ter um pesadelo do qual acorda suando frio, mostrando que os impulsos apropriados à palavra "tigre" sobreviveram no subconsciente.

É essa credulidade primitiva acerca do testemunho que causa o sucesso da propaganda. A menos que seja uma pessoa extraordinariamente sofisticada, você acabará acreditando, de tanto e tão enfaticamente lhe dizerem, que tal sabão ou político é o melhor, resultando daí que o fabricante do sabão se tornará milionário e o político, ditador. Mas não quero me meter em política, então não direi mais nada sobre esse aspecto da crença no testemunho.

É preciso distinguir o testemunho da informação naquilo que diz respeito ao significado de uma palavra, mesmo que essa distinção nem sempre seja fácil. Você aprendeu o uso correto da palavra "gato" porque seus pais diziam "gato" sempre que você estivesse vendo um gato. Se nisso eles não tivessem sido suficientemente verdadeiros – se às vezes dissessem "cachorro", ou "vaca", ou "crocodilo" quando você visse um gato –, você jamais teria aprendido a falar corretamente. O fato de aprendermos a falar corretamente é testemunha da veracidade habitual dos pais. Mas, enquanto do ponto de vista dos pais o proferir da palavra "gato" é uma afirmação, do ponto de vista da criança é apenas mais um passo na aquisição de hábitos de linguagem. Somente depois de a criança conhecer o significado da palavra "gato" é que seu proferir se torna uma afirmativa também para ela.

O testemunho é muito importante em um aspecto: ele ajuda a construir a distinção entre o mundo comparativamente público dos sentidos e o mundo privado do pensamento, a qual já se encontra bem estabelecida quando começa o pensamento científico. Certa vez, eu estava palestrando perante uma grande plateia quando um gato se esgueirou para dentro do auditório e se deitou a meus pés. O comportamento da plateia me convenceu de que eu não estava sofrendo uma alucinação. Algumas de nossas experiências parecem, pelo comportamento dos outros (incluindo seu testemunho), ser comuns a todos que estejam dentro de certa proximidade e fazendo uso dos sentidos normais. Os sonhos não têm esse caráter público, não mais que a maioria dos "pensamentos". Deve-se notar que o caráter público do (digamos) ruído do trovão é uma inferência, originalmente uma inferência animal. Ouço um trovão e uma pessoa ao meu lado diz "trovão". Infiro que ela ouviu um trovão e, até que me torne um filósofo, faço essa inferência com meu corpo. Ou seja, sem passar por um processo "mental", minha mente surge acreditando que essa pessoa ouviu o trovão. Quando me torno filósofo, tenho de examinar as propensões inferenciais do corpo, incluindo a crença em um mundo público que o corpo inferiu ao observar comportamentos (especialmente comportamentos de fala) similares aos seus.

Do ponto de vista do filósofo, a questão mais interessante não é apenas saber se o testemunho que você ouve quer ser verdadeiro, mas, sim, se tem alguma intenção de transmitir informações. Existem aqui vários exemplos que levam à ausência de significado. Quando ouve um ator no palco dizer *"I have supped full with horrors"* [empanturrei-me de coisas horrorosas], você não pensa que ele esteja reclamando das provisões e sabe que suas afirmativas não pedem que nelas se acredite. Quando ouve a voz de uma soprano no gramofone, lamentando a infidelidade de seu amante em tons angustiosos, você sabe que não tem nenhuma dama dentro da vitrola e que a cantora que gravou o disco não estava expressando suas próprias emoções, tinha apenas a intenção de lhe proporcionar prazer na contemplação de um sofrimento imaginário. Isto para não falar daquele fantasma escocês do século XVIII que vivia repetindo *"Once I was hap-hap-happy but now I am meeeserable"* [Outrora fui feliz, mas agora estou acabado] e que, no fim das contas, era apenas um espeto enferrujado. Enfim, temos também as pessoas nos nossos sonhos, que nos dizem todo tipo de coisa, mas, ao acordarmos, sabemos que ninguém nos disse nada.

Por todas essas razões, não podemos aceitar o testemunho por seu valor de face. Surge a questão: por que deveríamos aceitá-lo, em absoluto?

Dependemos aqui, como dependemos quando acreditamos em ondas de som e de luz, de uma inferência que vai além de nossa experiência. Por que nem tudo que nos parece ser testemunho se assemelha ou ao ranger daquele espeto enferrujado ou à fala das pessoas nos sonhos? Não podemos refutar essa hipótese nos apoiando na experiência, pois nossa experiência pode ser exatamente a mesma, seja a hipótese verdadeira ou falsa. E, em qualquer inferência que esteja além da experiência futura ou passada, não podemos nos apoiar na indução. A indução defende que, se muitas vezes se *encontrou* A seguido de B, é provável que se encontre A seguido de B também da próxima vez. Trata-se de um princípio que permanece inteiramente dentro da experiência, real ou possível.

No caso do testemunho, dependemos da *analogia*. O comportamento dos corpos das outras pessoas – e, especialmente, seus comportamentos de fala – é notadamente similar ao nosso, e nosso próprio comportamento é notadamente associado a fenômenos "mentais". (Por enquanto, não importa o que queremos dizer com "mental".) Argumentamos, portanto, que o comportamento das outras pessoas também se associa a fenômenos "mentais". Aliás, aceitamos isso primeiro como uma inferência animal e inventamos o argumento da analogia depois, para racionalizar uma crença já existente.

A analogia difere da indução – pelo menos na maneira como estou empregando as palavras – devido ao fato de que não se pode verificar uma inferência analógica quando esta passa fora da experiência. Não conseguimos entrar nas mentes dos outros para observarmos os pensamentos e emoções que inferimos a partir de seus comportamentos. Devemos, portanto, aceitar a analogia – no sentido em que ela vai além da experiência – como uma premissa independente do conhecimento científico, ou, então, precisamos encontrar algum outro princípio igualmente eficaz.

O princípio da inferência analógica terá de ser mais ou menos o seguinte: dada uma classe de casos na qual A é acompanhado ou sucedido por B, e outra classe de casos na qual não se pode assegurar se B está presente ou não, há uma probabilidade (variando conforme as circunstâncias) de que nesses casos B também esteja presente.

Não é uma formulação exata e vai precisar de várias limitações. Mas os necessários refinamentos adicionais não fariam muita diferença no que diz respeito ao problema que agora nos preocupa.

Quando se trata de coisas como ondas sonoras e ondas de luz, implica-se aí um passo a mais para fora da experiência. Vamos nos concentrar nas primeiras. Suponhamos que em um ponto O, de onde se irradiam muitas estradas, você coloque uma carga de pólvora e que, em dado momento, você provoque sua explosão. A cada cem metros ao longo dessas estradas foi posicionado um observador com uma bandeira. Uma pessoa postada em um balão estacionário observa todos os observadores, os quais têm ordens para agitar as bandeiras assim que ouvirem o barulho da pólvora explodindo. Descobre-se que os observadores que estão equidistantes de O agitam suas bandeiras no mesmo momento, ao passo que aqueles que se encontram mais longe de O agitam as bandeiras um pouco depois; além disso, o tempo que se passa entre a explosão e o agitar da bandeira de um observador é proporcional à sua distância em relação a O. Infere-se pela ciência (e também pelo senso comum) que algum processo viaja para longe de O e que, portanto, está acontecendo alguma coisa relacionada com o som, não apenas onde há observadores, mas também onde não há ninguém. Nessa inferência, vamos além de toda experiência, e não apenas além de nossa experiência pessoal, como no caso do testemunho. Não podemos, portanto, interpretar a ciência inteiramente em termos de experiência, nem mesmo quando incluímos todas as experiências.

Vamos chamar, provisoriamente, o princípio utilizado nessa inferência de princípio da continuidade espaçotemporal em leis causais. É a mesma coisa que a negação de uma ação a distância. Não podemos acreditar que os sons chegam sucessivamente a sucessivos observadores a menos que algo esteja viajando pelo espaço entre eles. Se o negarmos, nosso mundo se tornará fragmentado demais para que seja crível. A base de nossa crença, presumivelmente, é a continuidade de todos os movimentos observados; assim talvez se possa estender a analogia para que ela cubra essa inferência. No entanto, ainda há muito o que dizer antes que nos fiquem claros os princípios que governam tais inferências. Deixarei para um capítulo mais adiante as considerações ulteriores sobre esse tema.

Até aqui, dediquei-me a coletar exemplos prontos e concretos de inferências científicas elementares. Resta conferir maior precisão aos resultados de nossas investigações preliminares.

Encerrarei com um resumo dos resultados de nossa discussão em tela.

Quando começamos a refletir, descobrimos que estamos possuídos por inúmeros hábitos que se podem chamar de "inferências animais". Esses hábitos consistem em agir na presença de A mais ou menos como deveríamos fazê-lo na presença de B, o que resulta da conjunção passada entre A e B em nossa experiência. Esses hábitos, quando tomamos consciência deles, causam crenças como "A é sempre (ou geralmente) seguido por B". Essa é uma das principais fontes do acervo de crenças que temos em mãos quando começamos a ser científicos; ela inclui, em particular, a compreensão da linguagem.

Outra crença pré-científica que sobrevive na ciência é a crença em objetos mais ou menos permanentes, tais como pessoas e coisas. O progresso da ciência aperfeiçoa essa crença e não resta muito dela na moderna teoria quântica, mas mal se poderia criar ciência sem ela.

A confiabilidade geral, mas não universal, da memória é um postulado independente. É necessária para muito de nosso conhecimento e não pode ser estabelecida por inferência a partir de nada que não a admita.

O testemunho, assim como a memória, faz parte das fontes de nossas crenças primitivas. Mas não é preciso transformá-lo em premissa, uma vez que ele pode se fundir com a premissa mais ampla da *analogia*.

    Por fim, para inferirmos coisas como ondas de som e de luz, precisamos de um princípio que se pode chamar de princípio da continuidade causal espaçotemporal, ou de negação da ação a distância. Mas este último princípio é complicado e demanda mais discussão.

4.
Física e experiência

A questão a ser discutida neste capítulo tem recebido, a meu ver, pouquíssima consideração. É a seguinte: assumindo-se que a física seja, falando de maneira geral, verdadeira, podemos saber que é verdadeira? E, se a resposta for afirmativa, ela envolve o conhecimento de outras verdades além daquelas que pertencem à física? Poderíamos descobrir que, se o mundo fosse mesmo como a física diz que é, nenhum organismo conseguiria conhecê-lo como tal; ou que, para um organismo consegui-lo, deveria conhecer algumas outras coisas além da física, mais particularmente, certos princípios de inferência provável.

Essa questão se torna aguda por meio do problema da percepção. Desde os primeiros tempos, existiram dois tipos de teoria da percepção: uma empírica, outra idealista. De acordo com a teoria empírica, algumas cadeias contínuas de causação levam do objeto ao sujeito da percepção, e o que se chama de "perceber" o objeto é o último elo dessa cadeia, ou, melhor, o último antes de a cadeia começar a levar para fora do corpo do percipiente, e não para dentro dele. Já de acordo com a teoria idealista, quando acontece de um sujeito da percepção estar próximo a um objeto, uma iluminação divina faz sua alma ter uma experiência parecida com o objeto.

Cada uma dessas teorias tem suas dificuldades.

A teoria idealista encontra sua origem em Platão, mas alcança seu ápice lógico em Leibniz, que afirmava que o mundo consiste de mônadas que jamais interagem, mas que passam todas por desenvolvimentos paralelos, de modo que aquilo que acontece comigo a qualquer instante tem uma similaridade com o que está acontecendo a você no mesmo instante. Quando você pensa que mexe o braço, penso que vejo você mexendo-o; assim, estamos ambos iludidos, e antes de Leibniz ninguém foi tão incisivo em desmascarar essa ilusão, que ele toma como a melhor prova da bondade de Deus. Essa teoria é fantástica e contou com poucos adeptos; mas, em formas menos lógicas, partes da teoria idealista da percepção podem ser encontradas mesmo entre aqueles que dela se julgam muito distantes.

A filosofia é uma ramificação da teologia, e a maioria dos filósofos, a exemplo de Malvolio, "pensa nobremente sobre a alma". Eles estão, portanto, predispostos a dotá-la de poderes mágicos e a supor que a relação entre o perceber e aquilo que é percebido deve ser algo absolutamente distinto da causação física. Essa opinião é reforçada pela crença de que a mente e a matéria são completamente díspares e que a percepção, que é um fenômeno mental, deve ser totalmente diferente de uma ocorrência no cérebro, que é tudo que se pode atribuir à causação física.

A teoria de que a percepção depende de uma cadeia de causação física pode ser complementada pela crença de que a todo estado do cérebro "corresponde" um certo estado da mente, e vice-versa, de modo que, dado o estado do cérebro ou o estado da mente, o outro pode ser inferido por qualquer pessoa que entenda suficientemente a correspondência. Quando se afirma que não há interação causal entre mente e cérebro, isto é apenas uma nova forma da harmonia preestabelecida. Mas se a causação é vista – como os empiristas geralmente o fazem – como nada além de uma sequência ou concomitância invariável, então a suposta correspondência entre cérebro e mente envolve, tautologicamente, uma interação causal. Toda a questão da dependência da mente ao corpo ou do corpo à mente tem se realizado em uma obscuridade desnecessária, por conta das emoções implicadas. Os fatos estão bem claros. Certas ocorrências observáveis são comumente chamadas de "físicas", certas outras, de "mentais"; às vezes, ocorrências "físicas" aparecem como causas de ocorrências "mentais", às vezes se dá o contrário. Uma pancada me causa dor, uma volição me causa o movimento do braço. Não há motivos para se questionar nenhuma dessas conexões causais, ou, pelo menos, nenhum motivo que não se aplique igualmente a toda e qualquer conexão causal.

Essas considerações eliminam um conjunto de dificuldades que se impõe no caminho da aceitação da teoria física da percepção.

Os argumentos do senso comum em favor da causação física das percepções são tão fortes que somente preconceitos muito poderosos poderiam colocá-los sob questionamento. Quando fechamos os olhos, nada vemos, quando tapamos os ouvidos, nada ouvimos, quando estamos sob efeitos anestésicos, nada percebemos. A aparência que uma coisa apresenta pode ser alterada pela icterícia, pela miopia, pelos microscópios, pela neblina etc. O instante em que ouvimos um som depende de nossa distância em relação a seu ponto físico de origem. O mesmo vale para o que vemos, embora a velocidade da luz seja tão grande que, em se tratando de objetos terrestres, o tempo entre uma ocorrência e nossa percepção visual é inapreciável. Se é por iluminação divina que percebemos os objetos, deve-se admitir que a iluminação se adapta às condições físicas.

Há, no entanto, duas objeções à causação física das percepções. Uma é que ela torna impossível, ou pelo menos muito difícil, a suposição de que objetos externos sejam aquilo que parecem ser; a outra é que ela parece tornar duvidoso que as ocorrências a que chamamos de "percepções" possam mesmo ser fonte de conhecimento do mundo físico. Pode-se ignorar a primeira dessas objeções como mero preconceito, mas a segunda é bastante importante.

O problema é o seguinte: todo empirista afirma que nosso conhecimento das questões de fato deriva da percepção, mas, se a física for verdadeira, deve haver tão pouca semelhança entre o objeto de nossa percepção e suas causas externas que seria difícil ver como poderíamos adquirir um conhecimento dos objetos externos a partir dos objetos da percepção. O problema fica ainda mais complicado pelo fato de a física ter sido inferida a partir da percepção. Historicamente, os físicos partiram do realismo ingênuo, ou seja, da crença de que os objetos externos são exatamente o que parecem ser; com base nessa suposição, eles desenvolveram uma teoria que tornou a matéria algo um tanto diferente daquilo que percebemos. Assim, sua conclusão contradisse sua própria premissa, embora ninguém, à exceção de uns poucos filósofos, o notasse. Nós, portanto, temos de decidir se, sendo verdadeira a física, a hipótese do realismo ingênuo pode ser modificada a ponto de haver uma inferência válida a partir dos objetos de percepção até a física. Em uma palavra: se a física é verdadeira, é possível que seja conhecida?

Tentemos, primeiro, definir o que queremos dizer com a hipótese de que a física é verdadeira. Quero adotar essa hipótese apenas até o ponto em que ela tenha apelo ao senso comum das pessoas instruídas. Vemos que as teorias dos físicos estão sempre passando por modificações, de modo que nenhum cientista prudente pode esperar que qualquer teoria física permaneça imutável daqui a cem anos. Mas, quando as teorias se modificam, a alteração usualmente tem apenas um efeito diminuto no que tange aos fenômenos observáveis. A diferença *prática* entre a teoria da gravitação de Einstein e a de Newton é mínima, ainda que a diferença *teórica* seja imensa. Além disso, em toda teoria nova existem algumas partes que parecem bem certas, enquanto outras permanecem bastante especulativas. A substituição einsteiniana do espaço e tempo pelo espaço-tempo representa uma mudança na linguagem para a qual há o mesmo tipo de fundamentos que houve para a transformação copernicana da linguagem. Essa parte da teoria de Einstein pode ser aceita com confiança considerável. Mas a opinião de que o universo é uma esfera tridimensional de diâmetro finito continua sendo especulativa; ninguém se surpreenderia se fossem encontradas evidências que levassem os astrônomos a descartarem esse modo de falar.

Ou tomemos, uma vez mais, a teoria física da luz. Ninguém duvida que a luz viaje a uma velocidade de aproximadamente 300 mil quilômetros por segundo, mas, se ela consiste de ondas ou de partículas chamadas fótons, isso é questão em debate. No caso do som, por outro lado, pode-se afirmar que a teoria da onda está firmemente estabelecida.

Toda teoria física que consegue sobreviver passa por três estágios. No primeiro, é matéria controversa entre os especialistas;

no segundo, os especialistas concordam que é a teoria que melhor acomoda as provas disponíveis, embora se possa muito bem descobrir, tempos depois, que ela é incompatível com as novas evidências; no terceiro estágio, pensa-se que é muito improvável que qualquer nova evidência possa fazer muito mais que a aprimorar.

Quando digo que devo admitir que a física é verdadeira, quero dizer que devo aceitar aquelas partes da física que alcançaram o terceiro estágio não como certas, mas como algo mais provável que qualquer especulação filosófica e, portanto, adequadas para que os filósofos as aceitem como premissa de seus argumentos.

Vejamos agora o que as partes mais certas da física têm a dizer que seja relevante para nosso problema.

As grandes descobertas físicas do século XVII se deram por meio de duas hipóteses de trabalho. Uma delas era a de que, no mundo físico, as leis causais só precisavam levar em conta a matéria e o movimento, sendo a matéria composta de partículas que persistiam no tempo, mas que mudavam continuamente suas posições no espaço. Supunha-se que, no tocante à física, não havia necessidade de levar em conta nada a respeito das partículas, a não ser sua posição no espaço nos vários momentos; ou seja, podíamos supor que as partículas diferiam apenas na posição, não na qualidade. A princípio, isto não era muito mais que uma definição da palavra "física"; quando se tornou necessário levar em conta as diferenças qualitativas, tivemos de nos preocupar com uma outra área do conhecimento, chamada "química". Durante o presente século, no entanto, a teoria moderna do átomo, teoricamente, reduziu a química à física. Isto estendeu enormemente o escopo da hipótese de que as diferentes partículas da matéria diferiam apenas quanto à posição.

Essa hipótese se aplica também à fisiologia, ou o comportamento da matéria viva se sujeita a leis diferentes daquelas que governam a matéria morta? Os vitalistas sustentam esta última opinião, mas penso que a primeira tem mais peso de autoridade a seu favor. O que se pode dizer é que, quando se compreende um processo fisiológico, logo se descobre que ele segue as leis da física e da química e que, além disso, não há processo fisiológico que não seja claramente explicável por essas leis. A melhor hipótese, portanto, é que se pode reduzir a fisiologia à física e à química. Mas essa hipótese não tem o mesmo grau de certeza quanto à redução da química à física.

Daqui em diante, irei assumir que a primeira das hipóteses de trabalho do século XVII, a qual se pode chamar de hipótese da homogeneidade da matéria, se aplica a todo o mundo físico e tanto à matéria viva quanto à morta. Não ficarei repetindo que não temos certeza de que essa teoria seja verdadeira; deve-se considerar coisa dita de uma vez por todas. Admitirei a teoria porque o peso da evidência me parece muito forte a seu favor, ainda que não conclusivo.

A segunda hipótese de trabalho do século XVII pode ser chamada de hipótese da independência das causas; ela está incorporada na lei do paralelogramo. Em sua forma mais simples, diz coisas como: se você caminhar por um minuto no convés de um navio em movimento, chegará ao mesmo ponto, em relação à água, que chegaria se ficasse parado por um minuto enquanto o navio avançasse, e então o navio ficasse parado por um minuto enquanto você fizesse sua caminhada pelo convés. Falando de maneira mais geral: quando um corpo se encontra sujeito a várias forças, o resultado da ação simultânea de todas elas por determinado período de tempo é o mesmo que o de sua ação em sequência, cada uma por determinado período de tempo — se o período de tempo for muito curto, isso será quase verdadeiro, quanto mais curto o período, mais verdadeiro. Por exemplo: a Lua é atraída tanto pela Terra quanto pelo Sol; em um segundo, ela se move quase como se, por um segundo, não fosse atraída por nenhum deles, e continuasse a se mover como antes; e então, por outro segundo, ela se moveria como se (partindo do repouso) fosse atraída apenas pela Terra, e depois, por outro segundo ainda, como se (partindo do repouso) fosse atraída apenas pelo Sol. Se tomarmos um tempo mais curto que um segundo, isso será mais aproximadamente verdadeiro, chegando ao limite da completa verdade à medida que o período de tempo diminui indefinidamente.

Esse princípio é, em termos técnicos, da maior importância. Ele nos permite, quando estudamos os efeitos de várias forças separadas agindo isoladamente, calcular o efeito de sua ação conjunta. Trata-se da base dos métodos matemáticos empregados na física tradicional. Mas deve-se dizer que não é evidente por si mesmo, salvo em casos simples, como o do homem que caminha pelo convés do navio. Em outros casos, é de se acreditar que funcione, mas não deveremos nos surpreender se descobrirmos que às vezes não funciona. Tal princípio teve de ser abandonado na teoria quântica do átomo, ainda que esse abandono talvez não seja definitivo. Seja como for, essa segunda hipótese de trabalho está muito menos estabelecida que a primeira. Ela se sustenta, pelo menos aproximativamente, em um campo vasto, mas não há bons fundamentos para se crer que seja universal.

O século XX modificou bastante as pressuposições da física. Primeiro, há um agregado de eventos de quatro dimensões, em vez das duas dimensões espaço e tempo; segundo, as leis causais não são suficientes para determinar eventos individuais, mas apenas distribuições estatísticas; terceiro, a mudança é provavelmente descontínua. Essas modificações seriam mais importantes do que são para nós não fosse o fato de a segunda e a terceira se aplicarem efetivamente apenas a fenômenos microscópicos e de serem macroscópicas as ocorrências físicas, tais como a fala, associadas a eventos "mentais". Portanto, se um corpo humano trabalha inteiramente de acordo com as leis da física, ainda seria correto usar as leis da física clássica para se determinar o que um homem irá dizer e, de maneira geral, quais serão os movimentos de larga escala desse corpo.

Isto nos traz ao problema da relação entre a mente e a matéria, uma vez que a percepção normalmente é considerada "mental", ao passo que o objeto percebido e o estímulo para a percepção são considerados "físicos". Minha crença particular é a de que não há qualquer dificuldade quanto a esse problema. As dificuldades que se supõe existirem têm sua origem em uma metafísica e uma ética ruins. Mente e matéria, diz-se, são duas substâncias e são completamente díspares. A mente é nobre, a matéria é vil. O pecado consiste na sujeição da mente ao corpo. O conhecimento, sendo uma das mais nobres atividades mentais, não pode depender dos sentidos, pois os sentidos marcam uma forma de sujeição à matéria e são, portanto, ruins. Daí a objeção platônica a identificar conhecimento com percepção. Tudo isso, você talvez esteja pensando, é antiquado, mas o fato é que deixou uma trilha de preconceitos difícil de superar.

No entanto, a distinção entre mente e matéria dificilmente teria surgido se não houvesse algum fundamento. Devemos procurar, portanto, uma ou mais distinções análogas a essa distinção entre mente e matéria. Definirei a ocorrência "mental" como a que se pode conhecer sem inferência. Mas examinemos algumas definições mais convencionais.

Não podemos usar a distinção cartesiana entre pensamento e extensão, nem mesmo nos termos de Leibniz, segundo o qual a extensão envolve pluralidade e, portanto, não pode ser atributo de uma única substância. Mas podemos tentar uma distinção análoga. Coisas materiais, podemos dizer, têm relações espaciais, ao passo que coisas mentais não as têm. O cérebro está na cabeça, mas os pensamentos, não — pelo menos é o que nos asseguram os filósofos. Esse ponto de vista se deve a uma confusão entre os diferentes significados da palavra "espaço". Entre as coisas que vejo em determinado momento há relações espaciais que fazem parte dos objetos de minha percepção; se os objetos são "mentais", então as relações espaciais que são ingredientes da percepção também são "mentais". O realismo ingênuo identifica meus objetos da percepção com coisas físicas; supõe que o Sol do astrônomo seja o mesmo que eu vejo. Isto envolve a identificação das relações espaciais de meus objetos da percepção com aquelas das coisas físicas. Muitas pessoas conservam esse aspecto do realismo ingênuo, embora tenham rejeitado todo o resto.

Mas essa identificação é indefensável. As relações espaciais da física se dão entre elétrons, prótons, nêutrons etc., os quais não percebemos; as relações espaciais de objetos visuais se dão entre coisas que percebemos e, em última análise, entre *nuances* de cores. Há uma correlação entre o espaço físico e o espaço visual, mas se trata de uma correlação bem grosseira. Primeiro: as profundidades ficam invisíveis quando são grandes. Segundo: o tempo é diferente; o lugar em que o Sol parece estar agora corresponde ao lugar em que o Sol físico esteve oito minutos atrás. Terceiro: o objeto da percepção está sujeito a mudanças que o físico não atribui a mudanças no objeto; por exemplo, as que são provocadas pelas nuvens, os telescópios, o estrabismo ou o fechar dos olhos. A correspondência entre a percepção e o objeto físico é, portanto, apenas aproximada e não é mais exata no que se refere às relações espaciais do que em outros aspectos. O Sol do físico não é idêntico ao Sol da minha percepção, e os 150 milhões de quilômetros que o separam da Lua não são idênticos à relação espacial que existe entre o Sol visual e a Lua visual quando acontece de eu ver os dois ao mesmo tempo.

Quando digo que algum objeto está "fora" de mim, posso estar me referindo a duas coisas diferentes. Posso estar dizendo que tenho um objeto da percepção que está fora do meu corpo perceptual em um espaço perceptual, ou posso estar dizendo que existe um objeto físico que está fora do meu corpo enquanto objeto físico no espaço da física. Em geral, há uma correspondência grosseira entre ambos. A mesa que vejo agora está fora de meu corpo, pois a vejo no espaço perceptual, e a mesa física está fora de meu corpo físico no espaço físico. Mas, às vezes, a correspondência falha. Tenho um sonho, digamos, com um acidente ferroviário: vejo o trem cair em um desfiladeiro e ouço os gritos dos feridos. Esses objetos sonhados estão genuína e verdadeiramente "fora" do meu corpo que sonha em meu próprio espaço perceptual. Mas, quando acordo, percebo que todo o sonho aconteceu por causa de um ruído no meu ouvido. E, quando digo que o ruído está no meu ouvido, quero dizer que a fonte física do som que ouço está "no" meu ouvido como um objeto físico no espaço físico. Em outro sentido, podemos dizer que todos os ruídos estão no nosso ouvido, mas, se confundirmos esses dois sentidos, o resultado será um emaranhado inextricável.

Generalizando, podemos dizer que qualquer objeto de minha percepção que não seja meu corpo está "fora" do meu corpo perceptual no espaço perceptual, e, se a percepção não for enganosa, o objeto físico estará "fora" de meu corpo físico no espaço físico. Não se segue daí que o objeto de minha percepção esteja fora de meu corpo físico. Na verdade, tal hipótese não faz sentido *prima facie*, ainda que se possa, como veremos, encontrar um sentido para ela, o qual será falso.

Podemos agora começar a abordar nossa questão central, a saber: o que queremos dizer com "objeto da percepção" e como ele pode ser fonte do conhecimento de algo que não si mesmo?

O que é um "objeto da percepção"? Na maneira como utilizo essas palavras, é o que acontece quando, em termos de senso comum, vejo ou ouço alguma coisa ou então acredito ter notado alguma coisa por meio de meus sentidos. O Sol, acreditamos, está sempre lá, mas só às vezes o vejo: não o vejo à noite, nem quando o tempo está nublado, nem quando estou ocupado com alguma outra tarefa. Mas às vezes o vejo. E, a cada vez que o vejo, o Sol tem uma certa semelhança com todas as outras ocasiões, o que me permitiu, ainda na infância, aprender a empregar a palavra "Sol" nos casos corretos. Algumas das semelhanças entre as diferentes ocasiões em que vejo o Sol estão obviamente em mim; por exemplo, preciso ficar com os olhos abertos e me voltar para a direção certa. Não consideramos, portanto, que estas sejam propriedades do Sol. Mas existem outras semelhanças que, até onde pode ver o senso comum, não dependem de nós: quando vejo o Sol, ele é quase sempre redondo, brilhante e quente. As poucas ocasiões em que o Sol não parece assim são facilmente explicáveis por conta de uma névoa ou eclipse. O senso comum, então, diz: há um objeto que é redondo, brilhante e quente; o tipo de evento chamado "ver o Sol" consiste em uma relação entre mim e esse objeto, e, quando essa relação acontece, estou "percebendo" o objeto.

Mas, nesse ponto, a física intervém de maneira bem constrangedora. Ela nos assegura que o Sol não é "brilhante" no sentido em que normalmente entendemos a palavra; é uma fonte de raios de luz que têm certo efeito sobre olhos, nervos e cérebros, mas quando esse efeito está ausente por não encontrar um organismo vivo, não há nada que se possa propriamente chamar de "brilho". Essas mesmas considerações se aplicam às palavras "quente" e "redondo" – pelo menos se "redondo" for compreendido como uma qualidade perceptível. Além disso, ainda que você esteja vendo o Sol agora, o objeto físico a ser inferido a partir de sua visão existiu oito minutos atrás; se, nesses minutos, o Sol se apagasse, você ainda o veria exatamente como o vê. Não podemos, portanto, identificar o Sol físico com o que vemos; no entanto, o que vemos é nossa maior razão para acreditarmos no Sol físico.

Admitindo-se a verdade da física, o que há em suas leis que justifique inferências a partir dos objetos da percepção até os objetos físicos? Antes que possamos discutir essa questão de maneira adequada, precisamos determinar o lugar dos objetos da percepção no mundo da física. Há uma peculiaridade aqui: a física nunca menciona os objetos da percepção, exceto quando fala da verificação empírica de suas leis; mas, se suas leis não se preocupam com os objetos da percepção, como estes poderão provar aquelas? Devemos ter essa questão em mente durante as discussões a seguir.

A questão da posição dos objetos da percepção nas cadeias causais da física é diferente daquela do *status* cognitivo dos objetos da percepção, embora sejam questões interligadas. Neste momento, estou interessado na localização dos objetos da percepção nas cadeias causais. Ora, um objeto da percepção – digamos, o ouvir de um ruído – tem uma série de antecedentes, que viajam no espaço-tempo desde a fonte física do ruído até os ouvidos e o cérebro. A experiência que chamamos de "ouvir o ruído" é, tanto quanto se possa determinar, simultânea ao término cerebral da cadeia causal física. Se o ruído é do tipo que provoca um movimento corporal, o movimento começa quase imediatamente depois do "ouvir o ruído". Se quisermos encaixar esse "ouvir o ruído" em uma cadeia causal física, deveremos, então, conectá-lo à mesma região do espaço-tempo dos eventos cerebrais que o acompanham. E isto se aplica também ao ruído como algo percebido. A única região do espaço-tempo com que esse ruído tem alguma conexão direta é o estado presente do cérebro de quem ouve; a conexão com a fonte física do som é indireta. Exatamente o mesmo se aplica às coisas vistas.

Quero minimizar as suposições metafísicas a serem feitas nessa conexão. Você pode dizer que mente e matéria interagem, ou que, como afirmam os cartesianos, correm em paralelo, ou que, como acreditam os materialistas, ocorrências mentais são meras concomitantes de certas ocorrências físicas, determinadas por elas, mas sem nenhuma influência recíproca sobre eventos físicos. O que você diz a esse respeito não tem importância no argumento que estou montando. O que estou dizendo é algo óbvio para o senso comum instruído: quer consideremos o objeto da percepção, quer consideremos o estado simultâneo do cérebro, a localização causal de ambos se encontra em posição intermediária entre as ocorrências nos nervos aferentes, que constituem o estímulo, e as ocorrências nos nervos eferentes, que constituem a reação.

Isto se aplica não apenas ao perceber, que naturalmente tomamos como "mental", mas também àquilo que experimentamos quando percebemos. Ou seja, isto se aplica não apenas ao "ver o Sol", mas também ao Sol, se por "o Sol" quisermos dizer algo que um ser humano consegue experimentar. O Sol do astrônomo é inferido, não é nem quente nem brilhante, e existiu oito minutos antes do que podemos chamar de vê-lo. Se vejo o Sol e ele me faz fechar os olhos, o que vejo não está a 150 milhões de quilômetros e oito minutos de distância, mas está causalmente (e, portanto, espaçotemporalmente) em posição intermediária entre as ondas de luz que atingem meus olhos e o consequente fechar os olhos.

A opinião dualista sobre a percepção, relação de um sujeito com um objeto, é uma opinião que agora a maioria dos empiristas abandonou, seguindo a trilha de William James. A distinção entre "ver o Sol" como evento mental e o objeto imediato de minha visão agora é, em geral, rejeitada como inválida, e com isso estou de acordo. Mas muitos dos que compartilham de minha opinião ainda assim aderem, inconsistentemente, a alguma forma de realismo ingênuo. Se minha visão do Sol é idêntica ao Sol que estou vendo, então o Sol que estou vendo não é o Sol do astrônomo. Exatamente pelos mesmos motivos, as mesas e cadeiras que vejo, se forem idênticas à minha visão, não estarão localizadas onde a física diz que estão, mas, sim, onde minha visão está. Você pode dizer que minha visão, por ser mental, não está no espaço; se você o fizer, não irei discutir. Mas insistirei que existe uma, e apenas uma, região do espaço-tempo com que minha visão está sempre ligada causalmente, e essa região é meu cérebro no momento em que vejo. E exatamente o mesmo vale para todos os objetos da percepção dos sentidos.

Agora temos condições de considerar a relação entre uma ocorrência física e a subsequente ocorrência popularmente tomada como "vê-la". Consideremos, por exemplo, o clarão de um relâmpago em uma noite escura. Para o físico, o raio é uma descarga elétrica que faz que ondas eletromagnéticas viajem para longe da região onde se deu o fenômeno. Essas ondas, caso não encontrem matéria opaca, apenas viajam para mais além; mas, quando encontram matéria opaca, sua energia passa por transformações. Quando acontecem de encontrar um olho humano ligado a um cérebro humano, ocorre todo tipo de coisas complicadas, as quais são objeto de estudo do fisiologista. No momento em que esse processo causal chega ao cérebro, a pessoa a quem pertence o cérebro "vê" o clarão. Essa pessoa, se não estiver familiarizada com a física, vai pensar que o clarão *é* o que acontece quando ela "vê" o raio; ou, então, vai pensar que o que acontece é uma relação entre ela mesma e o clarão, chamada "perceber" o clarão. Se estiver familiarizada com a física, a pessoa não vai pensar nada disso, mas ainda irá sustentar que o tipo de coisa que acontece quando ela "vê" o clarão fornece uma base adequada para o conhecimento do mundo físico.

Agora podemos, enfim, abordar a questão: como e em que medida os objetos da percepção podem ser fonte do conhecimento dos objetos físicos? Um objeto da percepção, nós já concordamos, vem ao fim de uma cadeia causal que começa no objeto. (É claro que nenhuma cadeia causal realmente começa ou termina. De outro ponto de vista, o objeto da percepção é um começo; ele começa a reação a um estímulo.) Se o objeto da percepção deve ser fonte do conhecimento do objeto, deve então ser possível inferir a causa a partir do efeito, ou, pelo menos, inferir algumas características da causa. Nessa inferência inversa do efeito até a causa, irei, por enquanto, admitir as leis da física.

Se os objetos da percepção devem permitir inferências até os objetos, o mundo físico deve então conter cadeias causais mais ou menos separáveis. Neste momento, posso ver várias coisas — folhas de papel, livros, árvores, muros e nuvens. Se a separação dessas coisas no meu campo visual corresponde a uma separação física, cada uma delas deverá iniciar sua própria cadeia causal, chegando a meus olhos sem muita interferência das outras. A teoria da luz nos assegura que é isso que acontece. Ondas de luz que emanam de uma fonte irão, nas circunstâncias adequadas, seguir seu percurso praticamente intocadas por outras ondas de luz na mesma região. Mas, quando ondas de luz encontram um objeto refletor ou refrator, essa independência do meio desaparece.

Isto é importante na hora de decidir *qual* é o objeto que supomos ver. Durante o dia, praticamente toda a luz que alcança nossos olhos vem, em última instância, do Sol, mas não dizemos que estamos vendo apenas o Sol. Estamos vendo a última região depois da qual o percurso da luz viajou praticamente desimpedido até chegar a nossos olhos. Quando a luz se reflete ou se espalha, consideramos, em regra, que ela nos faz ver o último objeto a partir do qual se refletiu ou se espalhou; quando ela se refrata, consideramos que ainda estamos vendo a fonte anterior, embora isso não esteja correto. A luz refletida, no entanto, nem sempre é considerada como algo que fornece percepção do refletor; não é assim considerada quando a reflexão é exata, como a de um espelho. O que vejo quando estou me barbeando é aquilo que considero ser meu rosto. Mas, quando a luz do Sol se reflete em uma paisagem aberta, ela me dá muito mais informações sobre as coisas da paisagem do que sobre o Sol, e, portanto, considero que estou percebendo as coisas da paisagem.

Em menor grau, podem-se dizer coisas similares sobre o som. Distinguimos entre ouvir um som e ouvir um eco desse som. Se o Sol fosse tão cromaticamente ruidoso quanto é brilhante, e se as coisas terrestres fossem ressoantes para apenas algumas de suas notas, diríamos estar ouvindo as coisas, e não o Sol, quando elas dessem seus característicos reflexos sonoros.

Os outros sentidos não fornecem o mesmo tipo de percepção dos objetos distantes ou dos elos intermediários das cadeias causais, porque não se ocupam de processos físicos que têm o tipo de independência característico dos movimentos de ondas.

A partir do que dissemos até aqui, fica claro que a relação de um objeto da percepção com o objeto físico é vaga, aproximada e um tanto indefinida. Não há sentido *preciso* em que se possa dizer que percebemos os objetos físicos.

A questão da percepção como fonte de conhecimento pode se fundir com uma questão maior: até que ponto e sob que circunstâncias um estágio de um processo físico pode ser base para se inferir um estágio anterior? É claro que isso só pode acontecer na medida em que o processo em tela for independente de outros processos. Talvez seja de surpreender que um processo possa ser assim independente. Vemos estrelas separadas porque a luz que vem de cada uma delas viaja por regiões cheias de outros raios de luz e, ainda assim, mantém sua independência. Quando essa independência falha, vemos um borrão vago, como a Via Láctea. No caso da Via Láctea, a independência não sucumbe antes de atingirmos o estágio fisiológico; é por isso que os telescópios conseguem separar as diferentes estrelas da Via Láctea. Mas a independência da luz que vem de diferentes partes de uma mesma estrela não pode ser restabelecida pelos telescópios; é por isso que as estrelas não têm grandeza aparente mensurável.

Nosso aparato perceptivo, conforme estudado pelos fisiologistas, pode, em certa medida, ser ignorado pelos físicos, porque se pode tratá-lo como aproximadamente constante. Ele não é de fato constante, claro. Se deixo os olhos semicerrados, posso ver dois sóis, mas não imagino ter produzido um milagre astronômico. Se fecho os olhos e me viro para o Sol, vejo um clarão vermelho e difuso; essa mudança na aparência do Sol, eu a atribuo a mim, não ao Sol. As coisas parecem diferentes quando as vejo de canto de olho. Parecem diferentes para quem tem miopia ou hipermetropia. E assim por diante. Mas o senso comum aprende a distinguir essas fontes subjetivas de variação nos objetos da percepção daquelas que se devem a variações no objeto físico. Até que aprendamos a desenhar, pensamos que um objeto retangular sempre parece retangular; e estamos corretos, no sentido de que uma inferência animal nos leva a julgá-lo retangular.

A ciência lida com essas matérias supondo um observador normal que, em certa medida, é uma ficção, como o homem econômico, mas não completamente uma ficção, não a ponto de não ter utilidade prática. Quando um observador normal vê uma diferença entre dois objetos, como quando um parece amarelo e o outro azul, supõe-se que essa diferença tenha origem em uma diferença nos objetos, não no aparato de percepção subjetiva do observador. Se, em determinado caso, essa suposição for errônea, espera-se que uma multiplicidade de observações de uma multidão de observadores irá corrigi-la. Com esses métodos, o físico fica capacitado a tratar nosso aparato perceptivo como fonte de erros *constantes*, os quais, por serem constantes, são também, para muitos propósitos, negligenciáveis.

Os princípios que justificam a inferência a partir dos objetos da percepção até os objetos físicos não foram suficientemente estudados. Por exemplo: quando várias pessoas veem o Sol, por que devemos acreditar que existe um Sol fora de suas percepções, e não apenas leis que determinam as circunstâncias nas quais devemos ter a experiência chamada "ver o Sol"?

Aqui nos deparamos com um princípio utilizado tanto pela ciência quanto pelo senso comum, com o seguinte efeito: quando certo número de fenômenos que ocorrem em partes separadas do espaço-tempo estão obviamente interligados de maneira causal, deve haver nas regiões intermediárias algum processo contínuo que os ligue.

Esse princípio de continuidade espaçotemporal precisará ser reexaminado depois que tivermos considerado a inferência do espaço perceptual para o espaço físico. Enquanto isso, pode-se aceitá-lo pelo menos como um primeiro passo para a formalização da inferência dos objetos perceptuais para os objetos físicos.

Concluirei com um resumo deste capítulo.

Nossa principal questão foi: se a física é verdadeira, como pode ser conhecida e o que, além da física, deve ser conhecido para se inferir a física? Esse problema decorre da causação física da percepção, que torna provável que os objetos físicos difiram grandemente dos objetos da percepção; mas, se for assim, como podemos inferir os objetos físicos a partir dos objetos da percepção? Além disso, como o perceber é considerado "mental", ao passo que suas causas são "físicas", confrontamo-nos com o velho problema da relação entre mente e matéria. Minha crença particular é que o "mental" e o "físico" não são tão díspares quanto geralmente se pensa. Devo definir uma ocorrência "mental" como aquela que alguém conhece sem que seja por inferência; a distinção entre "mental" e "físico" pertence, portanto, à teoria do conhecimento, e não à metafísica.

Uma das dificuldades que tem provocado confusão é a incapacidade de distinguir entre espaço perceptual e espaço físico. O espaço perceptual consiste de relações perceptíveis entre partes dos objetos da percepção, ao passo que o espaço físico consiste de relações inferidas entre coisas físicas inferidas. O que vejo pode estar fora da percepção de meu corpo, mas não fora de meu corpo enquanto coisa física.

Os objetos da percepção, considerados causalmente, encontram-se entre eventos nos nervos aferentes (estímulo) e eventos nos nervos eferentes (reação); sua localização nas cadeias causais é a mesma que a de certos eventos no cérebro. Os objetos da percepção como fonte de conhecimento dos objetos físicos só podem servir a seu propósito enquanto houver no mundo físico cadeias causais separáveis e mais ou menos independentes. Isto só acontece de maneira aproximada e, portanto, a inferência dos objetos da percepção até os objetos físicos não pode ser precisa. A ciência consiste, em grande medida, de procedimentos que procuram superar essa falta de precisão inicial, na suposição de que a percepção dá o primeiro passo rumo à verdade.

5.
O tempo na experiência

O objetivo deste capítulo é considerar aquelas características da experiência crua que formam a matéria-prima do conceito de tempo, o qual tem de passar por uma longa elaboração antes de estar apto a aparecer na física ou na história. Nossa crença no tempo tem duas fontes: a primeira é a percepção da mudança dentro de um presente ilusório, a segunda é a memória. Quando você olha no relógio, pode ver o ponteiro dos segundos se movendo, mas somente a memória lhe diz que o ponteiro dos minutos e o das horas já se moveram. Os relógios de Shakespeare não tinham ponteiro de segundos, como sugerem os versos:

> *Ah! yet doth beauty, like a dial hand,*
> *Steal from his figure, and no pace perceiv'd.*[1]

---

[1] "Ah! mas a beleza, como os ponteiros de um relógio/ furta-se de sua figura sem que se perceba seu passo."

"Sem que se perceba seu passo" só é possível quando o movimento é tão rápido que, embora o começo e o fim sejam visivelmente distintos, o lapso de tempo é tão curto que ambos fazem parte de uma mesma sensação. Nenhuma sensação, nem mesmo a causada pelo clarão de um relâmpago, é estritamente instantânea. As perturbações fisiológicas desaparecem aos poucos, e a extensão do tempo durante a qual vemos o clarão do relâmpago é muito maior que a extensão de tempo ocupada pelo fenômeno físico.

A relação de "precedência", ou de "antes e depois", é um elemento da experiência de se perceber uma mudança e também da experiência do lembrar. Falando em termos estritos, deveríamos acrescentar a expectativa imediata, mas esta tem menos importância. Quando vejo um movimento rápido, tal como o de uma estrela cadente, ou o das sombras de nuvens em uma paisagem, noto que uma parte do movimento vem antes da outra, apesar de tudo estar comprimido dentro de um presente ilusório; se eu não o notasse, não saberia se o movimento foi de A para B ou de B para A, nem mesmo se ocorreu alguma mudança. Quando um movimento é suficientemente rápido, não percebemos a mudança: se você girar uma moeda com muita eficiência, ela vai tomar o aspecto de uma esfera diáfana. Para que um movimento seja percebido, não pode ser nem muito veloz nem muito lento. Se satisfizer essa condição, fornecerá experiências a partir das quais será possível obter definições ostensivas das palavras que indicam relações temporais: "precedência", "sucessão", "antes", "depois", "mais cedo", "mais tarde". Uma vez compreendidas essas palavras, podemos compreender sentenças como "A precede B", mesmo quando A e B não fazem parte de um presente ilusório, contanto que saibamos o que se quer dizer por "A" e por "B".

Mas um presente ilusório é uma parte muito pequena da vida de uma pessoa, e para períodos de tempo maiores da nossa própria experiência nós confiamos na memória. Na verdade, confiamos em muitas coisas além da memória, claro. No que diz respeito aos compromissos passados que anotei em meu diário, posso inferir sua ordem no tempo e sua distância em relação ao presente a partir das datas em que foram registrados. Isto, no entanto, é um processo que pressupõe um conhecimento considerável e, neste momento, estou preocupado apenas com os dados sobre os quais se baseia nosso conhecimento acerca do tempo. Dentro desses limites, e com considerável risco de errar, podemos colocar nossas memórias em uma ordem de tempo pelo modo como elas "são sentidas". Suponhamos que acabamos de ter uma conversa, a qual começou amigável, mas terminou com uma discussão violenta, e suponhamos também que a pessoa com quem estávamos conversando saiu da sala em um acesso de fúria. Podemos repassar toda a conversa em retrospecto, pensando "nesse ponto, falei o que não devia" ou "naquele ponto, o comentário que ele se permitiu fazer foi imperdoável". Nossa memória, de fato, não é um *amontoado* de eventos, mas uma série, e muitas vezes não pode haver dúvidas de que está correta a ordem do tempo apresentada pela nossa memória.

Existe aqui, no entanto, uma complicação que muitas vezes passa despercebida. Todas as minhas recordações ocorrem *agora*, e não nos momentos em que ocorreram os eventos recordados. A ordem do tempo dos eventos passados, até onde posso conhecê-la por meio da memória, deve estar ligada a uma qualidade de minhas recordações: algumas devem *ser sentidas* como recentes e outras, como remotas. Quando confio apenas na memória, é por meio dessa qualidade sentida do que é recente ou remoto que coloco os eventos relembrados em uma série. Ao viajar dos objetos da percepção rumo ao "escuro passado e abismo do tempo", os conteúdos presentes em minha mente apresentam uma ordem que creio ser correlata, pelo menos de maneira aproximada, com a ordem do tempo objetiva dos eventos aos quais minhas recordações se referem. A essa ordem dos conteúdos presentes de minha mente, que, por meio da expectativa, pode se estender para o futuro, podemos chamar de tempo "subjetivo". Suas relações com o tempo objetivo são difíceis e demandam mais discussão.

Santo Agostinho, cuja fixação pelo sentido do pecado o levou a uma subjetividade excessiva, contentou-se em substituir o tempo da história e da física pelo tempo subjetivo. De acordo com ele, a memória, a percepção e a expectativa compunham tudo o que constituía o tempo. Mas, obviamente, isso não é o bastante. Todas as suas memórias e todas as suas expectativas ocorreram na época da queda de Roma, ao passo que as minhas ocorrem na época da queda da civilização industrial, o que não fazia parte das expectativas do bispo de Hipona. O tempo subjetivo pode ser suficiente para um solipsista do momento, mas não para um homem que acredita em um passado real e em um futuro, mesmo que só para si mesmo. Minha experiência momentânea contém um espaço de percepção, que não é o espaço da física, e um tempo de percepção e recordação, que não é o tempo da física ou da história. Meu passado, tal como ocorreu, não pode se identificar com minhas recordações do passado, e minha história objetiva, que se deu em um tempo objetivo, difere da história subjetiva de minhas recordações presentes, as quais, objetivamente, se dão todas *agora*.

Que a memória seja, em geral, verídica é, em minha opinião, uma das premissas do conhecimento. Em linhas gerais, o que essa premissa afirma, ou implica, é que uma recordação presente está, em regra, correlacionada a um evento passado. É óbvio que isso não é logicamente necessário. Posso ter começado a existir poucos minutos atrás, preenchido com as recordações que tinha então. Se o mundo inteiro tivesse ganhado existência apenas nesse momento, jamais haveria nada que provasse que não existiu antes; na verdade, também teríamos então todas as evidências que agora temos de que já existira. Isto ilustra o que quero dizer quando afirmo que a memória é uma premissa, pois nenhum de nós está preparado para contemplar, por um momento que seja, a suposição de que o mundo começou cinco minutos atrás. Não contemplamos essa suposição porque estamos convencidos de que, em regra, quando recordamos, alguma coisa que se assemelha à nossa recordação ocorreu em um tempo que é, objetivamente, passado.

Agora há pouco, disse que a confiabilidade geral da memória é uma premissa do conhecimento humano. Poderemos ver, em um estágio posterior, que é possível incorporá-la a uma premissa mais ampla, mas, por enquanto, essa possibilidade pode ser ignorada. O que precisamos considerar neste estágio é a relação da confiança nas memórias particulares com o postulado de que a memória, em regra ou em certas circunstâncias específicas, é confiável.

Quando me lembro de alguma coisa, não noto meu estado de espírito presente, depois reflito que a memória é usualmente verídica e, por fim, infiro que algo parecido com o que estou recordando de fato ocorreu no passado. Ao contrário, o que acontece quando me lembro de alguma coisa é a *crença* de que algo aconteceu no passado. O que me interessa neste capítulo é (*a*) analisar essas crenças e (*b*) estabelecer o que se quer dizer quando se afirma que tais crenças são verdadeiras. Nenhuma dessas questões é tão simples quanto geralmente se supõe.

As memórias muitas vezes flutuam pela mente como meras imagens, desacompanhadas de crença, mas estou interessado apenas nas memórias em que se acredita. Vamos tomar uma ilustração concreta. Suponhamos que eu tenha visto meu filho quase ser atropelado por um automóvel, mas que ele tenha saído ileso, e suponhamos também que, na noite seguinte, eu tenha um pesadelo no qual a criança é morta. Quando acordo, penso com alívio inexprimível: "*Isto* não ocorreu, o que ocorreu foi *aquilo*".

É necessário um bom esclarecimento antes de chegarmos ao cerne dos problemas suscitados por essa ilustração. Para começar, quando dizemos "isto não ocorreu", não estamos negando que o pesadelo tenha ocorrido; desde que nos lembremos do pesadelo como uma experiência privada, nossa memória está perfeitamente correta. O pesadelo, contudo, não tem o contexto que têm as experiências em vigília: não teve contexto algum na vida da criança, nem de qualquer outra pessoa além de mim mesmo e das pessoas que tiveram de ouvir meu relato. E, mesmo em minha própria vida, seu contexto se encerrou bruscamente quando despertei, em vez de se prolongar por anos de sofrimento. Este é o tipo de coisa que queremos dizer quando falamos que o pesadelo foi apenas um sonho.

Mas nada disso tem relevância para nosso problema da memória, e só o mencionei para deixar claro o que é relevante e o que não é. Quando me lembro do pesadelo, minha memória é verídica; só me enganarei se supuser que o pesadelo teve o tipo de contexto que teria uma experiência de vigília similar.

Os erros de memória ocorrem somente quando acreditamos que, no passado, tivemos alguma experiência que na verdade não tivemos e quando acreditamos nisso daquela específica maneira chamada "relembrar", em oposição à maneira que advém quando lemos registros de eventos esquecidos, ou temos de ouvir as tias contando as proezas que fizemos quando criança. Tais erros de memória sem dúvida ocorrem. Não insistirei sobre George IV se lembrando de que esteve na Batalha de Waterloo; quando, já chegando em casa, penso, tarde demais, em uma resposta espirituosa, percebo uma tendência a lembrar que de fato a disse, e só resisto a essa ideia com considerável esforço moral. Quando duas pessoas relatam, independentemente, uma conversa rancorosa, cada uma irá falsificar a verdade de maneira que seja favorável à sua autoestima. E mesmo as memórias que têm pouco interesse emocional muitas vezes podem se revelar inexatas diante dos registros.

Mas os exemplos mais convincentes de memórias falsas são fornecidos pelos sonhos, ainda que não pelo pesadelo que supus há pouco. Vamos modificar esse pesadelo: agora não sonho que vejo uma criança morta, mas que, ao vê-la, meu dever é contar o que aconteceu à mãe da criança. Também se trata apenas de um pesadelo, mas agora a crença falsa em meu sonho não se refere somente ao contexto de minha experiência e, sim, à minha própria experiência passada. Quando sonho que *vejo* a criança atropelada, tenho a experiência, embora esta não tenha seus concomitantes usuais; mas, quando sonho que *vi* a criança atropelada, nunca tive a experiência que estou lembrando no meu sonho. É um genuíno caso de falsa memória e demonstra que a memória, sozinha, não pode asseverar que aquilo que é relembrado de fato ocorreu, por mais que possamos reduzir a coisa relembrada a seu cerne de experiência puramente pessoal.

Esse exemplo, assim espero, deixará claro o que quero dizer por tempo "subjetivo" e qual é o problema de sua relação com o tempo objetivo. Nos sonhos, assim como na vigília, existe uma diferença entre perceber e lembrar. O perceber e o lembrar realmente ocorrem nos sonhos e, no que diz respeito ao perceber, não precisamos supor que os sonhos nos enganem quanto a nossas próprias experiências: o que vemos e ouvimos nos sonhos é o que de fato vemos e ouvimos, ainda que isso, devido ao contexto incomum, suscite crenças falsas. De maneira similar, realmente nos lembramos daquilo de que nos lembramos nos sonhos, ou seja, a experiência chamada "lembrar" de fato ocorre. No sonho, esse lembrar tem uma qualidade diferente daquela da percepção do sonho, e, em virtude dessa qualidade, a lembrança se refere ao passado. Mas a qualidade não é a de um passado genuíno que pertença aos eventos da história; é, sim, a de um passado subjetivo, graças ao qual se julga (falsamente) que o lembrar no presente se refere a algo objetivamente passado.

Essa qualidade de passado subjetivo pertence tanto às memórias de vigília quanto às dos sonhos e é o que as torna subjetivamente distinguíveis das percepções. Trata-se de uma qualidade que pode se apresentar em graus: nossas memórias *são sentidas* como mais ou menos remotas e podem ser arranjadas em uma série de acordo com essa diferença qualitativa. Mas, como todas as nossas memórias estão acontecendo *agora* do ponto de vista da história, essa ordem do tempo subjetiva é completamente distinta da ordem do tempo objetiva, ainda que esperemos haver certo grau de correspondência entre as duas.

Consigo perceber um lembrar, mas não consigo perceber o que é lembrado. Lembrar consiste em lembrar-se de "alguma coisa". Gostaria agora de analisar esse lembrar e, em especial, considerar essa sua relação com "alguma coisa". Em suma: o que queremos dizer quando, pensando em alguma ocorrência passada, julgamos que *"isto* ocorreu"? O que pode ser "isto"?

A dificuldade é a seguinte: para sabermos o que queremos dizer por "isto ocorreu", a palavra "isto" deverá se referir a algum conteúdo presente da mente, enquanto, se a palavra "ocorreu" se justificar, a palavra "isto" deverá se referir a alguma coisa no passado. Assim, ficaria parecendo que a palavra "isto" deve se referir a alguma coisa que está tanto no passado quanto no presente. Mas temos o hábito de pensar que o passado está morto e que nada do passado possa estar também no presente. O que, então, queremos dizer quando julgamos que "isto ocorreu"?

Há duas respostas possíveis, ligadas a duas teorias diferentes no que diz respeito aos nomes próprios que abordamos em um capítulo anterior. Se considerarmos que, ao descrevermos a estrutura do mundo, os termos que precisam ser nomeados devem incluir "eventos", os quais são definidos unicamente por sua posição espaçotemporal e são logicamente incapazes de se repetirem, então deveremos dizer que a frase "isto ocorreu" é inexata e precisa ser substituída por "alguma coisa muito parecida com isto ocorreu". Se, por outro lado, sustentarmos que um "evento" pode ser definido como um conjunto de qualidades, sendo que todas e cada uma das quais podem se repetir, então "isto ocorreu" poderá ser completamente exato. Se, por exemplo, vejo um arco-íris em duas ocasiões, e vejo algum tom de cor perto do meio em uma das ocasiões, provavelmente vi o mesmo tom na outra ocasião. Se, então, lembrando-me do primeiro arco-íris no momento em que estou vendo o segundo, eu disser sobre o tom de cor que estou vendo agora "isto ocorreu na ocasião anterior", o que digo pode ser exatamente verdadeiro.

Qualquer uma dessas respostas irá resolver a dificuldade particular com que estamos preocupados no momento e, por enquanto, não tentarei optar por nenhuma delas. Elas deixam aberta a questão do que se quer dizer com a palavra "ocorreu"; tratarei disso quando vier a considerar o tempo público.

Deve-se observar que compreendemos aquilo que queremos dizer por "passado" no sentido histórico em virtude da experiência da sucessão dentro de um presente ilusório. É essa experiência que nos faz compreender a palavra "precede". Conseguimos então compreender: "se y se encontra no presente ilusório, x precede y". E conseguimos, portanto, compreender o que se quer dizer com x precede tudo no presente ilusório, ou seja, x está no passado. O ponto essencial é que o tempo que ocorre no presente ilusório é objetivo, não subjetivo.

Agora podemos resumir o que discutimos neste capítulo.

Nosso conhecimento do tempo tem duas fontes. Uma é a percepção da sucessão dentro de um presente ilusório, a outra é a memória. O lembrar pode ser percebido e se considera que tenha uma qualidade de maior ou menor caráter remoto, em virtude da qual todas as minhas memórias presentes podem ser colocadas na ordem do tempo. Mas esse tempo é subjetivo e deve ser distinguido do tempo histórico. O tempo histórico tem com o presente uma relação de "precedência", a qual conheço a partir da experiência de mudança dentro de um presente ilusório. No tempo histórico, todas as minhas memórias presentes estão acontecendo *agora*, mas, quando verídicas, apontam para ocorrências no passado histórico. Não há razão *lógica* pela qual qualquer memória deva ser verídica; até onde a lógica consegue demonstrar, todas as minhas memórias presentes poderiam ser exatamente o que são se jamais houvesse acontecido qualquer passado histórico. Nosso conhecimento do passado depende, portanto, de algum postulado que não será descoberto pela mera análise das nossas lembranças presentes.

6.
O espaço na psicologia

A psicologia se interessa pelo espaço, não como um sistema de relações entre objetos materiais, mas como um aspecto de nossas percepções. Se pudéssemos aceitar o realismo ingênuo, essa distinção teria pouca importância: perceberíamos os objetos materiais e suas relações espaciais, e o espaço que caracteriza nossas percepções seria idêntico ao espaço da física. Mas, na verdade, não se pode aceitar o realismo ingênuo, os objetos da percepção não são idênticos aos objetos materiais e a relação do espaço perceptual com o espaço físico não é de identidade. O que é essa relação, isso é algo que irei considerar em seguida; para começar, vou me ater apenas ao espaço tal como ele aparece na psicologia, ignorando todas as questões da física.

Está claro que a experiência é o que nos leva a acreditar na existência das relações espaciais. A psicologia se interessa em examinar quais experiências são relevantes e por qual processo de inferência ou construção passamos dessas experiências para o espaço do senso comum. Como grande parte do processo ocorre na primeira infância, de que não restam lembranças anos depois, trata-se de uma difícil questão de observação e inferência descobrir o caráter das experiências originais que fazem surgir os hábitos que o senso comum dos adultos toma como naturais. Vejamos apenas o exemplo mais óbvio: colocamos as coisas vistas e tocadas em um mesmo espaço, automaticamente e sem qualquer reflexão, mas os bebês com menos de três meses parecem incapazes de fazê-lo. Isto quer dizer que eles não sabem como tocar um objeto que estão vendo e está a seu alcance. É apenas por meio de contatos frequentes e acidentais que eles aos poucos aprendem os movimentos necessários para produzir uma sensação tátil quando se dá uma sensação visual. Os pintinhos, por outro lado, conseguem fazê-lo desde o nascimento.

Temos de separar o material bruto da sensação daquele suplemento que se adquire por meio da experiência e do hábito. Quando você vê (digamos) uma laranja, não tem apenas uma experiência visual, mas também expectativas de toque, cheiro e gosto. Você sentiria um violento choque de surpresa se descobrisse que ela é mole, ou cheira a ovo podre, ou tem gosto de bife. E ficaria ainda mais surpreso se, a exemplo da adaga de Macbeth, ela se mostrasse impossível de tocar. Tais surpresas demonstram que expectativas de sensações não visuais fazem parte do que acontece espontaneamente quando você tem uma sensação visual familiar.

Nos pintinhos, aparentemente, tais expectativas se devem, pelo menos em parte, à sua constituição inata. Nos seres humanos, isso acontece muito menos, se é que chega a acontecer; nossas expectativas parecem ser geradas, principal, quando não inteiramente, pela experiência. A sensação visual tem, à primeira vista, uma certa pureza e só gradualmente, por arranjos frequentes, é que adquire a penumbra de expectativas ligadas aos outros sentidos que ela apresenta na vida adulta. E o mesmo vale para os outros sentidos.

Segue-se daí que o espaço unitário do senso comum é uma construção, ainda que não deliberada. Faz parte da função da psicologia nos tornar cientes dos passos dessa construção.

Quando examinamos nosso campo visual momentâneo, despindo-o, tanto quanto podemos, de todos os adjuntos derivados da experiência, descobrimos que ele é um todo complexo cujas partes se inter-relacionam de várias maneiras. Existem relações de direita e esquerda, acima e abaixo; existem também relações que aprendemos a interpretar como de profundidade. Todas essas relações pertencem aos dados sensoriais. O melhor jeito de se dar conta do elemento sensorial das percepções visuais de profundidade é fazendo uso do estereoscópio. Quando você vê duas fotografias separadas que serão vistas no estereoscópio, as duas parecem planas, como o são de fato; mas, quando você vê a combinação delas no estereoscópio, fica com a impressão de que as coisas "se destacam" e de que algumas parecem mais próximas que outras. Como juízo, isso estaria incorreto, é claro; as fotografias continuam tão planas quanto antes. Mas se trata de uma qualidade genuína dos dados visuais e muito instrutiva enquanto auxílio para se demonstrar como chegamos visualmente a estimativas de profundidade.

Por meio dessas três relações de direita-e-esquerda, acima--e-abaixo, aparentemente-perto-e-aparentemente-longe, seu campo visual momentâneo pode se arranjar em um agregado tridimensional. Mas não se pode distinguir longe-e-perto apenas visualmente, exceto quando uma das distâncias é muito curta; não conseguimos "ver" que o Sol está mais afastado que a Lua, nem mesmo que as nuvens que o escondem.

Outros sentidos que não a visão fornecem outros elementos que contribuem para a construção do espaço do senso comum. Quando uma parte do corpo é tocada, podemos dizer, dentro de certos limites, qual parte é essa, sem precisarmos olhar para ela. (Na língua ou na ponta dos dedos, conseguimos dizê-lo com muita precisão; já nas costas, apenas vagamente.) Isto implica que os toques em determinada parte do corpo têm uma qualidade que não pertence a toques em outra parte e que as qualidades apropriadas às diferentes partes têm relações que nos permitem arranjá-las em uma ordem bidimensional. A experiência nos ensina a conectar sensações de toque às sensações visuais de ver as diferentes partes do corpo.

Não apenas as sensações estáticas, tais como as que mencionamos, mas também as sensações de movimento se envolvem na construção do espaço do senso comum. As sensações de movimento são de dois tipos: ativas e passivas-ativas, quando sentimos esforço muscular, e passivas, quando a mudança observada parece independente de nós mesmos. Quando movemos uma parte do corpo e a vemos se mover, temos sensações ativas e passivas ao mesmo tempo. O que estou chamando de sensações passivas são apenas relativamente passivas; há sempre a atividade da atenção, envolvendo o ajuste dos órgãos dos sentidos, exceto no caso de sensações bem violentas. Quando inesperadamente bate a cabeça contra o batente da porta, você está quase inteiramente passivo, ao passo que, quando escuta cuidadosamente um som muito fraco, o elemento de atividade é considerável. (Estou falando em atividade e passividade enquanto elementos nas sensações, não estou indagando seu *status* causal.)

O movimento é essencial para se ampliar nossa concepção de espaço para além de nossa vizinhança imediata. Pode-se estimar a distância do ponto onde estamos até algum outro lugar em uma hora de caminhada, três horas de trem ou doze horas de avião. Todas essas estimativas pressupõem locais fixos. Você consegue dizer quanto tempo leva para ir de Londres a Edimburgo porque ambas as cidades mantêm posições fixas na superfície terrestre, mas você não consegue dizer quanto tempo leva até chegar ao sr. Jones, porque ele poderá se mover enquanto você estiver a caminho. Todas as distâncias acima de um mínimo dependem da pressuposição de imobilidade; é, em parte, devido ao fato de tal pressuposição jamais ser exatamente verdadeira que precisamos da teoria especial da relatividade, na qual a distância se abre entre eventos, não corpos, constituindo uma distância no espaço-tempo, e não apenas no espaço. Mas tais considerações nos levam para muito além do escopo do senso comum.

Deve-se observar que as relações espaciais dadas pelas sensações estão sempre entre dados do mesmo sentido. Há uma relação espacial entre duas partes do mesmo campo visual, ou entre duas picadas de alfinete simultâneas em diferentes partes da mão; tais relações espaciais se encontram dentro do reino da sensação e não se aprendem por experiência. Mas entre a sensação tátil de uma picada e a sensação visual de ver a picada do alfinete não existe relação espacial sensorial direta, apenas uma correlação que os seres humanos aprendem por experiência. Quando você vê e sente um alfinete tocando sua mão, é somente a experiência que lhe permite identificar o ponto de contato visto e o ponto de contato sentido pelo toque. Dizer que são o mesmo é conveniente, mas, na psicologia, não é estritamente exato: mais exato seria dizer que se trata de lugares correlacionados em dois espaços diferentes, um visual e outro tátil.

É verdade que, no espaço *físico*, apenas um lugar se acha envolvido, mas esse lugar está fora de nossa experiência direta, e não é nem visual, nem tátil.

A construção de um espaço onde se localizam todas as nossas experiências perceptuais é um triunfo do senso comum pré-científico. Seu mérito reside em sua conveniência, não em qualquer verdade última que se possa supor que possua. O senso comum, ao lhe atribuir certo grau de verdade não convencional para além do que teria por direito reivindicar, comete um erro, e esse erro, se não corrigido, aumenta bastante a dificuldade de uma filosofia do espaço que seja sólida.

Um erro ainda mais sério, cometido não apenas pelo senso comum, mas também por muitos filósofos, consiste em supor que o espaço onde se localizam as experiências perceptuais possa ser identificado com o espaço inferido da física, o qual é habitado principalmente por coisas que não se podem perceber. A superfície colorida que vejo quando olho para uma mesa tem uma posição espacial no espaço de meu campo visual; existe apenas onde meus olhos, nervos e cérebro existem para fazer a energia dos fótons passar por certas transformações. (O "onde" nessa sentença é um "onde" no espaço físico.) A mesa, enquanto objeto físico, consistindo de elétrons, pósitrons e nêutrons, está fora de minha experiência, e se há um espaço que contenha tanto essa mesa quanto meu espaço perceptual, então nesse espaço a mesa física deve ser completamente externa ao meu espaço perceptual. Essa conclusão é inevitável se aceitamos a opinião quanto à causação física das sensações, que a fisiologia nos impõe e que já consideramos em um capítulo anterior.

A concepção de um espaço unitário, o "todo infinito dado" de Kant, deve ser abandonada. O material bruto disponível para as construções empíricas contêm vários tipos de relações — mais especialmente as que existem entre partes de um campo visual ou partes de um campo tátil —, cada um dos quais arranja seu campo em um agregado que tem as propriedades de que os matemáticos puros precisam para a geometria. Por meio de correlações — mais especialmente as que existem entre o lugar visual e o lugar tátil de um objeto que vejo e toco ao mesmo tempo —, os vários espaços gerados pelas relações das partes dos diferentes campos sensoriais podem se amalgamar em um mesmo espaço. Para a composição desse espaço é necessária a experiência das correlações; os tipos de relações dadas em experiências singulares já não são suficientes.

O mundo do senso comum resulta de uma correlação ulterior, combinada com uma identificação ilegítima. Existe uma correlação entre as relações espaciais dos objetos físicos não percebidos e as relações espaciais de dados visuais ou de outros sentidos, e existe uma identificação de tais dados com certos objetos físicos. Por exemplo, estou sentado em uma sala e vejo — ou pelo menos o senso comum pensa que vejo — relações espaciais entre os móveis. Sei que do outro lado da porta há um *hall* e uma escada. Acredito que as relações espaciais das coisas além da porta — por exemplo, a relação "à-esquerda-de" — são as mesmas que existem entre os móveis que vejo; e, mais ainda, identifico o que vejo com objetos físicos que podem existir sem serem vistos, de modo que, se me contento com o senso comum, não há lacuna entre a mobília visual e o *hall* não visto atrás da porta. Pensa-se que as duas coisas se encaixam em um mesmo espaço, do qual se percebe uma parte enquanto o resto é inferido.

Mas, na verdade, se de fato acreditarmos na física e na fisiologia, então não "vejo" a mobília de minha sala, exceto no sentido de Pickwick. Quando se diz que "vejo" uma mesa, o que realmente acontece é que tenho uma sensação complexa que se assemelha, em certos aspectos, à estrutura de uma mesa física. A mesa física, que consiste de elétrons, pósitrons e nêutrons, é inferida, assim como o espaço no qual ela se localiza. Há tempos se estabeleceu como lugar-comum na filosofia que a mesa física não tem as qualidades da mesa sensorial: não tem cor, não é quente nem fria no sentido em que conhecemos o calor e a frieza por experiência, não é dura nem mole, se "dura" e "mole" significarem qualidades dadas nas sensações táteis, e assim por diante. Tudo isso, devo dizer, é lugar-comum há tempos, mas tem uma consequência que ainda não foi adequadamente reconhecida, a saber: o espaço no qual a mesa física se localiza também deve ser diferente do espaço que conhecemos por experiência.

Dizemos que a mesa está "fora" de mim, em um sentido de que meu corpo não está. Mas, ao dizermos isso, temos de nos proteger de uma ambiguidade que vem da necessidade de se fazer uma distinção entre espaço físico e espaço psicológico. A mesa visual está "fora" de meu corpo no espaço visual se "meu corpo" for interpretado como aquilo que vejo, e não como aquilo que a física considera ser meu corpo. A mesa física está "fora" de meu corpo se meu corpo for interpretado como na física, mas não tem relação espacial óbvia ou direta com meu corpo enquanto objeto visual que experimento. Quando chegamos a considerar o *hall* do outro lado da porta, o qual não consigo ver, estamos totalmente confinados ao sentido físico: o *hall* está fora de meu corpo físico no espaço físico, mas não está, em nenhum sentido óbvio, fora de meu corpo sensorial no espaço psicológico, pois não existe um *hall* sensorial e, portanto, o *hall* não tem nenhuma localização no espaço psicológico. Assim, enquanto existem dois sentidos nos quais a mesa está "fora" de mim, existe apenas um sentido no qual o *hall* está "fora" de mim.

Há mais uma fonte de confusão, que se deve ao fato de existirem dois caminhos divergentes para se correlacionar o espaço físico e o psicológico. O caminho mais óbvio é correlacionar o lugar da mesa sensorial no espaço psicológico com o lugar da mesa física no espaço físico, e, para a maioria dos propósitos, esta é a correlação mais importante. Mas há uma relação bem diferente entre esses dois tipos de espaço, e essa outra relação deve ser compreendida se quisermos evitar confusões. O espaço físico é totalmente inferencial e construído por meio de leis causais. A física começa com um agregado de eventos, alguns dos quais podem ser ordenados em séries conforme as leis físicas; por exemplo, os eventos sucessivos que constituem a chegada de um raio de luz a lugares sucessivos estão ligados pelas leis da propagação da luz. Em tais casos, usamos a negação da ação a distância, não como princípio físico, mas como um meio de *definir* a ordem espaçotemporal. Ou seja, se dois eventos estão ligados por uma lei causal, de modo que um seja efeito do outro, qualquer terceiro evento que seja causa de um e efeito do outro deve ser colocado entre os dois na ordem espaçotemporal.

Consideremos agora uma simples sequência causal, começando com um estímulo externo até, digamos, os olhos e continuando pelos nervos aferentes até o cérebro, produzindo primeiro uma sensação e, depois, uma volição, seguidas por uma corrente ao longo dos nervos eferentes e, por fim, um movimento muscular. Toda essa série, considerada como sequência causal, deve, no espaço-tempo físico, ocupar uma série contínua de posições e, uma vez que os termos fisiológicos da série terminam e começam no cérebro, os termos "mentais" devem começar e terminar no cérebro. Isto quer dizer que, consideradas como parte do agregado de eventos ordenados no espaço-tempo por relações causais, as sensações e volições devem ser localizadas no cérebro. De acordo com a teoria a ser desenvolvida em um capítulo posterior, um ponto no espaço-tempo é uma classe de eventos, e não há razão por que alguns desses eventos não devam ser "mentais". Nosso sentimento diz o contrário apenas por obstinado apego ao dualismo mente-matéria.

Agora podemos resumir a discussão anterior. Quando tenho a experiência chamada "ver uma mesa", a mesa visual tem, primariamente, uma posição no espaço de meu campo visual momentâneo. Depois, por meio de correlações experimentadas, ela tem uma posição em um espaço que abrange todas as minhas experiências perceptuais. Em seguida, por meio de leis físicas, ela se correlaciona a um lugar no espaço-tempo físico, a saber, o lugar ocupado pela mesa física. Finalmente, por meio de leis psicofísicas, ela fica relacionada a outro lugar no espaço-tempo físico, a saber, o lugar ocupado por meu cérebro enquanto objeto físico. Se a filosofia do espaço quiser evitar confusões, essas diferentes correlações devem permanecer cuidadosamente separadas.

Para concluir, deve-se observar que o espaço duplo no qual se localizam os objetos da percepção é estreitamente análogo ao tempo duplo das memórias. No tempo subjetivo, as memórias estão no passado; no tempo objetivo, elas estão no agora. De maneira similar, no espaço subjetivo, minha percepção de uma mesa está ali, mas, no espaço físico, está aqui.

7.
Mente e matéria

O senso comum acredita que conhecemos algo acerca da mente e algo acerca da matéria; sustenta, além disso, que aquilo que conhecemos de ambas é o bastante para se demonstrar que elas são coisas bem diferentes. Sustento, ao contrário, que é mental qualquer coisa que saibamos sem inferência e que o mundo físico só é conhecido em certas características abstratas de sua estrutura de espaço-tempo – características que, por serem abstratas, não bastam para demonstrar se o mundo físico é ou não é intrinsecamente distinto do mundo mental.

Começarei com uma tentativa de estabelecer o ponto de vista do senso comum da maneira mais clara possível, em face das confusões que lhe são inerentes.

A mente – poderia dizer o senso comum – é manifestada por pessoas que fazem e sofrem várias coisas. Em termos cognitivos, elas percebem, lembram, imaginam, abstraem e inferem; no lado das emoções, elas têm sentimentos prazerosos e sentimentos dolorosos, bem como paixões e desejos; no tocante à volição, podem ter vontade de fazer alguma coisa ou vontade de se abster de fazê-lo. Todas essas ocorrências podem ser percebidas pela pessoa a quem acontecem e todas devem ser classificadas como eventos "mentais". Todo evento mental acontece "a" alguma pessoa e é um evento de sua vida.

Mas, além de percebermos "pensamentos" — como diz o senso comum —, nós também percebemos "coisas" e eventos que estão fora de nós. Vemos e tocamos objetos físicos; ouvimos sons que também são ouvidos por outras pessoas e, portanto, não estão em nós; quando sentimos o cheiro ruim de um ralo, as outras pessoas também o sentem, a menos que sejam encanadores. Aquilo que percebemos, quando está fora de nós, se chama "físico"; esse termo inclui tanto as "coisas" que são "matéria" quanto eventos, tais como um barulho ou o clarão de um relâmpago.

O senso comum também admite inferências daquilo que não se percebe, pelo menos não por nós. Por exemplo: o centro da Terra, o outro lado da Lua, os pensamentos de nossos amigos, os eventos mentais que produziram registros históricos. Um evento mental inferido pode ser conhecido, sem inferência, pela pessoa a quem ele acontece. Um evento ou coisa física inferido pode ter sido percebido por alguém ou não; diz-se que algumas coisas físicas, tais como o centro da Terra, jamais foram percebidas.

Essa opinião do senso comum, embora de todo aceitável no que diz respeito aos eventos mentais, requer uma alteração radical no tocante aos eventos físicos. Aquilo que conheço sem inferência quando tenho a experiência chamada "ver o Sol" não é o Sol, mas um evento mental em mim. Não me dou conta imediatamente das mesas e cadeiras, mas apenas de certos efeitos que elas têm sobre mim. Os objetos da percepção que tomo como "exteriores" a mim, tais como as superfícies coloridas que vejo, são "exteriores" apenas no meu espaço privado, que deixará de existir quando eu morrer – na verdade, meu espaço visual privado deixa de existir sempre que estou no escuro ou fecho os olhos. E não são "exteriores" a "mim", se "mim" significar a soma total de meus eventos mentais; ao contrário, estão entre os eventos mentais que me constituem. Tais objetos são "exteriores" apenas a certos outros objetos de minha percepção, a saber, aqueles que o senso comum vê como objetos da percepção de meu corpo; e mesmo a estes eles são "exteriores" apenas para a psicologia, não para a física, uma vez que o espaço no qual se localizam é o espaço privado da psicologia.

Ao considerarmos o que o senso comum vê como percepção de objetos exteriores, temos de considerar duas questões opostas. Primeira: por que os dados devem ser vistos como privados? Segunda: que razão existe para tomarmos os dados como sinal de alguma coisa que tem uma existência não dependente de mim e de meu aparato perceptivo?

São duas as razões para tomarmos os dados – na visão e no tato, digamos – como privados. Por um lado, há a física, que, partindo da intenção de fazer seu melhor pelo realismo ingênuo, chega a uma teoria sobre o que se passa no mundo físico a qual demonstra que não existem fundamentos para se supor que a mesa ou a cadeira física se assemelhe ao objeto da percepção, salvo em certos aspectos estruturais abstratos. Por outro lado, há a comparação daquilo que diferentes pessoas experimentam quando, de acordo com o senso comum, percebem a mesma coisa. Se nos limitarmos ao sentido da visão, quando se diz que duas pessoas veem a mesma mesa, teremos diferenças de perspectiva, diferenças de tamanho aparente, diferenças no modo como a luz se reflete, e assim por diante. Dessa maneira, as propriedades projetivas da mesa, quando muito, serão as mesmas para apenas alguns observadores, e mesmo estas não serão exatamente as mesmas se houver um meio refrator, tal como o vapor de uma chaleira ou a nossa velha amiga água, que faz que um bastão pareça curvo. Se considerarmos, como o faz o senso comum, que o "mesmo" objeto pode ser percebido tanto pela visão quanto pelo toque, o objeto, se for realmente o mesmo, deverá se afastar ainda mais dos dados, pois um complexo dados-da--visão e um complexo dados-do-toque diferem em qualidade intrínseca e não podem ser semelhantes, salvo em estrutura.

Nossa segunda questão é mais difícil. Se os dados de minhas percepções são sempre privados a mim, por que ainda assim os considero como um sinal por meio do qual posso inferir uma "coisa" física ou evento, que são causas de meu objeto da percepção se meu corpo estiver adequadamente localizado, mas não fazem parte de minha experiência imediata, salvo em casos excepcionais?

Quando começamos a refletir, descobrimo-nos com a convicção inabalável de que algumas de nossas sensações têm causas externas ao nosso corpo. Dor de cabeça, dor de dente, dor de estômago, estamos dispostos a admitir que todas elas têm causas internas, mas, quando damos uma topada no dedão ou trombamos contra um poste no escuro ou vemos o clarão de um relâmpago, não conseguimos duvidar que nossa experiência tenha fonte externa. É verdade que às vezes chegamos a pensar que essa crença está equivocada, por exemplo, quando ocorre nos sonhos, ou quando ouvimos um zumbido que parece o dos fios telegráficos. Mas tais casos são excepcionais, e o senso comum descobriu maneiras de lidar com eles.

O que nos confirma nossa crença de que a maioria das sensações tem causas físicas é, por um lado, a quase publicidade de muitas sensações e, por outro, o fato de elas parecerem completamente erráticas e inexplicáveis, se consideradas espontâneas.

Quanto à quase publicidade, o argumento é o oposto daquele que prova a privacidade dos dados: mesmo que dois homens muito próximos um do outro não tenham exatamente os mesmos dados visuais, eles têm dados muitos similares e, embora as *qualidades* visuais e táteis sejam diferentes, as propriedades estruturais de um objeto visto são aproximadamente idênticas às do mesmo objeto tocado. Se você tem modelos de sólidos geométricos, aquele que você pode ver que é um dodecaedro será corretamente designado por um cego bem instruído que o tocar. À parte a publicidade relacionada com os diferentes observadores, existe também o que se pode chamar de publicidade temporal na experiência de um mesmo homem. Sei que, tomando as providências adequadas, posso ver a Catedral de São Paulo a qualquer momento; sei que o Sol e a Lua e as estrelas são recorrentes em meu mundo visual, assim como meus amigos, minha casa e meus móveis. Sei que as diferenças entre os momentos em que vejo esses objetos e os momentos em que não os vejo são facilmente explicáveis em termos de diferenças em mim ou no meio ao meu redor, o que não implica nenhuma mudança nos objetos. Tais considerações confirmam a crença do senso comum de que existem, além dos eventos mentais, coisas que são fontes de objetos da percepção similares para diferentes observadores a um mesmo tempo e, muitas vezes, para um mesmo observador em tempos diferentes.

Quanto à irregularidade de um mundo que consiste somente de dados, trata-se de um argumento ao qual é difícil dar precisão. Falando em linhas gerais, muitas sensações ocorrem sem que haja quaisquer antecedentes fixos em nossa experiência e de uma maneira que sugere irresistivelmente que, se elas têm causas, essas causas se encontram, pelo menos em parte, fora de nossa experiência. Se você for atingido na cabeça por uma telha que cai do telhado bem no momento em que está passando por baixo dele, irá experimentar uma dor violenta e súbita que não poderia ser explicada causalmente por nada de que você estivesse a par antes do acidente. É verdade que existem alguns psicanalistas que afirmam que acidentes só acontecem a pessoas que se cansaram da vida de tanto refletirem sobre seus pecados, mas não acho que essa opinião tenha muitos adeptos. Consideremos os habitantes de Hiroshima quando a bomba explodiu: não pode ser que eles houvessem alcançado tal ponto de seu desenvolvimento psicológico que só lhes restasse pedir por um desastre. Para explicar tal ocorrência causalmente, devemos admitir causas puramente físicas; se estas forem rejeitadas, teremos então de aceitar o caos causal.

Tais argumentos podem ser reforçados pelas considerações expostas no capítulo sobre solipsismo, as quais demonstram que precisamos optar entre duas alternativas: ou (*a*) não se deve admitir como válida nenhuma inferência de dados para outros eventos e, nesse caso, conhecemos muito menos do que supõe a maioria dos solipsistas e, de fato, muito menos do que podemos nos forçar a ver como o mínimo de nosso conhecimento; ou (*b*) existem princípios de inferência que nos permitem inferir coisas que se encontram fora de nossa própria experiência.

A crença na causação física das sensações também é reforçada pelo fato de que, se essa crença for rejeitada, não restará nenhuma razão para se aceitar a ciência em suas linhas gerais, e a recusa de tal aceitação não parece racional.

Estas são as considerações gerais que nos levam a procurar um modo de sistematizar e racionalizar a propensão de nosso senso comum a inferir causas físicas a partir das sensações.

As inferências a partir das experiências do mundo físico podem se justificar, penso eu, pela suposição de que existem cadeias causais, das quais cada membro é uma estrutura complexa ordenada pela relação espaçotemporal de copresença (ou de contiguidade); de que todos os membros dessa cadeia são similares em estrutura; de que cada membro se liga a outro membro por uma série de estruturas contíguas; e de que, quando se descobre que certo número de tais estruturas similares se encontra agrupado em torno de um centro anterior no tempo a qualquer uma delas, é provável que todas elas tenham sua origem causal em um evento complexo que está no centro e tem uma estrutura similar à estrutura dos eventos observados. Em um estágio posterior, tentarei conferir maior precisão a essa suposição e demonstrar razões para se aceitá-la. Por enquanto, para evitar a verborragia, eu a tratarei como se estivesse inquestionavelmente correta e, nessa base, voltarei às relações entre eventos físicos e mentais.

Quando, tomando por base o senso comum, as pessoas falam do abismo que existe entre a mente e a matéria, na verdade elas estão pensando no abismo que existe entre um objeto da percepção visual ou tátil e um "pensamento" – por exemplo, uma memória, um prazer ou uma volição. Mas isso, como vimos, é uma divisão dentro do mundo mental; o objeto da percepção é tão mental quando o "pensamento". Pessoas um pouco mais sofisticadas podem pensar que a matéria é a causa desconhecida das sensações, a "coisa em si" a que certamente faltam as qualidades secundárias e talvez mesmo as qualidades primárias. Mas, por mais que possam dar ênfase ao caráter desconhecido da coisa em si, elas ainda supõem conhecê-la o bastante para se assegurarem de que é muito diferente da mente. Isto advém, penso eu, do fato de não terem libertado suas imaginações da concepção das coisas materiais como algo duro em que você pode esbarrar. Você pode esbarrar no corpo de seu amigo, mas não em sua mente; seu corpo, portanto, é diferente de sua mente. Esse tipo de argumento persiste na imaginação de muitas pessoas que o rejeitaram no intelecto.

E, então, uma vez mais, surge o argumento sobre o cérebro e a mente. Quando um fisiologista examina um cérebro, ele não vê pensamentos, portanto, o cérebro é uma coisa e a mente que pensa é outra. A falácia desse argumento consiste em supor que um homem pode ver a matéria. Nem mesmo o mais competente dos fisiologistas pode realizar tal feito. Quando ele olha para um cérebro, seu objeto da percepção é um evento em sua própria mente e tem apenas uma ligação causal com o cérebro que ele imagina ver. Quando, em um poderoso telescópio, um homem vê um pontinho luminoso e o interpreta como uma vasta nebulosa milhões de anos atrás, ele percebe que aquilo que está vendo é diferente daquilo que ele infere. A diferença entre esse caso e o do cérebro visto através de um microscópio é apenas de grau: há exatamente a mesma necessidade de inferência, por meio das leis da física, dos dados visuais até sua causa física. Assim como ninguém supõe que a nebulosa tenha qualquer semelhança com um pontinho luminoso, ninguém deveria supor que o cérebro tem qualquer semelhança com aquilo que o fisiologista vê.

O que, então, conhecemos acerca do mundo físico? Primeiro, vamos definir de maneira mais exata o que queremos dizer por evento "físico". Eu o definiria como um evento que, se sua ocorrência for conhecida, é inferido e não é conhecido por ser mental. E defino evento "mental" (repetindo) como aquele que se conhece sem ser por inferência. Assim, evento "físico" é aquele que ou é totalmente desconhecido ou, se conhecido, apenas o é por inferência – ou, talvez devêssemos dizer, não é conhecido por ser conhecido por alguém, exceto por inferência.

Se os eventos físicos devem bastar como base para a física e, de fato, se devemos ter qualquer razão para acreditar neles, então não devem ser *totalmente* desconhecidos, como as coisas em si de Kant. Na verdade, conforme o princípio que estamos admitindo, eles são conhecidos, ainda que incompletamente, no que diz respeito à sua estrutura espaçotemporal, pois esta deve ser similar à estrutura espaçotemporal de seus efeitos sobre os observadores. Por exemplo: pelo fato de o Sol parecer redondo no espaço perceptual, temos o direito de inferir que seja redondo no espaço físico. Não temos o direito de fazer inferência similar quanto a seu brilho, porque o brilho não é uma propriedade estrutural.

Não podemos, porém, inferir que o Sol *não* seja brilhante – tomando por "brilhante" a qualidade que conhecemos pela percepção. As únicas inferências legítimas no tocante ao Sol físico são estruturais; quanto às propriedades que não são estruturais, tais como o brilho, devemos nos manter completamente agnósticos. Podemos, talvez, dizer que é improvável que o Sol físico seja brilhante, uma vez que não temos conhecimento das qualidades de coisas que não sejam objetos da percepção e, portanto, parece haver um ilimitado campo de escolhas para qualidades possíveis. Mas tal argumento é tão especulativo que talvez não devêssemos lhe dar muito peso.

Isto nos traz à questão: existe alguma razão – e, se houver, qual? – para se supor que os eventos físicos diferem em qualidade dos eventos mentais?

Aqui devemos, para começar, distinguir entre eventos em um cérebro vivo e eventos em outras partes. Começarei pelos eventos em um cérebro vivo.

Presumo, por motivos que serão expostos na Quarta Parte, que uma pequena região do espaço-tempo seja uma coleção de eventos copresentes e que as regiões do espaço-tempo se ordenem de acordo com relações causais. A primeira pressuposição tem por consequência o fato de não haver razões para que os pensamentos não estejam entre os eventos que constituem o cérebro. E a segunda pressuposição leva à conclusão de que, no espaço físico, os pensamentos estão no cérebro. Ou, mais precisamente, cada região do cérebro é uma classe de eventos, e entre os eventos que constituem uma região se incluem os pensamentos. Deve-se observar que, se dizemos que os pensamentos estão no cérebro, estamos usando uma elipse. A afirmação correta é que os pensamentos estão entre os eventos que, como classe, constituem uma região do cérebro. Isso quer dizer que determinado pensamento é membro de uma classe, e a classe é uma região do cérebro. Nesse sentido, no que diz respeito aos eventos no cérebro, não temos razão para supor que eles não sejam pensamentos, mas, ao contrário, temos fortes razões para supor que pelo menos alguns deles sejam pensamentos. Estou empregando "pensamentos" como um termo genérico para eventos mentais.

Quando chegamos aos eventos em partes do espaço-tempo físico em que não há cérebros, ainda não temos nenhum argumento positivo que prove que eles não sejam pensamentos, exceto aqueles que podem derivar da observação das diferenças entre a matéria viva e a matéria morta, junto com inferências baseadas na analogia ou em sua ausência. Podemos argumentar, por exemplo, que o hábito se limita, em geral, à matéria viva e que, uma vez que a memória é uma espécie de hábito, parece improvável que exista memória onde não houver matéria viva. Estendendo esse argumento, podemos observar que o comportamento da matéria viva, especialmente de suas formas superiores, é muito mais dependente de sua história passada do que a matéria morta e que, portanto, o todo dessa grande parte de nossa vida mental que depende do hábito presumivelmente só pode ser encontrado onde há matéria viva. Mas tais argumentos são inconclusivos e limitados em seu escopo. Assim como não podemos ter *certeza* de que o Sol não é brilhante, não podemos ter *certeza* de que ele não seja inteligente.[1] Podemos estar certos pensando que ambas as coisas são improváveis, mas certamente estaremos errados se dissermos que são impossíveis.

Concluo que, embora os eventos mentais e suas qualidades possam ser conhecidos sem inferência, os eventos físicos são conhecidos apenas no que diz respeito a sua estrutura espaçotemporal. As qualidades que compõem tais eventos são desconhecidas – tão completamente desconhecidas que não podemos dizer nem que são, nem que não são diferentes das qualidades que sabemos pertencer aos eventos mentais.

---

1 Não quero que o leitor leve essa possibilidade muito a sério. Ela é da ordem do "porcos podem voar", de que tratou Crawshay-Williams em *The Comforts of Unreason* [Os confortos da desrazão], p.193.

Quarta parte
Conceitos científicos

1.
Interpretação

Tudo o que se disse até aqui sobre o mundo da ciência foi tomado por seu valor de face. Não estou dizendo simplesmente que tomamos a atitude de acreditar naquilo que os homens de ciência nos dizem, pois essa atitude, até certo ponto, é a única racional para qualquer um que não seja especialista no tema em questão. Ao afirmar que essa atitude é racional, não quero dizer que devemos ter certeza da verdade do que nos dizem, uma vez que, em geral, se admite que, no devido tempo, algumas correções provavelmente se provarão necessárias. O que quero dizer é que a melhor opinião científica da atualidade tem mais chance de ser verdadeira, ou aproximadamente verdadeira, do que qualquer hipótese divergente sugerida por um leigo. O caso é análogo ao do tiro ao alvo. Se você atira mal, é pouco provável que acerte no centro do alvo, mas, ainda assim, é mais provável que acerte o alvo do que qualquer outra área. Assim, a hipótese do cientista, mesmo que provavelmente não esteja de todo exata, tem mais probabilidade de estar correta do que qualquer variante sugerida por uma pessoa não científica. Isto, no entanto, não é o ponto que nos preocupa neste capítulo.

O tema com que vamos nos preocupar agora não é a verdade, mas, sim, a *interpretação*. Muitas vezes acontece de termos o que parece ser uma razão adequada para acreditar na verdade de alguma fórmula expressa em símbolos matemáticos, mesmo que não estejamos em condições de dar uma definição clara dos símbolos. Também acontece, em outros casos, de darmos vários significados diferentes aos símbolos, todos eles tornando a fórmula verdadeira. No primeiro caso, não temos nenhuma interpretação certeira de nossa fórmula, ao passo que, no segundo caso, temos muitas. Essa situação, que pode parecer estranha, surge na matemática pura e na física matemática; surge até mesmo na interpretação de afirmativas do senso comum, tais como "minha sala contém três mesas e quatro cadeiras". Parecerá, então, que existe uma vasta classe de afirmativas a respeito de cada uma das quais, em certo sentido, teremos mais certeza de sua verdade que de seu significado. A "interpretação" se preocupa com essas afirmativas; consiste em encontrar um significado tão preciso quanto possível para uma afirmativa desse tipo, ou, às vezes, encontrar todo um sistema de significados possíveis.

Tomemos, primeiro, um exemplo da matemática pura. Há tempos a humanidade se convenceu de que $2 + 2 = 4$; e se convenceu com tanta firmeza que o considera exemplo flagrante de algo que é certo. Mas, quando você pergunta às pessoas o que querem dizer com "2", "4", "+" e "=", elas dão respostas vagas e divergentes, que deixam claro que não sabem o que significam esses símbolos. Algumas sustentam que conhecemos cada um dos números por intuição e que, portanto, não há necessidade de defini-los. Isto pode parecer bem plausível no que diz respeito a números pequenos, mas quem poderia ter uma intuição do que é 3.478.291? Então as pessoas disseram que temos uma intuição do que é 1 e + e que, portanto, podemos definir "2" como "1 + 1", "3" como "2 + 1", "4" como "3 + 1" e assim por diante. Mas isso não funcionava muito bem. Permitia-nos dizer que 2 + 2 = (1 + 1) + (1 + 1), e que 4 = {(1 + 1) + 1 } + 1, e então precisaríamos de uma nova intuição que nos dissesse que podíamos rearranjar os parêntesis, para nos assegurar de que, se l, m e n são três números, então:

$$(l + m) + n = l + (m + n)$$

Alguns filósofos conseguiram produzir essa intuição sob demanda, mas a maioria das pessoas se manteve um tanto cética quanto às suas alegações e sentiu que era necessário algum outro método.

Foi Peano quem realizou um novo desenvolvimento, mais apropriado ao nosso problema de interpretação. Peano partiu de três termos não definidos, "0", "inteiro finito (ou número)" e "sucessor de" e a respeito desses termos fez cinco pressuposições, a saber:

(1) 0 é um número;
(2) se a é um número, o sucessor de a (ou seja, $a + 1$) é um número;
(3) se dois números têm o mesmo sucessor, os dois números são idênticos;
(4) 0 não é sucessor de nenhum número;
(5) se s for uma classe a que pertençam 0 e também o sucessor de cada número pertencente a s, então todos os números pertencem a s.

A última das pressuposições é o princípio da indução matemática.

Peano demonstrou que, por meio dessas cinco pressuposições, ele conseguia provar toda e qualquer fórmula na aritmética. Mas agora surgia uma nova dificuldade. Supunha-se que não precisávamos saber o que queríamos dizer por "0", "número" e "sucessor", desde que quiséssemos dizer algo que satisfizesse as cinco pressuposições. Mas, então, aconteceu que havia um número infinito de interpretações possíveis. Por exemplo: deixemos que "0" signifique o que comumente chamamos de "1" e que "número" signifique o que comumente chamamos de "número que não seja 0"; desse modo, todas as cinco pressuposições continuam verdadeiras e toda a aritmética pode ser provada, ainda que toda fórmula venha a ter um significado inesperado. "2" irá significar o que normalmente chamamos de "3", mas "2 + 2" não irá significar "3 + 3"; irá significar "3 + 2", e "2 + 2 = 4" significará o que normalmente expressamos por "3 + 2 = 5". De maneira similar, poderíamos interpretar a aritmética sob a pressuposição de que "0" significa "100" e de que "número" significa "um número maior que 99", e assim por diante.

Enquanto nos mantivermos na região das fórmulas aritméticas, todas essas diferentes interpretações de "número" serão igualmente boas. Somente quando chegarmos aos usos empíricos dos números na enumeração é que encontraremos razão para preferir uma interpretação a todas as outras. Quando compramos alguma coisa na loja e o atendente nos diz "são três centavos, por favor", esse "três" não é um mero símbolo matemático, significando "o terceiro termo depois do início de alguma série"; esse "três", na verdade, não pode ser definido por suas propriedades *aritméticas*. É óbvio que essa interpretação do "três" é, fora da aritmética, preferível a todas as outras que o sistema de Peano torna possíveis. Afirmativas como "os homens têm 10 dedos", "os cães têm 4 patas", "Nova York têm 10 milhões de habitantes" exigem uma definição de números que não pode derivar do simples fato de satisfazerem as fórmulas da aritmética. Tal definição é, portanto, a "interpretação" mais satisfatória dos números-símbolos.

O mesmo tipo de situação surge toda vez que se aplica a matemática ao material empírico. Tomemos, por exemplo, a geometria, considerada não como exercício lógico de dedução de consequências a partir de axiomas admitidos arbitrariamente, mas como um auxílio no levantamento topográfico, na elaboração de mapas, na engenharia ou na astronomia. Esses usos práticos da geometria envolvem uma dificuldade que, embora às vezes admitida de maneira perfunctória, jamais recebe seu devido peso. A geometria, como estabelecida pelos matemáticos, utiliza pontos, linhas, planos e círculos, mas seria uma platitude dizer que nenhum desses objetos é encontrado na natureza. Quando, em um levantamento topográfico, usamos o processo de triangulação, admite-se que nossos triângulos não têm linhas retas exatas formando seus lados, nem pontos exatos em seus vértices, mas se contorna o problema dizendo que os lados são *aproximadamente* retilíneos e os vértices *aproximadamente* pontos. Não está bem claro o que significa dizer que não existem linhas retas ou pontos exatos dos quais se aproximem nossas linhas e pontos apressados. Talvez queiramos dizer que linhas e pontos sensíveis têm aproximadamente as propriedades estabelecidas pelas definições e axiomas de Euclides, mas, a menos que possamos dizer, dentro de certos limites, quão estreita é essa aproximação, tal ideia tornará o cálculo vago e insatisfatório.

Esse problema da exatidão da matemática e da inexatidão dos sentidos é antigo, e Platão o resolveu por meio da hipótese fantástica da reminiscência. Nos tempos modernos, esse problema, a exemplo de tantos outros não resolvidos, ficou esquecido por sua própria familiaridade, tal como um cheiro ruim que você já não nota por ter vivido muito tempo em sua presença. É claro que, se quisermos aplicar a geometria ao mundo sensível, devemos ser capazes de encontrar definições de pontos, linhas, planos etc. em termos de dados sensíveis ou, então, devemos ser capazes de inferir a partir de dados sensíveis a existência de entidades não percebidas que tenham as propriedades de que a geometria precisa. Descobrir os caminhos, ou um caminho, de fazer uma ou outra dessas coisas é o problema da interpretação empírica da geometria.

Existe também uma interpretação não empírica, que coloca a geometria dentro da esfera da matemática pura. O agrupamento de todos os trios ordenados de números reais forma um espaço euclidiano tridimensional. Com essa interpretação, toda geometria euclidiana é dedutível a partir da aritmética. Toda geometria não euclidiana é suscetível a uma interpretação aritmética similar. Pode-se provar que a geometria euclidiana e todas as formas de geometria não euclidiana podem ser aplicadas a toda classe que tenha o mesmo número de termos que os números reais; a questão do número de dimensões – e de se a geometria resultante é euclidiana ou não euclidiana – dependerá da relação de ordem que escolhermos; existe um número infinito de relações de ordem (no sentido lógico), e somente razões de conveniência empírica podem nos levar a escolher uma delas. Tudo isso é relevante ao se considerar qual interpretação da geometria pura seria melhor para o engenheiro ou o físico. Isso demonstra que, em uma interpretação empírica, a relação de ordem, e não apenas os termos ordenados, deve ser definida em termos empíricos.

Considerações muito similares se aplicam ao tempo, que, entretanto, no que diz respeito à questão que estamos discutindo, não é um problema tão difícil quanto o espaço. Na física matemática, o tempo é tratado como algo constituído de instantes, embora se assegure ao estudante perplexo que instantes são ficções matemáticas. Não se esboça nenhuma tentativa de lhe mostrar por que ficções são úteis, nem como elas se relacionam com aquilo que não é fictício. Ele descobre que, por meio desses contos de fadas, é possível calcular o que realmente acontece e, depois de um tempo, ele provavelmente deixa de se atormentar com os motivos de isto acontecer.

Os instantes nem sempre foram vistos como ficções; Newton os considerava tão "reais" quanto o Sol e a Lua. Quando essa opinião foi abandonada, ficou mais fácil passar para o extremo oposto e se esquecer de que uma ficção útil provavelmente não é uma *mera* ficção. Existem graus de ficcionalidade. Vamos considerar, por um momento, uma pessoa como algo que não tem nenhum grau de ficcionalidade; o que, então, diremos dos vários aglomerados de pessoas a que ela pertence? A maioria das pessoas hesitaria em ver a família como uma unidade fictícia, mas o que dizer de um partido político ou um clube de críquete? O que dizer do conjunto de pessoas chamadas "Smith", ao qual iremos supor que nosso indivíduo pertença? Se você acredita em astrologia, irá atribuir importância aos conjuntos de pessoas nascidas sob o signo de certos planetas; se não acredita, verá esses conjuntos como fictícios.

Essas distinções não são lógicas; do ponto de vista lógico, todos os conjuntos de indivíduos são igualmente reais ou igualmente fictícios. A importância das distinções é prática, não lógica: existem alguns conjuntos sobre os quais há muitas coisas úteis a se dizer e existem outros conjuntos em que esse não é bem o caso.

Quando dizemos que os instantes são ficções *úteis*, precisamos supor que haja entidades às quais, a exemplo dos indivíduos, nos sentimos inclinados a atribuir um alto grau de "realidade" (seja lá o que isso signifique) e que, em comparação, os instantes tenham menor grau de "realidade" do que os clubes de críquete em relação a seus membros; mas também queremos dizer que sobre os instantes, assim como sobre as famílias em oposição a conjuntos "artificiais" de pessoas, há muitas coisas praticamente importantes para se dizer.

Tudo isso é muito vago, e o problema da interpretação é substituí-lo por algo preciso, lembrando sempre que, seja qual for nossa definição de "instantes", eles precisam ter as propriedades exigidas pela física matemática. Dadas duas interpretações que satisfaçam esse requisito, a escolha entre elas é questão de gosto e conveniência; não há uma interpretação que seja "certa" e outras que sejam "erradas".

Na física clássica, o aparato técnico consiste de pontos, instantes e partículas. Admite-se que existe uma relação de três termos: ocupar um ponto em um instante, e aquilo que ocupa um ponto em um instante se chama "partícula". Também se admite tecnicamente que as partículas são indestrutíveis, então aquilo que ocupa um ponto em dado instante ocupa *algum* ponto em qualquer outro instante. Quando digo que estas são coisas que se admitem, não quero dizer que se afirme que sejam fatos, mas que a técnica se baseia na pressuposição de que não fará mal tratá-los como fatos. Ainda se sustenta que é este o caso na física macroscópica, mas, na física microscópica, as "partículas" estão desaparecendo aos poucos. A "matéria", no sentido antigo, já não é necessária; o que se faz necessário agora é a "energia", a qual não se define, exceto no que diz respeito às suas leis e à relação de mudanças em sua distribuição diante das nossas sensações, mais especialmente a relação das frequências com a percepção das cores.

Falando em linhas gerais, podemos dizer que o aparato técnico fundamental da física moderna é um agregado de quatro dimensões de "eventos" ordenados por relações espaçotemporais, as quais podem ser analisadas em um componente espacial e em outro componente temporal de várias maneiras, sendo que a escolha entre estas é sempre arbitrária. Como ainda se usa o cálculo, ainda se supõe, tecnicamente, que o espaço-tempo seja contínuo, mas não está claro até que ponto essa suposição é mais que uma conveniência matemática. Tampouco está claro que os "eventos" tenham aquela localização precisa no espaço-tempo que costumava caracterizar uma partícula em dado instante. Tudo isso torna muito difícil a questão da interpretação da física moderna, mas, na ausência de *alguma* interpretação, não podemos dizer o que afirmam os físicos quânticos.

A "interpretação", em seu aspecto lógico, é bem diferente do conceito um tanto vago e difícil que consideramos no começo deste capítulo. Ali estávamos preocupados com as afirmativas simbólicas que sabemos terem conexão com os fenômenos observáveis e levarem a resultados que a observação confirma, mas que são um tanto indeterminadas quanto a seu significado, salvo na medida em que sua conexão com a observação as definir. Nesse caso, podemos dizer, como o dissemos no começo deste capítulo, que temos certeza de que nossas fórmulas são verdadeiras, mas não temos nenhuma certeza quanto ao que significam. Na lógica, porém, procedemos de maneira diferente. Nossas fórmulas não são vistas como "verdadeiras" ou "falsas", mas, sim, como hipóteses que contêm variáveis. Um conjunto de valores das variáveis que torne a hipótese verdadeira é uma "interpretação". A palavra "ponto", na geometria, pode ser interpretada como significando "tríade ordenada de números reais" ou, conforme veremos, como significando aquilo que chamaremos de "complexo completo de copresença"; ela também pode ser interpretada sob um número infinito de outras maneiras. O que todas essas maneiras têm em comum é o fato de satisfazerem os axiomas da geometria.

Muitas vezes, temos, tanto na matemática pura quanto na aplicada, grupos de fórmulas, todas logicamente deduzíveis de um pequeno número de fórmulas iniciais, as quais podem ser chamadas de "axiomas". Esses axiomas podem ser vistos como salvaguardas de todo o sistema, e podemos concentrar nossa atenção exclusivamente neles. Os axiomas consistem, em parte, de termos que têm definição conhecida, em outra parte, de termos que irão permanecer variáveis em qualquer interpretação e, em outra parte ainda, de termos que, embora ainda indefinidos, têm a intenção de adquirir definições quando os axiomas forem "interpretados". O processo de interpretação consiste em encontrar uma significação constante para essa classe de termos. A significação pode se dar por definição verbal ou ostensiva. Deve ser tal que, com essa interpretação, os axiomas se tornem *verdadeiros*. (Antes da interpretação, eles não são nem verdadeiros, nem falsos.) Segue-se, portanto, que todas as suas consequências também serão verdadeiras.

Suponhamos, por exemplo, que queiramos interpretar as fórmulas da aritmética. Nos cinco axiomas de Peano há: primeiro, termos lógicos, como "é um" e "é idêntico a", cujo significado se supõe conhecido; segundo, variáveis, como a e s, que deverão permanecer variáveis depois da interpretação; terceiro, os termos "0", "número" e "sucessor de", para os quais uma interpretação tem de encontrar um significado constante que torne verdadeiros os cinco axiomas. Como vimos, há um número infinito de interpretações que satisfazem essas condições, mas entre elas existe apenas uma que também satisfaz as afirmativas empíricas da enumeração, tais como "tenho 10 dedos". Nesse caso, portanto, há uma interpretação que é muito mais conveniente que qualquer outra.

Como vimos no caso da geometria, um dado conjunto de axiomas pode ser suscetível a dois tipos de interpretação, um lógico e outro empírico. Todas as definições nominais, quando suficientemente destrinchadas, devem levar, em última instância, a termos que têm apenas definições ostensivas, e, no caso de uma ciência empírica, os termos empíricos devem depender de termos cuja definição ostensiva se dá na percepção. O Sol do astrônomo, por exemplo, é muito diferente daquele que vemos, mas deve ter uma definição que derive da definição ostensiva da palavra "Sol" que aprendemos na infância. Assim, a interpretação empírica de um conjunto de axiomas, quando completa, deve sempre envolver o uso de termos que tenham uma definição ostensiva derivada da experiência sensível. É claro que não irá conter *apenas* esses termos, pois sempre haverá termos lógicos; mas é a presença de termos derivados da experiência que torna empírica uma interpretação.

A questão da interpretação tem sido indevidamente negligenciada. Enquanto permanecemos na região das fórmulas matemáticas, tudo parece preciso, mas, quando tentamos interpretá-las, vemos que essa precisão é, pelo menos em parte, ilusória. Até que esse ponto seja esclarecido, não poderemos dizer com exatidão o que qualquer ciência está afirmando.

2.
Vocabulários mínimos

Neste capítulo, iremos nos ocupar de uma técnica linguística que é muito útil na análise dos conceitos científicos. Em regra, há várias maneiras pelas quais as palavras usadas em uma ciência podem ser definidas em termos de umas poucas palavras entre elas. Estas poucas palavras podem ter definições ostensivas, ou podem ter definições nominais utilizando palavras que não pertencem à ciência em questão, ou – desde que a ciência não seja "interpretada" no sentido exposto no capítulo anterior – podem ser deixadas sem definição, quer ostensiva, quer nominal, sendo assim vistas meramente como um conjunto de palavras que têm as propriedades que a ciência atribui a suas palavras fundamentais. Chamarei esse conjunto inicial de palavras de "vocabulário mínimo" para a ciência em questão, desde que (*a*) todas as outras palavras usadas na ciência tenham uma definição nominal em termos dessas palavras e (*b*) nenhuma dessas palavras iniciais tenha uma definição nominal em termos das outras palavras iniciais.

Tudo o que se diz em uma ciência pode ser dito por meio das palavras de um vocabulário mínimo. Pois, sempre que ocorre uma palavra que tenha definição nominal, podemos substituí-la pela frase que a define; se esta tiver palavras com definição nominal, podemos, uma vez mais, substituí-las pelas frases que as definem, e assim por diante, até que nenhuma das palavras restantes tenha definição nominal. Na verdade, palavras definíveis são supérfluas, e apenas as palavras indefinidas é que são indispensáveis. Mas a questão sobre quais palavras devem ser indefinidas é, pelo menos em parte, arbitrária. Tomemos, por exemplo, o cálculo de proposição, que é o exemplo mais simples e completo de sistema formal. Podemos tomar "ou" e "não" como indefinidos, ou mesmo "e" e "não"; em vez de dois desses termos indefinidos, podemos tomar apenas um, que pode ser "este não ou aquele não" ou "nem este nem aquele". Assim, em geral, não podemos dizer que tais e tais palavras *devam* pertencer ao vocabulário de tal e tal ciência, mas, quando muito, que existe um ou mais vocabulários mínimos a que elas pertencem.

Tomemos a geografia como exemplo. Vou assumir que o vocabulário da geometria já esteja estabelecido; então, nossa primeira necessidade distintivamente geográfica é um método para determinar latitude e longitude. Pois isso será o bastante para termos como parte de nosso vocabulário mínimo "Greenwich", "polo Norte" e "a oeste de"; mas é claro que qualquer outro lugar serviria tanto quanto Greenwich e que polo Sul serviria tanto quanto polo Norte. A relação "a oeste de" não é realmente necessária, pois um paralelo de latitude é um círculo na superfície da Terra, em um plano perpendicular ao diâmetro que passa pelo polo Norte. As demais palavras utilizadas na geografia física, tais como "terra" e "água", "montanha" e "planície", agora podem ser definidas em termos da química, da física ou da geometria. Assim, parece que as palavras "Greenwich" e "polo Norte" é que são necessárias para fazer da geografia uma ciência dedicada à superfície da Terra, e não a qualquer outro esferoide. É por causa da presença dessas duas palavras (ou de duas outras que sirvam ao mesmo propósito) que a geografia consegue relatar as descobertas dos viajantes. Deve-se observar que essas duas palavras estão envolvidas sempre que se mencionam latitudes e longitudes.

Como ilustra esse exemplo, uma ciência vai adquirindo um vocabulário mínimo menor à medida que se torna mais sistemática. Os antigos conheciam muitos fatos geográficos antes de saberem como determinar latitudes e longitudes, mas, para expressar esses fatos, precisavam de mais palavras indefinidas do que precisamos hoje. Como a Terra é um esferoide, e não uma esfera, o "polo Norte" não precisa ser indefinido: podemos definir os dois polos como as extremidades do diâmetro mais curto da Terra, e o polo Norte como o mais próximo a Greenwich. Dessa maneira, conseguimos fazer que "Greenwich" seja a única palavra indefinida peculiar à geografia. A Terra em si é definida como "aquele esferoide cuja superfície é formada por terra e água, circundada por ar, onde se localiza Greenwich". Mas aqui parece que chegamos a um beco sem saída na maneira de diminuir nosso vocabulário mínimo: se quisermos ter certeza de que estamos falando sobre a Terra, devemos mencionar algum lugar de sua superfície ou estabelecer uma dada relação geométrica com ela, e o lugar deve ser reconhecível. Assim, embora "Nova York", "Moscou" ou "Tombuctu" sirvam tanto quanto "Greenwich", *algum* lugar deve ser incluído em qualquer vocabulário mínimo para a geografia.

Nossa discussão acerca de Greenwich ilustra um outro ponto: as palavras oficialmente indefinidas em uma ciência podem não ser idênticas àquelas que são indefinidas para determinada pessoa. Se você jamais viu Greenwich, a palavra "Greenwich" não lhe pode ter uma definição ostensiva; então, você não pode compreender a palavra a menos que tenha uma definição nominal. Na verdade, se você vive em um local chamado "P", para você "P" toma o lugar de Greenwich, e sua longitude oficial define, para você, o meridiano de Greenwich, não a longitude de P. Tais considerações, no entanto, são pré-científicas e usualmente ignoradas na análise dos conceitos científicos. Para certos propósitos, não se pode ignorá-las, particularmente quando estamos considerando a relação da ciência com a experiência sensível; mas, em regra, não há muito perigo em ignorá-las.

A seguir, vamos considerar a questão dos vocabulários mínimos para a astronomia. A astronomia consiste de duas partes: uma é um tipo de geografia cósmica, a outra é uma aplicação da física. Afirmativas quanto ao tamanho e à órbita dos planetas pertencem à geografia cósmica, ao passo que as teorias da gravitação de Newton e Einstein pertencem à física. A diferença é que, na parte geográfica, nós nos preocupamos com afirmações quanto ao que está onde e, na parte física, nos preocupamos com as leis. Como em breve considerarei a física por si mesma, consideremos primeiro a parte geográfica da astronomia. Nessa parte, quando em seu estágio elementar, precisamos de nomes próprios para o Sol, a Lua, os planetas e todas as estrelas e nebulosas. O número de nomes próprios necessários pode, no entanto, ser reduzido à medida que a ciência da astronomia avance. Pode-se definir "Mercúrio" como "o planeta mais próximo do Sol", "Vênus" como "o segundo planeta", "Terra" como "o terceiro planeta", e assim por diante. As constelações são definidas por suas coordenadas, e as muitas estrelas de uma constelação, pela ordem de intensidade de seu brilho.

Nesse sistema, "o Sol" permanecerá como parte de nosso vocabulário mínimo, e precisaremos do que for necessário para definir as coordenadas celestiais. "A Estrela Polar" não será necessária, uma vez que se pode defini-la como "a estrela sem revolução diurna", mas precisaremos de alguns outros corpos celestes para preencher a função que Greenwich cumpre na geografia terrestre. Dessa maneira, a astronomia oficial poderia seguir adiante (ao que parece) com apenas dois nomes próprios, "o Sol" e (digamos) "Sirius". "A Lua", por exemplo, pode ser definida como "o corpo cujas coordenadas são tais e tais em tais e tais datas". Com esse vocabulário, podemos, em certo sentido, enunciar tudo que o astrônomo quer dizer, assim como conseguimos com os três termos indefinidos de Peano enunciar toda a aritmética.

Mas, assim como o sistema de Peano se prova inadequado quando chegamos à contagem, também nossa astronomia oficial se prova inadequada quando tentamos ligá-la à observação. Existem duas proposições essenciais que ela não consegue incluir, a saber: "aquele é o Sol" e "aquela é Sirius". Formamos, ao que parece, um vocabulário para a astronomia no abstrato, mas não para a astronomia enquanto registro de observações.

Platão, que se interessava pela astronomia somente como um corpo de leis, queria que ela se apartasse inteiramente dos sentidos; aqueles que se interessam pelos corpos celestes que de fato existem, dizia ele, serão punidos na próxima encarnação, renascendo como pássaros. Nos dias de hoje, esse ponto de vista não é adotado pelos homens de ciência, mas é possível encontrá-lo — ou algo muito parecido com ele — nos trabalhos de Carnap e de alguns outros positivistas lógicos. Eles não se dão conta, penso eu, de que sustentam tal opinião e a repudiariam veementemente; mas sua absorção nas palavras, e não naquilo que elas significam, os expôs à tentação de Platão e os levou, por caminhos estranhos, rumo à perdição ou àquilo que os empiristas consideram como tal. A astronomia não é *meramente* uma coleção de palavras e sentenças; é uma coleção de palavras e sentenças escolhidas entre outras que, em termos linguísticos, eram tão boas quanto, pois descreviam um mundo ligado à experiência sensível. Enquanto a experiência sensível for ignorada, não haverá razão para nos preocuparmos com um grande corpo que tenha um número exato de planetas a uma distância exata. E as sentenças invadidas pela experiência sensível são como esta: "aquele é o Sol".

Toda ciência empírica avançada tem dois aspectos: por um lado, consiste em um corpo de proposições interconectadas de várias maneiras e, muitas vezes, com uma pequena seleção a partir da qual se podem deduzir todas as outras proposições; por outro lado, é uma tentativa de descrever alguma parte ou aspecto do universo. No primeiro caso, não está em questão a verdade ou falsidade das várias proposições, mas apenas suas conexões mútuas. Por exemplo: se a gravitação variasse diretamente com a distância, os planetas (se existissem) girariam em torno do Sol (se este existisse) em elipses das quais o Sol ocuparia o centro, e não um foco. Essa proposição não faz parte da astronomia descritiva. Há uma afirmação similar, que tampouco faz parte da astronomia descritiva, a qual diz que, se a gravitação variar inversamente ao quadrado da distância, os planetas (se existirem) irão girar em torno do Sol (se este existir) em elipses das quais o Sol ocupará um foco. Há, ainda, uma outra, diferente das duas afirmações anteriores: a gravitação varia inversamente ao quadrado da distância, e os planetas giram em elipses em torno do Sol, que ocupa um foco. A primeira afirmação é hipotética; as duas últimas afirmam tanto o antecedente quanto o consequente da hipótese anterior. O que lhes permite fazê-lo é o recurso à observação.

O recurso à observação se faz em afirmações como "aquele é o Sol"; tais afirmações são, portanto, essenciais à verdade da astronomia. Elas nunca aparecem em nenhuma exposição final de teoria astronômica, mas sempre surgem enquanto a teoria está se estabelecendo. Por exemplo: depois das observações de um eclipse em 1919, ficamos sabendo que as fotografias de certas estrelas apareceram com certo deslocamento em direção ao Sol. Era uma afirmação quanto às posições de certos pontos em uma chapa fotográfica, tal como observado por certos astrônomos em certa data; não era uma afirmação que pertencesse primordialmente à astronomia, mas à biografia; e, ainda assim, constituía evidência para uma importante teoria astronômica.

Ao que parece, o vocabulário da astronomia fica mais amplo se o consideramos como um corpo de proposições do qual derivam verdades, ou pelo menos probabilidades, a partir da observação e menos amplo se o tratamos como um sistema puramente hipotético, cuja verdade ou falsidade não nos interessa. No primeiro caso, precisamos ser capazes de dizer "aquele é o Sol", ou algo do tipo; no segundo caso, não surge tal necessidade.

A física, que devemos considerar a seguir, está em uma posição distinta da geografia e da astronomia, pois não se preocupa em dizer o que existe onde, mas apenas em estabelecer leis gerais. "O cobre conduz eletricidade" é uma lei da física, mas "há cobre em Cornwall" é um fato da geografia. O físico enquanto tal não se importa em saber onde está o cobre, desde que haja cobre suficiente em seu laboratório.

Nos primeiros estágios da física, a palavra "cobre" era necessária, mas agora ela se tornou definível. "Cobre" é "o elemento cujo número atômico é 29", e essa definição nos permite deduzir muitas coisas acerca do átomo de cobre. Todos os elementos podem ser definidos em termos de elétrons e prótons, ou, pelo menos, em termos de elétrons, pósitrons, nêutrons e prótons. (Talvez um próton consista de um nêutron e um pósitron.) Essas unidades, por sua vez, podem ser definidas por sua massa e carga elétrica. Em última análise, como a massa é uma forma de energia, ficaria parecendo que energia, carga elétrica e coordenadas de espaço-tempo são tudo de que a física precisa; e, devido à ausência do elemento geográfico, as coordenadas podem continuar sendo puramente hipotéticas, ou seja, não é preciso que haja nada análogo a Greenwich. A física, como ciência "pura" — isto é, tirando os métodos de verificação —, pareceria, então, precisar apenas de um *continuum* de quatro dimensões contendo distribuições de quantidades variáveis de energia e eletricidade. Qualquer *continuum* de quatro dimensões serve, e "energia" e "eletricidade" precisam apenas ser quantidades cujo modo de variação de distribuição se sujeite a certas leis específicas.

Quando se leva a física a esse grau de abstração, ela se torna um ramo da matemática pura que pode ser estudado sem referências ao mundo real e não requer nenhum vocabulário para além da matemática pura. Mas a matemática é tal que nenhum matemático puro a teria pensado por si só. As equações, por exemplo, contêm a constante h de Planck, cuja magnitude é de cerca de $6,55 \times 10^{-27}$ erg/seg. Ninguém pensaria em introduzir justamente essa quantidade se não houvesse razões experimentais para fazê-lo, e, assim que introduzimos razões experimentais, todo o quadro se modifica. O *continuum* de quatro dimensões deixa de ser uma mera hipótese matemática para se tornar o *continuum* espaçotemporal a que fomos conduzidos por sucessivos refinamentos do espaço e do tempo a que estamos familiarizados por experiência. A eletricidade já não é apenas uma quantidade qualquer e, sim, a coisa medida pelo comportamento observável de nossos instrumentos elétricos. A energia, embora altamente abstrata, é uma generalização a que se chega por meio de experimentos concretos, como os de Joule. A física, quando verificável, se vale, portanto, de diversos conceitos empíricos além daqueles conceitos puramente abstratos que são necessários na física "pura".

Consideremos com mais detalhes a definição de um termo como "energia". O importante acerca da energia é sua constância, e o passo fundamental no estabelecimento de sua constância foi a determinação do equivalente mecânico do calor. Isto se deu pela observação, por exemplo, de termômetros. Se por "física" nos referirmos não apenas ao corpo das leis físicas, mas também às evidências para sua verdade, então precisamos incluir na "física" as percepções de Joule quando ele observava os termômetros. E o que queremos dizer com "calor"? O homem comum fala em um certo tipo de sensação ou em suas causas desconhecidas (para ele); o físico fala em uma intensa agitação de porções minúsculas dos corpos. Mas o que conduziu o físico até essa definição? Somente o fato de que, quando *sentimos* calor, há razão para pensarmos que tal agitação esteja ocorrendo. Ou tomemos o fato de que a fricção provoca calor: nossa evidência primária é que, quando vemos uma fricção, sentimos calor. Todos os termos não matemáticos empregados na física enquanto ciência experimental têm sua origem em nossa experiência sensível, e é apenas por isso que a experiência sensível pode confirmar ou refutar leis físicas.

Assim, parece que, se considerarmos a física como uma ciência baseada na observação, não como um ramo da matemática pura, e se as evidências para as leis físicas forem tidas como parte da física, então qualquer vocabulário mínimo para a física deverá ser tal que nos permita mencionar as experiências sobre as quais se baseiam nossas crenças físicas. Precisaremos de palavras como "quente", "vermelho", "duro", não apenas para descrever aquilo que a física afirma ser condição de corpos que nos dão essas sensações, mas também para descrever as sensações em si. Suponhamos que eu diga, por exemplo: por luz "vermelha" me refiro à luz de tal e tal comprimento de onda. Nesse caso, é uma tautologia afirmar que a luz de tal comprimento de onda me faz ver vermelho. E é absurdo dizer que até o século XIX as pessoas vocalizavam ruídos sem sentido quando diziam que o sangue é vermelho, pois nada se sabia sobre a correlação entre comprimentos de onda e sensações de cor. É óbvio que "vermelho" tem um significado independente da física e que esse significado é relevante na coleta de dados para a teoria física das cores, assim como o significado pré-científico de "quente" é relevante no estabelecimento da teoria física do calor.

A principal conclusão dessa discussão sobre os vocabulários mínimos é que toda ciência empírica, por mais abstrata que seja, deve conter em qualquer vocabulário mínimo palavras que descrevam nossas experiências. Descobre-se, então, que mesmo os termos mais matemáticos, como "energia", devem depender – quando a cadeia de definições se completa, ao alcançarmos termos para os quais existem apenas definição ostensiva – de termos que descrevam as experiências diretamente ou, naquilo que se pode chamar de ciências "geográficas", de termos que nomeiem experiências particulares. Essa conclusão, se válida, é importante e de muito auxílio no trabalho de interpretar as teorias científicas.

3.
Estrutura

Neste capítulo, iremos nos preocupar com uma discussão puramente lógica que é preliminar essencial a quaisquer passos ulteriores na interpretação da ciência. O conceito lógico que tentarei explicar é o de "estrutura".

Exibir a estrutura de um objeto é mencionar suas partes e os modos pelos quais se relacionam. Se você estivesse estudando anatomia, iria primeiro aprender os nomes e as formas dos vários ossos e, então, onde cada osso se localiza no esqueleto. Você, então, iria conhecer a estrutura do esqueleto em tudo aquilo que a anatomia tem a dizer a respeito. Mas não chegaria àquilo que se pode dizer sobre a estrutura em relação ao esqueleto. Os ossos são compostos de células e as células, de moléculas, e cada molécula tem uma estrutura atômica que é objeto do estudo da química. Os átomos, por sua vez, têm uma estrutura que é estudada pela física. Nesse ponto, a ciência ortodoxa cessa sua análise, mas não há razão para se supor que análises ulteriores sejam impossíveis. Teremos ocasião de sugerir a análise de entidades físicas em estruturas de eventos, e mesmo os eventos, como tentarei demonstrar, podem ser mais bem vistos quando se considera que tenham estrutura.

Consideremos agora um exemplo um tanto diferente de estrutura, a saber, as sentenças. Uma sentença é uma série de palavras, arranjadas pela relação antes-e-depois quando a sentença é falada e da-esquerda-para-a-direita quando é escrita. Mas essas relações não se dão realmente entre as palavras; elas se dão entre *ocorrências* de palavras. Uma palavra é uma classe de ruídos similares, todos com o mesmo significado ou quase o mesmo significado. (Para o bem da simplificação, irei me limitar à fala, em oposição à escrita.) Uma sentença também é uma classe de ruídos, uma vez que muitas pessoas podem proferir a mesma sentença. Não devemos, então, dizer que uma sentença é uma série temporal de palavras, mas, sim, que uma sentença é uma classe de ruídos, cada um consistindo em uma série de ruídos em rápida sucessão temporal, sendo cada um destes últimos o exemplo de uma palavra. (Isto é uma característica necessária, mas não suficiente da sentença; não é suficiente porque algumas séries de palavras não têm significação.) Não vou me demorar na distinção entre as diferentes partes da fala e passarei ao próximo estágio da análise, que já não pertence à sintaxe, mas, sim, à fonética. Cada exemplo de uma palavra é um som complexo, sendo suas partes letras separadas (admitindo-se um alfabeto fonético). Depois da análise fonética vem mais um estágio: a análise do complexo processo fisiológico de proferir ou ouvir uma única letra. Depois da análise fisiológica vem a análise física e, a partir desse ponto, a análise prossegue como no caso dos ossos.

Nessa exposição, passei rapidamente por dois pontos que exigem elucidação, a saber: palavras têm *significado* e sentenças têm *significação*. "Chuva" é uma palavra, mas "xuva" não é, embora ambas sejam classes de ruídos similares. "A chuva está caindo" é uma sentença, mas "chuva neve elefante" não é, embora ambas sejam séries de palavras. Definir "significado" e "significação" não é fácil, como vimos na discussão sobre a teoria da linguagem. Não é preciso tentá-lo enquanto nos confinarmos estritamente a questões de estrutura. Uma palavra adquire significado por relação externa, assim como um homem adquire a propriedade de ser tio. Nenhuma autopsia, por mais minuciosa que seja, revelará se um homem foi tio ou não, e nenhuma análise de um conjunto de ruídos (enquanto estiver excluído tudo que lhe seja exterior) mostrará se esse conjunto de ruídos tem significado ou significação, caso o conjunto seja uma série do que pareçam ser palavras.

Esse exemplo ilustra que uma análise da estrutura, mesmo que completa, não lhe diz tudo que você pode querer saber sobre um objeto. Ela lhe diz apenas quais são as partes do objeto e como elas se relacionam umas com as outras; não lhe diz nada sobre as relações do objeto com outros objetos que não sejam suas partes ou componentes.

A análise da estrutura geralmente procede por estágios sucessivos, como nos dois exemplos anteriores. Aquilo que se toma por unidades não analisadas em um estágio é apresentado como estrutura complexa no estágio seguinte. O esqueleto é composto de ossos, os ossos de células, as células de moléculas, as moléculas de átomos, os átomos de elétrons, pósitrons e nêutrons; a análise seguinte ainda é conjuntural. Ossos, moléculas, átomos e elétrons podem ser tratados, para certos propósitos, como se fossem unidades não analisáveis e desprovidas de estrutura, mas em nenhum estágio existe qualquer razão positiva para se supor que esse seja de fato o caso. As últimas unidades a que se chegou até aqui podem, a qualquer momento, se tornar suscetíveis de análise. Se existem unidades refratárias à análise por serem destituídas de partes, isso é uma questão que não parece possível resolver. Mas não se trata de coisa importante, pois não há nada errado em considerar uma estrutura que parta de unidades que depois se revelem complexas. Por exemplo: pontos podem ser definidos como classes de eventos, mas isso não falsifica nada na geometria tradicional, que trata os pontos como simples. Toda consideração de estrutura é relativa a certas unidades, as quais, no momento, são tratadas como se não tivessem estrutura, mas nunca se pode presumir que essas unidades não venham a ter, em outro contexto, uma estrutura que seja importante reconhecer.

Há um conceito de "identidade de estrutura" que é de grande importância para um grande número de questões. Antes de darmos uma definição precisa desse conceito, apresentarei algumas ilustrações preliminares.

Comecemos com ilustrações linguísticas. Suponhamos que você substitua as palavras de determinada sentença, mas de modo a preservar sua significação; então, a nova sentença terá a mesma estrutura que a original. Suponhamos, por exemplo, que você comece com "Platão amava Sócrates"; depois substitua "Platão" por "Brutus", "amava" por "matou" e "Sócrates" por "César". Assim, você chega à sentença "Brutus matou César", que tem a mesma estrutura que "Platão amava Sócrates". Todas as sentenças que têm essa estrutura se chamam "sentenças de relação diádica". De maneira similar, de "Sócrates é grego" você poderia passar a "Brutus é romano" sem alterar a estrutura; as sentenças que têm essa estrutura se chamam "sentenças de sujeito-predicado". Desse modo, as sentenças podem ser classificadas por sua estrutura; em teoria, existe um número infinito de estruturas que as sentenças podem assumir.

A lógica se ocupa de sentenças que são verdadeiras em virtude de sua estrutura e que sempre permanecem verdadeiras quando suas palavras são substituídas por outras, desde que a substituição não destrua a significação. Tomemos, por exemplo, a sentença: "Se todos os homens são mortais e Sócrates é um homem, então Sócrates é mortal". Aqui podemos substituir "Sócrates", "homem" e "mortal" por outras palavras sem destruir a verdade da sequência. É claro que há outras palavras na sentença, a saber "se-então" (que devem contar como uma palavra só), "todos", "são", "e", "é", "um". Essas palavras não devem ser trocadas. Trata-se de palavras "lógicas", e seu propósito é indicar a estrutura; quando são substituídas, a estrutura se altera. (Tudo isso levanta problemas, mas, para nossos fins, não é necessário entrar nesse tema.) Uma sentença pertence à lógica se podemos assegurar que é verdadeira (ou que é falsa) sem precisarmos conhecer os significados de nenhuma palavra, exceto daquelas que indicam a estrutura. Esta é a razão para o uso das variáveis. Em vez da sentença sobre Sócrates e homem e mortal, dizemos: "Se todo α for β e x é α, então x é β." Sejam x, α e β o que forem, essa sentença é verdadeira; pois é verdadeira em virtude de sua estrutura. É para esclarecer isso que usamos x, α e β em vez de palavras comuns.

A seguir, tomemos a relação entre um distrito e seu mapa. Se o distrito é pequeno, de modo que se possa desprezar a curvatura da Terra, então o princípio é simples: leste e oeste são representados por direita e esquerda, norte e sul por acima e abaixo, e todas as distâncias são reduzidas na mesma proporção. Segue-se que de toda sentença sobre o mapa você pode inferir uma sentença sobre o distrito, e vice-versa. Se existem duas cidades, A e B, e o mapa está em uma escala de um centímetro por quilômetro, então do fato de a marca "A" estar a dez centímetros da marca "B" você pode inferir que A está a dez quilômetros de B, e vice-versa; da direção da linha da marca "A" à marca "B" você pode inferir a direção da linha de A até B. Essas inferências são possíveis por causa da identidade de estrutura entre o mapa e o distrito.

Tomemos agora uma ilustração um pouco mais complicada: a relação entre um disco de gramofone e a música que ele toca. É óbvio que o disco não poderia produzir essa música a menos que houvesse certa identidade de estrutura entre ele e a música, a qual se pode exibir traduzindo relações sonoras em relações espaciais, e vice-versa. Por exemplo: o que está mais próximo do centro do disco corresponde ao que vem depois na música. É somente em virtude da identidade de estrutura que o disco consegue causar a música. Considerações muito similares se aplicam aos telefones, às transmissões de rádio etc.

Podemos generalizar tais exemplos para tratarmos das relações de nossas experiências perceptuais com o mundo exterior. O aparelho de rádio transforma ondas eletromagnéticas em ondas sonoras; o organismo humano transforma ondas sonoras em sensações auditivas. As ondas eletromagnéticas e as ondas sonoras têm certa similaridade de estrutura, assim como (podemos supor) as ondas sonoras e as sensações auditivas. Toda vez que uma estrutura complexa causa outra, deve haver a mesma estrutura na causa e no efeito, como no caso do disco de gramofone e da música. Isto é plausível se aceitamos a máxima "mesma causa, mesmo efeito" e sua consequência "diferentes efeitos, diferentes causas". Se considerarmos válido esse princípio, podemos inferir de uma sensação complexa ou de uma série de sensações a estrutura de sua causa física, mas nada além disso, salvo o fato de que as relações de vizinhança devem ser preservadas, ou seja, de que as causas vizinhas têm efeitos vizinhos. Trata-se de um argumento que precisa de muita ampliação; por enquanto, apenas o menciono em antecipação, para demonstrar uma das importantes aplicações do conceito de estrutura.

Agora podemos proceder à definição formal de "estrutura". Deve-se observar que a estrutura sempre envolve relações: uma mera classe, como tal, não tem estrutura. Podem-se fazer muitas estruturas a partir dos termos de determinada classe, assim como muitas casas de diferentes tipos podem ser feitas a partir de dada quantidade de tijolos. Toda relação tem aquilo que se chama de "campo", que consiste de todos os termos que têm relação com alguma coisa ou com os quais alguma coisa tem relação. Assim, o campo "pais" é a classe de pais e filhos, e o campo "marido" é a classe de maridos e esposas. Tais relações têm dois termos e são chamadas "diádicas". Também existem relações de três termos, tais como o ciúme e "entre"; estas são chamadas "triádicas". Se digo "A comprou B de C por D libras", estou usando uma relação "tetrádica". Se digo "A se importa mais com o amor de B por C que com o ódio de D por E", estou empregando uma relação "pentádica". Não há limite teórico para essa série de tipos de relação.

Neste primeiro momento, vamos nos limitar às relações diádicas. Poderemos dizer que uma classe α ordenada pela relação R tem a mesma estrutura que uma classe β ordenada pela relação S se cada termo de α corresponder a um termo de β, e vice-versa, e se, quando dois termos de α tiverem a relação R, os termos correspondentes em β tiverem a relação S, e vice-versa. Podemos ilustrar tudo isso com a similaridade que existe entre a sentença falada e a escrita. Aqui, a classe de palavras faladas na sentença é α, a classe de palavras escritas na sentença é β e, se uma palavra falada vem antes de outra, então a palavra escrita correspondente a uma virá à esquerda da palavra escrita correspondente à outra (ou à direita, se a língua for hebraica). É em consequência dessa identidade de estrutura que as sentenças faladas e escritas podem ser traduzidas umas nas outras. O processo de aprender a ler e escrever é o processo de aprender qual palavra falada corresponde a determinada palavra escrita, e vice-versa.

Pode-se definir uma estrutura por várias relações. Tomemos, por exemplo, uma peça musical. Uma nota pode vir antes ou depois de outra, ou mesmo simultaneamente. Uma nota pode ser mais forte que outra, ou em tom mais alto, ou diferir em riqueza ou pobreza harmônica. Todas as relações desse tipo musicalmente relevantes devem ser análogas em um disco de gramofone, se este conseguir realizar uma boa reprodução. Quando dizemos que o disco deve ter a mesma estrutura que a música, não estamos preocupados apenas com uma relação R entre as notas da música e uma relação S correspondente entre as marcas no disco, mas, sim, com várias relações, por exemplo, R e um certo número de relações correspondentes, como S. Alguns mapas usam cores diferentes para diferentes altitudes; nesse caso, diferentes posições no mapa correspondem a latitudes e longitudes diferentes, ao passo que diferentes cores correspondem a elevações diferentes. A identidade de estrutura em tais mapas é maior que nos outros; é por isso que eles conseguem veicular mais informações.

A definição de identidade de estrutura é exatamente a mesma nas relações diádicas e nas relações de ordens superiores. Dadas, por exemplo, duas relações triádicas R e S e duas classes α e β, nas quais α está contido no campo R e β está contido no campo S, diremos que α ordenado por R tem a mesma estrutura que β ordenado por S se houver um meio de correlacionar um membro de α com um de β, e vice-versa, de modo que, se a_1, a_2, a_3 se correlacionarem respectivamente com b_1, b_2, b_3 e R relacionar a_1, a_2, a_3 (nessa ordem), então S irá relacionar b_1, b_2, b_3 (nessa ordem), e vice-versa. Aqui, mais uma vez, há muitas relações como R e muitas como S; nesse caso, existe uma identidade de estrutura em vários aspectos.

Quando dois complexos apresentam a mesma estrutura, toda sentença sobre um, se depender apenas da estrutura, tem uma sentença correspondente sobre o outro, verdadeira se a primeira for verdadeira, falsa se a primeira for falsa. Surge, então, a possibilidade de um dicionário, por meio do qual as sentenças sobre um complexo possam ser traduzidas em sentenças sobre o outro. Ou, em vez do dicionário, podemos continuar usando as mesmas palavras, mas lhes atribuindo significados diferentes, de acordo com o complexo a que se referem. Esse tipo de coisa acontece na interpretação de um texto sagrado ou das leis da física. Diz-se que os "dias" no relato bíblico da Criação querem dizer "eras" e, dessa maneira, o Gênesis se reconcilia com a geologia. Na física, supondo que nosso conhecimento do mundo físico diz respeito apenas à estrutura resultante da relação empiricamente conhecida de "vizinhança", no sentido topológico, temos uma imensa latitude na interpretação dos nossos símbolos. Toda interpretação que preserve as equações e a conexão com nossas experiências perceptivas tem igual direito de ser considerada como possivelmente verdadeira e de ser usada pelo físico para reforçar sua matemática.

Tomemos, por exemplo, a questão das ondas *versus* partículas. Até recentemente, pensava-se que essa era uma questão substancial: a luz devia consistir ou de ondas ou de pequenos pacotes chamados fótons. Considerava-se inquestionável que a matéria consistia de partículas. Mas, por fim, descobriu-se que as equações eram as mesmas se a matéria e a luz consistissem de partículas ou se ambas consistissem de ondas. Não somente as equações eram as mesmas, mas todas as consequências verificáveis eram as mesmas. Qualquer das hipóteses, portanto, é igualmente legítima, e nenhuma pode ser vista como mais digna de verdade. A razão para isso é que o mundo físico pode ter a mesma estrutura e a mesma relação com a experiência tanto em uma hipótese quanto na outra.

Considerações derivadas da importância da estrutura demonstram que nosso conhecimento, especialmente na física, é muito mais abstrato e muito mais contaminado pela lógica do que parecia. Mas há um limite muito definido no processo de se converter a física em lógica e matemática; tal limite é estabelecido pelo fato de que a física é uma ciência empírica, cuja credibilidade depende de relações com nossas experiências perceptivas. O desenvolvimento ulterior desse tema será adiado até que cheguemos à teoria da inferência científica.

4.
Estrutura e vocabulários mínimos

O leitor irá se lembrar de que, em relação a dado corpo de conhecimento, um vocabulário mínimo se define por duas propriedades: (1) toda proposição de dado corpo de conhecimento pode ser expressa por meio de palavras que pertencem ao vocabulário mínimo; (2) nenhuma palavra desse vocabulário pode ser definida em termos de outras palavras do vocabulário. Neste capítulo, quero demonstrar a conexão dessa definição com a estrutura.

A primeira coisa a se notar é que um vocabulário mínimo não pode conter nomes para complexos cuja estrutura seja conhecida. Tomemos (digamos) o nome "França". Esse nome designa certa região geográfica e pode ser definido como "todos os lugares dentro de tais e tais limites". Mas não podemos, inversamente, definir os limites em termos de "França". Queremos poder dizer "este lugar se encontra nos limites da França", o que requer um nome para esse lugar, ou para os elementos que o compõem. "Este lugar" entra na definição de "França", mas "França" não entra na definição de "este lugar".

Segue-se que toda descoberta de estrutura nos permite diminuir o vocabulário mínimo exigido para determinado assunto. A química precisava de nomes para todos os elementos, mas agora os vários elementos podem ser definidos em termos de estrutura atômica, pelo uso de duas palavras: "elétron" e "próton" (ou, talvez, três palavras: "elétron", "pósitron" e "nêutron"). Pode-se definir qualquer região do espaço-tempo em termos de suas partes, mas suas partes não podem ser definidas em termos da região. Pode-se definir um homem enumerando, na ordem temporal correta, todos os eventos que lhe aconteceram, mas os eventos não podem ser definidos em termos do homem. Se você quer falar sobre complexos e sobre as coisas que de fato são seus constituintes, sempre pode fazê-lo sem dar nomes aos complexos, basta conhecer sua estrutura. Desse modo, a análise simplifica, sistematiza e diminui seu aparato inicial.

As palavras exigidas em uma ciência empírica são de três tipos. Primeiro, nomes próprios, que usualmente designam porções contínuas do espaço-tempo, tais como "Sócrates", "País de Gales" e "Sol". Depois, palavras que denotam qualidades ou relações, como "vermelho", "quente", "forte" ou "acima", "antes", "entre". Depois, palavras lógicas, tais como "ou", "não", "mesmo", "tudo". Para nossos propósitos, podemos ignorar as palavras lógicas e nos concentrar nos outros dois tipos.

Geralmente se supõe que a análise de alguma coisa que tenha nome próprio consiste em dividi-la em partes espaçotemporais. O País de Gales é formado por condados, os condados, por paróquias, cada paróquia, por uma igreja, uma escola etc. A igreja, por sua vez, também tem partes, e então podemos continuar (pensa--se) até chegarmos aos pontos. O estranho é que jamais chegamos aos pontos e, assim, as coisas familiares parecem compostas por uma infinidade de constituintes inatingíveis e puramente conceituais. Acredito que essa visão da análise espaçotemporal esteja equivocada.

Qualidades e relações às vezes são analisáveis, às vezes, não. Não creio que a palavra "antes", como a conhecemos na experiência, possa ser analisada; de todo modo, não conheço nenhuma análise que eu esteja disposto a aceitar. Mas, em alguns casos, a análise de uma relação é óbvia. "Avô" significa "pai de pais", "irmão" significa "filho de pais", e assim por diante. Todas as relações familiares podem ser expressas por meio de três palavras: "esposa", "homem" e "pai". Este é um vocabulário mínimo nesse assunto. Os adjetivos (ou seja, palavras que denotam qualidades) muitas vezes são complexos em seus significados. Milton chama a madressilva de "bem-adornada", que é uma palavra de significado complexo. Assim como a palavra "famoso". Palavras como "vermelho", que parecem mais próximas à simplicidade, não chegam a alcançá-la; há muitos tons de vermelho.

Sempre que a análise de uma qualidade ou relação é conhecida, a palavra para essa qualidade ou relação se torna desnecessária na "língua básica".

Quando temos palavras para todas as coisas, qualidades e relações que não conseguimos analisar, podemos expressar todo nosso conhecimento sem a necessidade de qualquer outra palavra. Na prática, isso seria muito extenso, mas, na teoria, definições nominais são desnecessárias.

Se o mundo é composto por elementos simples, ou seja, coisas, qualidades e relações desprovidas de estrutura, então não apenas todo nosso conhecimento, mas toda onisciência, pode se expressar por meio de palavras que denotam esses elementos simples. Podemos fazer uma distinção entre a substância [*stuff*] (para usarmos a palavra de William James) e a estrutura.

A substância consistiria de todos os elementos simples designados por nomes, e a estrutura dependeria de relações e qualidades para as quais nosso vocabulário mínimo teria palavras.

Pode-se aplicar essa concepção sem se admitir que exista algo absolutamente simples. Podemos definir como "relativamente simples" aquilo que não sabemos ser complexo. Os resultados obtidos pelo uso do conceito de "simplicidade relativa" ainda serão verdadeiros se depois encontrarmos complexidade, desde que tenhamos evitado afirmar a simplicidade absoluta.

Se aceitamos as definições denotativas como opostas às estruturais, podemos, pelo menos aparentemente, nos contentar com um aparato muito menor de nomes. Todos os lugares do espaço-tempo podem ser indicados por suas coordenadas, todas as cores por seus comprimentos de onda, e assim por diante. Já vimos que o estabelecimento de coordenadas espaçotemporais requer uns poucos nomes próprios, digamos, "Greenwich", "Estrela Polar" e "Big Ben". Mas isso é um aparato muito pequeno se comparado aos nomes de todos os diferentes lugares do universo. É difícil concluir se essa maneira de definir lugares espaçotemporais nos permite ou não dizer tudo o que sabemos sobre eles, e voltarei a essa questão em breve. Antes de discuti-la, convém examinar mais de perto as questões que surgem em torno das qualidades.

Consideremos a definição da palavra "vermelho". Podemos defini-la (1) como qualquer tom de cor entre dois extremos específicos do espectro, ou (2) como qualquer tom de cor causado por comprimentos de onda que se encontram entre dois extremos específicos, ou (3) (na física) como ondas que têm comprimentos entre esses extremos. Há várias coisas diferentes a se dizer sobre cada uma dessas três definições, mas apenas uma a se dizer sobre todas elas.

O que se pode dizer sobre todas as três é que elas têm uma precisão artificial, irreal e parcialmente ilusória. A palavra "vermelho", a exemplo da palavra "calvo", tem um significado cujos limites são vagos. A maioria das pessoas concordaria que, se um homem não é calvo, a perda de um fio de cabelo não o tornaria calvo; segue-se, por indução matemática, que a perda de todos os seus fios de cabelo não o tornaria calvo, o que é absurdo. De maneira similar, se um tom de cor é vermelho, uma pequeníssima alteração não faria que deixasse de ser vermelho, do que se segue que todos os tons de cor são vermelhos. O mesmo tipo de coisa acontece quando usamos comprimentos de onda em nossa definição, uma vez que não é possível medi-los com acurácia. Dado um comprimento que, pela medição mais cuidadosa, pareça ter um metro, ele ainda parecerá ter um metro se for minimamente aumentado ou diminuído; assim, todos os comprimentos de onda parecem ter um metro, o que, uma vez mais, é absurdo.

Segue-se dessas considerações que é pretensiosa e fraudulenta qualquer definição de "vermelho" que se afirme precisa.

Teremos de definir "vermelho", ou qualquer outra qualidade vaga, por algum método como o que se segue. Quando as cores do espectro se espalham diante de nossos olhos, há algumas que todo mundo concorda que são vermelhas e outras que todo mundo concorda que não são vermelhas, mas entre essas duas regiões do espectro há uma região de dúvida. Ao percorrermos essa região, começamos dizendo "estou quase certo de que isto seja vermelho" e acabamos dizendo "estou quase certo de que isto não seja vermelho". No meio haverá uma região em que não teremos nenhuma inclinação preponderante para dizer nem que sim, nem que não. Todos os conceitos empíricos têm esse caráter — não apenas os conceitos obviamente vagos, como "forte" ou "quente", mas também aqueles que ficamos mais ansiosos para tornar precisos, como "centímetro" e "segundo".

Alguém poderia pensar que conseguimos tornar "vermelho" preciso confinando o termo àqueles tons sobre os quais temos certeza de que são vermelhos. Isto diminui a área de incerteza, mas não a elimina. Não há ponto preciso no espectro em que você tenha certeza de que ficou em dúvida. Restariam ainda três regiões: uma em que você tem certeza de que tem certeza de que o tom é vermelho; uma em que você tem certeza de que não tem certeza; e uma região intermediária, em que você não tem certeza se tem ou não certeza. E essas três regiões, assim como as anteriores, não terão limites precisos. Você apenas adotou uma das inúmeras técnicas que diminuem a área de vagueza, sem eliminá-la totalmente.

Essa discussão avançou a partir da suposição da continuidade. Se toda mudança é descontínua — e não sabemos se não é —, então a exatidão completa é teoricamente possível. Mas, se há descontinuidade, ela se encontra, por enquanto, muito abaixo do nível de discriminação sensível, de modo que a descontinuidade, mesmo que exista, será inútil como auxílio na definição empírica das qualidades.

Vamos ignorar o problema da imprecisão e voltar às nossas três definições. Agora, porém, vamos adaptá-las para que sejam definições de um dado tom de cor. Isto não introduz nenhuma dificuldade nova, pois, como vimos, a definição de "vermelho" como uma banda de cores requer uma definição dos tons precisos que formam seus limites.

Suponhamos que eu esteja vendo uma certa mancha colorida e que chame o tom dessa mancha de "C". A física me diz que esse tom de cor é causado pela luz do comprimento de onda λ. Posso, então, definir "C" (1) como o tom de qualquer mancha que tenha cor indistinguível daquele da mancha que estou vendo agora; ou (2) como o tom de qualquer sensação visual causada por ondas eletromagnéticas de comprimento λ; ou (3) como ondas eletromagnéticas de comprimento λ. Quando estamos interessados apenas na física, sem considerarmos os métodos pelos quais se verificam as leis, a definição (3) é a mais conveniente. Nós a empregamos quando falamos em luz ultravioleta, quando dizemos que a luz de Marte é vermelha e quando, no pôr do sol, dizemos que a luz do sol não é vermelha de verdade, mas só parece vermelha por causa da névoa do fim da tarde. A física, *per se*, não tem nada a dizer sobre as sensações e, se usa a palavra "cor" (coisa que não precisa fazer), é para defini-la de uma maneira que seja logicamente independente da sensação.

Mas, ainda que a física, enquanto sistema lógico em si, não tenha de mencionar as sensações, é apenas por meio destas que ela pode ser *verificada*. Trata-se de lei empírica que a luz de certo comprimento de onda cause uma sensação visual de certo tipo, e é apenas quando tais leis se somam às da física que o todo se torna um sistema verificável. A definição (2) tem o defeito de ocultar a força da lei empírica que conecta o comprimento de onda à sensação. Os nomes de cores foram usados durante milhares de anos antes do surgimento da teoria ondulatória da luz, e foi uma verdadeira descoberta o fato de os comprimentos de onda se encurtarem à medida que caminhamos pelo espectro do vermelho ao violeta. Se definimos um tom de cor por seu comprimento de onda, devemos acrescentar que as sensações causadas pela luz do mesmo comprimento de onda têm uma similitude reconhecível e que o grau de similitude é menor quando os comprimentos de onda diferem, mas apenas um pouco. Assim, não conseguimos expressar tudo o que sabemos sobre o tema sem falarmos sobre tons de cor tal como conhecidos diretamente pela sensação visual, independentemente de qualquer teoria física acerca das ondas de luz.

Então, parece que, se quisermos mais clareza na hora de exibir os dados empíricos que nos levam a aceitar a física, faremos bem em adotar nossa primeira definição de tom de cor, uma vez que, por certo, precisaremos de um modo de falar sobre o que essa definição define sem termos de mencionar os comprimentos de onda, o que seria um desvio pelo caminho da física.

Uma questão, porém, continua em aberto: a matéria-prima em nossas definições de cores deve ser um determinado tom de cor (onde quer que ocorra) ou uma determinada mancha de cor, que só pode ocorrer uma única vez? Vamos desenvolver ambas as hipóteses.

Suponhamos que eu queira fazer um relato de meu campo visual ao longo de certo dia. Como estamos interessados apenas nas cores, podemos ignorar a profundidade. Tenho, portanto, a cada momento, um agregado bidimensional de cores. Vou supor que meu campo visual possa ser dividido em áreas de tamanho finito e que a cor seja sensivelmente uniforme dentro de cada uma delas. (Essa suposição não é essencial, mas poupa algumas palavras.) Meu campo visual, nessa suposição, consistirá de um número finito de manchas coloridas de variadas formas. Posso começar dando um nome a cada mancha ou dando um nome a cada tom de cor. Temos de considerar se há alguma razão para preferirmos este ou aquele caminho.

Se começo dando um nome a cada mancha, procedo à definição do tom de uma cor por meio de uma relação de similaridade de cor entre as manchas. Essa similaridade pode ser maior ou menor; vamos supor que exista em um grau extremo, que se poderia chamar de "semelhança exata". Essa relação se distingue por ser transitiva, coisa que não se dá nos menores graus de semelhança. Por motivos já expostos, nunca podemos ter certeza de que, em qualquer caso, haja semelhança exata de cor entre duas manchas, assim como não podemos ter certeza de que dado comprimento corresponda exatamente a um metro. No entanto, podemos inventar técnicas que se aproximem cada vez mais daquilo que seria necessário para estabelecermos a semelhança exata.

Definimos o tom da cor de determinada mancha como a classe de manchas que têm com ela uma semelhança exata de cor. Cada tom de cor é definido em relação a "esta"; este é "o tom da cor *desta* mancha". Assim que percebemos cada "esta", lhe damos um nome, digamos, "P"; então, "o tom de P" é definido como "todas as manchas que têm semelhança exata de cor com P".

Agora surge uma questão: diante de duas manchas indistinguíveis em cor, o que me faz pensar que sejam duas? A resposta é óbvia: a diferença na posição espaçotemporal. Mas, mesmo que seja óbvia, a resposta não resolve o problema. Para simplificar, vamos supor que as duas manchas façam parte de um mesmo campo visual, mas que não estejam em contato visual uma com a outra. A posição espacial no campo visual momentâneo é uma qualidade, variando de acordo com a distância em relação ao centro do campo de visão e também de acordo com a posição da região, acima ou abaixo, à esquerda ou à direita, ao centro. As várias qualidades que as pequenas porções do campo visual podem ter se ligam por relações de acima-e-abaixo, direita-e-esquerda. Quando movemos os olhos, as qualidades associadas a determinado objeto físico se modificam, mas, se os vários objetos físicos não se moverem, não haverá mudança *topológica* na parte do campo visual que é comum a ambas as ocasiões. Isto permite que o senso comum ignore a subjetividade da posição visual.

Quanto a essas qualidades de posição visual, temos exatamente as mesmas alternativas que no caso dos tons de cor. Podemos dar um nome a cada qualidade, considerada como algo que é o mesmo em diferentes ocasiões, ou podemos dar um nome a cada ocorrência da qualidade e conectá-la com outras ocorrências da mesma qualidade por uma relação de semelhança exata. Vamos nos concentrar na qualidade que distingue o centro do campo de visão. Chamemos essa qualidade de "centralidade". Então, em uma visão, existe uma única qualidade de centralidade, que ocorre repetidamente, ao passo que na outra existem muitos particulares que têm semelhança exata de posição, sendo a qualidade de centralidade substituída pela classe desses particulares.

Se agora repetirmos, em relação aos particulares que são ocorrências de centralidade, a pergunta sobre como distinguimos um desses particulares de outros, a resposta será, mais uma vez, óbvia: nós os distinguimos por sua posição no tempo. (Não pode haver duas ocorrências simultâneas de centralidade na experiência de uma pessoa.) Devemos, portanto, proceder à análise da diferença de posição no tempo.

No que diz respeito ao tempo, assim como no tocante ao espaço, temos de fazer uma distinção entre o tempo objetivo e o subjetivo. O espaço objetivo é aquele que pertence ao mundo físico, ao passo que o espaço subjetivo é aquele que aparece nos objetos de nossa percepção quando vemos o mundo desde determinado lugar. Assim, o tempo objetivo é o da física e da história, e o tempo subjetivo é o que aparece em nossa visão momentânea do mundo. Em meu presente estado de espírito, há não apenas objetos da percepção, mas também memórias e expectativas; aquilo de que me lembro, eu o coloco no passado, e aquilo que espero, coloco no futuro. Mas, desde o ponto de vista imparcial da história, minhas memórias e expectativas existem tanto quanto meus objetos da percepção. Quando me lembro de alguma coisa, essa coisa está acontecendo comigo agora, e, se me lembrar corretamente, ela terá certa relação com o que aconteceu em um tempo anterior. Mas o que aconteceu então não está em minha mente agora. Minhas memórias se organizam em uma ordem temporal, assim como minhas percepções visuais se organizam em uma ordem espacial, por meio de qualidades intrínsecas que podem ser chamadas de "graus de distanciamento". No entanto, por mais alto que seja o grau de distanciamento de uma memória, esta continua sendo, do ponto de vista histórico objetivo, um evento que está acontecendo *agora*.

Eu disse há pouco que não pode haver duas ocorrências simultâneas de centralidade na experiência de uma mesma pessoa, mas, em certo sentido, isso pode ser falso. Se, com os olhos abertos, me lembro de alguma experiência visual prévia, haverá uma ocorrência de centralidade em minha percepção e outra em minha memória, e ambas estão agora no tempo histórico. Mas elas não estão agora no tempo de minha experiência subjetiva presente. Assim, a afirmação correta é: duas ocorrências de centralidade não podem ser simultâneas no tempo histórico se forem partes *perceptuais* da experiência de alguém e não poderão, em nenhum caso, ser simultâneas no tempo subjetivo de uma única experiência composta por percepções, memórias e expectativas.

Há certa dificuldade na concepção de um tempo que, em certo sentido, é totalmente *agora* e em um espaço que, em certo sentido, é totalmente *aqui*. Ainda assim, essas concepções parecem inevitáveis. Do ponto de vista da física, o todo de meu espaço psicológico está *aqui* e, do ponto de vista da história, o todo de meu tempo psicológico é *agora*. A exemplo das mônadas de Leibniz, nós espelhamos o universo, mas de maneira muito parcial e imprecisa; no meu espelhamento momentâneo, há um espaço-espelho e um tempo-espelho, que têm uma correspondência, embora não exata, com o espaço impessoal da física e o tempo impessoal da história. Do ponto de vista objetivo, o espaço e o tempo de minha experiência presente ficam inteiramente confinados a uma pequena região do espaço-tempo físico.

Precisamos agora pôr fim a essa digressão e retornar à questão: devemos admitir uma qualidade de centralidade que possa existir em vários tempos, ou várias ocorrências dessa qualidade, cada qual existindo apenas uma vez? Começa a ficar óbvio que esta última hipótese acarretará grandes complicações desnecessárias, as quais a primeira hipótese evita. Podemos resumir a questão perguntando o que significa "isto" [*this*], e suas variantes "este", "esta". Vamos supor que "isto" seja um dado visual momentâneo. Há um sentido em que pode ser verdadeiro dizer "já vi isto antes" e há outro sentido em que a frase não pode ser verdadeira. Se por "isto" me refiro a certo tom de cor, ou mesmo a certo tom de cor de certa forma, pode ser que eu o tenha visto antes. Mas, se me refiro a algo datado, que se poderia chamar de "evento", então claramente não o poderei ter visto antes. As mesmas considerações se aplicam quando me perguntam "você vê isto em algum outro lugar?". Posso estar vendo o mesmo tom de cor em algum outro lugar, mas, se eu incluir a posição no espaço visual no significado de "isto", então não o posso estar vendo em nenhum outro lugar. Assim, o que temos de considerar é a particularidade espaçotemporal.

Se concordarmos com a opinião — que considero a melhor — de que dada qualidade, como um tom de cor, pode existir em diferentes lugares e tempos, então aquelas que seriam ocorrências dessa qualidade se tornam complexos nos quais ela estará combinada com outras qualidades. Um tom de cor combinado com dada qualidade posicional não pode existir em duas partes de um mesmo campo visual, pois as partes do campo se definem por suas qualidades posicionais. Há uma distinção similar no tempo subjetivo: o complexo que consiste de um tom de cor combinado a certo grau de distanciamento não pode ser idêntico ao complexo que consiste do mesmo tom de cor e outro grau de distanciamento. Dessa maneira, as "ocorrências" podem ser substituídas por complexos e, com essa substituição, efetua-se uma grande simplificação.

Dessa discussão resulta que um possível vocabulário mínimo para descrever o mundo de minha experiência pode ser construído da seguinte maneira. Dão-se nomes a todas as qualidades da experiência, inclusive as do espaço visual e do tempo recordado, conforme já consideramos. Também temos de dar palavras a relações experimentadas, tais como direita-e-esquerda em um campo visual e antes-e-depois em um presente ilusório. Não precisamos dar nomes a regiões do espaço-tempo, como "Sócrates" ou

"França", pois toda região do espaço-tempo pode ser definida como um complexo de qualidades ou um sistema de tais complexos. Os "eventos", que são datados e não podem se repetir, devem ser vistos como complexos; as coisas que não sabemos como analisar podem se repetir em várias partes do espaço-tempo.

Quando avançamos para além de nossa própria experiência, como o fazemos na física, não precisamos de novas palavras. As definições de coisas não experimentadas devem ser denotativas. Qualidades e relações, se não experimentadas, só poderão ser conhecidas por meio de descrições nas quais todas as constantes denotem coisas que são experimentadas. Segue-se que um vocabulário mínimo para aquilo que experimentamos é um vocabulário mínimo para todo o nosso conhecimento. É óbvio que esse deve ser o caso quando se parte de uma consideração do processo de definição ostensiva.

5.
Tempo, público e privado

O propósito desta parte é fornecer possíveis interpretações dos conceitos da ciência, em termos de possíveis vocabulários mínimos. Não se afirmará que nenhuma outra interpretação seja possível, mas a esperança é que, no curso da discussão, emerjam certas características comuns a todas as interpretações aceitáveis. Neste capítulo, trataremos de interpretar a palavra "tempo".

A maioria das pessoas tenderá a concordar com Santo Agostinho: "O que, então, é o tempo? Se ninguém me pergunta, eu sei; se quero explicar a quem me pergunta, não sei". Os filósofos aprenderam, é claro, a ser verbosos a respeito do tempo, mas o resto da humanidade acaba percebendo que umas poucas perguntas já podem deixá-la em absoluta confusão. "O passado existe? Não. O futuro existe? Não. Então, apenas o presente existe? Sim. Mas dentro do presente não há lapso de tempo? Exato. Então, o tempo não existe? Oh, não me aborreça mais". Todo e qualquer filósofo pode provocar esse diálogo. Basta escolher o interlocutor adequado.

Sir Isaac Newton, que compreendia muito bem o Livro de Daniel, também sabia tudo sobre o tempo. Vamos ouvir o que ele tem a dizer a respeito no seguinte escólio, que vem depois das definições iniciais dos *Principia*:

> Não defino tempo, espaço, lugar e movimento por serem bem conhecidos a todos. Devo observar, apenas, que o vulgo concebe essas quantidades somente sob a noção das relações que elas têm com os objetos sensíveis. E daí surgem certos preconceitos para cuja remoção será conveniente distingui-los entre absolutos e relativos, verdadeiros e aparentes, matemáticos e comuns. O tempo absoluto, verdadeiro e matemático, em si mesmo e por sua própria natureza, flui igualmente, sem atentar a nada que lhe seja exterior, e outro nome que se lhe dá é duração; o tempo relativo, aparente e comum é alguma medida de duração (seja constante ou variável) exterior e sensível por meio do movimento que é comumente usada no lugar do tempo verdadeiro, tal como a hora, o dia, o mês, o ano.

Newton prossegue para explicar que os dias não são todos iguais em tamanho e que talvez não exista em nenhum lugar da natureza um movimento verdadeiramente uniforme, mas que chegamos ao tempo absoluto na astronomia corrigindo o tempo "vulgar".

O tempo "absoluto" de *Sir* Isaac Newton, embora tenha se enraizado na técnica da física clássica, não foi aceito de maneira geral. A teoria da relatividade forneceu, dentro da física, motivos para sua rejeição, ainda que esses motivos deixem em aberto a possibilidade de um espaço-tempo absoluto. Mas, antes mesmo da relatividade, já se repudiava amplamente o tempo absoluto de Newton, mesmo que por motivos que não tinham nada a ver com a física. Se, antes da relatividade, esses motivos encerravam alguma validade, isso é uma questão que penso valer a pena examinar. Embora Newton diga que não vai definir tempo por este ser bem conhecido, ele deixa claro que apenas o tempo "vulgar" é bem conhecido e que o tempo matemático é uma inferência. Em termos modernos, diríamos que se trata mais de um ajuste que de uma inferência. O processo pelo qual se chega ao tempo "matemático" é essencialmente o seguinte: há um certo número de movimentos periódicos – as rotações e revoluções da Terra e dos planetas, as marés, as vibrações do diapasão, as batidas do coração de um homem saudável em descanso – que são tais que, se um deles é considerado uniforme, todos os outros também o serão, aproximadamente. Se tomarmos um deles – a rotação da Terra, por exemplo – como uniforme por definição, chegaremos às leis físicas (especialmente à lei da gravitação) que explicam os fenômenos e demonstram por que os outros movimentos periódicos são aproximadamente uniformes. Mas, infelizmente, as leis assim estabelecidas são apenas aproximadas e, mais que isso, demonstram que a rotação da Terra deveria sofrer retardo por causa da fricção das marés. Isto é contraditório quando se toma a rotação da Terra como medida de tempo; procuremos, então, uma medida diferente, que também aproxime ainda mais nossas leis físicas da verdade exata. Nota-se que não é conveniente tomar um movimento real como *definição* da medida de tempo, mas, sim, adotar uma medida de acomodação que torne as leis físicas as mais exatas possíveis. É essa medida de acomodação que serve aos propósitos para os quais Newton invocou o tempo "absoluto". Não há razão, porém, para se supor que ela represente uma realidade física, pois a escolha de uma medida de tempo é questão de convenção, como a escolha entre as eras cristã e maometana. Escolhemos, de fato, a medida que confere maior simplicidade possível ao enunciado das leis físicas, mas o fazemos com base na conveniência, não porque pensamos que essa medida seja mais "verdadeira" que qualquer outra.

Uma objeção frequente ao tempo "absoluto" de Newton é que não se pode observá-lo. Essa objeção vem, estranhamente, de homens que nos pedem para acreditar em elétrons, prótons, nêutrons, transições quânticas em átomos e outras tantas coisas que tampouco podem ser observadas. Não creio que a física possa dispensar inferências que vão além da observação. O fato de não se poder observar o tempo absoluto não é, em si mesmo, fatal para a opinião de que deva ser aceito; fatal é o fato de a física poder ser interpretada sem admiti-lo. Sempre que um corpo de proposições simbólicas que temos motivos para aceitar pode ser interpretado sem inferir tais e tais entidades não observadas, a inferência do corpo de proposições em questão até essas supostas entidades é inválida, pois, mesmo que não existam tais entidades, o corpo de proposições pode ser verdadeiro. É por isso, e não simplesmente porque não se pode observar o tempo "absoluto", que Newton se equivocou ao inferi-lo a partir das leis da física.

Embora a rejeição à proposta de Newton seja um lugar-comum, poucas pessoas parecem perceber os problemas que surgem daí. Existe na física uma variável independente t, cujos valores, supõe-se, formam uma série contínua daquilo que comumente se chama de "instante". Newton considerava o instante uma realidade física, mas o físico moderno, não. No entanto, como este continua a usar a variável t, deve encontrar alguma interpretação para seus valores, e a interpretação deve servir aos propósitos técnicos a que servia o tempo "absoluto" de Newton. Esse problema da interpretação de *t* é o que nos ocupa neste capítulo. Para simplificar a abordagem, iremos, de início, ignorar a relatividade e nos limitaremos ao tempo tal como aparece na física clássica.

Continuaremos chamando de "instante" cada valor da variável *t*, mas devemos procurar uma interpretação para a palavra "instante" em termos de dados físicos, ou seja, devemos esperar que a palavra tenha uma definição, e não que pertença a um vocabulário mínimo para a física. Tudo o que precisamos da definição é que os instantes, assim definidos, tenham as propriedades formais que a física matemática lhes demanda.

Na procura por uma definição de "instante" ou "ponto", o material a ser utilizado depende da teoria que adotamos quanto aos "particulares" ou nomes próprios. Podemos ser da opinião segundo a qual, quando, por exemplo, determinado tom de cor aparece em duas localizações separadas, eles são dois "particulares" separados, cada qual sendo uma "ocorrência" do tom de cor e um sujeito ao qual as qualidades podem ser predicadas, mas não definidos por suas qualidades, uma vez que um particular precisamente semelhante pode existir em outra parte. Ou podemos adotar a opinião de que um "particular" é um conjunto de qualidades coexistentes. A discussão do último capítulo, assim como a discussão anterior a respeito dos nomes próprios, nos inclina para esta segunda opinião. No entanto, irei adotar de maneira hipotética, neste e nos dois próximos capítulos, a primeira opinião e, no Capítulo 8, demonstrarei como interpretar o que foi dito em termos da segunda opinião. Por enquanto, tomarei como matéria-prima os "eventos", que devem ser imaginados ocupando uma porção contínua e finita do espaço-tempo. Admite-se que dois eventos podem se sobrepor e que nenhum evento pode se repetir.

É claro que o tempo tem a ver com a relação entre antes e depois; geralmente se sustenta também que nada que experimentamos tem uma existência meramente instantânea. Chamarei de "evento" tudo o que vier antes ou depois de alguma coisa. Queremos que nossa definição de "instante" seja tal que se possa dizer que um evento existiu "em" certos instantes e não em certos outros. Se concordamos que os eventos, até onde sabemos, não são meramente instantâneos, devemos definir "instante" de tal modo que todo e qualquer evento exista em um segmento contínuo da série de instantes. Que os instantes devam formar uma série definida por meio da relação antes e depois é um dos requisitos que nossa definição deve cumprir. Como rejeitamos a teoria de Newton, não podemos considerar os instantes como algo independente dos eventos, ocupados pelos eventos como os chapéus ocupam os cabides. Somos, assim, compelidos a procurar uma definição que torne o instante uma estrutura composta de adequada seleção de eventos. Cada evento será membro de muitas dessas estruturas, as quais serão os instantes durante os quais o evento existe: ele está "em" cada instante, que é uma estrutura da qual o evento é membro.

Uma data é fixada com absoluta precisão quando se sabe se cada evento do mundo a precedeu ou sucedeu inteiramente, ou se existiu ao mesmo tempo. A essa assertiva alguém poderia objetar que, se o mundo ficasse sem qualquer mudança por (digamos) cinco minutos, não haveria modo de se fixar uma data dentro desses cinco minutos adotando-se a abordagem acima, pois cada evento que precedesse inteiramente uma parte dos cinco minutos teria precedido inteiramente qualquer outra parte, cada evento que sucedesse inteiramente uma parte dos cinco minutos teria sucedido qualquer outra parte e cada evento que existisse ao mesmo tempo que uma parte dos cinco minutos teria existido por todo esse período. Isto, porém, não é uma objeção à nossa assertiva, mas apenas à suposição de que o tempo poderia seguir passando em um mundo imutável. Na teoria newtoniana isso seria possível, mas em uma teoria relacional do tempo isso se torna contraditório. Se o tempo for definido em termos de eventos, deve ser impossível para o universo ficar imutável por mais que um instante. E, quando digo "impossível", quero dizer *logicamente* impossível.

Embora não possamos concordar com Newton quando ele diz que não é preciso definir o "tempo", é óbvio que afirmações temporais demandam algum termo indefinido. Escolho a relação antes-depois, ou inteiramente-precedente. Entre dois eventos *a* e *b* são possíveis três relações temporais: *a* pode vir inteiramente antes de *b*, ou *b* pode vir inteiramente antes de *a*, ou *a* e *b* podem se sobrepor. Suponhamos que você queira fixar o mais precisamente possível uma data dentro da duração de *a*. Se você disser que sua data também se encontra dentro da duração de *b*, pode fixar a data com mais precisão que o faria ao meramente dizer que ela está dentro da duração de *a*, a menos que aconteça de *a* e *b* começarem e terminarem juntos. Suponhamos agora que exista um terceiro evento *c* que se sobreponha a *a* e *b* – ou seja, na linguagem comum (a que ainda não temos direito), que exista um período de tempo durante o qual existam *a*, *b* e *c*. Esse período será, em geral, mais curto que aquele durante o qual existem tanto *a* quanto *b*. Agora procuremos um quarto evento *d* que se sobreponha a *a*, *b* e *c*, ou seja, na linguagem comum, que exista durante alguma parte do tempo durante o qual existam *a*, *b* e *c*. O tempo durante o qual *a*, *b*, *c* e *d* existem é, em geral, mais curto que aquele durante o qual existem quaisquer dos três eventos. Dessa maneira, passo a passo, chegamos mais perto de uma data exata.

Vamos supor que esse processo se estenda o máximo possível, ou seja, até que não haja evento que possa se sobrepor a todos os outros eventos que já estejam no nosso grupo. Direi que, quando se chega a esse estágio, deve-se definir como um "instante" o grupo de eventos que foi construído. Para provar que essa afirmativa é legítima, só preciso demonstrar que os "instantes", assim definidos, têm as propriedades matemáticas que a física lhes demanda. Não preciso demonstrar que é isto que as pessoas normalmente querem dizer quando falam em "instantes", embora talvez fosse desejável completar o argumento mostrando que elas geralmente não dizem nada.

Um "instante", como proponho definir o termo, é uma classe de eventos que tem as seguintes propriedades: (1) todos os eventos dessa classe se sobrepõem; (2) nenhum evento que não pertença à classe se sobrepõe a eventos dessa classe. Esse grupo de eventos, como irei demonstrar, não persiste durante um tempo finito.

Dizer que um evento persiste durante um tempo finito só pode significar, em uma perspectiva relacional do tempo, que mudanças ocorrem enquanto ele existe, ou seja, que os eventos que existem quando ele começa não são todos idênticos aos eventos que existem quando ele termina. Isto equivale a dizer que há eventos que se sobrepõem a esse determinado evento, mas não uns aos outros. Isto é: "*a* dura um tempo finito" quer dizer "existem dois eventos *b* e *c* que se sobrepõem a *a*, mas *b* precede inteiramente *c*".

Podemos aplicar a mesma definição a um grupo de eventos. Se todos os membros do grupo não se sobrepõem, o grupo como um todo não tem duração, mas, se todos eles se sobrepõem, diremos que o grupo como um todo dura por um tempo finito, se houver pelo menos dois eventos que se sobreponham a cada membro do grupo, ainda que um deles preceda inteiramente o outro. Se este for o caso, a mudança ocorre enquanto o grupo persiste; caso contrário, não. Agora, se um grupo constitui um "instante" como definido anteriormente, nenhum evento que não pertença ao grupo se sobrepõe a todos os membros do grupo, e nenhum evento dentro do grupo precede inteiramente qualquer outro evento dentro do grupo. Assim, o grupo como um todo não dura por um tempo finito. E, portanto, poderá ser definido como um "instante".

Os instantes formarão uma série ordenada por uma relação definida em termos da relação "inteiramente precedente" entre os eventos. Um instante vem antes de outro se existe um membro do primeiro instante que preceda inteiramente um membro do segundo, ou seja, se algum evento "no" primeiro instante preceda inteiramente algum evento "no" segundo instante. Deve-se observar que estar "em" um instante é a mesma coisa que ser membro da classe que é o instante.

De acordo com a definição precedente, é logicamente impossível que o mundo permaneça imutável durante um tempo finito. Se dois instantes diferem, eles são compostos (pelo menos em parte) por diferentes membros, e isto significa que algum evento que existe em um instante não existe no outro.

Nossa teoria não faz nenhuma suposição quanto à existência ou não de eventos que existam apenas por um instante. Tais eventos, se existissem, teriam como característica que quaisquer dois eventos que se lhes sobrepusessem também se sobreporiam um ao outro. Em geral, a "duração" de um evento significa "a classe daqueles instantes dos quais o evento em questão é membro". Geralmente se supõe que um evento ocupe um segmento contínuo da série de instantes; essa suposição se incorpora formalmente ao "axioma" de que nada precede inteiramente a si mesmo. Mas esse axioma não é necessário.

Já se disse algo sobre a medida quantitativa do tempo, mas convém recolocar a opinião à qual a física nos conduz. A medida quantitativa do tempo é convencional, exceto no ponto em que se tem de aplicar ao todo uma medida maior que a aplicada a uma parte. Devemos atribuir a um ano uma medida maior que a atribuída a qualquer mês *desse* ano, mas podemos, quando conveniente, atribuir a esse ano uma medida menor que a atribuída a um mês de algum outro ano. Mas acontece que isso não é conveniente. Ao longo da história, os astrônomos partiram da suposição de que o dia e o ano tinham duração constante; mais tarde, descobriu-se que, se o dia sideral era constante, o mesmo não se dava com o dia solar, embora se desse com o ano. Se o dia sideral era constante por definição, muitas outras ocorrências periódicas também eram aproximadamente constantes; isto levou às leis da dinâmica que sugeriam que era mais conveniente tratar o dia sideral como algo não *exatamente* constante, devido à fricção das marés. As leis *podiam* ser formuladas com qualquer medida de tempo, mas, naturalmente, os físicos e astrônomos preferiram a medida que mais simplificava o enunciado das leis. Como isso combinava muito bem com as medidas "naturais" dos dias e anos, não se percebeu seu caráter convencional e então se podia supor que aquilo que estava sendo definido era o tempo "verdadeiro" ou "matemático" de Newton, que se acreditava ter realidade física.

Até aqui, falei como se houvesse um tempo cósmico para todo o universo, conforme se pensava. Desde Einstein, sabemos que não é esse o caso. Cada pedaço de matéria tem seu próprio tempo local. Há pouquíssima diferença entre o tempo local de um pedaço de matéria e o de outro, salvo quando sua velocidade relativa é uma fração considerável da velocidade da luz. O tempo local de determinado pedaço de matéria é o que será apresentado por um cronômetro perfeitamente preciso que viaje com tal pedaço. As partículas-beta viajam a velocidades não muito menores que a da luz. Se pudéssemos colocar um cronômetro em uma partícula-beta e fazê-la viajar em um circuito fechado, descobriríamos, quando ela voltasse, que o cronômetro não concordaria com um outro que havia permanecido no laboratório. Uma ilustração mais curiosa (que devo ao professor Reichenbach) se liga à possibilidade de uma viagem pelas estrelas. Suponhamos que inventássemos um foguete que pudesse enviar um projétil a Sirius, com uma velocidade de 10/11 da velocidade da luz. Do ponto de vista do observador terrestre, a jornada duraria cerca de 55 anos, e então se poderia supor que, se o projétil carregasse passageiros que fossem jovens na partida, eles estariam velhos na chegada. Mas, do ponto de vista dos passageiros, a viagem duraria apenas uns onze anos. Não apenas pelo tempo medido em seus relógios, mas também pelo tempo medido por seus processos fisiológicos — a queda dos dentes, perda dos cabelos etc. Se se parecessem e se sentissem como pessoas de 20 anos quando partissem, iriam parecer e se sentir como pessoas de 31 quando chegassem. É somente porque não costumamos nos deparar com corpos que viajam a velocidades próximas à da luz que tais fatos estranhos permanecem despercebidos, a não ser aos homens de ciência.

Se dois pedaços de matéria (a Terra e um cometa, digamos) se encontram, se afastam e se encontram de novo, e se nesse intervalo sua velocidade relativa foi muito grande, os físicos que vivem nesses dois pedaços de matéria (caso existam) farão estimativas diferentes sobre o lapso de tempo que se passou entre os dois encontros, mas irão concordar quanto a qual dos encontros ocorreu antes e qual ocorreu depois. Portanto, quando aplicados a dois eventos que acontecem a um pedaço de matéria, "antes" e "depois" não apresentam ambiguidade: se existirem vários pedaços de matéria aos quais aconteçam ambos os eventos, um dos eventos será anterior para todos os pedaços e o outro será posterior para todos os pedaços.

Por enquanto, deve-se manter a construção dos "instantes" como classes de eventos, conforme exposto anteriormente, apenas para os eventos que acontecem a um pedaço de matéria – primariamente ao corpo de determinado observador. A extensão para o tempo cósmico, que pode se dar de inúmeras maneiras, todas igualmente legítimas, é questão que não abordarei neste momento.

Em vez de basearmos nossa construção nos eventos que acontecem a determinado corpo, podemos baseá-la naqueles eventos que acontecem a determinada mente ou que fazem parte de determinada experiência. Se a mente é minha, posso experimentar ocorrências do tipo expresso pelas palavras "A precede inteiramente B", por exemplo, quando estou escutando as sucessivas badaladas de um relógio que anuncia a passagem de uma hora. Se A é um evento que experimento, tudo que se sobrepõe a A ou que preceda inteiramente A ou suceda inteiramente A constituirá "meu" tempo, e apenas eventos que pertençam ao "meu" tempo estarão envolvidos na construção dos "instantes" que pertencem ao "meu" tempo.[1] A conexão do meu tempo com o seu permanecerá, assim, um problema a ser considerado.

Podemos definir uma "biografia" como uma coleção de eventos tais que, tomados dois a dois, ou um precede inteiramente o outro ou eles se sobrepõem. Por enquanto, vou supor que, quando uma biografia tem uma definição psicológica, ela tem também uma definição física – ou seja, a série temporal constituída de eventos que experimento é idêntica à série temporal construída a partir de eventos que acontecem ao meu cérebro ou a alguma parte dele. Por conseguinte, devo falar da "biografia" de um pedaço de matéria, não apenas da "biografia" conectada à experiência de uma pessoa.

O que se disse até aqui pode ser resumido agora em uma série de definições:

Um "evento" é uma coisa que precede ou sucede ou se sobrepõe a alguma outra coisa.

A "biografia" a que um evento pertence são todos os eventos que ele precede, sucede ou aos quais se sobrepõe.

Um "instante" é uma coleção de eventos que pertencem a uma biografia, apresentando duas propriedades: (*a*) dois eventos quaisquer se sobrepõem nessa coleção; (*b*) nenhum evento fora da coleção se sobrepõe a *todos* os membros da coleção.

Diz-se que um evento "existe em" um instante se este é membro desse instante.

Diz-se que um instante é "anterior" a outro se em um deles existe um evento que preceda inteiramente algum evento do outro.

---

[1] Não se deve confundir "meu" tempo, nesse sentido, com o tempo subjetivo da Terceira Parte, Capítulo 5.

Uma "série temporal de determinado instante" é uma série de instantes da qual o determinado instante faz parte e tem a seguinte propriedade: dados dois instantes, um é anterior ao outro. Uma "série temporal" é uma série temporal de algum instante. Não se supõe que um instante só possa pertencer a uma série temporal, nem que um evento só possa pertencer a uma biografia. Mas se supõe que, se a precede inteiramente b, então a e b não são idênticos. Trata-se de uma suposição que ainda teremos de examinar – e talvez modificar – em um estágio posterior.

Como essa construção de séries temporais exposta é o exemplo mais simples de um tipo de procedimento que empregaremos com frequência, passarei alguns momentos estabelecendo as razões para sua adoção.

Comecemos pelo fato de que os físicos, por mais que rejeitem o tempo absoluto de Newton, continuam a se valer da variável independente t, cujos valores dizem ser "instantes". Diz-se que os valores de t formam uma série ordenada por uma relação chamada "antes-e-depois". Diz-se também que existem ocorrências chamadas "eventos", que incluem como subclasse tudo o que conseguimos observar. Entre os eventos há duas relações temporais observáveis: eles podem se sobrepor, quando, por exemplo, ouço o relógio bater doze vezes enquanto vejo seus ponteiros marcando meio-dia; ou um evento pode preceder o outro, quando, por exemplo, ainda me lembro da última badalada do relógio enquanto ouço a seguinte. Estes são os dados de nosso problema.

Se temos de usar a variável t sem admitir o tempo absoluto de Newton, devemos encontrar um modo de *definir* a classe de valores de t, ou seja, os "instantes" não devem fazer parte de nosso vocabulário mínimo, o qual, enquanto não for meramente um vocabulário da lógica, precisa consistir de palavras cujo significado seja conhecido por experiência.

As definições são de dois tipos, que podem ser chamados de "denotativo" e "estrutural". Um exemplo de definição denotativa é "o homem mais alto dos Estados Unidos". Trata-se, por certo, de uma definição, uma vez que deve haver uma e apenas uma pessoa a quem se aplica, mas define o homem apenas por suas relações. Geralmente, a definição denotativa é aquela que define uma entidade como a única que tem certa relação, ou certas relações, com uma ou mais entidades conhecidas. Por outro lado, quando o que queremos é definir uma estrutura composta por elementos conhecidos, podemos defini-la mencionando os elementos e as relações que constituem a estrutura; é a isso que chamo de definição "estrutural". Se o que estou definindo é uma classe, talvez seja necessário mencionar apenas a estrutura, pois os elementos podem ser irrelevantes. Por exemplo: posso definir um "octógono" como "uma figura plana que tem oito lados"; esta é uma definição estrutural. Mas também posso defini-lo como "um polígono dos quais todos os exemplos conhecidos estão nos seguintes lugares", apresentando então uma lista. Esta seria uma definição denotativa.

Uma definição denotativa só se completa com a prova de existência do objeto denotado. "O homem de mais de três metros de altura" vale, em termos lógicos, tanto quanto "o homem mais alto dos Estados Unidos", mas provavelmente não denota ninguém. "A raiz quadrada de 2" é uma definição denotativa, mas, até nossos dias, não havia provas de que denotasse alguma coisa; hoje sabemos que é equivalente à definição estrutural "a classe dos números racionais cujos quadrados são menores que 2" e, portanto, a questão da "existência" (no sentido lógico) está resolvida. Devido às possíveis dúvidas sobre a "existência", as definições denotativas muitas vezes permanecem insatisfatórias.

No caso particular de nossa variável t, a definição denotativa é excluída por nossa rejeição ao tempo absoluto. Devemos, então, buscar uma definição estrutural. Isto implica que os instantes precisam ter uma estrutura e que esta precisa se construir a partir de elementos conhecidos. Temos, como dados da experiência, as relações de "sobreposição" e "precedência" e vimos que, por meio destas, podemos construir estruturas que têm as propriedades formais que os físicos matemáticos demandam dos "instantes". Tais estruturas preenchem, portanto, todos os propósitos requisitados, sem que haja necessidade de qualquer suposição *ad hoc*. Esta é a justificativa de nossas definições.

6.
O espaço na física clássica

Neste capítulo, trataremos do espaço tal como aparece na física clássica. Isto quer dizer que estaremos preocupados em encontrar uma "interpretação" (não necessariamente a única possível) para os termos geométricos usados na física. Quando se trata de espaço, surgem problemas muito mais difíceis e complicados do que quando se trata de tempo. Isto se deve, pelo menos em parte, aos problemas introduzidos pela relatividade. Mas, por entanto, vamos ignorar a relatividade e tomar o espaço como algo separável do tempo, à maneira dos físicos anteriores a Einstein.

Para Newton, o espaço, assim como o tempo, era "absoluto", ou seja, consistia de uma coleção de pontos, cada qual desprovido de estrutura e formando os constituintes últimos do mundo físico. Cada ponto era eterno e imutável; a mudança consistia em às vezes ser "ocupado" por um pedaço de matéria, outras vezes por outro, outras vezes por nada. Contra essa opinião, Leibniz argumentou que o espaço era apenas um sistema de relações, cujos termos eram pontos materiais e não meramente geométricos. Embora tanto os físicos quanto os filósofos tenham se inclinado cada vez mais a favor da opinião de Leibniz, em detrimento da de Newton, a técnica da física matemática continuou a ser newtoniana. No aparato matemático, o "espaço" ainda é um conglomerado de "pontos", cada um definido por três coordenadas, e a "matéria" é um conglomerado de "partículas", cada uma ocupando diferentes pontos em diferentes tempos. Se não quisermos concordar com Newton ao atribuir realidade física aos pontos, esse sistema exigirá uma interpretação pela qual os "pontos" terão uma definição estrutural.

Empreguei a expressão "realidade física", que talvez tenha um sabor metafísico demais. O que quero dizer pode ser expresso, sob uma forma mais palatável ao gosto moderno, por meio da técnica dos vocabulários mínimos. Dada uma coleção de nomes, pode acontecer de algumas das coisas nomeadas terem uma definição estrutural em termos de outras; nesse caso, haverá um vocabulário mínimo desprovido dos nomes que podem ser substituídos por definições. Por exemplo: todo francês tem um nome próprio e a "nação francesa" também pode ser considerada um nome próprio, mas se trata de um nome desnecessário, pois podemos dizer: define-se a "nação francesa" como "a classe que compreende os seguintes indivíduos (segue-se aqui a lista)". Tal método só se aplica a classes finitas, mas há outros métodos que não estão sujeitos a essa limitação. Podemos definir a "França" por suas fronteiras geográficas e, então, definir "francês" como "nascido na França".

Na prática, existem limites óbvios para esse processo de substituição de definições estruturais por nomes, e talvez também existam limites na teoria (embora isso seja algo que se possa questionar). Supondo, para efeitos de simplificação, que a matéria consista de elétrons e prótons, poderíamos, em teoria, dar um nome próprio a cada elétron e cada próton; poderíamos, então, definir um ser humano individual mencionando os elétrons e os prótons que compõem seu corpo nos vários momentos; assim, os nomes dos seres humanos individuais seriam teoricamente supérfluos. Falando em termos gerais, qualquer coisa que tenha uma estrutura que se possa descobrir não precisa de nome, pois pode ser definida em termos dos nomes de seus ingredientes e das palavras que designam suas relações. Por outro lado, qualquer coisa que não tenha estrutura conhecida precisará de um nome, se quisermos expressar todo nosso conhecimento a seu respeito.

Deve-se observar que a definição denotativa não torna o nome supérfluo. Por exemplo: "o pai de Alexandre, o Grande" é uma definição denotativa, mas não nos permite expressar o fato que seus contemporâneos poderiam ter expressado ao dizer "aquele é o pai de Alexandre", frase na qual "aquele" funciona como um nome.

Quando negamos a teoria do espaço absoluto de Newton mas continuamos a empregar aquilo que chamamos de "pontos" na física matemática, nosso procedimento só se justifica se houver uma definição estrutural de "ponto" e (em teoria) de pontos particulares. Tal definição deve seguir métodos similares àqueles que empregamos ao definir "instantes". Isto, porém, está sujeito a duas condições: primeira, nosso agregado de pontos deve ser tridimensional; segunda, temos de definir um ponto em um instante. Dizer que um ponto P em determinado momento é idêntico a um ponto Q em outro momento é dizer algo que não tem significado definido, a não ser um significado convencional que depende de uma escolha de eixos materiais. Como essa questão tem a ver com relatividade, não irei considerá-la por enquanto e me limitarei à definição de pontos em determinado instante, ignorando as dificuldades ligadas à definição de simultaneidade.

Nas páginas que se seguem não insistirei sobre o método particular de construção de pontos que adotei. Outros métodos são possíveis, e alguns deles podem ser preferíveis. O importante é que se possa desenvolvê-los. Ao definirmos instantes, usamos a relação de "sobreposição" em um sentido temporal – uma relação que se estabelece entre dois eventos quando (na linguagem comum) há um tempo durante o qual ambos existem. Ao definirmos pontos, usamos a relação de "sobreposição" em um sentido espacial, como algo que deve subsistir entre dois eventos simultâneos que (na linguagem comum) ocupam a mesma região do espaço, no todo ou em parte. Deve-se observar que os eventos, à diferença dos pedaços de matéria, não precisam ser considerados mutuamente impenetráveis. A impenetrabilidade da matéria é uma propriedade que resulta tautologicamente de sua definição. Os "eventos", porém, só se definem em termos que supomos não ter estrutura, com relações espaciais e temporais tais como as que pertencem a volumes finitos e períodos de tempo finitos. Quando digo "tais como", quero dizer "similares quanto às propriedades lógicas". Mas não se deve definir a "sobreposição" em si em termos lógicos; trata-se de uma relação empiricamente conhecida, que tem, na construção que defendo, apenas definição ostensiva.

Em um agregado de mais de uma dimensão, não conseguimos construir por meio de uma relação de "sobreposição" de dois termos nada que tenha as propriedades que os "pontos" requisitam. Como exemplo mais simples, tomemos áreas sobre um plano. Cada uma das três áreas A, B e C pode se sobrepor às outras duas, sem que haja nenhuma região comum a todas as três. Na figura abaixo, o círculo A se sobrepõe ao retângulo B e ao triângulo C, e B se sobrepõe a C, mas não há região comum a A, B e C. A base de nossa construção terá de ser uma relação de *três* áreas, não apenas de duas. Diremos que as três áreas são "copontuais" quando houver uma região comum a todas elas. (Isso é uma explicação, não uma definição.)

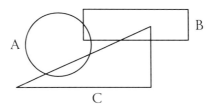

Devemos assumir que as áreas que nos interessam sejam todas círculos ou formas que possam resultar de círculos esticados ou comprimidos de maneira a se tornarem ovais. Nesse caso, dadas três áreas A, B e C que sejam copontuais e uma quarta área D de modo que A, B, D sejam copontuais, assim como A, C, D e B, C, D, então A, B, C e D terão uma região em comum.

Agora, podemos definir um grupo de qualquer número de áreas "copontuais" se toda tríade escolhida dentro do grupo for sobreposta. Um grupo de áreas copontuais será um "ponto" se não puder ser ampliado sem que elas deixem de ser copontuais, ou seja, se, dada qualquer área X fora do grupo, houver no grupo pelo menos duas áreas A e B tais que A, B e X não sejam copontuais.

Essa definição só se aplica em duas dimensões. Em três dimensões, devemos começar com uma relação de copontualidade entre *quatro* volumes, e os volumes em questão devem todos ser ou esferas ou volumes ovais que resultem de esferas depois de esticadas ou comprimidas em alguma direção. Assim, como antes, um grupo de volumes copontuais é aquele em que cada quatro deles são copontuais, e um grupo de volumes copontuais será um "ponto" se não puder ser ampliado sem que eles deixem de ser copontuais.

Em n dimensões, as definições são as mesmas, exceto quando a relação original de copontualidade tenha de ser entre $n + 1$ regiões.

Os "pontos" são definidos como classes de eventos pelos métodos expostos anteriormente, com a suposição tácita de que todo evento "ocupa" uma região mais ou menos oval.

Nesta discussão, devem-se considerar os eventos como o material bruto indefinido a partir do qual derivam as definições geométricas. Em outro contexto, podemos indagar o que se quer dizer com "evento" e, então, poderemos dar mais um passo adiante em nossa análise,[1] mas, por enquanto, tomaremos o agregado de "eventos", com suas relações espaciais e temporais, como dados empíricos.

A maneira pela qual a ordem espacial resulta de nossas suposições é um tanto complicada. Não direi nada a respeito aqui, pois tratei do assunto no livro *Análise da matéria*, e nele também consta uma discussão muito mais completa acerca da definição de "pontos" (capítulos 28 e 29).

É preciso dizer algo sobre as propriedades métricas do espaço. Em seus livros mais populares, os astrônomos nos maravilham, primeiro, dizendo quão imensa é a distância até muitas das nebulosas e, depois, explicando que, no fim das contas, o universo é finito, algo análogo à superfície tridimensional de uma esfera. Mas, em seus livros menos populares, eles nos

---

[1] Ver Segunda Parte, Capítulo 3, e Quarta Parte, Capítulo 4.

contam que a medida é meramente convencional e que, se quiséssemos, poderíamos adotar uma convenção que deixaria a mais distante nebulosa conhecida no hemisfério norte mais próxima que nossos antípodas. Se for assim, a vastidão do universo não é um fato, mas uma conveniência. Penso que isso é verdadeiro apenas em parte, mas desembaraçar o elemento de convenção na medida não é nada fácil. Antes de tentá-lo, é preciso dizer algo sobre a medição em suas formas elementares.

A medição, mesmo da distância de nebulosas remotas, se constrói a partir de medidas de distâncias na superfície da Terra, e as medidas terrestres partem da suposição de que certos corpos podem ser vistos como aproximadamente rígidos. Quando você mede o tamanho de sua sala, supõe que o metro não está ficando consideravelmente mais longo ou mais curto durante o processo. O levantamento de mapas da Inglaterra determina a maioria das distâncias por triangulação, mas esse processo demanda que haja pelo menos uma distância medida diretamente. Na verdade, escolheu-se uma linha de base na planície de Salisbury, a qual foi medida com todo o cuidado, da mesma maneira elementar pela qual medimos o tamanho de nossa sala: uma corrente, a qual podemos tomar como definição de uma unidade de comprimento, foi colocada repetidas vezes sobre a superfície da Terra, ao longo de uma linha a mais reta possível. Com essa medida determinada diretamente, procede-se por medidas de ângulos e cálculos: o diâmetro da Terra, a distância entre o Sol e a Lua, até mesmo as distâncias das estrelas mais próximas, tudo pode ser determinado sem novas medidas diretas.

Mas, quando se examina esse processo com mais pormenor, vê-se que ele está repleto de dificuldades. A suposição de que um corpo é "rígido" só ganha significado claro depois que estabelecemos uma métrica que nos permita comparar comprimentos e ângulos em dado momento com comprimentos e ângulos em outro momento, pois um corpo "rígido" é aquele que não altera sua forma ou tamanho. Então, uma vez mais, precisamos de uma definição de "linha reta", porque todos os nossos resultados estarão errados se a linha de base na planície de Salisbury e as linhas utilizadas na triangulação não forem retas. Parece, portanto, que a medição pressupõe geometria (para nos capacitar a definir "linhas retas") e física suficientes para fundamentar a consideração de alguns corpos como aproximadamente rígidos e para comparar distâncias em dado momento com distâncias em outro momento. As dificuldades são imensas, mas ficam ocultas por causa das suposições que vêm do senso comum.

Falando de maneira geral, o senso comum supõe que um corpo *é* rígido quando *parece* rígido. Enguias não parecem rígidas, mas barras de aço, sim. Por outro lado, um seixo no fundo de um riacho de águas agitadas pode parecer tão ondulante quanto uma enguia, mas, ainda assim, o senso comum o toma por rígido, pois considera o sentido do tato mais confiável que o da visão e, se você atravessar o riacho descalço, vai *sentir* o seixo como algo rígido. Assim pensando, o senso comum é newtoniano: está convencido de que, a cada momento, um corpo tem intrinsecamente certa forma e certo tamanho, que podem ou não ser os mesmos em outro momento. No espaço absoluto, essa convicção tem significado, mas, sem o espaço absoluto, não tem *prima facie* qualquer sentido. Deve haver, porém, uma interpretação da física que explique o sucesso bastante considerável das suposições do senso comum.

Como no caso da medição do tempo, três fatores entram em tela: primeiro, uma suposição sujeita a correção; segundo, leis físicas que se revelem, nessa suposição, aproximadamente verdadeiras; terceiro, uma modificação da suposição para deixar as leis físicas mais exatas. Se você supuser que certa barra de aço, a qual parece e dá a sensação de ser rígida, permanece com seu comprimento imutável, irá descobrir que a distância de Londres a Edimburgo, o diâmetro da Terra e a distância até Sirius são todas medidas quase constantes, levemente menores em tempo quente que no frio. Então lhe ocorrerá que seria mais simples dizer que sua barra de aço expande com o calor, particularmente quando você perceber que isso lhe permitirá considerar aquelas distâncias como quase exatamente constantes e, mais ainda, quando puder ver o mercúrio do termômetro se expandindo em um dia quente. Você irá supor, portanto, que corpos aparentemente rígidos se expandem no calor e o fará para simplificar o enunciado das leis físicas.

Vamos deixar bem claro o que é convencional e o que é fato físico nesse processo. É fato físico que, se duas barras de aço, nenhuma das quais dando a sensação de frio ou de calor, parecerem ter o mesmo comprimento e se você aquecer uma no fogo e colocar a outra na neve, quando voltar a compará-las, vai ver que a barra que esteve no fogo parecerá um pouco mais longa do que a que esteve na neve, mas, quando ambas voltarem à temperatura da sua sala, essa diferença irá desaparecer. Estou supondo aqui métodos pré-científicos para estimar as temperaturas: um corpo quente é aquele que dá a sensação de estar quente e um corpo frio é aquele que dá a sensação de estar frio. Como resultado dessas grosseiras observações pré-científicas, decidimos que o termômetro apresenta uma medida exata de algo que é medido aproximadamente por nossas sensações de calor e de frio; podemos, então, como físicos, ignorar essas sensações e nos concentrar no termômetro. É, portanto, uma tautologia que meu termômetro suba com um aumento de temperatura, mas é um fato substancial que todos os outros termômetros façam o mesmo. Esse fato afirma uma similaridade entre o comportamento do meu termômetro e o de outros corpos.

Mas o elemento de convenção não é bem como acabei de dizer. Não suponho que meu termômetro seja correto por definição; ao contrário, concorda-se universalmente que todo termômetro de verdade é mais ou menos impreciso. O termômetro ideal, de que todos os termômetros reais apenas se aproximam, é aquele que, se tomado como exato, torna a mais verdadeira possível a lei geral da expansão dos corpos com o aumento da temperatura. É fato empírico que, observando certas regras na fabricação dos termômetros, podemos fazê-los se aproximar cada vez mais do termômetro ideal, e é esse fato que justifica a concepção da temperatura como uma quantidade que tem, para determinado corpo em determinado momento, algum valor exato que provavelmente deve ser um pouco diferente daquele que é mostrado por qualquer termômetro real.

O processo é o mesmo em todas as medições físicas. Medições grosseiras levam a uma lei aproximada; mudanças nos instrumentos de medição (sujeitas à regra de que todos os instrumentos que servem para medir a mesma quantidade devem dar, tanto quanto possível, o mesmo resultado) se revelam capazes de tornar a lei cada vez mais exata. Considera-se que o melhor instrumento é aquele que torna a lei mais exata possível, e se assume que um instrumento ideal a tornaria completamente exata.

Essa afirmação, embora pareça complicada, ainda não está complicada o bastante. Raramente há apenas uma lei envolvida, e muitas vezes a lei em si é somente aproximada. Medições de diferentes quantidades são interdependentes, como acabamos de ver no caso do comprimento e da temperatura, de modo que uma mudança na maneira de medir uma quantidade pode alterar a medida de outra. Leis, convenções e observações são quase inextricavelmente entrelaçadas no verdadeiro processo da ciência. Em geral, o resultado de uma observação se enuncia em uma forma que pressupõe certas leis e certas convenções; se o resultado contradiz a rede de leis e convenções até então pressuposta, pode haver considerável liberdade de escolha quanto ao que deve ser modificado. O exemplo mais à mão é o experimento de Michelson-Morley, no qual se descobriu que a interpretação mais simples envolve uma mudança radical nas medições espaciais e temporais.

Voltemos agora à medição da distância. Existe certo número de grosseiras observações pré-científicas que sugerem os métodos de medição adotados atualmente. Se você caminhar ou andar de bicicleta por uma estrada plana, com um esforço que pareça constante, percorrerá os sucessivos quilômetros mais ou menos no mesmo intervalo de tempo. Se a estrada tiver de ser asfaltada, a quantidade de material gasta em um quilômetro será mais ou menos a mesma que a utilizada em outro. Se você passar de automóvel por essa estrada, o tempo para percorrer cada quilômetro será mais ou menos aquele que seu velocímetro lhe apontará. Se você basear seus cálculos trigonométricos na suposição de que os sucessivos quilômetros são iguais, os resultados estarão em estreita concordância com aqueles obtidos diretamente pela medição. E assim por diante. Tudo isso demonstra que os números obtidos pelos processos de medição usuais têm considerável importância física e fornecem uma base para muitas leis físicas e fisiológicas. Mas essas leis, uma vez formuladas, fornecem uma base para se corrigirem os processos de medição e para se considerarem os resultados dos processos corrigidos como mais "precisos", ainda que, na verdade, sejam apenas mais convenientes.

Existe, no entanto, um elemento na noção de "precisão" que não é meramente conveniente. Estamos acostumados com o axioma de que duas coisas que são iguais a uma mesma terceira coisa são também iguais entre si. Esse axioma tem uma aparência de obviedade especiosa e ilusória, apesar do fato de a evidência empírica o negar. Você pode descobrir, pelas provas mais delicadas que puder aplicar, que A é igual a B, e B a C, mas que A é notavelmente desigual a C. Quando isso acontece, dizemos que A não é *realmente* igual a B, nem B a C. O estranho é que isso tende a se confirmar quando se melhora a técnica de medição. Mas a verdadeira base de nossa crença no axioma não é empírica. Acreditamos que a igualdade consiste na posse de uma propriedade em comum. Dois comprimentos são iguais quando têm a mesma *grandeza*, e é essa grandeza que procuramos expressar quando fazemos medições. Se estivermos corretos nessa crença, o axioma é logicamente necessário. Se A e B têm a mesma grandeza, e B e C também têm, então, necessariamente, A e C têm a mesma grandeza, contanto que nenhum deles tenha mais que uma grandeza.

Embora essa crença em uma grandeza como propriedade que diversas coisas mensuráveis possam ter em comum influencie obscuramente o senso comum em suas concepções acerca do que é óbvio, não se trata de uma crença que devamos aceitar antes de encontrar evidências de sua verdade neste tema em particular. A crença de que existe tal propriedade em cada conjunto de termos é logicamente equivalente à crença de que existe uma relação simétrica transitiva entre quaisquer dois termos do conjunto. (Essa equivalência é o que já chamei de "princípio de abstração".) Assim, ao sustentarmos que existe um conjunto de grandezas chamadas "distâncias", o que estamos afirmando é o seguinte: entre qualquer par de pontos e outro qualquer par de pontos existe ou uma relação simétrica transitiva ou uma relação assimétrica transitiva. No primeiro caso, dizemos que a distância entre um par de pontos é igual à distância entre o outro par; no segundo caso, dizemos que a primeira distância é maior ou menor que a segunda, de acordo com o sentido da relação. Pode-se definir a distância entre dois pontos como a classe de pares de pontos que tem com ela a relação de equidistância.

Chegamos aqui até o limite aonde podemos levar a medição da distância sem entrarmos na questão da definição das linhas retas, a qual devemos considerar agora.

A linha reta se origina no senso comum como um conceito ótico. Algumas linhas parecem retas. Se segurarmos uma barra reta, com uma das pontas junto do olho, a parte mais próxima ao olho irá esconder todo o resto, ao passo que, se a barra for torta, alguma parte dela aparecerá mais adiante. Também existem, é claro, outras razões do senso comum para o conceito de linha reta. Quando se gira um corpo, surge uma linha reta: o eixo da rotação, que permanece imóvel. Quando você fica de pé no trem do metrô, pode perceber quando ele faz uma curva pela sua tendência a jogar o peso do corpo para um lado ou para o outro. Até certo ponto, também é possível julgar uma reta pelo sentido do tato; cegos são tão bons em julgar as formas quanto os homens que conseguem enxergar.

Na geometria elementar, as linhas retas são definidas como um todo; sua principal característica é ser determinada assim que se estabelecem dois pontos. A possibilidade de se encarar a distância como uma relação direta entre dois pontos depende da suposição de que existem linhas retas. Mas, na geometria moderna, desenvolvida para atender às demandas da física, não existem linhas retas no sentido euclidiano, e a "distância" só é definida quando os dois pontos em questão se encontram bem próximos um do outro. Quando os dois pontos estão distantes, devemos, primeiro, decidir por qual rota queremos viajar de um até o outro e, depois, somar as muitas pequenas distâncias ao longo do caminho. A linha "mais reta" entre os dois é aquela que apresentar a menor soma. Em vez de linhas retas, temos de usar linhas "geodésicas", que são rotas de um ponto a outro mais curtas que quaisquer outras rotas ligeiramente distintas. Isto destrói a simplicidade da medição de distâncias, a qual se torna dependente das leis da física. Não podemos lidar com as complicações que resultam na teoria da medição geométrica sem antes examinarmos mais de perto a conexão das leis físicas com a geometria do espaço físico.

7.
Espaço-tempo

Todo mundo sabe que Einstein substituiu o espaço e o tempo pelo espaço-tempo, mas as pessoas pouco familiarizadas com a física matemática normalmente têm uma concepção muito vaga sobre a natureza dessa mudança. Como se trata de uma importante modificação no tocante às nossas tentativas de conceber a estrutura do mundo, neste capítulo tentarei explicar aquelas partes da mudança que têm valor filosófico.

Talvez o melhor ponto de partida seja a descoberta de que a "simultaneidade" é ambígua quando aplicada a eventos em diferentes lugares. Alguns experimentos, especialmente os de Michelson-Morley, levaram à conclusão de que a velocidade da luz é a mesma para todos os observadores, ainda que eles estejam em movimento. À primeira vista, isto parecia uma impossibilidade lógica. Se você está em um trem que se move a trinta quilômetros por hora e é ultrapassado por um trem que está se movendo a sessenta quilômetros por hora, a velocidade relativa do trem no que diz respeito a você será de trinta quilômetros por hora. Mas, se o trem estiver na velocidade da luz, sua velocidade em relação a você será a mesma que em relação a pontos fixos na superfície da Terra. As partículas-beta às vezes se movem com até 90% da velocidade da luz, mas se um físico pudesse se mover com tal partícula e fosse ultrapassado por um raio de luz, ainda julgaria que a luz estaria se movendo, em relação a ele, com a mesma velocidade que ele perceberia se estivesse em repouso em relação à superfície da Terra. Esse paradoxo se explica pelo fato de que diferentes observadores, todos equipados com cronômetros perfeitos, farão estimativas diferentes dos intervalos de tempo e juízos diferentes quanto à simultaneidade em diferentes lugares.

Não é difícil notar a necessidade de tais diferenças uma vez que tenham sido apontadas. Suponhamos que um astrônomo observe um evento no Sol e anote o momento de sua observação; ele irá inferir que o evento aconteceu cerca de oito minutos antes de sua observação, pois este é o período de tempo que a luz leva para viajar do Sol até a Terra. Mas suponhamos agora que a Terra estivesse viajando muito rápido em direção ao Sol ou para longe dele. A menos que você já soubesse em que momento acontecera o evento no Sol, pelo tempo terrestre, você não saberia quanto a luz teve de viajar e, portanto, sua observação não lhe permitiria saber quando acontecera o evento no Sol. Isso quer dizer que não haveria resposta definida para a pergunta: quais eventos terrestres foram simultâneos ao evento solar que você observou?

Segue-se da ambiguidade da simultaneidade que existe uma ambiguidade paralela na concepção de distância. Se dois corpos estão em movimento relativo, sua distância está mudando continuamente e, na física pré-relativa, supunha-se haver uma quantidade de "distância em dado instante". Mas, se há uma ambiguidade quanto ao que é o mesmo instante para dois corpos, também há ambiguidade quanto à "distância em dado instante". Um observador fará uma estimativa e outro fará outra, e não há razão para se preferir uma delas. Na verdade, nem os intervalos temporais nem as distâncias espaciais são fatos independentes dos movimentos do corpo do observador. Há um tipo de subjetividade acerca das medições de tempo e espaço em separado — não uma subjetividade psicológica, mas, sim, física, uma vez que afeta os instrumentos de observação, não apenas os observadores mentais. É como a subjetividade da câmera que tira uma fotografia de certo ponto de vista. As fotografias tiradas de outros pontos parecerão diferentes, e nenhuma delas terá direito a reivindicar para si qualquer precisão especial.

Existe, no entanto, uma relação entre dois eventos que é a mesma para todos os observadores. Antes existiam duas, distância no espaço e lapso de tempo, mas agora existe apenas uma, chamada de "intervalo". É por existir apenas essa relação de intervalo, e não de distância ou lapso de tempo, que temos de substituir os dois conceitos de espaço e tempo pelo conceito de espaço-tempo. Mas, mesmo que já não possamos separar espaço e tempo, ainda existem dois tipos de intervalo, um tipo espaço [*space-like*] e outro tipo tempo [*time--like*]. O intervalo é tipo espaço se o sinal de luz enviado pelo corpo no qual ocorre um evento alcança o corpo no qual ocorre outro evento depois que este segundo evento tenha ocorrido. (Deve-se observar que não há ambiguidade quanto à ordem temporal dos eventos em determinado corpo.) O intervalo é tipo tempo se o sinal de luz enviado por um evento alcança o corpo no qual ocorre o outro evento antes que este segundo evento tenha ocorrido. Como nada viaja mais rápido que a luz, podemos dizer que o intervalo é tipo tempo quando um evento pode ter efeito sobre o outro ou sobre algo na mesma região do espaço-tempo do outro; quando isso não é possível, o intervalo é tipo espaço.

Na teoria especial da relatividade, a definição de "intervalo" é simples; na teoria geral, é mais complicada.

No tocante à teoria especial, suponhamos que um observador que se considere imóvel julgue que a distância entre dois eventos seja r e que o lapso de tempo entre eles seja t. Então, se c for a velocidade da luz, o quadrado do intervalo será

$$c^2 t^2 - r^2$$

se for tipo tempo, ao passo que, se for tipo espaço, será

$$r^2 - c^2 t^2$$

Em geral, é tecnicamente mais simples sempre tomá-lo como um deles, caso em que o quadrado do outro tipo de intervalo é negativo e o intervalo, imaginário.

Quando não estão envolvidas nem gravitação nem forças eletromagnéticas, nota-se que o intervalo, como foi definido, é o mesmo para todos os observadores e pode, portanto, ser considerado como uma relação física genuína entre os dois eventos.

A teoria geral da relatividade remove a restrição referida introduzindo uma definição modificada de "intervalo".

Na teoria geral da relatividade já não há um "intervalo" definido entre eventos distantes, mas apenas entre eventos que estão muito próximos. A uma grande distância da matéria, a fórmula para o intervalo se aproxima daquela colocada pela teoria especial, mas, a outras distâncias, a fórmula varia de acordo com a proximidade da matéria. Nota-se que a fórmula pode ser ajustada de modo a explicar a gravitação, supondo-se que a matéria que está se movendo livremente o faz em uma linha geodésica, ou seja, escolhe a rota mais curta ou mais longa entre um ponto e qualquer outro ponto vizinho.

Admite-se que, independentemente do intervalo, os pontos do espaço-tempo apresentam uma ordem, de modo que, ao longo de qualquer rota, um ponto pode estar entre dois outros que lhe são próximos. Por exemplo, o intervalo entre dois diferentes pontos em um raio de luz é zero, mas os pontos ainda têm uma ordem temporal: se um raio viaja para fora do Sol, as partes mais próximas dele são anteriores às partes mais distantes. A ordem espaçotemporal dos eventos é pressuposta no estabelecimento das coordenadas, pois, embora isso seja em grande medida convencional, ela deve sempre ser tal que pontos vizinhos tenham coordenadas que não difiram muito e que, conforme os pontos se aproximem, a diferença entre suas coordenadas também se aproxime de zero como limite.

Se o mundo físico é tido como um agregado tetradimensional de eventos, e não como um agregado de partículas persistentes em movimento, torna-se necessário encontrar um modo de definir o que queremos dizer quando afirmamos que dois eventos fazem parte da história de um único e mesmo pedaço de matéria. Até que tenhamos tal definição, "movimento" não terá significado definido, pois consiste em uma coisa estar em diferentes lugares em diferentes tempos. Devemos definir "partícula", ou ponto material, como uma série de pontos espaçotemporais que têm uns com os outros uma relação causal que não apresentam com outros pontos do espaço-tempo.

Não há qualquer dificuldade de princípio quanto a esse procedimento. Leis da dinâmica normalmente são enunciadas na suposição de que existam partículas persistentes e são empregadas para decidir se dois eventos A e B pertencem à biografia de uma partícula ou não. Apenas mantemos as leis e transformamos a afirmação de que A e B pertencem à mesma biografia em uma definição de uma "biografia", ainda que, pouco antes, ela parecesse uma asserção substancial.

Esse ponto talvez exija maiores explicações. Partindo da suposição de que há pedaços de matéria persistentes, chegamos a leis físicas que conectam o que acontece a um pedaço de matéria em dado momento com o que lhe acontece em outro momento. (A mais óbvia dessas leis é a da inércia.) Agora enunciamos essas leis de maneira diferente: dizemos que, dado um evento de certo tipo em certa pequena região do espaço-tempo, haverá eventos vizinhos nas regiões vizinhas que estarão relacionados com o dado evento de certos modos específicos. Dizemos que uma série de eventos relacionados entre si de acordo com esses modos específicos é chamada de pedaço de matéria em diferentes tempos. Assim, matéria e movimento deixam de fazer parte do aparato fundamental da física. O fundamental é o agregado tetradimensional de eventos, com vários tipos de relações causais. Haverá relações que nos farão ver os eventos em tela como pertencentes a um pedaço de matéria, outras que nos farão vê-los como pertencentes a pedaços de matéria diferentes mas em interação, outras que irão relacionar um pedaço de matéria com seu ambiente "vazio" (por exemplo, a emissão da luz) e outras ainda que irão relacionar eventos que se encontram no espaço vazio (por exemplo, partes de um raio de luz).

A reunião de eventos em uma série que venha a assegurar a persistência da matéria é apenas parcial e aproximadamente possível. Quando se imagina um átomo como um núcleo com elétrons planetários, não podemos dizer, depois da transição quântica, que tal e tal elétron no novo estado deve ser identificado com tal e tal elétron no estado anterior. Nem sabemos ao certo se o número de elétrons no universo é constante. A massa é apenas uma forma de energia, e não há razão pela qual a matéria não deva se dissolver em outras formas de energia. É a energia, e não a matéria, que é fundamental na física. Não definimos a energia; apenas descobrimos leis acerca das mudanças em sua distribuição. E essas leis já não conseguem determinar um resultado único no que diz respeito aos fenômenos atômicos, ainda que as ocorrências macroscópicas permaneçam estatisticamente determinadas com um enorme grau de probabilidade.

A continuidade do espaço-tempo, que é tecnicamente admitida na física, não tem a seu favor nada além da conveniência técnica. Pode ser que o número de pontos espaçotemporais seja finito e que o espaço-tempo tenha uma estrutura granular, como um monte de areia. Se a estrutura for boa o bastante, não haverá fenômeno observável que demonstre que não há continuidade. Teoricamente, pode haver evidências contra a continuidade, mas talvez jamais existam evidências conclusivas a seu favor.

A teoria da relatividade não afeta o espaço e o tempo da percepção. Meu espaço e meu tempo, tal como conhecidos na percepção, correspondem àqueles que na física são apropriados aos eixos que se movem com meu corpo. Quanto aos eixos ligados a dado pedaço de matéria, a antiga separação entre espaço e tempo ainda se mantém; é só quando comparamos dois conjuntos de eixos em rápido movimento relativo que surgem os problemas que a teoria da relatividade resolve. Como dois seres humanos nunca têm uma velocidade relativa que se aproxime à da luz, a comparação de suas experiências não revela as discrepâncias que apareceriam se os aviões pudessem se mover tão rápido quanto as partículas-beta. No estudo psicológico do espaço e do tempo, pode-se, portanto, ignorar a teoria da relatividade.

8.
O princípio da individuação

Neste capítulo, discutirei a forma moderna de um problema muito antigo, muito discutido pelos escolásticos e, ainda agora nos nossos dias, distante de uma solução definitiva. Em sua forma mais ampla e simples, o problema é o seguinte: "como definiremos a diversidade que nos faz contar, em um recenseamento, os objetos como dois?". Podemos apresentar o mesmo problema com palavras que parecem diferentes, como: "o que se quer dizer com 'particular'?" ou "que tipos de objetos podem ter nomes próprios?".

Três opiniões vêm sendo defendidas com certa influência.

Primeira: um particular é constituído por qualidades; quando todas as suas qualidades forem enumeradas, ele estará completamente definido. Esta é a opinião de Leibniz.

Segunda: um particular é definido por sua posição espaço-temporal. Esta é a opinião de Tomás de Aquino em relação às substâncias materiais.

Terceira: a diversidade numérica é definitiva e indefinível. Esta, creio eu, seria a opinião da maioria dos empiristas modernos, se eles se dessem ao trabalho de ter uma opinião definida.

A segunda dessas teorias é redutível à primeira ou à terceira, de acordo com o modo como é interpretada. Se tomarmos a opinião newtoniana, segundo a qual realmente existem pontos, então dois diferentes pontos serão exatamente iguais em todas as suas qualidades, e sua diversidade será aquela mera diversidade numérica contemplada na terceira teoria. Se, por outro lado, tomarmos — como todos o fazem agora — uma opinião relacional sobre o espaço, a segunda teoria terá de dizer: "se A e B diferem na posição espaçotemporal, então A e B são dois". Mas aqui surgem algumas dificuldades. Suponhamos que A seja um tom de cor: ele pode ocorrer em vários lugares e, ainda assim, ser apenas um. Portanto, nossos A e B não devem ser qualidades, ou, se o forem, devem ser qualidades que nunca se repetem. Se não forem qualidades ou conjuntos de qualidades, devem ser particulares do tipo contemplado em nossa terceira teoria; se forem qualidades ou conjuntos de qualidades, é a primeira de nossas teorias que estaremos adotando. Poderemos ignorar nossa segunda teoria, portanto.

A construção de pontos e instantes em nossos três capítulos precedentes utilizou os "eventos" como matéria-prima. Várias razões, dentre as quais a teoria da relatividade foi a mais influente, tornaram esse procedimento preferível àquele que, a exemplo de Newton, aceita "pontos", "instantes" e "partículas" como material básico. Em nossas construções, presumimos que um único evento pode ocupar uma quantidade finita de espaço-tempo, que dois eventos podem se sobrepor tanto no espaço quanto no tempo e que nenhum evento pode se repetir. Isso quer dizer que, se A precede inteiramente B, A e B não são idênticos. Presumimos também que, se A precede inteiramente B, e B precede inteiramente C, então A precede inteiramente C.

Tomamos provisoriamente os "eventos" como "particulares", no sentido de nossa terceira teoria. Demonstramos que, admitindo uma matéria-prima desse tipo, podemos construir pontos espaçotemporais e ordem espaçotemporal.

Mas agora estamos preocupados com o problema de construir pontos espaçotemporais e ordem espaçotemporal quando se adota nossa primeira teoria. Nossa matéria-prima agora não terá nada que *não possa* se repetir, pois uma qualidade pode ocorrer em qualquer número de lugares separados. Temos, portanto, de *construir* alguma coisa que não se repita e, enquanto não o fizermos, não conseguiremos explicar a ordem espaçotemporal.

Temos de nos perguntar o que se quer dizer com "exemplo"? Tomemos algum tom de cor definido, a que chamaremos de "C". Vamos supor que seja o tom de uma das cores do arco-íris, de modo que ocorra sempre que surja um arco-íris ou um espectro solar. Em cada ocasião de sua ocorrência, diremos que se trata de um "exemplo" de C. Será que cada exemplo é um particular não analisável, do qual C seja uma qualidade? Ou será que cada exemplo é um complexo de qualidades do qual C é apenas uma? A primeira pergunta corresponde à terceira teoria; a segunda pergunta corresponde à primeira teoria.

Há dificuldades em ambas as teorias. Tomando a teoria segundo a qual um exemplo de C é um particular não analisável, encontramos todas as dificuldades familiares que se ligam à noção tradicional de "substância". O particular não pode ser definido, nem reconhecido, nem conhecido; é algo que serve ao propósito meramente gramatical de fornecer sujeito para uma sentença sujeito-predicado, tal como "isto é vermelho". E hoje em dia se sabe que é perigoso permitir que a gramática dite nossa metafísica.

É difícil ver como algo tão incognoscível – como teria de ser tal particular – possa ser necessário para a interpretação do conhecimento empírico. A noção de uma substância como um cabide em que pendurar os predicados é repugnante, mas a teoria que estamos considerando não consegue evitar suas características contestáveis. Concluo, portanto, que devemos, se possível, encontrar outro jeito de definir a ordem espaçotemporal.

Mas, quando abandonamos os particulares no sentido que acabamos de rejeitar, deparamo-nos, como já observado, com a dificuldade de encontrar algo que não venha a se repetir. Não se pode esperar que uma simples qualidade, como o tom de cor C, ocorra apenas uma vez. Tentaremos fugir dessa dificuldade considerando um "complexo" de qualidades. O que quero dizer será compreendido mais facilmente se enunciado em termos psicológicos. Se vejo alguma coisa e, ao mesmo tempo, ouço alguma outra coisa, minhas experiências visual e auditiva têm uma relação que chamo de "copresença". Se, no mesmo momento, estou me lembrando de algo que aconteceu ontem e imaginando com pavor uma próxima visita ao dentista, minha lembrança e minha imaginação também são "copresentes" à minha visão e audição. Podemos prosseguir até formar todo o grupo de minhas experiências presentes e de tudo que é copresente a todas elas. Isso quer dizer que, dado qualquer grupo de experiências que sejam todas copresentes, se eu puder encontrar alguma outra coisa que seja copresente a todas elas, irei acrescentá-la ao grupo e, então, prosseguirei até que não haja mais nada que seja copresente a cada um dos membros do grupo. Assim, chego a um grupo que tem duas propriedades: (*a*) todos os membros do grupo são copresentes; (*b*) nada fora do grupo é copresente a cada membro do grupo. Chamarei tal grupo de "complexo completo de copresença".

Suponho que tal complexo consista de constituintes que, em sua maioria, no curso natural dos eventos, podem ser membros de muitos outros complexos. O tom de cor C, supusemos, ocorre toda vez que alguém vê um arco-íris. Minha lembrança pode ser qualitativamente indistinguível de uma lembrança que tive ontem. Minha apreensão em torno da dor de dente pode ser igual à que senti antes de minha última visita ao dentista. Todos esses itens do complexo de copresença podem ocorrer com frequência e não são essencialmente datados. Ou seja, se A é um deles, e A precede (ou sucede) B, não temos razão para supor que A e B não sejam idênticos.

Temos alguma razão, lógica ou empírica, para acreditar que um complexo completo de copresença não possa, como um todo, se repetir? Em primeiro lugar, vamos nos limitar à experiência de uma pessoa. Meu campo visual é muito complexo, embora não infinitamente complexo. Toda vez que movo os olhos, as qualidades visuais ligadas a dado objeto que permanece visível passam por mudanças: o que vejo no canto dos olhos parece diferente daquilo que vejo no centro de meu campo de visão. Se for verdade, como alguns asseguram, que minha memória é colorida por toda a minha experiência passada, então se segue logicamente que minhas recordações totais não podem ser exatamente similares em duas ocasiões diferentes; mesmo que rejeitemos essa doutrina, tal similaridade exata parece bastante improvável.

Partindo dessas considerações, penso que devemos concluir que a repetição exata de minha experiência momentânea total, a qual, nessa conexão, chamo de "complexo completo de copresença", não é logicamente impossível, mas é tão empiricamente improvável que podemos presumir sua não ocorrência. Nesse caso, um complexo completo de copresença terá, no que diz respeito à experiência de uma pessoa, as propriedades formais requeridas pelos "eventos", ou seja: se A, B e C forem complexos completos de copresença, então A e B não serão idênticos se A preceder inteiramente B; e, se B também preceder inteiramente C, então A irá preceder inteiramente C. Assim, temos os requisitos para definir a ordem temporal na experiência de uma pessoa.

Isto, porém, é apenas uma parte, e não a mais difícil, do que temos a realizar. Precisamos estender a ordem espaçotemporal para além da experiência de uma pessoa, até as experiências de diferentes pessoas e o mundo físico. No que diz respeito ao mundo físico, as coisas ficam especialmente difíceis.

Enquanto permanecemos limitados à experiência de uma pessoa, tivemos de nos preocupar apenas com o tempo. Mas agora precisamos considerar também o espaço. Isso quer dizer que temos de encontrar uma definição de "eventos" que assegure que cada evento tenha não apenas uma posição temporal única, mas também uma posição espaçotemporal única.

Se nos limitarmos às experiências, não haverá novas dificuldades muito sérias. Pode-se considerar quase certo, em termos empíricos, que, sempre que meus olhos estiverem abertos, meu campo visual não será exatamente similar ao de nenhuma outra pessoa. Se A e B estão olhando simultaneamente para a mesma cena, há diferenças de perspectiva; se eles trocarem de lugar, A não verá exatamente o que B estava vendo, por causa das diferenças na visão, das mudanças da luz no momento, e assim por diante. Em suma, as razões para se supor que nenhuma experiência momentânea total de A será exatamente igual a alguma experiência momentânea total de B são do mesmo tipo que as razões para se supor que duas experiências momentâneas totais de A nunca são exatamente iguais.

A partir daí, podemos estabelecer uma ordem espacial entre os sujeitos da percepção por meio das leis da perspectiva, contanto que haja algum objeto físico que todos os sujeitos da percepção em jogo estejam percebendo. Se não houver tal objeto, um processo por meio de ligações intermediárias poderá alcançar o mesmo resultado. Existem, é claro, complicações e dificuldades, mas elas não são tais que possam afetar nossa questão, e podemos ignorá-las com alguma segurança.

O que se pode dizer sobre o mundo puramente físico é hipotético, uma vez que a física não fornece nenhuma informação que não seja sobre a estrutura. Mas há motivos para se supor que, em todos os lugares do espaço-tempo físico, existe a cada momento uma multiplicidade de ocorrências, assim como se dá em uma mente. A "copresença", que considero ter uma definição meramente ostensiva, aparece na psicologia como "simultaneidade em uma experiência", mas na física ela surge como "sobreposição no espaço-tempo". Se, como defendo, meus pensamentos estão em minha cabeça, é óbvio que são aspectos diferentes de uma mesma relação. No entanto, essa identificação não é essencial ao meu presente argumento.

Quando olho para as estrelas em uma noite clara, cada estrela que vejo provoca um efeito em mim e tem um efeito sobre meus olhos antes de provocar algum efeito sobre minha mente. Segue-se que, na superfície do olho, está acontecendo alguma coisa causalmente conectada a cada estrela visível. As mesmas considerações se aplicam a objetos ordinários vistos à luz do dia. Neste momento, posso ver páginas brancas cobertas de palavras escritas, alguns livros, uma mesa oval, inúmeras chaminés, árvores verdes, nuvens, céu azul. Posso ver essas coisas porque há uma cadeia de causação física que vem delas, chega a meus olhos e então alcança meu cérebro. Segue-se que o que está acontecendo na superfície do meu olho é tão complexo quanto meu campo visual, na verdade, tão complexo quanto o todo daquilo que vejo. Essa complexidade deve ser física, não apenas fisiológica ou psicológica; o nervo ótico jamais poderia dar as respostas complexas que dá se não fosse a influência de estímulos igualmente complexos. Devemos ter em conta que, onde quer que penetre a luz de certa estrela, algo conectado com essa estrela está acontecendo. Então, em um lugar onde um telescópio fotografa muitos milhões de estrelas, muitos milhões de coisas devem estar acontecendo, cada uma conectada à sua própria estrela. Essas coisas só são "experimentadas" em lugares onde há um sistema nervoso registrando, mas o fato de acontecerem também em outros lugares pode ser demonstrado por câmeras e ditafones. Portanto, não há nenhuma dificuldade de princípio na construção de "complexos de copresença" onde não existem sujeitos da percepção, com base nos mesmos princípios que empregamos ao lidar com as experiências momentâneas.

Deixemos de lado as especulações a respeito do mundo físico, sobre o qual nosso conhecimento é muito limitado, e voltemos ao mundo da experiência. A opinião que estou sugerindo – e que considero preferível à suposição de particulares inteiramente incolores como pontos do espaço ou partículas da matéria – pode ser expressa da seguinte maneira.

Há uma relação, que chamo de "copresença", que se mantém entre duas ou mais qualidades quando uma pessoa as experimenta simultaneamente – por exemplo, entre uma nota dó e o vermelho quando você ouve a primeira e vê o segundo. Podemos formar grupos de qualidades que tenham as seguintes propriedades: (*a*) todos os membros desse grupo são copresentes; (*b*) dada qualquer coisa que não seja membro desse grupo, há pelo menos um membro do grupo com que ela não é copresente. Qualquer grupo completo de qualidades copresentes constitui um único todo complexo, definido quando seus constituintes são dados, mas ele mesmo é uma unidade, não uma classe. Isso quer dizer que se trata de algo que existe, não somente por existirem seus constituintes, mas também porque, em virtude de sua copresença, eles constituem uma única estrutura. Tal estrutura, quando composta por constituintes mentais, pode ser chamada de "experiência momentânea total".

Experiências momentâneas totais, em oposição às qualidades, têm relações temporais que possuem as características desejadas. Posso ter visto azul ontem, ver vermelho hoje e voltar a ver azul amanhã. Então, no que diz respeito às qualidades, azul é anterior a vermelho e vermelho é anterior a azul, e, como o azul ocorreu ontem e voltará a ocorrer amanhã, ele é anterior a si mesmo. Não podemos, portanto, construir apenas a partir das qualidades uma relação que venha a gerar uma série. Mas podemos fazê-lo a partir de experiências momentâneas totais, desde que nenhuma experiência momentânea total jamais se repita de maneira exata. O fato de isto não acontecer é uma proposição empírica, mas, no que diz respeito à nossa experiência, está bem fundamentada. Considero um mérito da teoria supramencionada o fato de ela se livrar daquilo que, do contrário, seria um conhecimento sintético *a priori*. Se A precede B, B não precede A, e se A precede B e B precede C, então A precede C: todas estas são proposições sintéticas e, além disso, como acabamos de ver, não serão verdadeiras se A, B e C forem qualidades. Ao transformarmos essas afirmativas (desde que sejam verdadeiras) em generalizações empíricas, superamos aquilo que, de outra maneira, seria uma grave dificuldade para a teoria do conhecimento.

Retorno agora à concepção de "exemplo". No sentido que quero empregar a palavra, o "exemplo" de uma qualidade é um complexo de qualidades copresentes do qual faz parte a qualidade em questão. Em alguns casos, essa opinião parece natural. Um exemplo de "homem" tem outras qualidades além de sua humanidade: ele pode ser branco ou negro, francês ou inglês, sábio ou tolo, e assim por diante. Seu passaporte enumera características suficientes para distingui-lo do resto da raça humana. Cada uma dessas características, presumivelmente, existe em muitos outros exemplos. Há filhotes de girafas que têm a mesma altura mencionada em seu passaporte e papagaios que têm a mesma data de nascimento. É somente a reunião das qualidades que torna o exemplo único. Todo homem, de fato, é definido por uma reunião de qualidades, da qual a humanidade é apenas uma.

Mas, quando chegamos a pontos do espaço, instantes do tempo, partículas da matéria e outros elementos da ciência abstrata, sentimos que um particular poderia ser um "mero" exemplo, diferenciado dos outros exemplos por suas relações, não pelas qualidades. Até certo grau, pensamos isso dos objetos menos abstratos: dizemos "tão iguais quanto duas ervilhas", sugerindo que entre duas ervilhas não há diferenças qualitativas. Pensamos também que duas manchas de cor podem ser meramente *duas*, diferindo apenas em termos numéricos. Esse modo de pensar, sustento eu, é um erro. Diria que, quando um mesmo tom de cor existe em dois lugares ao mesmo tempo, trata-se de um só tom, não de dois; há, porém, dois complexos, nos quais o tom de cor se combina com as qualidades que dão a posição no campo visual. As pessoas ficaram tão obcecadas pela relatividade da posição espacial na física que se esqueceram do caráter absoluto da posição espacial no campo visual. A cada momento, aquilo que está no centro de meu campo de visão tem uma qualidade que pode ser chamada de "centralidade"; aquilo que se encontra à direita é "destro", o que está à esquerda é "esquerdo", o que se acha acima é "superior" e o que está abaixo é "inferior". Estas são *qualidades* dos dados visuais, não relações. É o complexo que consiste de tal qualidade combinada a um tom da cor que se distingue do complexo que consiste do mesmo tom de cor em outro lugar. Em suma, a multiplicidade de exemplos de determinado tom de cor se forma exatamente como a multiplicidade de exemplos da humanidade, a saber, pela adição de outras qualidades.

Considerações similares se aplicam aos pontos, instantes e partículas, desde que não sejam ficções lógicas. Tomemos primeiro os instantes. Veremos que aquilo que chamo de "experiência momentânea total" tem todas as propriedades formais requeridas de um "instante" em minha biografia. E veremos também que, onde há apenas matéria, o "complexo completo de copresença" pode servir para definir um instante de tempo local einsteiniano ou para definir um "ponto-instante" no espaço-tempo cósmico. No espaço perceptual, os pontos são definidos sem qualquer problema, pois as qualidades acima-e-abaixo, direita-e-esquerda, em seus vários graus, já possuem todas as propriedades que exigimos dos "pontos". Na verdade, foi esse fato, juntamente com a percepção de profundidade, que nos levou a pôr ênfase nas características espaciais do mundo.

Não creio que se possa lidar com as "partículas" da mesma maneira. Em todo caso, elas já não fazem parte do aparato fundamental da física. Diria que são fios de eventos atados pela lei da inércia. Já não são indestrutíveis e se tornaram aproximações meramente convenientes.

    Chego agora a uma possível objeção à teoria apresentada, proposta por Arnauld contra Leibniz. Se um "particular" é realmente um complexo de qualidades, então a afirmação de que tal e tal particular tem tal e tal qualidade deve, quando verdadeira, ser analítica; ou pelo menos é o que devia parecer. Leibniz sustentava (1) que toda proposição tem um sujeito e um predicado; (2) que uma substância é definida pelo total de seus predicados; (3) que a alma é uma substância. Daí se seguia que tudo o que pudesse ser verdadeiramente dito a respeito de determinada alma consistiria em mencionar algum predicado que fizesse parte daqueles que constituíam a alma. "César", por exemplo, era uma coleção de predicados, um dos quais era "atravessou o Rubicão". Portanto, ele foi obrigado pela lógica a atravessar o Rubicão, e não haveria qualquer coisa como a contingência ou o livre-arbítrio. Nesse ponto, Leibniz devia ter concordado com Spinoza, mas optou por não o fazer, por motivos que depõem contra seu intelecto ou seu caráter moral. A questão é: será que consigo discordar de Spinoza sem cair em igual descrédito?

    O que temos de considerar é uma proposição sujeito-predicado que expresse um juízo de percepção, como "isto é vermelho". O que é "isto"? Claramente, não se trata de minha experiência momentânea total; não estou dizendo que "uma das qualidades que agora estou experimentando é a vermelhidão". A palavra "isto" pode se fazer acompanhar por um gesto, indicando que me refiro àquilo que se encontra em certa direção, digamos, o centro de meu campo visual. Nesse caso, o cerne do que estou dizendo pode ser expresso dessa maneira:

"centralidade e vermelhidão se sobrepõem espacialmente no meu atual campo visual". Deve-se observar que, dentro do vasto complexo de minha experiência momentânea total, existem complexos menores constituídos pela copresença espacial no espaço perceptual. Qualquer qualidade que eu veja em certa direção tem copresença perceptual-espacial com a qualidade visual que constitui essa direção. Pode parecer que a palavra "isto", acompanhada por um gesto, equivale a uma descrição, por exemplo: "aquilo que está ocupando o centro de meu campo visual". Dizer que essa descrição se aplica à vermelhidão é dizer algo que evidentemente não é analítico. Mas, como se emprega uma descrição em lugar de um nome, não se trata exatamente daquilo que nos propusemos considerar.

Estávamos considerando que tipo de coisa poderia ter as propriedades formais requeridas para a ordem espaçotemporal. Tal coisa deve acontecer em apenas um tempo e lugar; não deve se repetir, seja em outra ocasião, seja em outra localização. No que diz respeito ao tempo e ao espaço físico, essas condições são satisfeitas pelo "complexo completo de copresença", consista este de minhas experiências momentâneas ou de um grupo completo de qualidades físicas sobrepostas. (Digo que esse grupo está "completo" quando seus membros deixam de ser todos copresentes se algo lhe é acrescentado.) Mas, quando chegamos a considerar o espaço perceptual, não precisamos de um procedimento análogo. Se vejo duas manchas de determinado tom de cor simultaneamente, elas diferem quanto às qualidades acima-e-abaixo, direita-e-esquerda, e é por conta dessas qualidades que as manchas adquirem sua particularidade.

Depois dessas considerações preliminares, passemos ao exame da questão dos nomes próprios.

Parece absurdo sustentar que "César atravessou o Rubicão" seja uma proposição analítica. Mas, se não o for, o que queremos dizer com "César"?

Tomando César como ele era, sem as limitações decorrentes de nossa ignorância, podemos dizer que ele era uma série de eventos, sendo cada um dos quais uma experiência momentânea total. Se quiséssemos definir "César" enumerando esses eventos, a travessia do Rubicão teria de constar de nossa lista, e "César atravessou o Rubicão" seria uma afirmativa analítica. Mas, na verdade, não definimos "César" dessa maneira e não podemos fazê-lo, uma vez que não conhecemos todas as suas experiências. O que acontece de fato tem mais a ver com isto: certas séries de experiências têm certas características que nos fazem chamar tais séries de "pessoa". Toda pessoa tem um número de características que lhe são peculiares; César, por exemplo, tinha o nome "Júlio César". Suponhamos que P seja alguma propriedade que pertenceu a apenas uma pessoa; então poderíamos dizer: "dou o nome 'A' à pessoa que tem a propriedade P". Nesse caso, o nome "A" é uma abreviação de "pessoa que tem a propriedade P". É óbvio que, se essa pessoa também tiver a propriedade Q, a afirmativa "A tem a propriedade Q" não é analítica, a menos que Q seja analiticamente uma consequência de P.

Tudo isso serve muito bem quando se trata de um personagem histórico, mas e quanto a alguém que conheço mais intimamente, por exemplo, eu mesmo? E quanto à afirmação "eu estou com calor"? Segundo nossa análise anterior, ela pode ser traduzida em: "calor é uma das qualidades que *me* constituem *agora*". Aqui, pode-se considerar que as palavras "me" e "agora" denotam o mesmo complexo designado por "minha experiência momentânea total". Mas a questão permanece: como conheço isto que se designa por "me-agora"? Aquilo que essas palavras denotam está mudando continuamente; a denotação não é a mesma em duas ocasiões distintas. Mas claramente as palavras "me" e "agora" têm, em certo sentido, um significado constante; elas são elementos fixos da linguagem. Não podemos dizer que, no sentido comum, "me-agora" seja um nome, como "Júlio César", porque, para saber o que a expressão denota, precisamos saber quando e por quem foi utilizada. Essa expressão tampouco tem qualquer conteúdo conceitual definível, pois isso, da mesma maneira, não iria variar a cada ocasião. Os mesmíssimos problemas surgem no que diz respeito à palavra "isto".

Mas, ainda que "me-agora" e "isto" não sejam exatamente nomes no sentido comum do termo, estou inclinado a pensar que há um sentido no qual devam contar como nomes. Um nome próprio, em oposição à descrição oculta, pode ser dado ao todo ou a qualquer parte daquilo que o locutor está experimentando no momento. Quando nossa inventividade verbal falha, recorremos às palavras "isto" ou "aquilo" para nos referir àquela parte de nossa experiência momentânea total a que estamos prestando especial atenção no momento e recorremos à expressão "me-agora" para nos referir à experiência momentânea total. Sustento que consigo perceber um complexo de qualidades copresentes sem necessariamente perceber todas as suas qualidades constituintes. Posso dar o nome "isto" a tal complexo e, então, pela atenção, observar que (digamos) a vermelhidão é uma de suas qualidades constituintes. O conhecimento resultante eu o expresso na sentença "isto é vermelho", a qual é um juízo de análise, mas não um juízo analítico no sentido lógico. Posso perceber um complexo sem que me dê conta de todas as suas partes; quando, pela atenção, me dou conta de que tal complexo contém tal e tal parte, estou fazendo um juízo da percepção que analisa o todo, mas que não é analítico, pois o todo foi definido como "isto", e não como um complexo de partes conhecidas.

O tipo de coisa que tenho em mente é aquele enfatizado pelos psicólogos da Gestalt. Suponhamos que eu tenha um relógio que mostre não apenas as horas e minutos, mas também o dia do mês, o mês do ano e o ano da era cristã. Suponhamos também que esse relógio funcione por toda a minha vida. Ele jamais apresentaria a mesma marcação mais de uma vez durante esse período. E eu poderia perceber que duas marcações são diferentes sem ser capaz de dizer em que consistiria essa diferença. A atenção poderia me levar a dizer: "nesta marcação, o ponteiro dos minutos está apontando para cima e naquela, para baixo". Aqui, "nesta" e "naquela" [variações de "isto"] são apenas nomes e, portanto, nada que se dissesse sobre tais palavras poderia ser logicamente analítico.

Há um outro modo de escapar da conclusão de que os juízos são analíticos quando, na verdade, são obviamente empíricos. Consideremos uma vez mais nosso relógio que jamais se repete. Com ele podemos definir uma data sem qualquer ambiguidade. Suponhamos que, quando o relógio indica 10 horas e 47 minutos de 15 de junho de 1947, eu diga: "estou com calor". Isso pode ser traduzido por: "o calor é copresente à marcação do relógio que descreve 10 horas e 47 minutos de 15 de junho de 1947". Isto certamente não é analítico.

Um modo de esclarecer o escopo e a importância de nossa discussão é colocá-la em termos de "vocabulários mínimos". Podemos perguntar: "qual é, em princípio, o vocabulário mínimo para descrever o mundo de minha experiência sensível?". Então temos de nos indagar: posso me satisfazer com nomes de qualidades e palavras que expressem copresença e relações espaciais e temporais, ou preciso também de nomes próprios? E, neste último caso, que tipo de coisas precisarão de nomes próprios?

Sugeri que nomes próprios comuns, como "Sócrates", "França" ou "Sol", se aplicam a porções contínuas de espaço-tempo que venham a nos interessar e que o espaço-tempo é composto por "complexos completos de copresença", os quais, por sua vez, são compostos por qualidades. De acordo com essa teoria, um "exemplo" de (digamos) tom de cor é um complexo do qual o tom é constituinte. A cor em si existe (como comumente diríamos) onde quer que haja algo que tenha essa cor. Pode-se chamar qualquer coleção de qualidades copresentes de "complexo de copresença", mas só se trata de um "complexo completo" aquele que não pode ser ampliado sem cessar de ser um complexo de copresença. Muitas vezes, um complexo completo pode ser definido ao se mencionar apenas alguns de seus componentes; por exemplo, no caso citado do relógio, o complexo é determinado quando nos dizem quais marcações pertencem a ele. Isto é o que torna conveniente a datação.

Proposições sujeito-predicado que expressam juízos de percepção ocorrem de dois modos. Primeiro: se um complexo se apresenta como determinado quando apenas algumas de suas qualidades constituintes são especificadas, podemos afirmar que esse complexo também tem tais e tais outras qualidades; é o que ilustra a afirmativa "eu estava com calor quando o relógio apontou 10 horas e 47 minutos".

Segundo: posso perceber um complexo sem me dar conta de todas as suas partes; nesse caso, posso, pela atenção, chegar a um juízo de percepção da forma "P faz parte de W", em que "W" é o nome próprio do complexo percebido. Se admitirmos tais juízos como irredutíveis, precisaremos de nomes próprios para complexos. Mas parece que a necessidade de tais juízos surge apenas da ignorância e que, com melhor conhecimento, nosso W poderia sempre ser descrito por meio de seus constituintes. Penso, portanto, embora com alguma hesitação, que não há necessidade teórica de nomes próprios em oposição a nomes de qualidades e de relações. Qualquer coisa datada e localizada é complexa, e a noção de "particulares" simples é um equívoco.

Como o tema deste capítulo é um tanto difícil, talvez contribua para a clareza e a prevenção de mal-entendidos repetir os pontos principais da discussão anterior, de maneira mais breve e menos controversa. Comecemos pela "copresença".

A "copresença", do modo como quero entender o termo, se aplica tanto ao mundo físico quanto ao mundo mental. No mundo físico, equivale à "sobreposição no espaço-tempo", mas isso não pode ser tomado como sua definição, pois a copresença é necessária para se definir a posição espaçotemporal. Quero enfatizar que a relação tem de ser a mesma na física e na psicologia. Devemos supor que, assim como muitas coisas acontecem simultaneamente em minha mente, muitas coisas acontecem simultaneamente em todos os lugares do espaço-tempo. Quando olhamos para o céu noturno, cada estrela que conseguimos ver produz um efeito separado, e isso só é possível se, na superfície do olho, acontecem coisas que estão ligadas a cada estrela visível. Essas coisas diferentes estão todas "copresentes".

Sempre que várias coisas estão copresentes, elas formam o que chamarei de "complexo de copresença". Se existem outras coisas copresentes a todas elas, podem ser acrescentadas para formar um complexo maior. Quando já não for possível encontrar mais nada copresente a todos os constituintes do complexo, eu o chamarei de complexo "completo". Assim, um "complexo completo de copresença" é aquele cujos constituintes têm duas propriedades: (*a*) todos eles são copresentes; (*b*) nada fora do grupo é copresente a cada membro do grupo.

A expressão "me-agora" denota o complexo completo de copresença que contém os conteúdos atuais de minha mente. "Isto" denota qualquer parte desse complexo que eu estou notando com especial atenção.

Os complexos completos de copresença são os sujeitos das relações espaçotemporais no espaço-tempo físico. Por razões empíricas, e não lógicas, é altamente provável que nenhum deles venha a se repetir, ou seja, que nenhum deles preceda a si mesmo, nem se encontre a norte, oeste ou acima de si mesmo.

Um complexo completo de copresença vale como um ponto-instante do espaço-tempo.

Em geral, um complexo que não é completo faz parte de vários complexos completos; o mesmo se dá com uma qualidade. Determinado tom de cor, por exemplo, faz parte de todo complexo completo que seja um ponto espaçotemporal no qual esse tom exista. Dizer que uma qualidade ou um complexo incompleto "existe em" tal e tal ponto espaçotemporal é dizer que uma ou outro fazem parte do complexo completo que é esse ponto.

Um complexo incompleto ocupa uma região contínua no espaço-tempo se, dados dois pontos quaisquer do espaço-tempo dos quais faça parte, houver uma rota contínua de um a outro, consistindo inteiramente de pontos dos quais o complexo incompleto faça parte.

Tal complexo pode ser chamado de "evento". Ele tem a propriedade de não se repetir, mas não a de ocupar apenas um ponto do espaço-tempo.

A ocupação de uma região contínua por determinado complexo incompleto pode ser definida da seguinte maneira: diz-se que um complexo completo B se encontra "entre" dois complexos completos não muito distantes A e C se o que é comum a A e C fizer parte de B. Um conjunto de complexos completos é "contínuo" (para nossos propósitos) se entre quaisquer dois de seus membros houver outros membros do conjunto. Isto, no entanto, é apenas uma definição grosseira; uma definição mais precisa só viria por meio da topologia.

Jamais conseguimos saber se determinado complexo de copresença está completo, pois sempre pode existir mais alguma coisa que não percebemos e que esteja copresente a todas as partes do complexo em questão. Trata-se de outra maneira de dizer que, na prática, não conseguimos definir um lugar ou data com exatidão.

Certos complexos incompletos apresentam vantagens do ponto de vista da datação. Tomemos, por exemplo, a data do jornal de hoje, juntamente com um relógio de 24 horas em funcionamento. Juntos, esses elementos formam um complexo que jamais se repete e cuja duração é tão breve que, para a maioria dos propósitos, não precisamos notar que se trata de pouco mais que um instante. É por meio de tais complexos incompletos que de fato determinamos as datas.

Existem vantagens similares nas qualidades oculares referentes a centralidade, acima-e-abaixo e direita-e-esquerda para se determinar a posição espacial. Essas qualidades são mutuamente exclusivas quanto àquilo que se pode chamar de "copresença privada", a qual é uma relação entre elementos de uma experiência momentânea total. A qualidade da centralidade, por exemplo, tem "copresença privada" com a cor que está ocupando o centro de meu campo visual. A correlação entre lugares de meu espaço privado e lugares do espaço físico procede na suposição de que, se os objetos de minha percepção visual não estiverem privadamente copresentes, os objetos físicos correspondentes não estarão publicamente copresentes; mas, se os objetos de minha percepção visual estiverem privadamente copresentes, os objetos físicos correspondentes poderão diferir em distância em relação ao sujeito da percepção, embora concordem aproximadamente em direção. Assim, a copresença privada dos objetos da percepção é uma condição necessária, mas não suficiente, para a copresença pública dos objetos físicos correspondentes.

Deve-se observar que, em geral, todo e qualquer aumento no número de qualidades combinadas em um complexo de copresença diminui a porção de espaço-tempo que ele ocupa. Um complexo completo de copresença ocupará uma porção do espaço-tempo que não tem partes que sejam porções do espaço-tempo; se admitirmos continuidade, tal porção terá as propriedades que esperamos de um ponto-instante. Mas não há razão, nem empírica, nem apriorística, para se supor que o espaço-tempo seja ou não seja contínuo; ambas as hipóteses podem explicar igualmente bem tudo o que se conhece. Se não for contínuo, um número finito de complexos de copresença ocupará um volume finito de espaço-tempo, e a estrutura do espaço-tempo será granular, como a de um monte de areia.

Um complexo de copresença, tal como o concebo, é determinado quando são dadas as qualidades que o constituem. Isso quer dizer que, se as qualidades $q_1, q_2, ... q_n$ estiverem todas mutuamente copresentes, haverá apenas um complexo de copresença, digamos, C, que consistirá na combinação dessas qualidades. Sempre é logicamente possível para C ocorrer mais de uma vez, mas presumo que, se C for suficientemente complexo, não ocorrerá repetição de fato. Algumas palavras são necessárias para explicar, em termos lógicos, o que se quer dizer por "repetição". Para efeitos de simplificação, vamos nos limitar ao tempo em uma biografia e comecemos pela consideração dos complexos completos.

Suponho que, entre quaisquer dois complexos completos pertencentes à mesma biografia haja uma relação de antes-e-depois. Supor que um complexo completo possa se repetir é supor que um complexo completo pode ter uma relação de antes-e-depois consigo mesmo. Isto, presumo eu, não acontece, ou, pelo menos, não acontece dentro de um período de tempo razoável. Não tenho a intenção de negar dogmaticamente que a história seja cíclica, como pensam alguns estoicos, mas a possibilidade é remota demais para ser levada em conta.

Como jamais conseguimos saber se um complexo de copresença está completo – pois, na verdade, podemos ter bastante certeza de que não está –, usamos na prática, para fins de cronologia e geografia, complexos incompletos que ou não se repetem jamais ou se repetem de maneira mais ou menos regular. A data em um calendário persiste por 24 horas e, então, muda abruptamente. Alguns relógios têm um ponteiro dos minutos que se move com um salto a cada 60 segundos; a marcação de tais relógios persiste por um minuto e se repete a cada doze horas. Se tivéssemos sessenta de tais relógios dispostos em um círculo, e cada um desse seu salto um segundo depois do outro que estivesse à sua esquerda, o complexo que consistiria na marcação de todos os sessenta relógios fixaria o tempo dentro de um segundo. Por meio de tais métodos se pode aumentar indefinidamente a precisão da data. Observações exatamente similares se aplicam aos métodos que determinam latitude e longitude.

Um complexo de copresença, embora definido quando dadas todas as suas qualidades constituintes, não deve ser concebido, a exemplo de uma classe, como uma mera construção lógica, e sim como algo que pode ser conhecido e nomeado sem que precisemos conhecer todas as suas qualidades constituintes. Pode-se esclarecer o argumento lógico em jogo da seguinte maneira: a relação antes-e-depois se dá, primariamente, entre dois complexos completos de copresença e apenas em um sentido derivativo e definível entre complexos parciais. No caso de uma estrutura puramente lógica, uma afirmação sobre a estrutura pode ser reduzida a uma afirmação sobre seus componentes, mas, no caso da ordem temporal, isso não seria possível com base na teoria dos "particulares" adotada neste capítulo. Pode-se, portanto, mencionar um complexo de uma maneira que não seja redutível a uma afirmação sobre qualquer um de seus componentes ou sobre todos eles. Na verdade, é esse tipo de objeto que corresponde a "isto" e que pode ter um nome próprio. Determinado conjunto de qualidades só forma um complexo de copresença se acontecer de as qualidades serem todas mutuamente copresentes; quando o forem, o complexo será algo novo, para além e acima das qualidades, ainda que necessariamente único quando dadas as qualidades.

De acordo com a teoria supra, um complexo de copresença que não se repete toma o lugar que é tradicionalmente ocupado pelos "particulares"; um só desses complexos, ou um fio de tais complexos atados causalmente de certa maneira, é o tipo de objeto a que é convencionalmente apropriado dar um nome próprio. Mas um complexo de copresença é do mesmo tipo lógico que uma qualidade, ou seja, qualquer afirmação significante acerca de qualquer um dos dois será significante, embora provavelmente não verdadeira, acerca do outro.

Podemos concordar com Leibniz até esse ponto: somente nossa ignorância torna necessários nomes para complexos. Na teoria, todo complexo de copresença pode ser definido pela enumeração de suas qualidades constituintes. Mas, na verdade, podemos perceber um complexo sem perceber todas as suas qualidades constituintes; nesse caso, se descobrirmos que certa qualidade é constituinte desse complexo, precisaremos lhe dar um nome para expressar o que acabamos de descobrir. A necessidade de nomes próprios se liga, portanto, ao nosso modo de adquirir conhecimento e cessaria se nosso conhecimento fosse completo.

9.
As leis causais

A utilidade prática da ciência depende de sua capacidade de predizer o futuro. Quando as bombas atômicas foram lançadas, esperava-se que um grande número de japoneses morresse, e eles morreram. Em nossos dias, resultados assim tão satisfatórios propiciaram uma admiração pela ciência, a qual se deve ao prazer que vem da satisfação de nosso desejo de poder. As comunidades mais poderosas são as mais científicas, embora não sejam os homens de ciência que controlem o poder conferido por seu conhecimento. Ao contrário, os verdadeiros homens de ciência rapidamente caem na condição de prisioneiros do Estado, condenados ao trabalho escravo sob senhores brutais, como os gênios das Mil e uma Noites. Mas não perderemos mais tempo com esses temas agradáveis. O poder da ciência advém de sua descoberta das leis causais, e é das leis causais que devemos nos ocupar neste capítulo.

Uma "lei causal", conforme empregarei a expressão, pode ser definida como um princípio geral em virtude do qual, a partir de dados suficientes a respeito de certas regiões do espaço-tempo, é possível inferir alguma coisa sobre certas regiões do espaço-tempo. A inferência pode ser apenas provável, mas a probabilidade deve ser consideravelmente maior que 50% para que se considere o princípio em questão digno de se chamar "lei causal". Foi de propósito que deixei essa definição bem ampla. Em primeiro lugar, a região para a qual fazemos a inferência não precisa ser posterior àquelas a partir das quais inferimos. Existem, é verdade, algumas leis – notadamente a segunda lei da termodinâmica – que permitem inferências para adiante com mais facilidade que para trás, mas isso não é uma característica geral das leis causais. Na geologia, por exemplo, as inferências são quase todas para trás. Em segundo lugar, não podemos estabelecer regras a respeito da quantidade de dados envolvidos na enunciação de uma lei. Para que um dia seja possível enunciar as leis da embriologia em termos da física, serão necessários dados imensamente complexos. Em terceiro lugar, a inferência pode valer apenas para alguma característica mais ou menos geral do evento ou eventos inferidos. Nos tempos anteriores a Galileu, sabia-se que corpos pesados caíam quando não tinham suporte, o que era uma lei causal; mas não se sabia quão rápido esses corpos caíam, então, quando se soltava um peso, era impossível dizer com precisão onde ele estaria depois de determinado lapso de tempo. Em quarto lugar, se a lei estabelece um alto grau de probabilidade, ela pode ser quase tão satisfatória como se estabelecesse uma certeza. Não estou pensando na probabilidade de a lei ser verdadeira; as leis causais, assim como o resto de nosso conhecimento, podem estar equivocadas. Estou pensando é no fato de que algumas leis *afirmam* probabilidades, por exemplo, as leis estatísticas da teoria quântica. Tais leis, supondo-se que sejam completamente verdadeiras, tornam os eventos inferidos apenas prováveis, mas isso não as impede de valer como leis causais de acordo com a definição dada.

Uma vantagem de admitir leis que conferem apenas probabilidade é que isso nos permite incorporar à ciência as generalizações cruas das quais parte o senso comum, como "o fogo queima", "o pão alimenta", "os cães ladram" ou "os leões são ferozes". Todas elas são leis causais, e todas estão sujeitas a exceções, de modo que, em determinado caso, conferem apenas probabilidade. O fogo em um pudim de ameixa não nos queima, o pão envenenado não alimenta, alguns cães são preguiçosos demais para ladrar e alguns leões chegam a ter tanta afeição por seus cuidadores que deixam de ser ferozes. Mas, na grande maioria dos casos, essas generalizações serão um bom guia para a ação. Em nosso comportamento cotidiano, admitimos um grande número dessas regularidades aproximadas, e foi a partir delas que surgiu a concepção de leis causais. As leis científicas, é verdade, já não são assim tão simples: elas se complicaram no esforço de assumir uma forma sob a qual não ficassem sujeitas a exceções. Mas as antigas leis mais simples continuam válidas, desde que sejam vistas apenas como afirmações de probabilidades.

As leis causais são de dois tipos: as que dizem respeito à persistência e as que dizem respeito à mudança. As primeiras muitas vezes não são consideradas causais, mas isso é um erro. Um bom exemplo de lei de persistência é a primeira lei do movimento. Outro exemplo é a persistência da matéria. Depois da descoberta do oxigênio, quando enfim se compreendeu o processo de combustão, foi possível ver toda matéria como algo indestrutível. Agora existem dúvidas se isso é ou não verdadeiro, mas o fato é que continua sendo verdade para a maioria dos fins práticos. O que parece ser mais exatamente verdadeiro é a persistência da energia. O desenvolvimento gradual das leis que afirmam a persistência partiu da crença do senso comum, baseada na experiência pré-científica, de que a maioria dos objetos sólidos continua a existir até se desfazer pela idade ou pelo fogo, e de que, quando isso acontece, é possível supor que suas pequenas partes sobrevivem em novos arranjos. Foi esse ponto de vista pré-científico que suscitou a crença na substância material.

Galileu e Newton perceberam que as leis causais relacionadas à mudança exigiam afirmações em termos de aceleração, ou seja, mudança da velocidade em magnitude ou em direção ou em ambas. O maior triunfo desse ponto de vista foi a lei de gravitação, segundo a qual toda partícula de matéria causa em qualquer outra uma aceleração diretamente proporcional à massa da partícula que atrai e inversamente proporcional ao quadrado da distância entre elas. Mas a forma que Einstein conferiu à lei da gravitação a tornou mais análoga à lei da inércia e, em certo sentido, a uma lei de persistência, e não de mudança. De acordo com Einstein, o espaço-tempo está repleto do que podemos chamar de elevações; cada elevação vai ficando mais íngreme à medida que subimos e tem um pedaço de matéria no topo. O resultado é que a rota mais fácil de um lugar a outro é aquela que serpenteia entre as elevações. A lei da gravitação consiste no fato de que os corpos sempre tomam a rota mais fácil, que chamamos de "geodésica". Há uma lei da preguiça cósmica denominada "princípio da menor ação", a qual afirma que um corpo, quando se move de um lugar a outro, escolhe sempre a rota que exige menos trabalho. Por meio desse princípio, a gravitação é absorvida na geometria do espaço-tempo.

Na física moderna, as leis essenciais da mudança são as da teoria quântica, que governam as transições de uma forma de energia para outra. Um átomo pode emitir energia na forma de luz, que então viaja até encontrar outro átomo que possa absorver a energia luminosa. Tais intercâmbios são regidos por certas regras, as quais não são suficientes para dizer o que acontecerá em determinada ocasião, mas que podem predizer, com altíssimo grau de probabilidade, a distribuição estatística dos acontecimentos possíveis entre um vasto número de intercâmbios. Isto é o mais próximo que a física hoje consegue chegar do caráter último das leis causais.

Tudo o que acreditamos conhecer sobre o mundo físico depende inteiramente da suposição de que existam leis causais. As sensações, e aquilo que otimistamente chamamos de "percepções", são eventos em nós. Na verdade, não vemos os objetos físicos, assim como não escutamos as ondas eletromagnéticas quando ouvimos rádio. O que experimentamos diretamente poderia ser tudo o que existe, se não tivéssemos motivos para acreditar que nossas sensações têm causas externas. É importante, pois, indagarmos nossa crença na causação. Trata-se de mera superstição ou tem algum fundamento sólido?

A questão da justificação de nossa crença na causalidade pertence à teoria do conhecimento e, portanto, irei adiá-la um pouco. Meu objetivo nesta parte é a interpretação da ciência, não uma investigação sobre as bases da validade científica. A ciência admite a causalidade em certo sentido, e nossa questão é: em que sentido a causalidade se envolve no método científico?[1]

Falando de maneira geral, o método científico consiste em inventar hipóteses que sejam adequadas aos dados, que devem ser

---

[1] As páginas a seguir antecipam, de forma abreviada, discussões que se encontram mais completas na Quinta e Sexta partes.

tão simples quanto compatíveis com esse requisito e precisam tornar possíveis inferências depois confirmadas pela observação. A teoria da probabilidade demonstra que a validade desse processo depende de uma suposição que, *grosso modo*, pode ser enunciada como o postulado de que existem leis gerais de certos tipos. Esse postulado, sob uma forma adequada, pode tornar prováveis as leis científicas, mas, sem ele, as leis nem chegam à probabilidade. Precisamos, portanto, examinar essa suposição para descobrir a forma mais plausível sob a qual seja tanto efetiva quando possivelmente verdadeira.

Se não houver limite para a complexidade das possíveis leis, todo e qualquer curso de eventos imaginável estará sujeito a leis e, portanto, a suposição de que existem leis se tornará uma tautologia. Tomemos, por exemplo, os números de todos os táxis que já peguei ao longo da vida e as ocasiões em que os peguei. Temos aqui um conjunto finito de números inteiros e um número finito de ocasiões correspondentes. Se n é o número do táxi que peguei na ocasião t, é certamente possível, de um número infinito de maneiras, descobrir uma função f tal que torne a fórmula

$$n = f(t)$$

verdadeira para todos os valores de n e t que ocorreram até hoje. Um número infinito dessas fórmulas irá falhar para o próximo táxi que eu pegar, mas, mesmo assim, haverá um número infinito de fórmulas que continuarão verdadeiras. Quando eu morrer, será possível encerrar a contagem e ainda restará um número infinito de fórmulas possíveis, cada uma das quais reivindicando ser uma lei a conectar o número de um táxi com a ocasião em que o peguei.

O mérito desse exemplo, para meus propósitos atuais, é seu evidente absurdo. No sentido em que acreditamos em leis naturais, deveríamos dizer que não há nenhuma lei que conecte n e t na fórmula citada e que, se acontecer de alguma fórmula sugerida funcionar, será mera coincidência. Se encontrássemos uma fórmula que funcionasse para todos os casos até hoje, não poderíamos esperar que funcionasse para o próximo. Somente uma pessoa supersticiosa, cujas emoções se intrometessem, acreditaria em uma indução desse tipo; no cassino de Monte Carlo, os apostadores praticam induções que nenhum homem de ciência sancionaria. Mas não é de todo fácil estabelecer a diferença entre as induções do apostador supersticioso e as induções do cientista prudente. É óbvio que há uma diferença, mas em que ela consiste? Essa diferença é tal que chega a afetar a validade lógica, ou consiste apenas em uma diferença referente à obviedade do apelo às emoções? A fé no método científico é uma mera superstição do homem de ciência, apropriada a seu tipo de aposta? Essas questões pertencem à teoria do conhecimento. E, por enquanto, não quero descobrir por que acreditamos, mas, sim, no que acreditamos quando acreditamos em leis naturais.

É costume falar em *indução* como aquilo de que se necessita para tornar provável a verdade das leis científicas. Não creio que a indução pura e simples seja fundamental. O exemplo dos números dos táxis o ilustra. Todas as observações passadas desses números são compatíveis com um número de leis na forma $n = f(t)$ e estas, em regra, darão diferentes valores para o próximo n. Não podemos, portanto, usar todas elas para predição e, na verdade, não temos nenhuma inclinação para acreditar em alguma delas. Generalizando, podemos dizer: todo conjunto finito de observações é compatível com um número de leis mutuamente inconsistentes, todas as quais têm exatamente a mesma evidência indutiva a seu favor. Por conseguinte, a indução pura é inválida e, além disso, não se trata daquilo em que de fato acreditamos.

Toda vez que a evidência indutiva nos parece tornar mais provável uma lei sugerida, esta será uma lei que se sugeriu mais ou menos independentemente das evidências e que nos pareceu, de algum modo, provavelmente verdadeira. Quando é este o caso, achamos as evidências comprobatórias subsequentes extraordinariamente convincentes.

No entanto, isto é verdadeiro apenas em parte. Quando se sugere uma lei cujas consequências são muito diferentes daquilo que deveríamos esperar, sendo a lei depois confirmada por observação, ficamos mais propensos a acreditar nela do que se seus resultados fossem corriqueiros. Mas, em tal caso, a lei em si pode parecer plausível, ainda que suas consequências se revelem surpreendentes quando mencionadas. Um dos efeitos mais importantes da educação científica talvez seja modificar as hipóteses que parecem prováveis *prima facie*. Foi essa causa, e não a evidência negativa direta, que provocou o declínio da crença na feitiçaria. Se você tivesse várias caixas de igual aparência exterior, entre as quais algumas contivessem giróstatos, e as mostrasse a um selvagem, dizendo que, ao proferir uma palavra mágica, podia fazer que fosse impossível girar qualquer um deles, a evidência indutiva logo convenceria o selvagem de que você estava certo, mas um homem com educação científica iria procurar alguma outra explicação, a despeito das repetidas verificações aparentes da sua "lei".

Além disso, a indução não valida muitas das inferências com que a ciência se sente mais confiante. Quando várias pessoas ouvem um som simultaneamente, convencemo-nos de que sua experiência comum tem uma fonte externa, a qual se propaga pelo meio por ondas sonoras. Não pode haver evidência indutiva (salvo em algum sentido vasto) para algo que está fora da experiência humana, como uma onda sonora. Nossa experiência será a mesma, quer existam de fato ondas sonoras, quer não existam, desde que as sensações auditivas ocorram como ocorreriam se existissem; nenhuma evidência indutiva jamais poderá favorecer uma dessas hipóteses em detrimento da outra. No entanto, todo mundo aceita de fato a alternativa realista — até mesmo o filósofo idealista quando não está em seus momentos profissionais. Nós o fazemos sobre bases que não têm nada a ver com a indução — em parte porque gostamos que as leis sejam as mais simples possíveis, em parte porque acreditamos que as leis causais devem ter continuidade espaçotemporal, isto é, não devem implicar ação a distância.

A experiência cumpre um papel duplo no estabelecimento das leis científicas. Existe a óbvia confirmação ou refutação de uma hipótese ao se observar se acontecem suas consequências calculadas, e existe a experiência prévia que determina quais hipóteses julgaremos prováveis de antemão. Mas, por trás dessas influências da experiência, existem certas expectativas gerais vagas e, a menos que elas confiram uma probabilidade *a priori* finita a certos tipos de hipóteses, as inferências científicas não serão válidas. Para deixar o método científico mais claro, é essencial dar a maior precisão possível a essas expectativas e examinar se o êxito da ciência em qualquer grau confirma a validade delas. Uma vez mais precisas, as expectativas deixam de ser o que eram quando vagas, claro; mas, enquanto permanecerem vagas, a questão acerca de sua verdade ou falsidade também será vaga.

Parece-me que aquilo que se pode chamar de "fé" da ciência é mais ou menos o seguinte: existem fórmulas (leis causais) que conectam eventos, tanto percebidas quanto não percebidas; essas fórmulas apresentam continuidade espaçotemporal, isto é, não implicam nenhuma relação direta e imediata entre eventos localizados a uma distância finita um do outro; uma fórmula sugerida que tenha essas características se torna altamente provável se, além de se adequar a todas as observações passadas, nos capacitar a predizer outras que depois serão confirmadas e que seriam muito improváveis se a fórmula fosse falsa. A justificação dessa "fé", caso exista, pertence à teoria do conhecimento. Nossa presente tarefa se cumpre com sua enunciação. Mas ainda é preciso discutir a origem e o crescimento dessa "fé".

Há vários postulados possíveis que podem ser tomados como base do método científico, mas é difícil enunciá-los com a precisão necessária. Há a lei da causalidade, a uniformidade da natureza, o reino da lei, a crença nos tipos naturais, o princípio keynesiano da variedade limitada, a constância estrutural com continuidade espaçotemporal. Deveria ser possível destilar de todas essas suposições um tanto vagas algum axioma ou axiomas definidos que, se verdadeiros, iriam conferir o desejado grau de probabilidade às inferências científicas.

O princípio de causalidade aparece nas obras de quase todos os filósofos de uma forma elementar que nunca se vê em nenhuma ciência avançada. Eles supõem que a ciência admite que, dada qualquer classe adequada de eventos A, exista sempre alguma outra classe de eventos B de maneira que todo A é "causado" por um B; mais ainda, que todo evento pertença a uma classe dessas.

A maioria dos filósofos sustenta que "causa" significa algo diferente de "antecedente invariável". A diferença pode ser ilustrada pelos dois relógios de Geulincx, que estão em perfeito compasso: quando um marca a hora, o outro dá a badalada, mas não pensamos que um "causou" a badalada do outro. Dias atrás, um membro não cientista de meu College observou, desesperado: "o barômetro deixou de ter qualquer efeito sobre o clima". A frase foi recebida como piada, mas, se "causa" significasse "antecedente invariável", não o seria. Supõe-se que, quando A é *causado* por B, a sequência não é meramente um fato, mas é, em certo sentido, *necessária*. Essa concepção se liga à controvérsia a respeito do livre-arbítrio e do determinismo, resumida nos seguintes versos do poeta:

> *There was a young man who said: Damn!*
> *I learn with regret that I am*
> *A creature that moves*
> *In predestinate grooves*
> *In short, not a bus, but a tram.*[2]

Contra essa opinião, a maioria dos empiristas sustenta que "causa" não significa nada além de "antecedente invariável". A dificuldade desse ponto de vista e, na verdade, de qualquer sugestão de que as leis científicas sejam da forma "A causa B" é que tais sequências raramente são invariáveis e, mesmo se fossem de fato, seria fácil imaginar circunstâncias que as impediriam de sê-lo. Em regra, quando você chama um homem de tolo, ele fica furioso, mas pode ser que se trate de um santo, ou que morra de

---

2 "Certa vez um jovem disse: que diabos!/ Vejo com pesar que sou/ uma criatura que se move/ por linhas predestinadas/ Não um ônibus, mas um bonde."

apoplexia antes de perder a compostura. Quando você risca um fósforo, ele normalmente acende, mas às vezes acontece de quebrar ou de estar úmido. Quando você joga uma pedra para o alto, ela normalmente volta a cair, mas pode acontecer de ser engolida por uma águia que a confundiu com um pássaro. Quando você quer mover o braço, normalmente ele se move, mas não se você estiver paralisado. Dessas maneiras, todas as leis da forma "A causa B" estão sujeitas a exceções, pois algo pode intervir e evitar o resultado previsto.

No entanto, há razões — cuja força aparecerá na Sexta Parte — para se admitir leis da forma "A causa B", desde que o façamos com as devidas ressalvas e limitações. O conceito de objetos físicos mais ou menos permanentes, na sua forma de senso comum, implica "substância", e quando se rejeita a "substância", temos de encontrar algum outro jeito de definir a identidade de um objeto físico em diferentes momentos. Penso que se deve fazê-lo por meio do conceito de "linha causal". Chamo uma série de eventos de "linha causal" se, dados alguns deles, podemos inferir algo sobre os outros sem que precisemos conhecer qualquer coisa sobre o ambiente ao redor. Por exemplo, se minhas portas e janelas estão fechadas e, de vez em quando, vejo meu cão dormindo diante da lareira, infiro que ele esteve ali, ou pelo menos em algum lugar da sala, nas vezes em que não o notei. Um fóton que viaja desde uma estrela até meus olhos é uma série de eventos que obedecem a uma lei intrínseca, mas deixa de obedecê-la quando chega aos meus olhos. Quando dois eventos pertencem a uma linha causal, pode-se dizer que o anterior "causou" o posterior. Dessa maneira, leis na forma "A causa B" podem preservar certa validade. Elas são importantes em relação à percepção e à persistência dos objetos materiais.

É a possibilidade de alguma coisa intervir que leva a física a enunciar suas leis na forma de equações diferenciais, que podem ser vistas como algo que afirma aquilo que tende a acontecer. E, como já explicado, a física clássica, quando diante de várias causas que agem simultaneamente, representa a resultante como uma soma de vetores, de modo que, em certo sentido, cada causa produz seu efeito como se não houvesse outra causa em ação. Mas, na verdade, toda a concepção de "causa" se dissolve na de "lei". E as leis, conforme ocorrem na física clássica, dizem respeito às tendências de um instante. Aquilo que realmente acontece tem de ser inferido tomando-se a soma vetorial de todas as tendências em um instante e, então, integrando-a para descobrir o resultado depois de um tempo finito.

Todas as leis empíricas são inferidas a partir de um número finito de observações, por interpolação e extrapolação. Nem sempre se percebe adequadamente o papel da interpolação. Tomemos, por exemplo, os movimentos aparentes dos planetas. Supomos que, durante o dia, eles percorram uma trajetória suave, que se encaixa facilmente em suas trajetórias observadas durante a noite anterior e a posterior. Seria uma hipótese possível supor que os planetas só existem quando são observados, mas isso complicaria demais as leis da astronomia. Se alguém dissesse que os planetas podem ser fotografados mais ou menos continuamente, surgiria o mesmo problema em relação às fotografias: será que elas existem quando ninguém as vê? Trata-se, mais uma vez, de uma questão de interpolação, e a interpolação se justifica pelo fato de fornecer as leis mais simples que sejam compatíveis com o que se observou.

O mesmíssimo princípio se aplica à extrapolação. A astronomia faz asserções não apenas sobre aquilo que os planetas fizeram desde a chegada dos astrônomos, mas também sobre o que farão e o que fizeram antes mesmo que houvesse alguém para observá-los. Muitas vezes se diz que essa extrapolação envolve algum princípio diferente do que se vê na interpolação, mas, na verdade, o princípio é o mesmo: escolher a lei mais simples que se encaixe nos fatos conhecidos.

No entanto, como postulado, isso se abre a sérias objeções. "Simples" é uma concepção vaga. Além disso, muitas vezes acontece de uma lei simples se revelar, depois de um tempo, simples *demais*, sendo que a lei correta deveria ser mais complicada. Mas, em tais casos, a lei simples em geral está *aproximadamente* certa. Portanto, se só podemos afirmar que uma lei está aproximadamente correta, não devemos ser incriminados quando se encontrar alguma outra lei que seja uma aproximação ainda melhor.

A uniformidade da natureza, que é um princípio às vezes invocado, não tem significado definido, exceto com relação às leis naturais. Se já se admitir que existem leis naturais, o princípio de uniformidade da natureza afirmará que o tempo e o lugar não devem aparecer explicitamente na formulação das leis: estas devem ser as mesmas em qualquer parte do espaço-tempo. Esse princípio pode ser verdadeiro ou não, mas, em todo caso, é insuficiente como postulado, pois pressupõe a existência de leis.

A existência de tipos naturais sustenta a maioria das generalizações pré-científicas, tais como "cães ladram" ou "madeira boia na água". A essência de um "tipo natural" é ser uma classe de objetos que possuem certo número de propriedades que não são conhecidas por serem logicamente interconectadas. Cães ladram e rosnam e balançam o rabo, gatos miam e ronronam e se lambem. Não sabemos por que todos os membros de uma espécie animal compartilham tantas qualidades comuns, mas observamos que o fazem e baseamos nossas expectativas nessas observações. Ficaríamos atônitos se um gato começasse a ladrar.

Tipos naturais não têm apenas importância biológica. Átomos e moléculas são tipos naturais, assim como elétrons, pósitrons e nêutrons. A teoria quântica introduziu uma nova forma de tipos naturais em sua série de níveis de energia. Agora é possível conceber a estrutura última do mundo físico não como um fluxo contínuo, à maneira da hidrodinâmica convencional, mas de um modo mais à feição de Pitágoras, no qual os modelos derivam por analogia com um monte de areia. A evolução, que nos tempos de Darwin "avançou lentamente de precedente a precedente", agora acata saltos revolucionários por meio de mutações e aberrações. Talvez as guerras e revoluções tenham nos deixado impacientes diante de tudo que é gradual; de todo modo, as teorias científicas modernas são muito mais irregulares e acidentadas que a suave corrente cósmica de progresso ordenado que os vitorianos imaginavam.

O peso de tudo isso sobre a indução é de considerável importância. Se você estiver lidando com uma propriedade que provavelmente é característica de um tipo natural, poderá generalizar com bastante segurança após pouquíssimos exemplos. As focas ladram? Depois de ouvir meia dúzia delas ladrarem, você estará confiante para responder "sim", porque se convenceu de antemão que ou todas as focas ladram, ou nenhuma foca ladra. Se você descobre que uns pedaços de cobre são bons condutores de eletricidade, não hesitará em admitir que isso vale para todo cobre. Em tais casos, uma generalização tem uma probabilidade *a priori* finita, e a indução é menos precária que em outros problemas.

Keynes tem um postulado segundo o qual, em sua opinião, os argumentos indutivos podem ser justificados; ele o chama de princípio da variedade limitada. Trata-se de uma forma da suposição dos tipos naturais. E é um dos expedientes para se estabelecer uma suposição geral que, se verdadeira, validará o método científico. Terei mais a dizer sobre isso em um estágio posterior. O que se disse neste capítulo foi apenas uma antecipação.

10.
Espaço-tempo e causalidade

A física arranja os eventos físicos em um agregado tetradimensional chamado espaço-tempo. Este é um aperfeiçoamento do antigo agregado de "coisas" arranjadas em padrões espaciais variáveis em tempos variáveis; e este, por sua vez, era um aperfeiçoamento do agregado que resultava da suposição de uma correspondência precisa entre a percepção e as "coisas". Sem dúvida, a física gostaria de se esquecer dos primórdios de sua história, a qual, assim como a de muitas outras instituições estabelecidas, não é tão honrosa quanto se poderia desejar. Mas, infelizmente, é difícil desvincular seu direito à nossa lealdade de sua ligação inicial com o realismo ingênuo; até mesmo em sua forma mais sofisticada, ela ainda aparece como uma emenda, para a qual o realismo ingênuo fornece o texto.

O espaço perceptual é uma construção do senso comum, composta de diversos materiais básicos. Há as relações espaciais visuais: acima-e-abaixo, esquerda-e-direita, profundidade até certa distância (depois da qual as diferenças em profundidade se tornam imperceptíveis). Há as diferenças nas sensações de toque, que nos permitem distinguir o toque em uma parte do corpo do toque em outra parte. Há a capacidade um tanto vaga de estimar a direção de um som. Há, então, as correlações experimentadas, das quais a mais importante é a correlação entre o ver e o tocar; há as observações do movimento e a experiência de mover partes do próprio corpo.

Com esses materiais básicos (a lista apresentada não pretende ser completa), o senso comum constrói um espaço único, que contém objetos percebidos e não percebidos, sendo os primeiros identificados com as percepções, de acordo com os princípios do realismo ingênuo. Os segundos, para o senso comum, são aqueles que perceberíamos se estivéssemos na posição certa e com um ajuste adequado dos órgãos dos sentidos, além dos objetos percebidos apenas por outros e também objetos percebidos por ninguém, mas inferidos pelo senso comum, por exemplo, o centro da Terra.

Na passagem do mundo do senso comum para o da física, mantêm-se certas suposições do senso comum, ainda que de forma modificada. Por exemplo: supomos que a mobília de nossa sala continue existindo quando não a vemos. O senso comum supõe que aquilo que continua é o que vemos quando olhamos, mas a física diz que aquilo que continua é a causa externa do que vemos, ou seja, uma vasta reunião de átomos sob frequentes transformações quânticas. No curso dessas transformações, eles irradiam energia, a qual, quando entra em contato com um corpo humano, provoca vários efeitos, alguns dos quais são chamados de "percepções". Duas partes simultâneas de uma percepção visual têm uma certa relação espacial visual, que é um componente da percepção total; os objetos físicos que correspondem a essas partes de minha percepção total têm uma relação que corresponde mais ou menos a essa relação espacial visual. Quando digo que a relação "corresponde", quero dizer que faz parte de um sistema de relações que tem, até certo ponto, a mesma geometria que as percepções visuais e que a localização dos objetos físicos no espaço físico tem relações discerníveis com a localização dos objetos perceptuais no espaço perceptual.

Mas essa correspondência não é absolutamente exata. Para simplificarmos nosso problema, tomemos os corpos celestes tais como são e tais como parecem ser. Como parecem ser, eles não diferem de maneira óbvia quanto à distância de nós; parecem pontos ou manchas brilhantes na abóboda celestial. Quer dizer, sua posição no espaço visual se define por apenas duas coordenadas. Mas os eclipses e ocultações logo nos levaram à ideia de que, na verdade, eles não se encontram todos equidistantes da Terra, embora tenha se passado um bom tempo até que se admitissem as diferenças de distância entre as estrelas fixas. Para determinarmos a posição de um corpo celeste em relação a nós, precisamos de três coordenadas polares: r, θ e ϕ. Supunha-se que θ e ϕ podiam ser as mesmas tanto para a estrela física quanto para a estrela percebida, mas r devia ser calculada; na verdade, boa parte da astronomia era calcular r. A suposição de que θ e ϕ são as mesmas no espaço visual e no físico equivale à suposição de que a luz viaja em linha reta. Depois de um tempo, veio a se pensar que essa suposição não era exatamente verdadeira, mas ela ainda é suficientemente verdadeira para uma primeira aproximação.

As coordenadas θ e ϕ do espaço astronômico, embora tenham aproximadamente a mesma medida numérica que θ e ϕ do espaço visual, não são idênticas a estas últimas. Se o fossem, a hipótese de que a luz não se move exatamente em linha reta não faria sentido. Isto ilustra de uma só vez a conexão e a diferença entre o espaço visual que contemplamos no céu noturno e o espaço astronômico construído pelos astrônomos. Mantém-se a conexão a mais estreita possível, mas, se quisermos acreditar que leis comparativamente simples governam os movimentos reais e aparentes dos corpos celestes, teremos de abandoná-la depois de certo ponto.

As pequenas distâncias em relação a nós não são calculadas com os elaborados métodos que a astronomia exige. Podemos "ver" mais ou menos as pequenas distâncias, mesmo que o estereoscópio produza esse efeito ilusório. Julgamos que as coisas que tocam nosso corpo estão próximas da parte que elas tocam. Quando as coisas não estão em nós, podemos nos mover para entrar em contato com elas; a quantidade de movimento requerida dá mais ou menos a medida de sua distância inicial. Assim, temos no senso comum três maneiras de estimar a distância dos objetos visuais na superfície da Terra. As maneiras científicas de estimar a distância utilizam essas maneiras do senso comum em seu fundamento, mas as corrigem por meio das leis físicas inferidas ao assumi-las. Todo o processo se dá por ajustes. Se as estimativas do senso comum sobre distâncias e tamanhos estiverem mais ou menos corretas, então certas leis físicas estarão mais ou menos corretas. Se essas leis estiverem completamente corretas, as estimativas do senso comum deverão ser levemente corrigidas. Se as várias leis não forem exatamente compatíveis, elas deverão ser ajustadas até cessar a inconsistência. Assim, observação e teoria interagem; aquilo que na física científica se chama observação é, geralmente, alguma coisa que envolve um considerável entrelaçamento com a teoria.

Abandonemos agora a consideração dos estágios que levam à física teórica e comparemos o mundo físico acabado com o mundo do senso comum. Vamos supor que eu veja duas flores: um botão-de-ouro e uma campainha. O senso comum diz que o botão-de-ouro é amarelo e a campainha, azul. A física diz que ondas eletromagnéticas de muitas frequências diferentes partem do Sol e chegam às flores; nesse momento, o botão-de--ouro reflete as ondas cuja frequência produz uma sensação de amarelo e a campainha reflete aquelas que produzem uma sensação de azul. Supõe-se que essa diferença no efeito das duas flores se deva a alguma diferença em sua estrutura. Assim, embora o amarelo e o azul existam apenas onde há um olho para vê-los, a diferença entre essas duas cores nos permite inferir diferenças entre os objetos físicos nas direções em que vemos amarelo e azul, respectivamente.

O senso comum constrói um único espaço contendo "coisas" que combinam propriedades reveladas pelos diferentes sentidos, tais como quente, duro e brilhante. Essas "coisas" são dispostas pelo senso comum em um espaço tridimensional, em que não se pode estimar a distância com métodos do senso comum, a menos que seja pequena. Até recentemente, a física conservava algo parecido com as "coisas", mas o chamava de "matéria" e lhe tirava todas as propriedades, exceto a posição no espaço. A posição de um pedaço de matéria no espaço era mais ou menos idêntica àquela que correspondia à "coisa", salvo pelo fato de que a distância, se fosse grande, tinha de ser calculada por métodos científicos mais elaborados.

Nessa escolha dentre as crenças do senso comum, a física agiu sem princípios formulados, mas, mesmo assim, atuou sob um plano subconsciente que devemos tentar explicitar. Parte desse plano consiste em sempre conservar tanto quanto possível do mundo do senso comum, sem complicações intoleráveis; outra parte consiste em fazer suposições não refutáveis que conduzam a leis causais simples. Este último procedimento já está implícito na crença do senso comum nas "coisas": não acreditamos que o mundo visível deixe de existir quando fechamos os olhos e sustentamos que o gato existe quando está secretamente roubando leite e também quando o estamos punindo por tê-lo feito. Tudo isso é inferência "provável": é logicamente possível supor que o mundo consista apenas de meus objetos da percepção, e a inferência para o mundo do senso comum, assim como para o mundo da física, é não demonstrativa. Mas não quero ir atrás do senso comum neste momento; quero apenas considerar a transição do senso comum para a física.

A física moderna se acha mais afastada do senso comum que a física do século XIX. Ela dispensou a matéria, substituindo-a por séries de eventos; abandonou a continuidade nos fenômenos microscópicos; e substituiu por médias estatísticas a estrita causalidade determinística que afetava cada ocorrência individual. Mas ainda conservou boa parte daquilo que tinha como fonte o senso comum. E ainda há continuidade e determinismo no que diz respeito aos fenômenos macroscópicos e, para a maioria dos propósitos, ainda existe a matéria.

O mundo da física contém mais que o mundo dos objetos da percepção e, em alguns aspectos, contém mais que o mundo do senso comum. Mas, ainda que exceda a ambos em quantidade, fica aquém dos dois em variedade qualitativa conhecida. Tanto o senso comum quanto a física suplementam a percepção com a suposição de que as coisas não deixam de existir quando não percebidas e com a suposição ulterior de que as coisas jamais percebidas muitas vezes podem ser inferidas. A física suplementa o mundo do senso comum com toda a teoria dos fenômenos microscópicos; o que ela afirma a respeito dos átomos e de sua história ultrapassa aquilo que o senso comum se permite inferir.

Existem dois tipos de cadeias de eventos especialmente importantes: primeiro, aquelas que constituem a história de determinado pedaço de matéria; segundo, aquelas que conectam um objeto com sua percepção. O Sol, por exemplo, tem uma biografia que consiste em tudo o que acontece na parte do espaço-tempo que ele ocupa; pode-se dizer que essa biografia *é* o Sol. Ele também emite radiações e algumas destas chegam a olhos e cérebros, causando o tipo de ocorrência que chamamos de "ver o Sol". Falando em linhas gerais, a primeira cadeia de eventos consiste de transições quânticas e a segunda, de energia radiante. Há, portanto, dois conjuntos de leis causais: um conecta eventos que pertencem ao mesmo pedaço de matéria, o outro conecta partes da mesma radiação. Existe também um terceiro conjunto de leis que diz respeito à transição da energia no átomo para a energia radiante, e vice-versa.

O ato de perceber, tal como o conhecemos introspectivamente, parece ser algo bem diferente dos eventos que a física considera. Portanto, se deve haver inferência a partir de objetos da percepção até ocorrências físicas, ou de ocorrências físicas até objetos da percepção, precisamos de leis que, *prima facie*, não sejam físicas. Estou inclinado a pensar que se *pode* interpretar a física de maneira a fazê-la incluir essas leis, mas, por enquanto, não irei considerar essa possibilidade. Então, nosso problema é: tomando os objetos da percepção tal como os conhecemos por experiência e as ocorrências físicas tal como enunciadas pela física, quais são as leis que conhecemos que interligam os dois e, portanto, permitem inferências de uns aos outros?

A resposta já está patente no senso comum, pelo menos em parte. Vemos quando a luz atinge nossos olhos, ouvimos quando o som atinge nossos ouvidos, temos sensações de toque quando o corpo entra em contato com alguma coisa, e assim por diante. Essas não são leis da física nem da fisiologia, a menos que a física se sujeite a uma reinterpretação radical. São leis que enunciam os antecedentes físicos das percepções. Esses antecedentes se encontram, em parte, fora do corpo do sujeito que percebe (exceto quando ele esteja percebendo algo em seu próprio corpo), em parte, em seus órgãos dos sentidos e nos nervos, em parte no seu cérebro. Uma falha em qualquer um desses antecedentes impedirá a percepção. Mas, inversamente, se um dos últimos antecedentes for causado de maneira incomum, o objeto da percepção será o que teria sido se a causação houvesse ocorrido de maneira usual, e o sujeito da percepção estará à mercê da ilusão – por exemplo, algo visto no espelho ou ouvido no rádio, se o sujeito não estiver acostumado com espelhos ou rádios.

Cada inferência de uma percepção até um objeto físico está, portanto, sujeita ao erro, no sentido de causar expectativas que não são cumpridas. *Geralmente*, ela não será errônea nesse sentido, pois o hábito de fazer esse tipo de inferência deve ter sido gerado por várias ocasiões em que ela era justificada. Mas aqui é necessário um pouco mais de precisão. De um ponto de vista prático, a inferência a partir de um objeto da percepção se justifica quando cria expectativas que são verificadas. Tudo isso, no entanto, se encontra dentro do reino dos objetos da percepção. Tudo que se segue estritamente é que nossas inferências até os objetos físicos são consistentes com a experiência, mas pode haver outras hipóteses igualmente consistentes.

A justificação para nossas inferências a partir da percepção até os objetos físicos depende da consistência de todo o sistema. Primeiro, a partir das percepções ordinárias chegamos a um tipo de física elementar; isso é o suficiente para nos levar a pôr sonhos, miragens e etc. em uma categoria separada, o que contradiz nossa física elementar. Nós então nos lançamos ao trabalho para aperfeiçoar nossa física elementar, de modo a incluir os fenômenos excepcionais; há, por exemplo, uma teoria física das miragens perfeitamente boa. Desse modo, aprendemos a ser críticos e formamos o conceito de "observador treinado". Nós nos tornamos críticos dos objetos da percepção em nome das leis e críticos das leis em nome dos objetos da percepção; aos poucos, conforme a física se aprimora, vai se estabelecendo uma harmonia cada vez maior entre os objetos da percepção e as leis.

Mas, quando digo que nos tornamos críticos dos objetos da percepção, devo tomar cuidado com um mal-entendido. Os objetos da percepção certamente ocorrem, e uma teoria que os negue é falha; mas alguns, causados de maneira incomum, levam o senso comum a fazer inferências errôneas. A miragem é um bom exemplo disso. Se vejo um lago que, na verdade, não passa de uma miragem, vejo o que vejo com tanta verdade quanto se estivesse vendo um lago físico; estou equivocado, não quanto ao objeto da percepção, mas quanto ao que ele implica. O objeto da percepção me faz pensar que, se eu caminhar em certa direção, chegarei até uma água que posso beber, e nisso estou enganado; mas o objeto de minha percepção visual pode ser exatamente o que seria se realmente houvesse água ali. Minha física, se adequada, deve explicar não apenas que não há água, mas também por que parece haver.

Uma percepção errônea é errônea não quanto ao objeto da percepção em si, mas quanto a seus correlatos causais, antecedentes e consequentes; com frequência, o erro está na inferência animal. O fato de as inferências animais poderem estar erradas é uma das razões para se classificá-las como inferências.

A relação das leis físicas com a experiência não é nada simples. Falando em linhas gerais, as leis podem ser refutadas pela experiência, mas não provadas por ela. Quer dizer, elas afirmam mais do que a experiência por si só poderia garantir. No caso da miragem, se acreditei que ela era real e supus que um grande lago não secaria em poucas horas, posso descobrir que a miragem me levou a ter uma crença falsa. Mas a crença falsa poderia ter sido a crença de que o lago não poderia secar tão rápido. A crença na persistência dos objetos materiais ao longo do intervalo entre duas ocasiões nas quais são observados é uma crença que, enquanto questão da lógica, não pode ser provada por observação. Suponhamos que eu tivesse de estabelecer a hipótese de que as mesas, sempre que não houvesse ninguém a olhá-las, se transformassem em cangurus; ela tornaria as leis da física muito complicadas, mas nenhuma observação poderia refutá-la. As leis da física, na forma sob a qual as aceitamos, devem estar em conformidade com a observação e, além disso, devem, no que diz respeito ao que não é observado, ter certas características de simplicidade e continuidade que não são empiricamente demonstráveis. Em geral, pensamos que os fenômenos físicos não são afetados ao serem observados, embora não se pense que isso seja estritamente verdadeiro no que tange aos fenômenos diminutos em que se baseia a teoria quântica.

Assumindo-se que a física fosse perfeita, ela teria duas características. Em primeiro lugar, seria capaz de predizer os objetos da percepção; nenhuma percepção seria contrária àquilo que a física nos levara a esperar. Em segundo lugar, assumiria que ocorrências físicas não observadas seriam governadas por leis causais as mais similares possíveis àquelas que inferíssemos a partir de casos de observação contínua. Por exemplo: se observo um corpo se movendo, o movimento que vejo é sensivelmente contínuo; suponho, portanto, que todo movimento, observado ou não, é aproximadamente contínuo.

Isto nos traz à questão das leis causais e ao espaço-tempo físico. Como vimos, o espaço-tempo físico é uma inferência do espaço e tempo perceptuais; contém todas as ocorrências observadas e também todas as não observadas. Mas, como é inferencial, a localização de uma ocorrência nele também é inferencial. A localização de eventos no espaço-tempo físico se dá por dois métodos. Primeiro, há uma correlação entre o espaço e tempo perceptuais e o espaço-tempo físico, ainda que essa correlação seja grosseira e aproximada. Segundo, as leis causais da física prescrevem uma ordem aos eventos em questão, e é por meio delas, pelo menos em parte, que os eventos não observados são localizados no espaço-tempo.

A lei causal, conforme utilizo a expressão, é qualquer lei que, se verdadeira, torna possível, a partir de determinado número de eventos, inferir algo a respeito de um ou mais eventos outros. Por exemplo: "os planetas se movem em elipses" é uma lei causal. Se essa lei for verdadeira, cinco dados devem nos permitir (teoricamente) calcular a órbita do planeta, pois cinco pontos determinam uma elipse. A maioria das leis, no entanto, não apresenta essa simplicidade; elas normalmente são expressas em equações diferenciais. Quando assim expressas, admitem uma ordem: cada evento deve ter quatro coordenadas, sendo eventos vizinhos aqueles cujas coordenadas sejam quase as mesmas. Mas surge uma pergunta: como atribuímos coordenadas a eventos no espaço-tempo físico? Sustento que, ao fazê-lo, lançamos mão de leis causais. Quer dizer, a relação das leis causais com a ordem espaçotemporal é recíproca. A enunciação correta é a seguinte: eventos podem ser arranjados em uma ordem tetradimensional de modo que, quando assim arranjados, estejam interligados por leis causais aproximadamente contínuas, ou seja, eventos cujas coordenadas diferem muito pouco também diferem muito pouco entre si. Ou melhor: para qualquer evento dado existe uma série de eventos estreitamente similares na qual a coordenada temporal varia continuamente de pouco menos para pouco mais que a do determinado evento e na qual as coordenadas espaciais variam continuamente em torno das coordenadas do determinado evento. Ao que parece, esse princípio não se aplica às transições quânticas, mas vale para os eventos macroscópicos e para todos os eventos (tais como ondas de luz) que ocorrem onde não há matéria.

A correlação entre o espaço-tempo físico e o perceptual, que é apenas aproximada, procede como se segue: no espaço visual, se os objetos estão próximos o suficiente para que sejam perceptíveis as diferenças em profundidade, todo objeto da percepção visual tem três coordenadas polares, que podem ser chamadas de distância, acima-e-abaixo e direita-e-esquerda. Todas elas são qualidades do objeto da percepção e todas são mensuráveis. Podemos atribuir as mesmas coordenadas numéricas ao objeto físico que, segundo dizem, estamos vendo, mas essas coordenadas já não terão o mesmo significado que tinham no espaço visual. É por não terem o mesmo significado que se torna possível que a correlação seja apenas aproximada – por exemplo, se vejo o objeto através de um meio refrator. Mas, ainda que a correlação seja apenas aproximada, ela é muito útil para se estabelecer uma primeira aproximação às coordenadas de eventos no espaço-tempo físico. As correções subsequentes se dão por meio de leis causais, das quais a refração da luz pode, mais uma vez, servir de exemplo.

Não há razão lógica para que haja tais leis causais, tampouco uma relação conhecida que estabeleça tal ordem tetradimensional entre os eventos. O argumento comum para a aceitação das leis físicas reside no fato de que elas são, até aqui, as hipóteses mais simples e consistentes com a observação, sempre que observações são possíveis. Elas não são, porém, as únicas hipóteses consistentes com a observação. Nem está claro com que direito exercemos nossa preferência por leis *simples*.

O que a física diz sobre o mundo é muito mais abstrato do que parece, pois imaginamos que seu espaço é aquele que conhecemos de nossa própria experiência e que sua matéria é o tipo de coisa que dá a sensação de dureza quando a tocamos. Na verdade, mesmo admitindo que a física seja verdadeira, o que conhecemos acerca do mundo físico é muito pouco. Primeiro, vamos considerar a física teórica em abstrato e, depois, em relação à experiência.

Enquanto sistema abstrato, a física, atualmente, diz algo assim: há um agregado, a que chamamos agregado de eventos, que tem um sistema de relações entre seus termos, por meio do qual adquire certa geometria tetradimensional. Há uma quantidade extrageométrica chamada "energia", que se distribui de maneira desigual por todo o agregado, mas da qual existe alguma quantia finita em todo volume finito. O total de energia é constante. As leis da física são leis a respeito das mudanças na distribuição de energia. Para enunciarmos essas leis, temos de distinguir dois tipos de regiões: aquelas chamadas de "vazias" e aquelas sobre as quais se diz conterem "matéria". Existem sistemas materiais muito pequenos a que chamamos de "átomos"; cada átomo pode conter qualquer uma das diferentes quantidades de energia. Às vezes, ele de repente fornece uma quantidade finita de energia para o meio não material, às vezes ele subitamente absorve uma quantidade finita do meio ao redor. As leis acerca dessas transições de um nível de energia a outro são apenas estatísticas. Em determinado período de tempo, se não breve demais, haverá, em determinado estado do meio, um número calculável de transições de cada tipo possível, sendo as transições menores mais comuns que as maiores.

No "espaço vazio", as leis são mais simples e mais definidas. Parcelas de energia que saem de um átomo se espalham igualmente em todas as direções, viajando na velocidade da luz. Se uma parcela viaja em ondas, ou em pequenas unidades ou em algo que seja uma combinação de ambas, isso é uma questão de convenção. Tudo se dá de maneira simples até a energia radiante atingir um átomo e, então, o átomo pode absorver uma quantidade finita dessa energia, com a mesma indeterminação individual e regularidade estatística que se aplica à emissão de energia pelos átomos.

A quantidade de energia emitida por um átomo em dada transição determina a "frequência" da energia radiante que resulta. E esta, por sua vez, determina os tipos de efeitos que a energia radiante poderá ter sobre qualquer matéria que venha a encontrar. "Frequência" é uma palavra que se associa às ondas, mas, se a teoria das ondas for descartada, "frequência" poderá ser tomada como uma qualidade mensurável, mas indeterminada, de radiação. Ela é mensurável por seus efeitos.

Mas já basta de física teórica enquanto sistema lógico abstrato. Resta considerar como ela se liga à experiência. Comecemos com a geometria do espaço-tempo. Admitimos que a posição de um ponto no espaço-tempo pode ser determinada por quatro números reais, as chamadas coordenadas; também se admite geralmente, embora não seja essencial, que cada conjunto de quatro números reais (se não forem muito grandes) corresponde a uma posição no espaço-tempo. Adotar essa suposição deixará a exposição mais simples. Se o fizermos, o número de posições no espaço-tempo será o mesmo que o de números reais, que se chama c. Ora, para qualquer classe de c entidades, podemos afirmar qualquer tipo de geometria na qual haja uma correspondência um a um entre uma posição e um conjunto ordenado finito de números reais (coordenadas). Por conseguinte, a especificação da geometria de um agregado não nos diz nada, a menos que seja dada a relação de ordem. Como o objetivo da física é dar verdade empírica, a relação de ordem não pode ser puramente lógica, como a que se pode construir na matemática pura, mas deve ser, sim, uma relação definida em termos derivados da experiência. Se a relação de ordem deriva da experiência, a afirmação de que o espaço-tempo tem tal e tal geometria é uma afirmação que apresenta conteúdo empírico substancial, mas, caso contrário, não apresentará tal conteúdo.

Sugiro que a relação de ordem é contiguidade ou copresença, no sentido em que as conhecemos na experiência sensível. Vale dizer algumas coisas sobre elas.

A contiguidade é uma propriedade conferida pela visão e pelo toque. Duas porções do campo visual são contíguas se suas distâncias aparentes e suas coordenadas angulares (acima-e-abaixo, direita-e-esquerda) diferem muito pouco. Duas partes de meu corpo são contíguas se as qualidades pelas quais localizo um toque nas duas partes diferem muito pouco. A contiguidade é quantitativa e, portanto, nos permite montar séries de objetos da percepção: se A e B e C forem contíguos, mas B for mais contíguo a A e C do que estes entre si, B deve ser colocado entre A e C. Existe também contiguidade no tempo. Quando ouvimos uma sentença, a primeira e a segunda palavras são mais contíguas que a primeira e a terceira. Desse modo, por meio da contiguidade espacial e temporal, nossas experiências podem ser arranjadas em um agregado ordenado. Podemos admitir que esse agregado ordenado faz parte do agregado ordenado dos eventos físicos e é ordenado pela mesma relação.

De minha parte, no entanto, prefiro a relação de "copresença". Se usamos essa relação, admitimos que todo evento ocupa uma quantidade finita de espaço-tempo, quer dizer, nenhum evento se confina a um ponto do espaço ou a um instante do tempo. Diz-se que dois eventos são "copresentes" quando se sobrepõem no espaço-tempo; esta é a definição para a física abstrata. Mas, como vimos, precisamos de uma definição que derive da experiência. Eu daria a seguinte definição ostensiva oriunda da experiência: dois eventos são "copresentes" quando estão relacionados da maneira como se encontram relacionadas duas partes simultâneas de uma mesma experiência. Em qualquer momento dado, estou vendo certas coisas, ouvindo outras, tocando outras, me lembrando de outras e esperando outras ainda. Todos esses objetos da percepção, recordações e expectativas estão me acontecendo agora; direi que são mutuamente "copresentes". Admito que essa relação, que conheço por minha própria experiência, também pode se dar entre eventos que não são experimentados e pode ser a relação pela qual se constrói a ordem espaçotemporal. A consequência disso será que dois eventos serão copresentes quando se sobrepuserem no espaço-tempo, o que, se a ordem espaçotemporal for tomada como já determinada, pode servir, *dentro da física*, como a definição de copresença.

Copresença não é a mesma coisa que simultaneidade, embora a implique. Copresença, no sentido em que emprego o termo, deve ser tomada como algo que é conhecido por meio da experiência e que tem apenas uma definição ostensiva. Também não definiria "copresença" como "simultaneidade na experiência de uma pessoa". Refuto essa definição com dois argumentos: primeiro, não se poderia estendê-la às ocorrências físicas que ninguém houvesse experimentado; segundo, "experiência" é uma palavra vaga. Diria que um evento é "experimentado" quando faz surgir um hábito e que, falando de maneira geral, isso só acontece se o evento ocorrer onde há matéria viva. Se isso estiver correto, "experiência" não é um conceito fundamental.

Agora surge a questão: podemos construir a ordem espaçotemporal apenas a partir da copresença, ou precisamos de mais alguma coisa? Tomemos uma hipótese simplificada. Suponhamos que haja n eventos, $a_1, a_2, \ldots a_n$ e que a_1 esteja copresente apenas a a_2, que a_2 esteja copresente a a_1 e a_3, que a_3 esteja copresente a a_2 e a_4, e assim por diante. Podemos então construir a ordem $a_1, a_2, \ldots a_n$. Diremos que um evento se encontra "entre" dois outros se estiver copresente a ambos, mas estes não estiverem copresentes um ao outro; e, de maneira mais geral, se a, b e c forem três eventos diferentes, diremos que b está "entre" a e c se os eventos copresentes tanto a a quanto a c fizerem parte dos eventos copresentes a b. Isso pode ser tomado como a definição de "entre". Com o suplemento de axiomas adequados, isso irá gerar o tipo de ordem que queremos.

Vale observar que não podemos construir a ordem espaço-temporal a partir da relação einsteiniana de "intervalo". O intervalo entre duas partes de um raio de luz é zero, e, ainda assim, temos de distinguir entre um raio de luz que parte de A para B e um que parte de B para A. Isso demonstra que o "intervalo", por si só, não é suficiente.

Quando se adota esse ponto de vista, os pontos no espaço-tempo se tornam classes de eventos. Tratei desse tema em *A análise da matéria* e nos capítulos 6 e 8 desta parte, então não direi mais nada a respeito.

Agora já basta de falarmos sobre a definição da ordem espaçotemporal em termos de experiência. Resta estabelecer a conexão entre os eventos físicos no mundo exterior e os objetos da percepção.

Quando a energia emitida pela matéria, como resultado das transições quânticas, viaja, sem novas transições quânticas, para determinada parte de um corpo humano, tem início uma série de transições quânticas que por fim chega ao cérebro. Admitindo-se a máxima "mesma causa, mesmo efeito", e sua consequência "diferentes efeitos, diferentes causas", segue-se que, se duas séries de energia radiante, caindo no mesmo ponto do corpo, causam diferentes percepções, deve haver diferença entre as duas séries e, portanto, entre as transições quânticas que as suscitaram. Admitindo-se a existência de leis causais, esse argumento parece inquestionável e fornece uma base para a inferência a partir das percepções até a fonte material do processo pelo qual são causadas.

Penso – embora o diga com certa hesitação – que a distinção entre distâncias espaciais e temporais requer a consideração das leis causais. Quer dizer, se há uma lei causal ligando um evento A com um evento B, então A e B se encontram separados no tempo, e é questão de convenção decidir se devemos considerá-los separados no espaço. Existem, no entanto, algumas dificuldades nesse ponto de vista. Várias pessoas poderão ver ou ouvir alguma coisa simultaneamente e, nesse caso, há uma conexão causal sem intervalo de tempo. Mas, nesse mesmo caso, a conexão é indireta, a exemplo daquela que conecta irmãos ou primos; isto é, ela viaja primeiro do efeito para a causa e, então, da causa para o efeito. Mas, como distinguimos a causa do efeito antes de termos estabelecido a ordem temporal? Eddington diz que o fazemos por meio da segunda lei da termodinâmica. Em uma radiação esférica, consideramos que a radiação viaja *a partir do* centro e não *para* ele. Mas, como quero conectar a física à experiência, prefiro dizer que estabelecemos a ordem temporal por meio da memória e de nossa experiência imediata da sucessão temporal. Aquilo de que nos lembramos está, por definição, no passado, e há um antes e um depois dentro do presente ilusório. Qualquer coisa copresente a algo relembrado, mas não à minha experiência presente, também está no passado. Desse ponto de partida, podemos estender a definição de ordem temporal, e a distinção entre passado e futuro, passo a passo, para todos os eventos. Podemos, então, distinguir a causa do efeito e dizer que as causas vêm sempre antes dos efeitos.

De acordo com a teoria acima, existem certos elementos que são transportados, sem alteração, do mundo dos sentidos para o mundo da física. São eles: a relação de copresença, a relação de antes e depois, alguns elementos da estrutura e as diferenças em certas circunstâncias — isto é, quando experimentamos sensações diferentes que pertencem ao mesmo sentido, supomos que suas causas são diferentes. Este é o resíduo do realismo ingênuo que sobrevive na física. E sobrevive principalmente porque não há argumento positivo contra ele, porque a física resultante se adapta aos fatos conhecidos e porque o preconceito faz que nos apeguemos ao realismo ingênuo sempre que não se possa refutá-lo. Se há alguma razão melhor que essas para se aceitar a física, isso é algo que resta ser examinado.

Quinta parte
Probabilidade

Introdução

Geralmente se reconhece que as inferências da ciência e do senso comum diferem daquelas da lógica dedutiva e da matemática em um aspecto muito importante: quando as premissas são verdadeiras e o raciocínio está correto, a conclusão é apenas *provável*. Temos motivos para acreditar que o sol vai nascer amanhã, e todo mundo concorda que, na prática, podemos nos comportar como se esses motivos justificassem a certeza. Mas, quando os examinamos, vemos que eles deixam alguma margem, ainda que estreita, para a dúvida. Esta aparece em três tipos. Quanto aos dois primeiros: por um lado, pode haver fatos relevantes que ignoramos; por outro, as leis que temos de admitir para prever o futuro podem não ser verdadeiras. O primeiro motivo para dúvida não nos preocupa muito em nosso presente estudo, mas o segundo exige uma investigação detalhada. Existe, porém, um terceiro tipo de dúvida, que surge quando conhecemos uma lei para algo que acontece com frequência, ou talvez na imensa maioria dos exemplos, mas não sempre; nesse caso, temos o direito de esperar o que é frequente, ainda que não com completa confiança. Por exemplo: se um homem estiver jogando dados, é muito raro que consiga tirar um duplo seis em dez vezes seguidas, embora não seja impossível; temos, portanto, direito de esperar que isso não ocorra, mas nossa expectativa ficará marcada pela dúvida. Todos esses tipos de dúvida envolvem uma coisa que se pode chamar de "probabilidade", mas essa palavra pode ter diferentes significados, os quais será importante analisar.

A probabilidade matemática surge sempre da combinação de duas proposições, das quais uma pode ser completamente conhecida e a outra, completamente desconhecida. Se tiro uma carta do baralho, qual é a chance de que seja um ás? Conheço completamente a constituição de um baralho de cartas e sei que uma carta em treze é um ás; mas ignoro completamente que carta tirarei. No entanto, se digo "Zoroastro provavelmente existiu", estou dizendo algo sobre o grau de incerteza ou de credibilidade ligado à proposição "Zoroastro existiu". Trata-se de um conceito bem diferente daquele da probabilidade matemática, mesmo que ambos se correlacionem em muitos casos.

A ciência se ocupa de inferir leis a partir de fatos particulares. Uma inferência desse tipo não pode ser dedutiva, a menos que, além dos fatos particulares, haja leis gerais entre nossas premissas; como questão da lógica pura, isto é bem evidente. Às vezes se pensa que, mesmo não podendo tornar uma lei geral *certa*, os fatos particulares podem fazê-la *provável*. Eles certamente podem *causar* uma crença em uma proposição geral; foi nossa experiência com homens particulares morrendo que nos causou a crença de que todos os homens são mortais. Mas, se estamos justificados em acreditar que todos os homens são mortais, isto deve se dar porque, como princípio geral, certos tipos de fatos particulares são evidências de leis gerais. E, como a lógica dedutiva não conhece tal princípio, qualquer princípio que justifique a inferência do particular para o geral deverá ser uma lei da natureza, isto é, uma afirmação de que o universo real tem um certo caráter que lhe seria possível não ter. Irei procurar alguns desses princípios na Sexta Parte; agora, na Quinta Parte, apenas argumentarei que a indução por simples enumeração não é tal princípio e pode ser demonstrado que é inválida, salvo quando rigorosamente restrita.

Na ciência, inferimos não apenas leis, mas também fatos particulares. Se lemos no jornal que o rei morreu, inferimos que ele está morto; se percebemos que vamos fazer uma longa viagem de trem sem oportunidade de ter uma refeição, inferimos que ficaremos com fome. Todas essas inferências só podem ser justificadas se for possível afirmar *leis*. Se não houvesse leis gerais, todo o conhecimento de um homem ficaria confinado àquilo que ele experimentou pessoalmente. É mais necessário *haver* leis do que elas serem conhecidas. Se A é sempre seguido por B, e um animal, vendo A, esperar B, pode-se dizer que o animal sabe que B virá, mesmo não conhecendo a lei geral. Mas, ainda que se possa adquirir dessa maneira *algum* conhecimento dos fatos ainda não percebidos, é impossível ir muito longe sem o conhecimento das leis gerais. Tais leis normalmente afirmam probabilidades (em um sentido) e são, por si mesmas, apenas prováveis (em outro sentido). Por exemplo: é provável (em um sentido) que, se você tiver câncer, seja provável (em outro sentido) que você irá morrer. Esse estado de coisas deixa evidente que não conseguimos compreender o método científico sem uma investigação prévia dos diferentes tipos de probabilidade.

Mesmo que essa investigação seja necessária, não creio que a probabilidade tenha toda a importância que alguns autores lhe atribuem. Sua importância surge de duas maneiras. Por um lado, precisamos, entre as premissas da ciência, não apenas de dados derivados da percepção e da memória, mas também de certos princípios de inferência sintética, os quais não podem ser estabelecidos pela lógica dedutiva, nem por argumentos da experiência, uma vez que são pressupostos em todas as inferências de fatos experimentados para outros fatos ou para leis. Pode-se admitir que essas premissas sejam, em algum grau, incertas, ou seja, que não tenham o mais alto "grau de credibilidade". Fará parte de nossa análise dessa forma de probabilidade sustentar, a despeito da opinião contrária de Keynes, que os dados e as premissas inferenciais podem ser incertos. Esta é uma maneira pela qual a teoria da probabilidade se faz relevante, mas há uma outra. Parece que, muitas vezes, sabemos (em algum sentido da palavra "saber") que algo acontece com frequência, mas talvez não sempre – por exemplo: que depois do relâmpago vem o trovão. Nesse exemplo, temos uma classe de casos A e temos razão para acreditar que a maioria pertence à classe B. (Em nossa ilustração, A é o tempo logo depois do relâmpago e B é o tempo em que se ouve o trovão.) Em tais circunstâncias, dado um exemplo da classe A, sobre o qual não sabemos se é exemplo da classe B, temos o direito de dizer que "provavelmente" se trata de um membro da classe B. Aqui, a palavra "provavelmente" não tem o mesmo significado que apresenta quando estamos falando de graus de credibilidade, mas, sim, o significado bem diferente que apresenta na teoria matemática da probabilidade.

Por essas razões e também por ser a lógica das probabilidades muito menos completa e incontestável que a lógica elementar, é necessário desenvolver a teoria da probabilidade com mais detalhe e examinar várias questões de interpretação controversas. Deve-se lembrar que toda a discussão acerca da probabilidade tem a natureza de um prolegômeno à investigação dos postulados da inferência científica.

1.
Tipos de probabilidade

Têm sido muitas as tentativas de se estabelecer uma lógica da probabilidade, mas para a maioria delas existem objeções fatais. Uma das causas das falhas dessas teorias é o fracasso em distinguir – ou, antes, a determinação em confundir – conceitos essencialmente diferentes que, conforme o uso, têm direitos iguais de serem chamados de "probabilidade". Neste capítulo, proponho-me a fazer uma exploração preliminar desses diferentes conceitos de maneira discursiva, deixando para capítulos posteriores a tentativa de chegar a definições precisas.

O primeiro fato importante que temos de levar em conta é a existência da teoria matemática da probabilidade. Entre os matemáticos que se dedicaram a essa teoria, há uma concordância bastante completa quanto a tudo que se possa expressar em símbolos matemáticos, mas uma absoluta ausência de concordância quanto à interpretação das fórmulas matemáticas. Em tais circunstâncias, o caminho mais simples é enumerar os axiomas a partir dos quais se pode deduzir a teoria e decidir que, do ponto de vista do matemático, qualquer conceito que satisfaça esses axiomas tem igual direito de ser chamado de "probabilidade". Se houver muitos desses conceitos e se estivermos determinados a escolher entre eles, os motivos de nossa escolha deverão estar fora da matemática.

Existe um conceito muito simples que satisfaz os axiomas da teoria da probabilidade e que, por outras razões, é vantajoso. Dada uma classe finita B que tenha n membros, e dado que m deles pertençam a alguma outra classe A, então diremos que, se um membro de B é escolhido ao acaso, a chance de que pertença à classe A é m/n. Se essa definição é adequada para os usos que queremos fazer da teoria matemática da probabilidade, isso é uma questão que teremos de investigar em um estágio posterior; se não for, teremos de procurar alguma outra interpretação da probabilidade matemática.

Deve-se compreender que não se trata de uma questão de verdade ou falsidade. Qualquer conceito que satisfaça os axiomas pode ser tomado como *sendo* probabilidade matemática. De fato, talvez fosse desejável adotar uma interpretação em um contexto e outra interpretação em outro contexto, pois a conveniência é o único motivo a nos guiar. Esta é a situação usual na interpretação de uma teoria matemática. Por exemplo: como vimos, toda a aritmética pode ser deduzida a partir de cinco axiomas enumerados por Peano e, portanto, se tudo que queremos dos números é que eles obedeçam às regras da aritmética, podemos definir como série de números naturais qualquer série que satisfaça os cinco axiomas de Peano. Ora, esses axiomas são satisfeitos por qualquer progressão e, em particular, por séries de números naturais que comecem não por 0, mas por 100 ou 1.000 ou qualquer outro número inteiro finito. Somente quando decidimos que queremos que nossos números sirvam para a enumeração, e não apenas para a aritmética, é que temos um motivo para escolher a série que começa com 0. De maneira similar, no caso da teoria matemática da probabilidade, a interpretação a ser escolhida pode depender do propósito que temos em vista.

A palavra "probabilidade" muitas vezes é usada de maneiras que não comportam, pelo menos não obviamente, sua interpretação como a razão entre os números de duas classes finitas. Podemos dizer: provavelmente Zoroastro existiu, provavelmente a teoria da gravitação de Einstein é melhor que a de Newton, provavelmente todos os homens são mortais.[1] Nesses casos, poderíamos sustentar que existem evidências de certo tipo que sabemos estarem ligadas a conclusões de certo tipo na maioria dos casos; dessa maneira, teoricamente, poderia ser aplicável a definição de probabilidade como razão entre os números de duas classes. É possível, portanto, que exemplos como esses não envolvam um novo significado de "probabilidade".

Existem, porém, duas máximas que estamos inclinados a aceitar sem muita consideração, mas que, quando aceitas, envolvem uma interpretação de "probabilidade" que parece impossível conciliar com a definição do parágrafo anterior. A primeira dessas máximas é do bispo Butler: "a probabilidade é o guia da vida". A segunda é a de que todo o nosso conhecimento é apenas provável, o que foi especialmente enfatizado por Reichenbach.

A máxima do bispo Butler é obviamente válida sob uma interpretação muito comum da "probabilidade". Quando — como normalmente é o caso — não tenho certeza do que vai acontecer, mas preciso agir de acordo com uma hipótese ou outra, geralmente faço bem em escolher a hipótese mais provável e sempre faço bem em considerar a probabilidade na minha

---

1 Não confundamos com "todos os homens são provavelmente mortais".

tomada de decisão. Mas há uma importante diferença lógica entre esse tipo de probabilidade e o tipo matemático, a saber: esta última se ocupa das funções proposicionais[2] e a primeira, das proposições. Quando digo que a chance de uma moeda dar cara é de 50%, isto é uma relação entre duas funções proposicionais: "x é o lance da moeda" e "x é o lance da moeda que dá cara". Se tenho de inferir que, em um caso particular, a chance de dar cara é 50%, devo declarar que estou considerando o caso particular apenas como um *exemplo*. Se eu pudesse considerá-lo em todas as suas particularidades, deveria, teoricamente, ser capaz de determinar se daria cara ou coroa e já não ficaria no domínio da probabilidade. Quando usamos a probabilidade como guia de conduta, nós o fazemos porque nosso conhecimento é inadequado; sabemos que o evento em questão é da classe B e podemos saber que proporção dessa classe pertence a alguma classe A na qual estejamos interessados. Mas a proporção irá variar de acordo com nossa escolha da classe B; assim, obteremos diferentes probabilidades, todas igualmente válidas do ponto de vista matemático. Para que a probabilidade seja um guia na prática, precisamos ter algum jeito de selecionar uma probabilidade como *a* probabilidade. Se não pudermos fazê-lo, todas as diferentes probabilidades continuarão sendo igualmente válidas, e ficaremos sem orientação.

Tomemos um exemplo no qual todo homem sensato se deixa guiar pela probabilidade. Estou me referindo ao seguro de vida. Eu me certifico das condições segundo as quais certa empresa

---

2 Isto é, de sentenças com uma variável indefinida — por exemplo: "A é um homem" — as quais se tornam proposições quando atribuímos valor à variável — no caso acima, "A".

está disposta a segurar minha vida e tenho de decidir se o seguro sob esses termos será um negócio vantajoso, não para os seguradores, mas para mim.

Meu problema é diferente do da companhia de seguros e muito mais difícil. A seguradora não está interessada no meu caso individual: ela oferece seguro para todos os membros de certa classe e só precisa levar em conta as médias estatísticas. Mas posso acreditar que tenho razões especiais para esperar uma vida mais longeva, ou que sou como o escocês que morreu um dia depois de contratar o seguro, dizendo com seu último suspiro: "sempre fui um sujeito de sorte". Todas as circunstâncias de minha saúde e de meu modo de vida são relevantes, mas algumas delas podem ser tão incomuns que as estatísticas não serão de grande auxílio. Por fim, decido consultar um médico, que, depois de algumas perguntas, conclui, cordialmente: "Oh, o senhor vai passar dos noventa anos". Com certo amargor, compreendo que essa opinião não é apenas apressada e nada científica, mas também que ele só quer me agradar. A probabilidade a que finalmente chego é, portanto, algo vaga e infensa à medida numérica; mas é com base nessa vaga probabilidade que, como discípulo do bispo Butler, tenho de agir.

A probabilidade que serve de guia para a vida não é do tipo matemático, não apenas por não ser relativa a dados arbitrários e, sim, a todos os dados que pesam sobre a questão em tela, mas também por ter de considerar algo que se encontra totalmente fora do reino da probabilidade matemática e que pode ser chamado de "dúvida intrínseca". É isso que se faz relevante quando se diz que todo o nosso conhecimento é apenas provável. Consideremos, por exemplo, uma memória distante que foi ficando tão apagada que já não se mostra confiável, uma estrela de luz tão fraca que não temos certeza se realmente a vemos, um ruído tão leve que pensamos ser apenas imaginário. São casos extremos, mas, em menor grau, o mesmo tipo de dúvida é muito comum. Se afirmarmos, como o faz Reichenhach, que todo o nosso conhecimento é duvidoso, não poderemos definir essa dúvida de modo matemático, pois, no cômputo das estatísticas, parte-se do pressuposto de que *sabemos* se esse A é B ou não — por exemplo: se esse segurado morreu. As estatísticas são construídas sobre uma estrutura de pressuposta certeza quanto a exemplos passados, e uma dúvida que seja universal não pode ser meramente estatística.

Penso, portanto, que tudo aquilo em que nos sentimos inclinados a acreditar tem um "grau de dúvida", ou, inversamente, "um grau de credibilidade". Às vezes, isso se liga à probabilidade matemática, às vezes, não; trata-se de uma concepção mais ampla e mais vaga. Mas não é puramente subjetiva. Há uma concepção subjetiva cognata, a saber, o grau de convicção que um homem sente a respeito de qualquer uma de suas crenças, mas a "credibilidade", tal como a emprego, é objetiva no sentido de ser o grau de crença que um homem racional irá manifestar. Quando faço minhas contas, manifesto alguma crença no resultado da primeira vez, consideravelmente mais crença se chego ao mesmo resultado da segunda vez e convicção quase total se o alcanço da terceira vez. Esse aumento de convicção acompanha um aumento de evidência e é, portanto, racional. Em relação a qualquer proposição sobre a qual haja evidência, mesmo que inadequada, existe um "grau de credibilidade" correspondente, que é o mesmo grau de crença manifesto por um homem que seja racional. (Isto talvez possa ser considerado uma definição da palavra "racional".) A importância da probabilidade na prática se deve à sua conexão com a credibilidade, mas, se imaginarmos essa conexão mais estreita do que realmente é, estaremos trazendo certa confusão à teoria da probabilidade.

A conexão entre credibilidade e convicção subjetiva pode ser estudada empiricamente; não precisamos, portanto, ter qualquer opinião sobre esse tema antes de vermos as evidências. Um ilusionista, por exemplo, consegue arranjar as circunstâncias de uma maneira que é conhecida para ele, mas calculada para ludibriar seus espectadores; assim, ele pode adquirir dados sobre formas de causar convicções não verdadeiras, o que possivelmente será útil à publicidade e à propaganda. Não conseguimos estudar assim tão fácil a relação da credibilidade com a verdade, porque normalmente aceitamos um alto grau de credibilidade como evidência suficiente de verdade e, se não o fizermos, não conseguiremos mais descobrir quaisquer verdades. Mas podemos descobrir se as proposições com alta credibilidade formam um conjunto mutuamente consistente, pois esse sistema contém proposições da lógica.

Como resultado dessa discussão preliminar, sugiro que dois conceitos diferentes, baseados no uso, têm igual direito de serem chamados de "probabilidade". O primeiro é a probabilidade matemática, que é numericamente mensurável e satisfaz os axiomas do cálculo probabilístico; este é o tipo envolvido no emprego da estatística, seja na física, na biologia ou nas ciências sociais, e é também o tipo que *esperamos* que esteja envolvido na indução. Esse tipo de probabilidade sempre tem a ver com classes, e não com casos singulares, exceto quando estes podem ser considerados *meros* exemplos.

Mas há um outro tipo, a que chamo de "grau de credibilidade". Esse tipo se aplica a proposições singulares e sempre leva em conta todas as evidências relevantes. Ele se aplica até mesmo a certos casos em que não há evidências conhecidas. O mais alto grau de credibilidade a que podemos chegar se aplica aos juízos de percepção; graus variados se aplicam a juízos de memória, de acordo com sua nitidez e distância no tempo. Em alguns casos, pode-se inferir o grau de credibilidade a partir da probabilidade matemática, em outros casos, não; mas, mesmo quando se pode, é importante lembrar que se trata de um conceito diferente. É esse tipo de probabilidade, e não a probabilidade matemática, que se faz relevante quando se diz que todo o nosso conhecimento é apenas provável e que a probabilidade é o guia da vida.

Ambos os tipos de probabilidade exigem discussão. Começarei pela probabilidade matemática.

2.
Probabilidade matemática

Neste capítulo, proponho-me a tratar a teoria da probabilidade como um ramo da matemática pura, em que deduzimos as consequências de certos axiomas sem procurarmos lhes atribuir esta ou aquela interpretação.[1] Vale observar que, se a interpretação é controversa nesse campo, o cálculo matemático, por si mesmo, impõe a mesma medida de concordância que em qualquer outro ramo da matemática. Essa situação não é nem um pouco peculiar. A interpretação do cálculo infinitesimal foi uma questão que matemáticos e filósofos debateram durante quase duzentos anos; Leibniz sustentava que ela envolvia infinitesimais de fato, e foi somente com Weierstrass que essa opinião veio a ser definitivamente refutada. Para tomarmos um exemplo ainda mais fundamental: jamais houve qualquer disputa quanto à aritmética elementar e, mesmo assim, a definição dos números naturais continua sendo objeto de controvérsia. Não precisamos nos surpreender, portanto, com o fato de haver dúvida quanto à definição de probabilidade, embora não reste

---
1 Sobre a "interpretação", ver Quarta Parte, Capítulo I.

dúvida alguma (ou reste muito pouca) quanto ao cálculo da probabilidade.

Seguindo Johnson e Keynes, designaremos "*p/h*" a noção indefinida: "a probabilidade de *p*, dado *h*". Quando digo que essa noção é indefinida, quero dizer que ela só é definida pelos axiomas ou postulados prestes a serem enumerados. Qualquer coisa que satisfaça esses axiomas constitui uma "interpretação" do cálculo de probabilidade, e é de se esperar que haja muitas interpretações possíveis. Nenhuma delas será mais correta ou mais legítima que a outra, mas algumas poderão ser mais *importantes* que as demais. Assim, na procura por uma interpretação dos cinco axiomas de Peano para a aritmética, a interpretação que tem 0 como primeiro número é mais importante que aquela que começa com 3.781; é mais importante porque nos permite identificar a interpretação da concepção formalista com a concepção reconhecida na enumeração. Mas, neste momento, vamos ignorar todas as questões da interpretação e prosseguir com o tratamento puramente formal da probabilidade.

Os axiomas ou postulados necessários são dados quase da mesma maneira por diferentes autores. A seguinte formulação é do professor C. D. Broad.[2] Os axiomas são:

I. Dados *p* e *h*, existe apenas um valor de *p/h*. Podemos, portanto, falar em "probabilidade de *p*, dado *h*".
II. Os possíveis valores de *p/h* são todos os números reais de 0 a 1, ambos incluídos. (Em algumas interpretações,

---

2 *Mind*, N.S., n.210, p.98.

limitamos os valores possíveis aos números *racionais*; esta é uma questão que discutirei mais adiante.)

III. Se h implica p, então $p/h = 1$. (Usamos "1" para denotar certeza.)

IV. Se h implica não-p, então $p/h = 0$. (Usamos "0" para denotar impossibilidade.)

V. A probabilidade de p e q dado h é a probabilidade de p dado h multiplicada pela probabilidade de q dados p e h, e também a probabilidade de q dado h multiplicada pela probabilidade de p dados q e h. Este é o chamado axioma "conjuntivo".

VI. A probabilidade de p e/ou q dado h é a probabilidade de p dado h *mais* a probabilidade de q dado h *menos* a probabilidade de p e q dado h. Este é o chamado axioma "disjuntivo".

Para nossos propósitos, não interessa se esses axiomas são todos *necessários*; o que nos interessa é que sejam *suficientes*.

É preciso fazer algumas observações acerca desses axiomas. Está claro que II, III e IV incorporam, em parte, convenções que poderiam ser facilmente modificadas. Se, quando adotadas, a medida de dada probabilidade fosse x, poderíamos muito bem adotar igualmente como sua medida qualquer número $f(x)$ que crescesse quando x crescesse; então substituiríamos 1 e 0 em III e IV por $f(1)$ e $f(0)$.

De acordo com os axiomas supramencionados, uma proposição que deva ser verdadeira se os dados forem verdadeiros terá a probabilidade 1 em relação aos dados, e uma proposição que deva ser falsa se os dados forem verdadeiros terá a probabilidade 0 em relação aos dados.

É importante observar que nosso conceito fundamental p/h é uma relação de duas proposições (ou conjunções de proposições), não uma propriedade de uma proposição singular p. Isso distingue a probabilidade que ocorre no cálculo matemático da probabilidade solicitada como guia para a prática, pois este último tipo tem de pertencer a uma proposição por direito próprio ou, pelo menos, em relação a dados que não sejam arbitrários, mas, sim, determinados pelo problema e pela natureza de nosso conhecimento. No cálculo, ao contrário, a escolha dos dados h é inteiramente arbitrária.

O axioma V é o axioma "conjuntivo". Ele aponta a chance de dois eventos ocorrerem. Por exemplo: se tiro duas cartas de um baralho, qual é a chance que sejam ambas de naipe vermelho? Aqui, "h" representa o dado de que o baralho consiste de 26 cartas vermelhas e 26 cartas pretas; "p" indica a afirmação "a primeira carta é vermelha" e "q" a afirmação "a segunda carta é vermelha". Então, "$(p \text{ e } q)/h$" é a chance de ambas as cartas serem vermelhas, p/h é a chance de a primeira ser vermelha, "$q/(p \text{ e } h)$" é a chance de a segunda ser vermelha, dado que a primeira seja vermelha. Obviamente, $p/h = 1/2$, $q/(p \text{ e } h) = 25/51$. Assim, por esse axioma, a chance de ambas serem vermelhas é $\frac{1}{2} \cdot \frac{25}{51}$.

O axioma VI é o axioma "disjuntivo". No exemplo anterior, ele aponta a chance de pelo menos uma das cartas ser de naipe vermelho. Diz que a chance de pelo menos uma ser vermelha é a chance de a primeira ser vermelha *mais* a chance de a segunda ser vermelha (quando não é dado se a primeira é ou não dessa cor) *menos* a chance de ambas serem vermelhas. Isso é $\frac{1}{2} + \frac{1}{2} - \frac{1}{2} \cdot \frac{25}{51}$, usando o resultado obtido anteriormente pelo uso do axioma conjuntivo.

É óbvio que, por meio dos axiomas V e VI, dadas as probabilidades separadas de qualquer coleção finita de eventos, podemos calcular a probabilidade de todos eles acontecerem, ou de pelo menos um deles acontecer.

Segue-se do axioma conjuntivo que:

$$p/(q \text{ e } h) = \frac{(p/h) \times q/(p \text{ e } h)}{q/h}$$

Este é o chamado "princípio da probabilidade inversa". Pode-se ilustrar sua utilidade da seguinte maneira. Seja p alguma teoria geral e q um dado experimental relevante para p. Então p/h é a probabilidade da teoria p em relação aos dados previamente conhecidos, q/h é a probabilidade de q em relação aos dados previamente conhecidos e $q/(p \text{ e } h)$ é a probabilidade de q se p for verdadeira. Assim, a probabilidade da teoria p depois de q ter sido verificado é obtida multiplicando a probabilidade prévia de p pela probabilidade de q dado p e dividindo pela probabilidade prévia de q. Nos casos mais úteis, a teoria p implicará q, de modo que $q/(p \text{ e } h) = 1$. Nesse caso,

$$p/(q \text{ e } h) = \frac{p/h}{q/h}$$

Isso quer dizer que o novo dado q aumenta a probabilidade de p em proporção à improbabilidade antecedente de q. Em outras palavras, se nossa teoria implica alguma coisa muito surpreendente, e essa coisa surpreendente então acontece, isto aumenta muito a probabilidade de nossa teoria.

Esse princípio pode ser ilustrado pela descoberta de Netuno, considerada uma confirmação da lei da gravitação. Aqui, p = lei da gravitação, h = todos os fatos relevantes conhecidos antes da descoberta, $q =$ o fato de Netuno ter sido descoberto em certa posição. Assim, q/h era a probabilidade antecedente de um planeta até então desconhecido vir a ser descoberto em certa região do céu. Tomemos isso como m/n. Então, depois da descoberta de Netuno, a probabilidade da lei da gravitação se tornou n/m vezes maior que antes.

É óbvio que esse princípio tem grande importância no julgamento do peso de novas evidências sobre a probabilidade de uma teoria científica. Veremos, porém, que ele se revela um tanto decepcionante e não produz os bons resultados que se poderiam esperar.

Existe uma importante proposição, às vezes chamada de teorema de Bayes. É a seguinte: sejam $p_1, p_2, \ldots p_n$ n alternativas mutuamente excludentes, das quais se saiba que uma é verdadeira; sejam h os dados gerais e q algum fato relevante. Queremos saber a probabilidade de uma possibilidade p_r, dado q, quando conhecemos a probabilidade de cada p_r, antes que q fosse conhecido, e também a probabilidade de q, dado p_r, para cada r. Temos:

$$p_r/(q \text{ e } h) = [q/(p_r \text{ e } h) \cdot p_r/h] / \sum_{1}^{n} [q/(p_r \text{ e } h) \cdot p_r/h]$$

Essa proposição nos permite, por exemplo, resolver o seguinte problema: alguém nos dá $n + 1$ sacola, dos quais a sacola número 1 contém n bolas pretas e nenhuma branca, a número 2 contém $n - 1$ bolas pretas e uma bola branca, a sacola número $(r + 1)$ contém $n - r$ bolas pretas e r brancas. Escolhe-se uma sacola, mas não sabemos qual; tiramos dele m bolas e vemos que são todas brancas; qual é a probabilidade de a escolhida ter sido a sacola número r? Historicamente, esse problema é importante em relação à pretensa prova de indução de Laplace.

Tomemos agora a lei dos grandes números de Bernoulli. Ela diz que se, em cada ocasião, a chance de certo evento ocorrer é p, então, dados quaisquer números δ e ε, por menores que sejam, a chance de que, a partir de certo número de ocasiões, a proporção de ocasiões nas quais ocorra o evento venha a diferir de p, por uma quantidade maior que ε, é menor que δ.

Ilustremos com os lances da moeda. Supomos que cara e coroa são igualmente prováveis. Digo que, muito provavelmente, depois de você lançar a moeda várias vezes, a proporção de caras jamais se afastará de 1/2 por mais de ε, por menor que seja ε. Digo ainda que, por menor que seja δ, a chance de tal afastamento em qualquer instante depois de n lances é menor que δ, desde que n seja suficientemente grande.

Como essa proposição é muito importante nas aplicações da probabilidade (na estatística, por exemplo), vamos passar um pouco mais de tempo nos familiarizando com o que ela afirma exatamente no caso do cara ou coroa. Afirmo, de saída, que, a partir de certo ponto, a porcentagem de caras sempre ficará entre 49 e 51. Você contesta minha afirmação, e decidimos testá-la empiricamente, na medida do possível. O teorema então afirma que, quanto mais continuarmos com o teste, mais provavelmente haveremos de descobrir que minha afirmação se fundamenta nos fatos e que, quanto mais aumenta o número de lances, mais essa probabilidade se aproxima da certeza como limite. O experimento o convence; vamos supor, que, a partir de certo ponto, a porcentagem de caras sempre permanece entre 49 e 51, mas agora afirmo que, a partir de outro ponto mais adiante, a porcentagem sempre ficará entre 49,9 e 50,1. Repetimos nosso experimento e, uma vez mais, você se convence depois de um tempo, embora depois de um tempo maior que o anterior, provavelmente. Depois de dado número de lances, há uma chance de que minha afirmação não se verifique, mas essa chance diminui conforme o número de lances aumenta, e pode se tornar menor que qualquer chance atribuída ao se continuarem os lances por tempo suficiente.

Essa proposição é facilmente dedutível a partir dos axiomas, mas ela não pode, é claro, ser empiricamente testada da maneira adequada, pois envolve séries infinitas. Se os testes que fizermos parecerem confirmá-la, nosso oponente sempre poderá dizer que os testes não a confirmariam se os continuássemos por mais tempo; e, se eles não parecerem confirmá-la, os defensores do teorema poderão igualmente dizer que não o continuamos por tempo suficiente. Portanto, não se pode confirmar nem refutar o teorema por evidência empírica.

Estas são as principais proposições para nosso estudo da teoria pura da probabilidade. No entanto, direi mais algumas coisas sobre a questão das $n + 1$ sacolas, cada uma contendo n bolas, algumas brancas e outras pretas, a sacola número $(r + 1)$ contendo r bolas brancas e $n - r$ bolas pretas. Os dados são os seguintes: sei que as sacolas têm esses números variáveis de bolas brancas e pretas, mas não há como distingui-las por sua aparência exterior. Escolho uma sacola ao acaso e tiro dela, uma a uma, m bolas, as quais não devolvo à sacola depois de retiradas. Acontece que todas as bolas são brancas. Em vista desse fato, quero saber duas coisas: primeiro, qual é a chance de eu ter escolhido a sacola que tem somente bolas brancas? Segundo, qual é a chance de a próxima bola tirada ser branca?

Procedemos da seguinte maneira. Seja h o fato de as sacolas serem constituídas do modo exposto e q o fato de m bolas brancas terem sido tiradas; seja p_r a hipótese de termos escolhido a sacola que contém *r* bolas brancas. É óbvio que *r* deve ser pelo menos tão grande quanto *m*, isto é:

Se *r* é menor que *m*, então $p_r/qh = 0$ e $q/p_r h = 0$.

Depois de alguns cálculos, descobre-se que a chance de termos escolhido o saco em que todas as bolas são brancas é $\frac{m+1}{n+1}$.

Agora queremos saber a chance de a próxima bola tirada ser branca. Depois de mais alguns cálculos, descobre-se que essa chance é $\frac{m+1}{m+2}$.

Note-se que isso independe de *n* e que, se *m* for grande, será bem próximo a 1.

Nessa exposição, não incluí nenhum argumento sobre o tema da indução, o qual estou adiando para um estágio ulterior. Considerarei, primeiramente, a adequação de certa interpretação da probabilidade, enquanto se puder considerá-la independentemente dos problemas ligados à indução.

3.
A teoria da frequência finita

Neste capítulo, trataremos de uma certa interpretação muito simples da "probabilidade". Teremos, primeiro, de mostrar que ela satisfaz os axiomas do Capítulo 2 e, então, considerar, de maneira preliminar, até onde ela pode ir para contemplar usos ordinários da palavra "probabilidade". Chamarei essa interpretação de "teoria da frequência finita", para distingui-la de outra forma de teoria da frequência que veremos mais adiante.

A teoria da frequência finita parte da seguinte definição: Seja B qualquer classe finita e A qualquer outra classe. Queremos definir a chance de um membro de B escolhido ao acaso ser membro também de A. Por exemplo: a chance de a primeira pessoa com quem você cruzar na rua se chamar Smith. Definimos essa probabilidade como o número de membros de B que são também de A dividido pelo número total dos membros de B. Designamos tudo isso com o símbolo A/B.

É óbvio que uma probabilidade assim definida deve ser uma fração racional, ou 0, ou 1.

Algumas ilustrações deixarão clara a relevância dessa definição. Qual é a chance de um número inteiro menor que 10, escolhido ao acaso, ser também um número primo? Há 9 números inteiros menores que 10, sendo 5 deles primos; a chance é, portanto, 5/9. Qual é a chance de ter chovido em Cambridge no dia de meu aniversário no ano passado, admitindo que você não saiba a data de meu nascimento? Se m foi o número de dias em que choveu, a chance é $m/365$. Qual é a chance de um homem cujo nome conste da lista telefônica de Londres se chamar Smith? Para resolver esse problema, você deve, primeiro, contar as entradas sob o nome "Smith" e, então, contar todas as entradas, dividindo o primeiro número pelo segundo. Qual é a chance de uma carta tirada do baralho ao acaso ser de espadas? Obviamente, é de 13/52, ou seja, 1/4. Se você tirou uma carta de espadas, qual é a chance de tirar mais uma? A resposta é 12/51. No lance de dois dados, qual é a chance de os números somarem 8? Há 36 maneiras de os dados caírem, e em 5 delas a soma dá 8, então a chance é 5/36.

É óbvio que, em certo número de casos elementares, a definição apresentada dá resultados que concordam com o uso. Indaguemos agora se a probabilidade, assim definida, satisfaz os axiomas.

As letras p, q e h, que ocorrem nos axiomas, devem agora ser tomadas como indicando classes ou funções proposicionais, e não proposições. Em vez de "h implica p", teremos "h está contido em p"; "p e q" indicará a parte comum às duas classes p e q, ao passo que "p ou q" será a classe de todos os termos que pertencem a ambas ou a cada uma das duas classes p e q. Nossos axiomas são:

    I. Há apenas um valor de p/h. Isto será verdadeiro a menos que h seja nulo, nesse caso $p/h = 0/0$. Supomos, portanto, que h não é nulo.

II. Os valores possíveis de *p/h* são todos números reais de 0 a 1. Em nossa interpretação, eles serão apenas os números *racionais*, a menos que consigamos encontrar um modo de estender nossa definição a classes infinitas. Não se pode fazê-lo de maneira simples, pois a divisão não fornece um resultado único quando os números envolvidos são infinitos.

III. Se *h* está contido em *p*, então $p/h = 1$. Nesse caso, a parte comum a *h* e *p* é *h* e, portanto, o exposto acima se segue de nossa definição.

IV. Se *h* está contido em não-*p*, então $p/h = 0$. Isso é óbvio em nossa definição, pois, nesse caso, a parte comum a *h* e *p* é nula.

V. *O axioma conjuntivo* — este afirma, em nossa interpretação, que a proporção de membros de *h* que são também membros de *p* e *q* é a proporção de membros de *h* que são membros de *p* multiplicada pela proporção de membros de *p* e *h* que são membros de *q*. Suponhamos que o número de membros de *h* seja *a*, que o número de membros comuns a *p* e *h* seja *b* e que o número de membros comuns a *p* e *q* e *h* seja *c*. Então, a proporção de membros de *h* que são membros tanto de *p* quanto de *q* é *c/a*; a proporção de membros de *h* que são membros de *p* é *b/a*; e a proporção de membros de *p* e *h* que são membros de *q* é *c/b*. Assim, nosso axioma se verifica, pois $c/a = b/a \times c/b$.

VI. *O axioma disjuntivo* — em nossa presente interpretação, mantendo-se os significados de *a*, *b* e *c* expostos anteriormente e acrescentando-se que *d* é o número de membros de *h* que são membros de *p* ou de *q* ou de ambos, ao passo que e é o número dos membros de b que são membros de q, este axioma diz que:

$$\frac{d}{a} = \frac{b}{a} + \frac{e}{a} - \frac{c}{a}, \text{ isto é: } d = b + e - c$$

o que, mais uma vez, é óbvio.

Assim, nossos axiomas estarão satisfeitos se b for uma classe finita que não seja nula, salvo se os valores possíveis de uma probabilidade estiverem limitados a frações *racionais*.

Segue-se que a teoria matemática da probabilidade é válida na interpretação acima.

Temos, porém, de nos indagar quanto ao *escopo* da probabilidade assim definida, que é, *prima facie*, muito estreito para o uso que dela queremos fazer.

Em primeiro lugar, queremos ser capazes de falar sobre a chance de algum evento definido vir a ter alguma característica, não apenas sobre a chance de um membro não especificado de uma classe vir a tê-la. Por exemplo: você já lançou dois dados, mas eu ainda não vi o resultado. Qual é, para mim, a probabilidade de você ter conseguido um duplo seis? Queremos ser capazes de dizer que é 1/36, e, se nossa definição não nos permitir dizê-lo, então ela é inadequada. Em tal caso, diríamos que estamos considerando um evento apenas como exemplo de certa classe; diríamos que, se a for considerado apenas como membro da classe B, a chance de que pertença à classe A é A/B. Mas não está muito claro o que se quer dizer com "considerando um evento apenas como membro de certa classe". O que está implicado nesse caso é o seguinte: é-nos dada alguma característica de um evento que, para um conhecimento mais completo que o nosso, é suficiente para determiná-lo singularmente; mas, em relação ao nosso conhecimento, não temos como descobrir se ele pertence à classe A, embora saibamos que pertence à classe B. Você, que lançou os dados, sabe se o lance pertence à classe do "duplo seis", mas eu não sei. Meu único conhecimento relevante é que se trata de um dos 36 tipos de lances possíveis. Ou tomemos, então, a seguinte questão: qual é a chance de o homem mais alto dos Estados Unidos morar em Iowa? Alguém pode saber quem ele é; de qualquer modo, há um método conhecido para se descobrir de quem se trata. Se esse método for empregado com êxito, há uma resposta definida que não envolve probabilidade, a saber: ou ele mora em Iowa ou ele não mora. Mas eu não tenho esse conhecimento. Posso me certificar de que a população de Iowa é m e de que a dos Estados Unidos é n e dizer que, em relação a esses dados, a probabilidade de que esse homem more em Iowa é m/n. Assim, quando falamos da probabilidade de um evento definido que tem alguma característica, precisamos sempre especificar os dados relativos a partir dos quais se deve estimar a probabilidade.

Podemos dizer, em linhas gerais: supondo qualquer objeto a, e dado que a é membro da classe B, dizemos que, em relação a esse dado, a probabilidade de a pertencer a A é A/B, como já se definiu. Essa concepção é útil porque muitas vezes sabemos o bastante sobre algum objeto para defini-lo individualmente, sem sabermos o suficiente para determinar se ele tem esta ou aquela propriedade. "O homem mais alto dos Estados Unidos" é uma descrição definida que se aplica a um único homem, mas não sei que homem é esse e, portanto, para mim é uma incógnita se ele mora em Iowa ou não. "A carta que estou prestes a tirar do baralho" é uma descrição definida e, em um instante, vou saber se essa descrição se aplica a uma carta vermelha ou preta, mas, por enquanto, ainda não sei. É essa condição muito comum de ignorância parcial a respeito de objetos definidos que torna útil a aplicação da probabilidade a objetos definidos, e não apenas a membros totalmente indefinidos de classes.

Ainda que seja essa ignorância parcial o que torna útil a forma de probabilidade exposta, a ignorância não se acha implicada no conceito de probabilidade, o qual ainda teria para a onisciência o mesmo significado que tem para nós. A onisciência saberia se a pertence a A, mas seguiria dizendo: em relação aos dados de que a pertence a B, a probabilidade de a pertencer a A é A/B.

Na aplicação de nossa definição para um exemplo definido, há uma possível ambiguidade em certos casos. Para deixarmos isso mais claro, precisamos utilizar a linguagem das propriedades, e não das classes. Seja a classe A definida pela propriedade ϕ e a classe B, pela propriedade ψ. Diremos então:

A probabilidade de a ter a propriedade ϕ, dado o fato de ter ψ, é definida como a proporção entre as coisas que têm tanto a propriedade ϕ quanto a ψ e as coisas que têm a propriedade ψ. Designamos "a tem a propriedade ϕ" com "ϕa". Mas, se a ocorrer mais de uma vez em "ϕa", haverá uma ambiguidade. Por exemplo: suponhamos que "ϕa" seja "a comete suicídio", ou seja, "a mata a". Isto é um valor de "x mata x", que é a classe dos suicidas; também a classe de "a mata x", que é a classe de pessoas mortas por a; também de "x mata a", que é a classe de pessoas que matam a. Assim, ao definirmos a probabilidade de ϕa, se a ocorrer mais de uma vez em ϕa, devemos indicar quais de suas ocorrências devem ser vistas como valores de variáveis e quais não devem.

Veremos que podemos interpretar todos os teoremas elementares de acordo com a definição acima.

Conhecimento humano

Tomemos, por exemplo, a suposta justificação de Laplace para a indução:

Há $N + 1$ sacolas, cada uma contendo N bolas.

Dessas sacolas, a sacola número $(r + 1)$ contém r bolas brancas e $N - r$ bolas pretas. Tiramos n bolas de uma sacola, todas brancas. Qual é a chance:

(*a*) de termos escolhido a sacola no qual todas as bolas são brancas?

(*b*) de que a próxima bola seja branca?

Laplace diz que (*a*) é $(n + 1)/(N + 1)$ e que (*b*) é $(n + 1)/(n + 2)$.

Vamos ilustrar com alguns exemplos numéricos. Primeiro: suponhamos que haja ao todo 8 bolas, das quais 4 foram retiradas, todas brancas. Quais são as chances (*a*) de que tenhamos escolhido o saco que contém apenas bolas brancas? E (*b*) de que a próxima bola retirada seja branca?

Seja p_r a representação da hipótese de que escolhemos a sacola com r bolas brancas. Os dados excluem p_0, p_1, p_2, p_3. Se tivermos p_4, haverá apenas uma alternativa de tirarmos 4 bolas brancas e restarão 4 alternativas de tirarmos uma preta, nenhuma de tirar uma branca. Se tivermos p_5, haverá 5 alternativas de tirarmos 4 brancas e, para cada uma dessas alternativas, haverá 1 alternativa de tirarmos outra branca e 3 alternativas de tirarmos 1 preta; assim, obtemos de p_5 a contribuição de 5 casos em que a próxima bola seria branca e 15 em que seria preta. Se tivermos p_6, haverá 15 alternativas de escolher 4 brancas e, uma vez escolhidas, restariam 2 alternativas de escolher uma branca e 2 de escolher uma preta; assim, obtemos de p_6 30 casos de tirarmos outra branca e 30 alternativas nas quais a próxima bola será preta. Se tivermos p_7, haverá 35 alternativas de tirarmos 4

553

brancas e, uma vez tiradas, restarão 3 alternativas de tirarmos uma branca e 1 de tirarmos 1 preta; assim, obtemos 105 alternativas de tirarmos outra branca e 35 alternativas de tirarmos uma preta. Se tivermos p_8, haverá 70 alternativas de tirarmos 4 brancas e, uma vez tiradas, restarão 4 alternativas de tirarmos outra branca e nenhuma de tirarmos uma preta; assim, obtemos de p_8 280 casos de uma quinta bola branca e nenhum de uma preta. Somando, temos 5 + 30 + 105 + 280, ou seja, 420 casos nos quais a quinta bola é branca e 4 + 15 + 30 + 35, ou seja, 84 casos nos quais a quinta bola é preta. Por conseguinte, as probabilidades em favor de uma branca são de 420 para 84, ou seja, de 5 para 1; isso quer dizer que a chance de a quinta bola ser branca é de 5/6.

A chance de termos escolhido a sacola na qual todas as bolas são brancas é a razão do número de alternativas de escolhermos 4 bolas brancas dessa sacola pelo número total de alternativas de escolhermos 4 bolas brancas. O primeiro, como vimos, é 70; o segundo é 1 + 5 + 15 + 35 + 70, ou seja, 126. Por conseguinte, a chance é de 70/126, ou seja, 5/9.

Ambos os resultados estão de acordo com a fórmula de Laplace.

Tomemos um exemplo mais numérico: suponhamos que haja 10 bolas, das quais 5 foram tiradas, revelando-se todas brancas. Qual é a chance de p_{10}, isto é, de termos escolhido a sacola com apenas bolas brancas? E qual é a chance de a próxima bola ser branca?

p_5 possível em 1 alternativa; se p_5, nenhuma alternativa de outra branca, 5 de uma preta.

p_6 possível em 6 alternativas; se p_6, 1 alternativa de outra branca, 4 de uma preta.

p_7 possível em 21 alternativas; se p_7, 2 alternativas de outra branca, 3 de uma preta.

p_8 possível em 56 alternativas; se p_8, 3 alternativas de outra branca, 2 de uma preta.

p_9 possível em 126 alternativas; se p_9, 4 alternativas de outra branca, 1 de uma preta.

p_{10} possível em 252 alternativas; se p_{10}, 5 alternativas de outra branca, 0 de uma preta.

Assim, a chance de p_{10} é 252/[1 + 6 + 21 + 56 + 126 + 252], ou seja, 252/462, ou seja, 6/11.

As alternativas em que a bola seguinte poderá ser branca são 6 + 21 × 2 + 56 × 3 + 126 × 4 + 252 × 5, ou seja, 1.980. E as alternativas em que ela poderá ser preta são 5 + 4 × 6 + 3 × 21 + 2 × 56 + 126, ou seja, 330.

Por conseguinte, as probabilidades em favor da branca são de 1.980 por 330, ou seja, 6 para 1, de maneira que a chance de outra branca é 6/7. Isso, uma vez mais, de acordo com a fórmula de Laplace.

Tomemos agora a lei dos grandes números de Bernoulli. Podemos ilustrá-la da seguinte maneira: suponhamos que lancemos uma moeda n vezes e anotemos 1 para cada vez que der cara e 2 para cada vez que der coroa, formando assim um número de n dígitos. Vamos supor que toda sequência possível ocorra apenas uma vez. Assim, se $n = 2$, teremos quatro números 11, 12, 21, 22, se $n = 3$, teremos oito números 111, 112, 121, 122, 211, 212, 221, 222; se n = 4, teremos dezesseis números 1111, 1112, 1121, 1122, 1211, 1212, 1221, 1222, 2111, 2112, 2121, 2122, 2211, 2212, 2221, 2222; e assim por diante.

Tomando a última das listas acima, encontramos:

1 número só com "1";
4 números com três "1" e um "2";
6 números com dois "1" e dois "2";
4 números com um "1" e três "2";
1 número só com "2".

Esses números 1, 4, 6, 4, 1 são os coeficientes em $(a + b)^4$. É fácil provar que, para n dígitos, os números correspondentes são os coeficientes em $(a + b)^n$. Tudo o que o teorema de Bernoulli afirma é que, se n for grande, a soma dos coeficientes próximos ao meio será quase igual à soma de todos os coeficientes (que é 2^n). Assim, se tomarmos todas as séries possíveis de cara ou coroa em um grande número de lances, a imensa maioria dessas séries terá quase o mesmo número de ocorrências de uma e outra; além disso, a maioria e a quase igualdade das ocorrências aumentarão indefinidamente com o aumento no número de lances.

Ainda que o teorema de Bernoulli seja mais geral e preciso que as afirmações acima em relação às alternativas equiprováveis, deve-se interpretá-lo, em nossa presente definição de "probabilidade", de maneira análoga à exposta. É fato que, se formarmos todos os números que consistem de 100 dígitos, cada um dos quais sendo 1 ou 2, cerca de ¼ desses números terão 49 ou 50 ou 51 dígitos que serão 1, quase metade terá 48 ou 49 ou 50 ou 51 ou 52 dígitos que serão 1, mais da metade terá de 47 a 53 dígitos que serão 1 e cerca de ¾ terão de 46 a 54. À medida que o número de dígitos aumenta, também aumenta a preponderância de casos nos quais as ocorrências de 1 e de 2 são quase equilibradas.

A razão por que esse fato puramente lógico deveria ser visto como algo que nos fornece considerável base para esperarmos que, quando lançamos uma moeda muitas vezes, teremos um número aproximadamente igual de caras e coroas é uma questão diferente, que envolve, além das leis da lógica, as leis da natureza. Se a menciono agora é apenas para enfatizar o fato de que não a estou discutindo neste momento.

Quero sublinhar que, na interpretação exposta, não há nada a respeito da possibilidade e nada que envolva essencialmente a ignorância. Existe apenas uma contagem dos membros de uma classe B e a determinação da proporção deles que pertencem também à classe A.

Às vezes se objeta que precisamos de um axioma de equiprobabilidade – para, por exemplo, o efeito de caras e coroas serem igualmente prováveis. Se isso significa que elas de fato ocorrem com frequência aproximadamente igual, a suposição não é necessária para a teoria matemática, que, enquanto tal, não se preocupa com ocorrências reais.

Consideremos agora possíveis aplicações da definição de frequência finita em casos de probabilidade que poderiam parecer alheios a ela.

Primeiro: em que circunstâncias a definição pode ser estendida a coleções infinitas? Uma vez que definimos uma probabilidade como sendo uma fração, e uma vez que as frações deixam de ter sentido quando o numerador e o denominador são infinitos, só será possível estender a definição quando houver algum modo de alcançar um limite. Isso requer que os *as* para os quais queremos calcular a probabilidade de serem *bs* formem uma série, na verdade, uma progressão, de modo que sejam dados como a_1, $a_2, a_3, \ldots a_n$, na qual para cada número inteiro finito n haja um a_n

correspondente, e vice-versa. Podemos, então, designar por "p_n" a proporção dos *as* até a_n que pertencem a *b*. Se, à medida que *n* aumentar, p_n se aproximar de um limite, poderemos definir esse limite como a probabilidade de um *a* ser um *b*.[1] Devemos, no entanto, distinguir entre o caso em que o valor de p_n oscila em torno do limite e o caso em que o valor se aproxima do limite por apenas um dos lados. Se lançarmos uma moeda repetidas vezes, o número de caras será, às vezes, maior que a metade do total, às vezes, menor; assim, p_n oscila em torno do limite 1/2. Mas, se considerarmos a proporção de números primos até *n*, esta se aproximará do limite zero por apenas um dos lados: para qualquer *n* finito, p_n será uma fração positiva definida, que, para grandes valores de *n*, será aproximadamente $1/\log n$. Ora, $1/\log n$ se aproxima de zero conforme *n* aumenta, indefinidamente. Assim, a proporção de números primos se aproxima de zero, mas não podemos dizer que "nenhum número inteiro é primo"; podemos dizer que a chance de um número inteiro ser primo é infinitesimal, mas não zero. Obviamente, a chance de um número inteiro ser primo é maior que a de ser (digamos) tanto par quanto ímpar ao mesmo tempo, embora seja menor que qualquer fração finita, por menor que seja. Eu diria que, quando a chance de *a* ser *b* é estritamente zero, podemos inferir que "nenhum *a* é *b*"; mas, quando a chance é infinitesimal, não podemos fazer essa inferência.

Deve-se observar que, a menos que façamos alguma suposição sobre o curso da natureza, não podemos usar o método de proceder até chegar ao limite quando estamos lidando com uma série

---

[1] Esse limite depende da ordem dos *as* e, portanto, pertence a eles enquanto série, não enquanto classe.

definida empiricamente. Por exemplo: se lançarmos uma moeda repetidas vezes e percebermos que, conforme prosseguimos, o número de caras se aproxima continuamente do limite 1/2, isso não nos dará o direito de pressupor que esse realmente seria o limite se pudéssemos tornar nossa série infinita. Poderá ser, por exemplo, que, se n for o número de lances, a proporção de caras não se aproximará estritamente de 1/2, mas sim de

$$\frac{1}{2} + \frac{1}{4} \operatorname{sen}^2 \frac{n}{N}$$

em que N é um número muito maior que qualquer outro que possamos alcançar em experimentos reais. Nesse caso, nossas induções começariam a ser empiricamente falseadas justamente quando estivéssemos pensando que estavam ficando firmemente estabelecidas. Ou, então, poderia acontecer que, depois de um tempo, qualquer série empírica se tornasse extremamente irregular, deixando, em qualquer sentido, de se aproximar de um limite. Se, então, a extensão até séries infinitas acima tiver de ser empregada em séries empíricas, deveremos invocar algum tipo de axioma indutivo. Sem isso, não haverá razão para esperarmos que partes ulteriores de tal série continuem a exemplificar alguma lei a que obedecem as primeiras partes.

Em juízos de probabilidade comuns e empíricos, tais como os que ocorrem na previsão do tempo, há uma mistura de diferentes elementos que é importante separarmos. A hipótese mais simples — indevidamente simplificada para fins de ilustração — é que se notam alguns sintomas que, em (digamos) 90% dos casos previamente observados, foram seguidos de chuva. Nesse caso, se os argumentos indutivos forem tão indubitáveis quanto os dedutivos, diríamos que "há 90% de probabilidade de chuva". Isso quer dizer que o momento presente pertence a certa classe (a dos momentos quando o sintoma em questão está presente) da qual 90% são momentos que precedem chuva. Isso é probabilidade no sentido matemático que estivemos considerando. Mas não é só isso que nos deixa em dúvida se vai chover ou não. Também temos dúvida quanto à validade da inferência; não sabemos ao certo se o sintoma em questão irá, no futuro, preceder chuva em nove de dez vezes. E essa dúvida pode ser de dois tipos: um científico, outro filosófico. Podemos, mesmo com plena confiança no procedimento científico em geral, sentir que, nesse caso, os dados são insuficientes para garantir uma indução, ou que não se tomou suficiente cuidado para se eliminarem outras circunstâncias que poderiam estar presentes e ser antecessoras mais invariáveis de chuva. Ou, ainda, os registros podem ser duvidosos: a chuva pode tê-los deixado quase indecifráveis, ou eles podem ter sido colhidos por um homem que pouco depois foi declarado insano. Tais dúvidas se encontram dentro do procedimento científico, mas há também aquelas suscitadas por Hume: o procedimento indutivo é válido, ou é simplesmente um hábito que nos deixa confortáveis? Qualquer uma dessas razões ou mesmo todas elas podem nos deixar hesitantes quanto a esses 90% de chance de chuva nos quais nossas evidências nos levam a acreditar.

Temos, em casos desse tipo, uma hierarquia de probabilidade. O nível primário é: provavelmente vai chover. O nível secundário é: provavelmente os sintomas que notei são sinais de provável chuva. O nível terciário é: provavelmente, certos tipos de eventos tornam prováveis certos eventos futuros. Desses três níveis, o primeiro é o do senso comum, o segundo é o da ciência e o terceiro é o da filosofia.

No primeiro estágio, observamos que, até aqui, A precedeu B, em nove de dez vezes; no passado, portanto, A tornou B provável no sentido da frequência finita. Nesse estágio, supomos, sem reflexão, que podemos esperar a mesma coisa no futuro.

No segundo estágio, sem questionarmos a possibilidade geral de inferir o futuro a partir do passado, percebemos que tais inferências deveriam ser submetidas a certas salvaguardas, tais como as dos quatro métodos de Mill. Percebemos também que as induções, mesmo quando conduzidas de acordo com as melhores regras, nem sempre são verificadas. Mas penso que nosso procedimento ainda pode se enquadrar dentro do escopo da teoria da frequência finita. No passado, fizemos várias induções, umas mais cuidadosas, outras nem tanto. Das que fizemos seguindo certo procedimento, verificou-se, até aqui, uma proporção p; portanto, esse procedimento, até então, tem conferido uma probabilidade p às induções que sancionou. O método científico consiste, em grande medida, de regras por meio das quais (conforme testado por resultados passados de induções passadas) podemos fazer que p se aproxime cada vez mais de 1. Tudo isso ainda se encontra dentro da teoria da frequência finita, mas agora são as induções que constituem os termos singulares em nossa estimativa da frequência.

Isso quer dizer que temos duas classes A e B, das quais A consiste de induções que se deram de acordo com certas regras e B consiste de induções que, até agora, a experiência confirmou. Se n for o número de membros de A e m o número de membros comuns a A e B, então m/n será a chance de uma indução conduzida de acordo com as regras acima vir a mostrar, até o presente, resultados que se revelarão verdadeiros quando puderem ser testados.

Ao dizermos isso, não estamos empregando a indução; estamos apenas descrevendo uma característica do curso da natureza tal como observado até aqui. Encontramos, porém, um critério da excelência (até aqui) de quaisquer regras do procedimento científico sugeridas, e o encontramos dentro da teoria da frequência finita. A única novidade é que nossas unidades agora são induções, e não eventos singulares. As induções são tratadas como ocorrências, e somente aquelas que de fato ocorreram é que deverão ser vistas como membros de nossa classe A.

Mas, assim que argumentamos que uma indução individual que até agora foi confirmada voltará, ou provavelmente voltará, a se confirmar no futuro, ou que as regras de procedimento que até agora forneceram uma grande proporção de induções até aqui confirmadas provavelmente irão fornecer uma grande proporção de induções confirmadas no futuro, saímos da teoria da frequência finita, pois começamos a lidar com classes cujos números não são conhecidos. A teoria matemática da probabilidade, como toda matemática pura, embora proporcione conhecimento, não proporciona nada novo (pelo menos não em um sentido relevante); a indução, por outro lado, certamente proporciona algo novo, e a única dúvida é se isso que ela proporciona é conhecimento ou não.

Ainda não quero examinar a indução de maneira crítica; desejo apenas deixar claro que não se pode trazê-la para dentro do escopo da teoria da frequência finita, nem mesmo pelo estratagema de considerar determinada indução particular como uma que pertença a uma classe de induções, pois induções testadas só podem fornecer evidência *indutiva* em favor de uma indução até então não testada. Se, portanto, dissermos que o princípio que valida a indução é "provável", deveremos empregar a palavra "provável" em sentido diferente daquele usado pela teoria da frequência finita; o sentido em questão deve, diria eu, ser aquilo a que chamamos "grau de credibilidade".

Estou inclinado a pensar que, se admitirmos a indução, ou qualquer outro postulado pelo qual decidamos substituí--la, todas as probabilidades precisas e mensuráveis poderão ser interpretadas como frequências finitas. Suponhamos que eu diga, por exemplo: "há grande probabilidade de que Zoroastro tenha existido". Para validar essa afirmação, devo considerar, primeiro, qual é a evidência alegada nesse caso e, então, procurar evidência semelhante que se saiba verídica ou errônea. A classe de que depende essa probabilidade não é a classe dos profetas existentes ou não, pois, ao incluirmos os não existentes, deixamos a classe um tanto vaga; tampouco poderá ser a classe apenas dos profetas existentes, pois a questão em tela é se Zoroastro pertence a essa classe. Teremos de proceder da seguinte maneira: há, no caso de Zoroastro, evidência que pertence a certa classe A; de todas as evidências que pertencem a essa classe e podem ser testadas, descobrimos que uma proporção *p* é verídica; por conseguinte, inferimos, por indução, que existe uma probabilidade *p* a favor de evidência semelhante no caso de Zoroastro. Assim, a frequência e a indução cobrem esse uso da probabilidade.

Ou suponhamos que, a exemplo do bispo Butler, digamos: "é provável que o universo seja o resultado de um plano concebido por um Criador". Aqui, partimos de argumentos subsidiários, tais como os de um relógio implicar um relojoeiro. Há muitíssimos exemplos de relógios conhecidos por terem sido feitos por relojoeiros, e nenhum de relógios conhecidos por não terem sido feitos por relojoeiros. Na China existe um tipo de mármore que às vezes, por acidente, produz algo que parece ser o quadro produzido por algum artista; vi os exemplos mais impressionantes. Mas isso é tão raro que, quando vemos uma pintura, nos sentimos justificados (admitindo a indução) a inferir um artista, com altíssimo grau de probabilidade. O que resta para esse lógico episcopal, como ele ressalta no título de seu livro, é provar a analogia; esta pode ser considerada duvidosa, mas não pode ser levada para o âmbito da probabilidade matemática.

Até aqui, pareceria, portanto, que a dúvida e a probabilidade matemática — esta última no sentido de frequência finita — são os únicos conceitos necessários, além das leis da natureza e das regras da lógica. Essa conclusão, no entanto, é apenas provisória. Não podemos dizer nada definitivo antes de examinarmos outras definições de "probabilidade" que foram sugeridas.

4.
A teoria de Mises-Reichenbach

A interpretação frequencial da probabilidade, sob uma forma diferente da do capítulo anterior, foi desenvolvida em dois importantes livros, ambos de professores alemães que à época se encontravam em Constantinopla.[1]

O trabalho de Reichenbach consiste em um desenvolvimento do de v. Mises e representa, de várias maneiras, um enunciado melhor do mesmo tipo de teoria. Vou limitar-me, portanto, a Reichenbach.

Depois de fornecer os axiomas do cálculo probabilístico, Reichenbach prossegue para oferecer uma interpretação que parece ser sugerida pelo caso das correlações estatísticas. Ele supõe duas séries $(x_1, x_2, ... x_n...)$ e $(y_1, y_2, ... y_n...)$ e duas classes O e P. Alguns ou todos os xs pertencem à classe O; o que lhe interessa é a pergunta: com que frequência os ys correspondentes pertencem à classe P?

---

1 Richard von Mises, *Wahrscheinlichkeit, Statistik und Wahrheit*, 2.ed., Viena, 1936 (1.ed. 1928); Hans Reichenbach, *Wahrscheinlichkeitslehre*, Leiden, 1935. Ver também, deste último, *Experience and Prediction* [Experiência e predição], 1938.

Suponhamos, por exemplo, que você estivesse investigando a possibilidade de um homem ficar propenso ao suicídio pelo fato de ter uma esposa irritante. Nesse caso, os *xs* são as esposas, os *ys* são os maridos, a classe O é a das irritantes e a classe P, a dos suicidas. Então, dado que uma esposa pertença à classe O, nossa pergunta é a seguinte: com que frequência seu marido pertence à classe P?

Consideremos seções das duas séries que consistam dos primeiros n termos de cada. Suponhamos que, entre os n primeiros *xs* existam *as* termos que pertençam à classe O. Suponhamos também que entre estes haja b termos tais que o *y* correspondente pertença à classe P. (O *y* correspondente é o que tem o mesmo índice.) Dizemos, então, que, por toda a seção de x_1 a x_n, a "frequência relativa" de O e P é b/a. (Se todos os *xs* pertencem à classe O, $a = n$, e a frequência relativa é b/n.) Designamos essa frequência relativa por "$H_n(O, P)$".

Agora vamos definir "a probabilidade de P dado O", a qual designamos por "$W(O, P)$". A definição é a seguinte:

$W(O, P)$ é o limite de $H_n(O, P)$ quando n aumenta indefinidamente.

Essa definição pode ser consideravelmente simplificada com o uso de um pouco de lógica matemática. Em primeiro lugar, é desnecessário ter duas séries, pois se assume que ambas são progressões e que existe, portanto, alguma correlação um a um entre seus termos. Se isso for representado por S, dizer que certo *y* pertence a uma classe P equivale a dizer que o *x* correspondente pertence à classe de termos que têm a relação S com algum dos membros de P. Por exemplo: seja S a relação da esposa com o marido; então, se *y* é um homem casado e *x* é sua esposa, dizer que *y* é funcionário do governo será verdadeiro se, e somente se, *x* for a esposa de um funcionário do governo.

Em segundo lugar, não há qualquer vantagem em se admitir o caso no qual nem todos os *xs* pertencem à classe O. A definição só será apropriada se um número infinito dos *xs* pertencerem à classe O; nesse caso, os que pertencerem a O irão formar uma progressão, e os demais poderão ser esquecidos. Conservaremos, assim, o que é essencial na definição de Reichenbach se substituirmos o seguinte:

Seja Q uma progressão e α alguma classe da qual, nos casos importantes, há membros na série de Q posteriores a qualquer membro dado. Seja *m* o número de membros de α entre os primeiros *n* membros de Q. Então, W(Q, α) é definido como o limite de *m/n* quando *n* aumenta indefinidamente.

Talvez por inadvertência, Reichenbach fala como se o conceito de probabilidade só fosse aplicável a progressões e não tivesse aplicação alguma nas classes finitas. Não creio que tenha sido essa sua intenção. A raça humana, por exemplo, é uma classe finita, e queremos aplicar a probabilidade a estatísticas demográficas, o que seria impossível de acordo com essa definição. Em questão de fato psicológico, quando Reichenbach fala do limite para *n* = infinito, ele está *pensando* no limite como algum número de que se aproxima muito sempre que *n* é grande do ponto de vista empírico, ou seja, quando *n* não está muito aquém do máximo que nossos meios de observação nos permitem alcançar. Para isso, ele tem um axioma ou postulado: quando há tal número para todo *n* grande observável, tal número é aproximadamente igual ao limite para *n* = infinito. Trata-se de um axioma estranho, não apenas por ser arbitrário, mas também porque a maioria das séries com que nos preocupamos fora da matemática pura não é infinita; na verdade, pode-se duvidar que qualquer uma delas o seja. Temos o hábito de supor que o espaço-tempo é contínuo, o que implica a existência de séries infinitas; mas essa suposição não tem base fora da conveniência matemática.

Para tornar a teoria de Reichenbach a mais adequada possível, admitirei que, naquilo que diz respeito às classes finitas, a definição do último capítulo deve ser mantida e que só se precisará de uma nova definição como uma extensão que nos permita aplicar a probabilidade a classes infinitas. Assim, seu $H_n(O, P)$ será uma probabilidade, mas uma probabilidade que se aplica apenas aos primeiros n termos da série.

O que Reichenbach postula como sua forma de indução é mais ou menos o seguinte: suponhamos que fizemos N observações quanto à correlação entre O e P, de modo que estamos em posição de calcular $H_n(O, P)$ para todos os valores de n até $n = N$, e suponhamos que, em toda a última metade dos valores de n, $H_n(O, P)$ sempre difira de certa fração p por menos de ε, onde ε é pequeno. Então, deve-se imaginar que, por mais que aumentemos n, $H_n(O, P)$ continuará dentro desses contornos estreitos e que, portanto, $W(O, P)$, que é o limite para $n = $ infinito, também ficará dentro desses contornos. Sem essa suposição, não poderemos ter nenhuma evidência empírica acerca do limite para $n = $ infinito, e as probabilidades para as quais a definição é especialmente designada permanecerão totalmente desconhecidas.

Diante das dificuldades acima, podem-se dizer duas coisas em defesa da teoria de Reichenbach. Em primeiro lugar, ele pode alegar que não é necessário supor que n se aproxime indefinidamente do infinito; para todos os propósitos práticos, basta que se permita que n se torne muito grande. Suponhamos, por exemplo, que estejamos lidando com estatísticas demográficas. Para uma companhia de seguros, não interessa o que acontecerá com as estatísticas se elas se estenderem por mais dez mil anos; quando muito, a empresa se preocupa com os próximos cem anos. Se, quando tivermos estatísticas acumuladas, admitirmos que as frequências permanecerão mais ou menos as mesmas até que tenhamos dez vezes mais dados do que temos agora, isso será suficiente para quase todos os fins práticos. Reichenbach pode dizer que, quando fala de infinito, está empregando uma conveniente abreviação matemática que significa apenas "um tanto mais da série que investigamos até agora". O caso é exatamente análogo, ele poderia dizer, àquele da determinação empírica de uma velocidade. Na teoria, só se pode determinar uma velocidade quando não há limite inferior para a medida do espaço e do tempo; na prática, como não existe tal limite, não se pode saber a velocidade em um instante, nem mesmo aproximadamente. Podemos, é verdade, saber com boa margem de precisão a velocidade *média* no decorrer de um tempo curto. Mas, ainda que admitamos um postulado de continuidade, a velocidade média no decorrer de (digamos) um segundo não dá absolutamente nenhuma indicação sobre a velocidade em determinado instante durante esse segundo. Todo movimento poderia consistir de períodos de repouso separados por instantes de velocidade infinita. Sem essa hipótese extrema, e mesmo se admitíssemos a continuidade no sentido matemático, nenhuma velocidade finita em um instante é incompatível com qualquer velocidade média finita no decorrer de um tempo finito que contenha esse instante, por mais curto que seja. Para fins práticos, porém, isso não tem maiores consequências. Exceto em uns poucos fenômenos, tais como explosões, se tomarmos a velocidade em qualquer instante no decorrer de um tempo mensurável muito curto como sendo, aproximadamente, a velocidade média durante esse tempo, as leis da física serão verificadas. Pode-se considerar, portanto, "velocidade em um instante" como nada mais que uma conveniente ficção matemática.

De maneira similar, Reichenbach poderia dizer que, ao falar sobre o limite de uma frequência quando *n* é infinito, estava se referindo apenas à real frequência para números muito grandes ou, antes, a essa frequência com uma pequena margem de erro. O infinito e o infinitesimal são igualmente inobserváveis e, portanto (ele poderia dizer), igualmente irrelevantes para a ciência empírica.

Estou inclinado a admitir a validade dessa resposta. Lamento apenas não a encontrar explicitamente nos livros de Reichenbach; penso, no entanto, que ele a tinha em mente.

O segundo ponto a favor dessa teoria é que ela se aplica exatamente ao tipo de casos nos quais queremos empregar argumentos probabilísticos. Queremos usar esses argumentos quando temos *alguns* dados a respeito de certo evento futuro, mas não o suficiente para determinarmos seu caráter em algum aspecto que nos interesse. Minha morte, por exemplo, é um evento futuro e, se estou fazendo um seguro de vida, posso querer saber quais são as evidências quanto à probabilidade de a morte ocorrer em determinado ano. Em tal caso, sempre temos um certo número de fatos individuais registrados em uma série e supomos que as frequências que descobrimos até aqui continuarão mais ou menos as mesmas. Ou, então, tomemos o jogo de apostas, do qual se originou todo esse tema. Não estamos interessados no mero fato de haver 36 resultados possíveis para o lance de dois dados. O que nos interessa é o fato (se é que se trata de um fato) de que, em uma longa série de lances, cada uma dessas 36 possibilidades virá a se realizar em um número aproximadamente igual de vezes. É um fato que não decorre da mera existência das 36 possibilidades. Quando você conhece alguém, há exatamente duas possibilidades: essa pessoa pode se chamar Ebenezer Wilkes Smith, ou pode ter qualquer outro nome. Mas, em uma vida longa, durante a qual conheci muitas pessoas, apenas uma vez me deparei com a primeira possibilidade. A teoria matemática pura, que se limita a enumerar casos possíveis, é desprovida de interesse prático, a menos que saibamos que cada caso possível ocorre aproximadamente com igual frequência, ou com alguma frequência conhecida. E isso, se estivermos considerando eventos, e não um esquema lógico, só poderá ser conhecido por meio de estatísticas reais, cujo uso, pode-se dizer, deve proceder mais ou menos de acordo com a teoria de Reichenbach.

Também esse argumento eu o admitirei provisoriamente; ele será examinado mais uma vez quando passarmos a considerar a indução.

Há uma objeção de tipo bem diferente à teoria de Reichenbach tal como ele a enuncia, e isso tem a ver com a introdução de séries ali onde apenas classes pareciam logicamente relevantes. Tomemos uma ilustração: qual é a chance de que um número inteiro escolhido ao acaso seja primo? Se tomarmos os números inteiros em sua ordem natural, a chance, segundo a definição de Reichenbach, é zero; pois, se n é inteiro, o número de primos menor ou igual a n é aproximadamente $n/\log n$ se n for grande, de modo que a chance de um número menor que n ser primo se aproxima de $1/\log n$, e o limite de $1/\log n$ à medida que n aumenta indefinidamente é zero. Mas suponhamos agora que fizemos um rearranjo dos números inteiros da seguinte maneira: primeiro, os 9 primeiros números primos; depois, o primeiro número não primo; em seguida, os próximos 9 números primos; então, o segundo número não primo, e assim por diante, indefinidamente. Quando os números inteiros são dispostos nessa ordem, a definição de Reichenbach demonstra que a chance de um número selecionado ao acaso ser primo é de 9/10. Podemos até mesmo arranjar os inteiros de modo a fazer que seja zero a chance de o número não ser primo. Para atingirmos esse resultado, basta começarmos com o primeiro número não primo, ou seja, 4, e colocarmos depois do enésimo que não seja primo os n primos seguintes àqueles já colocados; essa série começa da seguinte maneira: 4, 1, 6, 2, 3, 8, 5, 7, 11, 9, 13, 17, 19, 23, 10, 29, 31, 37, 41, 43, 12... Nesse arranjo, haverá, antes do $(n + 1)^{\underline{o}}$ não primo, n números que não são primos e $\frac{1}{2} n (n + 1)$ que são primos; assim, à medida que n aumenta, a razão entre o número de não primos e o número de primos se aproxima de 0 como limite.

A partir dessa ilustração, fica óbvio que, aceitando-se a definição de Reichenbach, dada qualquer classe A com tantos termos quanto os números naturais, e dada qualquer subclasse infinita B, a chance de um A selecionado ao acaso ser um B será algo entre 0 e 1 (ambos incluídos), de acordo com o modo como escolhermos distribuir os Bs entre os As.

Segue-se que, se a probabilidade tiver de ser aplicada a coleções infinitas, ela deverá se aplicar a séries, e não a classes. Isto pode parecer estranho.

É verdade que, no que diz respeito aos dados empíricos, eles são todos fornecidos em uma ordem temporal e, portanto, como uma série. Se optarmos por admitir que haverá um número infinito de eventos do tipo que estamos investigando, então poderemos também decidir que nossa definição de probabilidade deve se aplicar apenas quando os eventos estiverem arranjados em uma sequência temporal. Mas, fora da matemática pura, não se conhece nenhuma série que seja infinita, e a maioria delas é, até onde podemos julgar, finita. Qual é a chance de um homem de 60 anos morrer de câncer? Por certo, podemos fazer uma estimativa sem termos de supor que seja infinito o número de pessoas que morrerá de câncer antes do fim dos tempos. Mas, seguindo de perto a definição de Reichenbach, isso seria impossível.

Se as probabilidades dependem da tomada dos eventos em sua ordem temporal, e não em qualquer outra ordem a que estejam suscetíveis, então a probabilidade não pode ser um ramo da lógica, mas deve, sim, fazer parte do estudo do curso da natureza. Esta não é a opinião de Reichenbach; ele sustenta, ao contrário, que toda verdadeira lógica é lógica-probabilidade e que a lógica clássica é falha porque classifica proposições como verdadeiras ou falsas, e não como tendo este ou aquele grau de probabilidade. Ele deveria, portanto, enunciar em termos lógicos abstratos o que é fundamental na teoria da probabilidade, sem introduzir características acidentais do mundo real, por exemplo, o tempo.

Há grande dificuldade em combinar a visão estatística da probabilidade com a visão, que Reichenbach também defende, de que todas as proposições são apenas prováveis, em graus variados que ficam aquém da certeza. A dificuldade é que parecemos comprometidos com uma regressão infinita. Suponhamos que afirmemos ser provável que um homem que tenha peste venha a morrer desse mal. Isso significa que, se pudéssemos estabelecer toda a série de homens que, desde o princípio dos tempos até a extinção da raça humana, terão sofrido com a peste, descobriríamos que mais da metade deles teria morrido por causa da doença. Uma vez que não há registros para o futuro e para boa parte do passado, supomos que os casos registrados sejam uma amostra razoável. Mas agora temos de nos lembrar que todo o nosso conhecimento é apenas provável; por conseguinte, se, ao compilarmos nossas estatísticas, descobrimos o registro de que o sr. A teve peste e morreu disso, não devemos encarar esse item como certo, mas apenas como provável. Para descobrirmos quão provável é o item, devemos incluí-lo em uma série de, digamos, atestados de óbitos oficiais e encontrar um meio de estabelecer qual é a proporção de certificados de óbito que estão corretos. Em algum momento, iremos nos deparar com o seguinte item em nossas estatísticas: "o sr. Brown foi oficialmente declarado morto, mas acontece que ele ainda está vivo". Isto, por sua vez, tem de ser apenas provável e deve, portanto, fazer parte de uma série de erros oficiais registrados, alguns dos quais acabarão por revelar que não são erros. Isso quer dizer que devemos coletar casos nos quais falsamente se acredita que uma pessoa declarada morta foi descoberta ainda viva. Se todo o nosso conhecimento for apenas provável e a probabilidade for somente estatística, esse processo não terá fim. Se quisermos evitar uma regressão infinita e se todo o nosso conhecimento tiver de ser apenas provável, a "probabilidade" terá de ser interpretada como "grau de credibilidade" e de ser estimada de algum outro modo que não a estatística. Só se pode estimar a probabilidade estatística sobre uma base de certeza, real ou postulada.

Voltarei a Reichenbach quando estiver falando da indução. Por enquanto, quero deixar clara minha própria opinião a respeito da conexão da probabilidade matemática com o curso da natureza. Tomemos como ilustração um caso da lei de Bernoulli sobre os grandes números, escolhendo o caso mais simples possível. Vimos que, se considerarmos todos os números inteiros possíveis que consistam de n dígitos, cada um sendo ou 1 ou 2, se n for grande — digamos, não menor que 1.000 —, uma vasta maioria dos inteiros possíveis terá um número aproximadamente igual de 1 e de 2. Trata-se da mera aplicação do fato de que, na expansão binomial de $(x + y)^n$, quando n é grande, a soma dos coeficientes próximos ao meio não fica muito aquém da soma de todos os coeficientes, que é 2^n. Mas o que isso tem a ver com afirmativa de que, se eu lançar uma moeda muitas vezes, é provável que tenha um número aproximadamente igual de caras e coroas? Um é um fato lógico, o outro é, ao que parece, um fato empírico; qual é a conexão entre eles?

Com certas interpretações da "probabilidade", uma afirmativa que contenha a palavra "provável" jamais poderá ser uma afirmativa empírica. Admite-se que aquilo que é improvável pode acontecer e que aquilo que é provável pode não acontecer. Segue-se daí que aquilo que de fato acontece não demonstra que um juízo de probabilidade prévio estava nem certo nem errado; todo curso imaginável de eventos é logicamente compatível com toda estimativa imaginável de probabilidades anterior. Isto só pode ser negado pela afirmação de que aquilo que é muito improvável não acontece, coisa que não temos o direito de afirmar. Mais precisamente, se a indução afirma apenas probabilidades, então qualquer coisa que aconteça é logicamente compatível tanto com a verdade quanto com a falsidade da indução. O princípio indutivo, portanto, não tem conteúdo empírico. Isto é um *reductio ad absurdum* e demonstra que devemos conectar o provável com o real de maneira mais estreita do que às vezes se faz.

Se aderirmos à teoria da frequência finita – e, até aqui, não vi nenhuma razão para não o fazer –, diremos que, quando afirmamos que *"a é um A"* é provável dado que *"a é um B"*, queremos dizer que, na verdade, a maioria dos membros de B são também membros de A. Esta é uma afirmação de fato, mas não uma afirmação sobre *a*. E, se digo que um argumento indutivo (adequadamente formulado e limitado) torna provável sua conclusão, quero dizer que ele é pertencente a uma classe de argumentos cuja maioria tem conclusões verdadeiras.

Agora, a que posso estar me referindo quando digo que a chance de a moeda dar "cara" é de 50%? Para começar, isso, se for mesmo verdadeiro, constitui um fato empírico; não decorre do fato de, no lance de uma moeda, haver apenas duas possibilidades: cara ou coroa. Se decorresse, poderíamos inferir que a chance de alguém se chamar Ebenezer Wilkes Smith é também de 50%, uma vez que existem apenas duas alternativas: ter esse nome ou não. Algumas moedas dão mais cara que coroa; outras, mais coroa que cara. O que quero dizer quando digo, sem especificar a moeda, que a chance de cara é 50%? Minha afirmação, como todas as outras afirmações empíricas que pretendem apresentar exatidão numérica, deve ser apenas aproximada. Quando digo que um homem tem 1,80 metro de altura, estou me permitindo uma margem de erro; mesmo que tivesse de declará-lo sob juramento, eu não poderia ser condenado por falso testemunho se acontecesse de errar por 1,5 centímetro. De maneira similar, não se poderia dizer que fiz uma afirmação falsa a respeito de uma moeda se acontecesse de 0,500001 se revelar uma estimativa mais precisa que 0,5. É bem questionável, porém, que qualquer evidência pudesse me convencer de que 0,500001 teria sido uma estimativa melhor que 0,5. Nas probabilidades, como em qualquer outra parte, tomamos a mais simples das hipóteses que se encaixem nos fatos. Tomemos, por exemplo, a lei da queda dos corpos. Galileu fez certo número de observações, as quais se encaixaram mais ou menos na fórmula $s = \frac{1}{2}gt^2$. Sem dúvida, ele poderia ter encontrado uma função $f(t)$ tal que $s = f(t)$ se encaixasse mais exatamente em suas observações, mas preferiu uma fórmula simples que se encaixasse bem o suficiente.[2] Da mesma maneira, se eu lançasse uma moeda 2.000 vezes e tivesse 999 caras e 1.001 coroas, ainda assim deveria considerar que a chance de dar cara seria de 50%. Mas o que quero dizer exatamente com essa afirmação?

Essa pergunta demonstra a força da definição de Reichenbach. Segundo ele, quero dizer que, se continuar a lançar a moeda por um tempo longo o suficiente, a proporção de caras chegará a ficar, com o tempo, permanentemente muito perto de 50%; na verdade, irá diferir de 50% por menos de qualquer fração, por menor que seja. Isto é uma profecia; se estiver correta, minha estimativa da probabilidade estará correta; se não, a estimativa estará errada. O que a teoria da frequência finita pode opor a isso?

Devemos fazer uma distinção entre o que a probabilidade é e o que ela *provavelmente* é. Quanto ao que a probabilidade é, isso depende da classe de lances que estamos considerando. Se estamos considerando lances de determinada moeda e se, em toda a sua existência, essa moeda tiver dado m caras de um total de n lances, a probabilidade de caras dessa moeda é m/n. Se estamos considerando moedas em geral, n terá de ser o número total de lances de

---

[2] Ver Jeffreys, *Theory of Probability* [Teoria da probabilidade] e *Scientific Inference* [Inferência científica].

moedas no decorrer de toda a história passada e futura do mundo, e m o número desses lances que terão dado cara. Para deixar o problema menos vasto, podemos nos limitar aos lances deste ano na Inglaterra, ou aos lances tabulados por estudantes de probabilidade. Em todos esses casos, m e n são números finitos, e m/n é a probabilidade de caras sob determinadas condições.

Mas nenhuma das probabilidades acima é conhecida. Somos, portanto, levados a fazer estimativas sobre elas, ou seja, a encontrar algum modo de decidir o que elas *provavelmente* são. Se quisermos aderir à teoria da frequência finita, isso irá significar que nossa série de caras e coroas deverá pertencer a alguma classe finita de séries e que deveremos ter algum conhecimento relevante sobre toda essa classe. Iremos supor que se tenha observado que, em toda série de dez mil ou mais lances de determinada moeda, a proporção de caras depois do 5.000º lance nunca variou mais que 2ε, onde ε é pequeno. Podemos então dizer: em todos os casos observados, a proporção de caras depois de cinco mil lances de determinada moeda sempre permaneceu entre $p - \varepsilon$ e $p + \varepsilon$, onde p é uma constante que depende da moeda. Levar o argumento desse caso para um outro ainda não observado é uma questão de indução. Se quisermos que isso seja válido, precisaremos de um axioma para dizer que (sob certas circunstâncias) uma característica presente em todos os casos observados estará presente em uma grande proporção de todos os casos; ou, pelo menos, precisaremos de algum axioma que dê nisso. Seremos, então, capazes de inferir uma probabilidade provável a partir de frequências observadas, interpretando a probabilidade de acordo com a teoria da frequência finita.

O que foi dito anteriormente é apenas o esboço da sugestão de uma teoria. O ponto principal que quero enfatizar é que, na teoria que defendo, toda frase que afirma uma probabilidade (em oposição àquelas que apenas expressam dúvida) é uma afirmação de *fato* a respeito de alguma proporção em uma série. Mais precisamente, o princípio indutivo, seja verdadeiro ou falso, terá de afirmar que, enquanto fato, a maioria das séries de certo tipo tem, no todo, alguma característica de certa espécie que se acha presente em grande número de termos sucessivos das séries. Se isso for um fato, os argumentos indutivos poderão fornecer probabilidades; caso contrário, não. Neste momento, não estou indagando como saberemos se é um fato ou não; isso é um problema que só irei considerar na última parte de nosso estudo.

Veremos que, na discussão realizada, fomos levados a concordar com Reichenbach em muitos pontos e, ao mesmo tempo, a dele discordar consistentemente quanto à *definição* de probabilidade. A principal objeção à sua definição, me parece, é o fato de a frequência da qual ela depende ser hipotética e nunca verificável. Discordo também ao distinguir mais nitidamente entre probabilidade e dúvida e ao sustentar que a lógica-probabilidade não é logicamente o tipo fundamental, em oposição à lógica-certeza.

5.
A teoria da probabilidade de Keynes

O *Treatise on Probability* [Tratado sobre a probabilidade], de Keynes (1921), estabelece uma teoria que, em certo sentido, é a antítese da teoria da frequência. Ele sustenta que a relação usada na dedução — a saber, "*p* implica *q*" — é a forma extrema de uma relação que poderia ser chamada de "*p* implica mais ou menos *q*". "Se um conhecimento de *h*", diz ele, "justifica uma crença racional de grau α em *a*, dizemos que há uma relação de probabilidade de grau α entre *a* e *h*". Nós a escrevemos da seguinte maneira: "$a/h = \alpha$". "Entre dois conjuntos de proposições existe uma relação em virtude da qual, se conhecemos o primeiro, podemos atribuir ao segundo algum grau de crença racional." A probabilidade é essencialmente uma relação: "É tão inútil dizer '*b* é provável' quanto afirmar '*b* é igual' ou '*b* é maior que'". De "*a*" e de "*a* implica *b*" podemos concluir "*b*", o que quer dizer que podemos dispensar todas as menções da premissa e simplesmente afirmar a conclusão. Mas, se *a* está relacionado a *b* de tal modo que um conhecimento de *a* torna racional uma crença provável em *b*, não podemos concluir nada a respeito de *b* que não faça referência a *a*; não há nada que corresponda à dispensa de uma premissa verdadeira na inferência demonstrativa.

A probabilidade, segundo Keynes, é uma relação lógica que não pode ser definida, a não ser, talvez, em termos de graus de crença racional. Mas, de modo geral, parece que Keynes tende a definir os "graus de crença racional" em termos de relação de probabilidade. A crença racional, diz ele, deriva do conhecimento: quando temos um grau de crença racional em *p* é porque conhecemos alguma proposição *h* e também conhecemos $p/h = \alpha$. Segue-se que algumas proposições da forma "$p/h = \alpha$" devem estar entre nossas premissas. Nosso conhecimento é, em parte, direto e, em parte, argumentativo; nosso conhecimento argumentativo procede por meio do conhecimento direto de proposições da forma "*p* implica *q*" ou "$q/p = \alpha$". Em toda argumentação, quando inteiramente analisada, devemos ter conhecimento direto da relação das premissas com a conclusão, seja ela de implicação ou de probabilidade em algum grau. O conhecimento de *h* e de $p/h = \alpha$ leva a uma "crença racional de grau apropriado" em *p*. Keynes admite explicitamente que todo conhecimento direto é certo e que uma crença racional que fique próxima da certeza só pode surgir por meio da percepção de uma relação de probabilidade.

As probabilidades, segundo Keynes, não são, em geral, numericamente mensuráveis; aquelas que o são formam uma classe muito especial. Ele sustenta que uma probabilidade pode não ser comparável a outra, ou seja, que pode não ser nem maior nem menor que outra, nem mesmo igual a outra. Ele sustenta ainda que, às vezes, é impossível comparar as probabilidades de *p* e não-*p* sob dada evidência. Ele não pretende dizer que não conhecemos o bastante para fazê-lo, mas, sim, que não há nenhuma relação de igualdade ou de desigualdade. Ele pensa as probabilidades de acordo com o seguinte esquema geométrico: tomemos dois pontos, um representando o 0 da impossibilidade e o outro, o 1 da certeza; então, poderemos imaginar as possibilidades numericamente mensuráveis dispostas sobre uma linha reta entre 0 e 1, enquanto outras possibilidades ficarão sobre várias rotas curvilíneas ligando 0 a 1. De duas probabilidades situadas na mesma rota poderemos dizer que a mais próxima a 1 é maior, mas não poderemos comparar probabilidades que estejam em rotas diferentes, a não ser quando as rotas se cruzarem, o que pode acontecer.

Keynes requer, como vimos, algum conhecimento direto das proposições de probabilidade. Para começar a obter tal conhecimento, ele examina e retifica o chamado "princípio da razão não suficiente", ou, como ele prefere chamá-lo, o "princípio da indiferença".

Em sua forma mais crua, o princípio afirma que, se não há razão conhecida para se escolher, entre várias alternativas, uma em vez de outra, então essas alternativas são todas igualmente prováveis. Dessa forma, o princípio leva a contradições, como ele próprio indica. Suponhamos, por exemplo, que você desconheça a cor de certo livro; então, as chances de ele ser azul ou não azul são iguais e, portanto, 1/2 cada. De maneira similar, a chance de o livro ser preto é 1/2. Por conseguinte, a chance de ser azul ou preto é 1. Segue-se que todos os livros são azuis ou pretos, o que é absurdo. Ou suponhamos saber que certo homem habita a Grã-Bretanha ou a Irlanda. Devemos tomá-las como nossas alternativas, ou devemos tomar Inglaterra, Escócia e Irlanda, ou devemos tomar cada condado como igualmente provável? Ou ainda, se sabemos que o peso específico de certa substância se encontra entre 1 e 3, devemos tomar os intervalos 1 a 2 e 2 a 3 como igualmente prováveis? Mas, se considerássemos o volume específico, os intervalos 1 a 2/3 e 2/3 a 1/3 seriam as escolhas naturais, o que faria que o peso específico tivesse chances iguais de estar entre 1 e 3/2 ou entre 3/2 e 3. Tais paradoxos podem se multiplicar indefinidamente.

Nessa apresentação, Keynes não abandona totalmente o princípio da indiferença; ele julga que este pode ser enunciado de maneira a evitar as dificuldades acima e ainda ser útil. Para esse propósito, define primeiro a "irrelevância".

Falando de maneira geral, uma premissa adicionada é "irrelevante" quando não muda a probabilidade; ou seja, h_1 é irrelevante em relação a x e a h se $x/h_1h = x/h$. Assim, por exemplo, o fato de o sobrenome de alguém começar com M é irrelevante na estimativa de suas chances de morrer. A definição acima, porém, é simples demais, porque h_1 poderia consistir de duas partes, das quais uma aumentasse a probabilidade de x enquanto a outra diminuísse. Por exemplo: as expectativas de vida de um homem branco diminuem se ele mora nos trópicos, mas aumentam se é abstêmio (pelo menos é o que dizem). Pode ser que o índice de mortalidade entre brancos abstêmios nos trópicos seja o mesmo que o de brancos em geral, mas não deveríamos dizer que ser abstêmio nos trópicos seja irrelevante. Portanto, dizemos que h_1 é irrelevante para x/h se não há parte de h_1 que altere a probabilidade de x.

Keynes então enuncia o princípio da indiferença da seguinte forma: as probabilidades de a e b relativas a dada evidência são iguais se não há evidência relevante relacionada a a sem evidência correspondente relacionada a b; isso quer dizer que as probabilidades de a e b relativas à evidência são iguais se a evidência é simétrica no que diz respeito a a e b.

No entanto, ainda há que se acrescentar uma condição um tanto difícil. "Devemos excluir os casos em que uma das alternativas envolvidas seja, em si mesma, uma disjunção de subalternativas *da mesma forma*". Quando se cumpre essa condição, as alternativas são chamadas de *indivisíveis* em relação à evidência. Keynes dá uma definição formal de "divisível": uma alternativa $\phi(a)$ é divisível em relação à evidência h se, dado h, "$\phi(a)$" equivale a "$\phi(b)$ ou $\phi(c)$", onde $\phi(b)$ e $\phi(c)$ são incompatíveis, mas ambos possíveis, quando h é verdadeiro. Aqui, é essencial que $\phi(a)$, $\phi(b)$ e $\phi(c)$ sejam todos valores da mesma função proposicional.

Assim, Keynes finalmente aceita como axioma o princípio de que, sob dada evidência, $\phi(a)$ e $\phi(b)$ são igualmente prováveis se (1) a evidência é simétrica a respeito de a e b; (2) $\phi(a)$ e $\phi(b)$ são indivisíveis em relação à evidência.

Os empiristas poderiam opor uma objeção geral a essa teoria. Poderiam dizer que é obviamente impossível o conhecimento direto das relações de probabilidade que ela exige. A lógica demonstrativa dedutiva – assim esse argumento poderia ser apresentado – é possível porque consiste de tautologias, porque apenas reafirma com outras palavras nosso conjunto inicial de proposições. Quando faz mais que isso – quando, por exemplo, infere "Sócrates é mortal" a partir de "todos os homens são mortais" –, ela depende da experiência para ter o significado da palavra "Sócrates". Sem a experiência, não se pode conhecer nada além de tautologias, e Keynes não quer que suas relações de probabilidade sejam tautológicas. Como, então, se pode conhecê-las? Está claro que elas não são conhecidas por experiência, no sentido em que são conhecidos os juízos de percepção; e admite-se que algumas delas não são inferidas. Se admitidas, elas constituiriam, portanto, um tipo de conhecimento que o empirismo afirma ser impossível.

Tenho muita simpatia por essa objeção, mas não creio que possamos considerá-la decisiva. Veremos, quando discutirmos os princípios da inferência científica, que a ciência é impossível, a menos que tenhamos algum conhecimento que não poderíamos ter se o empirismo fosse, de forma estrita, verdadeiro. Em todo caso, não devemos aceitar dogmaticamente que o empirismo seja verdadeiro, embora estejamos justificados na tentativa de encontrar soluções para nossos problemas que sejam compatíveis com ele. A objeção acima, portanto, ainda que possa causar certa relutância para se aceitar a teoria de Keynes, não deve nos fazer rejeitá-la completamente.

Há uma dificuldade que Keynes parece não ter considerado adequadamente: a probabilidade em relação às premissas chega a conferir credibilidade racional à proposição que se apresenta provável? E, se a resposta for sim, sob que circunstâncias? Keynes diz que é tão disparatado dizer "p é provável" quanto falar "p é igual" ou "p é maior que". Segundo ele, não há nada análogo à recusa de uma premissa verdadeira na inferência dedutiva. No entanto, ele diz que, se conhecermos h e também conhecermos $p/h = \alpha$, teremos o direito de dar a p uma "crença racional de grau apropriado". Mas, quando o fazemos, já não estamos expressando uma relação de p com h; estamos usando essa relação para inferirmos algo a respeito de p. Podemos chamar esse algo de "credibilidade racional" e então dizer: "p é racionalmente acreditável até o grau α". Mas, se quisermos que isso seja uma afirmação verdadeira a respeito de p, sem envolver menção a h, então h não poderá ser arbitrário. Ao supormos $p/h = \alpha$ e $p/h' = \alpha'$, admitindo-se que h e h' sejam ambos conhecidos, devemos dar a *p* o grau de credibilidade racional α ou α'? É impossível que ambas as respostas estejam corretas em qualquer estado de nosso conhecimento.

Se é verdade que a "probabilidade é o guia da vida", então deve existir, em qualquer estado de nosso conhecimento, uma probabilidade que se ligue a *p* de maneira mais vital que qualquer outra, e essa probabilidade não poderá ser relativa a premissas *arbitrárias*. Devemos dizer que é a probabilidade que resulta quando se toma *h* como sendo todo o nosso conhecimento relevante. Podemos dizer: dado qualquer corpo de proposições que constitua certo conhecimento de uma pessoa, e chamando de *h* a conjunção desse corpo de proposições, há um número de proposições, não membros desse corpo, que tem com ele relações de probabilidade. Se *p* for uma dessas proposições e $p/h = α$, então α é, para essa pessoa, o grau de credibilidade racional pertencente a *p*. Não devemos dizer que, se *h'* é alguma proposição verdadeira, próxima a *h*, conhecida pela pessoa em questão, e se $p/h' = α'$, então, *para essa pessoa*, *p* tem o grau de credibilidade α'; *p* só terá esse grau de credibilidade para uma pessoa cujo conhecimento relevante seja resumido por *h'*. No entanto, Keynes admitiria tudo isso, sem dúvida. A objeção diz respeito, de fato, apenas a certa frouxidão nas afirmações, não a qualquer coisa que seja essencial à teoria.

Uma objeção mais vital se opõe a nossos meios de conhecer tais proposições, por exemplo, $p/h = α$. Agora não estou argumentando *a priori* que *não possamos* conhecê-las; estou apenas indagando como *podemos* conhecê-las. Veremos que, se não se pode definir "probabilidade", devem existir proposições probabilísticas que não podem ser provadas e que, portanto, deverão estar, se quisermos aceitá-las, entre as premissas de nosso conhecimento. Esta é uma característica geral de todos os sistemas logicamente articulados. Todo sistema desses começa, necessariamente, com um aparato inicial de termos não definidos e proposições não provadas. É óbvio que um termo não definido não pode aparecer em uma proposição inferida, a menos que tenha ocorrido em pelo menos uma das proposições não provadas; mas um termo definido não precisa ocorrer em nenhuma proposição não provada. Por exemplo, desde que se sustente existirem termos não definidos em aritmética, também deveria haver axiomas não provados: Peano tinha três termos indefinidos e cinco axiomas. Mas, quando os números e a adição são definidos logicamente, a aritmética não precisa de nenhuma proposição não provada além daquelas que pertencem à lógica. Então, em nosso caso, se for possível definir "probabilidade", pode ser que todas as proposições nas quais ocorra a palavra possam ser inferidas; mas, se não se puder definir "probabilidade", deverá haver, se quisermos conhecer alguma coisa a seu respeito, proposições que contenham a palavra e que conheçamos sem evidência exógena.

Não está bem claro qual o tipo de proposições que Keynes admitiria como premissas em nosso conhecimento da probabilidade. Conhecemos diretamente proposições da forma "$p/h = \alpha$"? E, quando uma probabilidade não é numericamente mensurável, que tipo de coisa é α? Ou conhecemos apenas igualdades e desigualdades, ou seja, $p/h < q/h$ ou $p/h = q/h$? Tendo a pensar que esta última é a opinião de Keynes. Se for, os fatos fundamentais nesse tema são relações de *três* proposições, e não de *duas*: devemos partir de uma relação triádica

$$P(p, q, h)$$

significando: dado h, p é menos provável que q. Então poderíamos dizer:

"$p/h = q/h$" significa: "Nem $P(p, q, h)$, nem $P(q, p, h)$".

Devemos admitir que P é assimétrico e transitivo no que diz respeito a p e q, enquanto h permanece constante. O princípio da indiferença de Keynes, se aceito, então nos permitirá, em certas circunstâncias, provar $p/h = q/h$. E, a partir dessa base, será possível desenvolver o cálculo de probabilidades, até o ponto em que Keynes o considera válido.

A definição de igualdade acima só pode ser adotada se p/h e q/h forem comparáveis; se (conforme Keynes sustenta ser possível) nenhuma for maior que a outra e, ainda assim, não forem iguais, a definição deverá ser abandonada. Poderíamos enfrentar essa dificuldade com axiomas relacionados às circunstâncias sob as quais duas probabilidades deveriam ser comparáveis. Quando são comparáveis, estão em uma mesma rota entre 0 e 1. No lado direito da definição acima "$p/h = q/h$", devemos, então, acrescentar que p/h e q/h são "comparáveis".

Voltemos agora a enunciar o princípio da indiferença de Keynes. Ele trata de estabelecer circunstâncias nas quais $p/h = q/h$. Isto acontecerá, diz ele, se forem cumpridas duas condições (suficientes, mas não necessárias). Seja p da forma $\phi(a)$ e q da forma $\phi(b)$; então h deve ser simétrico no que diz respeito a a e b, e $\phi(a)$ e $\phi(b)$ devem ser "indivisíveis".

Quando dizemos que h é simétrico no que diz respeito a a e b, queremos dizer, presumivelmente, que, se h é da forma $f(a,b)$, então

$$f(a,b) \equiv f(b,a).$$

Isso acontecerá, em particular, se $f(a, b)$ for da forma $g(a) \cdot g(b)$, que é o caso quando a informação que h fornece sobre a e b consiste de proposições separadas, uma sobre a e a outra sobre b, sendo ambas valores de uma função proposicional.

Agora coloquemos $p = \phi(a), q = \phi(b), h = f(a, b)$.

Nosso axioma deve garantir que, com uma condição adequada, o intercâmbio de $\phi(a)$ por $\phi(b)$ não faça qualquer diferença. Isso implica que

$$\phi(a)/f(a, b) = \phi(b)/f(a, b)$$

contanto que $\phi(a)$ e $\phi(b)$ sejam comparáveis no que diz respeito a $f(a, b)$. Isso procede se, como princípio geral,

$$\phi a/\psi a = \phi b/\psi b$$

isto é, se a probabilidade depende não do tópico particular, mas das funções proposicionais. No decorrer dessas linhas, parece haver alguma esperança de se chegar a uma forma do princípio da indiferença que possa ser mais evidente que a de Keynes.

Para tanto, examinemos sua condição de indivisibilidade. Keynes define "$\phi(a)$ é divisível" querendo dizer que há dois argumentos b e c tais que "ϕa" equivale a "ϕb ou ϕc", não podendo ϕb e ϕc serem ambos verdadeiros, ainda que sejam possíveis, dado h. Não creio que seja exatamente isso o que ele quis dizer. Chegaremos mais perto de sua intenção, penso eu, se admitirmos que a e b e c são classes, e que a é a soma de b e c. Nesse caso, ϕ deve ser uma função que tome classes como argumentos. Por exemplo: seja a uma área dentro de um alvo, dividida em duas partes, b e c. Seja "ϕa" "algum ponto de a é atingido" e "ψa"

"algum ponto de a é visado". Então, ϕa é divisível no sentido definido anteriormente, e não temos

$$\phi a/\psi a = \phi b/\psi b$$

pois, obviamente, $\phi a/\psi a$ é maior que $\phi b/\psi b$.

Mas não está bem claro que nossa primeira condição, a saber, que h seja simétrico no que diz respeito a a e b, não baste. Pois, agora, h contém a proposição "b é parte de a", que não é simétrica.

Keynes discute as condições para $\phi a/\psi a = \phi b/\psi b$ e dá como exemplo de equívoco o caso em que $\phi x \;.\; = \;.\; x$ é Sócrates. Nesse caso, independentemente do que seja ψx,

$$\phi(\text{Sócrates})/\psi(\text{Sócrates}) = 1,$$

ao passo que, se b é não Sócrates, $\phi b/\psi b = 0$.

Para excluir esse caso, eu estabeleceria a condição de que "ϕx" não deve conter "a". Para tomarmos um caso análogo, coloquemos

$$\phi x \;.\; = \;.\; x \text{ mata } a, \psi x \;.\; = \;.\; x \text{ habita na Inglaterra.}$$

Então $\phi a/\psi a$ é a chance de a se suicidar se for inglês, enquanto $\phi x/\psi x$, em geral, é a chance de a ser assassinado por algum inglês de nome x. Obviamente, na maioria dos casos, $\phi a/\psi a$ é maior que $\phi b/\psi b$, porque é mais provável que um homem mate a si mesmo do que assassine outra pessoa escolhida ao acaso.

Parece, então, que a condição essencial é que "ϕx" não deve conter "a" ou "b". Se essa condição for cumprida, não vejo como podemos deixar de ter

$$\phi a/\psi a = \phi b/\psi b.$$

Concluo que aquilo que o princípio da indiferença realmente afirma é que a probabilidade constitui uma relação entre funções proposicionais, e não entre proposições. É isso que querem dizer frases tais como "escolha ao acaso". Essa frase significa que devemos considerar um termo somente como algo que satisfaz certa função proposicional; o que se diz, então, na verdade trata da função proposicional, e não deste ou daquele valor dessa função.

No entanto, resta algo substancial que é realmente o que nos preocupa. Dada uma relação de probabilidade entre duas funções proposicionais ϕx e ψx, podemos considerá-la uma relação entre ϕa e ψa, desde que "ϕx" e "ψx" não contenham "a". Este é um axioma necessário em todas as aplicações da probabilidade na prática, pois são os casos particulares que nos interessam.

Minha conclusão é que o principal defeito *formal* da teoria da probabilidade de Keynes consiste em ele considerar a probabilidade como uma relação entre proposições, e não entre funções proposicionais. Eu diria que a aplicação às proposições pertence aos *usos* da teoria, não à teoria em si.

6.
Graus de credibilidade

A. Considerações gerais

Uma doutrina que nos vem da Antiguidade diz que todo conhecimento humano é, em maior ou menor grau, duvidoso; foi proclamada pelos céticos e pela Academia em seu período cético. No mundo moderno, fortaleceu-se com o progresso da ciência. Shakespeare, para representar os extremos mais ridículos do ceticismo, disse:

> *Doubt that the stars are fire,*
> *Doubt that the sun doth move.*[1]

Esta última, quando ele a escreveu, já havia sido contestada por Copérnico e estava para ser ainda mais firmemente questionada por Kepler e Galileu. A primeira é falsa, se "fogo" estiver empregado em seu sentido químico. Muitas coisas que pareciam indubitáveis se revelaram não verdadeiras. As próprias teorias

---

[1] "Duvide que as estrelas sejam fogo/ Duvide que o sol se mova."

científicas se modificam de tempos em tempos, à medida que novas evidências se acumulam; nenhum homem de ciência prudente tem nas teorias científicas recentes a mesma confiança que se tinha na teoria de Ptolomeu durante a Idade Média. Mas, ainda que toda e qualquer parte daquilo que gostaríamos de considerar "conhecimento" possa ser, em *algum* grau, duvidoso, está claro que algumas coisas são quase certas, enquanto outras são objeto de temerárias conjunturas. Para o homem racional há uma escala de dúvida, desde as simples proposições lógicas e aritméticas e dos juízos da percepção até indagações acerca da língua que os micênicos falavam ou "da canção que as sereias cantavam". Se algum grau de dúvida se prende mesmo à menos dubitável de nossas crenças, isso é uma questão com que não precisamos nos preocupar neste momento; basta que qualquer proposição a respeito da qual tenhamos bases racionais para lhe atribuir algum grau de crença ou descrença possa, em teoria, ser colocada em uma escala entre a verdade e a falsidade. Se esses limites devem ser incluídos, essa é uma questão que podemos deixar em aberto.

Há uma certa conexão entre a probabilidade matemática e os graus de credibilidade. A conexão é a seguinte: quando, em relação a todas as evidências disponíveis, uma proposição tem certa probabilidade matemática, é esta que mede seu grau de credibilidade. Por exemplo: se você está prestes a lançar dois dados, a proposição "vai dar duplo seis" tem apenas 1/35 da credibilidade ligada à proposição "não vai dar duplo seis". Assim, o homem racional, que atribui a cada proposição o grau de credibilidade certo, será guiado pela teoria matemática da probabilidade *quando esta for aplicável*.

O conceito de "grau de credibilidade", no entanto, é muito mais aplicável que o de probabilidade matemática; sustento que ele se aplica a toda proposição, exceto aquelas que não constituem dados ou que não se relacionam a dados de nenhuma maneira que seja favorável ou desfavorável à sua aceitação. Sustento, mais precisamente, que se aplica a proposições que se aproximam tanto quanto possível de apenas expressar dados. Para que essa opinião seja logicamente defensável, devemos sustentar que o grau de credibilidade ligado a uma proposição às vezes seja, ele mesmo, um dado. Penso que devemos também sustentar que o grau de credibilidade a ser ligado a um *dado* às vezes é um dado e, às vezes (talvez sempre), fica perto da certeza. Podemos afirmar, em tal caso, que existe apenas um dado, a saber, uma proposição com um grau de credibilidade ligado a ela, ou podemos sustentar que o dado e seu grau de credibilidade são dois dados separados. Não farei considerações sobre qual dessas duas opiniões deva ser adotada.

Uma proposição que não é um dado pode extrair credibilidade de várias fontes diferentes; um homem que quer provar sua inocência em um crime pode apresentar como argumentos tanto um álibi quanto seu histórico de bom caráter. As bases a favor de uma hipótese científica quase sempre são compósitas. Quando se admite que um dado talvez não esteja certo, seu grau de credibilidade pode ser aumentado com um argumento ou, ao contrário, diminuído com um contra-argumento.

Não é simples estimar o grau de credibilidade conferido por um argumento. Tomemos, primeiramente, o caso mais simples possível, a saber, aquele no qual as premissas estão certas e o argumento, se válido, é demonstrativo. A cada passo, temos de "ver" que a conclusão desse passo decorre de suas premissas. Às vezes, isso é fácil, se o argumento é, por exemplo, um silogismo Barbara. Em tal caso, o grau de credibilidade ligado à conexão das premissas com a conclusão é quase de certeza, e a conclusão tem quase o mesmo grau de credibilidade que as premissas. Mas, no caso de um raciocínio matemático difícil, a chance de erro é muito maior. A conexão lógica poderá parecer completamente óbvia para um bom matemático, ao passo que, para um aluno, será pouco perceptível, e isso apenas em alguns momentos. As bases do aluno para acreditar na validade do passo não são puramente lógicas; elas derivam, pelo menos em parte, de argumentos de autoridade. Esses argumentos não são, de forma alguma, demonstrativos, pois até mesmo os melhores matemáticos às vezes cometem erros. Por essas razões, como observa Hume, a conclusão de um raciocínio longo tem menos certeza que a conclusão de um curto, uma vez que existe, em cada passo, algum risco de equívoco.

Essa fonte de incerteza pode ser trazida para dentro do escopo da teoria matemática da probabilidade por meio de certas hipóteses simplificadoras. Suponhamos que se estabeleça que, em certo ramo da matemática, bons matemáticos estão certos quanto a um passo de seus raciocínios em uma proporção x de todos os casos; então, a chance de que estejam certos no decorrer de todo um raciocínio de n passos é x^n. Segue-se que um raciocínio longo que não foi verificado por repetição corre um risco de erro considerável, mesmo que x seja próximo a 1. Mas a repetição pode reduzir o risco até deixá-lo muito pequeno. Tudo isso se encontra dentro do escopo da teoria matemática.

O que, no entanto, não se acha dentro do escopo dessa teoria é a convicção privada do matemático individual enquanto ele dá cada passo. Essa convicção irá variar em grau, de acordo com a dificuldade e a complexidade do passo; mas, a despeito dessa variação, deverá ser tão direta e imediata quanto nossa confiança nos objetos da percepção. Para provarmos que certa premissa implica uma certa conclusão, precisamos "ver" cada passo; não conseguimos provar a validade do passo a não ser quebrando-o em passos menores, sendo que cada um dos quais também terá, então, de ser "visto". A menos que se admita isso, todos os argumentos se perderão em uma regressão infinita.

Até aqui, falei sobre a inferência demonstrativa, mas, no que diz respeito a nossa presente questão, a inferência não demonstrativa não apresenta nenhum problema novo, pois, como vimos, mesmo a inferência demonstrativa, quando realizada por seres humanos, confere apenas probabilidade à conclusão. Não se pode nem dizer que o raciocínio que se declara demonstrativo sempre confira à conclusão um grau de probabilidade mais alto que o raciocínio que é confessadamente apenas provável; a metafísica tradicional apresenta muitos exemplos disso.

Se — conforme creio e deverei discutir no devido momento — os dados, assim como os resultados da inferência, podem não ter o mais alto grau de credibilidade alcançável, a relação epistemológica entre dado e proposições inferidas se torna um tanto complexa. Posso, por exemplo, pensar que me lembro de alguma coisa, mas depois encontrar razão para acreditar que jamais aconteceu aquilo de que parecia me lembrar; nesse caso, o raciocínio pode me fazer rejeitar um dado. Por outro lado, quando um dado não tem, *per se*, um grau de credibilidade muito alto, ele pode ser confirmado por evidência externa; por exemplo, posso ter uma vaga memória de ter jantado com fulano em alguma noite do ano passado e posso acabar descobrindo que meu diário tem uma entrada que corrobora minha recordação. Segue-se que cada uma de minhas crenças pode se fortalecer ou se enfraquecer ao ser posta em relação com outras crenças.

No entanto, a relação entre dados e inferências continua sendo importante, uma vez que a razão para acreditar no que quer que seja deve ser encontrada, depois de suficiente análise, nos dados, e apenas nos dados. (Aqui, estou incluindo entre os dados os princípios usados em quaisquer inferências que possam estar envolvidas.) O resultado é que os dados relevantes para alguma crença particular podem ser muito mais numerosos do que pareciam à primeira vista. Tomemos, mais uma vez, o caso da memória. O fato de eu me lembrar de uma ocorrência constitui evidência, embora não conclusiva, de que a ocorrência aconteceu. Se encontro um registro contemporâneo da ocorrência, isso é uma evidência confirmatória. Se encontro muitos desses registros, a evidência confirmatória se fortalece. Se a ocorrência é tal que, a exemplo da translação de Vênus, fica quase certa por conta de uma teoria científica bem estabelecida, esse fato deve ser acrescentado aos registros como base adicional para confiança na ocorrência. Assim, ainda que haja crenças que são apenas conclusões de argumentos, não há nenhuma que, em uma articulação racional do conhecimento, seja apenas premissa. Ao dizer isso, estou falando em termos de epistemologia, não de lógica.

Dessa maneira, pode-se definir uma premissa epistemológica como uma proposição que tem algum grau de credibilidade racional por si mesma, independentemente de suas relações com outras proposições. Cada uma de tais proposições pode ser usada para conferir algum grau de credibilidade a proposições que dela decorram ou que tenham com ela uma relação de probabilidade. Mas, a cada estágio, ocorre certa diminuição do acervo original de credibilidade; o caso é análogo ao da fortuna que se reduz por causa dos impostos toda vez que alguém a herda. Estendendo um pouco mais a analogia, podemos dizer que a credibilidade intrínseca é como a fortuna que um homem adquire por seus próprios esforços, ao passo que a credibilidade enquanto resultado de um argumento é como a herança. A analogia admite que um homem que fez fortuna pode também herdar outra, ainda que toda fortuna deva ter sua sua origem em algo que não a herança.

Neste capítulo, proponho-me a discutir a credibilidade, primeiro em relação à probabilidade matemática, depois em relação aos dados, em seguida em relação à certeza subjetiva e, por fim, em relação ao comportamento racional.

B. Credibilidade e frequência

Estou agora interessado em discutir a questão: em que circunstâncias a credibilidade de uma proposição a deriva da frequência de ψx, dado algum ϕx? Em outras palavras, se "ϕa" é "a é um α", em que circunstâncias a credibilidade de "a é um β" deriva de uma ou mais proposições da forma "uma proporção m/n dos membros de α são membros de β"? Essa questão, conforme veremos, não é tão geral quanto aquela que deveríamos fazer, mas será desejável que a discutamos primeiro.

Parece claro ao senso comum que, nos casos típicos de probabilidade matemática, ela equivale ao grau de credibilidade. Se tiro uma carta do baralho ao acaso, o grau de credibilidade de "a carta será de naipe vermelho" é exatamente igual ao de "a carta não será de naipe vermelho" e, portanto, o grau de credibilidade de ambas as frases é 1/2, se 1 representar certeza. No caso do lance de dados, o grau de credibilidade de "vai dar 1" é exatamente o mesmo que o de "vai dar 2", ou 3, ou 4, ou 5, ou 6. Daí todas as frequências derivadas da teoria matemática poderem ser interpretadas como graus derivados de credibilidade.

Nessa tradução das probabilidades matemáticas em graus de credibilidade, podemos fazer uso de um princípio de que a teoria matemática não precisa. A teoria matemática se limita a contar casos; mas, na tradução, temos de saber, ou presumir, se cada caso é igualmente acreditável. A necessidade desse princípio foi reconhecida há tempos; chamaram-no princípio da razão não suficiente, ou (segundo Keynes) princípio de indiferença. Consideramos esse princípio em relação a Keynes, mas agora devemos considerá-lo por si mesmo. Antes de discuti-lo, gostaria de esclarecer que ele *não* é necessário na teoria matemática da probabilidade. Nessa teoria, precisamos apenas conhecer os números de várias classes. Só se necessita do princípio quando a probabilidade matemática é tomada como medida de credibilidade.

O que necessitamos é mais ou menos o seguinte: "dado um objeto *a*, a respeito do qual queremos saber qual grau de credibilidade atribuir à proposição '*a* é um β', e dado que o único conhecimento relevante que temos é '*a* é um α', então o grau de credibilidade de '*a* é um β' é a probabilidade matemática medida pela razão do número de membros comuns a α e β pelo número de membros de α".

Vamos ilustrar isso considerando mais uma vez o homem mais alto dos Estados Unidos e a chance de que ele viva em Iowa. Temos aqui, por um lado, a descrição *d*, conhecida como aplicável a uma, e apenas uma, entre certo número de pessoas nomeadas $A_1, A_2, A_3, \ldots A_n$, em que *n* é o número de habitantes dos Estados Unidos. Isso quer dizer que uma, e apenas uma, das proposições "$d = A_r$" (em que *r* vai de 1 a *n*) é conhecida como verdadeira, mas não sabemos qual. Se este é realmente todo o conhecimento relevante que temos, admitimos que qualquer uma das proposições "$d = A_r$" será tão acreditável quanto as demais. Nesse caso, cada uma delas tem uma credibilidade $1/n$. Se há m habitantes em Iowa, a proposição "d habita Iowa" equivale a uma disjunção de m das proposições "$d = A_r$" e, portanto, tem m vezes a credibilidade de qualquer uma delas, pois são mutuamente exclusivas. Tem, por conseguinte, um grau de credibilidade medido por m/n.

É claro que, na ilustração acima, as proposições "$d = A_r$" não estão todas em um mesmo nível. A evidência nos permite excluir as crianças, os anões e, provavelmente, as mulheres. Isso mostra que pode ser difícil aplicar o princípio, mas não que ele seja falso.

O caso de se tirar uma carta do baralho chega mais perto do cumprimento das condições que o princípio requisita. Aqui, a descrição "d" é "a carta que estou prestes a tirar". Todas as 52 cartas têm o que podemos ver como nomes: "2 de espadas" etc. Temos, assim, 52 proposições "$d = A_r$", das quais uma, e apenas uma, é verdadeira, mas não temos nenhuma evidência que nos deixe mais propensos para uma que para outra. Por conseguinte, a credibilidade de cada uma é $1/52$. Isso, se admitido, conectará a credibilidade à probabilidade matemática.

Podemos, portanto, enunciar, como forma possível do "princípio de indiferença", o seguinte axioma:

"Dada uma descrição d, a respeito da qual sabemos que é aplicável a um e apenas um dos objetos $a_1, a_2, a_3, \dots a_n$, e dado que não temos nenhum conhecimento quanto a qual desses objetos se aplica a descrição, então as n proposições "$d = a_r$" ($1 < r < n$) são todas igualmente acreditáveis e, portanto, cada uma tem uma credibilidade medida por $1/n$".

Esse axioma é mais restrito que o princípio da razão não suficiente conforme geralmente enunciado. Temos de indagar se será o bastante e também se temos motivos para acreditar nele.

Primeiro, comparemos o que foi exposto com o princípio de indiferença de Keynes, discutido em capítulo anterior. Vale lembrar que seu princípio diz: as probabilidades de p e q relativas a determinada evidência são iguais se (1) a evidência é simétrica no que diz respeito a p e q; (2) p e q são "indivisíveis", ou seja, nenhum é uma disjunção de proposições de sua mesma forma. Concluímos que isso podia ser simplificado: o necessário, dissemos, é que p e q sejam valores de uma função proposicional – digamos, $p = \phi(a)$ e $q = \phi(b)$; que "ϕx" não contenha a nem b; e que, se a evidência contiver uma menção a a, digamos, na forma $\psi(a)$, deverá conter também $\psi(b)$, e vice-versa, em que ψx, por sua vez, não deverá mencionar nem a nem b. Esse princípio é um tanto mais geral que o enunciado dois parágrafos antes: ele implica este último, mas não creio que este último o implique. Talvez possamos aceitar o princípio mais geral e enunciá-lo da seguinte maneira:

"Dadas duas funções proposicionais ϕx e ψx, sendo que nenhuma das quais mencione nem a nem b, ou, se o faz, menciona-os simetricamente, então, dadas ψa e ψb, as duas proposições ϕa e ϕb têm igual credibilidade."

Esse princípio, se aceito, permite-nos inferir a credibilidade a partir da probabilidade matemática e faz que todas as proposições da teoria matemática fiquem disponíveis para a medição dos graus de credibilidade nos casos em que a teoria matemática for aplicável.

Apliquemos esse princípio ao caso das n bolas no saco, cada uma das quais conhecida como sendo branca ou preta; a pergunta é a seguinte: qual é a probabilidade de haver x bolas brancas? Laplace supunha que todo valor de x, de 0 a n, era igualmente provável, então a probabilidade de determinado x era $1/(n+1)$. De um ponto de vista puramente matemático, isso é legítimo, contanto que partamos da função proposicional

$$x = \text{o número de bolas brancas.}$$

Mas, se partirmos da função proposicional

$$x \text{ é uma bola branca,}$$

obteremos um resultado bem diferente. Nesse caso, há muitas alternativas de tirar bolas x. A primeira bola pode ser tirada em n alternativas; uma vez tirada, a bola seguinte poderá ser tirada em $n-1$ alternativas, e assim por diante. Então, o número de alternativas de tirar x bolas é

$$n \text{ vezes } (n-1) \text{ vezes } (n-2) \text{ vezes... vezes } (n-x+1).$$

Este é o número de alternativas nas quais pode haver x bolas brancas. Para obtermos a probabilidade de x bolas brancas, temos de dividir esse número pela soma dos números de alternativas de tirar 0 bolas brancas, ou 1, ou 2, ou 3, ou... ou n. É fácil demonstrar que essa soma é 2^n. Por conseguinte, a chance de exatamente x bolas brancas é obtida pela divisão do número acima por 2^n. Chamemos essa chance de "$p(n,r)$".

Isto tem um máximo quando $x = \frac{1}{2}n$, se n é par, ou quando $x = \frac{1}{2}n \pm \frac{1}{2}$, se n é ímpar. Seu valor quando x ou $n-x$ é pequeno fica muito pequeno se n for grande. Do ponto de vista puramente matemático, esses dois resultados muito diferentes são igualmente legítimos. Mas, quando chegamos à medição dos graus de credibilidade, há uma grande diferença entre eles. Escolhamos um outro modo, para além das cores, pelo qual possamos distinguir as bolas; por exemplo, façamos que sejam tiradas da sacola sucessivamente e chamemos d_1 a primeira que sair, d_2 a segunda, e assim por diante. Adotemos "a" para as brancas, "b" para as pretas, "ϕa" para "a cor de d_1 é branca" e "ϕb" para "a cor de d_1 é preta". A evidência é que ϕa ou ϕb é verdadeira, mas não ambas. Isso é simétrico e, portanto, com base nessa evidência, ϕa e ϕb têm igual credibilidade, ou seja, "d_1 é branca" e "d_1 é preta" têm credibilidade igual. O mesmo raciocínio se aplica a $d_2, d_3, \ldots d_n$. Assim, no caso de cada bola, os graus de credibilidade de brancas e pretas são iguais. E, portanto, como o demonstra um cálculo simples, o grau de credibilidade de x bolas brancas é $p(n, x)$, em que se supõe que x se encontra entre 0 e n, ambos incluídos.

Deve-se observar que, ao medirmos graus de credibilidade, supomos que os dados são não apenas verdadeiros, mas também exaustivos em relação a nosso conhecimento, isto é, supomos não conhecer nada que seja relevante, salvo o que é mencionado nos dados. Por conseguinte, para determinada pessoa em determinado tempo, há apenas um valor correto para o grau de credibilidade de determinada proposição, ao passo que, na teoria matemática, muitos valores são igualmente legítimos em relação a muitos dados diferentes, os quais podem ser puramente hipotéticos.

Ao aplicarmos os resultados do cálculo matemático da probabilidade aos graus de credibilidade, devemos tomar cuidado para satisfazer duas condições. Primeira: os casos que formam a base da enumeração matemática devem todos ser igualmente acreditáveis de acordo com a evidência. Segunda: a evidência deve incluir todo o nosso conhecimento relevante. Vale dizer algumas palavras sobre a primeira dessas condições.

Todo cálculo matemático de probabilidade parte de alguma classe fundamental, como um certo número de lances de uma moeda, um certo número de jogadas de um dado, um maço de baralho, uma coleção de bolas dentro de uma sacola. Cada membro dessa classe fundamental é contado como um. A partir dela, formamos outras classes logicamente derivadas, por exemplo, uma classe de n séries de 100 lances de uma moeda. Dessas n séries podemos escolher a subclasse daquelas que consistem em 50 caras e 50 coroas. Ou, partindo de um baralho de cartas, podemos considerar a classe de "mãos" possíveis, ou seja, seleções de 13 cartas, e daí proceder para indagar quantas delas terão 11 cartas de um mesmo naipe. O ponto principal é que as frequências que são *calculadas* sempre se aplicam a classes que têm alguma estrutura logicamente definida em relação à classe fundamental, enquanto a classe fundamental é vista, para os fins do problema, como um composto de membros que não têm estrutura lógica, isto é, sua estrutura lógica é irrelevante.

Enquanto estivermos limitados ao cálculo das frequências, ou seja, à teoria matemática da probabilidade, poderemos tomar qualquer classe como nossa classe fundamental e calcular frequências em relação a ela. Não será necessário fazer a suposição de que todos os membros da classe são igualmente prováveis; tudo o que precisaremos dizer é que, para o propósito em mãos, cada membro da classe conta como um. Mas, quando queremos estabelecer graus de credibilidade, é preciso que nossa classe básica consista de proposições que sejam todas igualmente acreditáveis em relação à evidência. A "indivisibilidade" de Keynes pretende garantir isso. Eu preferiria dizer que os membros da classe fundamental devem ter "simplicidade relativa", isto é, não devem ter uma estrutura definível em termos dos dados. Tomemos, por exemplo, as bolas brancas e pretas dentro da sacola. Cada bola tem, de fato, uma estrutura incrivelmente complicada, pois consiste de bilhões de moléculas; mas isso é irrelevante para nosso problema. Por outro lado, uma coleção de m bolas escolhidas dentre uma classe fundamental de n bolas tem uma estrutura lógica em relação à classe fundamental. Se cada membro da classe fundamental tem um nome, toda subclasse de m termos pode ser definida. Todos os *cálculos* de probabilidade têm a ver com classes que podem ser definidas em termos da classe fundamental. Mas a classe fundamental em si deve consistir de membros que não podem ser logicamente definidos em termos dos dados. Creio que, quando se cumpre essa condição, o princípio da indiferença se vê sempre satisfeito.

Nesse ponto, porém, é necessário tomar cuidado. Existem dois modos pelos quais "a é um α" pode se tornar provável: ou (1) porque é certo que a pertence a uma classe cuja maioria dos membros são α; ou (2) porque é provável que a pertença a uma classe cujos membros são todos α. Por exemplo: podemos dizer "o sr. A provavelmente é mortal" se temos certeza de que a maioria dos homens é mortal, ou se temos razão para achar que é provável que todos os homens sejam mortais. Quando lançamos dois dados, podemos dizer "provavelmente não dará duplo seis", porque sabemos que a maioria dos lances não dá duplo seis. Por outro lado, suponhamos que eu tenha alguma evidência que sugira, embora não prove, que um certo bacilo sempre está presente em certa doença; posso então dizer, em determinado caso dessa doença, que provavelmente o bacilo em questão está presente. Em cada caso há um tipo de silogismo. No primeiro caso,

> A maioria de A é B;
> isto é um A;
> portanto, isto provavelmente é um B.

No segundo caso,

> Provavelmente, todo A é B;
> isto é um A;
> portanto, isto provavelmente é um B.

No entanto, é mais difícil reduzir o segundo caso a uma frequência. Vamos investigar se isso é possível.

Em alguns casos, isso é claramente possível. Por exemplo: a maioria das palavras não contém a letra Z. Portanto, se alguma palavra é escolhida ao acaso, é provável que todas as suas letras sejam qualquer uma que não Z. Assim, se A = a classe de letras na palavra em questão, e B = a classe de letras que não Z, temos um caso de nosso segundo pseudossilogismo. A palavra, é claro, deve ser definida de alguma maneira que nos deixe temporariamente na ignorância quanto a qual é, por exemplo, a 8.000ª palavra de *Hamlet*, ou a terceira palavra da página 248 do Dicionário Oxford. Supondo que, nesse momento, você não saiba quais são essas palavras, você fará bem em apostar que elas não contêm a letra Z.

Em todos os casos de nosso segundo pseudossilogismo, fica claro que aquilo que chamei de "classe fundamental" é dado como uma classe de classes e que, portanto, sua estrutura lógica é essencial. Para generalizar o exemplo dado: seja κ uma classe de classes tal que a maioria de seus membros esteja inteiramente contida dentro de uma certa classe β; então, de "x é um α" e de "α é um κ" podemos concluir "x provavelmente é um β". (No exemplo acima, κ era a classe de palavras, α era a classe de letras em certa palavra e β o alfabeto sem Z.) O curioso é que, designando "soma de κ" a classe de membros dos membros de κ, nossas premissas não são suficientes para provar que um membro da soma de κ provavelmente seja membro de β. Por exemplo: que κ consista das três palavras STRENGTH, QUAIL, MUCK, juntamente com todas as palavras que não contenham nenhuma letra que ocorra em qualquer uma das três. Então, a soma de κ consiste de todas as letras do alfabeto, possivelmente com exceção de Z.[2] Mas "x é um α e α é um κ" torna provável que x não seja uma das letras que ocorrem nas três palavras acima, ao passo que "x é membro da soma de κ" não torna isso provável. Isto ilustra as complicações que surgem quando a classe fundamental tem uma estrutura que é relevante para as probabilidades. Mas, em tais casos, como o exposto acima, ainda é possível medir a credibilidade pela frequência, mesmo que de maneira menos simples.

Há, porém, uma outra classe de casos ainda mais importante que não podemos discutir adequadamente a não ser em relação com a indução. São os casos em que temos evidência indutiva tornando provável que todo A é B e inferimos que um A em particular provavelmente seja um B. Por exemplo: provavelmente todos os homens são mortais (*não* todos os homens

---

2 A inclusão ou não de Z depende da possibilidade de "Zoo" contar como palavra.

são provavelmente mortais), portanto Sócrates provavelmente é mortal. Isso é um pseudossilogismo de nosso segundo tipo. Mas, se "provavelmente" na frase "provavelmente todos os homens são mortais" pode ser reduzido a uma frequência, por certo não pode ser assim reduzido com tanta simplicidade. Então, deixarei para discutir essa classe de casos em um estágio ulterior.

Veremos que existem vários exemplos de graus de credibilidade que não derivam de frequências. Vou considerá-los agora.

C. Credibilidade dos dados

Nesta seção, proponho-me a defender uma opinião não ortodoxa, a saber: um dado pode ser incerto. Até aqui, apareceram duas visões. A primeira: em uma articulação adequada de conhecimento, partimos das premissas que, por direito próprio, são certas e podem ser definidas como "dados". A segunda: não existem dados, uma vez que nenhum conhecimento é certo, mas nossas crenças racionais formam um sistema fechado no qual cada parte empresta sustentação a todas as outras partes. A primeira é a visão tradicional, herdada dos gregos, entronizada em Euclides e na teologia; a segunda é uma visão que foi primeiramente defendida, se não me engano, por Hegel, mas que, em nossos dias, recebeu de John Dewey seu mais influente apoio. A visão que estou prestes a desenvolver é uma conciliação, mas um tanto mais favorável à teoria tradicional que àquela advogada por Hegel e Dewey.

Defino um "dado" como uma proposição que tem algum grau de credibilidade racional por si mesma, independentemente de qualquer argumento derivado de outras proposições. É óbvio que a conclusão de um argumento não pode derivar desse argumento um grau de credibilidade maior que o das premissas; consequentemente, se existe uma coisa como uma crença racional, devem existir crenças racionais que não sejam inteiramente baseadas em argumentos. Não se segue que haja crenças que não devam *nada* de sua credibilidade aos argumentos, pois uma proposição pode ser inerentemente acreditável e ser também uma conclusão de outras proposições que sejam inerentemente acreditáveis. Mas se segue, sim, que toda proposição que é racionalmente acreditável em qualquer grau deve sê-lo ou (*a*) unicamente por direito próprio, ou (*b*) unicamente como conclusão de premissas que são racionalmente acreditáveis por direito próprio, ou (*c*) por ter algum grau de credibilidade por direito próprio e, a partir de inferência demonstrativa ou provável, por premissas que têm algum grau de credibilidade por direito próprio. Se todas as proposições que têm alguma credibilidade por direito próprio forem certas, o caso (*c*) não é importante, pois nenhum argumento pode deixar tais proposições ainda mais certas. Mas, na visão que defendo, o caso (*c*) é da maior importância.

Keynes adota a visão tradicional e a desenvolve em seu *Treatise on Probability*, p.16. Ele diz:

> Para que possamos ter em *p* uma crença racional de grau de probabilidade inferior ao da certeza, é necessário que conheçamos um conjunto de proposições *h* e também que conheçamos alguma proposição secundária *q* a qual afirme uma relação probabilística entre *p* e *h*.
>
> Nessa exposição, rejeitou-se uma possibilidade. Admitiu-se que não podemos ter uma crença racional em *p* de grau inferior ao da certeza a não ser por meio do conhecimento de uma proposição

secundária do tipo prescrito. Ou seja, tal crença só pode surgir por meio da percepção de alguma relação probabilística [...]. Todo conhecimento obtido de maneira estritamente direta pela consideração de objetos familiares, sem qualquer introjeção de argumentação e da consideração do peso lógico de qualquer outro conhecimento a respeito, corresponde a uma *certa* crença racional, e não a um grau meramente provável de crença racional.

Proponho-me a contestar essa opinião. Com esse propósito, considerarei (1) a percepção fraca, (2) a memória incerta e (3) o vago reconhecimento da conexão lógica.

(1) A *percepção fraca* — Consideremos experiências familiares como as seguintes: (*a*) Você ouve um avião voando para longe; em um primeiro momento, tem certeza de ouvi-lo e, no fim, está certo de que já não o escuta, mas, nesse intervalo, há um período durante o qual não tem certeza se ainda o ouve ou não. (*b*) Você está contemplando Vênus ao nascer do sol; em um primeiro momento, você vê o planeta brilhando forte e, no fim, entende que a luz do dia o deixou invisível, mas, entre esses dois instantes, tem dúvida se ainda o está vendo ou não. (*c*) Durante uma viagem, você apanhou certo número de pulgas; você, então, trata de se livrar delas e, no fim, está certo de ter conseguido, mas, nesse meio-tempo, é perturbado pelo que parecem ser coceiras ocasionais. (*d*) Por engano, você faz chá em uma vasilha que tinha vinagre; o resultado é horrível; você lava a vasilha e tenta mais uma vez, mas o gosto desagradável ainda se faz inequívoco; depois de uma segunda lavagem, você não sabe se ainda sente o sabor do vinagre; depois da terceira, tem certeza de que não sente. (*e*) Os canos de esgoto de sua casa não estão funcionando e você chama o encanador; em um primeiro momento,

depois de sua visita, você está certo de que o cheiro desagradável sumiu, mas, aos poucos, no decorrer de variados estágios de dúvida, acaba tendo certeza de que o cheiro voltou.

Tais experiências são familiares a todos e devem ser levadas em conta em qualquer teoria a respeito do conhecimento baseado na percepção sensorial.

(2) A *memória incerta* — Em *A tempestade* (ato I, cena II), Próspero pede a Miranda que contemple "o passado obscuro e o abismo do tempo"; ela pergunta: "não tive outrora quatro ou cinco mulheres a me servir?", e Próspero confirma sua recordação incerta. Todos nós temos memórias desse tipo, sobre as quais não nos sentimos seguros. Geralmente, quando vale a pena, podemos descobrir a partir de outras evidências se essas memórias são verídicas ou não, mas isso é irrelevante para esta nossa tese, que sustenta apenas que elas têm certo grau de credibilidade por si mesmas, ainda que esse grau possa ficar aquém da certeza absoluta. Uma recordação que tenha um grau de credibilidade razoavelmente alto contribui com sua cota para as bases de nossa crença em alguma ocorrência passada para a qual temos outras evidências. Mas aqui é necessário fazer uma distinção. O evento passado de que me lembro sem certeza tem uma credibilidade parcial em si mesmo; mas, quando acrescento a recordação como base para a crença, já não estou tratando a ocorrência passada como um dado, pois não é ela que constitui meu dado, mas, sim, o recordar no presente. Meu recordar confere alguma credibilidade àquilo que é recordado; quanta credibilidade, isso podemos mais ou menos estabelecer indutivamente, por um estudo estatístico da frequência dos erros de memória. Mas isso é uma questão diferente do tratamento das ocorrências passadas como dados. Que tais dados

devem ser supridos pela memória, essa é uma tese que defendi em outra ocasião.

(3) O *vago reconhecimento da conexão lógica* — Qualquer pessoa cujas habilidades matemáticas não sejam super-humanas muitas vezes passou, durante seus estudos, pela experiência de não conseguir "ver" certo passo em uma demonstração. O processo de se acompanhar uma demonstração fica mais fácil quando deixamos os passos mais curtos, mas, por menores que os deixemos, alguns deles podem continuar difíceis, se a matéria for muito complexa. É óbvio que, se deixarmos os passos os menores possíveis, cada passo deverá contar como um dado, pois, do contrário, toda tentativa de demonstração envolveria uma regressão infinita. Consideremos, por exemplo, um silogismo Barbara: eu digo "todos os homens são mortais" e você concorda. Eu digo "Sócrates é um homem" e você concorda. Então, eu digo "portanto, Sócrates é mortal" e você diz "não vejo como se chegou a isso". O que posso fazer? Posso dizer: "Você não vê que, se $f(x)$ é sempre verdadeiro, então $f(a)$ também é? E não vê, portanto, que, se $\phi(x)$ sempre implica $\psi(x)$, então ϕ (Sócrates) implica ψ (Sócrates)? E não vê que posso substituir 'x é um homem' por 'ϕx' e 'x é mortal' por 'ψx'? E não vê que isso prova meu argumento?". O aluno que conseguisse acompanhar esse raciocínio, mas não acompanhasse o silogismo original, seria uma aberração psicológica. E, mesmo que existisse tal aluno, ele, ainda assim, teria de "ver" os passos de meu novo argumento.

Segue-se que, quando se enuncia um argumento da maneira mais simples possível, a conexão afirmada em cada passo tem de ser um dado. Mas é impossível que a conexão de cada passo tenha o mais alto grau de credibilidade, porque até mesmo os melhores matemáticos às vezes cometem erros. De fato, nossas percepções das conexões lógicas entre as proposições, a exemplo de nossas percepções sensoriais e de nossas memórias, podem ser ordenadas por seus graus de credibilidade: em algumas, vemos a conexão lógica tão claramente que não conseguimos duvidar dela; em outras, nossa percepção da conexão é tão fraca que não temos certeza se a vemos ou não.

Daqui em diante, assumirei que um dado, no sentido definido no início desta seção, pode ser incerto em maior ou menor grau. Poderemos, teoricamente, fazer uma conexão entre esse tipo de incerteza e o tipo que deriva da probabilidade matemática, se supusermos que uma incerteza de um tipo pode ser julgada maior, igual ou menor que uma incerteza de outro tipo. Por exemplo, quando penso que escutei um ruído leve, mas não tenho certeza, posso teoricamente dizer: "A ocorrência desse som tem o mesmo grau de credibilidade racional que a ocorrência de um duplo seis no lance de dados". Em algum grau, tais comparações podem ser testadas por meio da coleta de evidências a respeito dos erros de sensações fracas e do cálculo de sua frequência. Tudo isso é bem vago e não vejo como fazê-lo mais preciso. Mas, em todo caso, sugere que a incerteza dos dados é quantitativa e pode ser igual ou desigual à incerteza derivada de uma inferência de probabilidade. Irei supor que é esse o caso, ainda que admita que, na prática, raramente é possível fazer a medição numérica da incerteza de um dado. Podemos dizer que a incerteza é de 50% quando a dúvida é tal que deixa um equilíbrio entre crença e descrença. Mas tal equilíbrio só pode ser estabelecido pela introspecção e não pode ser confirmado por nenhum tipo de teste.

A aceitação da incerteza nos dados complica o processo de estimativa da credibilidade racional de uma proposição.

Suponhamos que uma certa proposição p tenha um grau de credibilidade x por si mesma, enquanto dado; e suponhamos que haja também uma conjunção h de proposições, com credibilidade intrínseca y, de que se segue, por um argumento de credibilidade z, que p tem um grau de credibilidade w. Qual, então, é a credibilidade total de p? Talvez nos sentíssemos propensos a dizer que é $x + yzw$. Mas também é certo que h tenha, além da intrínseca, uma credibilidade derivada, o que aumentaria a credibilidade de x. De fato, as complicações logo se tornariam incontroláveis. Isto nos leva a certa aproximação com a teoria de Hegel e Dewey.

Dado um número de proposições, cada uma das quais com um grau consideravelmente alto de credibilidade intrínseca, e dado um sistema de inferências em virtude do qual essas várias proposições aumentam as credibilidades umas das outras, pode ser possível, no fim, chegarmos a um corpo de proposições interconectadas que tenham, como um todo, um grau de credibilidade muito alto. Dentro desse corpo, algumas são apenas inferidas, mas nenhuma delas é somente premissa, pois as que são premissas também são conclusões. Pode-se comparar o edifício do conhecimento a uma ponte que se apoia em muitos pilares, cada um dos quais não apenas a sustenta, como também ajuda os outros pilares a se manterem firmes, por causa das vigas que os ligam. Os pilares são análogos às proposições que têm alguma credibilidade intrínseca, e as partes superiores da ponte são análogas àquilo que é apenas inferido. Mas, ainda que cada pilar possa fortalecer os outros, são os alicerces sólidos que sustentam o todo; de maneira similar, é a credibilidade intrínseca que suporta todo o edifício do conhecimento.

D. Graus de certeza subjetiva

A certeza subjetiva é um conceito psicológico, ao passo que a credibilidade é, pelo menos em parte, lógica. Indagar se existe alguma conexão entre elas é uma forma de indagar se conhecemos alguma coisa. Não se pode discutir tal indagação sobre uma base de completo ceticismo; nenhum argumento será possível, a menos que estejamos preparados para afirmar *alguma coisa*.

Primeiramente, façamos uma distinção entre três tipos de *certeza*.

(1) Uma função proposicional é certa no que diz respeito a outra quando a classe de termos que satisfazem a segunda faz parte da classe de termos que satisfazem a primeira. Por exemplo: "x é um animal" é certo em relação a "x é um animal racional". Esse significado de certeza pertence à probabilidade matemática. Chamaremos de "lógica" essa espécie de certeza.

(2) Uma proposição é certa quando tem o mais alto grau de credibilidade, seja intrinsecamente, seja como resultado de uma argumentação. Talvez nenhuma proposição esteja certa nesse sentido, isto é, por mais certa que esteja em relação ao conhecimento de determinada pessoa, um conhecimento maior poderia aumentar seu grau de credibilidade. Chamaremos de "epistemológica" essa espécie de certeza.

(3) Uma pessoa está certa de uma proposição quando não tem dúvida alguma quanto à sua verdade. Trata-se de um conceito puramente psicológico, e o chamaremos de "certeza psicológica".

Sem certeza subjetiva, um homem poderá estar mais ou menos convicto de alguma coisa. Estamos certos de que o sol se levantará amanhã e de que Napoleão existiu; estamos menos certos da teoria quântica e da existência de Zoroastro; e ainda menos certos de que Eddington obteve o número exato de elétrons ou de que houve um rei chamado Agamenon no cerco a Troia. Estas são questões sobre as quais há razoável consenso, mas há outras nas quais o dissenso é a regra. Algumas pessoas não têm dúvidas de que Churchill é bom e de que Stálin é mau, outras pensam o contrário; algumas pessoas tinham certeza absoluta de que Deus estava do lado dos Aliados, outras achavam que Ele estava do lado dos alemães. A certeza subjetiva, portanto, não é garantia de verdade, nem mesmo de um alto grau de credibilidade.

O erro não é apenas o erro absoluto de se acreditar naquilo que é falso, mas também o erro quantitativo de acreditar com mais ou menos força do que é assegurado pelo grau de credibilidade adequadamente atribuído à proposição em que se acredita em relação ao conhecimento daquele que crê. Um homem absolutamente convencido de que certo cavalo ganhará o Grande Prêmio está cometendo um erro, mesmo que o cavalo ganhe.

Falando em linhas gerais, o método científico consiste de técnicas e regras destinadas a fazer os graus de crença coincidirem tanto quanto possível com os graus de credibilidade. Não podemos, porém, começar a procurar tal harmonia se não partirmos de proposições que sejam tanto epistemologicamente acreditáveis quanto subjetivamente quase certas. Isto sugere um exame cartesiano, mas um exame que, se quisermos que seja proveitoso, deverá ter como guia algum princípio não cético. Se não houvesse nenhuma relação entre credibilidade e certeza subjetiva, não haveria algo como o conhecimento. Admitimos, na prática, que uma classe de crenças pode ser considerada verdadeira: (*a*) se for firmemente acreditada por todos aqueles que a consideraram com atenção; (*b*) se não houver argumento positivo contra ela; e (*c*) se não houver razão conhecida para supor que a humanidade acreditaria nela se não fosse verdadeira. Nessa base, geralmente se sustenta que os juízos de percepção, por um lado, e a lógica e a matemática, por outro, contêm aquilo que há de mais certo em nosso conhecimento. Veremos que, se quisermos chegar à ciência, a lógica e a matemática terão de ser suplementadas por certos princípios extralógicos, dos quais a indução até aqui tem sido (erroneamente, penso eu) o mais amplamente reconhecido. Esses princípios extralógicos suscitam problemas que nos caberá investigar.

A racionalidade perfeita consiste não em acreditar no que é verdadeiro, mas em atribuir a toda proposição um grau de crença que corresponda a seu grau de credibilidade. No que diz respeito às proposições empíricas, o grau de credibilidade muda quando se acrescentam novas evidências. Na matemática, o homem racional que não é matemático acreditará naquilo que lhe dizem; irá, portanto, mudar suas crenças sempre que os matemáticos descobrirem erros nos trabalhos de seus predecessores. O próprio matemático pode ser completamente racional, a despeito de cometer erros, se na ocasião for muito difícil detectá-los.

Se devemos ou não buscar a racionalidade, isso é uma questão ética. Irei considerar alguns de seus aspectos na próxima seção.

E. Probabilidade e conduta

É muito conhecida a afirmação do bispo Butler de que a probabilidade é o guia da vida. Consideremos por um instante o que ela pode significar, até onde é verdadeira e o que implica acreditar que ela tenha o grau de verdade que parece possuir.

A maior parte das teorias éticas pertence a um entre dois tipos. De acordo com o primeiro tipo, a boa conduta é aquela que obedece a certas regras; de acordo com o segundo, é aquela destinada a alcançar certos fins. Há teorias que não são de nenhum desses tipos, mas, para nossos propósitos, podemos ignorá-las.

O primeiro tipo de teoria tem exemplos em Kant e no Decálogo. O Decálogo, é verdade, não constitui um exemplo puro desse tipo de teoria, uma vez que são dadas razões para alguns dos mandamentos. Você não deve adorar imagens porque Deus ficará enciumado; você deve honrar pai e mãe porque isso diminuirá suas chances de morte. Está claro que é fácil encontrar razões contra o assassínio e o furto, mas os Dez Mandamentos não fornecem nenhuma. Se são dadas razões, haverá exceções, e o senso comum em geral as reconhece, mas nenhuma consta do texto.

Quando se considera a ética como algo constituído de regras de conduta, a probabilidade não exerce nela nenhum papel. É somente no segundo tipo de teoria ética, aquele em que a virtude consiste em buscar certos fins, que a probabilidade se faz relevante. No que diz respeito à relação com a probabilidade, o fim escolhido faz pouquíssima diferença. Para o bem da exatidão, vamos supor que o fim seja o maior excesso possível de prazer sobre a dor, sendo o prazer e a dor considerados iguais quando uma pessoa que tenha como escolher entre os dois é indiferente quanto a ter ambos ou nenhum. Podemos denominar esse fim como maximização do prazer.

Não podemos dizer que o homem virtuoso agirá de modo a maximizar o prazer *de fato*, pois ele pode não ter razão alguma para esperar esse resultado. Teria sido uma coisa boa se a mãe de Hitler o houvesse matado na infância, mas ela não teria como sabê-lo. Devemos, portanto, dizer que o homem virtuoso agirá de modo que, de acordo com seu conhecimento, provavelmente irá maximizar o prazer. O tipo de probabilidade envolvido é, obviamente, o grau de credibilidade.

As probabilidades em questão têm de ser estimadas pelas regras de se calcular a "expectativa". Isso quer dizer que, se há uma probabilidade p de que certo ato venha a ter entre suas consequências um prazer de magnitude x, isso fornece uma quantidade px à expectativa. Como as consequências distantes raramente têm probabilidades apreciáveis, isso justifica o homem prático que geralmente limita sua atenção às consequências menos remotas de seus atos.

Há uma outra consideração: os cálculos envolvidos muitas vezes são difíceis, ainda mais quando as propriedades de geração de felicidade de duas ações possíveis são quase iguais, caso em que a escolha é desimportante. Por conseguinte, não vale a pena, em regra, determinar com maior cuidado qual ação produzirá mais prazer. Essa é a razão a favor das regras de ação, mesmo que nossa ética acabe por rejeitá-las: elas podem estar corretas na grande maioria dos casos e nos poupar o trabalho e a perda de tempo que teríamos em calcular os efeitos prováveis. Mas as regras de ação em si devem ser cuidadosamente justificadas por seu caráter de gerar felicidade e, quando as decisões são realmente importantes, talvez seja necessário lembrar que as regras não são absolutas. A reforma monetária geralmente envolve algo semelhante ao furto, e a guerra envolve matança. O estadista que tem de decidir se promove a reforma da moeda ou declara a guerra precisa ir além das regras e fazer todo o possível para calcular as prováveis consequências. É somente nesse sentido que a probabilidade pode ser o guia da vida, e apenas em certas circunstâncias.

Há, porém, outro sentido mais humilde nesse dito, que talvez seja aquele que o bispo tinha em mente. É o seguinte: devemos, na prática, tratar como certa qualquer coisa que tenha um grau de probabilidade muito alto. Isso é meramente uma questão de senso comum e não suscita nenhum problema que interesse à teoria da probabilidade.

7.
Probabilidade e indução

A. O enunciado do problema

O problema da indução é complexo e tem vários aspectos e ramificações. Começarei enunciando o problema da indução por simples enumeração.

I. A questão fundamental, da qual as outras são subsidiárias, é a seguinte: dado que se tenha descoberto que um número de exemplos de uma classe α pertença a uma classe β, isso torna provável (*a*) que o próximo exemplo de α seja um β ou (*b*) que todos os αs sejam βs?

II. Se alguma dessas alternativas não for universalmente verdadeira, existem limitações sobre α e β que possamos descobrir e que a torne verdadeira?

III. Se alguma dessas alternativas for verdadeira com as limitações adequadas, esta será, quando assim limitada, uma lei da lógica ou uma lei da natureza?

IV. Trata-se de algo derivável de algum outro princípio, tal como os tipos naturais ou a limitação da variedade de Keynes, ou o reino da lei, ou a uniformidade da natureza, ou algo assim?

V. Deve o princípio de indução ser enunciado de forma diferente, como: dada uma hipótese h que tem muitas consequências verdadeiras conhecidas e nenhuma falsa, esse fato torna h provável? E, se não de maneira geral, torna-a em circunstâncias apropriadas?

VI. Qual é a forma mínima do postulado indutivo que irá, se verdadeira, validar as inferências científicas aceitas?

VII. Há alguma razão – e, se houver, qual? – para se supor que esse postulado mínimo seja verdadeiro? Ou, se não há tal razão, ainda assim existe razão para se *agir* como se fosse verdadeiro?

Nessas discussões, é necessário lembrar a ambiguidade da palavra "provável" tal como geralmente empregada. Quando digo que, em certas circunstâncias, "provavelmente" o próximo α será um β, espero poder interpretar isso de acordo com a teoria da frequência finita. Mas, se digo que o princípio indutivo "provavelmente" é verdadeiro, estarei usando a palavra "provavelmente" para expressar um alto grau de credibilidade. É fácil surgirem confusões quando não se mantêm esses dois sentidos da palavra "provável" suficientemente separados.

As discussões a que nos dedicaremos têm uma história cujo início podemos remontar a Hume. Obtiveram-se resultados definitivos em grande número de pontos subsidiários; às vezes, esses pontos não são reconhecidos como subsidiários à primeira vista. Mas, agora, as investigações deixaram bem claro que as discussões técnicas que alcançam resultados lançam pouca luz sobre o problema principal, que continua substancialmente como Hume o deixou.

B. Indução por simples enumeração

A indução por simples enumeração consiste no seguinte princípio: "dado um número n de αs que se descobriu serem βs, e nenhum α que se tenha descoberto ser não β, então as duas afirmações (*a*) "o próximo α será um β" e (*b*) "todos os αs são βs" terão ambas uma probabilidade que aumenta com o aumento de n e se aproxima da certeza como limite à medida que n se aproxima do infinito".

Chamarei (*a*) de "indução particular" e (*b*) de "indução geral". Assim, (*a*) irá argumentar, a partir de nosso conhecimento da mortalidade dos seres humanos no passado, que fulano provavelmente vai morrer, ao passo que (*b*) argumentará que todos os homens são mortais.

Antes de passarmos a pontos mais difíceis ou duvidosos, há algumas questões importantes que podem ser decididas sem maiores dificuldades. São elas:

(1) Se quisermos que a indução sirva aos propósitos a que esperamos que sirva na ciência, "probabilidade" deve ser interpretada de modo que uma formulação probabilística afirme um *fato*; isso requer que o tipo de probabilidade envolvido derive da verdade e da falsidade, não sendo algo indefinível, e isso, por sua vez, torna a interpretação da frequência finita mais ou menos inevitável.

(2) A indução parece ser inválida quando aplicada a séries de números naturais.

(3) A indução não é válida como princípio *lógico*.

(4) A indução requer que os exemplos em que se baseia sejam dados como uma série, e não apenas como uma classe.

(5) Qualquer limitação que seja necessária para tornar válido o princípio deve ser enunciada em termos das *intensões* pelas quais as classes α e β são definidas, e não em termos de extensões.

(6) Se o número de coisas no universo é finito, ou se somente alguma classe finita é relevante para a indução, então a indução, para um *n* suficiente, se torna demonstrável; mas, na prática, isso não tem importância, porque o *n* em questão teria de ser maior do que jamais poderia ser em qualquer investigação real.

Agora irei provar essas proposições.

(1) Se "probabilidade" é tomada como algo indefinível, somos obrigados a admitir que o improvável pode acontecer e que, portanto, uma proposição probabilística não nos diz nada a respeito do curso da natureza. Se essa opinião for adotada, o princípio indutivo pode ser válido e, ainda assim, toda e qualquer inferência feita de acordo com ele *poderá* se revelar falsa; isso é improvável, mas não impossível. Em consequência, um mundo no qual a indução é verdadeira é empiricamente indistinguível de um mundo no qual ela é falsa. Segue-se que jamais poderá haver qualquer evidência a favor ou contra o princípio e que ele não pode nos ajudar a inferir o que vai acontecer. Se quisermos que o princípio sirva a seu propósito, devemos interpretar "provável" como significando "aquilo que de fato acontece geralmente"; isso quer dizer que devemos interpretar a probabilidade como uma frequência.

(2) *A indução na aritmética* — Na aritmética, é fácil dar exemplos de induções que levam a conclusões verdadeiras e outros exemplos que levam a conclusões falsas. Jevons fornece os dois exemplos:

$$5, 15, 35, 45, 65, 95$$
$$7, 17, 37, 47, 67, 97$$

Na primeira fileira, todos os números terminam com 5 e são divisíveis por 5; isso pode levar à conjectura de que todo número que termina com 5 é divisível por 5, o que é verdadeiro. Na segunda fileira, todos os números terminam com 7 e são primos; isso pode levar à conjectura de que todo número que termina com 7 é primo, o que seria falso.

Ou, então, consideremos: "todo número inteiro par é a soma de dois números primos". Isso é verdadeiro em todos os casos que foram testados, e o número de tais casos é imenso. Ainda assim, permanece uma dúvida razoável quanto a ser *sempre* verdadeiro.

Como exemplo surpreendente da falha da indução na aritmética, tomemos o seguinte:[1]

Seja $\pi(x)$ = número de primos $< x$

$$\text{li}(x) = \int_o^x \frac{dt}{\log t}$$

Sabe-se que, quando x é grande, $\pi(x)$ e $li(x)$ são quase iguais. Também se sabe que, para todo número primo conhecido,

$$\pi(x) < li(x)$$

Gauss conjecturou que essa desigualdade se mantém sempre. Tal conjectura foi testada para todos os números primos até 10^7 e para muitos além disso, e não se descobriu nenhum caso particular de sua falsidade. No entanto, Littlewood provou em 1912 que há um número infinito de números primos para os quais a

---

[1] Ver Hardy, *Ramanujan*, p.16, 17.

conjectura é falsa, e Skewes (*LMS Journal*, 1933) provou que é falsa para alguns números menores que

$$10^{10^{10^{34}}}$$

Veremos que a conjectura de Gauss, ainda que tenha se revelado falsa, tinha a seu favor uma evidência indutiva muito melhor que a que existe mesmo para as nossas generalizações empíricas mais firmemente enraizadas.

Sem nos aprofundarmos muito na teoria dos números, é fácil construir induções falsas na aritmética para qualquer número que se queira. Por exemplo: nenhum número menor que n é divisível por n. Podemos aumentar n tanto quanto quisermos e, assim, obter tantas evidências indutivas quanto desejarmos a favor da generalização "nenhum número é divisível por n".

É óbvio que qualquer número inteiro n deve possuir muitas propriedades que a maioria dos demais números inteiros não possui. No mínimo, se m é o maior deles, todos eles possuem a propriedade infinitamente rara de não ser maior que m. Não há, portanto, validade nem na indução geral nem na indução particular quando estas se aplicam a números inteiros, a menos que a propriedade à qual se quer aplicar a indução seja um tanto limitada. Não sei como enunciar tal limitação e, mesmo assim, qualquer bom matemático terá uma sensação, análoga ao senso comum, quanto ao tipo de propriedade que provavelmente permitirá uma indução que se revele válida. Se você já notou que $1 + 3 = 2^2$, $1 + 3 + 5 = 3^2$, $1 + 3 + 5 + 7 = 4^2$, vai se sentir propenso a conjecturar que

$$1 + 3 + 5 + \ldots + (2n - 1) = n^2$$

e é fácil provar que essa conjectura está correta. De maneira similar, se você já notou que $1^3 + 2^3 = 3^2$, $1^3 + 2^3 + 3^3 = 6^2$, $1^3 + 2^3 + 3^3 + 4^3 = 10^2$, vai poder conjecturar que a soma dos n primeiros números ao cubo é sempre um número ao quadrado, e isso também é fácil de se provar. A intuição matemática não é, de forma alguma, infalível no que se refere a tais induções, mas, no caso dos bons matemáticos, parece estar mais vezes certa que errada. Ainda não sei como explicitar o que guia a intuição matemática em tais casos. Enquanto isso, podemos dizer apenas que nenhuma limitação conhecida tornará válida a indução aplicada aos números naturais.

(3) *Indução inválida como princípio lógico* — É óbvio que, se nos for permitido selecionar nossa classe β como bem quisermos, poderemos facilmente garantir que nossa indução venha a falhar. Sejam a_1, a_2, ... a_n os membros de α até aqui observados, todos os quais descobertos como sendo membros de β, e seja a_{n+1} o membro seguinte de α. No que diz respeito à lógica pura, β poderia consistir apenas dos termos a_1, a_2, ... a_n; ou poderia consistir de tudo no universo, exceto a_{n+1}; ou poderia consistir de qualquer classe intermediária entre os dois. Em qualquer desses casos, a indução para a_{n+1} seria falsa.

É óbvio (alguém pode objetar) que β não deva ser o que se poderia chamar de classe "manufaturada", isto é, uma classe definida em parte por extensão. No tipo de casos contemplados na inferência indutiva, β é sempre uma classe conhecida em intensão, mas não em extensão, exceto no que diz respeito aos membros observados a_1, a_2, ... a_n e outros membros de β que não pertencem a α, como pode acontecer de ter sido observado.

É muito fácil fazer induções obviamente inválidas. Um homem rústico poderia dizer: todo o gado que já vi estava em

Herefordshire, portanto todo gado provavelmente se encontra naquele condado. Ou poderíamos argumentar: nenhum homem que está vivo hoje morreu, portanto todos os homens hoje vivos provavelmente são imortais. As falácias em tais induções são bem óbvias, mas não seriam falácias se a indução fosse um princípio puramente lógico.

É claro, portanto, que, se não quisermos que a indução seja demonstravelmente falsa, a classe β deva ter certas características ou estar relacionada de alguma maneira específica com a classe α. Não estou dizendo que, com essas limitações, o princípio será verdadeiro; estou apenas afirmando que, sem elas, será falso.

(4) No material empírico, os exemplos vêm em uma ordem temporal e, portanto, são sempre seriais. Quando consideramos se a indução é aplicável à aritmética, naturalmente pensamos nos números dispostos em ordem de magnitude. Mas, se nos for permitido arranjá-los como bem quisermos, poderemos obter resultados curiosos; por exemplo, como já vimos, poderemos provar que é infinitamente improvável que um número escolhido ao acaso *não* seja um número primo.

Para a enunciação da indução particular, é essencial que haja um exemplo *subsequente*, o que demanda um arranjo serial.

Se quisermos que haja alguma plausibilidade na indução geral, deve nos ser dado que os *primeiros n* membros de α sejam membros de β, e não apenas que α e β tenham n membros em comum. Isso, uma vez mais, demanda um arranjo serial.

(5) Admitindo-se que se aceite que, se quisermos que uma inferência indutiva seja válida, deva existir alguma relação entre α e β, ou alguma característica de uma delas em virtude da qual seja válida, fica claro que essa relação deve se dar entre *intensões*, por exemplo, entre "humano" e "mortal", ou entre "ruminante"

e "casco bipartido". Procuramos inferir uma relação de extensão, mas não conhecemos originalmente as extensões de α e β quando estamos lidando com classes dadas empiricamente, das quais os novos membros se tornam conhecidos de tempos em tempos. Todo mundo admitiria que "cães ladram" é uma boa indução; esperamos uma correlação entre a aparência visual de um animal e o ruído que ele produz. Essa expectativa é, por certo, o resultado de uma outra indução mais ampla, mas não é esse o ponto que me interessa neste momento. O que me interessa é a correlação entre um tipo de formato e um tipo de ruído, ambos intensões, e o fato de certas intensões nos parecerem mais prováveis de serem indutivamente relacionadas que outras.

(6) Esse ponto é óbvio. Se o universo é finito, a enumeração completa é teoricamente possível e, antes que ela tenha sido alcançada, o cálculo ordinário da probabilidade demonstrará que uma indução é provavelmente válida. Mas, na prática, essa consideração não tem importância, por causa da desproporção entre o número de coisas que conseguimos observar e o número de coisas no universo.

Voltemos agora ao princípio geral, relembrando que temos de procurar alguma limitação que o torne possivelmente válido. Tomemos, primeiramente, a indução particular. Ela diz que, se uma seleção aleatória de n membros de α consistir inteiramente de membros de β, será provável que o membro subsequente de α seja um β, isto é, que a maioria dos αs remanescentes sejam βs. Isso, por si mesmo, precisa ser apenas provável. Poderemos supor que α seja uma classe finita com (digamos) N membros. Destes, sabemos que pelo menos n são membros de β. Se o número total de membros de α que são membros de β é m, o número total de modos de se escolher n termos é $\frac{N!}{n!\,(N-n)!}$,[2] e o número total de modos de se escolher n termos que sejam αs é $\frac{m!}{n!\,(m-n)!}$. Portanto, a chance de se fazer uma seleção que consista inteiramente de αs é

$$\frac{m!\,(N-n)!}{N!\,(m-n)!}$$

Se p_m é a probabilidade *a priori* de m ser o número de termos comuns a α e β, então a probabilidade depois da experiência é

$$p_m \cdot \frac{m!\,(N-n)!}{N!\,(m-n)!} \bigg/ \sum_{1}^{N} p_m \cdot \frac{m!\,(N-n)!}{N!\,(m-n)!}$$

Chamemos isso de q_m.

Se o número de membros comuns a α e β é m, então, depois de retirarmos n membros de α que sejam membros de β, restarão $m-n$ que serão βs e $N-n$ que não serão βs. Por conseguinte, da hipótese de α e β terem m membros em comum, obtemos uma probabilidade $q_m \cdot \frac{m-n}{N-n}$ de outro β. A probabilidade total é, portanto,

$$\sum_{n}^{N} q_m \cdot \frac{m-n}{N-n}$$

O valor disso depende inteiramente do valor de p_m, o qual não há nenhum modo válido de estimar. Se supusermos, com Laplace, que todo valor de m é igualmente provável, obteremos o resultado de Laplace, que a chance de o α seguinte ser β é $\frac{n+1}{n+2}$. Se admitirmos que, *a priori*, cada α tem probabilidade igual de ser β e de não ser β, obteremos o valor 1/2. Mesmo com a hipótese

---

2 "N!" significa o produto de todos os números de 1 a N.

de Laplace, a indução *geral* tem apenas uma probabilidade $\frac{n+1}{N+1}$, que geralmente é pequena.

Precisamos, portanto, de alguma hipótese que torne p_m grande quando *m* está próximo de N. Para que isso tenha alguma chance de validade, terá de depender da natureza das classes α e β.

C. Tratamento matemático da indução

Desde os tempos de Laplace, fizeram-se várias tentativas de se demonstrar que a verdade provável de uma inferência indutiva decorre da teoria matemática da probabilidade. Hoje, geralmente se concorda que todas essas tentativas foram malsucedidas e que, se os argumentos indutivos tiverem de ser válidos, isso se dará em virtude de alguma característica extralógica do mundo real, em oposição aos vários mundos logicamente possíveis que o lógico consegue contemplar.

O primeiro de tais argumentos se deve a Laplace. Em sua forma válida e puramente matemática, diz o seguinte:

Existem $n+1$ sacolas, similares na aparência externa, cada uma contendo *n* bolas. Na primeira, todas as bolas são pretas; na segunda, uma é branca e as demais são pretas; na $(r+1)^a$ sacola, *r* são brancas e as demais são pretas. Seleciona-se uma dessas sacolas, cuja composição é desconhecida, e delas são tiradas *m* bolas. Revela-se que todas são brancas. Qual é a probabilidade (*a*) de a próxima bola tirada ser branca e (*b*) de termos escolhido a sacola que consiste inteiramente de bolas brancas?

A resposta é: (*a*) a chance de a próxima bola ser branca é $\frac{m+1}{m+2}$; (*b*) a chance de termos escolhido a sacola na qual todas as bolas são brancas é $\frac{m+1}{n+1}$.

Esse resultado válido tem uma interpretação direta na teoria da frequência finita. Mas Laplace infere que, se for constatado que m As são Bs, a chance de que o próximo A seja B é $\frac{m+1}{m+2}$, e a chance de que todo A seja B é $\frac{m+1}{n+1}$. Ele chega a esse resultado supondo que, dados n objetos sobre os quais nada sabemos, as probabilidades de que 0, 1, 2, ... n deles sejam Bs são todas iguais. Trata-se, é claro, de uma suposição absurda. Se a substituirmos pela suposição um pouco menos absurda de que cada um dos objetos tem chance igual de ser B ou não B, a probabilidade de o próximo A ser B permanecerá 1/2, por maior que seja o número de As descobertos como Bs.

Mesmo que seu argumento seja aceito, a indução geral continua sendo improvável se n for muito maior que m, embora a indução particular possa se tornar altamente provável. Mas, na verdade, seu argumento é apenas uma curiosidade histórica.

Keynes, em seu *Treatise on Probability*, fez o melhor que podia pela indução em linhas puramente matemáticas e concluiu que isso era inadequado. Seu resultado foi o seguinte:

Seja g uma generalização, x_1, x_2, ... os exemplos observados favoráveis a ela e h as circunstâncias gerais naquilo que são relevantes.

Admitamos

$$x_1/h = x_2/h = \text{etc.}$$

Coloquemos

$$p_n = g/h\, x_1\, x_2 ... x_n.$$

Assim, p_n é a probabilidade da indução geral depois de n exemplos favoráveis. Escrevamos $\bar{g}$ para a negação de g e p_0 para g/h, a probabilidade *a priori* da generalização. Então,

$$p_n = \frac{p_0}{p_0 + x_1 x_2 \ldots x_n / g h \, (1 - p_0)}$$

À medida que *n* aumenta, isso se aproxima de 1 como limite se

$$\frac{x_1 x_2 \ldots x_n / g h}{p_0}$$

aproxima-se de zero como limite; e isso acontece se houver quantidades infinitas ε e η tais que, para todos *rs* suficientemente grandes,

$$x_r / x_1 x_2 \ldots x_{r-1} \bar{g} h < 1 - \varepsilon \text{ e } p_0 > \eta$$

Consideremos essas duas condições. A primeira diz que há uma quantidade $1 - \varepsilon$, menor que 1, tal que, se a generalização for falsa, a probabilidade de o exemplo seguinte ser favorável será sempre, depois de um certo número de exemplos favoráveis, menor que isso. Tomemos, como exemplo de sua falha, a generalização "todos os números são não primos". À medida que avançamos na série numeral, os números primos vão ficando mais raros e a chance de o próximo número, depois de *r* não primos, ser também não primo aumenta, aproximando-se da certeza como limite se *r* se mantiver constante. Essa condição, portanto, pode falhar.

Mas a segunda condição, que *g* deva, antes do começo da indução, ter uma probabilidade maior que alguma probabilidade finita, é mais difícil. Em geral, é difícil ver qualquer maneira pela qual se possa estimar essa probabilidade. Qual seria a probabilidade de "todos os cisnes serem brancos" para uma pessoa que jamais viu um cisne nem ouviu nada a respeito de sua cor?

Tais questões são obscuras e vagas, e Keynes reconhece que elas tornam seu resultado insatisfatório.³

Há uma hipótese simples que forneceria a probabilidade finita que Keynes deseja. Vamos supor que o número de coisas no universo seja finito, digamos N. Seja β uma classe de n coisas e seja α uma seleção aleatória de m coisas. Então, o número de αs possíveis será

$$\frac{N!}{m!\,(N-m)!},$$

e o número daquelas que estarão contidas em β será

$$\frac{n!}{m!\,(n-m)!}.$$

Por conseguinte, a chance de "todos os αs serem βs" será

$$\frac{n!\,(N-m)!}{N!\,(n-m)!}$$

que é finita. Isso quer dizer que toda generalização para a qual não contamos com evidências tem uma chance finita de ser verdadeira.

Temo, porém, que, se N for tão grande quanto Eddington afirmou, o número de exemplos favoráveis exigidos para tornar uma generalização indutiva provável em alto grau ficará muito além do que se pode alcançar na prática. Portanto, essa saída, ainda que excelente na teoria, não servirá para justificar a prática científica.

A indução nas ciências avançadas se dá por meio de um sistema um tanto diferente daquele da simples enumeração. Primeiro, há

---

3 Voltarei a esse assunto na Sexta Parte, Capítulo 2.

um corpo de fatos observados, depois, uma teoria geral consistente com todos eles e, então, inferências a partir da teoria que a observação subsequente confirma ou refuta. Aqui, a argumentação depende do princípio da probabilidade inversa. Seja p uma teoria geral, h os dados previamente conhecidos e q um novo dado experimental relevante para p. Então

$$p/q\,h = \frac{(p/h) \cdot (q/p\,h)}{q/h}$$

No caso mais importante, q decorre de p e h, de modo que $q/p\,h = 1$. Nesse caso, portanto,

$$p/q\,h = \frac{p/h}{q/h}$$

Segue-se que, se q/h é muito pequeno, a verificação de q aumenta consideravelmente a probabilidade de p. Isso, porém, não acarreta as consequências que se poderiam esperar. Temos, substituindo "não-p" por "$\bar{p}$"

$$q/h = pq/h + \bar{p}q/h = p/h + \bar{p}q/h$$

porque, dado h, p implica q. Assim, se

$$y = \frac{\bar{p}q/h}{p/h},$$

temos

$$p/q\,h = \frac{1}{1+y}$$

Isso será uma alta probabilidade se y for pequeno. Duas circunstâncias podem fazer y ser pequeno: (1) se p/h for grande,

(2) se $\bar{p}\,q/h$ for pequeno, isto é, se q for improvável quando p for falso. As dificuldades para estimar esses dois fatores são quase as mesmas que aparecem na discussão de Keynes. Para obtermos uma estimativa de p/h, precisaremos de alguma maneira de avaliar a probabilidade de p antes da evidência especial que o sugeriu, e não é fácil ver como se pode fazê-lo. A única coisa que parece clara é que, se uma lei sugerida quiser ter uma probabilidade apreciável antes de qualquer evidência a seu favor, isso se dará em virtude de um princípio que assegure que *alguma* lei simples esteja fadada a ser verdadeira. Mas essa é uma questão difícil, à qual voltarei em um estágio posterior.

Em certos casos, é mais viável estimar aproximadamente a probabilidade de $\bar{p}\,q/h$. Tomemos o caso da descoberta de Netuno. Nesse caso, p é a lei da gravitação, h são as observações dos movimentos planetários antes da descoberta de Netuno e q é a existência de Netuno em um lugar onde os cálculos demostraram que o planeta deveria estar. Assim, $\bar{p}\,q/h$ é a probabilidade de que Netuno estaria onde estava, dado que a lei da gravitação era falsa. Aqui, precisamos fazer uma ressalva quanto ao sentido no qual devemos usar a palavra "falsa". Não seria correto dizer que a teoria de Einstein demonstrou que a de Newton era "falsa" no sentido relevante. Todas as teorias científicas quantitativas, quando enunciadas, devem ser enunciadas com uma margem de erro; quando isso é feito, a teoria da gravitação de Newton permanece verdadeira para os movimentos planetários.

O argumento seguinte parece promissor, mas, na verdade, não é válido.

Em nosso caso, à parte p ou alguma outra lei geral, h é irrelevante para q, o que quer dizer que as observações dos outros planetas não tornam a existência de Netuno nem mais, nem menos provável do que antes. Quanto às outras leis, a de Bode poderia ser vista como aquela que tornaria mais ou menos provável a existência de um planeta com mais ou menos a mesma órbita de Netuno, mas não indicaria a parte dessa órbita onde o planeta estaria em determinada data. Se admitirmos que a lei de Bode e qualquer outra lei relevante, exceto a da gravitação, conferem a probabilidade x à hipótese de um planeta que tenha mais ou menos a órbita de Netuno e se supusermos que a posição aparente de Netuno foi calculada com uma margem de erro θ, então a probabilidade de Netuno ser encontrado onde estava seria de $\theta/2\pi$. Ora, θ era muito pequeno, e não se pode dizer que x fosse grande. Portanto, $\bar{p}\,q/h$, que era $x\theta/2\pi$, certamente era muito pequeno. Suponhamos que tomemos x como sendo 1/10 e θ como sendo 6 minutos, então

$$\bar{p}\,q/h = \frac{1}{10} \cdot \frac{1}{3.600} = \frac{1}{36.000}$$

Portanto, se admitirmos que $p/h = 1/36$, teremos $y = 1/1.000$ e

$$p/q\,h = \frac{1.000}{1.001}$$

Assim, mesmo que, antes da descoberta de Netuno, a lei da gravitação fosse tão improvável quanto um duplo seis no lance de dados, depois ela teve probabilidades de 1.000 para 1 a seu favor.

Esse argumento, estendido a todos os fatos observados nos movimentos planetários, aparentemente demonstra que, mesmo se a lei da gravitação tivesse uma probabilidade muito pequena no tempo em que foi enunciada pela primeira vez, logo se tornaria virtualmente certa. Mas o argumento em nada nos ajuda a medir essa probabilidade inicial e, portanto, não conseguiria, mesmo se válido, nos dar uma base firme para a inferência teórica a partir da observação até a teoria.

Além disso, o argumento acima é passível de objeção, em vista do fato de a lei da gravitação não ser a única lei que levaria à expectativa de Netuno estar onde estava. Suponhamos que a lei da gravitação tenha sido verdadeira até o tempo t, em que t é qualquer momento subsequente à descoberta de Netuno; então, ainda teríamos $q/p'h = 1$, em que p' é a hipótese de que a lei era verdadeira até o tempo t. Havia, portanto, melhor razão para se esperar a descoberta de Netuno do que por mero acaso, ou do acaso conjugado com a lei de Bode. O que se apresentava como altamente provável era que a lei se mantivesse até então. Inferir que ela se manteria no futuro requisitava um princípio não derivável de nada na teoria matemática da probabilidade. Essa consideração destrói toda a força do argumento indutivo para teorias gerais, a menos que o argumento seja reforçado por algum princípio tal como se supõe ser a uniformidade da natureza. Aqui, uma vez mais, percebemos que a indução precisa do apoio de algum princípio extralógico geral que não se baseie na experiência.

D. A teoria de Reichenbach

A peculiaridade da teoria da probabilidade de Reichenbach é que a indução se encontra envolvida na própria definição de uma probabilidade. Sua teoria é a seguinte (em forma um tanto simplificada):

Dada uma série estatística, como a das estatísticas demográficas, e dadas duas classes sobrepostas α e β às quais pertençam alguns membros da série, muitas vezes verificamos que, quando o número de itens é grande, a porcentagem de membros de β que são membros de α permanece aproximadamente constante. Suponhamos que, quando o número de itens excede (digamos) 10.000, descubra-se que a proporção de βs registrados que sejam αs nunca se afasta de m/n e que essa fração racional se encontra mais próxima que qualquer outra da média das proporções observadas. Fazemos, então, a "suposição" de que, por mais que se prolongue a série, a proporção permanecerá sempre próxima a m/n. Definimos a probabilidade de β ser um α como o limite da frequência observada quando o número de observações aumenta indefinidamente e, em virtude de nossa "suposição", assumimos que esse limite existe e se encontra próximo a m/n, sendo m/n a frequência observada na maior amostra que se pode obter.

Reichenbach afirma com ênfase que nenhuma proposição é certa; todas são apenas prováveis em vários graus, e toda probabilidade é o limite de uma frequência. Ele admite que, em consequência dessa doutrina, os itens pelos quais se calcula a frequência são, eles próprios, apenas prováveis. Tomemos, por exemplo, a taxa de mortalidade: quando um homem é tido como morto, pode ser que ele ainda esteja vivo e, portanto, todo item da estatística de mortalidade é duvidoso. Isso significa que, por definição, o registro de uma morte deve fazer parte de uma série de registros, alguns corretos, outros equivocados. Mas aqueles que tomamos por corretos são apenas provavelmente corretos e devem ser membros de alguma série nova. Reichenbach admite tudo isso, mas diz que, em algum estágio, interrompemos essa regressão infinita e adotamos aquilo que ele chama de "suposição cega".[4] Uma "suposição cega" é a decisão de se tratar alguma proposição como verdadeira, ainda que não tenhamos bons fundamentos para fazê-lo.

Nessa teoria há dois tipos de "suposições cegas", a saber: (1) os últimos itens da série estatística que escolhemos ver como fundamental; (2) a suposição de que a frequência encontrada em um número finito de observações permanecerá aproximadamente constante por mais que se aumente o número de observações. Reichenbach considera sua teoria completamente empírica, pois não afirma que suas "suposições" sejam verdadeiras.

Agora não estou preocupado com a teoria geral de Reichenbach, a qual foi examinada em um capítulo anterior. Estou interessado apenas na sua teoria da indução. A essência de sua teoria é a seguinte: se sua suposição indutiva é verdadeira, a predição é possível; caso contrário, não é. Por conseguinte, o único modo pelo qual podemos obter qualquer probabilidade em favor de uma predição e não de outra é supor que sua suposição seja verdadeira. Não tratarei de negar que alguma suposição seja necessária se quisermos que haja alguma probabilidade em favor de predições, mas tratarei, sim, de negar que a suposição necessária seja a de Reichenbach.

Sua suposição é a seguinte: dadas duas classes quaisquer α e β e dado que os exemplos de α se apresentem em uma sequência temporal. Se for verificado que, depois de se examinar um número suficiente de αs, a proporção de αs que são βs permanece mais ou menos m/n, então essa proporção continuará a mesma, por mais que sejam os exemplos de α subsequentemente observados.

---

4 *Experience and Prediction*, p.401.

Podemos observar, em primeiro lugar, que essa suposição é apenas em aparência mais geral que aquela que se aplica ao caso em que *todos* os αs observados são βs. Pois, na hipótese de Reichenbach, todo segmento da série de αs tem a propriedade de cerca de m/n de seus membros serem βs, e essa suposição mais especializada pode se aplicar aos segmentos. Podemos, portanto, nos limitar à suposição mais especializada.

A suposição de Reichenbach, por conseguinte, equivale a: quando já se observou um grande número de αs e se constatou que todos eles são βs, devemos supor que quase todos os αs são βs. Essa suposição é necessária (sustenta ele) para a *definição* de probabilidade e para todas as predições científicas.

Penso que se pode demonstrar que essa suposição é falsa. Suponhamos que $a_1, a_2, \ldots a_n$ sejam membros de α que foram observados e constatados como pertencentes a uma certa classe β. Suponhamos que a_{n+1} é o próximo α a ser observado. Se ele for um β, substituímos a classe β pela classe que consiste de β sem a_{n+1}. Para essa classe, a indução falha. Esse tipo de argumento é obviamente aberto à extensão. Segue-se que, se quisermos que a indução tenha alguma chance de validação, α e β não devem ser classes *quaisquer*, mas, sim, classes que tenham certas propriedades ou relações. Não quero dizer que a indução *deva* ser válida quando exista uma relação adequada entre α e β, mas apenas que, nesse caso, ela *poderá* ser válida, ainda que possa se provar falsa em sua forma geral.

Poderia parecer evidente que α e β não devem ser aquilo que se pode chamar de classes "manufaturadas". Eu chamaria β sem a_{n+1} de classe "manufaturada". Falando em linhas gerais, entendo por "manufaturada" uma classe que seja definida, pelo menos em parte, ao se mencionar que tal termo é, ou não é, seu membro.

Assim, "humanidade" não é uma classe manufaturada, mas "toda a humanidade à exceção de Sócrates" é. Se $a_1, a_2, \ldots a_{n+1}$ são $n+1$ membros de a primeiramente observados, então $a_1, a_2, \ldots a_n$ têm a propriedade de não serem a_{n+1}, mas não devemos inferir indutivamente que a_{n+1} tenha essa propriedade, não importa quão grande n possa ser. As classes α e β devem ser definidas por intensão, não por menção a seus membros. Qualquer relação que justifique a indução deve ser uma relação de *conceitos* e, como diferentes conceitos podem definir a mesma classe, pode acontecer que haja dois conceitos que estejam indutivamente relacionados e definam respectivamente α e β, enquanto outros dois conceitos, que também definam α e β, não estejam indutivamente relacionados. Por exemplo: pode ser permissível inferir da experiência que bípedes implumes sejam mortais, mas não que seres racionais que vivem na Terra o sejam, a despeito do fato de os dois conceitos definirem a mesma classe.

A lógica matemática, como desenvolvida até aqui, sempre almeja ser tão extensional quanto possível. Esta talvez seja uma característica mais ou menos acidental, que resulta da influência da aritmética sobre os pensamentos e propósitos dos lógicos matemáticos. O problema da indução, ao contrário, demanda tratamento baseado nas intensões. As classes α e β que ocorrem em uma inferência indutiva são, é verdade, dadas em extensão no que diz respeito aos exemplos observados de $a_1, a_2, \ldots a_n$, mas, além desse ponto, ainda é essencial que ambas as classes sejam conhecidas apenas em intensão. Por exemplo: α pode ser a classe de pessoas em cujo sangue há certos bacilos e β a classe de pessoas que apresentam certos sintomas. É da essência da indução que as extensões dessas duas classes não sejam conhecidas de antemão. Na prática, consideramos que vale a pena testar certas induções, mas não outras, e parecemos nos guiar por um sentimento a respeito dos tipos de intensões que provavelmente estão conectadas.

A suposição de Reichenbach quanto à indução é, portanto, geral demais e extensional demais. Algo mais limitado e compreensivo é necessário para que ela não seja demonstravelmente falsa.

Há que se dizer algumas palavras acerca da teoria de Reichenbach sobre os diferentes níveis de frequência que levam a um conjunto de probabilidades que são "suposições cegas". Isto está ligado à sua doutrina segundo a qual, na lógica, a probabilidade deve substituir a verdade. Examinemos a teoria com um exemplo: a chance de que um inglês de sessenta anos de idade venha a falecer dentro de um ano.

O primeiro estágio é bem claro: aceitando-se os registros como corretos, dividimos o número dos que morreram no último ano pelo número total. Mas agora nos lembramos de que cada item da estatística pode estar errado. Para estimarmos a probabilidade disso, precisamos obter algum conjunto de estatísticas similares que tenha sido cuidadosamente examinado e, então, descobrir qual é a porcentagem de erros que continha. Em seguida, nos lembramos de que as pessoas que pensaram ter identificado erros podiam estar erradas e nos pomos a trabalhar para conseguir estatísticas a respeito de erros sobre erros. Em algum estágio dessa regressão, temos de parar; onde quer que paremos, aí estabelecemos convencionalmente um "peso" que presumivelmente será ou a certeza ou a probabilidade que achamos que teria resultado se continuássemos nossa regressão por mais um estágio.

Existem várias objeções a esse procedimento quando considerado como uma teoria do conhecimento.

Para começar, os últimos estágios da regressão normalmente são muito mais difíceis e incertos que os primeiros; não é provável, por exemplo, que alcancemos, em uma estimativa de erros presentes nas estatísticas oficiais, o mesmo grau de exatidão alcançado por essas mesmas estatísticas.

Em segundo lugar, as suposições cegas com que temos de começar são uma tentativa de conseguir o melhor de dois mundos: elas servem ao mesmo propósito que, em meu sistema, é atendido pelos dados, os quais podem ser errôneos, mas, ao chamá-las de "suposições", Reichenbach procura se eximir da responsabilidade de considerá-las "verdadeiras". Não consigo ver os motivos que o levam a fazer uma suposição em vez de outra, a não ser o fato de ele pensar que é mais provável que seja "verdadeira"; e, como isso, segundo ele mesmo confessa, não quer dizer (quando estamos no estágio das suposições cegas) que exista alguma frequência conhecida que torne a suposição provável, ele se compromete com algum outro critério que não a frequência para escolher entre as hipóteses. O que pode ser esse critério, isso ele não nos diz, porque não percebe sua necessidade.

Em terceiro lugar, quando abandonamos a necessidade puramente prática das suposições cegas para encerrar a regressão infinita, e consideramos aquilo que, na pura teoria, Reichenbach talvez queira dizer com probabilidade, nós nos vemos envoltos em inextricáveis complicações. No primeiro nível, dizemos que a probabilidade de um α ser β é m_1/n_1; no segundo nível, atribuímos a essa afirmação uma probabilidade m_2/n_2, incluindo-a em alguma série de afirmações similares; no terceiro nível, atribuímos uma probabilidade m_3/n_3 à afirmação de que há uma probabilidade m_2/n_2 em favor de nossa primeira probabilidade m_1/n_1; e assim continuamos para sempre. Se essa regressão infinita pudesse ser levada a cabo, a última probabilidade em favor da exatidão de nossa estimativa inicial m_1/n_1 seria um produto infinito

$$\frac{m_2}{n_2} \cdot \frac{m_3}{n_3} \cdot \frac{m_4}{n_4} \ldots$$

que se pode esperar que seja zero. Pode parecer, portanto, que, mesmo escolhendo a estimativa mais provável no primeiro nível, teremos quase certeza de estarmos errados; mas, em geral, essa continuará sendo nossa melhor estimativa.

É intolerável a regressão infinita na própria definição de provável. Se quisermos evitá-la, devemos admitir que cada item de nossa estatística original é ou verdadeiro ou falso e que o valor m_1/n_1 obtido para nossa primeira probabilidade ou está correto ou está errado; na verdade, devemos aplicar a dicotomia verdadeiro-ou-falso aos juízos de probabilidade de maneira tão absoluta quanto a qualquer outro juízo. A posição de Reichenbach, enunciada em sua totalidade, é a seguinte:

Há uma proposição p_1, digamos, "este α é um β".
Há uma proposição p_2, dizendo que p_1 tem a probabilidade x_1.
Há uma proposição p_3, dizendo que p_2 tem a probabilidade x_2.
Há uma proposição p_4, dizendo que p_3 tem a probabilidade x_3.

Essa série é infinita e leva (é de se supor) a uma proposição-limite que é a única que temos o direito de afirmar. Mas não vejo como essa proposição-limite possa ser expressa. O problema é que, no que diz respeito a todos os membros da série que vêm antes dela, não temos razão, segundo os princípios de Reichenbach, para considerá-los mais prováveis de serem verdadeiros que falsos; na verdade, eles não têm nenhuma probabilidade que possamos estimar.

Concluo que a tentativa de dispensar os conceitos "verdadeiro" e "falso" resulta em fracasso e que os juízos de probabilidade não são essencialmente diferentes dos demais juízos, pois se enquadram igualmente dentro da dicotomia absoluta verdadeiro-falso.

E. Conclusões

Desde os tempos de Hume, a indução vem exercendo um papel tão grande nas discussões acerca do método científico que é importante esclarecer o que os argumentos apresentados aqui estabeleceram (se não estou equivocado).

Primeiro: não há nada na teoria matemática da probabilidade que nos justifique considerar como provável uma indução particular ou geral, por maior que seja o número de exemplos favoráveis verificados.

Segundo: se não se limitar o caráter intensional da definição das classes A e B envolvidas em uma indução, será possível demonstrar que o princípio de indução é não apenas duvidoso, mas falso. Isso quer dizer, dado que n membros de uma certa classe A pertençam a uma outra classe B, que os valores de "B" para os quais o membro seguinte de A não pertence a B são mais numerosos que os valores para os quais o membro seguinte pertence a B, a menos que n fique pouco aquém do número total de coisas no universo.

Terceiro: aquilo que se chama "indução hipotética", na qual alguma teoria geral é vista como provável porque todas as suas consequências até então observadas se mostraram verificáveis, não difere em nenhum aspecto essencial da indução por simples enumeração. Pois, se *p* é a teoria em questão, A a classe de fenômenos relevantes e B a classe de consequências de *p*, então *p* equivale a "todo A é B", e a evidência para *p* é obtida por simples enumeração.

Quarto: se quisermos que um argumento indutivo chegue a ser válido, o princípio indutivo deve ser enunciado com alguma limitação até agora não descoberta. Na prática, o senso comum científico procura evitar vários tipos de indução, acertadamente, penso eu. Mas até agora não se formulou de maneira explícita o que guia o senso comum científico.

Quinto: as inferências científicas, se forem válidas de modo geral, devem sê-lo em virtude de alguma lei ou leis da natureza que afirmem uma propriedade sintética do mundo real, ou várias dessas propriedades. Não se pode tornar nem mesmo provável, por nenhum argumento oriundo da experiência, a verdade das proposições que afirmam tais propriedades, pois tais argumentos, quando vão além da experiência até então registrada, dependem desses mesmos princípios em questão para serem validados.

Resta indagar quais são esses princípios e em que sentido, se houver algum sentido, podemos dizer que os conhecemos.

Sexta parte
Postulados da inferência científica

1.
Tipos de conhecimento

Ao procurarmos os postulados da inferência científica, encontramos dois tipos de problema. Por um lado, existe a análise daquilo que é geralmente aceito como inferência válida, com o objetivo de descobrir quais princípios estão envolvidos; essa indagação é puramente lógica. Por outro lado, existe a dificuldade de haver, *prima facie*, pouca razão para se supor que esses princípios sejam verdadeiros e menos ainda para se supor que sejam *conhecidos* como verdadeiros. Penso que a questão sobre qual o sentido, se houver, sob o qual esses princípios podem ser conhecidos requer uma análise do conceito de "conhecimento". Muitas vezes se trata esse conceito como se seu significado fosse óbvio e unitário. Minha crença pessoal é que muitas dificuldades e controvérsias filosóficas surgem da percepção insuficiente acerca da diferença que existe entre os diferentes tipos de conhecimento e da imprecisão e incerteza que caracterizam a maior parte daquilo que acreditamos conhecer. Há uma outra coisa que é importante relembrar sempre que se discutem conceitos mentais: nossa continuidade evolucionária a partir dos animais inferiores. Não se deve definir o "conhecimento", em particular, de uma maneira que suponha um abismo intransponível entre nós e nossos antepassados que não tiveram a vantagem da linguagem.

Aquilo que se passa por conhecimento tem dois tipos: primeiro, conhecimento dos fatos; segundo, conhecimento das conexões gerais entre os fatos. Muito ligada a essa distinção existe uma outra: o conhecimento que pode ser descrito como "espelhado" e o conhecimento que consiste na capacidade de agir. As mônadas de Leibniz "espelham" o universo e, nesse sentido, o "conhecem"; mas, como as mônadas nunca interagem, elas não podem "agir" sobre nada externo a si mesmas. Este é o extremo lógico de uma concepção de "conhecimento". O extremo lógico da outra concepção é o pragmatismo, que foi pela primeira vez promulgado por Marx em suas *Teses contra Feuerbach* (1845):

> A questão sobre se a verdade objetiva pertence ao pensamento humano não é uma questão de teoria, mas de prática. A verdade, isto é, a realidade e o poder, do pensamento deve ser demonstrada na prática [...]. Os filósofos apenas *interpretaram* o mundo de várias maneiras, mas a verdadeira tarefa é *transformá-lo*.

Essas duas concepções, a de Leibniz e a de Marx, são, a meu ver, incompletas. Falando em linhas muito gerais e aproximadas, a primeira é aplicável ao conhecimento dos fatos e a segunda, ao conhecimento das conexões gerais entre os fatos. Estou me referindo, em cada caso, ao conhecimento não inferencial. Nossas indagações acerca da probabilidade nos mostraram que deve haver conhecimento não inferencial, não apenas dos fatos, mas também das conexões entre os fatos.

Nosso conhecimento dos fatos, quando se trata de conhecimento não inferencial, tem duas fontes: sensação e memória.

Dessas duas, as sensações são as mais fundamentais, uma vez que só conseguimos nos lembrar daquilo que foi uma experiência sensível. Mas, ainda que a sensação seja uma *fonte* de conhecimento, ela não é, sem si mesma, em nenhum sentido usual, conhecimento. Quando falamos de "conhecimento", geralmente indicamos uma distinção entre o que conhece e o que é conhecido, mas, na sensação, essa distinção não existe. A "percepção", como a palavra é empregada pela maioria dos psicólogos, é da natureza do conhecimento, mas o é por causa dos acréscimos que são feitos à sensação pura pela experiência ou, possivelmente, por disposições congênitas. Mas tais acréscimos só podem contar como "conhecimento" se existem conexões entre a sensação e os outros fatos exteriores ao meu estado mental momentâneo, e essas conexões devem estar adequadamente ligadas à conexão entre a sensação pura e o resto do estado mental chamado "percepção". A passagem da sensação à percepção envolve, portanto, conexões entre os fatos, e não apenas os fatos. Mas as envolve apenas se a percepção for encarada como uma forma de conhecimento; como ocorrência psicológica, a percepção é um mero fato, mas um fato que pode não ser verídico no que diz respeito àquilo que acrescenta à sensação. Só será verídico se houver certas conexões entre os fatos, isto é, entre a aparência visual do ferro e a sensação de rigidez.

A memória é o exemplo mais puro de conhecimento espelho. Quando me lembro de uma peça de música ou do rosto de um amigo, meu estado de espírito se assemelha, embora com uma diferença, àquilo que era quando ouvi a música ou vi o rosto. Se tenho habilidade suficiente, posso tocar a música ou pintar o rosto de memória e, então, comparar minha execução ou minha pintura com o original, ou com alguma coisa que eu tenha razão em acreditar que seja mais próxima ao original. Mas confiamos em nossa memória até certo ponto, mesmo que ela não passe no teste. Se nosso amigo aparece com o olho roxo, nós dizemos "como você se machucou?" e não "eu havia me esquecido que você tinha um olho roxo". Os testes de memória, como já tivemos chance de observar, são apenas confirmações; um considerável grau de credibilidade se liga à memória por conta própria, particularmente se ela for vívida e recente.

Uma memória é precisa não em proporção ao auxílio que fornece para lidar com os fatos presentes e futuros, mas em proporção à sua semelhança com o fato passado. Quando, depois de cinquenta anos, Herbert Spencer viu a dama que amara na juventude e a quem ainda imaginava jovem, foi exatamente a precisão de sua memória que o incapacitou de lidar com o fato presente. No que diz respeito à memória, a definição de "verdade" e, portanto, de "conhecimento", reside na semelhança entre a imaginação presente e a experiência sensível do passado. A capacidade de lidar com fatos presentes e futuros pode ser confirmatória em certas circunstâncias, mas jamais conseguirá *definir* o que queremos dizer quando afirmamos que certa memória é "conhecimento".

A sensação, a percepção e a memória são experiências essencialmente pré-verbais; podemos supor que nos animais não sejam muito diferentes do que são em nós mesmos. Quando chegamos ao conhecimento expresso em palavras, parecemos inevitavelmente perder algo da particularidade da experiência que procuramos descrever, pois todas as palavras fazem classificações. Mas existe aqui um ponto importante que é necessário enfatizar: ainda que, em certo sentido, as palavras façam classificações, a pessoa que as usa não precisa fazê-lo. Uma criança aprende a responder a estímulos de certo tipo com a palavra "gato"; trata-se de uma lei causal, análoga ao fato de que um fósforo responde a certo tipo de estímulo acendendo. Mas o fósforo não classifica o estímulo como "inflamável", e a criança não precisa classificar o estímulo quando responde com a palavra "gato". Na verdade, se não nos dermos conta de que o uso de uma palavra como "gato" não *pressupõe* classificação, cairemos em uma regressão infinita. Ninguém pode articular duas vezes um mesmo exemplo da palavra "gato"; a classificação dos vários exemplos como exemplos da palavra é um processo exatamente análogo ao da classificação dos animais como instâncias de uma espécie. Na verdade, a classificação é, portanto, posterior aos primórdios da linguagem. Tudo o que está envolvido na atividade original e que parece classificação é mais uma similaridade nas respostas a certos estímulos que nos estímulos em si. Duas ocorrências da palavra "animal" são mais similares que um rato e um hipopótamo. É por isso que a linguagem nos auxilia quando queremos considerar aquilo que todos os animais têm em comum.

Quando tenho uma imagem-memória de algum evento, o que quero dizer ao chamá-la de "verdadeira" não é, em nenhum grau, convencional. Ela será "verdadeira" na medida em que apresentar a semelhança que uma imagem tem com seu protótipo. E, se a imagem for sentida como uma memória, e não como mera imaginação, ela será "conhecimento" no mesmo grau em que for "verdadeira".

Mas, assim que as palavras entram em jogo, surge um elemento convencional. Uma criança, ao ver uma toupeira, pode dizer "rato"; trata-se de um erro de convenção, como o de ser rude com uma tia. Mas, se uma pessoa que domina a linguagem vir uma toupeira de relance e disser "rato", seu erro não será convencional; se ela tiver outra oportunidade de observação, dirá "não, o que vi na verdade era uma toupeira". Antes que se possa julgar se qualquer afirmação verbal encarna conhecimento ou erro, definições nominais ou ostensivas, devem-se fornecer todas as palavras nela envolvidas. Todas as definições ostensivas e, portanto, todas as definições, são um tanto vagas. Chimpanzés certamente são macacos, mas, no curso da evolução, devem ter existido animais intermediários entre os macacos e os homens. Todo conceito empírico certamente é aplicável a alguns objetos e certamente inaplicáveis a outros, mas, entre uns e outros, existe uma região de objetos duvidosos. No que diz respeito a tais objetos, as afirmações classificatórias podem ser mais ou menos verdadeiras, ou podem estar tão próximas do meio da região duvidosa que seria inútil considerá-las verdadeiras ou falsas.

A técnica científica se preocupa, em grande medida, em diminuir essa área de incerteza. As medições chegam a muitos algarismos significativos e é dado o erro provável. Às vezes, os "tipos naturais" tornam os erros praticamente impossíveis. Neste mundo provavelmente não existe um único animal que não seja indubitavelmente um rato ou indubitavelmente não seja um rato; os casos duvidosos que devem ter aparecido no curso da evolução já não existem. Na física, os átomos pertencem a um número finito de tipos diferentes; "urânio 235" é um conceito sempre aplicável ou inaplicável a dado átomo, sem ambiguidade. Falando de maneira geral, a incerteza que se deve à imprecisão é limitada e manejável e só existe em uma pequena proporção das afirmativas que queremos fazer – pelo menos naquilo em que podemos dispor da técnica científica.

Deixando a imprecisão de lado, o que está em jogo quando fazemos uma pergunta como "tem um rato ali?". Uma sensação visual nos faz acreditar que existe, na direção para a qual estamos olhando, um animal com um passado e um futuro e com as características (além da aparência visual) que constituem para nós a definição da palavra "rato". Se quisermos nos justificar nessa crença muito complexa, deverá haver no mundo exterior conexões entre fatos similares às conexões entre a sensação visual e as crenças que ela causa. Se não existirem essas conexões — se, por exemplo, o rato não for "real", mas, sim, projeção de um filme –, nossas crenças estarão erradas. Dessa maneira, as conexões entre os fatos são relevantes nos julgamentos da verdade ou da falsidade daquilo que poderia passar como juízo da percepção.

Uma parte — mas, a meu ver, não o todo — do que se afirma quando digo "tem um rato ali" consiste de expectativas e expectativas hipotéticas. Pensamos que, se continuarmos a olhar, ou continuaremos a ver o rato ou o veremos se esconder em algum buraco ou rachadura; ficaríamos surpresos se de repente ele desaparecesse no meio do chão, embora isso pudesse ser feito sem maiores dificuldades em um filme. Pensamos que, se o tocarmos, sentiremos a textura de um rato. Pensamos que, se ele se mover, ele se moverá como um rato, e não como um sapo. Se por acaso formos anatomistas, podemos pensar que, se o dissecarmos, encontraremos os órgãos de um rato. Mas, quando digo que "pensamos" todas essas coisas, isso é definido demais. Pensamos nelas só quando alguém nos pergunta; ficaremos surpresos se acontecer algo diferente; mas, em regra, o que pode se desenvolver nesses pensamentos é algo um tanto mais vago e não formulado. Creio que podemos dizer que um objeto percebido normalmente suscita dois tipos de reação: por um lado, certas expectativas mais ou menos subconscientes; por outro, certos impulsos à ação, mesmo que a ação venha a consistir apenas da continuidade da observação. Há um certo grau de conexão entre esses dois tipos de reação. Por exemplo: a observação continuada envolve a expectativa de que o objeto continuará a existir; não temos tal reação diante do clarão de um relâmpago.

Muitas vezes, a expectativa é bem mais definida do que nesses casos que estivemos considerando. Você vê uma porta batendo com o vento e espera ouvir o estrondo. Vê um conhecido se aproximando e espera pelo aperto de mãos. Vê o sol se pondo e espera que ele desapareça no horizonte. Uma grande parte da vida cotidiana é feita de expectativas; se nos encontrássemos em um ambiente tão estranho que não soubéssemos o que esperar, ficaríamos aterrorizados. (Veja as fotografias de manadas de elefantes em fuga ao verem um avião pela primeira vez.) O desejo de saber o que esperar constitui boa parte de nosso amor pelas coisas familiares e também do impulso à investigação científica. Os homens de ciência, quando foram compelidos a viajar, inventaram a homogeneidade do espaço, pois se sentiam desconfortáveis com a ideia de que "não existe nada melhor que nosso lar".

As expectativas, quando refletimos sobre elas, envolvem a crença nas leis causais. Mas, em sua forma primitiva, não parecem envolver tal crença, ainda que sejam verdadeiras apenas no grau em que as leis causais relevantes são verdadeiras. Há três estágios no desenvolvimento da expectativa. No estágio mais primitivo, a presença de A causa expectativa de B, mas sem qualquer consciência da conexão; no segundo estágio, acreditamos que "A está presente, portanto B também estará"; no terceiro, alcançamos a hipótese geral "se A está presente, B também estará". A passagem do segundo estágio para o terceiro não é fácil, de forma alguma;

pessoas sem instrução se deparam com grandes dificuldades com uma hipótese que não se sabe se é verdadeira.

Embora esses três estados de espírito sejam diferentes, a condição para a verdade da crença envolvida é, em geral, a mesma: a existência de uma conexão causal entre A e B. É claro que, na primeira forma, em que a presença de A causa a expectativa de B, pode *acontecer* de B ocorrer por acaso, e a expectativa então irá se verificar; mas isso não acontecerá normalmente, a menos que haja algum grau de conexão entre A e B. Na segunda forma, em que dizemos "A, portanto B", a palavra "portanto" precisa de interpretação, mas, como geralmente compreendida, não se poderia justificá-la, se a conexão entre A e B fosse fortuita e se desse apenas nessa ocasião. Na terceira forma, a lei causal está explicitamente afirmada.

Surge a questão: em que circunstâncias tais crenças podem contar como "conhecimento"? Essa questão se encontra em qualquer tentativa de responder a esta outra questão: "em que sentido conhecemos os postulados da inferência científica necessários?".

Conhecimento, a meu ver, é questão de grau. Podemos não conhecer "certamente A é sempre seguido por B", mas podemos conhecer "provavelmente A é normalmente seguido por B", em que se deve tomar "provavelmente" no sentido de "grau de credibilidade". É nessa forma mais amena que irei indagar em que sentido e até que grau nossas expectativas podem contar como "conhecimento".

Primeiro, devemos considerar o que queremos dizer por "expectativa", relembrando que estamos interessados em algo que possa existir entre animais inferiores e que não pressuponha a linguagem. Ter expectativa é uma forma de acreditar, e muito do que se diz sobre ela se aplica à crença em geral; mas, no presente contexto, o que nos ocupa é somente a expectativa. O estado de expectativa, em suas formas mais enfáticas, é um estado a que todos estão familiarizados. Antes de uma corrida, você aguarda ansiosamente o disparo de revólver que é o sinal da partida. Em uma pedreira onde ocorrem operações com dinamite, você sente uma certa tensão enquanto espera por uma explosão que está para ocorrer. Quando sai para encontrar um amigo em uma estação de trem lotada, você esquadrinha as pessoas com o rosto esperado em sua imaginação. Esses vários estados são, em parte, mentais, em parte, físicos; há um ajuste de músculos e órgãos dos sentidos e, normalmente, também algo imaginado (que pode ser apenas palavras). Em certo momento, ou acontece alguma coisa que lhe dá a sensação de "isso mesmo" ou você tem uma sensação de "que surpresa". No primeiro caso, sua expectativa era "verdadeira"; no segundo, "falsa".

Vários estados físicos e mentais diferentes podem ser todos expectativas de um mesmo evento. Pode haver várias quantidades de imagem, vários graus de ajuste muscular, várias intensidades de adaptação dos órgãos dos sentidos. Quando aquilo que se espera não é nem imediato, nem interessante, a expectativa pode consistir meramente na crença em uma certa sentença no tempo verbal futuro, por exemplo, "haverá um eclipse da lua amanhã à noite". "A expectativa de B" pode ser definida como qualquer estado de espírito e corpo tal que, se B ocorrer no tempo apropriado, teremos a sensação de "isso mesmo" e, se B não ocorrer, teremos a sensação de "que surpresa". Não creio que haja qualquer outra maneira de definir o que existe em comum entre todos os estados que são expectativas de determinado evento.

Já definimos o que torna "verdadeira" a expectativa; ela é "verdadeira" quando seguida pelo sentimento de "isso mesmo". Agora temos de indagar o que faz dela "conhecimento". Como todo caso de conhecimento é um caso de crença verdadeira, mas não vice-versa, temos de indagar o que precisa ser acrescido à verdade para fazer que uma expectativa verdadeira conte como "conhecimento".

É fácil pensar em casos de expectativas verdadeiras que não são conhecimento. Suponhamos que você se impressione com um sábio de longas barbas brancas, vestes esplêndidas e um vasto acervo de sabedoria oriental. Suponhamos que esse sábio diga (e você acredite) que ele tem o poder de prever o futuro. E suponhamos ainda que você lance uma moeda, que ele diga que dará cara e que de fato dê cara. Você terá vivido uma expectativa verdadeira, mas não um conhecimento, a menos que as pretensões do sábio sejam justificadas. Ou, para tomarmos um exemplo mais simples, suponha que você esteja esperando um telefonema do sr. X. O telefone toca, mas não é o sr. X. Nesse caso, sua expectativa de que o telefone viria a tocar, embora verdadeira, não constituía conhecimento. Ou suponhamos que, tendo uma mente cética e contestadora, você espere chuva só porque a previsão do tempo disse que faria tempo bom, e então de fato chova. Seria um insulto aos meteorologistas chamar sua expectativa de "conhecimento".

Está claro que uma expectativa não será conhecimento se for resultado de um raciocínio que parte de premissas falsas. Se penso que A é quase sempre seguido por B e, portanto, ao ver A, espero por B, mas se, na verdade, A é raramente seguido por B e acontece de isso ser um caso raro, então minha verdadeira expectativa de B não pode contar como conhecimento.

Mas estes não são os casos realmente difíceis. As expectativas dos animais e também dos homens, exceto nos raros momentos científicos, são causadas por experiências que um lógico poderia tomar como premissas para uma indução. Quando pego sua correia, minha cachorra fica toda animada, na expectativa de sair para um passeio. Ela se comporta como se tivesse raciocinado: "Na minha experiência, o aparecimento da correia (A) foi invariavelmente seguido por um passeio (B); portanto, é provavelmente o que vai se seguir nesta ocasião". A cachorra, é claro, não passa por esse processo de raciocínio. Mas é constituída de tal forma que, se A foi frequentemente seguido de B em sua experiência, e se B é emocionalmente interessante, A faz que ela espere por B. Às vezes, a cachorra está certa em sua expectativa, outras vezes, está errada. Suponhamos que, de fato, A sempre, ou quase sempre, é seguido por B; podemos dizer, nesse caso, que a cachorra está certa em esperar B?

Podemos levar nossa questão até um estágio ulterior. Suponhamos que, embora A de fato seja sempre seguido por B, aconteça de somente essa generalização estar correta e de a maioria das outras generalizações logicamente similares estarem erradas. Nesse caso, devemos vê-la como um golpe de sorte da cachorra, que acertou em um caso no qual um processo falacioso levou, por acaso, a um resultado verdadeiro. Não creio que, nesse caso, a expectativa da cachorra possa ser encarada como "conhecimento".

Mas suponhamos agora não apenas que A seja, de fato, sempre seguido por B, mas também que os casos observados de A seguido por B façam parte de uma classe definível de casos nos quais a generalização é quase sempre verdadeira. Devemos agora admitir a expectativa da cachorra como "conhecimento"? Estou supondo que, embora generalizações do tipo considerado *de fato* sejam quase sempre verdadeiras, não conhecemos nenhuma razão pela qual devam sê-lo. Minha opinião é que, em tal caso, a expectativa da cachorra deva ser admitida como "conhecimento". E, assim, as induções científicas também são "conhecimento", desde que o mundo tenha certas características. Deixo de lado, por enquanto, a questão de sabermos se o mundo tem essas características e em que sentido.

Ao longo de todo este livro, estivemos supondo a verdade substancial da ciência e perguntando a nós mesmos quais são os processos pelos quais chegamos a conhecer a ciência. Estamos, portanto, justificados em admitir que os animais se adaptaram a seu meio mais ou menos como o disseram os biólogos. Ora, os animais têm, por um lado, certas propensões congênitas e, por outro, capacidade para a aquisição de hábitos. Em uma espécie que consegue sobreviver, ambas as características devem ter certa conformidade com os fatos de seu ambiente. O animal deve comer a comida certa, cruzar com um membro de sua própria espécie e (entre os animais superiores) aprender a evitar o perigo. Os hábitos que o animal adquire não seriam úteis se não houvesse certas uniformidades causais no mundo. Essas uniformidades não precisam ser absolutas: você consegue envenenar ratos misturando arsênico com algo que lhes pareça boa comida. Mas, se a comida que os atrai não fosse geralmente sadia, os ratos se extinguiriam. Todos os animais superiores adquirem rapidamente o hábito de procurar comida em locais onde já a encontraram antes; esse hábito é útil, mas apenas com a suposição de certas uniformidades. Assim, a sobrevivência dos animais depende de sua tendência a agir de certas maneiras que devem suas vantagens ao fato de a generalização ser mais justificada do que a lógica pura nos levaria a supor.

Mas – poderia perguntar o leitor impaciente – o que os hábitos dos animais têm a ver com o conhecimento? Segundo a concepção tradicional de "conhecimento", nada; segundo a concepção que quero defender, tudo. Na concepção tradicional, o conhecimento é, no máximo, um contato íntimo e quase místico entre o sujeito e o objeto, do qual alguns poderão ter experiência completa nas visões beatíficas. Espera-se que admitamos que algo desse contato direto existe na percepção. Quanto às conexões entre os fatos, os racionalistas mais antigos assimilaram as leis naturais aos princípios lógicos, quer diretamente, quer desviando-se pela bondade e sabedoria de Deus. Tudo isso está ultrapassado, exceto naquilo que se refere à percepção, a qual muitos ainda veem como algo que dá acesso ao conhecimento direto, e não como a complexa e imprecisa mistura de sensação, hábito e causação física que venho argumentando que seja. Como vimos, o acreditar tem apenas uma relação um tanto indireta com aquilo que se diz ser acreditado: quando acredito, sem palavras, que está para ocorrer uma explosão, é impossível dizer com alguma precisão o que está acontecendo comigo. O acreditar, na verdade, tem uma relação complexa e meio vaga com o que é acreditado, assim como o perceber com aquilo que é percebido.

No entanto, o que temos de considerar agora não é a crença ou o conhecimento no tocante a fatos particulares, mas, sim, no tocante a relações entre fatos, tais como os que se encontram envolvidos quando acreditamos em "se A, então B".

As conexões com que estou preocupado são aquelas que têm certa generalidade. Dentro de um complexo completo de copresença, posso perceber partes que têm relações espaciais e temporais; tais relações estão entre os dados perceptuais particulares e não são aquilo que quero considerar agora. As relações que desejo considerar são gerais, como a conexão da correia da cachorra com um passeio. Mas, quando digo que elas são "gerais", não quero necessariamente dizer que não tenham exceções; quero dizer apenas que elas são verdadeiras em tamanha maioria dos exemplos que, em cada caso particular, há um alto grau de credibilidade na ausência de evidências em contrário. Tais são as generalizações sobre as quais baseamos nossa conduta na vida cotidiana, por exemplo: "o pão alimenta", "os cães ladram", "as cobras são perigosas". É claro que tais crenças, na forma sob a qual aparecem nos livros de lógica, têm uma ancestralidade que, se suficientemente rastreada, nos levará aos hábitos dos animais. É essa ancestralidade que quero rastrear.

A análise puramente lógica de "os cães ladram" não demora a alcançar complexidades que tornam incrível que pessoas comuns possam, ao que parece, compreender algo tão remoto, misterioso e universal. Para o lógico, o primeiro estágio é substituir a assertiva por "seja x o que for, ou x não é um cão, ou x ladra". Mas, como os cães só ladram às vezes, você tem de substituir "x ladra" por "há um tempo t em que x ladra". Depois, você deve substituir t por uma ou outra das duas definições alternativas apresentadas na Quarta Parte. No fim, você chegará a uma afirmação imensa, não apenas sobre cães, mas sobre tudo no universo, tão complicada que não poderá ser compreendida a não ser por uma pessoa com considerável instrução em lógica matemática. Mas suponhamos que você tenha de explicar sua afirmação "os cães ladram" a tal pessoa, mas, como se trata de um estrangeiro com apenas um conhecimento matemático da sua língua, essa pessoa não conhece a palavra "cão", nem o verbo "ladrar". O que você faz? Certamente não irá passar pela confusão lógica exposta anteriormente. Você apontará para seu cachorro e dirá "cão"; então o fará latir e dirá "ladrar". O estrangeiro então irá compreendê-lo, ainda que, enquanto lógico, não tenha essa obrigação. Isso deixa claro que a psicologia das proposições gerais é algo muito diferente de sua lógica. A psicologia é o que acontece quando acreditamos nelas; a lógica talvez seja o que deveria acontecer se fôssemos lógicos perfeitos.

Todos acreditamos que todos os homens são mortais. O que acontece no momento em que estamos ativamente acreditando nisso? Talvez apenas a crença de que as palavras estão corretas, sem qualquer pensamento a respeito do que significam. Mas, se tentarmos penetrar em seu significado, o que faremos? Certamente não vemos se estender diante dos olhos de nossa mente uma vasta série de leitos de morte, um para cada homem. O que pensaremos de fato, se nos dermos ao trabalho, provavelmente será algo assim: "Ali vai o velho Fulano de Tal, ele tem 99 anos de idade e está forte como sempre, mas suponho que irá morrer algum dia desses. E ali vai o jovem Cicrano; apesar de seu porte atlético e de sua vitalidade sem limites, ele não vai durar para sempre. E havia também o exército de Xerxes, que chorava ao pensar na mortalidade de seus soldados; estão todos mortos. E eu mesmo, ainda que me seja difícil imaginar o mundo sem mim, morrerei um dia, mas não hoje, espero. E assim por diante, com qualquer pessoa de quem você queira falar". Sem todos esses detalhes irrelevantes, é difícil compreender uma proposição geral, salvo como forma de palavras cuja interpretação permanece vaga. Na verdade, nessa longa elucidação, a proposição geral nunca chega a emergir a não ser de maneira obscura, nas palavras "e assim por diante".

Parece-me que aquilo que realmente constitui a crença em uma proposição geral é um hábito mental: quando pensa em um determinado homem, você pondera "sim, mortal", desde que esteja em tela a questão da mortalidade. Este é o verdadeiro sentido do detalhe aparentemente irrelevante: ele faz você se dar conta do que é acreditar em "todos os homens são mortais".

A partir disso, podemos aceitar uma forma pré-verbal de uma crença geral. Se um animal tem um hábito tal que, na presença de toda ocorrência de A, ele se comporte da mesma maneira que, antes da aquisição do hábito, se comportou na presença de ocorrência de B, então direi que o animal acredita na proposição geral: "toda ocorrência (ou quase toda ocorrência) de A é seguida (ou acompanhada) por uma ocorrência de B". Isso quer dizer que o animal acredita naquilo que essa forma de palavras significa.

A partir disso, fica óbvio que o hábito animal é essencial ao entendimento da psicologia e da origem biológica das crenças gerais.

Mais ainda: como os hábitos apropriados são aquilo que se requer para a manipulação, a teoria acima pode ser colocada em relação com a teoria pragmatista da "verdade", ainda que somente naquilo que diz respeito às leis gerais, não no que diz respeito ao conhecimento de fatos particulares. Aqui surgem, porém, várias complicações e limitações que não é necessário examinar dentro dos nossos propósitos atuais.

Voltando à definição de "conhecimento", devo dizer que um animal "conhece" a proposição geral "A é normalmente seguido por B" se as seguintes condições estiverem cumpridas:

(1) O animal teve repetidas experiências nas quais A foi seguido por B.
(2) Essas experiências fizeram o animal se comportar na presença de A mais ou menos como antes se comportara na presença de B.

(3) A é, de fato, normalmente seguido por B.
(4) A e B têm tal caráter ou estão relacionados de tal maneira que, na maioria dos casos em que existe esse caráter ou relação, a frequência das sequências observadas é evidência da probabilidade de uma lei de sequência geral, ou mesmo invariável.

É claro que a quarta condição levanta problemas difíceis. Trataremos deles em capítulos ulteriores.

2.
O papel da indução

A forma de inferência chamada "indução por simples enumeração" (a qual chamarei simplesmente de "indução") ocupou, desde Francis Bacon até Reichenbach, uma posição muito peculiar na maioria dos estudos sobre a inferência científica: a exemplo do carrasco, ela foi considerada necessária, mas desagradável, algo que não deveria ser discutido por quem pudesse evitá-lo – à exceção de sujeitos que, como Hume, se recusam a ficar limitados pelos cânones do bom gosto. De minha parte, sustento que o trabalho de Keynes, considerado em um capítulo anterior (Quarta Parte, Capítulo 8), sugere uma mudança de ênfase, fazendo da indução não mais uma premissa, mas, sim, uma aplicação da probabilidade matemática às premissas a que se chega independentemente da indução. No entanto, a evidência indutiva é essencial para a justificação das generalizações aceitas, tanto as da ciência quanto as da vida cotidiana. Neste capítulo, quero esclarecer como a indução é útil e também por que não é uma premissa.

Em capítulos anteriores, vimos como, ao começarmos a refletir, nos encontramos já acreditando em inúmeras generalizações, tais como "os cães ladram" ou "o fogo queima", as quais foram *causadas* por experiências passadas por meio do mecanismo do reflexo condicionado e da formação dos hábitos. Quando chegamos a pensar a respeito de nossas crenças, se temos alguma inclinação para a lógica, nós nos perguntamos se a causa de nossa crença pode ser aceita como fundamento para ela e, assim, uma vez que a repetição é a causa, somos levados a querer justificar a indução. De nossos estudos concluímos, no entanto, que precisamos encontrar uma maneira de justificar algumas induções, mas não outras. É impossível justificar a indução como tal, pois se pode demonstrar que ela muitas vezes nos leva tanto à verdade quanto à falsidade. Mas ela permanece importante como meio de aumentar a probabilidade das generalizações em casos apropriados. Temos uma vaga sensação a respeito do que sejam esses casos apropriados, sensação essa que, ainda que extremamente falível, é suficiente para eliminar os vários tipos falaciosos de indução que os lógicos conseguem inventar, mas que nenhuma pessoa sã poderia aceitar. Nosso propósito deve ser substituir essa sensação por algo que, sem se opor a ela, seja ao mesmo tempo mais explícito e mais confiável.

É óbvio que o reflexo condicionado, ou "indução animal", não é gerado toda vez que A e B ocorrem juntos ou em rápida sucessão. A e B devem ser o tipo de coisa que o animal se sente inclinado a notar. Se B for emocionalmente interessante, será necessário um número muito menor de repetições. As induções dos animais e dos selvagens a respeito de questões que têm importância vital para seu bem-estar são extraordinariamente velozes; a educação diminui muito a propensão para as generalizações. Mas se deve opor contra isso o fato de a instrução científica fazer que se notem coisas que um animal jamais observaria. Um animal nota quando e onde encontrar comida e é estimulado pelo cheiro dos alimentos, mas não nota os componentes químicos do solo ou o efeito dos fertilizantes. Um animal tampouco é capaz de formular hipóteses; não consegue dizer: "notei diversas ocasiões em que A foi seguido por B; *talvez* isso aconteça sempre e, em todo caso, vale a pena ficar atento para outros exemplos". Mas, embora o homem de ciência, quando está à procura de induções, note muitas coisas que um animal não notaria, ele ainda se vê limitado, no que diz respeito ao A e B de sua indução, a certos tipos de coisa que lhe parecem plausíveis. Até onde essa limitação involuntária e pouco consciente corre em paralelo com as limitações que precisam ser impostas à indução para torná-la válida, isso é uma questão difícil e obscura, sobre a qual não me arrisco a opinar.

Quanto ao uso científico da indução, aceito os resultados que Keynes obteve e que foram explicados em um capítulo anterior. Talvez seja conveniente, neste estágio, relembrar esses resultados.

Keynes supõe alguma generalização, tal como "todo A é B", para a qual exista, antes mesmo de quaisquer ocorrências observadas, uma probabilidade p_0. Ele supõe ainda que seja observado um número de ocorrências favoráveis $x_1, x_2, \ldots x_n$ e que não se observe nenhuma ocorrência desfavorável. A probabilidade da generalização deve se tornar p_1 depois da primeira ocorrência favorável, p_2 depois das duas primeiras ocorrências favoráveis e assim por diante, de modo que p_n seja sua probabilidade depois de n ocorrências favoráveis. Queremos saber em que circunstâncias p_n tende a 1 como limite quando n é aumentado indefinidamente. Para esse propósito, devemos considerar a probabilidade que teríamos observado com n ocorrências favoráveis e nenhuma desfavorável se a generalização fosse falsa. Chamemos essa probabilidade q_n. Keynes demonstra que p_n tende a 1 como limite quando n aumenta, se a razão entre q_n e p_0 tende a zero conforme n aumenta. Isso requer que p_0 seja finito e que q_n tenda a zero conforme n aumenta. A indução sozinha não consegue nos dizer quando essas condições são cumpridas, nem mesmo se são cumpridas.

Consideremos a condição de que p_0 seja finita. Isto significa que a generalização sugerida "todo A é B", antes que tenhamos observado quaisquer ocorrências favoráveis ou desfavoráveis, tem algo a dizer a seu favor, de modo que é, em todo caso, uma hipótese digna de exame. A probabilidade p_0, na abordagem de Keynes, é relativa aos dados gerais h, que aparentemente podem incluir qualquer coisa, a não ser as ocorrências de As que são ou não são Bs. É muito difícil evitar a ideia de que os dados consistem, pelo menos em parte, de generalizações análogas que são vistas como bem estabelecidas e das quais derivamos evidência indutiva em favor de "todo A é B". Por exemplo: você quer provar que todo cobre conduz eletricidade. Antes de fazer experimentos com cobre, tenta vários outros elementos e descobre que cada elemento tem um comportamento característico no que diz respeito à condução de eletricidade. Você então conclui, indutivamente, que ou todo cobre conduz eletricidade ou que nenhum cobre o faz; sua generalização, portanto, tem uma probabilidade apreciável antes mesmo do início de suas observações. Mas, como esse raciocínio usa indução, ele é inútil para nosso propósito. Antes de fazermos a indução de que todos os elementos têm um comportamento característico no tocante à condução de eletricidade, devemos perguntar qual era a probabilidade *dessa* indução antes mesmo que tivéssemos qualquer exemplo de sua verdade ou falsidade. Podemos colocar essa indução sob uma outra, mais ampla: "testou-se um grande número de propriedades e, no que diz respeito a cada uma delas, descobriu-se que todo elemento tem um comportamento característico e, portanto, a condução de eletricidade também é uma dessas propriedades". Mas, na prática, deve haver um limite para esse processo de colocar induções sob outras mais amplas, e, onde quer que tenhamos de parar, em qualquer estado de nosso conhecimento, os dados resumidos no h de Keynes não devem ser tais que sejam relevantes apenas quando se admitir a indução.

Precisamos, portanto, buscar outros princípios, para além da indução, tais que, diante de certos dados que não estejam na forma "este A é um B", a generalização "todo A é B" tenha uma probabilidade finita. Dados tais princípios e dada uma generalização a que se apliquem, a indução pode tornar a generalização cada vez mais provável, com uma probabilidade que se aproxima da certeza como limite conforme o número de ocorrências favoráveis aumenta indefinidamente. Em tal argumento, os princípios em questão são premissas, mas a indução não o é, pois, na forma como é usada, constitui uma consequência analítica da teoria da frequência finita da probabilidade.

Nosso problema, portanto, é descobrir princípios que, antes mesmo das evidências, tornem prováveis as generalizações apropriadas.

Resta considerar a outra condição de Keynes, a saber, que q_n tenda a zero à medida que n aumente. Aqui, q_n é a probabilidade de todas as n primeiras ocorrências serem favoráveis, ainda que a generalização seja falsa. Suponhamos – para repetirmos uma ilustração anterior – que você seja um funcionário do censo encarregado de verificar os nomes dos habitantes de certo vilarejo galês. Os primeiros *n* habitantes a quem você pergunta o nome são chamados Williams. Então, q_n é a probabilidade de isso acontecer se nem todos os habitantes do lugar se chamarem Williams. Nesse caso, quando *n* se tornar igual ao número de habitantes do vilarejo, não restará mais ninguém que não possa se chamar Williams e q_n será, portanto, zero. Mas tal enumeração completa normalmente é impossível. Em regra, A será uma classe de eventos que seguirão acontecendo e não poderão ser observados até acontecerem, de modo que A não poderá ser completamente enumerado antes do fim dos tempos. Tampouco poderemos adivinhar quantos membros tem A, nem mesmo se é uma classe com um número finito de membros. São nesses casos que temos de pensar com relação à condição de Keynes de que q_n deve tender a zero conforme *n* aumentar.

Keynes apresenta essa condição sob uma outra forma, tornando q_n o produto de *n* diferentes probabilidades. Suponhamos que Q_1 seja a probabilidade de o primeiro A ser um B se a generalização for falsa, que Q_2 seja a probabilidade de o segundo A ser um B se a generalização for falsa e o primeiro A for um B, que Q_3 seja a probabilidade de o terceiro A ser um B se a generalização for falsa e os dois primeiros As forem Bs, e assim por diante. Então, q_n é o produto de $Q_1, Q_2, Q_3, \ldots Q_n$, em que Q_n é a probabilidade de o enésimo A ser um B, dado que a generalização seja falsa e os primeiros $n-1$ As sejam todos Bs. Se houver qualquer número menor que 1, tal que todo Q seja menor que esse número, então o produto dos *n* Qs será menor que a enésima potência desse número e, portanto, tenderá a zero conforme *n* aumentar. Assim, nossa condição ficará satisfeita se houver alguma probabilidade próxima da certeza, digamos P, tal que, dado que a generalização seja falsa e que os $n-1$

As tenham sido constatados como sendo Bs, a chance de o enésimo A ser B será sempre menor que P, desde que n seja suficientemente grande.

É difícil ver como essa condição pode falhar no material empírico. Se falhar, então, se ε for qualquer fração, por menor que seja, e n for qualquer número, por maior que seja, e se os n primeiros As forem todos Bs, mas nem todos As forem Bs, haverá um número m tal que a probabilidade de o $(n + m)^{\text{o}}$ A não ser B será menor que ε. Podemos colocar tudo isso de outra maneira. Qualquer que seja n, seja dado que os n primeiros As, mas não todos os As, sejam Bs. Se agora arranjarmos os últimos As, não na ordem de sua ocorrência, mas na ordem da probabilidade de serem Bs, então o limite dessas probabilidades será uma certeza. É isso que deve acontecer se a condição falhar.

Obviamente, essa condição é menos interessante e muito mais fácil de se preencher que a condição anterior, segundo a qual nossa generalização deve ter uma probabilidade finita antes mesmo das ocorrências favoráveis. Se conseguirmos encontrar um princípio que garanta tal probabilidade finita no caso de determinada generalização, então teremos o direito de usar a indução para tornar provável a generalização. Mas, na ausência de algum princípio assim, não se poderá aceitar que as induções tornam prováveis as generalizações.

Na discussão acima, segui Keynes apenas ao considerar evidências para "todo A é B". Mas, na prática, especialmente nos estágios iniciais de uma investigação, muitas vezes é útil saber que a maior parte dos As são Bs. Suponhamos, por exemplo, que haja duas doenças, uma comum e outra rara, com sintomas muito similares em seus estágios iniciais. Ao se deparar com esses sintomas, um médico fará bem em concluir que provavelmente está lidando com um caso da doença mais comum. Muitas vezes acontece de as leis que acreditamos não terem exceções serem descobertas por meio de generalizações prévias que se aplicam à maioria dos casos, mas não a todos. E, obviamente, são necessárias menos evidências para estabelecer a probabilidade de "a maior parte dos As são Bs" do que para estabelecer que "todo A é B".

Desde um ponto de vista prático, a diferença é negligenciável. Se é certo que m/n dos As são Bs, m/n é a probabilidade de o próximo A ser um B. Se for provável, mas não certo, que todo A é B, também será provável que o próximo A seja um B. No que diz respeito às expectativas acerca do próximo A, acaba dando no mesmo ter certeza de que a maior parte dos As são Bs ou pensar ser provável que todo A é B. O caso mais recorrente na prática é aquele no qual é provável que a maior parte dos As sejam Bs. Isto muitas vezes basta para a expectativa racional e, portanto, para guiar a prática.

3.
O postulado dos tipos naturais ou da variedade limitada

Ao procurarmos o postulado ou os postulados necessários para fazer que as probabilidades indutivas se aproximem da certeza como limite, encontramos duas pretensões. Por um lado, o postulado ou os postulados devem, de um ponto de vista puramente lógico, ser suficientes para cumprirem a tarefa que lhes é exigida. Por outro lado – e este é o requisito mais difícil –, eles devem ser tais que algumas inferências cuja validade depende deles sejam mais ou menos inquestionáveis para o senso comum. Por exemplo: você encontra duas cópias absolutamente idênticas do mesmo livro e supõe, sem hesitação, que tenham um ancestral causal comum. Em tal caso, mesmo que todo mundo admita essa inferência, o princípio que a justifica é obscuro e só pode ser descoberto por meio de uma análise cuidadosa. Não exijo que um postulado geral a que se chegue por meio desse método deva possuir algum grau de autoevidência, mas exijo, sim, que algumas inferências que dele dependam logicamente sejam tais que qualquer pessoa que as compreenda, exceto o filósofo cético, venha a considerá-las tão óbvias que mal valeria enunciá-las. É claro que não deve haver nenhum fundamento positivo para ver como falso um postulado sugerido. Mais precisamente, deve ser um postulado autoconfirmatório, não autorrefutável, isto é, as induções que o admitem devem ter conclusões que sejam consistentes com ele.

Neste capítulo, proponho-me a considerar um postulado sugerido por Keynes e por ele denominado "postulado da variedade limitada". Ele é muito próximo, se não idêntico, a um postulado mais antigo, o dos tipos naturais. Veremos que, em termos lógicos, o postulado é adequado como base para a indução. Penso, também, que se pode enunciá-lo de forma que a ciência o confirme, pelo menos até certo ponto. Ele, portanto, satisfaz dois dos três requisitos de um postulado. Mas não satisfaz, em minha opinião, o terceiro requisito, a saber, o de poder ser descoberto por análise como implícito nos argumentos que todos nós aceitamos. Nessa base, parece-me necessário buscar outros postulados, o que farei nos próximos capítulos.

O postulado de Keynes decorre diretamente de sua discussão acerca da indução e se destina a conferir a certas generalizações aquela probabilidade finita antecedente que ele próprio demonstrou ser necessária. Antes de o considerarmos, examinemos um argumento que parece mostrar que nenhum postulado é necessário, pois toda generalização imaginável teria uma probabilidade finita anterior que jamais é menor que um certo mínimo.

Tomemos um caso que surge na vida real e tem certa aproximação com o puro acaso, a saber, o de passageiros de um grande navio e suas bagagens. A maioria das bagagens tem etiquetas, algumas com o nome do dono, outras com o nome dos hotéis onde ele se hospedou. Podemos então considerar a probabilidade antecedente de uma generalização tal como "toda mala que tem a etiqueta A também tem a etiqueta B".

Para completarmos a analogia com a lógica, vamos supor que também haja etiquetas negativas, que nenhuma mala tenha tanto a etiqueta "A" quanto a "não A", mas que toda mala tenha uma ou outra. Na falta de outras informações, se selecionarmos duas etiquetas A e B ao acaso, qual será a chance de que toda mala que tenha a etiqueta A tenha também a etiqueta B? Como toda mala tem ou a etiqueta B ou a etiqueta não B, a chance de que qualquer mala tenha a etiqueta B é 1/2. (Estou admitindo que não sabemos nada a respeito de B e, mais precisamente, que não sabemos se é uma etiqueta positiva ou negativa.) Segue-se que, se n malas tiverem a etiqueta A, a chance de que todas tenham a etiqueta B será 1 em 2^n. Essa probabilidade é finita e, se N for o número total de malas, jamais será menor que 1 em 2^N.

Segue-se do argumento acima que, se o número de "coisas" no universo for algum número finito N, a generalização "todo A é B" sempre terá uma probabilidade antecedente pelo menos tão grande quanto $1/2^N$. Essa será a probabilidade antecedente se tudo tiver a propriedade A; se apenas algumas coisas tiverem essa propriedade, a probabilidade antecedente será maior. Por conseguinte, um postulado suficiente para se acrescentar à teoria da indução de Keynes seria, teoricamente, a suposição de que o número de "coisas" no universo é finito. Isto equivale à suposição de que o número de pontos espaçotemporais é finito. E isso, por sua vez – se adotarmos a sugestão de um capítulo anterior, segundo a qual um ponto espaçotemporal é um conjunto de qualidades copresentes –, equivale à suposição de que o número de qualidades é finito.

Não tenho dúvida de que essa suposição seja um postulado logicamente suficiente. Há, no entanto, duas objeções. Uma é que a ciência não comporta nenhuma maneira de decidir se ela é verdadeira, de modo que não é autoconfirmatória; a outra é que N teria de ser tão grande que nenhuma indução que de fato pudéssemos realizar chegaria a algum grau de probabilidade tolerável. Então, consideremos essa sugestão como mera curiosidade e passemos a considerar a hipótese mais prática de Keynes.

O que Keynes demanda é que certos tipos de generalização sejam conhecidos por terem uma probabilidade inicial mais alta que a de generalizações que são inteiramente aleatórias. Para esse propósito, ele sugere um postulado sob o qual as qualidades possam ser classificadas em grupos e cada grupo possa se tornar determinado quando apenas algumas de suas qualidades sejam dadas. Ele supõe:

> Que as quase inumeráveis propriedades aparentes de qualquer objeto dado decorram todas de um número finito de propriedades geradoras, as quais podemos chamar ϕ_1, ϕ_2, ϕ_3, ... Algumas decorrem apenas de ϕ_1, outras de ϕ_1 em conjunção com ϕ_2, e assim por diante. As propriedades que decorrem apenas de ϕ_1 formam um grupo; aquelas que decorrem de ϕ_1 em conjunção com ϕ_2 formam outro grupo, e assim por diante. Como o número de propriedades geradoras é finito, o número de grupos também é finito. Se um conjunto de propriedades aparentes decorre (digamos) de três propriedades geradoras ϕ_1, ϕ_2 e ϕ_3, então podemos dizer que esse conjunto de propriedades especifica o grupo ϕ_1, ϕ_2 e ϕ_3. Como se assume que o número total de propriedades aparentes é maior que o de propriedades geradoras, e como o número de grupos é finito, segue-se que, se tomarmos dois conjuntos de propriedades aparentes, haverá, na ausência de evidências em contrário, uma probabilidade finita de o segundo conjunto pertencer ao grupo especificado pelo primeiro.

O número de grupos independentes do tipo referido é chamado de quantidade de "variedade" no universo, ou em qualquer parte deste que seja relevante para um argumento em particular. Keynes enuncia seu postulado da seguinte maneira:

> Como fundamento lógico para a Analogia, portanto, parece que precisamos de alguma suposição de que a quantidade de variedade no universo seja limitada de tal maneira que não haja nenhum objeto tão complexo que suas qualidades tenham de se enquadrar em um número infinito de grupos independentes (isto é, grupos que podem existir tanto independentemente quanto em conjunção); ou então que nenhum dos objetos sobre os quais fazemos generalizações seja assim tão complexo, ou pelo menos que, mesmo que alguns possam ser infinitamente complexos, às vezes possamos ter uma probabilidade finita de que o objeto sobre o qual tentamos generalizar não seja infinitamente complexo.[1]

Nicod provou que, na forma acima, o postulado não é bem adequado. Não basta que todo objeto tenha complexidade finita; precisamos que haja um número finito de grupos independentes, tal que nenhum objeto tenha qualidades que pertençam a mais grupos independentes que esse número. Considerarei feita essa emenda.

Penso que compreenderemos melhor o escopo do postulado de Keynes se tomarmos uma ilustração zoológica, uma vaca, digamos. A vaca é um animal vertebrado, mamífero, ruminante e membro de uma espécie de ruminantes. Cada uma dessas palavras classificatórias pode ter várias definições que, mesmo

---

[1] *Treatise on Probability*, Capítulo XXII, p.258.

diferindo em compreensão, fornecem a mesma extensão. Como, por exemplo, distinguimos uma vaca de outros ruminantes? A maioria de nós se contenta com a aparência externa: a vaca é um animal que se parece com uma vaca. Isto é bastante adequado para propósitos práticos, mas um zoólogo consegue enumerar uma variedade de características comuns e peculiares às vacas, e qualquer uma delas poderia ser usada para definir a palavra "vaca". O mesmo se aplica a "ruminante", "mamífero", "vertebrado" e "animal". Cada uma dessas palavras pode ter várias definições equivalentes quanto à extensão, embora não conheçamos nenhuma razão por que devam sê-lo. É óbvio que, se esse tipo de coisa acontecer com frequência, as generalizações terão uma probabilidade antecedente muito maior que teriam se as propriedades fossem distribuídas ao acaso.

Vamos nos esforçar para enunciar a hipótese de Keynes com um pouco mais de detalhe. Ele supõe que – quer de maneira geral, quer de maneira específica – seja possível escolher um conjunto finito de propriedades fundamentais, de modo que, quando sabemos quais dessas propriedades um indivíduo possui, podemos saber (pelo menos em teoria) quais são algumas de suas outras propriedades, não porque haja uma conexão lógica, mas porque, de fato, certas propriedades jamais ocorrem a não ser em conjunção com certas outras, por exemplo, os cascos bipartidos de todos os ruminantes. A hipótese é análoga à teoria mendeliana dos genes, segundo a qual um número finito de genes determina todo o caráter congênito de um animal ou planta. Keynes supõe que exista um número finito de grupos de qualidades e que duas qualidades que pertençam ao mesmo grupo terão a mesma extensão. Se n for o número de tais grupos e se duas qualidades forem selecionadas ao acaso, haverá uma chance 1/n de elas pertencerem ao mesmo grupo e, portanto, de todos os indivíduos que possuam uma das qualidades possuírem também a outra. Isto é suficiente para dar a Keynes a base de que ele precisa para validar a indução.

Como Keynes aponta, pode-se enfraquecer o postulado de várias maneiras, sem que deixe de ser eficaz. Uma delas é que não precisamos supor que *todas* as propriedades pertençam a tais grupos, como Keynes postula; basta que uma proporção finita pertença. Será suficiente para justificar algumas induções, ainda que não todas, se houver alguma classe definível de propriedades, todas pertencendo a grupos keynesianos. Assim poderemos distinguir mais ou menos as características que distinguem uma espécie daquelas que variam de indivíduo para indivíduo. Sabe-se, por exemplo, que a cor varia muito entre os animais e, portanto, que a indução comum e falaciosa "todos os cisnes são brancos" sempre foi menos confiável que (digamos) "todos os cisnes têm pescoço comprido". Podemos chamar uma característica de "específica" quando ela pertence a todos os membros de uma espécie, sendo "espécie" uma classe que apresenta uma variedade de propriedades comuns que se encontram juntas, sem que se conheça a razão. Geralmente se considera que a posição espaçotemporal nunca é uma característica específica. É verdade que os marsupiais selvagens só vivem na Austrália, mas eles não deixam de ser marsupiais quando são levados para zoológicos de outros países.

A indução pode ser necessária para determinar se determinada característica é, ou não, específica; mas, se admitirmos que características específicas constituem uma proporção finita de todas as características, esse uso da indução será justificável.

Para muitos propósitos, basta que consigamos estabelecer que uma grande maioria dos As são Bs; poderemos, então, amenizar o postulado de Keynes admitindo que ele diz que certas características *geralmente* são ligadas. Se um "tipo natural" é definido por meio de certo número de propriedades $A_1, A_2, ... A_n$ (não conhecidas como interdependentes), podemos, para alguns propósitos, considerar que um indivíduo que tenha todas essas qualidades, exceto uma, ainda deva ser tido como membro desse tipo – por exemplo, os gatos Manx continuam sendo gatos, apesar de não terem rabo. Além disso, muitas características distintivas podem passar por modificações contínuas, de modo que há casos limítrofes nos quais não podemos dizer definitivamente se determinada característica se encontra presente ou ausente. Um tipo natural é como aquilo que na topologia chamamos de vizinhança, mas uma vizinhança intensional, não extensional. Os gatos, por exemplo, são como um agrupamento de estrelas: não se encontram todos em um lugar intensional, mas a maioria se agrupa perto de um centro intensional. Admitindo-se a evolução, devem ter existido membros limítrofes tão aberrantes que dificilmente saberíamos se faziam ou não parte do agrupamento. Essa visão sobre os tipos naturais tem a vantagem de não precisar de nenhuma modificação antes de se incorporar à ciência avançada.

Tais considerações sugerem, porém, a transformação do postulado de Keynes em algo mais flexível e menos parecido com uma cartilha de lógica do que o princípio que ele enuncia. Ao que parece, deve haver leis que tornem certos tipos de combinação mais estáveis que outros e que exijam, sempre que uma característica for levemente alterada, que outra passe por alguma leve alteração correlata. Esse processo leva a leis funcionais de correlação provavelmente mais fundamentais que os tipos naturais.

Essa linha de pensamento parece apropriada à biologia, mas a teoria moderna do átomo sugere uma linha um tanto diferente. Ao longo dos séculos XVIII e XIX, descobriu-se que a enorme multiplicidade das substâncias observadas poderia ser contabilizada caso se supusesse que todas elas eram compostas por 92 elementos (alguns ainda não observados). Até nosso século, cada elemento tinha um número de propriedades que coexistiam, embora não se soubesse a razão. O peso atômico, o ponto de fusão, a aparência etc. tornavam cada elemento um tipo natural de maneira tão precisa quanto na biologia antes da evolução. Mas, por fim, ficou parecendo que as diferenças entre os diferentes elementos eram diferenças de estrutura e consequências de leis que eram as mesmas para todos os elementos. Ainda existem tipos naturais – neste momento, há elétrons, pósitrons, nêutrons e prótons –, mas se espera que estes não sejam definitivos e possam ser reduzidos a diferenças de estrutura. Já na teoria quântica, sua existência é um tanto obscura e imaterial. Isto sugere que na física, assim como na biologia desde Darwin, a doutrina dos tipos naturais possa se revelar apenas uma fase temporária.

Concluo que a doutrina dos tipos naturais, ainda que útil no estabelecimento de induções pré-científicas, tais como "os cães ladram" e "os gatos miam", é apenas uma suposição aproximada e transicional na estrada que leva a leis fundamentais de outra sorte. Por esse motivo e por seu caráter arbitrário, não posso aceitá-la como um dos postulados da inferência científica.

4.
Conhecimento que transcende a experiência

Alguns empiristas modernos — mais precisamente, a maioria dos positivistas lógicos — têm uma concepção errônea, em minha opinião, da relação entre conhecimento e experiência. Isto resultou, se não me engano, de dois erros: primeiro, uma análise inadequada do conceito de "experiência"; segundo, um equívoco quanto ao que se encontra envolvido na crença de que certa propriedade pertença a algum sujeito (indeterminado). Surgem, então, dois problemas específicos: um relativo à significação, outro relativo ao conhecimento daquilo que chamamos de "proposições de existência", isto é, proposições da forma "alguma coisa tem esta propriedade". Afirma-se, por um lado, que uma sentença não é "significante" a menos que haja algum método conhecido de verificá-la; por outro lado, que não conseguimos saber que "alguma coisa tem esta propriedade" a menos que possamos mencionar um sujeito específico que tenha a propriedade. Neste capítulo, quero expor razões para rejeitarmos essas duas opiniões.

Antes de examinarmos a lógica abstrata desses dois problemas, vamos, por um momento, considerá-los do ponto de vista do senso comum.

Comecemos pela verificação: há quem sustente que, se não for evitada, a guerra atômica pode provocar o extermínio da vida no planeta. Não estou preocupado em afirmar que essa opinião seja verdadeira, mas apenas que seja significante. Trata-se, no entanto, de uma opinião que não pode ser verificada, pois restaria alguém neste mundo para verificar se a vida de fato foi extinta? Somente o Deus de Berkeley, a quem, tenho certeza, os positivistas lógicos não gostariam de recorrer. Voltando no tempo, ao invés de nos adiantarmos a ele: todos nós acreditamos que houve uma época anterior ao surgimento da vida na Terra. Aqueles que consideram a verificação necessária para a significação não pretendem negar tais possibilidades, mas, para admiti-las, são obrigados a definir a "verificação" de maneira um tanto vaga. Às vezes, toma-se uma proposição como "verificável" se existir qualquer evidência empírica a seu favor. Isso quer dizer que "todo A é B" será "verificável" se soubermos de um A que seja B e não soubermos de um que não seja. Mas isso nos leva a absurdos lógicos. Suponhamos que não exista nenhum membro de A que saibamos que seja B, mas que haja um objeto x, não membro de A, que saibamos ser um B. Seja A' a classe que consiste na classe A juntamente com o objeto x. Então, "todo A' é B" é verificável nos termos da definição. Como isso implica "todo A é B", segue-se que "todo A é B" é verificável. Consequentemente, toda generalização da forma "todo A é B" é verificável se houver, em qualquer parte, um único objeto conhecido por ser B.

Consideremos agora uma generalização de outra ordem, como a que gostaríamos de fazer em conexão com a doutrina dos tipos naturais. As generalizações que tenho em mente são da forma "todos os predicados da classe A são verdadeiros para o objeto B". Aplicando-se a mesma definição de "verificabilidade", essa generalização será "verificável" se alguns, ou pelo menos um, dos predicados da classe A for empiricamente conhecido por ser verdadeiro para B. Se esse não for o caso, seja P algum predicado conhecido por ser verdadeiro para B e seja A' a classe que consiste da classe A juntamente com P. Então, "todos os predicados da classe A' são verdadeiros para B" é verificável, assim como "todos os predicados da classe A são verdadeiros para B".

Segue-se desses dois processos que, se qualquer coisa for conhecida por ter qualquer predicado, todas as generalizações serão "verificáveis". Essa consequência não era desejada e demonstra que é inútil a definição de "verificação" apresentada. Mas, a menos que aceitemos alguma definição tão ampla assim, não conseguiremos escapar dos paradoxos.

Consideremos a seguir proposições que contenham a palavra "algum" ou outra equivalente, como "alguns homens são negros" ou "alguns quadrúpedes não têm rabo". Em regra, tais proposições são conhecidas por meio de exemplos. Se me perguntam, "como você sabe que alguns quadrúpedes não têm rabo?", posso responder "certa vez tive um gato Manx, e ele não tinha rabo". A opinião que quero combater sustenta que essa é a única maneira de conhecer tais proposições. Tal opinião foi sustentada por Brouwer na matemática e ainda o é por alguns outros filósofos no que diz respeito aos objetos empíricos.

Os paradoxos que resultam dessa opinião são muito similares àqueles que resultam da doutrina sobre a verificabilidade exposta anteriormente. Tomemos uma proposição como "a chuva às vezes cai em lugares onde não há ninguém para vê-la". Nenhuma pessoa em sã consciência negaria isso, mas é impossível mencionar uma gota de chuva que jamais foi observada por ninguém. Negar que sabemos que existem ocorrências nunca observadas por alguém é incompatível com o senso comum, mas se faz necessário se nunca conhecemos proposições tais como "aí estão os As" a não ser quando podemos mencionar os As que observamos. Alguém poderá seriamente afirmar que o planeta Netuno ou a Antártida não existiam antes de serem descobertos? Uma vez mais, somente o Deus de Berkeley nos capacitaria a escapar dos paradoxos. Ou então: todos nós acreditamos que não há ferro no interior da Terra, mas não podemos dar exemplos para além da profundidade da mina mais profunda.

Os partidários da doutrina que estou combatendo interpretam tais fatos de maneira hipotética. Eles dizem que a afirmação "existe ferro que ainda não foi descoberto" é uma abreviação e que a afirmação completa seria: "se eu fizesse certas coisas, descobriria ferro". Suponhamos, para o bem da precisão, que tomemos a frase "existe ferro a mais de mil quilômetros abaixo da superfície da Terra". É improvável que alguém venha a encontrar esse ferro e, em todo caso, como se pode saber o que alguém viria a descobrir? Só sabendo o que há para ser descoberto. Uma conjuntura hipotética cuja hipótese provavelmente será sempre falsa não nos diz nada. Ou, então, consideremos: "no passado, não havia vida no mundo". Isto não pode significar: "se eu estivesse vivo naquela época, teria visto que não existia nada vivo".

Consideremos agora as duas doutrinas expostas acima de maneira mais formal, de um ponto de vista estritamente lógico.

A. Significado e verificação

Há uma teoria que diz que o significado de uma proposição consiste em seu método de verificação. Segue-se (*a*) que aquilo que não pode ser verificado nem como verdadeiro, nem como falso, não tem significado; (*b*) que duas proposições verificadas pelas mesmas ocorrências têm o mesmo significado.

Rejeito ambas e não creio que aqueles que as defendam tenham percebido suas implicações.

Primeiro: praticamente todos os defensores da teoria acima veem a verificação como uma questão *social*. Isso quer dizer que eles abordam o problema em um estágio tardio e não se dão conta de seus estágios anteriores. As observações das outras pessoas não constituem dados para mim. A hipótese de que não existe nada além do que percebo e recordo é, para mim, idêntica, em todas as suas consequências verificáveis, à hipótese de que existem outras pessoas que também percebem e recordam. Se quisermos acreditar na existência dessas outras pessoas – coisa que devemos fazer, se quisermos admitir o testemunho –, precisamos rejeitar a identificação entre significado e verificação.

A "verificação" muitas vezes é definida de maneira muito vaga. O único significado estrito de verificação é o seguinte: uma proposição que afirma um número finito de ocorrências futuras é "verificada" quando todas essas ocorrências aconteceram e, em algum momento, foram percebidas ou recordadas por alguém. Mas não é esse o sentido em que geralmente se emprega a palavra. Costuma-se dizer que uma proposição geral é "verificada" quando se revelaram verdadeiras todas as suas consequências passíveis de teste. Nesse caso, sempre se supõe que provavelmente sejam verdadeiras também as consequências que não puderam ser testadas. Mas não é esse o ponto que me preocupa neste momento. O ponto que me preocupa agora é a teoria segundo a qual duas proposições cujas consequências verificadas sejam idênticas têm a mesma significação. Digo "verificadas", e não "verificáveis", pois não poderemos saber, até que pereça o último homem, se as consequências "verificáveis" serão idênticas. Tomemos, por exemplo, "todos os homens são mortais". Pode ser que em 9 de fevereiro de 1991 nasça um homem imortal. As consequências presentemente verificáveis de "todos os homens são mortais" são as mesmas que as de "todos os homens nascidos antes do tempo *t* são mortais, mas não todos aqueles que nasceram depois", em que *t* é qualquer tempo que não recue mais de um século em relação ao nosso presente.

Se insistirmos em usar a palavra "verificável" em vez de "verificado", não conseguiremos saber se uma proposição é verificável, pois isso envolveria o conhecimento de um futuro indefinidamente longo. De fato, que uma proposição seja verificável é coisa em si mesma não verificável. Isso porque afirmar que todas as consequências futuras de uma proposição geral sejam verdadeiras é, em si mesma, uma proposição geral cujos exemplos não podem ser enumerados, e nenhuma proposição geral pode ser estabelecida sobre evidências puramente empíricas, exceto aquela que se aplica a uma lista de particulares que foram todos observados. Por exemplo: posso dizer "os habitantes de tal vilarejo são o sr. e a sra. A, o sr. e a sra. B etc. e suas famílias, todos os quais conheço pessoalmente e todos são galeses".[1] Mas, quando não consigo enumerar os membros de uma classe,

---

[1] Mas, como vimos na Segunda Parte, Capítulo 10, tais afirmações enumerativas gerais implicam muitas dificuldades.

não posso, sobre bases puramente empíricas, justificar qualquer generalização a respeito de seus membros, a não ser o que se segue analiticamente de sua definição.

Ainda há, no entanto, um ponto a favor dos adeptos da verificação. Eles alegam que existe uma distinção entre dois tipos de casos. Em um, temos duas proposições cujas consequências até aqui foram indistinguíveis, mas cujas consequências futuras poderão divergir; por exemplo, "todos os homens são mortais" e "todos os homens nascidos antes do ano 2000 são mortais". No outro, temos duas proposições cujas consequências observáveis jamais poderão divergir; esse é especialmente o caso das hipóteses metafísicas. A hipótese de que os céus estrelados existam em todos os momentos e a hipótese de que eles só existem quando eu os vejo são exatamente idênticas em todas as consequências que consigo testar. É especialmente nesses casos que o significado se identifica com a verificação e, portanto, que se diz que as duas hipóteses têm a mesma significação. E é isto que me interessa negar.

O caso mais óbvio talvez seja a mente das outras pessoas. A hipótese de que existem outras pessoas, com pensamentos e sentimentos mais ou menos parecidos com os meus, não tem a mesma significação que a hipótese de que as outras pessoas são apenas partes dos meus sonhos, mas, mesmo assim, as consequências verificáveis das duas hipóteses são idênticas. Todos nós sentimos amor e ódio, simpatia e antipatia, admiração e desprezo por aquilo que acreditamos serem pessoas reais. As consequências *emocionais* dessa crença são muito diferentes daquelas do solipsismo, embora as consequências *verificáveis* não sejam. Eu diria que as duas crenças, cujas consequências emocionais diferem, têm significações substancialmente distintas.

Mas este é um argumento prático. Eu iria mais longe e diria, como questão de pura teoria, que, sem incorrer em uma regressão infinita, você não pode procurar a significação de uma proposição em suas consequências, as quais devem ser outras proposições. Não podemos explicar qual é a significação de uma crença, nem o que a torna verdadeira ou falsa, sem recorrermos ao conceito de "fato", e, quando este é introduzido, o papel desempenhado pela verificação se mostra subsidiário e derivativo.

B. Proposições de existência inferenciais

Uma forma de palavras que contenha uma variável indeterminada – por exemplo, "x é um homem" – recebe o nome de "função proposicional" se, quando se atribui um valor à variável, a forma das palavras se torna uma proposição. Assim, "x é um homem" não é nem verdadeira, nem falsa, mas, se substituirmos x por "sr. Jones", teremos uma proposição verdadeira e, se o substituirmos por sra. Jones, teremos uma proposição falsa.

Além de se atribuir um valor a "x", existem duas outras maneiras de se obter uma proposição a partir de uma função proposicional. Uma é dizer que as proposições obtidas ao se atribuírem valores a "x" são todas verdadeiras; a outra é dizer que pelo menos uma delas é verdadeira. Se "$f(x)$" for a função em questão, chamaremos a primeira delas de "$f(x)$ sempre" e a segunda de "$f(x)$ às vezes" (em que se compreende que "às vezes" significa "pelo menos uma vez"). Se "$f(x)$" for "x não é um homem ou x é mortal", poderemos afirmar "$f(x)$ sempre"; se "$f(x)$" for "x é um homem", poderemos afirmar "$f(x)$ às vezes", que é o que comumente expressaríamos dizendo "existem homens". Se "$f(x)$" for "eu conheci x e x é um homem", "$f(x)$ às vezes" será "conheci pelo menos um homem".

Chamamos "$f(x)$ às vezes" de "proposição de existência", porque ela diz que alguma coisa que tem a propriedade $f(x)$ "existe". Por exemplo: se você quisesse dizer que "unicórnios existem", você teria, primeiro, de definir "x é um unicórnio" e, depois, de afirmar que há valores de x para os quais isso é verdadeiro. Na linguagem corrente, as palavras "algum", "um" e "o" [e suas variantes no singular] indicam proposições de existência.

Há uma maneira óbvia pela qual passamos a conhecer proposições de existência: por meio de exemplos. Se conheço "$f(a)$", em que a é algum objeto conhecido, posso inferir "$f(x)$ às vezes". A questão que quero discutir é se esta constitui a única maneira pela qual se pode chegar a conhecer tais proposições. Desejo sustentar que não.

Na lógica dedutiva, existem apenas duas maneiras pelas quais as proposições de existência podem ser provadas. Uma está logo acima, quando "$f(x)$ às vezes" é deduzido a partir de "$f(a)$"; a outra é quando uma proposição de existência é deduzida de outra, por exemplo: "existem bípedes" a partir de "existem bípedes implumes". Que outros métodos são possíveis na inferência não dedutiva?

A indução, quando válida, fornece outro método. Suponhamos que existam duas classes A e B e uma relação R tais que, em certo número de exemplos observados, temos (escrevendo "a R b" para "a tem a relação R com b"):

a_1 é um A. b_1 é um B. a_1 R b_1
a_2 é um A. b_2 é um B. a_2 R b_2

....

a_n é um A. b_n é um B. a_n R b_n

e suponhamos que não temos nenhum exemplo contrário. Então, em todos os exemplos observados, se *a* é um A, existe um B com o qual *a* tem a relação R. Se for um caso ao qual se aplique a indução, iremos inferir que, provavelmente, todo membro de A tem a relação R com algum membro de B. Consequentemente, se a_{n+1} for o próximo membro observado de A, iremos inferir como provável: "há um membro de B com o qual a_{n+1} tem a relação R". Na verdade, inferimos isso em muitos casos nos quais não podemos aduzir nenhum membro particular de B como os que inferimos. Para voltarmos a uma ilustração anterior, todos nós acreditamos que Napoleão III teve um pai. Nem mesmo um solipsista que se permita alguma opinião sobre seu próprio futuro poderá escapar desse tipo de indução. Suponhamos, por exemplo, que nosso solipsista sofra de uma dor no ciático intermitente que o aflige todas as noites; ele pode dizer, sobre bases indutivas, "provavelmente estarei sofrendo de dor às nove horas da noite de hoje". Trata-se de uma inferência quanto à existência de algo que transcende sua experiência presente. "Mas", você pode dizer, "ela não transcende sua experiência *futura*". Se a inferência é válida, de fato não transcende; mas a questão é: "como ele pode saber *agora* que a inferência provavelmente é válida?". Toda a utilidade prática da inferência científica consiste em fornecer bases para antecipar o futuro; quando o futuro já chegou e a inferência já foi verificada, a memória toma o lugar da inferência, a qual já não é necessária. Devemos, portanto, encontrar fundamentos para confiarmos na inferência *antes* de ela ser verificada. E desafio o mundo a encontrar tais fundamentos para se confiar em inferências que serão verificadas, os quais não sejam igualmente fundamentos para se confiar em certas inferências que não serão nem verificadas nem refutadas, como a inferência sobre o pai de Napoleão III.

Estamos, mais uma vez, diante da questão: em que circunstâncias a indução é válida? É fútil dizer: "a indução é válida quando infere algo que a experiência subsequente irá verificar". É fútil porque confinaria a indução aos casos nos quais ela é inútil. Devemos, antes da experiência, ter razões para esperar alguma coisa, e razões exatamente similares podem nos fazer acreditar em alguma coisa que não podemos experimentar, por exemplo, os pensamentos e sentimentos das outras pessoas. O fato é que se faz muito barulho em torno da "experiência".

A experiência é necessária para a definição ostensiva e, portanto, para todo o entendimento do significado das palavras. Mas a proposição "o sr. A tinha pai" é completamente inteligível, mesmo que eu não tenha ideia de quem foi o pai do sr. A. Se o sr. B de fato foi o pai do sr. A, "sr. B" não é constituinte da afirmação "o sr. A tinha pai", nem mesmo de qualquer afirmação que contenha as palavras "pai do sr. A" mas que não contenha o nome "sr. B". De maneira similar, posso *entender* "havia um cavalo alado", mesmo que jamais tenha havido um cavalo assim, porque a afirmação quer dizer que, substituindo "x tem asas e é um cavalo" por "*fx*", estou afirmando "*fx* às vezes". Deve-se compreender que "x" não é constituinte de "*fx* às vezes", nem de "*fx* sempre". Na verdade, "x" não significa nada. É por isso que os iniciantes acham tão difícil entender o que quer dizer.

Quando infiro algo não experimentado – venha ou não a experimentá-lo depois –, nunca estou inferindo uma coisa que eu possa nomear, mas, sim, apenas a verdade de uma proposição de existência. Se a indução é válida, é possível conhecer proposições de existência sem conhecer nenhum exemplo particular de sua verdade. Suponhamos, por exemplo, que A seja uma classe cujos membros chegamos a experimentar e, então, inferimos que um membro de A irá ocorrer. Só temos de substituir "os membros de A" por "os futuros membros de A" para fazer que nossa inferência se aplique a uma classe da qual não podemos mencionar nenhum exemplo.

Estou propenso a pensar que as induções válidas e, de maneira geral, as inferências que vão além de minha experiência pessoal passada e presente sempre dependem da causação, às vezes suplementada pela analogia. Mas isso é assunto para capítulos posteriores; neste capítulo, quis apenas remover certas objeções *a priori* a certo tipo de inferência – objeções que, embora *a priori*, são lançadas por aqueles que se imaginam capazes de dispensar todo e qualquer *a priori*.

5.
Linhas causais

O conceito de "causa", como aparece nas obras da maioria dos filósofos, aparentemente não é usado por nenhuma ciência avançada. Mas os conceitos que são usados se desenvolveram a partir de um conceito primitivo (que prevalece entre os filósofos), o qual, como tentarei demonstrar, ainda tem importância enquanto fonte de generalizações aproximadas e induções pré-científicas e, ainda, enquanto conceito válido quando devidamente limitado.

"Causa", como aparece, por exemplo, em J. S. Mill, pode ser definida da seguinte maneira: todos os eventos podem ser divididos em classes de modo que cada evento de certa classe A seja seguido por um evento de certa classe B, que pode ou não ser diferente de A. Dados dois de tais eventos, o evento da classe A é chamado de "causa" e o evento da classe B é chamado de "efeito". Se A e B forem quantitativos, geralmente haverá uma relação quantitativa entre causa e efeito — por exemplo, uma carga maior de pólvora, ao explodir, causará um ruído maior. Quando tivermos descoberto uma relação causal, poderemos, dado um A, inferir um B. A inferência reversa, de B para

A, é menos confiável, pois, às vezes, várias causas podem todas ter o mesmo tipo de efeito. Ainda assim, com as precauções adequadas, a inferência contrária, dos efeitos para as causas, muitas vezes é possível.

Mill supõe que a lei da causação universal, mais ou menos como a enunciamos, é provada, ou pelo menos tornada extremamente provável, pela indução. Seus famosos quatro métodos, que se destinam a descobrir, em determinada classe de casos, qual é a causa e qual é o efeito, pressupõem a causação e não dependem da indução, a não ser como aquilo que se suponha que deva justificar essa pressuposição. Mas vimos que a indução não pode provar a causação, a menos que esta seja provável com antecedência. Como base para a generalização indutiva, porém, a causação pode ser algo muito mais fraco do que geralmente se imagina. Suponhamos que partimos do pressuposto de que, dado algum evento, seja provável (não certo) que exista alguma classe de eventos a que ele pertença e que essa classe seja tal que a maioria de seus membros (não necessariamente todos) é seguida por eventos de outra classe. Uma pressuposição desse tipo pode ser suficiente para conferir um alto grau de probabilidade indutiva a generalizações da forma "a maioria dos As é seguida por Bs", caso tenham sido observados muitos exemplos de As seguidos de Bs e nenhum exemplo contrário.

Seja por puro preconceito ou por influência da tradição, ou por algum outro motivo, é mais fácil acreditar que exista uma lei da natureza impondo que as causas são *sempre* seguidas por seus efeitos, e não sugerindo que isso *geralmente* aconteça. Achamos que conseguimos imaginar, ou talvez, até mesmo perceber, uma relação de "causa e efeito" que, quando se mantém, assegura uma sequência *invariável*. O único tipo de enfraquecimento que é fácil admitir na lei da causação não é aquele que diz que uma relação causal pode não ser invariável, mas aquele que diz que, em alguns casos, pode ser que não exista *nenhuma* relação causal. Podemos nos sentir obrigados a admitir que as transições quânticas e as desintegrações radioativas em átomos singulares não têm antecedentes invariáveis; embora sejam causas, não são efeitos, e não há classe de antecedentes imediatos que possa ser vista como suas causas. Pode-se admitir tal possibilidade sem destruir a força indutiva da evidência para uma lei causal, desde que ainda se sustente que uma grande proporção dos eventos observáveis sejam tanto causas quanto efeitos. Assumirei que essa limitação está aceita. Isso quer dizer que considerarei que a lei da causação afirma que as sequências causais, quando ocorrem, são invariáveis e que elas ocorrem com frequência, mas não que *todo* evento seja membro de *alguma* sequência causal invariável.

Devemos nos perguntar: quando admitimos a causação, admitimos uma relação específica de causa e efeito, ou simplesmente admitimos uma sequência invariável? Ou seja: quando afirmo "todo evento da classe A causa um evento da classe B", quero simplesmente dizer "todo evento da classe A é seguido por um evento da classe B" ou me refiro a mais alguma coisa? Antes de Hume, sempre se tomava esta última opinião; desde Hume, a maioria dos empiristas passou a tomar a primeira.

Neste momento, estou interessado apenas em *interpretar* a lei da causação, não em investigar sua verdade. Como questão de interpretação daquilo em que normalmente se acredita, não creio que a sequência invariável seja suficiente. Suponhamos que eu descobrisse que, ao longo do século XIX, existiu apenas um concologista cujo nome começava por X e que ele se casou com sua cozinheira. Eu, então, poderia afirmar: "todos os concologistas do século XIX cujos nomes começavam por X se casaram com suas cozinheiras". Mas ninguém veria isso como uma lei causal. Suponhamos que você tivesse vivido no século XIX e que se chamasse Ximenes. Suponhamos ainda que você tivesse uma leve inclinação para a concologia e uma cozinheira muito feia. Você não teria dito a si mesmo: "preciso me convencer a abandonar meu interesse pelas conchas, pois não quero ser compelido a me casar com essa mulher valorosa, mas nada atraente". Por outro lado, embora Empédocles tenha sido (até onde sei) o único homem que saltou para dentro da cratera do Etna, consideramos que seu destino é razão suficiente para não seguirmos seu exemplo, pois pensamos que existiu uma conexão causal entre seu salto e sua morte.

Os dois relógios de Geulincx, que se mantêm em perfeito compasso, de modo que um sempre soa o sino quando o outro aponta a hora exata, não são um bom exemplo, pois entre eles existe uma conexão causal indireta. Mas há exemplos similares na natureza que oferecem boas ilustrações. Tomemos duas nuvens de gás incandescente de determinado elemento: ambas emitem as mesmas linhas espectrais, mas não pensamos que uma tenha qualquer efeito sobre a outra. Em geral, dados dois processos uniformes quaisquer, quando um atinge certo estágio, o outro também alcança certo estágio, mas, geralmente, não inferimos uma conexão causal, por exemplo, entre a rotação da Terra e o período de uma variação de Cefeu.

Parece claro, portanto, que a concomitância ou a sucessão invariável não é o que queremos dizer por causação: elas estão implicadas pela causação, mas não vice-versa. Isto tampouco é dizer que a causação é uma lei da natureza; trata-se apenas de uma conclusão quanto ao que se quer dizer por "causa" na língua corrente.

A crença na causação, seja válida ou inválida, está profundamente enraizada na linguagem. Veja-se como Hume se permitiu empregar, desde o início, apesar de seu desejo de ser cético, a palavra "impressão". Uma "impressão" deve ser alguma coisa que exerce pressão em alguém, o que é uma concepção puramente causal. A diferença entre uma "impressão" e uma "ideia" seria que a primeira, mas não a segunda, tem uma causa próxima que é externa. Hume, é verdade, diz ter encontrado uma diferença intrínseca: as impressões se distinguem das ideias por sua maior "vividez". Mas isso não serve: algumas impressões são fracas e algumas ideias são vívidas. De minha parte, definiria uma "impressão", ou uma "sensação", como uma ocorrência mental cuja causa próxima é física, ao passo que uma "ideia" tem uma causa próxima que é mental. Se, como afirma o solipsismo, nenhum evento mental tiver causas externas, a distinção entre "impressões" e "ideias" será um erro.

Nos sonhos, pensamos ter impressões, mas, quando acordamos, geralmente concluímos que estávamos enganados. Segue-se que não há característica *intrínseca* que invariavelmente faça distinção entre impressões e ideias.

A crença na causação externa de certos tipos de experiência é primitiva e, em certo sentido, está implícita no comportamento animal. Ela se acha envolvida no conceito de "percepção". Quando você "percebe" uma mesa ou uma pessoa, o Sol ou a Lua, o barulho de uma explosão ou o cheiro de um cano de esgoto, isso se dá, para o senso comum, porque aquilo que você está percebendo se encontra ali para ser percebido. Se você acha que está percebendo um objeto que, na verdade, não se encontra ali, ou está sonhando, ou sofrendo alguma alucinação, ou interpretando mal alguma sensação. Mas se admite que tais ocorrências são suficientemente incomuns, ou suficientemente esquisitas, e não enganam por muito tempo alguém que não seja lunático. A maioria das percepções, na maior parte do tempo, ou são tidas como confiáveis ou como apenas momentaneamente ilusórias; as pessoas cujas percepções confessas ameaçam nossa segurança por sua estranheza são trancadas em asilos. Assim, o senso comum, com o auxílio da lei, consegue preservar sua crença de que aquilo que parece ser uma percepção geralmente tem causas externas que se assemelham mais ou menos a seus efeitos na percepção. Penso que o senso comum tem razão nessa crença, com a ressalva de que a semelhança entre percepção e objeto provavelmente é menor do que se supõe. Essa questão já foi considerada; no momento, o que nos interessa é o papel que o conceito de "causa" desempenha.

A concepção de "causa", como a estamos considerando, é primitiva e não científica. Na ciência, é substituída pela concepção de "leis causais". A necessidade desse desenvolvimento surge da seguinte maneira. Suponhamos uma generalização do senso comum tal como A causa B – por exemplo, bolotas de semente causam carvalhos. Se houver algum intervalo de tempo finito entre A e B, durante esse tempo pode acontecer algo que impeça B – por exemplo, porcos podem comer as bolotas. Não podemos levar em conta toda a infinita complexidade do mundo e não podemos prever, a não ser por meio de conhecimento causal prévio, quais das possíveis circunstâncias impediriam B. Nossa lei se torna, portanto: "A causará B, se não acontecer nada que impeça B". Ou, mais simplesmente: "A causará B, a menos que não cause". É um tipo muito frágil de lei, não muito útil como base para o conhecimento científico.

Existem três maneiras de a ciência superar essa dificuldade: (1) equações diferenciais; (2) quase permanência; (3) regularidade estatística. Direi algumas palavras sobre cada uma delas.

(1) O uso de equações diferenciais se faz necessário sempre que determinado conjunto de circunstâncias produza uma tendência a certa modificação nas circunstâncias e que essa modificação, por sua vez, altere a tendência. A gravitação fornece o exemplo mais familiar: a Terra tem, a cada momento, uma aceleração em direção ao Sol, mas a direção do Sol está mudando continuamente. A lei da gravitação, portanto, tem de enunciar a tendência à modificação (aceleração) a cada instante, dada a configuração nesse instante, permitindo que o resultado total se modifique durante um tempo finito a ser calculado. Ou, então, tomemos a "curva de perseguição": um homem está em um dos vértices de um campo quadrado e seu cão, no vértice adjacente. O homem caminha ao longo do lado do campo que não o leva para o cão; o cão, a cada instante, corre em direção ao dono; qual será a trajetória do cão? Obviamente, só as equações diferenciais nos capacitarão a resolver esse problema, pois a direção do cão está mudando continuamente.

Essa interpretação das leis causais é lugar-comum na dinâmica clássica e nela não precisamos nos deter.

(2) A importância da quase permanência é menos convencional e foi menos notada. Em certo sentido, pode ser vista como uma extensão da primeira lei do movimento. Esta afirma que um corpo que não sofre interferência de causas externas continuará a se mover com velocidade uniforme em linha reta. Isto implica, primeiro, que o corpo continuará a existir e, segundo,

que aquilo que se pode considerar como causas "pequenas" produzirá apenas mudanças pequenas na direção ou na velocidade. Tudo isso é vago, mas estabelece o que se pode chamar de expectativas "normais".

A lei da quase permanência, como a entendo, é muito mais geral que a primeira lei do movimento e se destina a explicar o êxito da noção de "coisa" do senso comum e da noção física de "matéria" (na física clássica). Por razões expostas em capítulos anteriores, não se deve considerar uma "coisa" ou pedaço de matéria como uma entidade substancial, persistente e única, mas, sim, como uma cadeia de eventos que têm certo tipo de conexão causal uns com os outros. Esse tipo é o que chamo de "quase permanência". A lei causal que sugiro pode ser enunciada da seguinte maneira: "dado um evento em certo tempo, haverá em qualquer outro tempo ligeiramente anterior ou posterior, em algum local da vizinhança, um evento bastante similar". Não afirmo que isso aconteça sempre, mas apenas que acontece com muita frequência — frequência suficiente para conferir alta probabilidade a uma indução que a confirme em um caso particular.

Quando se abandona a "substância", a identidade de uma coisa ou pessoa em diferentes tempos deve ser explicada, para o senso comum, como algo que consiste naquilo que se pode chamar de "linha causal". Normalmente, *reconhecemos* uma coisa ou pessoa por similaridade qualitativa com uma aparência anterior, mas não é isso que *define* a "identidade". Quando um amigo retorna depois de anos em uma prisão japonesa, podemos dizer "acho que jamais conseguiria reconhecê-lo na rua". Suponhamos que você conheça dois irmãos gêmeos e que não saiba distinguir um do outro; suponhamos agora que um deles perca um olho, um braço e uma perna no campo de batalha. Ele, então, parecerá muito menos com o homem que foi no passado do que seu irmão gêmeo hoje, mas, mesmo assim, nós identificaremos seu antigo eu com ele, e não com seu irmão, devido a certo tipo de continuidade causal. Para um indivíduo, a identidade pessoal é garantida pela memória, que gera um tipo de "linha causal". Um determinado pedaço de matéria em determinado momento pode pertencer a mais de uma linha causal; por exemplo, meu braço é sempre o mesmo braço, embora as moléculas que o compõem se modifiquem. Em um caso, estamos considerando as linhas causais anatômica e fisiológica; no outro, as linhas causais da física.

A concepção de "linhas causais" se envolve não apenas na quase permanência de coisas e pessoas, mas também na definição de "percepção". Quando vejo certo número de estrelas, cada uma produz um efeito separado em minha retina, o que só pode ser feito por meio de uma linha causal que se estende pelo espaço intermediário. Quando vejo uma mesa ou uma cadeira ou uma página impressa, há linhas causais que ligam suas partes a meus olhos. Podemos retroceder ainda mais na cadeia de causação, até chegarmos ao Sol – se estivermos enxergando esses objetos à luz do dia. Mas, quando retrocedemos para antes da mesa ou da cadeira ou da página impressa, as causas deixam de ter qualquer semelhança mais próxima com seus efeitos. Além disso, elas já não são eventos ligados a apenas uma coisa, mas, sim, a interações, por exemplo, entre o Sol e a mesa. Consequentemente, a experiência que tenho quando "vejo uma mesa" pode me proporcionar muitos conhecimentos a respeito da mesa, mas não muito a respeito das partes anteriores do processo que se encerra com minha experiência. Por essa razão, dizemos que estou vendo a mesa, não o Sol. Mas, se o Sol estiver refletido em um bom espelho, diremos que estou vendo o Sol. Em geral, o que se diz que é percebido no tipo de experiência chamado de "percepção" é o primeiro termo de uma linha causal que termina em um órgão dos sentidos.

Uma "linha causal", como gostaria de definir a expressão, é uma série temporal de eventos relacionados entre si de tal maneira que, dados alguns deles, será possível inferir algo acerca dos outros que podem estar ocorrendo em qualquer outra parte. Uma linha causal sempre pode ser vista como a persistência de alguma coisa – uma pessoa, uma mesa, um fóton ou o que seja. No decorrer de determinada linha causal, pode haver constância de qualidade, constância de estrutura, ou modificação gradual em qualquer uma delas, mas não uma mudança repentina de qualquer magnitude considerável. Eu consideraria o processo do locutor ao ouvinte de uma transmissão de rádio como uma linha causal: aqui, o começo e o fim são similares em qualidade e estrutura, mas os elos intermediários – ondas sonoras, ondas eletromagnéticas, processos fisiológicos – têm apenas uma semelhança de estrutura uns com os outros e com os termos iniciais e finais da série.

Que haja tais processos causais mais ou menos autodeterminados não é, em nenhum grau, logicamente necessário, mas é, penso eu, um dos postulados fundamentais da ciência. É em virtude da verdade desse postulado – se for verdadeiro – que somos capazes de adquirir um conhecimento parcial, apesar de nossa vasta ignorância. Pode ser verdade que o universo seja um sistema de partes interconectadas, mas só será possível sabê-lo se algumas partes puderem, em algum grau, ser conhecidas independentemente das outras. E é isso que nosso postulado torna possível.

(3) Não é necessário dizer muita coisa sobre a regularidade estatística, uma vez que ela parece ser uma inferência, não um

postulado. Sua importância na física começou com a teoria cinética dos gases, a qual fez da temperatura, por exemplo, um conceito estatístico. A teoria quântica valorizou imensamente seu *status*. Agora parece provável que as regularidades fundamentais da física sejam estatísticas e não nos digam, nem mesmo em teoria, o que um átomo individual irá fazer. A diferença entre essa teoria e o antigo determinismo individual não é importante para nosso presente problema, que é descobrir postulados que forneçam as bases necessárias para as inferências indutivas. Esses postulados não precisam ser nem certos nem universais; queremos apenas uma probabilidade de que alguma característica geralmente ocorra em certa classe de casos. E isso é tão verdadeiro na mecânica quântica quanto na física clássica.

Além disso, descobriu-se que a substituição das regularidades individuais pelas estatísticas só é necessária no que diz respeito aos fenômenos atômicos, todos os quais são inferidos. Todos os fenômenos que podem ser observados são macroscópicos, e o problema de torná-los acessíveis à ciência continua o mesmo que antes.

6.
Estrutura e leis causais

As discussões anteriores parecem sugerir que a indução por simples enumeração não é um princípio pelo qual se possa justificar a inferência não demonstrativa. Eu mesmo acredito que a ênfase na indução prejudicou muito o progresso de toda a investigação acerca dos postulados do método científico. Neste capítulo, proponho-me a expor um desses postulados, começando com uma forma um tanto vaga, mas depois aumentando a precisão à medida que avança a discussão.

O princípio do qual irei me ocupar neste capítulo tem a ver com a estrutura. Com muita frequência, vemos que muitos exemplos diferentes de aproximadamente a mesma estrutura existem em diferentes partes do espaço-tempo. A anatomia dos diferentes seres humanos é mais ou menos constante: em um indivíduo e no outro encontram-se os mesmos ossos, os mesmos músculos, as mesmas artérias, e assim por diante. Há um grau menor de identidade de estrutura em todos os mamíferos, um grau ainda menor em todos os vertebrados e algum grau em todos os seres vivos, como a estrutura celular, por exemplo. Há certo número de elementos que se caracterizam pela estrutura de seus núcleos. No que diz respeito aos artefatos, há, por exemplo, muitas cópias de um mesmo livro; se eles pertencerem todos à mesma edição, serão quase exatamente similares em estrutura.

Até aqui, tratei daquilo que se pode chamar de estruturas substanciais, ou seja, estruturas nas quais a unidade estrutural pode ser considerada como um pedaço de matéria, mas existem outras estruturas, nas quais a unidade é um evento. Tomemos, por exemplo, uma peça musical. Você pode escutar a *Sinfonia em dó menor* muitas vezes, algumas delas bem executadas, outras nem tanto. Sempre que você a ouve, essa audição particular consiste de uma série temporal de sons. Duas execuções diferentes não são exatamente idênticas em estrutura, e são as diferenças mínimas que distinguem a execução boa da ruim. Mas todas elas são muito parecidas em estrutura, não apenas entre si, mas também em relação à partitura. O leitor notará que "estrutura" é um conceito muito abstrato, tão abstrato que uma partitura musical, um disco de gramofone e a execução podem todos ter a mesmíssima estrutura. Assim, existe de fato uma identidade de estrutura, ainda que não em cada mínimo detalhe, entre todos os diferentes exemplos de determinada peça musical: o manuscrito original do compositor, as várias partituras impressas, os discos de gramofone e as execuções. Qualquer pessoa competente que ouve uma peça musical enquanto acompanha a partitura está percebendo a identidade de estrutura entre o que escuta e o que vê.

Passo agora a outra aplicação do conceito de estruturas idênticas. Todos nós acreditamos que vivemos em um mundo comum, povoado não apenas por seres sencientes como nós, mas também por objetos físicos. Digo que *todos* nós acreditamos nisso não obstante o fato de alguns filósofos pretenderem lançar dúvidas a respeito. Há, por um lado, os solipsistas, que afirmam que somente eles existem, fazendo esforços desesperados para convencer os outros a concordar com eles. E há também os filósofos que sustentam que toda realidade é mental e que, mesmo que sejam reais as sensações que experimentamos quando olhamos para o Sol, o Sol em si é uma ficção. E, como desenvolvimento dessa opinião, temos a teoria de Leibniz, segundo a qual o mundo consiste de mônadas que jamais interagem, não sendo a percepção, de forma alguma, devida à ação do mundo exterior sobre o sujeito que percebe. Por essa teoria, pode-se dizer que estamos todos sonhando, mas que os sonhos que todos temos são idênticos em estrutura. Essas diferentes opiniões, devo dizer, foram defendidas por diferentes filósofos, e não creio que nenhuma delas possa ser refutada. Por outro lado, nenhuma pode ser provada e, além disso, nenhuma pode ser acreditada, nem mesmo por seus defensores. Neste momento, estou interessado em procurar um princípio que, se verdadeiro, justifique nossa adesão à crença do senso comum em um mundo comum de objetos físicos e mentais. Suponhamos que o primeiro-ministro faça um discurso na rádio e que várias pessoas que tenham escutado a transmissão depois comparem suas impressões. Ficará parecendo que, até onde sua memória possa ajudá-los, todas elas ouviram a mesma estrutura de sons. Quer dizer, se você tiver boa memória e perguntar a um amigo que também tenha boa memória "o que você ouviu?", a resposta dele será mais ou menos uma repetição do que você escutou durante a transmissão. Você acharia estranho se, vivendo você e seu amigo cada um sua alucinação privada, houvesse tamanha similaridade entre a ilusão dele e a sua. Mas você não precisa depender da memória das outras pessoas, que é coisa falível. Se fosse um milionário filosófico, poderia montar *Hamlet* em um teatro no qual fosse o único espectador vivo, colocando uma câmera cinematográfica em cada um dos demais assentos da plateia. Terminada a peça, você poderia mandar projetar as várias gravações na tela e as acharia muito parecidas umas com as outras e com sua memória; você, então, iria inferir que durante a peça aconteceu a cada uma das câmeras alguma coisa que tinha a mesma estrutura daquilo que aconteceu com você. Tanto o som quanto a luz têm esse caráter público, ou seja, um instrumento adequadamente disposto em qualquer ponto dentro de certa região pode construir um registro idêntico em estrutura àquilo que uma pessoa vê e ouve nessa região. O instrumento de registro pode ser outra pessoa ou algo puramente mecânico, como uma câmera. No que diz respeito à identidade de estrutura, não há diferença entre esses dois casos.

A concepção de um "observador", que os homens de ciência geralmente tomam como um dado natural, é uma concepção cujo uso e validade dependem do postulado que estamos considerando neste capítulo. Dizer que muitos "observadores" podem observar a "mesma" ocorrência deve significar que essa ocorrência tem sobre os vários "observadores" efeitos que guardam algo em comum. Para que a ciência tenha o caráter público que a ela creditamos, aquilo que esses efeitos têm em comum deve ser algo que (dentro de limites) permita que eles sejam descritos com as mesmas palavras. Se essas palavras forem tão abstratas quanto as da física matemática, a aplicabilidade das mesmas palavras irá pouco além da similaridade da estrutura espaçotemporal, se é que chegará a tanto. O professor Milne (*Relativity, Gravitation and World Structure* [Relatividade, gravitação e estrutura de mundo], p.5) torna essa similaridade um postulado fundamental da física ao dizer: "Quando a estrutura interior do sistema definido é idêntica a partir de dois pontos de vista (de diferentes observadores), então sua descrição a partir dos dois pontos de vista deve ser idêntica. Esta é a essência do princípio de relatividade". É impressionante o quanto ele deriva desse postulado.

Sempre que em toda a extensão de certa vizinhança e em torno de um centro com um grupo de eventos complexos, todos idênticos em estrutura, como aquilo que diferentes pessoas e câmeras veem ou aquilo que diferentes pessoas ouvem e discos de gramofone gravam em determinado teatro, admitimos, sem hesitar, um ancestral causal comum para todos os diferentes eventos complexos. E o fazemos prontamente, porque os diferentes eventos diferem de acordo com as leis da perspectiva, e os princípios da geometria projetiva nos permitem inferir a posição aproximada do objeto visto de diferentes perspectivas por vários espectadores. Se o objeto em questão for o ator cuja atuação aplaudimos, ele concordará veementemente que foi a causa das várias experiências dos espectadores e que estas não poderiam surgir, como Leibniz supõe, como desenvolvimentos espontâneos de um sistema de sonhos semelhantes.

O mesmo tipo de princípio ocorre em muitas outras conexões. Tomemos, por exemplo, a associação de uma sombra com o objeto do qual ela é a sombra. Às vezes, especialmente ao entardecer, ou quando você está com seus amigos à beira de um vale estreito e profundo e sua sombra aparece na colina oposta, você pode ter dificuldade de decidir a quem pertence determinada sombra, mas, se você movimentar os braços e vir a sombra também movimentar os braços, concluirá que a sombra é sua; quer dizer, você assume certo tipo de conexão causal entre você e ela. Essa conexão causal você a infere a partir da identidade de estrutura em uma série de eventos. Nos casos mais comuns, você não precisa de uma série de eventos, pois a similaridade das formas será suficiente, consistindo essa similaridade na identidade das propriedades projetivas da sombra e de sua silhueta. Tal identidade de estrutura basta para convencê-lo de que há uma conexão causal entre você e a sombra. Tomemos um outro exemplo, de um campo bem diferente: o caso dos assassinatos das noivas no banho. Diversas senhoras de meia-idade, de diferentes partes do país, morreram misteriosamente em suas banheiras depois de se casarem e fazerem seguro de vida em favor de seus maridos. A identidade de estrutura entre esses diferentes eventos levou à suposição de uma origem causal comum; descobriu-se que essa origem era um tal sr. Smith, que foi devidamente enforcado.

Temos, assim, dois diferentes casos de grupos de objetos idênticos em estrutura: em um caso, as unidades estruturais são objetos materiais e, no outro caso, são eventos. Alguns exemplos do primeiro: átomos de um elemento, moléculas de um composto, cristais de uma substância, animais ou plantas de uma espécie. Alguns exemplos do segundo: aquilo que diferentes pessoas veem e ouvem simultaneamente em determinada vizinhança, aquilo que câmeras e discos de gramofone gravam ao mesmo tempo, movimentos simultâneos de um objeto e de sua sombra, a conexão entre diferentes performances da mesma peça musical, e assim por diante.

Distinguiremos os dois tipos de estrutura como "estruturas de evento" e "estruturas materiais". Uma casa tem uma estrutura material e a execução de uma peça musical tem uma estrutura de evento. A distinção, no entanto, nem sempre é relevante; por exemplo, um livro impresso tem uma estrutura material, ao passo que o mesmo livro lido em voz alta tem uma estrutura de evento. O repórter é alguém dotado da arte de criar um complexo material que tenha a mesma estrutura que determinado complexo de eventos.

Sugiro, como princípio de inferência usado inconscientemente pelo senso comum, mas conscientemente na lei e na ciência, o seguinte postulado: "quando um grupo de eventos complexos que ocorrem mais ou menos na mesma vizinhança e em torno de um evento central têm todos uma estrutura comum, é provável que tenham um ancestral causal comum". Aqui, estou usando "provável" no sentido de frequência; quero dizer que isso acontece na maioria dos casos. Quanto a "ancestral causal comum", isso requer algumas palavras para explicá-lo. Quero dizer que, tomando-se qualquer um dos eventos complexos em questão, sabe-se que eles foram precedidos por outros eventos que têm a mesma estrutura, formando estes uma série dentro da qual são temporal e espacialmente contíguos ao próximo, e, então, quando uma tal série é formada para cada um dos eventos complexos em questão, as várias séries se encontram em pelo menos um evento complexo que tem a dada estrutura e é temporalmente anterior a qualquer um dos eventos do grupo original. No caso das pessoas no teatro, esse evento é a apresentação do ator ou atores. No caso de um objeto físico visto simultaneamente por várias pessoas ou fotografado simultaneamente por várias câmeras, o evento original central é o estado desse objeto físico no momento em que os raios de luz que o tornam visível partem dele para os observadores. Quero deixar claro que a existência dessa causa primeira e central é uma inferência, ainda que seja uma inferência da qual o senso comum normalmente não tem consciência. Trata-se de uma inferência que tem estágios e envolve a consideração dos ruídos ouvidos como algo que, às vezes, expressa os pensamentos das outras pessoas. Se ouço alguém proferir uma sentença e pergunto às outras pessoas que sentença foi proferida e, então, elas repetem o que acabei de ouvir; e se, em outra ocasião, estou ausente quando esse alguém fala, mas todos aqueles que estiveram presentes proferem mais uma vez as mesmas palavras em resposta à minha pergunta, nosso princípio me leva a localizar o centro causal desse fenômeno não em mim mesmo, mas nas outras pessoas. Sei que, quando eu falo e os outros me escutam, o centro causal consistiu de certos pensamentos e sensações que vieram de mim mesmo; quando não ouço outra pessoa falar, mas todos aqueles que a ouviram concordam quanto ao que ela disse, sei que não tive os pensamentos e sensações que teria se houvesse proferido as palavras, mas infiro que tais pensamentos e sensações estiveram no centro causal das ocorrências conectadas, ou seja, na pessoa que falou e não ouvi. Isto, no entanto, envolve, além de nosso princípio aqui presente, também o princípio da analogia.

Antes de tentar conferir maior precisão ao princípio que estou sugerindo, direi mais algumas palavras sobre seu escopo e plausibilidade. Falando em linhas gerais, o que o princípio afirma é que as coincidências para além de certo ponto são improváveis e vão ficando cada vez mais improváveis a cada acréscimo de complexidade. Tive um aluno que me assegurava que seu nome era Hippocrates Apostolos; achei difícil de acreditar, então perguntei a uma pessoa que o conhecia: "Qual é o nome daquele jovem?", e a pessoa respondeu: "Hippocrates Apostolos". Depois perguntei a outras pessoas, com o mesmo resultado. Por fim, consultei o registro da universidade. E, apesar de toda a improbabilidade inicial de sua afirmativa, fui obrigado a acreditar no rapaz. Sendo o nome uma estrutura complexa, parecia bastante improvável que todas as pessoas a quem perguntei o nome do rapaz pudessem simplesmente ter inventado uma resposta de imediato e que a resposta fosse aquela. Se todos tivessem dito "John Smith", eu teria ficado menos convencido, porque se trata de uma estrutura menos complexa. Eddington costumava sugerir como possibilidade lógica que talvez todos os livros do British Museum tivessem sido produzidos de maneira acidental por macacos brincando com máquinas de escrever. Existem aqui dois tipos diferentes de improbabilidade: em primeiro lugar, alguns dos livros do British Museum fazem sentido, ao passo que só se poderia esperar que os macacos produzissem obras sem sentido. Em segundo lugar, há muitas cópias da maioria dos livros, e duas cópias são, em regra, exatamente idênticas. Podemos assegurar aqui a plausibilidade pelo que, aparentemente, é uma aplicação da teoria matemática da probabilidade: dada uma seleção ao acaso de, digamos, cem letras, elas não irão, na imensa maioria dos casos, constituir uma sentença com sentido. Suponhamos agora que um livro contenha 700 mil letras. A chance de que, selecionadas ao acaso, elas venham a formar sentenças com sentido é infinitesimal. Esta é a primeira improbabilidade, mas há uma segunda. Suponhamos que você tenha em suas mãos duas cópias do mesmo livro e que esteja considerando a hipótese de que a identidade entre os dois se deva ao acaso: a chance de que a primeira letra seja a mesma em ambos os livros é de 1/26, assim como a chance de a segunda letra ser a mesma, e assim por diante. Consequentemente, a chance de que todas as letras sejam a mesma nas duas cópias de um livro com 700 mil letras é a 700.000^{a} potência de 1/26. E suponhamos agora que você vá ao depósito de uma editora e encontre não apenas duas cópias do livro em questão, mas alguns milhares. A hipótese de terem sido produzidos ao acaso se torna exponencialmente mais inacreditável. Você se sente obrigado, portanto, a inventar alguma hipótese que explique a similaridade entre os diferentes volumes. Nesse momento, o editor que está mostrando o estoque lhe diz: "este é um dos nossos livros de maior sucesso, e o autor está vindo me encontrar daqui a pouco; acho que você iria gostar de conhecê-lo". Você então conhece o autor e lhe pergunta: "você escreveu este livro?". Ele responde "sim". Nesse ponto, a despeito de ter ficado reduzido, por Hume, ao ceticismo, ocorre a você que talvez os ruídos que parecem vir do editor e do autor signifiquem o que significariam se você os tivesse proferido e que os muitos milhares de volumes idênticos que você inspecionou tenham uma fonte comum naquele objeto que diz ser o autor. Enquanto ele está lhe dizendo como chegou a escrever o livro, você percebe que os fatos que o estão surpreendendo deixariam de fazê-lo se houvesse uma lei da natureza dizendo o seguinte: "qualquer evento complexo tende a ser seguido por outros eventos complexos idênticos, ou aproximadamente idênticos, ao primeiro em estrutura, distribuindo-se uns junto aos outros ao longo de certa região do espaço-tempo". Por esse momento, o autor já parou de falar e você se despede, dizendo "foi um prazer conhecê-lo", uma vez que seu novo princípio o persuadiu de que, a despeito de Hume, você realmente conheceu o autor e de que ele não é simplesmente uma parte de seu sonho.

O ponto principal do princípio que estou sugerindo é sua ênfase na estrutura. Quando examinamos sequências causais, descobrimos que a qualidade de um evento pode mudar completamente no curso de tal sequência e que a única coisa constante é a estrutura. Tomemos, digamos, a transmissão de rádio:

um homem fala e suas palavras constituem certa estrutura de sons; os sons se fazem seguir por eventos no microfone que presumivelmente não são sons e que, por sua vez, se fazem seguir por ondas eletromagnéticas, as quais, por sua vez, se transformam de novo em sons, os quais, por uma obra-prima do engenho humano, são muito similares àqueles emitidos pelo locutor. No entanto, os elos intermediários dessa cadeia causal, até onde sabemos, não se parecem com os sons emitidos pelo locutor, exceto em estrutura. (Devo observar que as relações pelas quais se define a estrutura são, no todo, relações que envolvem contiguidade espaçotemporal.) Pensava-se que a transmissão radiofônica era uma invenção maravilhosa, mas, na verdade, ela é apenas um pouco mais complexa que a audição comum. Consideremos o que acontece quando uma pessoa fala e a outra escuta: o locutor faz certos movimentos com a boca, acompanhados por respirações, que fazem que ondas de som se propaguem pelo ar, de sua boca até os ouvidos do ouvinte. Quando essas ondas chegam ao ouvido, elas fazem correntes viajarem ao longo de nervos até o cérebro e então o ouvinte, se não for surdo, terá uma série de sensações auditivas muito similares àquelas do próprio locutor. A única diferença importante em relação à transmissão radiofônica é a omissão do estágio das ondas eletromagnéticas; em cada caso, há uma série de ocorrências, algumas de um tipo, algumas de outro, mas todas mantendo a mesma estrutura, e é por causa da constância de estrutura que o locutor consegue se comunicar com o ouvinte. Parece que, se A e B forem duas estruturas complexas e A causar B, então haverá algum grau de identidade de estrutura entre A e B. É por causa desse princípio que um complexo de sensações pode nos dar informações a respeito do complexo que as causou. Se você vê algo hexagonal, então, como a hexagonalidade é uma propriedade estrutural, o objeto físico que causou sua sensação visual deve ser também hexagonal, embora sua hexagonalidade esteja em um espaço que não é idêntico ao espaço visual.

Deve-se observar que aquilo de que precisamos, além da experiência real, é apenas um princípio que confira probabilidade a certos tipos de induções. O que estou sugerindo é que não devemos apenas procurar leis simples, como "A causa B", mas também enunciar um princípio como o seguinte: dadas duas estruturas idênticas, é provável que elas tenham uma conexão causal de um destes dois tipos. O primeiro tipo consiste em que elas tenham um ancestral causal comum – o que se ilustra com o caso das diferentes sensações visuais de várias pessoas olhando para determinado objeto e das diferentes sensações auditivas de várias pessoas escutando determinada fala. O segundo tipo surge onde duas estruturas são compostas de ingredientes similares e existe uma lei causal que faz que esses ingredientes se disponham segundo certo padrão. Os exemplos mais óbvios desse tipo são os átomos, moléculas e cristais. As similaridades entre diferentes animais ou plantas de determinada espécie podem se enquadrar em ambos os tipos: se não retrocedermos mais que uma geração de determinados animais ou plantas, teremos um caso do segundo tipo e seremos obrigados a admitir que todos os espermatozoides de determinada espécie têm uma certa identidade de estrutura, assim como os óvulos. Se, no entanto, considerarmos a evolução, poderemos rastrear as similaridades até um ancestral comum, desta vez usando a palavra no sentido literal.

Nem sempre é fácil decidir se determinado conjunto de complexos, todos com a mesma estrutura, deve ser considerado do primeiro ou do segundo tipo, e nem sempre se pode chegar a uma resposta conclusiva, como acabamos de ver no caso dos dois animais da mesma espécie. Em geral, o primeiro tipo de complexo tem eventos como unidades de estrutura, ao passo que o segundo tem objetos físicos persistentes como suas unidades estruturais. Mas esta não é a marca distintiva universalmente. Tomemos, por exemplo, a relação entre escrita e fala; as unidades estruturais na fala são eventos, as unidades estruturais na escrita são objetos materiais, mas, quando há identidade de estrutura entre um discurso falado e outro escrito, qualquer um dos dois pode causar o outro e o faz em todo caso de ditado ou leitura em voz alta. O mesmo tipo de coisa se aplica a uma peça musical ou a um disco de gramofone. Penso, no entanto, que esses casos nos quais uma série de eventos é representada por uma estrutura material estática só podem surgir quando existe alguma regra segundo a qual se devam tomar as partes da estrutura material em certa ordem temporal e, então, transformá-las mais uma vez em uma série de eventos. Um livro escrito em uma língua europeia deve ser lido da esquerda para a direita e de cima para baixo; um disco de gramofone deve ser tocado com a agulha correndo da borda da circunferência até seu centro. Ou tomemos um exemplo no qual o homem não interveio: a interpretação que os geólogos fazem das rochas para compor a história do mundo depende de se tomarem as rochas do fundo para a superfície, de modo que as rochas mais profundas representam os tempos mais longínquos.

No todo, pode-se dizer que se considera que a similaridade de estrutura aponta para um ancestral causal comum sempre que a estrutura é muito complexa. As similaridades de estrutura que não são interpretadas dessa maneira ocorrem na química e na física e são todas muito simples. A mim me parece que se pode dizer o seguinte: o mundo físico consiste de unidades de um pequeno número de tipos diferentes, e existem leis causais que determinam as estruturas mais simples que podem ser construídas com tais unidades, fazendo que tais estruturas se enquadrem em um número ainda menor de tipos diferentes. Existem também complexos de eventos que atuam como unidades causais, sendo precedidas e seguidas no decorrer de algum tempo finito por uma série de complexos de eventos, todos aproximadamente com a mesma estrutura e inter-relacionados por contiguidade espaçotemporal.

O princípio da contiguidade espaçotemporal tem aplicações nos casos em que a estrutura desempenha um papel subordinado. Tomemos, por exemplo, os ecos: qualquer um que ouça o eco de seu próprio grito não pode duvidar de que algo viajou dele até o objeto no qual o eco se reflete e, depois, de volta até ele. Descobrimos que o eco só ocorre onde há uma superfície adequada para refletir o som e que o tempo entre a emissão de um som e a audição do eco é proporcional à distância de tal obstáculo. Seria extremamente difícil fornecer uma explicação plausível dos ecos sobre uma base solipsista ou sobre a suposição de que as mentes dos outros existem, mas não os objetos físicos inanimados, pois as montanhas produzem ecos muito mais ressoantes do que as pessoas. Ou consideremos uma vez mais o experimento sugerido em um capítulo anterior. Suponhamos que um homem portando um revólver se encontre no ponto onde muitas estradas se cruzam; suponhamos que haja um posto de observação a cada cem metros em cada uma dessas estradas e que, em cada um desses postos, esteja um homem com uma bandeira na mão, até uma distância de mil metros. Cada um desses homens de bandeira na mão recebeu ordens para agitá-la assim que ouvir o som do tiro. Um balão está parado bem acima do homem com o revólver e carrega um observador que anota o momento em que cada bandeira foi agitada; ele descobre que todas as bandeiras que se encontram equidistantes ao disparo são agitadas no mesmo instante, que as mais distantes são agitadas depois das mais próximas e que o lapso de tempo é proporcional à distância. Tudo isso se explica de maneira muito simples pela hipótese de que há um processo físico que viaja a uma velocidade de cerca de 340 metros por segundo e que, quando chega aos ouvidos, causa uma sensação de som. Qualquer outra hipótese sobre os fatos observados teria de ser muito elaborada e muito artificial. O homem no balão estacionário primeiro vê o disparo do revólver no centro, depois o agitar sucessivo das bandeiras viajando para longe do centro, a uma velocidade constante. O que é convincente para o senso comum científico nesse experimento é a relação entre a distância e o tempo, a qual nos permite falar em velocidade do som.

Considerações similares às que se aplicam aos ecos podem ser aplicadas à reflexão da luz, mas, nesse caso, o argumento para a identidade de estrutura tem uma força que não aparece no caso do som dos ecos. Seria absurdo sugerir que, quando você se olha no espelho, é o próprio espelho que escolhe justamente esse momento para olhar para você, sem que haja nenhuma conexão causal. Na verdade, o espelho só reflete sua imagem quando você se encontra na posição adequada e reflete todo e qualquer movimento que você faça em sua frente. Pode-se impedir que o espelho reflita sua imagem com a interposição de um objeto opaco, o que leva irresistivelmente à conclusão de que o reflexo se deve a algum processo que atravessa o espaço que existe entre você e o espelho. O lapso de tempo, que se pode notar entre um som e seu eco, é pequeno demais para ser perceptível no caso da reflexão da luz na Terra, mas, por outro lado, o argumento da identidade de estrutura é muito mais forte no caso da luz, pois as estruturas que podem ser refletidas são muito mais complexas no caso da luz do que no do som.

Deve-se admitir que é logicamente possível nos limitar à hipótese solipsista e, em todos os casos que estivemos considerando, negar tudo, exceto nossas próprias experiências. Mas, se o fizermos, muitos fenômenos que a hipótese realista explica por leis simples se tornarão irremediavelmente irregulares e desconexos.

Penso, portanto, que, na procura por leis empíricas, podemos empregar os seguintes princípios:

I. Quando várias estruturas similares de eventos existem em regiões não muito separadas e se encontram em torno de um centro, há uma probabilidade considerável de que essas estruturas tenham sido precedidas por um complexo central com a mesma estrutura e de que tenham ocorrido em tempos que diferem de outro tempo por quantidades proporcionais a sua distância em relação a essa estrutura central.

II. Toda vez que se constata que um sistema de eventos estruturalmente similares está conectado a um centro, no sentido de que o momento em que ocorre cada evento difere por um certo tempo em uma quantidade proporcional à distância do evento desse centro, há uma probabilidade considerável de que todos os eventos estejam conectados com um evento no centro por elos intermediários que têm contiguidade espaçotemporal uns com os outros.

III. Quando se constata que vários sistemas estruturalmente similares, tais como átomos deste ou daquele elemento, se distribuem de uma maneira que parece aleatória, sem referência a um centro, inferimos que provavelmente há leis naturais que tornam tais estruturas mais estáveis que outras logicamente possíveis, mas que ocorrem raramente ou nunca.

Os dois primeiros princípios expostos se aplicam não apenas a sistemas nos quais a propagação é esférica, como no caso das ondas de luz e som, mas também a sistemas de propagação linear, como no caso da condução de eletricidade ao longo de um fio. A rota causal pode ser qualquer curva contínua no espaço-tempo. Consideremos, por exemplo, a jornada de um telegrama enviado de um endereço a outro. Mas, em todos os casos, nosso segundo princípio pressupõe a continuidade.

Penso que os três princípios, se aceitos, fornecerão uma base *a priori* suficiente para boa proporção das inferências que a física realiza a partir da observação. Não tenho dúvidas de que todos os três princípios podem ser simplificados, ou talvez exibidos como consequências de um outro princípio. Mas, por enquanto, eu os ofereço como um passo daquilo que se deve pressupor na inferência científica.

O princípio da constância de estrutura em séries causais que estivemos considerando, mesmo que tenha grande importância dentro de certas regiões, é definitivamente inaplicável a outras. Consideremos onde se aplica e onde é inadequado.

Vimos que o conhecimento obtido por meio da percepção só é possível quando há cadeias causais mais ou menos independentes vindo dos objetos físicos até nós. Vemos estrelas separadas porque a luz de cada uma segue seu caminho, independentemente do que possa estar acontecendo em sua vizinhança. Vemos objetos separados em nosso ambiente pela mesma razão. Mas a independência de uma cadeia causal nunca é completa. A luz de uma estrela se desvia ligeiramente por causa da gravitação e é completamente obscurecida por uma nuvem ou névoa. Os objetos terrestres são vistos de maneira mais ou menos vaga de acordo com a distância, a nitidez da visão etc. Às vezes, os efeitos desse tipo não alteram as estruturas, apenas diminuem a quantidade que resta. Quando você vê uma montanha ao longe em um dia claro, pode ver exatamente o que lhe aparece como estrutura, mas vê menos do que veria se estivesse mais perto. Quando as coisas se refletem em um espelho, não há mudança de estrutura, exceto, talvez, a omissão de algum detalhe. Mas, quando a luz branca passa por um prisma e se decompõe nas cores do arco-íris, há uma mudança de estrutura, assim como no caso de uma gota de tinta que cai em um copo com água.

Às vezes, a mudança de estrutura é muito mais completa do que nos casos acima. Quando uma carga de dinamite explode, todas as estruturas envolvidas mudam, à exceção dos átomos; quando uma bomba atômica explode, até mesmo os átomos se transformam. Quando uma planta ou animal cresce, há um alto grau de constância de estrutura, mas, no momento da fecundação, ocorre uma mudança que, estruturalmente, é análoga à combinação química. Nosso princípio da constância de estrutura é inaplicável a essas modificações.

Os processos naturais são de dois tipos. Por um lado, há os que se caracterizam por alguma forma de *persistência*; por outro, há os processos de síntese ou dissolução. A persistência é ilustrada por "coisas", raios de luz e ondas sonoras. A síntese é ilustrada pela presumível construção de elementos mais pesados a partir do hidrogênio, por meio de combinação química e fecundação. A dissolução é ilustrada pela radioatividade, pela análise química e pela decomposição do corpo de um animal depois da morte. Na síntese e na dissolução, a estrutura se modifica; na persistência, a estrutura permanece, em certo grau, constante.

O princípio considerado neste capítulo tem a ver apenas com a persistência. Ele se preocupa em indicar que a persistência é uma característica muito comum dos processos naturais, que a estrutura é aquilo que tem maior capacidade de persistir e que, quando ela persiste, preenche certa região contínua do espaço-tempo que geralmente tem uma origem no tempo anterior à do resto da região.

O princípio da constância de estrutura tem uma certa analogia com a primeira lei do movimento. Essa lei diz o que um pedaço de matéria fará quando não estiver sob influência de seu ambiente; o princípio da constância de estrutura se aplica sempre que um processo é independente do ambiente, mas também em outros vários casos. Aplica-se, por exemplo, a todos os estágios que se interpõem entre os movimentos orais do locutor cuja fala está sendo transmitida por rádio e as sensações auditivas de seus ouvintes. Aplica-se aos ecos e aos reflexos nos espelhos. Aplica-se a todos os passos desde os pensamentos de um autor até o livro impresso. Em todos esses casos, ainda que o meio ao redor tenha vários efeitos sobre os processos, os efeitos são tais que, falando em linhas gerais, não afetam a estrutura.

Do ponto de vista da teoria do conhecimento, a aplicação mais importante do nosso princípio é na relação entre a percepção e os objetos físicos. Nosso princípio implica que, em circunstâncias que ocorrem frequente, mas não invariavelmente, a estrutura de um objeto da percepção é a mesma que a de cada uma de uma série de ocorrências que retrocedem no tempo até uma ocorrência original, antes da qual não havia eventos espaçotemporalmente conectados com a estrutura em questão. Essa ocorrência original é aquilo que dizemos "perceber" quando se sustenta que diferentes pessoas podem "perceber" o mesmo objeto.

A identidade de estrutura entre nossas experiências sensoriais e suas causas físicas explica como o realismo ingênuo, embora falso, consegue suscitar tão pouca confusão na prática. Dados dois exemplos da mesma estrutura, cada afirmação que for verdadeira para uma corresponderá a uma afirmação que será verdadeira para a outra; a afirmação a respeito de uma se transformará em uma afirmação a respeito da outra substituindo os termos e relações correspondentes. Tomemos, por exemplo, a fala e a escrita e, para simplificar, suponhamos um alfabeto fonético perfeito. Então, a cada forma que constitui uma letra corresponde um som e à relação esquerda-direita corresponde a relação antes-depois. É em virtude dessa correspondência que podemos falar de uma transcrição "exata" de um discurso, a despeito da completa diferença de qualidade entre o falado e o escrito. Da mesma maneira, a percepção pode fornecer, nas circunstâncias apropriadas, uma representação "exata" de uma ocorrência física, ainda que possa haver tanta diferença entre a ocorrência e o objeto da percepção quanto entre a fala e a escrita.

Dadas duas afirmações correspondentes a respeito de dois exemplos da mesma estrutura, ambas podem estar relacionadas por um dicionário que apresente as palavras que se correspondem nos dois exemplos. Mas existe um outro método que, embora menos desejável, é bastante empregado: usar as mesmas palavras para se fazer uma afirmação sobre um exemplo e para se fazer uma afirmação correspondente sobre outro. Nós o fazemos de maneira habitual em relação à fala e à escrita. A palavra "palavra" é utilizada tanto para o que se fala quanto para o que se escreve. Assim como palavras como "sentença", "afirmação", "questão" etc. Esse plano, que torna ambíguas todas as nossas palavras, se faz conveniente quando a diferença entre os dois exemplos da mesma estrutura é irrelevante para nossos propósitos, e queremos dizer, ao mesmo tempo, coisas a respeito de ambos, como "o discurso se compõe de sentenças e as sentenças, de palavras" – usando "discurso" como palavra aplicável tanto à fala quanto à escrita. O mesmo se dá quando o autor de um livro diz "a afirmação *acima*" ou "a afirmação *anterior*", embora, em termos estritos, "acima" só seja aplicável à palavra impressa e "anterior", à palavra falada.

Essa forma de ambiguidade se acha envolvida quando se emprega a linguagem do realismo ingênuo, a despeito do fato de se reconhecer que seja filosoficamente injustificável. Quando os objetos físicos tiverem a mesma estrutura que os objetos da percepção, uma dada forma de palavras poderá ser interpretada (no sentido da Quarta Parte, Capítulo 1) como algo que se aplica tanto a uns quanto aos outros e será verdadeira para ambos ou para nenhum deles. Podemos dizer que um objeto da percepção é azul e dizer o mesmo a respeito de um raio de luz. A palavra "azul" terá significados diferentes quando aplicada a um raio de luz e a um objeto da percepção, mas o significado, em cada caso, fará parte de um sistema de interpretação e, na medida em que aderirmos a um sistema, a verdade ou falsidade de nossa afirmação será independente do sistema escolhido, dentro de certos limites. É por haver limites a esse princípio que a filosofia se vê obrigada a rejeitar o realismo ingênuo. Mas, apesar dos limites, o princípio é vastamente aplicável, e é por essa razão que o realismo ingênuo é tão plausível.

7.
Interação

Nos últimos capítulos, estivemos interessados em um tipo de causação que se pode chamar de "intrínseca". Trata-se do tipo que se interpreta como a persistência de uma coisa ou processo. Como a persistência das coisas é tida como natural e considerada como algo que envolve a identidade da substância, não se reconhece essa forma de causação como aquilo que ela é. Pode-se enunciá-la da seguinte maneira: "dado um evento em certo tempo e lugar, geralmente acontece de, em todos os tempos vizinhos, um evento muito similar ocorrer em algum lugar vizinho". Esse princípio fornece uma base para a imensa maioria das induções, mas não nos permite, *prima facie*, lidar com aquilo que comumente se conta como *interações*, por exemplo: colisões de bolas de bilhar. Neste capítulo, consideraremos processos causais desse tipo.

Consideremos duas bolas de bilhar que batem uma na outra depois de terem se movimentado em linha reta. Cada bola persiste depois da colisão e é vista como a *mesma* bola de antes, porque isso satisfaz a lei de causação intrínseca de que falamos acima. Mas existe, por assim dizer, um grau de causação intrínseca mais alto quando não ocorre nenhuma colisão. Na maioria das vezes, podemos dizer não apenas que, dada a posição da bola em um instante, ela terá *alguma* posição vizinha em um instante ligeiramente posterior; podemos dizer também que, dadas as posições da bola em dois instantes vizinhos, sua posição em um terceiro instante ligeiramente posterior será aproximadamente colinear com as duas posições anteriores e que sua distância de ambos será aproximadamente proporcional ao tempo que se passou. Isso quer dizer que temos uma lei intrínseca de *velocidade*, não apenas de *posição*. Mas, quando há interação, não existe tal lei intrínseca de velocidade. Este é o sentido das duas primeiras leis do movimento.

Se admitirmos que, enquanto estamos observando as bolas de bilhar, as colisões ocupam uma pequena porção do tempo total, daí irá se seguir que, na maioria das vezes, elas estarão se movendo em linhas aproximadamente retas. O que temos de descobrir é uma lei que determine a nova direção em que uma bola se moverá depois de colidir. Se o menor ângulo mensurável é $1/n$ de grau, o número de diferentes direções mensuráveis nas quais a bola poderá se mover é $360n$. Por conseguinte, tomando-se qualquer direção que seja determinada da maneira mais exata possível, a probabilidade antecedente de que a bola comece a se mover nessa direção é $1/360n$. Essa probabilidade é finita, mesmo que pequena; portanto, a indução a partir das colisões observadas pode tornar provável uma generalização. Isso quer dizer que, se admitirmos nossa lei da causação intrínseca, o resto da teoria matemática do bilhar poderá se desenvolver por meio da indução, sem qualquer outra suposição anterior à experiência.

No curso dessa análise, nossa lei da causação intrínseca se ampliou para incluir tanto a velocidade quanto a posição, não sempre, mas na maioria das vezes. Isso equivale a admitir que são excepcionais as vezes nas quais ocorre a interação. No entanto, talvez se trate de uma afirmação exagerada. Existe, em todos os momentos, uma interação entre a mesa de bilhar e a bola de bilhar, o que impede a bola de cair. Mas, como se trata de uma constante, pode ser ignorada, no sentido de que podemos enunciar leis para os movimentos da bola sem mencionar a mesa, ainda que, sem a mesa, essas leis não se sustentassem. Se a bola colide com outra, não podemos enunciar leis quanto a seus movimentos sem mencionar essa outra bola, a qual é, em certo sentido, causalmente mais importante que a mesa. O que admitimos acima equivale ao seguinte: na maioria das vezes, as leis aproximadas que governam a história de uma "coisa" não envolvem menção a outras "coisas"; são excepcionais as vezes em que tal menção se faz essencial. Mas não se supõe que leis "intrínsecas" forneçam mais que uma primeira aproximação.

As leis "intrínsecas" devem ser consideradas como algo que se aplica não apenas à posição e à velocidade, mas também a outras questões. Um atiçador incandescente, quando tirado do fogo, vai perdendo a incandescência de maneira gradual, não repentina. O som de um sino se esvai aos poucos, ainda que rápido. Ocorrências muito repentinas, como uma explosão ou o clarão de um relâmpago, são excepcionais. E, por serem excepcionais, não desautorizam a hipótese de que mudanças muito repentinas são improváveis em qualquer ocasião. Além disso, é muito mais fácil que haja uma mudança (mais ou menos) repentina na direção do que na posição ou na qualidade; é o caso das colisões das bolas de bilhar.

As sugestões apresentadas podem se harmonizar facilmente com a teoria atômica. Ao que parece, o átomo se encontra na maioria das vezes estável, isto é, em um estado no qual sua história é governada por uma lei intrínseca; mas a aproximação de um fóton, ou um nêutron ou um elétron pode ocasionar mudanças mais ou menos repentinas. No entanto, não quero exagerar essa consonância nem superestimar sua importância. Nossos postulados se preocupam mais com os primórdios da ciência do que com seus resultados avançados. A teoria do impacto, por exemplo, foi uma das primeiras partes da dinâmica, empregando uma concepção um tanto primitiva de "matéria". Venho sugerindo que a ciência começa necessariamente com leis que são apenas aproximações, aplicáveis somente na maioria dos casos, mas que são completamente verdadeiras, desde que não se diga que sejam mais que isso. Nossos postulados iniciais devem partilhar desse caráter de aproximação e probabilidade. Eles devem enunciar que, em determinadas circunstâncias, o que ocorre provavelmente será mais ou menos isto e aquilo. Isso basta para uma expectativa justificável, ou seja, uma expectativa que tenha um grau razoavelmente alto de credibilidade intrínseca. À medida que a ciência avança, suas leis vão adquirindo maior grau de probabilidade e também de exatidão. Um selvagem pode dizer: "provavelmente a lua estará cheia amanhã". Um astrônomo pode dizer: "é quase certeza que a lua estará cheia amanhã entre 6h38 e 6h39 GMT". Mas o avanço é de grau, não de tipo. E, do começo ao fim, as suposições inicialmente prováveis e aproximadas permanecem indispensáveis.

Deve-se observar que não introduzi um postulado a respeito das leis naturais. Minha razão para não o fazer é que, em qualquer forma verificável, tal postulado seria ou falso ou tautológico. Mas vejamos o que poderia ser tal postulado.

Em qualquer forma verificável, o postulado terá de afirmar que, dado um certo número de observações de um tipo apropriado, pode-se descobrir uma fórmula a partir da qual se pode inferir algo a respeito de algum outro fenômeno. Deve-se notar que o número de observações envolvidas é necessariamente finito e que nenhuma delas pode ser mais exata que a técnica de medição existente torna possível. Mas aqui nos deparamos com uma dificuldade análoga àquela que nos confrontou quando tentamos tomar a indução como um postulado. A dificuldade é que, dado qualquer conjunto finito de observações, sempre existe um número infinito de fórmulas verificadas por todas elas. Suponhamos, por exemplo, as posições registradas dos planetas na esfera celeste: Marte às segundas-feiras, Júpiter às terças-feiras e assim por diante, em todos os dias da semana. Um pouco de habilidade no uso da série de Fourier nos permitiria construir várias fórmulas que acomodariam todos os dados até o presente, mas que, na maior parte, se mostrariam falsas no futuro. Trata-se, portanto, de uma tautologia afirmar que existem fórmulas que acomodam qualquer conjunto de observações quantitativas selecionadas ao acaso, mas é falso dizer que uma fórmula que acomode observações passadas proporcione alguma base para predizer o resultado de observações futuras.

Costuma-se acrescentar aos postulados que afirmam a existência de leis naturais a condição explícita ou tácita de que elas devem ser *simples*. Isso, no entanto, é vago e teleológico. Não está claro o que se quer dizer com "simplicidade" e não pode haver razão *a priori* para se esperar que as leis sejam simples, a não ser a benevolência da Providência para com os homens de ciência. Seria falacioso argumentar indutivamente que, como as leis que descobrimos são simples, é provável que todas as leis sejam simples, pois, obviamente, é mais fácil descobrir uma lei simples que uma complicada. É verdade que várias leis que são aproximadamente verdadeiras são muito simples e que nenhuma teoria da inferência científica será satisfatória se não explicar esse fato. Mas não creio que se deva explicá-lo tornando a simplicidade um postulado.

Tomemos uma ilustração historicamente importante, a saber: a lei da queda dos corpos. Galileu, por meio de um pequeno número de medições um tanto grosseiras, descobriu que a distância percorrida por um corpo que cai verticalmente é aproximadamente proporcional ao quadrado do tempo despendido na queda – em outras palavras, que a aceleração é aproximadamente constante. Ele supunha que seria exatamente constante se não fosse a resistência do ar, e quando, não muito depois, a bomba de vácuo foi inventada, essa suposição pareceu se confirmar. Mas observações ulteriores sugeriram que a aceleração varia levemente com a latitude e teorias subsequentes sugeriram que ela também varia com a altitude. Assim, aquela lei simples se revelou apenas aproximada. A lei da gravitação de Newton era uma lei mais complicada, e a de Einstein, por sua vez, muito mais complicada que a de Newton. Uma similar perda gradual de simplicidade caracterizou a história da maioria das descobertas da ciência.

> *Nature and Nature's laws lay hid in night.*
> *God said: "Let Newton be", e all was light.*
> *It did not last. The Devil, shouting "Ho!*
> *Let Einstein be", restored the status quo.*[1]

---

[1] "A Natureza e suas leis se escondiam na noite/ Deus disse: "Faça-se Newton", e tudo se fez luz./ Não durou. O Satanás então gritou:/ "Faça-se Einstein!" e reestabeleceu o *status quo*."

Essa oscilação é típica da história da ciência.

Tomemos como outra ilustração os estágios desde a observação até a primeira lei de Kepler, aplicada a Vênus.

A matéria bruta da observação é um ponto brilhante no céu, que está continuamente presente em determinada noite e vai se aproximando aos poucos no horizonte ocidental. Acreditamos que esse ponto seja a aparência de uma "coisa", mas pode ser que não seja: o reflexo de uma luz de holofote em uma nuvem pode ser muito semelhante. A hipótese de que seja a aparência de uma "coisa" ganha força com o fato de que Vênus pode ser visto em muitos países ao mesmo tempo. A essa "coisa" damos o nome de Vésper. Vemos que, em outras ocasiões, há uma estrela da manhã, a que damos o nome de Eósforo. Por fim, uma hipótese engenhosa identifica Vésper com Eósforo: a estrela da qual ambas são aparências é chamada de Vênus. Supõe-se que essa estrela exista sempre, e não apenas quando está visível.

O passo seguinte é tentar descobrir leis que determinem a posição de Vênus na esfera celeste em diferentes tempos. Em uma primeira aproximação, Vênus se move diariamente junto com as estrelas fixas. Para avançarmos além desse ponto, atribuímos a Vênus as coordenadas angulares θ e ϕ, determinadas em relação às estrelas fixas. Feito isso, as variações em θ e ϕ se tornam mais lentas e, dadas duas observações em tempos não muito distantes, os valores intermediários de θ e ϕ podem ser mais ou menos determinados por interpolação. As mudanças em θ e ϕ são aproximadamente regulares, mas suas leis são muito complicadas.

Até esse momento, estivemos satisfeitos com a hipótese de que todos os corpos celestes se encontram na esfera celestial e todos a igual distância da Terra. Mas os eclipses, ocultações e trânsitos nos levam a abandonar essa hipótese. O passo seguinte é supor que as estrelas fixas e os vários planetas tenham cada um sua própria esfera e preservem uma distância constante da Terra. Mas essa hipótese também tem de ser abandonada.

Chegamos, assim, à seguinte formulação do problema: todo corpo celeste tem sua posição determinada por três coordenadas r, θ e ϕ, das quais θ e ϕ são dadas por observação, mas r, a distância da Terra, é inferida. Supõe-se que r, assim como θ e ϕ, pode variar com o tempo. Como r não é observado, temos campo livre para a invenção de uma fórmula adequada. Certas observações, especialmente de eclipses, ocultações e trânsitos, fazem fortes sugestões de que Vênus esteja sempre mais distante que a Lua e às vezes mais distante que o Sol, mas, outras vezes, mais perto. O problema da teoria planetária é inventar uma fórmula para a variação de r que (*a*) esteja em harmonia com tais observações e (*b*) seja a mais simples possível. A teoria dos epiciclos era inferior à de Kepler em ambos os quesitos; a de Copérnico era superior em (*b*) mas inferior em (*a*). Como (*a*) sempre deve se sobrepor a (*b*), prevaleceu a teoria de Kepler.

No exposto acima há vários passos importantes que a lógica não torna necessários.

1) Supõe-se que nossas sensações visuais tenham causas externas.
2) Supõe-se que essas causas persistam quando não estão causando sensações visuais. (Esses dois primeiros passos se acham implicados no ato de dar o nome Vênus.)
3) A coordenada r se encontra inteiramente fora da observação. Nenhum sistema possível de valores supostos de r é inconsistente com os fatos observados, exceto aquele em que r é muito pequeno.

4) A fórmula de Kepler para r é a *mais simples* entre aquelas que são consistentes com a observação. Este é seu *único* mérito.

Observe-se que a indução para o *futuro* não tem espaço especial nesse processo. O essencial é a inferência em relação a ocasiões *não observadas*. Isto se encontra envolvido na suposição do senso comum acerca dos objetos quase permanentes e, portanto, no nome Vênus. Trata-se de erro dizer: "até aqui se observou que Vênus se move sobre uma elipse, portanto, inferimos por indução que continuará a fazê-lo". Não se observou nada disso até aqui. As observações são *compatíveis* com Kepler, mas também com um número estritamente infinito de outras hipóteses.

A probabilidade matemática não desempenha nenhum papel nas inferências acima.

A hipótese de que os corpos celestes sejam "coisas" permanentes não é logicamente necessária. Heráclito disse: "o Sol é novo todos os dias" e, provavelmente, adotou essa opinião com base em fundamentos científicos, pois era difícil entender como o Sol poderia abrir caminho por baixo da Terra durante a noite, de oeste para leste. A hipótese corporificada nas leis de Kepler não está *provada* pela observação; o que a observação prova é que os fatos são *compatíveis* com essa hipótese. Pode-se dar a isso o nome de hipótese do "realismo completo". No outro extremo se encontra a hipótese do "fenomenalismo completo", segundo a qual os pontos brilhantes existem quando observados, mas não em outros tempos. Entre esses dois extremos há um número infinito de outras hipóteses, como: Vênus é "real", mas Marte, não; ou Vênus é "real" às segundas, quartas e sextas, mas não às terças, quintas e sábados. Ambos os extremos e todas as hipóteses intermediárias são consistentes com os fatos observados; se escolhermos alguma dentre elas, nossa escolha não pode ser baseada apenas na observação.

A conclusão à qual essa discussão um tanto digressiva parece levar é a de que o postulado fundamental é o das "linhas causais". Esse postulado nos permite inferir, a partir de qualquer evento dado, *alguma coisa* (embora não muito) acerca daquilo que é provável em todos os tempos vizinhos e em alguns lugares vizinhos. Enquanto uma linha causal não se entrelaçar com outra, pode-se inferir bastante coisa; mas, quando houver entrelaçamento (isto é, interação), o postulado, sozinho, permitirá apenas uma inferência muito mais restrita. No entanto, quando é possível uma medição quantitativa, as diferentes possibilidades mensuráveis após uma interação são finitas em número e, portanto, a observação somada à indução poderá tornar altamente provável uma lei geral. Dessa maneira, passo a passo, parece que as generalizações científicas podem ser justificadas.

8.
Analogia

Até aqui, consideramos os postulados necessários para o conhecimento do mundo físico. Falando em linhas gerais, eles nos levaram a admitir certo grau de conhecimento acerca da estrutura espaçotemporal do mundo físico, deixando-nos completamente agnósticos quanto a seu caráter qualitativo. Mas, no que diz respeito aos outros seres humanos, sentimos conhecer mais que isso; estamos convencidos de que as outras pessoas têm pensamentos e sentimentos que são qualitativamente similares aos nossos. Não nos contentamos em pensar que conhecemos apenas a estrutura espaçotemporal da mente de nossos amigos, ou sua capacidade de iniciar cadeias causais que terminam em nossas próprias sensações. Um filósofo poderia dizer que conhece apenas isso, mas espere até ele ficar bravo com a esposa. Você verá que ele não a considera uma simples construção espaçotemporal da qual conhece as propriedades lógicas, mas nem um relance do caráter intrínseco. Estamos, portanto, justificados em inferir que o ceticismo desse filósofo é mais profissional do que sincero.

O problema que nos preocupa é o seguinte. Observamos em nós ocorrências tais como lembrar, raciocinar, sentir prazer e sofrer dor. Pensamos que pedaços de paus e pedras não têm essas experiências, mas que as outras pessoas as têm. A maioria de nós não duvida que os animais superiores possam sentir prazer ou dor, embora um pescador certa vez tenha me dito que "os peixes não têm sensação nem sentimento". Não consegui descobrir como ele havia adquirido tal conhecimento. Boa parte das pessoas discordaria dele, mas ficaria na dúvida quanto a ostras e estrelas-do-mar. Seja como for, o senso comum admite uma dúvida cada vez maior à medida que descemos no reino animal, mas, no que diz respeito aos seres humanos, não admite dúvida alguma.

Evidentemente, a crença nas mentes dos outros requer algum postulado que não se exige na física, uma vez que a física pode se contentar com um conhecimento da estrutura. Meu atual propósito é sugerir o que seria esse novo postulado.

Está claro que devemos recorrer a algo que se pode chamar vagamente de "analogia". O comportamento das outras pessoas é, de muitas maneiras, análogo ao nosso, e supomos que deve ter causas também análogas. O que as pessoas dizem é o que diríamos se tivéssemos certos pensamentos, e então inferimos que elas provavelmente têm esses pensamentos. Elas nos dão informações que, às vezes, podemos confirmar logo depois. Elas se comportam do mesmo modo que nos comportamos quando estamos alegres (ou aborrecidos) em circunstâncias nas quais devemos estar alegres (ou aborrecidos). Podemos conversar com um amigo a respeito de algum incidente que ambos experimentamos e descobrir que suas reminiscências correspondem às nossas; isto é especialmente convincente quando ele se lembra de algo de que tínhamos nos esquecido e que ele nos faz lembrar. Ou então: você propõe um problema de aritmética a seu filho e, por sorte, ele dá a resposta certa; isso o convence de que ele consegue fazer raciocínios aritméticos. Em suma, existem muitas maneiras pelas quais minhas reações a estímulos diferem daquelas da matéria "morta" e, em todas essas maneiras, as outras pessoas se parecem comigo. Como está claro para mim que as leis causais que governam meu comportamento têm a ver com os "pensamentos", é natural inferir que o mesmo vale para os comportamentos análogos de meus amigos.

A inferência na qual estamos interessados agora não é apenas aquela que nos leva para além do solipsismo ao sustentar que as sensações têm causas sobre as quais se pode conhecer *alguma coisa*. Esse tipo de inferência, que basta para a física, já foi considerado. O que nos interessa agora é um tipo muito mais específico de inferência, aquele que se acha envolvido em nosso conhecimento dos pensamentos e sentimentos dos outros – pressupondo que tenhamos tal conhecimento. É óbvio que tal conhecimento é mais ou menos duvidoso. Não existe apenas o argumento geral de que podemos estar sonhando; há também a possibilidade dos autômatos engenhosos. Existem máquinas de calcular que fazem somas muito melhor que nossos filhos em idade escolar; existem discos de gramofone que relembram impecavelmente o que alguém disse em alguma ocasião; existem pessoas nas telas de cinema que, embora sejam cópias de pessoas reais, não estão vivas de verdade. Não há limite teórico para o que o engenho poderia alcançar para produzir a ilusão da vida onde, de fato, a vida não está presente.

Mas, você dirá, em todos esses casos foram os pensamentos de seres humanos que produziram tais mecanismos engenhosos. Sim, mas como você sabe disso? E como você sabe que o gramofone *não* "pensa"?

Há, em primeiro lugar, uma diferença nas leis causais do comportamento observável. Se digo a um aluno, "escreva um ensaio sobre as razões de Descartes para se acreditar na existência da matéria", causarei, se ele for inteligente, certa reação. Um disco de gramofone pode ser construído de maneira a reagir a esse estímulo, talvez até melhor que o aluno, mas, sendo como é, seria incapaz de me dizer qualquer coisa sobre qualquer outro filósofo, mesmo que eu ameaçasse reprová-lo. Uma das peculiaridades mais notáveis do comportamento humano é a variedade de resposta a determinado estímulo. Uma pessoa engenhosa poderia construir um autômato que sempre risse de suas piadas, por mais que as ouvisse; mas um ser humano, depois de rir algumas vezes, acabaria bocejando e dizendo "ri muito da primeira vez em que ouvi essa piada".

Mas as diferenças entre a matéria viva e a morta no comportamento observável não bastam para provar a existência de "pensamentos" conectados a corpos vivos que não o meu. Provavelmente é possível, em termos teóricos, explicar o comportamento dos corpos vivos por meio de leis causais puramente físicas, e provavelmente é impossível refutar o materialismo por meio somente da observação externa. Se quisermos acreditar que existem pensamentos e sentimentos que não os meus próprios, isso deve se dar em virtude de alguma inferência na qual nossos próprios pensamentos e sentimentos sejam relevantes, e tal inferência deve ir além daquilo que se exige na física.

Não estou, é claro, discutindo a história de como chegamos a acreditar na mente dos outros. Nós nos vemos acreditando nessas mentes assim que começamos a refletir; a ideia de que mamãe pode estar brava ou contente surge na primeira infância. O que estou discutindo é a possibilidade de um postulado que venha a estabelecer uma conexão racional entre essa crença e os dados, por exemplo, entre a crença em "Mamãe está brava" e a audição de uma voz alterada.

O esquema abstrato parece ser o seguinte. Conhecemos, pela observação de nós mesmos, uma lei causal da forma "A causa B", em que A é um "pensamento" e B é uma ocorrência física. Às vezes, observamos um B mesmo quando não conseguimos observar nenhum A; então inferimos um A não observado. Por exemplo: sei que, quando digo "estou com sede", eu geralmente o digo porque estou com sede e, portanto, quando ouço a sentença "estou com sede" em uma ocasião na qual não estou com sede, presumo que alguma outra pessoa esteja com sede. Presumo isso ainda mais prontamente quando vejo diante de mim um corpo quente e suado que diz "andei vinte quilômetros neste calor sem tomar uma única gota d'água". É evidente que minha confiança na "inferência" aumenta com o aumento da complexidade dos dados e também com o aumento da certeza da lei causal derivada da observação subjetiva, desde que a lei causal seja tal que explique as complexidades dos dados.

É claro que, enquanto houver suspeitas quanto à pluralidade das causas, o tipo de inferência que estamos considerando não será válido. Supõe-se que conheçamos "A causa B" e também que saibamos que B ocorreu; se quisermos que isso nos justifique a inferir A, devemos saber que *apenas* A causa B. Ou, se nos contentarmos em inferir que A é provável, será suficiente saber que na maioria dos casos é A que causa B. Se você ouve um trovão sem ter visto o relâmpago, infere com segurança que houve um relâmpago, pois está convencido de que o tipo de barulho que escutou raramente é causado por alguma coisa que não um relâmpago. Como esse exemplo demonstra, nosso princípio não só é empregado para estabelecer a existência de outras mentes, como também é habitualmente admitido na física, ainda que sob uma forma menos concreta. Digo "forma menos concreta" porque o relâmpago não visto é apenas abstratamente similar ao relâmpago visto, ao passo que supomos não ser de forma alguma abstrata a similaridade das outras mentes com a nossa.

A complexidade no comportamento observado de outra pessoa, quando pode ser explicado por uma causa simples, como a sede, aumenta a probabilidade da inferência ao diminuir a probabilidade de alguma outra causa. Creio que, em circunstâncias idealmente favoráveis, o argumento seria formalmente o seguinte:

Pela observação subjetiva, sei que A, que é um pensamento ou sentimento, causa B, que é um ato corporal, por exemplo, uma afirmação. Sei também que, toda vez que B é um ato de meu próprio corpo, A é sua causa. Agora observo um ato do tipo B em um corpo que não é o meu e não tenho nenhum pensamento ou sentimento do tipo A. Mas ainda acredito, com base na auto-observação, que apenas A pode causar B; infiro, portanto, que houve um A que causou B, mesmo que tenha sido um A que não pude observar. Sobre essas bases, infiro que os corpos das outras pessoas estão associados a mentes, as quais se assemelham à minha na mesma medida em que seus comportamentos corporais se assemelham aos meus.

Na prática, a exatidão e a certeza do enunciado acima devem ser suavizadas. Não podemos garantir que, em nossa experiência subjetiva, A seja a única causa de B. Mesmo que A seja a única causa de B em nossa experiência, como poderemos saber se isso se mantém fora de nossa experiência? Não é necessário que o saibamos com alguma certeza; basta que seja altamente provável. A suposição da probabilidade, em tais casos, é nosso postulado. Poderemos, portanto, enunciá-lo da seguinte maneira:

Se, toda vez que pudermos observar a presença ou ausência de A e B, descobrirmos que todo caso de B tem um A como antecedente causal, então é provável que a maioria dos Bs tenha As como antecedentes causais, mesmo nos casos em que a observação não nos permite saber se A está presente ou não.

Esse postulado, se aceito, justifica a inferência a outras mentes, assim como muitas outras inferências que o senso comum faz irrefletidamente.

9.
Sumário dos postulados

Como resultado das discussões dos capítulos anteriores desta Sexta Parte, sugiro que os postulados necessários para validar o método científico possam se reduzir a cinco. É altamente provável que possam ser ainda mais reduzidos, mas não tive êxito em fazê-lo. Os cinco postulados a que nossas análises anteriores nos conduziram podem ser chamados de:

I. Postulado da quase permanência.
II. Postulado das linhas causais separáveis.
III. Postulado da continuidade espaçotemporal nas linhas causais.
IV. Postulado da origem causal comum de estruturas similares em torno de um centro, ou, mais simplesmente, postulado estrutural.
V. Postulado da analogia.

Cada um desses postulados afirma que alguma coisa acontece com frequência, mas não necessariamente sempre; cada um deles, portanto, justifica, em um caso particular, uma expectativa racional que fica pouco aquém da certeza. Cada um tem um aspecto objetivo e outro subjetivo: objetivamente, assevera que algo acontece na maioria dos casos de certo tipo; subjetivamente, afirma que, em certas circunstâncias, uma expectativa próxima da certeza tem credibilidade racional, em maior ou menor grau. Coletivamente, os postulados destinam-se a fornecer as probabilidades antecedentes necessárias para justificar as induções.

I. Postulado da quase permanência

O principal uso desse postulado é substituir as noções de "coisa" e "pessoa" próprias do senso comum, de maneira a não envolver o conceito de "substância". Pode-se enunciá-lo da seguinte maneira:

Dado qualquer evento A, é muito frequente que aconteça, em qualquer tempo vizinho, em algum lugar vizinho, um evento muito similar a A.

Uma "coisa" é uma série de tais eventos. É por serem comuns tais séries de eventos que "coisa" se apresenta como um conceito conveniente na prática. Deve-se observar que, em uma série de eventos que o senso comum consideraria pertencentes a uma "coisa", a similaridade só precisa existir entre eventos não muito separados no espaço-tempo. Não há muita similaridade entre um embrião de três meses e um ser humano adulto, mas eles estão conectados por transições graduais e são, portanto, aceitos como estágios do desenvolvimento de uma "coisa".

Muitas vezes acontece – por exemplo, no caso de uma gota de água no oceano – de existirem, em dado tempo vizinho, muitos eventos vizinhos similares a A. Podemos passar, por meio de transições graduais, de qualquer gota do mar para qualquer outra. Nosso postulado não afirma nem nega a multiplicidade de tais eventos similares a A em determinado tempo; ele se limita a asseverar que provavelmente haverá pelo menos um desses eventos. Nosso postulado seguinte, o das linhas causais, nos permitirá dizer que, quando há muitos desses eventos em dado tempo, normalmente existe um que tem uma conexão especial com A, do tipo que nos faz vê-lo como parte da história da "coisa" a que A pertence. Isto será essencial se quisermos ser capazes de dizer que uma gota d'água no oceano, e não qualquer outra gota, é a "mesma" que certa gota em outro tempo. Nosso presente postulado não basta para nos capacitar a dizê-lo, mas nos dá uma parte daquilo de que precisamos.

Nosso postulado tem um aspecto subjetivo e outro objetivo. Suponhamos que você esteja olhando para o Sol e, então, feche os olhos. Sua condição subjetiva muda rapidamente, mas não de maneira descontínua; ela passa pelos estágios da sensação subsequente, da memória imediata e da memória que se esvai aos poucos. O Sol, acreditamos nós, não passa por mudanças análogas; suas mudanças, acreditamos, também são graduais, mas de um tipo bem diferente. A continuidade física e a psicológica – por exemplo, a de um movimento e a de uma memória esvanecendo – obedecem a diferentes leis, mas ambas exemplificam nosso postulado.

II. Postulado das linhas causais separáveis

Esse postulado tem muitos usos, mas o mais importante talvez esteja ligado à percepção, por exemplo, ao atribuirmos a causa da multiplicidade de nossas sensações visuais diante do céu noturno a uma multidão de estrelas. Pode-se enunciá-lo da seguinte maneira:

Muitas vezes é possível formar uma série de eventos tal que se possa, a partir de um ou dois membros da série, inferir alguma coisa a respeito de todos os outros membros.

O exemplo mais óbvio é o movimento, em particular o movimento livre, como o de um fóton no espaço interestelar. Mas, até mesmo no caso do movimento não livre, enquanto se puder interpretar o fenômeno como uma "coisa" mudando de posição, existirá uma lei causal intrínseca, ainda que ela nos diga menos do que no caso do movimento livre. Por exemplo: conseguimos reconhecer uma determinada bola de bilhar ao longo de toda uma partida; seu movimento é contínuo e as mudanças em sua aparência são insignificantes. Reconhecemos a bola de bilhar por meio de leis da mudança que são intrínsecas, no sentido de que elas não exigem que levemos em conta os efeitos de outras coisas sobre a bola.

Uma série de eventos conectados uns aos outros da maneira sugerida no postulado é aquilo que chamo de "linha causal". A primeira lei do movimento é um exemplo, desde que lhe atribuamos conteúdo empírico, acrescentando que há muitos movimentos na natureza que, em uma primeira aproximação, não são afetados por forças externas. O movimento dos raios de luz é a ilustração mais óbvia.

Nosso postulado, porém, está compreendido no próprio conceito de "movimento". Esse conceito requer que alguma coisa preserve sua identidade enquanto muda de posição. Quando dispensamos a substância, essa "alguma coisa" tem de ser uma série de eventos, e a série deve ter alguma característica que facilite a interpretação do senso comum sobre essa "coisa" que muda de estado. Sugiro que a característica requisitada seja uma lei causal intrínseca, isto é, uma lei que nos permita dizer algo acerca dos membros não observados da série, sem termos de considerar qualquer outra coisa no mundo.

Como vimos, quando duas linhas causais interagem, por exemplo, na colisão de duas bolas de bilhar, não precisamos de nenhum postulado novo e podemos nos contentar com a observação e a indução.

Todos os nossos postulados, com a parcial exceção do primeiro, envolvem o conceito de "causa". Não posso aceitar a opinião de que a causação seja apenas uma sequência invariável. Essa opinião não pode se sustentar, a não ser com o adendo (que nunca é feito) de que a "causa" não deverá ser definida em termos estritos. Uma afirmação da forma "A é invariavelmente seguido por B" exige que "A" e "B" sejam termos gerais, como "relâmpago" e "trovão". Mas é possível multiplicar os termos gerais aplicáveis a determinado evento, ou defini-los com precisão quantitativa, até que "A" e "B" sejam descrições aplicáveis apenas a um evento na história do mundo. Nesse caso, se A é anterior, A é invariavelmente seguido por B, mas, em geral, não deveríamos considerar A como a "causa" de B. Só pensamos que A é a causa de B quando há muitos exemplos de um ser seguido pelo outro. Na verdade, penso eu, esses exemplos são vistos como evidências de algo mais que uma sequência, ainda que, de maneira geral, não sejam evidências conclusivas.

Eu diria que, entre quaisquer dois eventos que pertençam a uma linha causal, existe uma relação que se pode chamar de causa e efeito. Mas, se a chamamos assim, devemos acrescentar que a causa não determina *completamente* o efeito, nem mesmo nos casos mais favoráveis. Existe sempre *alguma* influência, que também é causal, embora em um sentido um pouco diferente, do ambiente ao redor sobre a linha causal. Um fóton no espaço interestelar é ligeiramente desviado de sua trajetória retilínea pela gravitação, e, em geral, o efeito perturbador do ambiente é muito maior que nesse caso. O que nosso postulado afirma pode ser reformulado da seguinte maneira: um dado evento é, com muita frequência, membro de uma série de eventos (que pode durar uma fração de segundo ou milhões de anos) que tem, do início ao fim, uma lei aproximada de persistência ou mudança. O fóton preserva a direção e a velocidade do movimento, a bola de bilhar preserva a forma e a cor, um feto se desenvolve para ser um animal da espécie apropriada, e assim por diante. Em todos esses casos, há continuidade espaçotemporal nas séries de eventos que compõem a linha causal; mas isso nos traz ao nosso terceiro postulado.

III. Postulado da continuidade espaçotemporal

Esse postulado trata de negar a "ação a distância" e de afirmar que, quando existe uma conexão causal entre dois eventos que não são contíguos, deve haver elos intermediários na cadeia causal tais que cada um seja contíguo ao seguinte, ou (alternativamente) tais que haja um processo que seja contínuo no sentido matemático. Quando várias pessoas ouvem um locutor, parece óbvio que haja uma conexão causal entre o que ouvem os diferentes ouvintes, e também parece óbvio que, como eles estão separados no espaço, haja um processo causal nas regiões intermediárias, tais como se considera que sejam as ondas sonoras. Ou, quando vê determinada pessoa em várias ocasiões, você não duvida de que ela tenha vivido uma existência contínua durante o tempo em que vocês não se viram.

Esse postulado pressupõe as linhas causais e só se aplica a elas. Se você conhece dois gêmeos A e B, os quais não consegue distinguir, e encontra um deles em uma ocasião e o outro em outra, não pode supor que uma cadeia contínua conecte os dois encontros até se certificar de que era o mesmo gêmeo em ambas as ocasiões.

Esse postulado não trata da evidência para uma conexão causal, mas, sim, da inferência em casos nos quais se considera que uma conexão causal já esteja estabelecida. Ele nos permite acreditar que objetos físicos existem mesmo quando não percebidos e que é em virtude de processos contínuos no espaço intermediário que os sujeitos que se encontram na mesma vizinhança têm percepções que parecem estar causalmente interconectadas, ainda que não sejam diretamente causadas umas pelas outras. O postulado também tem aplicações na psicologia. Por exemplo: podemos nos lembrar de determinada ocorrência em várias ocasiões e, nos tempos intermediários, não haver nada observável que pertença à mesma linha causal que as recordações, mas pressupomos que haja *alguma coisa* (no cérebro?) que continue existindo durante esses tempos intermediários, tornando contínua a linha causal.

Muitas de nossas inferências acerca de ocorrências não observadas, tanto na ciência quanto no senso comum, dependem desse postulado.

IV. Postulado estrutural

Esse postulado trata de certas circunstâncias nas quais se garante a inferência até uma provável conexão causal. Os casos envolvidos são aqueles em que várias ocorrências estruturalmente similares se agrupam em torno de um centro. A expressão "se agrupam em torno de um centro" é intencionalmente vaga, mas, em certos casos, capaz de veicular um significado preciso. Suponhamos um dado objeto, simultaneamente visto por várias pessoas e fotografado por várias câmeras. As percepções visuais e as fotografias podem ser arranjadas pelas leis da perspectiva, e estas mesmas leis podem determinar a posição do objeto visto e fotografado. Nesse exemplo, o sentido pelo qual percepções e fotografias se "agrupam em torno de um centro" é precisamente definível. Quando várias pessoas escutam o mesmo som, há uma definição igualmente precisa, desde que haja um método acurado de determinar quando elas o escutam, pois se constatou que os instantes em que elas escutam o som diferem por quantidades de tempo proporcionais a sua distância em relação a certo ponto; nesse caso, esse ponto em determinado tempo é o centro espaçotemporal ou origem do som. Mas quero empregar a expressão também em casos (por exemplo, os odores) nos quais tal precisão não é possível.

Parte do postulado triplo que se enunciou no Capítulo 6 foi absorvida pelo nosso terceiro postulado, parte não é relevante no momento. O que resta é o seguinte:

Quando vários eventos complexos estruturalmente similares se agrupam em torno de um centro, em regiões não muito separadas, é comum que todos pertençam a linhas causais que têm origem em um evento da mesma estrutura, situada no centro.

Dizemos que isso é comum, e a inferência em dado exemplo é, portanto, apenas provável. Mas pode-se aumentar a probabilidade de várias maneiras. Ela aumentará se a estrutura for muito complexa (por exemplo, um livro impresso). Aumentará se houver muitos exemplos da estrutura complexa (por exemplo, quando 6 milhões de pessoas ouvem o pronunciamento do primeiro-ministro). Aumentará, ainda, pela regularidade do agrupamento em torno do centro, como no caso de uma explosão muito ruidosa ouvida por muitos observadores que tomam nota do momento em que a ouviram.

Parece provável que esse postulado poderia ser dividido em diversos postulados mais simples e que as maneiras de aumentar as probabilidades expostas então se tornariam demonstráveis. Mas, mesmo que acredite que isso seja possível, não obtive êxito em fazê-lo.

Os usos desse postulado foram suficientemente expostos no Capítulo 6.

V. Postulado da analogia

Pode-se enunciar esse postulado da seguinte maneira:
Dadas duas classes de eventos A e B e dado que, toda vez que tanto A quanto B puderem ser observados, há razão para se acreditar que A causa B, então, se, em determinado caso, A é observado, mas não há meio de se observar se B ocorre ou não, é provável que B ocorra; o mesmo se dá quando B é observado, mas a presença ou ausência de A não pode ser observada.

Em relação a esse postulado, é necessário relembrar o que se disse sobre o tema dos fatos negativos observados na Segunda Parte, Capítulo 9. Olhando pela janela, você pode observar que não está chovendo; isto é diferente de não observar que está chovendo, o que você pode fazer fechando os olhos. O postulado trata deste segundo tipo de não observação, não do primeiro, e deve haver alguma razão para se supor que o fato não observado, se ocorrer, será inobservável. Suponhamos, por exemplo, que um cão esteja latindo e correndo atrás de um coelho e que, por um momento, fique oculto atrás de uma moita. A moita explica o fato de você não estar vendo o cão e lhe permite inferir que o latido, que você ainda escuta, está associado com o que viu alguns momentos antes. Quando o cão ressurge da moita, você pensa que sua crença se confirmou.

A não percepção das outras mentes é mais análoga à do cão atrás da moita do que geralmente se pensa. Não vemos um objeto se um corpo opaco se encontra entre nós e ele, isto é, se não há nenhuma linha causal ligando o objeto aos nossos olhos. Sentimos um toque em qualquer parte do corpo porque linhas causais viajaram pelos nervos, desde a parte tocada até o cérebro. Se os nervos são cortados, não sentimos nada; o efeito é exatamente análogo ao de um corpo opaco no caso da visão. Quando o corpo de outra pessoa é tocado, não sentimos nada, porque nenhum nervo liga seu corpo ao nosso cérebro. É provável que, com o tempo, os fisiologistas se tornem capazes de fazer nervos que conectem os corpos de diferentes pessoas; isto terá a vantagem de podermos sentir a dor de dente dos outros. Enquanto isso, existem razões compreensíveis para a impossibilidade de observar as sensações corpóreas dos outros e, portanto, o fato de não as observarmos não é motivo para supor que elas não aconteçam. É somente nos casos em que haja alguma razão para a não observabilidade que nosso postulado poderá ser legitimamente aplicado.

Tomemos como ilustração de nosso postulado a conexão de certos tipos de aparência visual com a expectativa da sensação de rigidez. Há uma certa sensação tátil que nos leva a chamar um corpo tocado de "duro". A palavra "duro" é causal: denota aquela propriedade de um objeto em virtude da qual ele causa um certo tipo de sensação tátil. Nossos postulados anteriores nos permitem inferir que tal propriedade existe, que certos corpos a possuem quando estão causando as sensações apropriadas. Mas nossos postulados anteriores não nos permitem inferir que os corpos às vezes têm essa propriedade quando não estão sendo tocados. Mas agora descobrimos que, quando um corpo é visto e tocado ao mesmo tempo, a dureza se vê associada a certo tipo de aparência visual, e nosso postulado nos possibilita inferir que a dureza provavelmente está associada a essa aparência visual, mesmo quando o corpo em questão não está sendo tocado.

Do que foi dito parece que esse postulado tem muitos usos além daquele que nos permite inferir ocorrências mentais conectadas a corpos que não o nosso.

É provável que os postulados apresentados não estejam enunciados em sua forma lógica mais simples e que investigações ulteriores venham a demonstrar que eles não são todos necessários para a inferência científica. No entanto, espero e acredito que sejam suficientes. Existem certos problemas epistemológicos ligados a eles, e eu os abordarei no próximo capítulo; esses problemas não dependem da forma exata dos postulados e permaneceriam os mesmos ainda que os postulados se modificassem muito.

Na forma como os enunciei, os postulados têm a intenção de justificar os primeiros passos rumo à ciência e também de justificar tudo aquilo do senso comum que puder ser justificado. Meu principal problema nesta parte do livro tem sido epistemológico: o que se supõe que devemos conhecer, além dos fatos particulares observados, se quisermos que as inferências científicas sejam válidas? Ao tratarmos desse problema, não é a ciência em sua forma mais técnica e avançada que devemos examinar, pois a ciência avançada se constrói sobre a ciência elementar, e a ciência elementar se constrói sobre o senso comum. O progresso da ciência parte de generalizações vagas e sujeitas a exceções para outras generalizações mais precisas e com menos exceções.

"Corpos sem sustentação caem no ar" é uma generalização primitiva; o salmista notou que as centelhas são exceções e, hoje em dia, poderia acrescentar balões e aviões. Mas, sem essa lei crua e, em parte, não verdadeira, jamais teríamos chegado à lei da gravitação. As premissas para a teoria do conhecimento são sempre diferentes das premissas para a lógica, e são as premissas para a teoria do conhecimento que venho tentando descobrir.

Em que sentido podemos dizer que "conhecemos" os postulados apresentados ou quaisquer substitutos que mais adiante possam se provar preferíveis? Penso que seja apenas no sentido que leva em conta a discussão dos tipos de conhecimento do Capítulo I desta parte. O conhecimento das conexões gerais entre os fatos é mais diferente do conhecimento dos fatos particulares do que geralmente se supõe. O conhecimento da conexão entre os fatos tem sua origem biológica nas expectativas animais. Um animal que tem a experiência de A espera B; quando ele evolui e se torna um homem de ciência primitivo, sintetiza várias expectativas particulares na afirmação "A causa B". É biologicamente vantajoso ter expectativas como as que geralmente serão verificadas; portanto, não é de surpreender que as leis psicológicas que governam as expectativas estejam, de maneira geral, em conformidade com as leis objetivas que governam as ocorrências esperadas.

Podemos enunciar a questão da seguinte maneira. O mundo físico tem aquilo que se pode chamar de "hábitos", isto é, leis causais; o comportamento dos animais tem hábitos em parte inatos, em parte adquiridos. Os hábitos adquiridos são gerados por aquilo que chamo de "inferência animal", que ocorre quando existem dados para uma indução, mas não em todos os casos em que haja tais dados. Como o mundo é o que é, certos tipos de induções se justificam e outros não. Se nossas propensões indutivas fossem perfeitamente adaptadas ao nosso meio, estaríamos inclinados a uma indução apenas se o caso fosse do tipo que a tornasse legítima. Na verdade, à exceção dos homens de ciência, todos somos muito propensos à indução quando um dos caracteres envolvidos é interessante e pouco propensos quando ambos os caracteres são de difícil percepção. Quando ambos os caracteres são interessantes, a mente comum sente um impulso irresistível para a indução: os cometas predizem a morte de príncipes porque se pensa que ambos os fatos são dignos de nota. Mas mesmo na indução animal há elementos de validade. A inferência do cheiro para a comestibilidade geralmente é segura, e nenhum animal faz nenhuma das induções absurdas que o lógico consegue inventar para demonstrar que a indução nem sempre é válida.

Como o mundo é o que é, certas ocorrências às vezes são, de fato, evidências para certas outras ocorrências; e, como os animais se adaptam a seu meio, as ocorrências que são, de fato, evidências para outras ocorrências tendem a suscitar expectativas quanto a estas outras. Refletindo sobre esse processo e aperfeiçoando-o, chegamos aos cânones da inferência indutiva. Esses cânones serão válidos se o mundo tiver certas características que todos acreditamos que tenha. As inferências feitas de acordo com esses cânones são autoconfirmatórias e não se constatou que contradigam a experiência. Além disso, elas nos fazem pensar que seja provável que tenhamos hábitos mentais como esses que os cânones irão justificar no todo, pois tais hábitos mentais serão biologicamente vantajosos.

Penso, portanto, que podemos dizer que "conhecemos" o que é necessário para a inferência científica, desde que se observem as seguintes condições: (1) que seja verdadeira; (2) que acreditemos nela; (3) que não leve a nenhuma conclusão que a experiência refute; (4) que seja logicamente necessária se qualquer ocorrência ou conjunto de ocorrências vier a proporcionar evidências em favor de qualquer outra ocorrência. Sustento que essas condições sejam satisfeitas. Se, no entanto, alguém optar por defender o solipsismo do momento, admitirei que não se pode refutar esse alguém, mas ficarei profundamente cético quanto a sua sinceridade.

10.
Os limites do empirismo

Pode-se definir o empirismo como sendo a asserção de que "todo conhecimento sintético é baseado na experiência". Quero considerar o que exatamente essa afirmação pode significar e se ela é inteiramente verdadeira, ou verdadeira apenas com certas limitações.

Para que a asserção adquira precisão, devemos antes definir "sintético", "conhecimento", "baseado" e "experiência". À exceção da palavra "sintético", esses termos já foram mais ou menos definidos em capítulos precedentes, mas, mesmo assim, farei uma recapitulação breve e dogmática das conclusões de nossos debates anteriores. No que diz respeito à palavra "sintético", a definição precisa é difícil, mas, para nossos propósitos, podemos defini-la negativamente como qualquer proposição que não faça parte da matemática ou da lógica dedutiva e não seja dedutível de nenhuma proposição da matemática ou da lógica dedutiva. Assim, a definição exclui não somente "2 mais 2 são 4" como também "duas maçãs mais duas maçãs são quatro maçãs". Mas inclui não apenas todas as afirmações sobre fatos particulares como também todas as generalizações que não são logicamente necessárias, como "todos os homens são mortais" ou "todo cobre conduz eletricidade".

Como vimos, "conhecimento" é um termo avesso à precisão. Todo conhecimento é, em algum grau, duvidoso, e não conseguimos dizer qual é o grau de dúvida que o faz deixar de ser conhecimento, da mesma maneira que não podemos dizer quanta perda de cabelo faz um homem ficar careca. Quando uma crença é expressa em palavras, temos de perceber que todas as palavras fora da lógica e da matemática são imprecisas: há objetos aos quais elas são definitivamente aplicáveis e objetos aos quais elas são definitivamente inaplicáveis, mas há (ou, pelo menos, pode haver) objetos intermediários, em relação aos quais não temos certeza se elas são aplicáveis ou não. Quando uma crença não é expressa em palavras, mas apenas manifestada em um comportamento não verbal, há muito mais imprecisão do que geralmente se vê quando a crença é expressada na linguagem. Há dúvida mesmo quanto a se um comportamento está expressando uma crença: ir à estação para pegar o trem claramente expressa uma crença; espirrar claramente não; mas levantar o braço para evitar um golpe é um caso intermediário que se inclina para o "sim" e fechar os olhos quando alguma coisa se aproxima deles é um caso intermediário que se inclina para o "não".

Mas deixemos de lado essas dificuldades da definição de "conhecimento", pois há outras que talvez sejam mais importantes neste contexto.

O "conhecimento" é uma subclasse das crenças verdadeiras. Acabamos de ver que não é fácil definir "crença" e que "verdadeira" é um termo muito difícil. Mas não vou repetir o que se disse sobre esse termo na Segunda Parte, pois a questão que realmente nos importa é o que se deve acrescentar à verdade para transformar uma crença em um exemplo de "conhecimento".

Concordamos que tudo aquilo que se infere a partir de um pedaço de conhecimento por meio de um argumento demonstrativo é conhecimento. Mas, como as inferências partem de premissas, deve, para que haja conhecimento, haver conhecimento que não seja inferido. E, como a maioria das inferências é não demonstrativa, temos de considerar quando tal inferência faz de sua conclusão um pedaço de "conhecimento", assumindo que conhecemos as premissas.

Essa segunda questão às vezes tem uma resposta precisa. Dado um argumento que, partindo de premissas conhecidas, confira uma probabilidade p a certa conclusão, se as premissas abrangerem todas as evidências relevantes conhecidas, a conclusão terá um grau de credibilidade medido por p, e poderemos dizer que temos "conhecimento incerto" da conclusão, sendo a incerteza medida por $1 - p$. Como todo conhecimento (ou quase todo) é duvidoso, deve-se admitir o conceito de "conhecimento incerto".

Mas tal precisão raramente é possível. Em geral, não conhecemos nenhuma medida matemática da probabilidade conferida por uma inferência não demonstrativa e quase nunca conhecemos o grau de dúvida de nossas premissas. Ainda assim, o exposto acima fornece um tipo de ideal de que podemos nos aproximar na estimativa da dúvida da conclusão de um argumento não demonstrativo. O suposto conceito absoluto de "conhecimento" deve ser substituído pelo conceito de "conhecimento com grau de certeza p", no qual p será medido por probabilidade matemática, quando esta puder ser determinada.

Temos de considerar em seguida o conhecimento das premissas. Estas são, *prima facie*, de três tipos: (1) conhecimento de fatos particulares; (2) premissas de inferência dedutiva; (3) premissas de inferência não dedutiva. Ignorarei (2), que tem pouca relevância para nossos problemas e não envolve nenhuma das dificuldades nas quais estamos interessados neste estudo. Mas tanto (1) quanto (3) envolvem as questões fundamentais com que estamos preocupados.

Que o conhecimento dos fatos particulares deve depender da percepção é um dos princípios mais essenciais do empirismo, um princípio que não pretendo contestar. Ele não foi admitido por aqueles filósofos que aceitaram o argumento ontológico, nem por aqueles que julgaram que as características do mundo criado eram dedutíveis da bondade de Deus. Tais opiniões, no entanto, hoje são raras. A maioria dos filósofos agora admite que o conhecimento dos fatos particulares só é possível quando os fatos são percebidos ou lembrados ou, então, quando são inferidos por um argumento válido a partir daqueles que são percebidos ou lembrados. Mas, quando se admite isso, ainda restam muitas dificuldades. A "percepção", como vimos na Terceira Parte, é um conceito vago e escorregadio. Não é fácil definir a relação da percepção com a memória. E a questão sobre o que constitui um argumento válido, quando o argumento é não demonstrativo, envolve todos os problemas da Sexta Parte. Mas, antes de considerarmos o argumento, vamos nos concentrar no papel desempenhado pela percepção e pela memória na geração de conhecimento.

Limitando-nos, por enquanto, ao conhecimento verbal, podemos considerar a percepção e a memória em relação (*a*) ao entendimento das palavras, (*b*) ao entendimento das sentenças, (*c*) ao conhecimento dos fatos particulares. Estamos aqui na região da polêmica de Locke contra as ideias inatas e do princípio de Hume de que "não existe nenhuma ideia sem uma impressão antecedente".

Quanto ao entendimento das palavras, podemos nos limitar àquelas que são definidas ostensivamente. A definição ostensiva consiste no uso repetido de certa palavra por uma pessoa A em ocasiões nas quais aquilo que a palavra significa está ocupando a atenção de outra pessoa B. (Podemos supor que A seja o pai ou a mãe e que B seja o filho.) Deve ser possível para A pressupor com alto grau de probabilidade aquilo em que B está prestando atenção. Isto é mais fácil no caso de objetos percebidos por sentidos públicos, especialmente pela visão e pela audição. É um pouco mais difícil em questões como dor de dente, de ouvido, de estômago etc. É ainda mais difícil no que diz respeito aos "pensamentos", tais como as recordações, a tabuada de multiplicação etc. Consequentemente, as crianças não aprendem a falar sobre os pensamentos antes de aprenderem a falar sobre cães e gatos. Mas, em todos esses casos, a percepção do objeto que constitui aquilo que a palavra significa ainda é, em algum sentido, essencial para o entendimento da palavra.

Neste ponto, é desejável recapitular certas teorias que foram expostas na Segunda Parte.

Há uma distinção entre "palavras-objeto" e "palavras de sintaxe". "Gato", "cão", "Stálin", "França" são palavras-objeto; "ou", "não", "que", "mas" são palavras de sintaxe. Pode-se usar uma palavra-objeto de maneira exclamatória, para indicar a presença daquilo que ela significa; este, de fato, é o uso mais primitivo. Uma palavra de sintaxe não pode ser usada dessa maneira. Durante a travessia do Canal da Mancha, quando o Cabo Grisnez surge no horizonte, alguém pode exclamar "França!", mas não existem circunstâncias nas quais seria apropriado exclamar "quê!".

As palavras de sintaxe só podem ser definidas verbalmente, em termos de outras palavras de sintaxe; por conseguinte, em qualquer linguagem que tenha sintaxe, deve haver palavras de sintaxe indefinidas. Surge a questão: qual é o processo de definição ostensiva no caso de uma palavra de sintaxe? Existe alguma maneira de indicar o que ela significa, do mesmo modo como se pode indicar um gato ou um cão?

Tomemos a palavra "não" [*not*] no instante em que ela entra na vida de uma criança que está aprendendo a falar. Sua forma sintática [*not*] deriva, creio eu, da negação "não" [*no*], que a maioria das crianças aprende bem cedo. A palavra "não" [*no*] tem a intenção de se associar à expectativa de sentimentos desagradáveis, de modo que um ato que seria atrativo possa se apresentar como não atrativo pela enunciação dessa palavra. Penso que a forma sintática *not* é apenas a negação *no* limitada à esfera da crença. "Aquilo é açúcar?". "Não [*no*], é sal, então, se você puser na sua torta de ameixa, terá uma experiência de gosto desagradável". Existem ideias em função das quais é vantajoso agir e ideias em função das quais é desvantajoso agir. A palavra "não" [*not*] significa, inicialmente "é desvantajoso agir". Mais simplesmente: "sim" [*yes*] significa "prazer nisso" e "não" [*no*] significa "dor naquilo". (Prazer e dor podem derivar de sanções sociais impostas pelos pais.) Assim, "não" [*not*] será, inicialmente, apenas um imperativo negativo aplicado às crenças.

Mas isso parece ainda mais distante daquilo que o lógico quer dizer com "não" [*not*]. Será que conseguimos preencher os estágios intermediários do desenvolvimento linguístico da criança?

Creio que podemos dizer que "não" [*not*] significa algo como: "você faz bem em rejeitar a crença de que...". E "rejeição" significa, primariamente, um movimento de aversão. A crença é um impulso em direção a alguma ação, e a palavra "não" [*not*] inibe esse impulso.

Por que essa curiosa teoria? Porque o mundo pode ser descrito sem o uso da palavra "não". Se o sol está brilhando, a afirmação "o sol está brilhando" descreve um fato que acontece independentemente da afirmação. Mas, se o sol não está brilhando, não existe um fato *sol não brilhando* que seja afirmado pela afirmação verdadeira "o sol não está brilhando". Ora, é claro que posso acreditar, e acreditar verdadeiramente, que o sol não esteja brilhando. Mas, se a palavra "não" [*not*] é desnecessária para uma descrição completa do mundo, deve ser possível descrever o que está acontecendo quando acredito que o sol não está brilhando sem usar a palavra "não" [*not*]. A meu ver, o que está acontecendo é que estou inibindo os impulsos gerados ou constituídos pela crença de que o sol está brilhando. Esse estado de coisas também é chamado de crença e se diz que é "verdadeiro" quando é falsa a crença de que o sol está brilhando. Uma crença perceptiva é verdadeira quando tem certos antecedentes causais e falsa quando tem outros; "verdadeiro" e "falso" são predicados positivos. Assim, a palavra "não" [*not*] é eliminada de nosso aparato fundamental.

Pode-se aplicar um tratamento similar à palavra "ou".

Existem mais dificuldades acerca das palavras "todo" e suas variações [*all*] e "algum" e suas variações [*some*]. Qualquer uma delas pode ser definida em termos de outra e uma negação, pois "$f(x)$ sempre" é a negação de "não $f(x)$ às vezes" e "$f(x)$ às vezes" é a negação de "não $f(x)$ sempre". É fácil provar a falsidade de "$f(x)$ sempre" ou a verdade de "$f(x)$ às vezes", mas não é fácil ver como poderíamos provar a verdade de "$f(x)$ sempre" ou a falsidade de "$f(x)$ às vezes". Mas, por enquanto, não estou preocupado com a verdade ou falsidade de tais proposições; o que me interessa é saber como chegamos a entender as palavras "todo" [*all*] e "algum" [*some*].

Tomemos, por exemplo, a proposição "alguns cães mordem". Você observou que este, aquele e aquele outro cão mordem; você observou outros cães que, até onde foi sua experiência, não mordem. Se, agora, na presença de certo cão, alguém lhe diz que "este cão morde" e você acredita, você ficará propenso a certas ações. Algumas dessas ações dependerão desse cão específico, outras não. Pode-se dizer que as ações que ocorrerão qualquer que seja o cão constituem a crença em "alguns cães mordem". A crença "nenhum cão morde" será a rejeição disso. Assim, as crenças expressas pelo uso das palavras "todo" e "algum" não contêm constituintes que não estejam contidos em crenças em cuja expressão verbal não ocorram essas palavras.

Isso encerra o entendimento das palavras lógicas.

Podemos resumir da seguinte maneira essa discussão acerca do vocabulário:

Algumas palavras designam objetos, outras expressam características de nossa crença-atitude; as primeiras são palavras-objeto, as últimas são palavras de sintaxe. Uma palavra-objeto é compreendida quer por definição verbal quer por definição ostensiva. Definições verbais devem, em último recurso, empregar apenas palavras que tenham definição ostensiva. A definição ostensiva consiste no estabelecimento de uma associação pela audição de sons muito similares toda vez que o objeto a ser definido está presente. Segue-se que a definição ostensiva deve se aplicar a uma classe de ocorrências sensíveis similares; esse processo não é aplicável a nada mais. Uma definição ostensiva jamais pode se aplicar a qualquer coisa que não faça parte da experiência.

Passando agora ao entendimento das sentenças, é claro que cada frase que conseguimos compreender deve poder ser expressa em palavras que tenham definições ostensivas ou ser derivada de uma frase expressa dessa maneira por meio de palavras de sintaxe.

As consequências desse princípio, no entanto, não têm tanto alcance quanto às vezes se pensa. Nunca vi um cavalo alado, mas posso entender a frase "eis aí um cavalo alado". Pois, se A é um objeto que nomeei, posso entender "A é um cavalo" e "A tem asas"; posso, portanto, entender "A é um cavalo alado"; e posso, portanto, entender "alguma coisa é um cavalo alado". O mesmo princípio demonstra que posso entender "o mundo existia antes de eu nascer". Pois posso compreender "A é anterior a B" e "B é um evento em minha própria vida"; posso, portanto, entender "se B é um evento em minha própria vida, A é anterior a B" e posso entender a afirmação de que isso é verdadeiro para todo B em relação a algum A; e esta é a afirmação "o mundo existia antes de eu nascer".

O único ponto discutível no exposto acima é a asserção de que posso compreender a afirmação "A é um evento em minha própria vida". Existem várias maneiras de definir minha própria vida, todas igualmente adequadas ao nosso propósito. A seguinte maneira servirá: "minha vida" consiste de todos os eventos que estão conectados com *isto* por um número finito de elos de memória passados e futuros, isto é, lembrando ou sendo lembrados. Várias outras definições possíveis tornarão a afirmação em tela igualmente compreensível.

De maneira similar, dada uma definição de "experiência", podemos entender a afirmação "existem eventos que não fazem parte de minha experiência" e até mesmo "existem eventos que não fazem parte da experiência de ninguém". Nada no princípio que conecta nosso vocabulário à experiência exclui a inteligibilidade de tais afirmações. Mas se há qualquer razão para se supor que sejam verdadeiras ou para se supor que sejam falsas, isso é outra questão.

Para ilustrar, tomemos a proposição "existe matéria que não é percebida por ninguém". Pode-se definir a palavra "matéria" de várias maneiras, e em todas elas os termos usados têm definições ostensivas. Simplificaremos nossos problemas se considerarmos a proposição "existem eventos que não são percebidos por ninguém". Claramente, ela será inteligível se a palavra "perceber" o for. Em minha opinião, um pedaço de matéria é um conjunto de eventos; portanto, podemos entender a hipótese de que exista matéria que não é percebida por ninguém. (Pode-se dizer que um pedaço de matéria é percebido quando um de seus eventos constituintes está conectado a um objeto da percepção por meio de uma linha causal.)

A razão pela qual conseguimos entender sentenças que, se verdadeiras, tratam de matérias que se encontram fora da experiência é que tais sentenças, quando podemos entendê-las, contêm variáveis (isto é, "todo" [*all*] e "algum" [*some*] ou seus equivalentes) e que as variáveis não são constituintes das proposições em cuja expressão linguística elas ocorrem. Tomemos (digamos) "existem homens dos quais jamais ouvi falar". Isso quer dizer: "a função proposicional 'x é humano e jamais ouvi falar de x' às vezes é verdadeira". Aqui, "x" não é constituinte, assim como não o são os nomes dos homens de quem jamais ouvi falar. Mas, para o princípio de que palavras que consigo entender derivam seu significado de minha experiência, não é necessário admitir quaisquer exceções. Essa parte da teoria empirista parece ser verdadeira sem qualquer ressalva.

O conhecimento da verdade e da falsidade é diferente do conhecimento do significado das palavras. Devemos agora voltar nossa atenção para esse tipo de conhecimento, que, de fato, é o único que merece estritamente o nome de "conhecimento".

Tomando a questão primeiramente como uma questão lógica, temos de perguntar-nos: "chegamos de fato – e, se de fato chegamos, como? – a conhecer (1) proposições da forma '$f(x)$ sempre' e (2) proposições da forma '$f(x)$ às vezes', em casos nos quais não conhecemos nenhuma proposição da forma '$f(x)$'?". Chamaremos as primeiras de proposições "universais" e as últimas de proposições de "existência". A uma proposição da forma "$f(a)$", na qual não existem variáveis, chamaremos de proposição "particular".

Como questão de lógica, as proposições universais, se inferidas, só podem ser inferidas a partir de proposições universais, ao passo que proposições de existência podem ser inferidas ou de outras proposições de existência ou de proposições particulares, pois "$f(a)$" implica "$f(x)$ às vezes". Se conhecemos "$f(x)$ às vezes" sem conhecer nenhuma proposição da forma "$f(a)$", chamarei "$f(x)$ às vezes" de proposição de existência "não exemplificada".

Irei supor, baseado em discussões anteriores, que temos conhecimento de algumas proposições universais e também de algumas proposições de existência não exemplificadas. Temos de indagar se tal conhecimento pode ser inteiramente baseado na experiência.

(1) *Proposições universais* – Pareceria natural dizer que aquilo que aprendemos por percepção sempre é particular e que, portanto, se temos qualquer conhecimento universal, este deve, pelo menos em parte, ser derivado de alguma outra fonte. Mas

o leitor pode se lembrar de que as discussões da Segunda Parte, Capítulo 10, lançaram dúvidas sobre essa opinião. Na ocasião, decidimos que existem juízos perceptivos negativos e que estes às vezes implicam universais negativos. Por exemplo: se estou ouvindo a rádio BBC, posso fazer o juízo perceptivo negativo "não estou escutando ruídos de estática" e inferir "não ouço ruídos de estática". Vimos que todo juízo enumerativo empírico, como "acabei de ver três crianças", envolve um processo do tipo acima. Isto se conecta com a doutrina desenvolvida na Quarta Parte, Capítulo 8, a respeito do princípio de individuação. A regra é simples: se a ausência de certa qualidade pode ser percebida, podemos inferir a ausência de todos os complexos dos quais essa qualidade é constituinte. Existem, portanto, algumas proposições universais que o empirismo nos permite conhecer. Infelizmente, todas elas são negativas e não coincidem com todas as proposições gerais que nós mesmos acreditamos conhecer.

As proposições universais baseadas apenas na percepção se aplicam somente a um período de tempo definido, durante o qual houve observação contínua; elas não podem nos dizer nada a respeito do que acontece em outros tempos. Mais especialmente, elas não podem nos dizer nada a respeito do futuro. Toda a utilidade *prática* do conhecimento depende de seu poder de predizer o futuro e, para que isso seja possível, precisamos ter um conhecimento universal que não seja do tipo acima.

Mas um conhecimento universal de tipo diferente só será possível se tal conhecimento for conhecido sem inferência; isso é óbvio como questão de lógica. Consideremos, por exemplo, a indução em sua forma crua. As pessoas que acreditam nela supõem que, dados n fatos observados $f(a_1), f(a_2), ... f(a_n)$ e nenhum fato observado não-$f(b)$, a proposição universal "$f(x)$

sempre" tem uma probabilidade que se aproxima da certeza conforme n aumenta. Mas, na afirmação desse princípio, "a_1", "a_2", ... "a_n" e f são variáveis, e o princípio é uma proposição universal. É somente por meio dessa proposição universal que os paladinos da indução acreditam ser capazes de inferir "$f(x)$ sempre" no caso de um "f" particular.

Vimos que a indução não é exatamente a proposição universal de que precisamos para justificar a inferência científica. Mas certamente precisamos de *alguma* proposição universal ou proposições, quer os cinco cânones sugeridos em um capítulo anterior, quer algo diferente. E, quaisquer que sejam esses princípios de inferência, eles por certo não podem ser logicamente deduzidos a partir de fatos da experiência. Portanto, ou conhecemos algo independentemente da experiência, ou a ciência é um disparate.

É absurdo imaginar que a ciência possa ser válida na prática mas não na teoria, pois ela só será válida na prática se vier a acontecer aquilo que ela predisser e, se nossos cânones (ou algum substituto) não são válidos, não há razão para acreditar em predições científicas.

Vale dizer algumas coisas para suavizar a dureza da conclusão acima. Só precisamos conhecer mais ou menos nossos postulados; subjetivamente, eles podem ser apenas certos hábitos de acordo com os quais fazemos inferências; precisamos conhecer apenas suas ocorrências, não sua forma geral; todos eles enunciam apenas algo que *geralmente* acontece. Mas, ainda que isso suavize o sentido no qual devemos conhecê-los, existe apenas uma possibilidade limitada de suavizar o sentido no qual eles devem ser verdadeiros, pois, se não forem de fato verdadeiros, não acontecerão as coisas que esperamos que aconteçam.

Eles podem ser aproximados e mais habituais que invariáveis; mas, com essas limitações, eles devem representar o que realmente ocorre.

(2) *Proposições de existência não exemplificadas*[1] — Temos aqui dois casos diferentes: (*a*) quando não há exemplo em minha experiência e (*b*) quando não há exemplo em toda a experiência humana.

(*a*) Se você diz "hoje eu vi um martim-pescador" e eu acredito em você, estou acreditando em uma proposição de existência da qual não conheço nenhum exemplo. O mesmo acontece quando acredito em "houve um rei da Pérsia chamado Xerxes" ou em qualquer outro fato da história anterior ao meu tempo. E o mesmo se aplica à geografia: acredito no Cabo de São Vicente porque já o vi, mas no Cabo Horn só acredito por testemunho.

A inferência a proposições de existência não exemplificadas desse tipo, creio eu, sempre depende de leis causais. Vimos que, nas situações que envolvem testemunho, dependemos de nosso quinto postulado, o qual implica "causa". Outros postulados também se acham envolvidos em qualquer tentativa de testar a veracidade do testemunho. Toda verificação de testemunho só é possível dentro do quadro de um mundo público comum, para cujo conhecimento nossos postulados (ou equivalentes) são necessários. Não poderemos, portanto, conhecer tais proposições de existência não exemplificadas se não admitirmos postulados adequados.

(*b*) *Per contra*, nessa questão dos postulados, não se requer mais para justificar a crença nas proposições de existência não exemplificadas em qualquer experiência humana do que para

---

1 Aqui, estou resumindo o argumento do Capítulo 3 desta parte.

justificar a crença quando elas só não são exemplificadas em minha própria experiência. Em princípio, minhas bases para acreditar que a Terra existiu antes que nela houvesse vida são exatamente do mesmo tipo que minhas bases para acreditar que você viu um martim-pescador quando me disse que o viu. Minhas bases para acreditar que a chuva às vezes cai onde não há ninguém para vê-la são melhores que minhas bases para acreditar em você quando me diz que viu um martim-pescador; assim como minhas bases para acreditar que o pico do Monte Everest existe nos momentos em que não está visível.

Devemos, portanto, concluir que ambos os tipos de proposição de existência não exemplificada são necessários para o conhecimento comum, que não há razão para se ver um tipo como mais fácil de conhecer que o outro e que ambos requerem, se os quisermos conhecer, exatamente os mesmos postulados, a saber, aqueles que nos permitem inferir leis causais a partir do curso da natureza observado.

Podemos agora resumir nossas conclusões quanto ao grau de verdade na doutrina de que todo o nosso conhecimento sintético se baseia na experiência.

Em primeiro lugar, essa doutrina, se verdadeira, não pode ser conhecida, pois se trata de uma proposição universal exatamente do mesmo tipo daquele que a experiência sozinha não pode provar. Isso não prova que a doutrina não seja verdadeira; prova apenas que ou é falsa ou é impossível de se conhecer. Esse argumento, porém, pode ser considerado uma polêmica pedante; é mais interessante indagar positivamente as fontes de nosso conhecimento.

Todos os fatos particulares que são conhecidos sem inferência são conhecidos por percepção ou memória, ou seja, por experiência. Nesse aspecto, o princípio empirista não exige nenhuma limitação.

Fatos particulares inferidos, como os da história, sempre demandam ter entre suas premissas fatos particulares experimentados. Mas como, na lógica dedutiva, um fato ou coleção de fatos não pode implicar nenhum outro fato, as inferências a partir de fatos até outros fatos só poderão ser válidas se o mundo tiver certas características que não são logicamente necessárias. Conhecemos essas características por experiência? Parece que não.

Na prática, a experiência nos leva a generalizações, tais como "cães ladram". Como ponto de partida para a ciência, basta que tais generalizações sejam verdadeiras na grande maioria dos casos. Mas, mesmo que a experiência de cães ladrando seja suficiente para *causar* a crença na generalização "cães ladram", ela, por si mesma, não fornece nenhuma base para se acreditar que isso seja verdadeiro nos casos não testados. Para que a experiência forneça tal base, ela deve ser suplementada por princípios causais que tornem plausíveis de antemão certos tipos de generalização. Esses princípios, se admitidos, levam a resultados que estão em conformidade com a experiência, mas esse fato não basta logicamente para tornar os princípios nem mesmo prováveis.

Nosso conhecimento desses princípios — se é que se pode chamá-lo de "conhecimento" — existe, primeiramente, apenas na forma de uma propensão a inferências do tipo que eles justificam. É refletindo sobre tais inferências que tornamos explícitos os princípios. E, quando eles estão explícitos, podemos usar a técnica lógica para aperfeiçoar a forma na qual são enunciados e remover acréscimos desnecessários.

Os princípios são "conhecidos" em um sentido diferente daquele em que são conhecidos os fatos particulares. Eles são conhecidos no sentido de que generalizamos de acordo com eles quando usamos a experiência para nos convencer de uma proposição universal, tal como "cães ladram". À medida que a humanidade avançou em inteligência, seus hábitos inferenciais aos poucos foram se aproximando da concordância com as leis da natureza que fizeram desses hábitos uma fonte de expectativas mais frequentemente verdadeiras do que falsas. A formação de hábitos inferenciais que levaram a expectativas verdadeiras faz parte da adaptação ao meio da qual depende a sobrevivência biológica.

Mas, mesmo que nossos postulados possam, dessa maneira, se enquadrar em uma estrutura que tenha aquilo que podemos chamar de "sabor" empirista, ainda é inegável que nosso conhecimento dos postulados, até onde os conhecemos, não pode se basear na experiência, mesmo que todas as suas consequências verificáveis sejam tais que a experiência venha a confirmá-las. Nesse sentido, deve-se admitir que o empirismo, enquanto teoria do conhecimento, resultou ser inadequado, embora menos do que qualquer outra teoria do conhecimento. Na verdade, as inadequações que, ao que parece, encontramos no empirismo foram descobertas por estrita aderência a uma doutrina que inspirou a filosofia empirista: a de que todo conhecimento humano é incerto, inexato e parcial. Não encontramos nenhuma limitação para essa doutrina.

Índice remissivo

ação
    e crenças, 45, 71-2, 175-6, 194-5, 244-5, 249-50, 257-8, 305, 773
    humana e determinismo, 51-3, 82-4, 167, 176-8, 198, 300-2, 315-6, 323-4, 359, 487-8, 493, 497, 620-1, 660, 715, 758
aceleração, 51-3, 488, 707, 740
ações humanas e determinismo, 86
adaptação aos fatos, 242-3
Adrian, E.D., 82-3
afirmações empíricas e probabilidade, 576-9
Agostinho, Santo, 342, 423
agregados tetradimensionais, 55-6, 457-8, 501
alma
    e corpo, 42, 91-2
    vegetal e animal, 49, 70, 74-5
    ver também mente
Alpha Centauri, 45-6
ambiguidade, 179-81, 203, 358-9, 434, 476, 658
    de distância, 454-5
    verbal e identidade estrutural, 552, 624, 733-4
análise
    e vocabulários mínimos, 12, 143-4, 388, 396-7, 477
analogia, 57, 84, 93, 172-3, 175, 277, 370-1, 499, 563-4, 599, 681, 683, 700, 719-20, 745-51
    como premissa do conhecimento, 312-6, 731-2
    postulado da, 761-6
Anaxágoras, 41
Anaximandro, 76
ancestral causal comum, 679-80, 717, 719-20 724-6

animais
- como autômatos, 50
- e o homem, 74, 76, 85, 110-1, 201, 242-3, 653-4, 656-8, 662-4
- manifestando crenças, 51-2, 70-1, 194, 244, 246, 250-1, 285
- propensões e hábitos, 66-7, 92-3, 122-3, 168, 215-6, 276-7, 303-5, 315, 509-10, 665-7, 672-3, 685, 746, 764-6

antecedente invariável e causa, 495-6, 703

argumentos
- e credibilidade de crenças, 609-10
- e graus de credibilidade, 595-7
- longos e curtos, 596
- passos e dados, 613-5

Aristarco, 42, 44
Aristóteles, 41, 43, 45, 49, 51, 70, 74, 76-7
aritmética, indução na, 626-9
Arnauld, Antoine, 472
arranjo serial e indução, 630-1
associação de ideias, 100, 121-2
associação e definição ostensiva, 144-6
astronomia, 23, 41-8
- visual e espaço astronômico, 44, 48
- vocabulário mínimo da, 390-4

atitudes para ideias, expressão de, 182
átomos, 54, 62, 499, 514, 658-9, 718, 724, 730-1
- e energia, 66-7, 514-5
- e teoria quântica, 57-8, 426, 502, 507-8, 703-4, 711
- estrutura do, 54, 57-8, 79-80, 399-401, 729, 738-9
audição, 81-2, 97, 111, 120-1, 130-1, 180, 236, 464, 714, 723, 749, 771, 774-5
- e ecos, 726-7
autoevidência, 260-2, 679
axiomas, 384-6
- conjuntivos e disjuntivos, 538-41, 548-50
- da aritmética, 11, 383-6, 530-2, 535

Baye, teorema de, 542
Bentham, J., 100
Berkeley, George, 14, 17, 21, 92, 102, 282, 295, 690-2
Bernoulli, lei de, 543-4, 555-7, 575-7
Bíblia
- e evolução, 70-1
- e geologia, 71
Bode, lei de, 639-40
Bohr, N., 58-61, 66-7
Broad, C.D., 538-9
Broglie, Louis duc de, 61
Brouwer, 239-40, 691-2

Buda, 290-1
Buffon, 71
Butler, bispo, 531-3, 563, 619
cadeias causais, 26-7, 113, 330-5, 337, 367, 730, 745
cálculo, 32, 42, 50-2, 61, 64-5, 68, 145, 239, 379-80, 537, 545, 614, 620, 638
   de probabilidade, 388, 445, 449-50, 534-5, 537-40, 565, 589, 604-6, 631
   infinitesimal, 52-3, 383, 537
Calderón, 281
calor, 60, 192, 358, 395-6, 474-8
   expansão de corpos, 447-8
   significado do, 65-7
campo estrutural, 404-5
campos visuais, 37, 353, 357, 365, 368, 501-3
Carnap, Rudolf, 136-40, 144-6
causação, 187, 508, 700-5, 709
   crença em, 366, 489, 705-6,
   e concomitância, 319, 757
   e indução, 366-7
   e linguagem, 704-6
   física e percepção, 284, 317-20, 336-7, 356, 468, 666
   intrínseca, 735-7
causalidade e método científico, 489-95
causas, 52-3, 71, 86-7, 279, 298-9, 364-7, 395-6, 404-5, 518-20, 701-10, 732-3, 742-3, 746-7, 749-50

   conceito primitivo de, 64, 273, 497-8
   e efeitos, 64, 120-1, 167, 319
   e verdade, 277-8, 336-7, 489-90
   independência de, 282-3, 320, 323-4
centralidade, 418-21, 471-3, 480-1
cérebro
   e leis físicas, 81-9, 279-80, 329-32, 356, 359-60
   e mente, 35, 78, 318-9, 326, 368-71
   operação do, 99-101, 173, 318, 337, 467-8, 507-8, 518, 723-4, 758-9, 762
certeza,
   epistemológica, 616
   lógica, 616
   psicológica, 617
   subjetiva e credibilidade, 599, 616-24
   subjetiva, graus de, 616-8
   tipos de, 616-7
ceticismo, 13-4, 21-2, 297-8, 593-4, 616, 745
   de Hume, 284-5, 722-3
   dos sentidos, 271-4
ciência
   e ortodoxia católica, 44
   empírica, 99-100, 385-6, 392-7, 408, 410-1
   interpretada em termos de experiência, 314-5

prática e teórica, 91-2
progresso da, 761-4
reconhecimento da importância social da, 44-5
Clarke, Dr., 54
classe, enumeração, 221-4
classes, 605-9
    fundamentais, 605, 608-9
    manufaturadas, 642-4
classificação, palavras e, 126-7, 657-8
Cleantes, 44
coerência e conhecimento, 260-2
coincidências, improbabilidade das coincidências complexas, 720-2
coisa em si, 367-8
coleções infinitas
    e probabilidade, 572-3
    e teoria da frequência finita, 557-8
colisões, 735-7
compatibilidade, fatos e hipóteses, 742-4
comportamento corporal e fenômenos mentais, 313-5
comportamento corporal expressando crenças, 194-5
comportamento
    e inferências animais, 304-5
    expressando crenças, 768-70
    inferência a mentes, 748-50
    não verbal, referência a, 194-7
    observável, causa de, 746-50

compreensão, 120-1, 683-4
    e crenças, 315
    e verdade, 268-9
compreensões e extensões, 120-1, 268
    e induções, 315-6
comprimentos de ondas e cores, 146, 396, 412-3, 415-6
conexões entre fatos, 654-5, 659, 666-7
    conhecimento e, 654, 764-5
conhecimento e descrição, 21-3, 125-6, 143, 146-7, 156-7, 207-8, 251-3, 267, 392, 473-6, 551-2, 600-2, 716-7, 773
conhecimento espelhado, 654
conhecimento
    baseado em percepções individuais, 31-2
    como conceito impreciso, 168-71
    como questão de grau, 262-3
    da verdade e da falsidade, 658-9, 775-9
    das conexões entre os fatos, 763-4
    das fontes, 653-6
    das premissas, 768-70
    definição de, 256-60
    dos animais, 668-70
    dos fatos particulares, 653-4, 768-72, 781-2
    dos princípios causais, 781-3
    e crença exitosa, 260-2

e crença verdadeira, 168-71, 258-60
e crenças, 165-78, 256-60, 768-70
e dúvida, 361-4, 767-70
e experiência, 659-61, 689-700, 781-3
e percepção, 654-6, 665-7
evolução e, 665-7
expectativas e, 661-4
generalizado, 177-8
geral, 221-40
identificado com a percepção, 325-7
incerto, 614-7
individual e coletivo, 31-2
sintético, 767-83
teorias do, 256-63
tipos de, 653-70
conjunções, 205-7
consequências emocionais das crenças, 695-6
conservação de energia, 64-5
constante h, 67-8, 394-5
constante quântica, 54, 59-61
constantes, 66-8
    cósmicas, 55-7
    de Planck, 59-61, 66-8
    e variáveis, 134-8
    eletrônicas, 66-7
    físicas, 52-4
contiguidade, 147, 515-6
    como relação de ordenação do espaço-tempo, 516

espaçotemporal, 367, 723-9
continuidade espaço temporal, 315, 336, 493-4
    postulado da, 753, 758-9
convenção e crença, 253-4
coordenadas, 55-6, 136-7, 140-1, 144-5, 394, 412, 440, 457, 511-6
    astronômicas, 390-1, 503-4, 741-2
    como substitutas para nomes, 136-41, 144-5
Copérnico, Nicolau, 22, 42, 44, 593, 742
Copérnico, sistema de, e Aristarco, 42-4
copresença, 147, 149-50, 250-1, 367, 384, 464-6, 481, 515-6, 519-20
    como relação de ordenação do espaço-tempo, 467-9, 477-82, 516-7, 667
    complexos completos e incompletos, 471-3, 477-84
    repetição, 478-9, 517
cores, 146, 163, 208-10, 277-8, 326-7, 383, 505-6, 730
    definição de, 209-10, 412-7
    e comprimentos de onda, 146, 412
    limites, 406
    semelhança de, 396-7, 463-4
corpo
    animal, como unidade, 77-9

e alma no cristianismo, 194-5, 244-5
e crenças, 194-5, 244-5
e mente, 313-4
governado por leis físicas, 49-52, 323-5
recebendo mensagens, 34-5
corpos celestes: "coisas" permanentes, 742-3
corpos vivos e matéria morta, 748
correlação, leis funcionais, 685-7
cosmologia
    de Dante, 43
    grega, 41-3
    medieval, 43-5
    moderna, 44-8
    ver também astronomia,
credibilidade intrínseca, 262, 598-9, 615-6, 738
credibilidade
    de dados, 596-9, 609-16
    e convicção subjetiva, 534-5
    e frequência, 599-609
    e probabilidade matemática, 525-6, 594-6
    graus de, 525-7, 534-6, 586-7
    intrínseca, 598-9, 616-7
crença exitosa e conhecimento, 166
crenças não verbais, 170-3, 243-5
crenças pré-verbais, 165-8, 175-8, 668-70, 767-8
crenças, 241-9
    aquisição de, 196-7

    com referências externas, 244-5, 271-4
    como estado de corpo e mente, 244-5
    condições de verdade, 617-8
    definição, 194-5
    e conhecimento, 165-78, 258-60, 768-70
    e descrenças, 212-5
    e entendimento, 173-5
    e fatos, 249-52
    e hábitos, 102-5, 171-5
    e imprecisão, 243-44, 246-7
    e memória, 188-9
    e tendência à ação, 171-3, 175-7
    estado corporal como, 244-5
    estáticas, 245-9
    expressas por movimento corporal, 194-5
    gerais, formas pré-verbais, 668-70, 767-8
    graus de, e credibilidade, 617-8
    habituais e ativas, 171-5
    não inteiramente baseadas em argumentos, 609-12
    não verbal, 170-3, 243-5
    perceptivas e inferenciais, 271-2
    pré-linguísticas, 165-7, 175-7
    quanto ao não experimentado, 256-8
    racionais e probabilidade, 525-6, 581-2, 586-7

racionais, 609-10
referência externa de, 185-203
significado, 244-5
variedades, 245-9
verdadeiras e falsas, 102-3, 196-7, 248-52, 772-3
curva de perseguição, 707

dados, 271-81
a partir de sensações, 277-81
credibilidade dos, 596-9, 609-17
e graus de credibilidade, 594-5
e inferências a "coisas", 362-5
e inferências, 598-9
e solipsismo, 287-90
e verdade das proposições, 538-40
fatos lembrados como, 307-9
incerteza dos, 609-10, 614-5
independentes da inferência, 279-81
necessários para leis causais, 485-8
públicos e privados, 94-7, 112-4
qualidades visuais dos, 419-20, 469-71
Dante, 43-4
Darwin, Charles, 73, 77, 126, 499, 687
datas, 419-22, 428-9
conhecimento das, 428-31
estabelecimento das, 156-7
Decálogo, 619

dedução, 260, 379-80, 581-2
definições
denotativas e estruturais, 412-4, 437-8
denotativas, 419-20, 437-8, 440-2
epistemológicas, 136-7
físicas, 136
lógicas, 134-7
metafísicas, 133-5
ostensivas, 119-31, 154-5, 697-9, 770-2, 774-5
condições das, 120-2
e interpretação, 387-8
imprecisões das, 658-9
limites das, 127-9
tipos de palavras aprendidas por, 125-9
sintáticas, 134-6
verbais e ostensivas, 32-4
Demócrito, 54
Descartes, René, 260-1, 281-4
dualidade corpo e alma, 91-2
espaço, 54-5
origem do sistema solar, 44-5
pensamento e extensão, 325-7
descontinuidade da mudança, 323-5
descrições como substitutas para nomes, 141-5
desejos
e ideias, 166-8
expressão e afirmação dos, 166-8, 180-2

determinismo
    e ações humanas, 49-52, 85-7
    e átomos, 61-3
    e livre-arbítrio, 495-7
    físico, 49-50, 61-3
Dewey, John, 260, 280, 609-10, 614-5
disparate, 192, 252, 779
distância
    ambiguidade da, 446-7
    dos corpos celestes, 503-4
    espacial e temporal, distinção, 518-20
    estimativa da, 504-5
    mensuração da, 444-7, 449-51
distância, graus de, 419
diversidade numérica, 461-2
duração, 84, 276, 307, 424-5, 429-33, 480
dúvida cartesiana, 282-3, 294-5
dúvida e indução, 559-60, 562-4

ecos, 726-8, 731-2
Eddington, Sir A., 47-8, 67-8, 269-70, 519-20, 617, 636-7, 721
Einstein, Albert, 55, 57-8, 321, 390-1, 433, 439, 453, 471-2, 488, 518, 531, 638, 739-41
elementos, 685-7
    e números atômicos, 57-9
elétrons, 37-9, 57-61
emoção e informação, 110-4
empirismo, 279-81, 586-7

definido, 767-8
    e percepções, 317-21
    e solipsismo, 293-5
    inadequação do, 782-3
    limites do, 767-83
energia
    cinética e potencial, 64-6
    conservação de, 64-6
    constância da, 395-7
    definição de, 382-3, 393-7, 458-9
    e átomos, 513-5
    e massa, 64-6, 393-5, 458-9
    e tempo, 63-4
    leis físicas e, 513-5
enumeração
    completa, 221-5, 233-7, 631, 675-6
    simples, 632-4
equações diferenciais e leis causais, 52, 302-3, 496-7, 511-2, 706-7
equações quânticas, 64, 67-8
equilíbrio instável, possível explicação do processo mental, 87-9
equiprobabilidade, 556-7
Eratóstenes, 42
erros, 301-2
    absolutos e quantitativos, 616-8
    de memória, 344-6
espaço
    absoluto, 439-40

absoluto, Newton e, 54-5
construção do, 356-7
e personalidade, 34-5
espaço unitário, 352-3, 356-7
física clássica e, 439-52
na psicologia, 351-60
percebido e inferido, 329-30, 356-9
propriedades métricas, 444-5
senso comum, como construído pelo, 325-6, 352-4
espaço-tempo, 136-49, 359-60, 409-11, 453-60
aqui e agora, 34-7
construído a partir da copresença, 516-8
continuidade do, 458-60
correlação física e perceptual, 501-4, 511-3
e causalidade, 501-20
e experiência, 466-7
geometria do, 515-6
posições relativas, 140-1, 143-5
público e privado, 159-63
espécies, 70-7, 126-7, 201
estados mentais e físicos
e expectativas, 661-3
estatística e dúvida, 531-5
estímulos
e crenças, 102-3
e respostas, 99-103
nervosos, 82-5
estrelas, 742-3

distância das, 41-7, 446-7
estruturas, 399-408
análise das, 399-404
das sentenças, 399-404
de eventos e material, 717-9
definição de, 404-7
e leis causais, 713-34
e vocabulários mínimos, 409-22
idênticas, 713-6
e conexões causais, 716-8, 723-5
identidade de, 402-5
materiais, 718-20
mudanças nas, 730-2
postulado das, 760-1
ética
e probabilidade, 619-21
teorias sobre a, 617-21
Euclides, 379-80, 609
eventos mentais, 325-6, 361-2
e objetos externos, 362-4
eventos
"mentais" e "físicos", 325-7, 359-62
como conjunto de qualidades copresentes, 149-50
como dados mentais, 279-81, 283-5
como partículas, 462-4
conexões mentais entre, 99-101
definição de, 346-9
e ancestrais causais, 717-8
e cadeias causais contíguas, 758-9

e instantes, 382-3, 428-33
e linhas causais, 710-1, 754-7
e postulado estrutural, 760-2
e tempo, 147-9
estruturas, 717-8, 728-30
evidência para outros, 765-6
físicos, definição, 361-71
   e diferenças mentais, 361-71
   no espaço-tempo físico, 369-71
   ordenados por relação espaço-
      -temporal, 382-3, 456-7, 511-3
   recorrência, 147-50
   significado, 442-4
   sobreposição de, 428-31
evidência, 258-60
evolução, 69-80
   e bíblia, 69-73
   e conhecimento, 653-4
   e natureza inanimada, 72-7
exatidão matemática, 378-81
exemplo, 376-8, 656-7
   significado do, 383-5
existência e percepção, 690-4
expansão por calor, 448-9
expectativas
   de animais, 663-5, 668, 765-6
   desenvolvimento de, 660-1
   e conhecimento, 657-9, 661-3
   e estados mentais e físicos, 661-3
   e experiência, 663-5
   e leis causais, 660-1
   e verdade, 253-4, 276-7
   imediatas, 168-9
   importância das, 660-1
   papel desempenhado no juízo, 619-20, 657-9
   quando não conhecimento, 661-4
   significado das, 661-3
experiência privada, partículas egocêntricas, 157-9
experiência
   e conhecimento, 689-700, 781-3
   e expectativas, 663-4
   e física, 317-37
   e inferência, 639-40, 697-700
   e leis científicas, 392-7, 492-5, 509-11
   e verdade, 254-6
   momentânea, 464-71
   ordem temporal da, 466-71
   pré-verbal, 655-8
experiências, nomes para, 147-8
extensões, lógica matemática e, 644-6
ver compreensões e extensões
extrapolação e leis empíricas, 497-8

falsidade, 32-3, 88-9, 141-2, 177-8, 180, 185, 191-3, 199-203, 205-19, 221-3, 226-8, 237, 241-2, 249-58, 284-5, 392-4, 493-4, 530-1, 575-6, 593-5, 625, 659, 672, 674-5, 733-4, 773-4, 777

fatos disjuntivos, eliminação dos, 216-7
fatos inimagináveis, 255-8
fatos negativos, 207-17, 242, 761-2
fatos, 241-3
    adaptação aos, 243-4
    conexões entre, 653-9, 665-9, 762-4
    e crenças, 249-52
    gerais, 226-7, 254-8
    inimagináveis, 255-8
    particulares
        conhecimento dos, 653-9
fibras nervosas
    aferentes e eferentes, 82-4, 87-9
    resposta a estímulos, 82-6
ficcionalidade, graus de, 380-2
ficções matemáticas, 381-3
Fichte, J.G., 92
física, 49-68
    antes de Galileu, 49-52
    aparato fundamental da, 382-3, 457-9
    de Newton a Einstein, 52-5
    e determinismo, 85-7
    e experiência, 317-37
    e fisiologia, 321-4
    e matemática, 59-61, 382-3, 393-5
    e mundo do senso comum, 502-7
    e percepção, 145-7
    e psicologia, 92-5, 99-102

    interpretação da, 382-6
    sensação e verificação da, 393-5
    teórica abstrata, 393-5, 407-8
    verdade da, 320-3
    vocabulário mínimo da, 393-5
fisiologia
    e física, 321-4
    e psicologia, 101-2
fontes de credibilidade, 594-7
forças, 50-5, 323-4, 456-7, 756
formulações na lógica, 383-6
fósseis, 71-2, 76
Franklin, C.L., 294-5
frequência finita, teoria da, 547-64
    e indução, 552-3, 559-62
frequência, 513-5
    e credibilidade, 598-610
    níveis de, 644-5
frequências de ondas, 59-61
Freud, S., 95-6

galáxias, 46-7, 73, 267-8
Galileu, 44-5, 486-8, 593-4, 740-2
    lei da inércia, 50-3
    lei do paralelogramo, 50-3
Gauss, C.F., 627-8
generalizações indutivas, 223-5, 234-6
generalizações
    e probabilidade, 672-6
    indutivas, 223-5, 234-6
    inferências animais e, 301-3

Keynes e probabilidade das, 672-8
genes, 75-7, 684-5
Gengis Khan, 225
geodésicas, 452, 456-7, 488
geografia, 35, 141, 177-8, 388-94, 482-3, 780
vocabulário mínimo da, 388-90
geologia e crenças tradicionais, 70-4
geometria
   euclidiana, 380-2
   interpretação da, 378-82
   não euclidiana, 55-7
   teórica e prática, 378-82
geométricas, variações, 55-9
geração espontânea, 76-8
Geulincx, 495-6, 704-5
gnósticos, 42-3, 369, 745
graus de credibilidade, 593-621
   e dados, 609-16
gravitação, 44-5, 52-7, 320-3, 390-1, 637-40, 740-2
   e a descoberta de Netuno, 540-4
   relatividade e, 487-90

hábitos
   animais e crenças, 663-4, 668-70, 765-6
   e crenças, 101-5, 171-5
   e percepções, 102-3, 276-9
Hartley, 100
Hegel, G.W.F., 77-8, 92, 260, 262, 609-10, 615

Heisenberg, 60-3
hélio, 59-60, 65-7, 79-80
Heráclides, 42
Heráclito, 743-4
hereditariedade, 75-7
hidrogênio, 33-4, 57-67, 74-5, 731
hipótese das nebulosas, 45-8, 56, 73, 390-1, 444-5
hipóteses, 175-7
   escolha entre, e observação, 694-5, 742-4
homem e animais, 70-2
Hubble, Edwin, 46-7
Hume, David, 91-2, 188-9, 251-3, 301-3, 559-60, 596-7, 624-6, 702-6
   ceticismo, 283-5
   impressões, 704-6
Huxley, Julian, 77n.3
Huygens, Christian, 61

ideias pré-linguísticas, 165-6
ideias
   "acreditadas" e "contempladas", 301-3
   definição, 165-8
   e desejo, 166-7
   e impressões, 124-7, 298-300
   indicativas, 180-3
   pré-linguísticas, 165-6
   referência externa das, 196-7
identidade
   e memória, 707-9
   e reconhecimento, 707-9

ilusões, 199-201
imagem-persistente, 101-3
imagens, 185-9
impacto, 736-40
imprecisão e crença, 243-9
imprecisão na definição das qualidades, 413-4
impressões, 703-6
  e ideias, 124-7, 298-300
incerteza e técnica científica, 657-9
incerteza, princípio de, 62-5
incompatibilidade, 209-12, 225-6
independência de causas, 63-5
indiferença, princípio da, 583-92
indivisibilidade, 590-2, 605-8
indução animal, 671-3, 765
indução hipotética, 648-9
indução matemática, 378-9, 413
indução, 222-4, 235-7, 259-60, 309-13
  animal, 671-3, 765
  e arranjos seriais, 629-31
  e causação, 701-2
  e leis científicas, 499-500
  e probabilidade das generalizações, 634-7
  e teoria da frequência finita, 559-64
  geral e particular, 624-6
  hipotética, 648-9
  inválida como princípio lógico, 627-31
  justificação, 489-93
  matemática, 378-9, 413
  papel da, 671-8
  por simples enumeração, 624-34
  relação de conceitos, 642-4
  teoria de Reichenbach, 641-8
  validade, 697-700
inferências animais, 245-6, 276-8, 284-5, 298, 303-4, 315, 509-10
inferências, 92-4, 180-2
  a "coisas" e dados, 362-6
  animais e científicas, 303-5
  animais e comportamento humano, 298-301
  animais e generalizações, 276-9
  animais, 245-6, 276-8, 284-5, 298, 303-4, 315, 509-10
  científicas, apenas prováveis, 523-5
  dedutivas e indutivas, 237-40, 258-60
  dedutivas, 696-7
  e dados, 598-9
  e experiência, 639-41, 697-700
  leis causais tornando possíveis as, 485-6
  matemáticas e substanciais, 298-9
  postulados científicos das, 653-4, 661-3
  princípios sugeridos das, 781-3
  proibidas e solipsismo, 290-2
  prováveis, 285, 297-316

instantes
    definição de, 382-3, 426-31
    e eventos, 382-3, 428-33
    e experiência momentânea total, 471-3
    fictícios, 380-3
    inteiramente precedentes, 430-3
interações, 709-11, 735-6
interpolação, 741-2
    e leis empíricas, 497-8,
interpretação, 375-86
intervalo
    na ordem espaçotemporal, 454-6, 516-8
    na teoria da relatividade, 454-8
introspecção como método científico, 95-104, 614-5

James, Willian, 12, 331-2, 411-12
Johnson, 538
Johnson, Dr., 282
Joule, James, 64-5, 394-6
juízos empíricos enumerativos, 232-4
juízos
    analíticos ou empíricos, 475-6
    da percepção, 238-40, 471-3, 475-6
    negativos, 215-7, 221-33

Kant, Immanuel, 619-21
    coisa em si, 367-9
    e espaço unitário, 356-7
    hipótese das nebulosas, 44-5

Kepler, Johannes, 297, 593-4, 741-4
Keynes, 493-5, 499-500
    crença racional, 610-2
    indivisibilidade, 605-6
    indução e matemática, 633-4
    indução, 671-4
    teoria da probabilidade, 525-6, 581-92
    variedade limitada, 679-87

Laplace, 44-5, 49-52
    graus de credibilidade, 601-4
    justificação da indução, 552-3
    probabilidade e indução, 631-4
lei da inércia, 50-3, 471-2, 487-8
Leibniz, G.W., 54-5, 91-2, 157-9, 210-1, 262-3
    espaço como relações, 439-40
    monadologia, 419-21
    particulares definidos por qualidades, 461-2
    pensamento e extensão, 325-6
    sujeito e predicado, 471-3
    teoria idealista da percepção, 317-8
leis causais, 485-500, 705-7
    a partir de generalizações, 486-8, 495-7
    de mudança, 486-90
    definição, 485-6
    e estrutura, 713-34
    e expectativas, 659-61
    mentais, 101-3

significado das, 493-7
leis intrínsecas da mudança, 756-7
leis
    aproximações, 738-40
    causais, 301-3
    científicas, caráter aproximativo, 491-3, 497-8
    de persistência, 486-8
    distribuição de energia, 458-9
    físicas, 458-9
    limite de complexidade, 513-5
    naturais, postulado de existência das, 738-40
    necessidade das, por inferência, 525-6
limites do empirismo, 767-83
linguagem
    aquisição da, 32-4, 119-24, 307-9
    ativa e passiva, 119-24
    autonomia da, 117-8
    caráter social da, 31-4
    comunicando experiências, 112-5, 175-8
    dependência da física, 112-4
    e pensamento, 112-5, 129-31
    entendimento da, e inferência animal, 303-8
    méritos da, 112-4
    na ciência, 152-4, 163-4
    perigos da, 115-8
    propósitos da, 110-2
    símbolos conferindo permanência, 114-7
    uso exclamatório, 110-2
    usos da, 109-18
linhas causais, 495-7, 701-11
    e percepção, 707-11
    separáveis, postulado das, 754-8
linhas retas, 379-80, 446-7, 451-2
Littlewood, 627-8
livre-arbítrio e determinismo, 494-7
Locke, John, 14, 17-8, 281, 770-1
lógica matemática, 229-30, 566-7, 644-5, 667-9
lógica
    e estrutura das sentenças, 402-4
    e probabilidade, 571-3
    e psicologia, 215-7
luz
    e reflexões, 726-8
    ondas ou partículas, 59-62, 281-3, 320-1, 332-4
    velocidade da, 431-5, 453-4

magnitude, 52-3, 394-5, 488, 620, 630, 710
maniqueus, 42-3
Marx, Karl, 654
massa e energia, 457-9
matemática
    e física, 59-61, 382-3, 393-5
    e linguagem, 114-5
matéria
    biografia da, 435-6, 458-9

e lapso de tempo, 431-5
e mente, 293-5
e movimento, 322-3
  homogeneidade da, 49-52, 322-3
  já não necessária na física, 382-3, 458-9
  persistência da, 458-9
medida, 378-80, 412-4
  do tempo e do espaço, subjetividade, 454-6
  do tempo, 431-3, 446-7
  na astronomia, 444-7
  não exata, 447-9
memória não verbal, 186-8
memória
  "verdadeira", 656-8
  como hábito, 369-71
  como premissa do conhecimento, 307-9, 342-4
  comunicação da, 124-5, 186-8
  confiabilidade da, 342-4
  e crenças, 188-9
  e identidade, 707-9
  e reconhecimento, 124-5
  e solipsismo, 289-92
  e sonhos, 344-6
  e tempo, 339-42
  erros da, 344-6
  falsa e sonhos, 344-6
  imediata, 168-70
  incerta, 654-8
  na ordem temporal, 417-21
  não verbal, 171-3, 186-8

papel na geração de conhecimento, 654-6, 770-3
teste de exatidão, 654-6
verdadeira, 168-70
Mendel, Gregor, 75-7, 684-5
mente dos outros, crença na, 748-9
mente
  e corpo, 87-9
  e matéria, 84-9, 91-2, 318-20, 323-6, 361-71
mentes, inferência por comportamento, 746-50
método científico, 487-90, 493-5
  graus de crença e credibilidade, 616-9
Michelson-Morley, experimento de, 449-50, 453-4
Mill, J.S., 14-5, 121, 561, 701-2
Miller, Hugh, 71
Milne, E.A., 57-8, 716-7
miragem, 165-6, 509-10
Mises-Reichenbach, teoria de, 565-79
monadologia, 92
movimento e percepção, 339-42
movimento, 49-52
  e leis intrínsecas da mudança, 756-7
  primeira lei do, 51-2, 487-8, 707-8, 731-2, 756
  significado do, 456-8
mudança
  descontinuidade da, 323-5

leis causais da, 486-90
leis intrínsecas da, 756-7
características, específicas, 685-7
mundo externo e percepção, 404-6
mutantes, 76-8

natureza, uniformidade da, 494-8, 623-4, 639-40
nebulosa, 45-7
  extragaláctica, 45-7
negativas, 214-5, 224, 680-1, 778
  tentativa de eliminação das, 212-5
  universais, 226-7
Netuno, 540-3
  argumento sobre a probabilidade da descoberta de, 637-40
nêutrons, 59-60, 326-7, 356, 357-8, 394, 401-2, 426, 499, 687
Newton, Isaac, 44-6, 320-2
  diversidade de pontos, 461-2
  e espaço, 54-5, 439-40
  gravitação, 52-4, 637-9, 740-2
  leis do movimento, 50-2, 486-90
  tempo, 380-2, 423-6
Nicod, 683
nomes
  como símbolos permanentes, 114-8
  de espécies, 125-7
  de ocorrências, 147-9
  de qualidades, 127-9, 145-9
  de relações, 127-9, 134-6
  de substâncias, 125-9, 134-6
  definições sintáticas, 134-6
  e definições estruturais, 440-2
  para as experiências, 147-8
  próprios, 133-50, 472-8
    como coordenadas, 136-47
    definição de, 133-6
    descrições para, 141-5
    e identidade, 152-6
    necessidade de, e método de aquisição de conhecimento, 400-2, 477-8, 484
    substitutos de, 136-47
núcleo dos átomos, 58-9
números atômicos, 57-9
números
  e teoria matemática da probabilidade, 530-2
  interpretação, 378-80
  naturais e indução, 627-9

objetos físicos, 325-32
observação
  apelo a, e verdade científica, 392-4, 426-8
  desenvolvimento a partir da, até as leis, 738-44
  e não observação, 761-6
  na astronomia, 388-90
observador, 36-9, 713-4
  normal, 334-6
ocorrência representacional, 196-8
ocorrências, experiências de, 147-9

olhos, 32, 37, 78-9, 84, 101-2, 187-8, 210, 224, 253, 277-8, 281-2, 291, 319-20, 326-35, 356, 359-63, 413-4, 417-9, 465-8, 496-7, 505-8, 668-9, 709-10, 755, 761-2, 768
ondas e partículas, 61-2
ondas sonoras, 26-7, 81-2, 113-4, 269-70, 314, 404-5, 493, 710, 731-2, 758-9
onisciência de primeira ordem, 227-8
ordem espaçotemporal, intervalo na, 454-6, 516-8
ordens e perguntas, 112-3
organismo, conceito de, 77-9
Orígenes, 109

palavras imperativas, 110-2, 127-31
palavras indicativas, 127-31, 165-8
palavras interrogativas, 127-31
palavras
   ambiguidade, 732-4
   aprendizado das, 32-6, 307-9
   cientificamente impessoais, 157-9
   com significado primário, 197-9
   como sinais, 124-5
   e classificação, 655-9
   e definição ostensiva, 119-31
   elemento pessoal na significância, 32-6
   entendimento das, 768-73
   gerais, 133-7
   indicativas e não indicativas, 127-31, 182-3
   lógicas, 134-6, 182-3, 205-19, 767-8, 772-5
   objeto e de sintaxe, 768-73
   partículas egocêntricas, 127-31, 151-64
   significado das, 400-2
   sincategoremático, 134-6
   sintaxe, definição da, 768-73
   substitutas de ideias, 166-8
   uso como sentenças, 127-31, 165-8, 182-3
   usos elementares, 165-8
papel da indução, 671-8
paralelogramo, lei do, 50-3, 323-4
particulares
   como qualidades, 461-5
   definidos por qualidades, 461-2
significado dos, 426-8, 461-2
partículas beta, 433-4
   tempo e, 453-5, 459-60
partículas egocêntricas, 151-64
partículas, 382-3
   definição de, 456-8
   e física, 322-3
   posição, 322-3
passado, conhecimento do, 348-9
Pavlov, 103-4, 304
Peano, I.P., 10-1, 143-4, 377-9, 385-6, 391-2, 530-1, 538, 587-8
pensamento e extensão, 325-6
pensamento e linguagem, 112-5, 129-31

pensamentos
- como eventos no cérebro, 325-6, 369-71
- como região do cérebro, 369-71

percepção visual
- e complexos de copresença, 467-9
- na ordem espacial, 419-21

percepção
- caráter público, 34-6
- como dado para a psicologia, 92-5
- como fonte de conhecimento, 320-3, 331-7
- do espaço e do tempo, 459-60, 501-4
- do movimento, 339-40
- e "aqui-agora", 159-64
- e causação física, 318-22
- e causação, 702-5
- e conhecimento científico, 35-49
- e conhecimento, 654-6, 665-7
- e existência, 689-93
- e física, 145-7
- e hábitos, 102-3, 276-9
- e linhas causais, 707-11
- e mundo externo, 404-6
- e ponto de vista, 92-4, 159-64
- e senso comum, 42-4, 318-20
- e sentidos, 96-8
- e tempo, 281-3
- e visão, 100-3
- fraca, 610-5
- juízos da, 238-40, 471-3, 476-8
- juízos negativos da, 229-31
- não imparcial, 161-4
- papel na interpretação, 276-83
- teoria empírica, 317-22
- teoria idealista, 317-20
- visão dualista, 318-20, 331-2

permanência, crença na, 303-6
- e linguagem, 313-6

persistência
- e causação intrínseca, 730-2, 735-6
- leis da, 486-8
- nos processos naturais, 730-2

peso atômico, 57-9, 686-7

Pitágoras, 499-500
- e sistema solar, 41-4

Planck, M., 54, 59-61, 67-8, 394-5

planetas, 41-2, 45, 51-2, 58, 79, 297, 381-2, 390-3, 425, 497-8, 511-2, 639-40, 738-42

Platão, 12-3, 41-2, 70-1, 91, 198-9, 318-9, 380, 391-2, 402-3

Plotino, 42-4

pontos do espaço-tempo, finitos, 456-8, 467-9, 470-1

pontos, 382-3, 410-2, 461-3
- classes de eventos, 400-5
- definição de, 380-3
- espaço-tempo, 456-7
- no espaço, 439-42

posição espacial, nos campos visuais, 417-9

Posidônio, 42

pósitrons, 59, 356-8, 394-5, 401-2, 499-500, 686-7
postulados científicos da inferência, 26-8, 653-70
postulados, 753-66
  conhecimento dos, 761-6
  não necessários, 697-8
  para validação do método científico, 679-80
pragmatismo, 114-5, 654-5
prazer, maximização do, 619-20
precisão e conveniência, 380-3
precisão
  crença na, 245-6
  verbal, graus de, 246-8
premissas, 674-6
  definição epistemológica, 598-600
Primum Mobile, 43-4
princípio da menor ação, 487-8
probabilidade
  cálculo da, 537-8
  seus axiomas, 534-42
probabilidade matemática, 537-45
  classes, 606-9
  e credibilidade, 525-8, 594-6
  e dúvida, 561-4
  e graus de credibilidade, 601-8
  e inferências indutivas, 633-5
processos causais autodeterminados, 709-11
processos, independência dos, 334-5
progressões, teoria de Reichenbach e, 565-8

proposições de existência, 237-9, 689-92, 695-700
  como conhecer, 778-80
  não exemplificadas, 780-3
proposições gerais, como chegar a, 222-4
proposições sujeito-predicado, 147-50
proposições
  a partir de funções proposicionais, 695-7
  como chegar a, 222-32
  de existência, 695-9
  e hábitos mentais, 668-70
  gerais, psicologia e lógica das, 667-8
  negativas e positivas, 222-7
  universais, 778-83
propriedades fundamentais, 684-6
propriedades geradoras, 681-4
prótons, 37-8, 46-8, 58-60, 66-7, 326-7, 393-5, 425-6, 440-1, 686-7
protótipos, 125-6, 188-9
psicanálise, 96-100
psicologia Gestalt, 475-6
psicologia
  como ciência, 92-5, 100-5
  e linhas causais, 758-62
  espaço na, 351-60
  Gestalt, 475-6

qualidades posicionais, análise das, 420-2

qualidades
    análise das, 410-2
    definições de, 412-6
    e particulares, 463-6, 469-71
quase-permanência
    e leis causais, 705-8
    postulado da, 753-6
queda dos corpos, lei da, 577-8, 740-1
química
    relações com a física, 321-3

racionalidade perfeita, 618-9
reações apropriadas, 300-1
realismo
    ingênuo, 732-4
    física e, 517-9
reconhecimento, 122-5, 147-9
    e identidade, 707-9
    e memória, 125-7
    por animais, 303-5
recordação, ordem temporal da, 419-20
recorrência de eventos, 77-9
referências externas da crença, 244-5
reflexos condicionados, 85-7
    reflexos não condicionados, 85-6
regressão infinita e probabilidade do conhecimento, 259, 573-4, 596-7, 613-4, 641-2, 646-8, 656-7, 695-6
regularidade estatística, 62-3, 513-4, 707-6, 710-1

Reichenbach, H., 433-4, 531, 671
    teoria da probabilidade, 565-79, 641-8
relações espaciais dos objetos da percepção, 351-2, 354-7
relações sintáticas, 205
relações visuais, 63-5, 415-9
relações
    análise das, 405-8, 410-2
    diádicas, 405-6
    estruturais, 405-8
    triádicas, 405-6
relatividade, 458-60
    e tempo, 424-6
    espaço-tempo e, 454-8
    teoria especial da, 54-5, 454-8
    teoria geral da, 45-7, 55-7, 456-7
reminiscência platônica, 380-2
repetição e definição ostensiva, 122-4
reprodução sexual, 74-5
reprodução, 74-5
rigidez, 279-80, 655, 762-3
rotação da Terra, 54-5, 425-6, 704-5
ruídos animais, funções, 109-10, 112-5
Rutherford, Lorde, 57-60
Rutherford-Bohr, átomo, 57-9

Schrödinger, 60-1
seguro de vida e probabilidade, 532-3, 570-1, 717-8
sensações

ativas e passivas, 353-6
causa física das, 328-9, 365-7
como dados, 277-9, 283-5
como fonte de conhecimento, 655-6
e leis causais, 487-90
e ocorrências físicas, 94-8
e verificação da física, 395-7, 414-8
expectativas das, 352-5
fisiologia das, 81-5
ilusões das, 279-84
não instantâneas, 339-41
senso comum
    e a física, 502-7
    e percepção, 42-4, 318-20
sentenças analíticas, 147-8
sentenças atômicas, 217-9
sentenças moleculares, 205-8
sentenças negativas, 206-9
sentenças, 179-83
    "verificador" ou "falsificador", 217-9
    análise de, 399-402
    atômicas, 217-9
    com "tudo", "todos", "algum", etc, 217-40
    definição de, 399-400
    e o que afirmam, similaridade estrutural, 196-9
    entendimento das, 773-6
    expressando hesitação, 215-6
    indicativas, 165-8, 180-2
    moleculares, 205-8
    negativas, 207-9
    primárias, 205-6
    relação diádica, 402-4, 407-8
    significação, 400-2
    sobre o futuro como inferências, 180-2
    sujeito-predicado, 402-4, 471-3
    uso de palavras como, 126-9, 165-8
    variedades, 179-80
sentidos
    conhecimento subjetivo, 325-6
    construção do espaço, 354-6
    e nomes, 145-9
    e objetos físicos, 328-30
    e percepção, 95-7
    e privacidade, 34-6
sequência invariável e causação, 702-4
série temporal, 161, 400-1, 434-6, 710, 714
Shakespeare, William, 70-1, 143, 170-1, 339-40, 593
significação, 191-2
    e crença, 195-6
    subjetiva e objetiva, 195-6
significado, 129-31
    derivativo, 197-9
    indicativo e imperativo, 129-30
    na matemática, 114-5
    primário, 197-200
significância, 250-4
    de palavras, elemento pessoal, 34-5
    e fatos, 695-7

simplicidade relativa, 411-3, 605-6
simplicidade
    classe fundamental na probabilidade, 606-8
    nas leis naturais, 738-40
simultaneidade
    ambígua, 453-6
    e copresença, 466-8, 516-8
sinais, 298-301
    subjetivos e objetivos, 299-305
sistema solar, 41-7
    origens, 44-7
Skewes, 627-8
sobreposição de áreas e volumes, 442-5
sobreposição espacial, 443-5
sobreposição temporal, 428-31
sol, 63-5
solipsismo, 287-96
    argumentos a favor, 291-3
    argumentos contra, 293-5
    do momento, 295-6
    dogmático e cético, 287-9
    e dados, 287-9
    e empirismo, 293-5
    e memória, 289-91
    psicologicamente impossível, 293-5
    variedades, 288-91
som
    velocidade do, 726-8
sonhos, 272-6, 279-81
    como dados científicos, 94-7
    e memórias falsas, 344-6
    memória e percepção nos, 346-8
Spencer Jones, H., 47-8, 79-80
Spencer, Hebert, 656-7
substâncias, 69, 73-4, 91-2, 126-7, 134-5, 138-9, 235, 325, 461-2, 687
suposição cega, 641-2

t, 426-8, 435-7
tautologias, 13-4, 224, 233-7, 585-6
tempo, 147-9, 380-3
    "meu", 433-5, 459-60
    absoluto, 423-8
    cósmico, 431-5
    e energia, 62-4
    e eventos, 147-9
    e percepção, 281-3
    e relatividade, 424-5
    local, estimativas diferentes, 431-6
    fontes da crença no, 423-4
    matemático, 424-5, 431-3
    medida quantitativa, 431-3
    Newton, 423-6
    objetivo e subjetivo, 417-9
    passado e presente, 347-9
    público e privado, 423-38
    subjetivo, 341-8
Tennyson, Alfred, 72-3
teoria científica, confiança na, 593-4
teoria idealista das percepções, 317-9

teoria mendeliana, 683-5
teoria quântica, 54-68, 75-9, 100-1, 315-6, 323-4, 485-9, 499-500, 509-10, 617, 687-8, 710-1
teorias físicas, 98-9, 319-22, 395-7, 415-6
termômetro, ideal, 196, 395-6, 447-9
Terra
  idade da, 78-80
  rotação da, 54-5
testemunho
  caráter público, 311-3
  como premissa do conhecimento, 307-8
  credulidade primitiva e, 309-11
  por que aceito, 307-10
tipos naturais, 494, 498-500, 623-4, 658, 679-87, 690-2
Tomás de Aquino, 461
transições quânticas, 425-6, 507, 512, 518-9, 702-3
transubstanciação, 91-2

universo
  em expansão, 45-8, 55-7
  finito, 320-2, 631-3
  idade do, 47-8
  tamanho do, 55-7, 444-5
urânio, 57-8, 66-8, 230-1, 658

vago reconhecimento da conexão lógica,

variáveis e constantes, 134-7
variedade, 142-3, 235-6, 253-4, 506-7, 623-4, 748
  limitada, 494-500, 679-87
velocidade em um instante, 568-70
velocidade, 50-3, 61-4
  e posição, 735-8
Vênus, história do conhecimento científico, 390-1, 597-9, 741-4
verdade, 185-6, 191-203, 249-58
  definição de, 247-9
  e causas, 201-3
  e dados, 538-40
  e expectativas, 253-4, 276-7
  e experiência, 254-6
  e falsidade, 191-9, 256-8
  e física, 320-3
  e significação, 191-4
verificabilidade, 689-92, 694-5
verificação, 689-90
  e significado das proposições, 693-7
  empírica, 167-9
  significado da, 693-4
verificadores, 251-3
  inimagináveis, 254-6
vida,
  bases físico-químicas da, 74-5
  marcas distintivas da, 72-5
  raridade da, 77-80
visão
  e objetos físicos, 287-91, 329
  e ondas de luz, 97-9, 277-8

e percepção, 102-4, 161, 180, 331-2, 363-4, 470-1
e reflexos, 363-4
e relações espaciais, 331-2, 417-9
mental, 84-5, 88-9, 196-7, 295, 332, 762
não no espaço, 331-2, 730

vocabulário mínimo da física, 396, 426-7, 436-7, 440
vocabulários mínimos, 12, 143-4, 387-97, 409-24, 440-1, 477
volição, 81-9
  como causa, 81, 85-8, 319

Wittgenstein, L., 11, 13-4

SOBRE O LIVRO

Formato: 14 x 21 cm
Mancha: 23 x 44 paicas
Tipologia: Venetian 301 12,5/16
Papel: Off-White 80 g/m² (miolo)
Cartão Supremo 250 g/m² (capa)
1ª edição Editora Unesp: 2018

EQUIPE DE REALIZAÇÃO

Capa
Marcelo Girard

Edição de texto
Tulio Kawata (Preparação e revisão de texto)

Editoração eletrônica
Sergio Gzeschnik (Diagramação)

Assistência editorial
Alberto Bononi

Impressão e Acabamento